Jesco Kreft

Gewerkschaften und Spitzenverbände der Wirtschaft als bildungspolitische Akteure

Forschung Politik

Jesco Kreft

Gewerkschaften und Spitzenverbände der Wirtschaft als bildungspolitische Akteure

Positionen, Strategien und Allianzen

VS VERLAG FÜR SOZIALWISSENSCHAFTEN

Bibliografische Information Der Deutschen Bibliothek
Die Deutsche Bibliothek verzeichnet diese Publikation in der Deutschen Nationalbibliografie; detaillierte bibliografische Daten sind im Internet über <http://dnb.ddb.de> abrufbar.

1. Auflage Januar 2006

Lektorat: Monika Mülhausen / Tanja Köhler

Der VS Verlag für Sozialwissenschaften ist ein Unternehmen von Springer Science+Business Media.
www.vs-verlag.de

Umschlaggestaltung: KünkelLopka Medienentwicklung, Heidelberg
Druck und buchbinderische Verarbeitung: MercedesDruck, Berlin
Gedruckt auf säurefreiem und chlorfrei gebleichtem Papier
Printed in Germany

ISBN 3-531-14851-6

Inhalt

Abkürzungsverzeichnis

AEVO	Ausbildereignungsverordnung
ASU	Arbeitsgemeinschaft selbständiger Unternehmer
BAVC	Bundesarbeitgeberverband Chemie e.V.
BBiG	Berufsbildungsgesetzes
BdWI	Bund demokratischer Wissenschaftlerinnen und Wissenschaftler
BER	Bundeselternrats
BFB	Bundesverband der Freien Berufe
BGA	Bundesverband des Deutschen Groß- und Außenhandels
BIFU	Bildungsverläufe und psychosoziale Entwicklung im Jugend- und jungen Erwachsenenalter
BIP	Bruttoinlandsprodukt
BLK	Bund-Länder-Kommission für Bildungsplanung und Forschungsförderung
BMBF	Bundesministeriums für Bildung und Forschung
BMWi	Bundesministerium für Wirtschaft und Arbeit
BOG	Bruttoorganisationsgrad
BSV	BundesschülerInnenvertretung
CGB	Christlicher Gewerkschaftsbund
CHE	Centrum für Hochschulentwicklung
DAG	Deutsche Angestellten Gewerkschaft
DBB	Deutscher Beamtenbund
DBV	Deutscher Bauernverband
DIPF	Deutschen Institut für Internationale Pädagogische Forschung,Frankfurt/Main
DIW	Deutsches Institut für Wirtschaftsforschung, Berlin
DL	Deutsche Lehrerverband
DSW	Deutschen Studentenwerks
ECTS	European Credit Transfer System
ERT	European Round Table of Industrialists
ESF	European Services Forum
fzs	freie zusammenschluss von studentInnenschaften

GATT	General Agreement on Tariffs and Trade
GdP	Gewerkschaft der Polizei
HBS	Hans-Böckler-Stiftung
HDE	Hauptverband des Deutschen Einzelhandels
HRG	Hochschulrahmengesetz
HRK	Hochschulrektorenkonferenz
HSI	Hochschulinformationszentrums
IAB	Arbeitsmarkt und Berufsforschung
IGLU	Internationale Grundschul-Lese-Untersuchung
iwd	Instituts der deutschen Wirtschaft
Jusos	Jungsozialistinnen und Jungsozialisten in der SPD
KMK	Kultusministerkonferenz
KMU	Kleine und mittlere Unternehmen
LBI	Landesverband der Bayerischen Industrie
NOG	Nettoorganisationsgrad
OECD	Organisation für wirtschaftliche Zusammenarbeit und Entwicklung
ISEI	Internationale sozioökonomische Index
OT-Verbände	Arbeitgeberverbände ohne Tarifbindung
PISA	Programme for International Student Assessment
QMS	Qualitätsmanagementsysteme
RBZ	Regionale Zentren für berufliche Aus- und Weiterbildung
RRI	Relativer-Risiko-Index
SBTC	Skill Biased Technological Change
SSC	Sectoral Structure Change
TABD	Transatlantic Business Dialogue
TRIPs	Trade-Related Intellectual Property Rights
Ufo	Unabhängige Flugbegleiterorganisation
UNICE	Union of Industrial and Employers' Confederations of Europe
VAB	Vereinigung der Arbeitgeberverbände in Bayern
vb	Vereinigung Boden
VBW	Vereinigung der Bayerischen Wirtschaft (VBW)

VCI	Verband Chemischer Industrie (VCI)
VDMA	Verband der deutschen Maschinen- und Anlagenbauer
WR	Wissenschaftsrat
WSI	Wirtschafts- und Sozialwissenschaftliche Institut der Hans-Böckler-Stiftung
WTO	World Trade Organization
WZB	Wissenschaftszentrum Berlin für Sozialforschung
ZDB	Zentralverband des Deutschen Baugewerbes
ZUMA	Zentrum für Umfragen, Methoden und Analyse, Mannheim
ZVS	Zentralstelle für die Vergabe von Studienplätzen

Abbildungsverzeichnis

Tabellenverzeichnis

1 Einleitung

Als die Föderalismuskommission[1] ihre Arbeit im Dezember 2004 ohne Einigung vorerst abgeschlossen hatte, zeigten sich viele Beobachter wenig überrascht, dass die Kommission zwar in wesentlichen Punkten Ergebnisse erzielt hatte, dann aber ausgerechnet in Fragen der Bildungspolitik keine Einigkeit bezüglich der Kompetenzverteilung zwischen Bund und Ländern erreicht werden konnte, was letztlich das Scheitern des gesamten Projektes bewirkte. Trotz einer Reihe strittiger Themen[2] fokussierten sich die gegenseitigen Schuldzuweisungen vornehmlich auf die Mitspracherechte des Bundes in der Bildungsplanung, die einige Ministerpräsidenten dem Bund unter keinen Umständen (weiterhin) einräumen wollen[3], während der Bund ausdrücklich seinen Anspruch auf Mitwirkungsrechte in der Hochschulpolitik aufrechterhält.[4]

Kompetenzstreitigkeiten zwischen den Ländern, für die die Kulturhoheit als Kernstück der Eigenstaatlichkeit sakrosankt ist, und einem stark auf unitaristische Politikverflechtung ausgerichteten Ansatz des Bundesministeriums für Bildung und Forschung (BMBF) sind seit dem Regierungswechsel 1998 virulent, so dass die Neuordnung der Kompetenzen in der Föderalismuskommission für den Bereich der Bildung von Anfang an erhebliches Konfliktpotenzial enthielt. Gleichzeitig zeugt die erkennbar gestiegene gesetzgeberische Tätigkeit der Bundesländer im Bereich der Bildungspolitik[5] verbunden mit der Bereitschaft einiger Ministerpräsidenten, die gesamte Bundesstaatsreform an Zuständigkeiten in Bildungsfragen scheitern zu lassen, von der großen Bedeutung dieses Politikfeldes. Mutmaßungen, einige Ministerpräsidenten wollten dem Bundeskanzler die Bildungspolitik nicht als Wahlkampfthema überlassen, sind umso überraschender, als die Bildungspolitik zwar jüngst, insbesondere nach der Veröffentlichung der PISA-Studie große Aufmerksamkeit in der

---

1 Die Bundesstaatskommission (oder auch Föderalismuskommission) ist eine gemeinsame Kommission von Bundestag und Bundesrat zur Modernisierung der bundesstaatlichen Ordnung. Ihre Aufgabe ist die Modernisierung des föderalen Staatssystems der Bundesrepublik Deutschland mit dem Ziel, die Handlungs- und Entscheidungsfähigkeit von Bund und Ländern zu verbessern, die politischen Verantwortlichkeiten deutlicher zuzuordnen sowie die Zweckmäßigkeit und Effizienz der Aufgabenerfüllung zu steigern. Vgl. BT-Drucksache 15/1685 vom 16.10.2003.

2 In einem Papier der Vorsitzenden werden die Kompetenzfelder „Hochschulrecht und Bildungsplanung, Umweltrahmenrecht, Innere Sicherheit - Bundeskriminalpolizeiamt-Kompetenz für Terrorismusbekämpfung, Kompetenz für Katastrophenschutz/Zivilschutz-, Mitwirkung der Länder in Europafragen (Art. 23 Abs.6 GG) und EU-Haftung" genannt, in denen keine Einigung über eine Veränderung des Status quo erzielt werden konnte. Vgl. Wehner, Markus (2004): Wird Karlsruhe neue deutsche Hauptstadt? In: Frankfurter Allgemeine Sonntagszeitung (FASZ) vom 19.12.2004. S. 3.

3 Vgl. Koch, Roland (2004): „Bulmahn will Kompetenzen- so viele wie möglich." Hessens Regierungschef sieht in den Bundesmitteln für die Umstellung auf neue Studiengänge eine Provokation. In: Süddeutsche Zeitung (SZ) vom 23.12.2004. S. 6.

4 Vgl. Bulmahn, Edelgard (2004): „Wir sind den Ländern weit entgegengekommen." Bildungsministerin Edelgard Bulmahn über Bildung und das Scheitern der Reform. In: Frankfurter Allgemeine Sonntagszeitung (FASZ) vom 19.12.2004. S. 3.

5 Stern, Jutta (2001): Programm versus Pragmatik. Parteien und ihre Programme als Einfluss- und Gestaltungsgröße auf bildungspolitische Entscheidungsprozesse. Frankfurt am Main. S. 301 – 303.

Öffentlichkeit erfuhr, ihr gleichzeitig aber immer ein Mangel an Wähler- Markt- und Verbandsmacht attestiert wurde.[6]

Dennoch kann ein Bedeutungszuwachs bildungspolitischer Themen für die letzten Jahre schwerlich bestritten werden, der aus der Annahme einer wachsenden Bedeutung dieses Politikfeldes für die wirtschaftliche Wettbewerbsfähigkeit einerseits resultiert und sich andererseits immer deutlicher abzeichnender Krisensymptome sowohl in Fragen der Bildungsqualität als auch der gesellschaftlichen Integrationswirkung des Bildungssystems ergibt.

Diese doppelte Begründung der Notwendigkeit umfassender Veränderungen im Bildungswesen weist durchaus Parallelen zu der Bildungsreformdebatte in den 1960er Jahren auf, die durch die Vorstellungen, die Bildungspolitik würde den zentralen Beitrag zum wirtschaftlichen Wachstum leisten und dem von Dahrendorf postulierten „Bildung als Bürgerrecht" gekennzeichnet war. Ebenso zeigen sich auf den ersten Blick Parallelen zwischen den Reaktionen auf die Warnung Georg Pichts[7] vor der „Bildungskatastrophe" und den jüngsten Auswirkungen der PISA-Studie. Allerdings bestehen erhebliche Unterschiede in der Güte der Diagnosen, denn Pichts Befund, der auf relativ geringer empirischer Basis beruhte, war bewusst als Notstandsszenario formuliert.[8] Umgekehrt finden sich für die heutige Situation im Bildungssystem eher Anzeichen einer Krise „hinter dem Rücken der kollektiven und individuellen Akteure"[9], so dass trotz der allgemeinen Aufgeregtheit und medialen Präsenz von einer „Krise ohne Krisenbewusstsein" gesprochen werden muss. Krisenbewusstsein erfordert im Gegensatz zu Krisenstimmung als reine Impression von einer Sache eine systematische Beobachtung und ein darauf begründetes Urteil, das seine normativen Prämissen explizit macht, indem es begründet, worin das Problem besteht.

Die aktuelle bildungspolitische Diskussion ist durch einen stark bildungsökonomisch geprägten Blickwinkel gekennzeichnet, indem das Bildungssystem in Hinblick auf seinen systemexternen Beitrag zur wirtschaftlichen Entwicklung der Volkswirtschaft und zum Auf- und Ausbau individueller Beschäftigungsfähigkeit[10] bewertet und kritisiert wird.[11] Der

---

6 Schmidt, Manfred G. (2002): Bildung ohne Lobby. In: Süddeutsche Zeitung (SZ) vom 9.07.2002. S. V2/10.

7 Picht, Georg (1964): Die deutsche Bildungskatastrophe. Freiburg i/Br.

8 Sachlich war keine der von Picht vertretenen Thesen haltbar, weder seine Lückentheorie, wonach das Grundgesetz eine Leerstelle biete, die dem Bund erlaube, den Ländern unter Umständen die Kompetenz für Bildungsaufgaben zu entziehen, noch die Bedarfsprognose über den Lehrernachwuchs, noch die Visionen, im Kalten Krieg ökonomisch hinter den Ostblock zurückzufallen. Zu Pichts Bildungsdiagnose und eigenen Reformvorstellungen vgl. Löwe, Terese (2003): „… es geht um den Menschen und um die Wahrheit". In: Vorgänge. Zeitschrift für Bürgerrechte und Gesellschaftspolitik. Heft 3/2003. S. 67 – 75.

9 Müller, Hans-Peter (2004): Deutschland im Abstieg? In: Merkur. Deutsche Zeitschrift für europäisches Denken. Heft 664. S. 721 – 725.

10 Die Termini Beschäftigungsfähigkeit und Employability werden in der vorliegenden Arbeit synonym verwendet. Employability beschreibt die relative Fähigkeit einer Person, vor dem Hintergrund der Interaktion zwischen persönlichen Merkmalen und dem Arbeitsmarkt eine sinnvolle Beschäftigung zu finden sowie die Fähigkeit einer Person, auf der Grundlage ihrer Fach- und Handlungskompetenzen, Wertschöpfungs- und Leistungsfähigkeit ihre Arbeitskraft anbieten zu können und damit in das Erwerbsleben einzutreten, ihre Arbeitsstelle zu halten oder, wenn nötig, sich eine neue Erwerbsbeschäftigung zu suchen. Vgl. Blancke, Susanne/ Roth, Christian/ Schmid, Josef (2000): Employabilität („Beschäftigungsfähigkeit") als Herausforderung für den Arbeitsmarkt. Arbeitsbericht Nr. 157 der Akademie für Technikfolgenabschätzung in Baden-Württemberg. S. 9.

11 Auch die zweite, der Steuerungstheorie zuzurechnende, Ausprägung der Bildungsökonomie, die ökonomische Mechanismen als Steuerungsverfahren im Bildungssystem betrachtet, findet sich in der aktuellen Reformdiskussion. Derartige Ansätze werden in der vorliegenden Arbeit unter dem Begriff der Steuerungstheorie gefasst, während Bildungsökonomie als Oberbegriff für Forschungsfragen zur systemexternen Wirksamkeit des

für die Bildungsexpansion in dem Jahrzehnt der Bildungsreformen nach 1964 einflussreiche und durch Dahrendorfs Formel von „Bildung als Bürgerrecht“ symbolisierte demokratisch-emanzipatorischer Aspekt findet sich heute in der Problematisierung des im internationalen Vergleich ungewöhnlich engen Zusammenhangs zwischen sozialer Herkunft und Bildungserfolg wieder, wobei dieser Gerechtigkeitsaspekt im Vergleich mit Dahrendorfs Postulat eine Akzentverschiebung erfahren hat, indem Fragen staatsbürgerlich-politischer Teilhabe neben dem Themenkomplex der Beschäftigungsfähigkeit nur noch von peripherer Bedeutung sind und Integration in die Gesellschaft im öffentlichen Diskurs vornehmlich als Integration in die Erwerbswelt verstanden wird.

Freilich besteht bezüglich der Bildungsexpansion der 1960er Jahre leicht die Gefahr einer Überbewertung des emanzipatorischen Aspektes, denn es war in erster Linie die überfällige ökonomische Modernisierung von Produktionsapparat und Beschäftigungssystem, die dazu führte, „dass ideologische Unterschiede zurückgedrängt und ein breiter bildungspolitischer Konsens entstand, der die Parteien ebenso einschloss wie die Gewerkschaften, die Arbeitgeberverbände und andere gesellschaftlich relevante Gruppen.“[12] Aus der historischen Perspektive war auch in anderen Industrieländern eine (antizipierte) Verschlechterung der ökonomischen Wettbewerbssituation immer wieder Auslöser für Modernisierungsprozesse der jeweiligen Bildungssysteme[13], so dass einige Autoren die Tatsache, dass in dem aktuellen Bildungsdiskurs Bildungspolitik und wirtschaftliches Wachstum in einem engen Zusammenhang gesehen werden, als Chance werten, wieder einen Konsens über Bildungspolitik herzustellen, wie er zuletzt in den 60er Jahren bestanden habe.[14]

Dabei ist die durch internationale Vergleichsstudien erfolgte Dokumentation der Problemfelder lediglich vordergründig Auslöser der Reformaktivitäten, die sich nicht nur auf den allgemeinschulischen Bereich, sondern auch in unterschiedlicher Intensität und mit anderen Schwerpunkten auf alle Bereiche des Bildungssystems erstrecken. Die tatsächliche Triebkraft der Reformen stellt der oftmals als Entwicklung zur Wissensgesellschaft überschriebene technologische Strukturwandel dar, der durch eine Bedeutungszunahme der Fähigkeit zur systematischen Erzeugung, zur flexiblen Rekombination und zur produktiven Nutzung von Wissen für die wirtschaftliche Leistungsfähigkeit gekennzeichnet ist.[15] Bisher bleibt in der Debatte um die Wissensgesellschaft unklar, ob der technische Fortschritt die eigentliche Triebkraft dieser Entwicklung ist oder ob umgekehrt die Bildungsexpansion in allen westlichen Industrienationen am Beginn der Wissensgesellschaft steht.[16] Folgt man der zweiten Hypothese[17], wäre der regulative Einfluss der Struktur des Bildungssystems auf

---

Bildungssystems unter der Fragestellung des individuellen und gesellschaftlichen Humankapitalbeitrags verwendet wird.

12 Massing, Peter (2002): Einleitung: Bildungspolitik in der Bundesrepublik Deutschland. Entwicklung – Kontroversen – Perspektiven. In: Andersen, Uwe/ Breit, Gotthard/ Massing, Peter/ Woyke, Wichard (Hrsg.): Bildungspolitik in der Bundesrepublik Deutschland. Entwicklung – Kontroversen – Perspektiven. Schwalbach/ Ts. S. 8 – 34. S. 14.

13 Vgl. exemplarisch für die USA: Cuban, Larry (2003): Business Influence on U.S. Public Schools and its Limits, 1880 – 2000. In: Mangold, Max/ Oelkers, Jürgen (Hrsg.): Demokratie, Bildung und Markt. Bern. S. 123 – 145.

14 Massing, Peter (2002): Einleitung: Bildungspolitik in der Bundesrepublik Deutschland. Entwicklung – Kontroversen – Perspektiven. S. 8.

15 Zur Begrifflichkeit und Abgrenzung der Wissensgesellschaft vgl. 2.2.

16 Vgl. Bittlingmayer, Uwe H. (2001): „Spätkapitalismus“ oder „Wissensgesellschaft“? In: Aus Politik und Zeitgeschichte (APuZ). Band 36/2001. S. 15 – 23. S. 17.

17 Trotz mangelnder empirischer Daten über den Übergang von der Industrie- zur Wissensgesellschaft lassen sich Belege für die zweite Hypothese aus anderen Phasen des technologischen Strukturwandels ableiten. So

die politisch-ökonomische Entwicklung (und damit deren Regulierungsfähigkeit) sogar noch größer als er in einer Wissensgesellschaft, die bestimmte Anpassungsprozesse des Bildungssystems erforderlich macht, ohnehin schon ist.

Unter wissensgesellschaftlichen (Produktions-) Bedingungen wird sich die zeitliche Unterteilung in reine Bildungszeit und darauf folgende Lebensarbeitszeit in Richtung einer stärkeren Aufteilung der Lernphasen in mehrere kürzere, teils berufsbegleitende Phasen verschieben. Verstärkt wird dieser Effekt durch die demographische Entwicklung, die ein Aufrechterhalten der Arbeitsproduktivität älterer Erwerbstätiger mit Hilfe mehrerer Lernphasen erforderlich macht. Aus derartigen Strukturveränderungen erwächst die Notwendigkeit eines umfangreichen Ausbaus des Bildungssystems, der aufgrund der finanziellen Mittelknappheit, vor allem aber aufgrund der engen Verknüpfung von Bildungstätigkeit und Anforderungen der Arbeitswelt, nicht ausschließlich durch Ressourcenextension und Ausweitung der bestehenden institutionellen Bildungsstrukturen erreichbar ist. Damit geraten die Wirtschaft und ihre Regulierungsinstitutionen in das Blickfeld. Die vorliegende Arbeit konzentriert sich deshalb auf die Verbände von Arbeit und Kapital und deren bildungspolitische Positionen und Konzepte.

1.1 Einführung und Thesen

Ausgehend von der Beobachtung, dass die Sozialpartner auch beim Abbau tayloristischer Arbeitsorganisation und der Aufwertung von Produktionsarbeitsplätzen wichtige Akteure waren, wobei in diesem Zusammenhang insbesondere ihre Rolle in der Arbeitsmarkt- und Qualifizierungspolitik von Bedeutung war[18], lässt sich die These formulieren, dass den Sozialpartnern eine ähnliche Funktion und Bedeutung bei dem Übergang von der Industrie- zur Wissensgesellschaft zukommen wird.

Dafür bedarf es eines funktionstüchtigen Systems der industriellen Beziehungen, das derzeit jedoch aufgrund vielfältiger Probleme beider tragender Akteure einer Erosion unterliegt. Durch die dem Bildungssystem immanente Parallelität von mikro- und makroökonomischen Effekten entsteht zwischen den von Gewerkschaften und Wirtschaftsverbänden repräsentierten antagonistischen Gruppeninteressen in dem Politikfeld Bildung eine Interdependenz, die eine gemeinsame Etablierung als bildungspolitische Akteure unbedingt erforderlich macht, wodurch die Verbände und mit ihnen das System industrieller Beziehungen nachhaltig stabilisiert würden. Somit könnte der Bildungssektor in „der unabgeschlossenen Suche nach einem langfristig tragfähigen politisch-ideologischen Integrations-

wird beispielsweise der industrielle Boom und die Wachstumsdifferenz zu Europa in den USA von 1910 – 1940 vorherrschend damit begründet, dass in den USA relativ mehr Personen auf der zweiten Bildungsstufe ausgebildet wurden als in Europa, was die Wissensdiffusion erheblich bescheunigte. Vgl. Goldin, Claudia/ Katz Lawrence F. (2002): The legacy of U.S. educational leadership: notes on distribution and economic growth in the 20th century. In: American Economic Review. No. 2/2001. S. 18 – 23.
Aufschlussreich in diesem Zusammenhang von Basisinnovationen und Aufschwung ist ebenfalls die Theorie der langen Wellen wirtschaftlicher Entwicklung (Kondratieffzyklen). Vgl. Hagemeister, Ralf (2001): Gezeiten des Wandels. Die Kontratieffzyklen und die Veränderung von Bildung und Beschäftigung. Köln. S. 19 – 33.

18 Streeck, Wolfgang (2003): Gewerkschaften in Westeuropa. In: Schroeder, Wolfgang/ Weßels, Bernhard (Hrsg.): Die Gewerkschaften in Politik und Gesellschaft der Bundesrepublik Deutschland. Wiesbaden. S. 86 – 102. S. 97.

konzept, welches die traditionellen 'sozialpartnerschaftlichen' Konsensstrukturen des wohlfahrtsstaatlichen Kapitalismus ersetzt, [...] an die zentrale Stelle“[19] treten.

Durch diesen Strukturwandel wird das in Deutschland traditionell herrschende Prinzip der Trennung von allgemeiner und beruflicher Bildung deutlich geschwächt, was tiefgreifende Auswirkungen sowohl auf den Stellenwert und das Selbstverständnis als auch auf die Organisation der Bildungsinstitutionen haben wird. Bei der noch unentschiedenen Frage nach der zentralen Ausbildungsinstanz in der Wissensgesellschaft zeichnen sich zurzeit zwei Entwicklungsmöglichkeiten ab: Zum einen könnten die bestehenden Bildungsinstitutionen stärker auf die ökonomischen Anforderungen ausgerichtet werden, das heißt, es kommt unter Beibehaltung der Trennung von allgemeiner und beruflicher Bildung lediglich zu einer Verschiebung zwischen diesen beiden Polen. Gewerkschaften und Spitzenverbände der Wirtschaft sind zentrale Befürworter dieser Entwicklungslinie und verstehen sich selbst als einflussreiche Protagonisten einer stärkeren Berufsorientierung über alle Bildungsgänge hinweg.

> „Wie in der dualen Berufsausbildung darf es auch in den anderen Bildungsbreichen nicht mehr bei der alleinigen Zuständigkeit der Bildungsverwaltung und der Bildungseinrichtungen für die Bildungspraxis bleiben.[20] [...] Die Entmachtung können nur jene betreiben, die den Absolventen und Absolventinnen später Lohn und Brot beschaffen: Arbeitgeber und Gewerkschaften.“[21]

Zum anderen wäre bildungstheoretisch jedoch auch begründbar, dass vor dem Hintergrund lebenslanger Qualifikationsanpassungen allgemeine Bildungsanteile eher ausgebaut und nicht an konkreter Verwertbarkeit orientiert werden. Letztere Entwicklungslinie – so eine weitere These der vorliegenden Arbeit – erscheint den wissensgesellschaftlichen Erfordernissen eher zu entsprechen als eine Ausdehnung der in Deutschland bereits starken Berufsorientierung des beruflichen Bildungssystems, dessen hohes und standardisiertes Qualifikationsniveau in Kombination mit beruflich strukturierten Arbeitsmärkten zwar als entscheidender Erfolgsfaktor für die deutschen Traditionsindustrien angesehen wird[22], das aber aufgrund seiner starken industriegesellschaftlichen Orientierung unter wissensgesellschaftlichen Bedingungen an Bedeutung verlieren wird.

Von Gewerkschaften und Wirtschaftsverbänden ist hingegen eher eine Politik der ersten Entwicklungslinie zu erwarten, da sie als korporatistisch in das System der beruflichen Bildung eingebundene Akteure, das sie bislang weitgehend autonom verantwortet haben, wesentlicher Bestandteil des industriegesellschaftlichen Institutionensets sind. Es wird somit zu untersuchen sein, inwieweit die von den Verbänden favorisierten Reformen tatsächlich, das heißt, bezogen auf die eigenen Interessen, zielführend sind.

Derzeit gibt es Anzeichen, dass sich angesichts des Strukturwandels für die in der öffentlichen Wahrnehmung und der kollektiven Selbstprogrammierung eher als antagonis-

---

19 Bultmann, Torsten (2001): „Bestmögliche Ausstattung jedes Einzelnen!“ - Zur Bedeutungsumwandlung von Chancengleichheit in der aktuellen Bildungspolitik. In: Forum Wissenschaft Nr. 3/2001. S. 47 – 50. S. 51.

20 Ehmann, Christoph/ Walter, Jürgen (2002): Zur notwendigen Verbindung von allgemeiner, beruflicher und politischer Bildung in Schulen und Hochschulen. In: Gewerkschaftliche Monatshefte (GMH) Nr. 9/2002. S. 506 – 517. S. 512.

21 Ebenda. S. 517.

22 Mason, Geoff/ Wagner, Karin (2002): High Level Skills Formation and Knowledge Transfer in Germany and Britain. In: Backes-Gellner, Uschi/ Schidtke, Corinna (Hrsg.): Bildungssystem und betriebliche Beschäftigungsstrategien in internationaler Perspektive. Berlin. S. 139 – 158.

tisch empfundenen Verbandsgruppen aus unterschiedlichen Interessen ähnliche Konsequenzen ergeben, so dass Gewerkschaften und Wirtschaftsverbände auf der Policyebene in bildungspolitischen Fragen eine größere Nähe als in anderen Politikfelder aufweisen. Dadurch könnten sie gemeinsam auf diesem Politikfeld, auf dem momentan keine parteipolitische Profilierung deutlich erkennbar ist, zu einem gewichtigen Akteur werden, zumal sie bereits Teile der beruflichen Bildung verantworten.

Für einige Teilssysteme bestimmter Politikfelder sind Vorstellungen der Mehrheit der (als Konsumenten) Betroffenen über den normativen Zweck, das Selbstverständnis, die Steuerung und Organisation des jeweiligen Systems bzw. die diesbezüglich herrschende Expertise nicht deckungsgleich mit den Interessen der in dem Teilssystem Beschäftigten. Eine derartige Konstellation kann als Prinzipal-Agent-Modell abgebildet werden, bei dem der Prinzipal seine Vorgaben durch einen Agenten ausführen lässt. Unter Umständen verfolgt der Agent seine eigenen Interessen anstelle der Interessen des Prinzipals. Da Gewerkschaften (auch ihrem Selbstverständnis nach) in erster Linie für die Vertretung und Wahrnehmung der Interessen ihrer Mitglieder verantwortlich zeichnen, unterliegt gewerkschaftliche Bildungspolitik folglich unter Umständen einem Spannungsverhältnis zwischen den Interessen der im Bildungssystem beschäftigten und in der Gewerkschaft organisierten Arbeitnehmer an ihren Arbeitsbedingungen auf der einen Seite und den vom Bildungssystem ausgehenden gewünschten gesellschaftlichen Auswirkungen auf der anderen Seite.[23] In der internationalen Bildungsforschung wird von prominenter Seite die These vertreten, dass die Ressourcenallokation im Bildungssektor weniger Sach- oder Effizienzkriterien folgt, sondern hauptsächlich durch den Einfluss von Interessengruppen bestimmt wird.[24] Überdies wird ein negativer Zusammenhang zwischen einer starken Interessenvertretung der Beschäftigten in Schulen und dem Effizienzniveau der Einrichtung konstatiert[25], was eine Dominanz der Arbeitsplatzinteressen innerhalb des skizzierten Spannungsverhältnisses voraussetzt. Im Forschungsinteresse der vorliegenden Arbeit liegt deshalb, inwieweit die Mitgliederinteressen insbesondere der Gewerkschaften, deren Klientel zum Teil im Bildungssystem beschäftigt ist, die bildungsprogrammatische Ausrichtung des jeweiligen Verbandes beeinflusst.[26]

---

23 Dieses Problem wird an dem Beispiel der Ganztagsschule deutlich, deren Ausbau seit langem eine zentrale schulpolitische Forderung der Gewerkschaft Erziehung und Wissenschaft (GEW) darstellt. Die pädagogisch begründete Umwandlung von Halbtags- in Ganztagsschulen zieht deutliche und nicht von allen Lehrern begrüßte Veränderungen der Arbeitsbedingungen nach sich, so dass die GEW dafür nur eintreten kann, „wenn Arbeitsplatzinteressen und pädagogische Konzepte übereinstimmen.“ Vgl. Brandt, Eberhard (2004): An den Widersprüchen der herrschenden Politik ansetzen. E&W-Gespräch über Gegenwart und Zukunft der Bildungsgewerkschaft. In: Erziehung und Wissenschaft (E&W) Nr. 8/2004. S. 8.

24 Pritchett, Lant/ Filmer, Deon (1999): What Education Production Functions Really Show: A Positive Theory of Education Expenditures. In: Economics of Education Review Nr. 18. S. 223 – 239.

25 Hoxby, Caroline Minter (1996): How teachers` unions effect education. In: The Quarterly Journal of Economics. 111 Jg.. Heft 3/1996. S. 671 – 718.

26 Dabei ist nur eine Betrachtung der Selbstprogrammierung, aber keine Überprüfung der Befunde von Hoxby und Pritchett/ Filmer möglich.

1.2 Konzeption der Arbeit

Die vorliegende Arbeit untersucht die bildungspolitischen Konzeptionen der Gewerkschaften und der Spitzenverbände der Wirtschaft in Hinblick auf ihre Genese, Struktur und Funktion. Diese dreifache Perspektive, bestehend aus den materiellen Positionen im Politikfeld Bildung, deren bildungsökonomischer Herleitung und der verbandstheoretischen Diskussion der Erosion wirtschaftsverbandlich bzw. gewerkschaftlich organisierter Interessenvertretung, erfolgt durch eine Dreiteilung der vorliegenden Arbeit.

Zunächst werden in einem bildungsökonomischen Kapitel die systemexternen Effekte des Bildungssystems für die Bereiche der Mikro- und Makroökonomie untersucht. Für die mirkoökonomische Ebene ist aufgrund der überwiegend staatlichen Bildungsfinanzierung die daraus resultierende Verteilungswirkung von besonderem Interesse. Zudem wird in einem zweiten Schritt die Rolle des Bildungssystems in einer langfristig angelegten Wachstums- und Beschäftigungspolitik unter den speziellen Bedingungen des skizzierten Strukturwandels ventiliert.

Die bildungsökonomische Perspektive des ersten Kapitels wird in dem zweiten Kapitel um eine verbandsbezogene Perspektive erweitert, die angesichts der strukturellen Krisen der Gewerkschaften und Wirtschaftsverbände nach der strategischen Bedeutung von Bildungspolitik für die Zukunft dieser Verbandsgruppen und der industriellen Beziehungen insgesamt fragt. Dazu werden anschließend an eine nach Verbandsgruppen differenzierte Darstellung der Krisensymptome und Erosionsursachen bestehende Reformkonzepte dargelegt und eine bildungspolitische Profilierungsstrategie der Verbände in Hinblick auf die Ergebnisse des ersten Teils erörtert.

Mittels einer inhaltsanalytischen Untersuchung von Verbandspublikationen erfolgt im dritten Teil eine systematische Erfassung der bildungspolitischen Positionen von Gewerkschaften und Spitzenverbänden der Wirtschaft. Diese qualitative Darstellung der Verbandspositionen bildet den Hauptteil der vorliegenden Untersuchung und ist mit bildungswissenschaftlichen Diskursen und – insbesondere in den von den Sozialpartnern korporatistisch verantworteten Bereichen – mit Fragen der Problemverarbeitungskapazität der Entscheidungsprozesse verknüpft.

1.3 Forschungslage

Gewerkschaften und Wirtschaftsverbände werden bisher in der Forschung nur vereinzelt im Zusammenhang mit dem dualen System der beruflichen Bildung als bildungspolitische Akteure wahrgenommen.[27] Diese Arbeiten konzentrieren sich auf die Sozialpartner und die Kammern, während die wirtschaftspolitischen Verbände und die nicht in das korporatistische System der industriellen Beziehungen eingebundenen Gewerkschaften unberücksichtigt bleiben. Eine systematische Darstellung der bildungspolitischen Profile und Programme, wie sie Jutta Sterns Arbeit für die Parteien darstellt[28], existiert bisher weder für Ge-

---

27 Z. B. bei Euler, Dieter (1998): Modernisierung des dualen Systems - Problembereiche, Reformvorschläge, Konsens- und Dissenslinien. In: Bund-Länder-Kommission für Bildungsplanung und Forschungsförderung (BLK) (Hrsg.): Materialien zur Bildungsplanung und zur Forschungsförderung Heft 62. Bonn.

28 Stern, Jutta (2001): Programm versus Pragmatik. Parteien und ihre Programme als Einfluss- und Gestaltungsgröße auf bildungspolitische Entscheidungsprozesse. Frankfurt am Main.

werkschaften noch für die Spitzenverbände der Wirtschaft. Insgesamt ist die politik- und erziehungswissenschaftliche Bildungsforschung wenig akteurzentriert.

Ebenfalls wenig ausgeprägt – abgesehen von dem Bereich der Hochschulforschung – sind Politikfelduntersuchungen des Feldes Bildungspolitik in der politikwissenschaftlichen Forschung, die sich Bildungspolitik stärker im Zusammenhang mit Governancefragen widmet.[29] Somit wird Bildungspolitik zumeist als Teilaspekt anderer Forschungsfragen (z.B. Korporatismus, Politikverflechtung, Institutionentransfer, Demokratiedefizit, Föderalismus) gewürdigt.

In den Wirtschaftswissenschaften wird vor allem in der neoklassischen Theorie unter dem Begriff Humankapitalausstattung die Wirkungen des in einer Volkswirtschaft bestehenden Humankapitals auf ökonomisch definierte Wohlfahrtsziele und Struktureffekte untersucht. Jüngere Arbeiten versuchen sich an einer umfassenden Darstellung der Auswirkungen von Bildungstätigkeit auf nicht-ökonomische Bereiche.

Überdies ist in der Bildungsforschung derzeit eine (Re-) Etablierung bildungsökonomischer Fragestellungen beider Ausrichtungen erkennbar[30], die sich unter dem Gesichtspunkt von Allokationseffekten und Ressourceneffizienz auch der Verteilungswirkung widmet. Gerechtigkeitstheoretische Fragen der Reproduktivität sozialer Unterschiede durch das Bildungssystem können als Querschnittsthema aller an der Bildungsforschung beteiligten Disziplinen betrachtet werden.

Insgesamt ist der Bereich Bildungsforschung stark interdisziplinär ausgerichtet und umfasst im Kern Sozialwissenschaften, Volkswirtschaftslehre und die empirisch ausgerichtete Erziehungswissenschaft. Auffällig für den Bereich der Bildungsforschung sind die Dominanz außeruniversitärer Forschung sowie der geringe politikberatende Beitrag der Erziehungswissenschaften zu bildungspolitischen Kontroversen[31], der in der geisteswissenschaftlichen Tradition der deutschen Erziehungswissenschaften begründet sein dürfte. Zudem ist – anders als etwa in Frankreich oder den USA – Bildung in Deutschland kein prioritäres Feld wohlfahrtstaatlicher Intervention, was ebenfalls zu einer Vernachlässigung sowohl der Kostenseite als auch der Outputebene des Bildungssystems durch Politik und Forschung beigetragen hat. Erst seit kurzem setzt es sich auch in den Erziehungswissenschaften durch, Knappheit als Randbedingung für die Gestaltung pädagogischer Prozesse zu akzeptieren.[32]

In Verbänden organisierte Interessen stellen ein zentrales Thema der politikwissenschaftlichen Regierungslehre dar, so dass eine Vielzahl von allgemeinen und speziellen Abhandlungen über Interessenverbände existiert, von denen eine Reihe auf aktuelle Struk-

---

[29] In der Politik- und Sozialwissenschaft ist man im deutschen Sprachraum dazu übergegangen, den Begriff „Steuerung" durch das englische „Governance" zu ersetzen, das sich auf eine Form der nicht-hierarchischen Regelung kollektiver Sachverhalte und auf nach unterschiedlichen Prinzipien gestaltete Regelungsstrukturen bezieht. Vgl. Mayntz, Renate (2004): Governance Theory als fortentwickelte Steuerungstheorie? Max-Planck-Institut für Gesellschaftsforschung (Hrsg.): Working Paper Nr. 1/2004. S. 1 – 10. S. 4.
Um begriffliche Missverständnisse zu vermeiden, wird in der Arbeit weiterhin der Begriff „Steuerung" benutzt, da dieser in den bildungswissenschaftlichen Diskursen verwendet wird.

[30] Vgl. Anmerkung 11.

[31] Dies bemängelt auch der Wissenschaftsrat in seiner Empfehlung zur Zusammenführung in einem institutionalisierten Forschungsverbund von Bildungsökonomie und Erziehungswissenschaften zum Ausbau der Bildungsforschung vgl. Wissenschaftsrat (WR) (Hrsg.) (2001): Empfehlung zur zukünftigen Struktur der Lehrerbildung (Drs. 5065/01). Köln. S. 54 ff.

[32] Weiß, Manfred (2002): Stichwort: Bildungsökonomie. In: Zeitschrift für Erziehungswissenschaften (ZfE) Heft 2/2002. S. 183 – 200. S. 196.

turprobleme und Erosionsphänomene eingeht. Überdies existieren einige Monographien zu einzelnen Verbänden. Die Verteilung auf die Verbandsgruppen weist eine gewisse Asymmetrie auf, indem sich der Großteil mit Gewerkschaften befasst, während die Wirtschaftsverbände als „chronisch unterforscht“[33] gelten. Zudem befasst sich das Feld der industriellen Beziehungen ausführlich und multiperspektivisch mit den Sozialpartnern. In der jüngeren Forschung werden die Strukturprobleme weniger für die Verbände separiert betrachtet, sondern deren gegenseitige Anhängigkeit in dem Institutionengeflecht der industriellen Beziehungen betont.[34]

1.4 Auswahl der Verbände

Die vorliegende Arbeit widmet sich den bildungspolitischen Programmen der Gewerkschaften und Wirtschaftsverbände anhand einer inhaltsanalytischen Untersuchung der Verbandspublikationen. Für diese Untersuchung wurde eine Auswahl der Verbände getroffen, so dass auf Seiten der Gewerkschaften die Industriegewerkschaft Metall (IG Metall), die Gewerkschaft Erziehung und Wissenschaft (GEW), die Vereinte Dienstleistungsgewerkschaft (ver.di), die Industriegewerkschaft Bergbau, Chemie Energie (IG BCE) und der Deutsche Gewerkschaftsbund (DGB) untersucht wurden. Nicht berücksichtig wurden von den DGB-Gewerkschaften die IG Bauen-Agrar-Umwelt, die Gewerkschaft der Polizei, die Gewerkschaft Nahrung-Genuss-Gaststätten (NGG) sowie Transnet aufgrund einer zu geringen Anzahl an Verbandspublikationen zur Bildungspolitik oder einer Randständigkeit dieses Politikfeldes innerhalb des gewerkschaftlichen Themenspektrums. In den berücksichtigten Gewerkschaften sind 84 Prozent aller DGB-Mitglieder organisiert. Jedoch sind diese als einzelner Verband nicht berücksichtigten Gewerkschaften mittelbar über die Dachfunktion des Deutschen Gewerkschaftsbundes erfasst.[35]

Tabelle 1.1: Mitglieder in den DGB-Gewerkschaften (Stand 31.12.2003)

Gewerkschaften	**Mitglieder**	**Prozentualer Anteil am DGB**
IG Bauen-Agrar-Umwelt	461.162	6,3
IG Bergbau, Chemie, Energie	800.762	10,9
Gew. Erziehung und Wissenschaft	260.842	3,5
IG Metall	2.525.348	34,3
Gew. Nahrung- Genuss- Gaststätten	236.507	3,2
Gewerkschaft der Polizei	181.100	2,5

33 Schroeder, Wolfgang/ Silvia, Stephen J. (2003): Gewerkschaften und Arbeitgeberverbände. In: Schroeder, Wolfgang/ Weßels, Bernhard (Hrsg.): Die Gewerkschaften in Politik und Gesellschaft der Bundesrepublik Deutschland. Wiesbaden. S. 244 – 270. S. 245.

34 Zimmer, Stefan (2002): Jenseits von Arbeit und Kapital? Unternehmerverbände und Gewerkschaften im Zeitalter der Globalisierung. Opladen.

35 Zur Behandlung des Dachverbandes als eigenständigen Verband vgl. Kapitel 4.3.1.2.

TRANSNET	283.332	3,8
ver.di	2.614.094	35,5
DGB-Gesamt	**7.363.147**	**100**

Quelle: Deutscher Gewerkschaftsbund

Die christlichen Gewerkschaften blieben weniger wegen des unklaren Status` unberücksichtigt als vielmehr aufgrund der geringen Größe der einzelnen christlichen Branchengewerkschaften und in Ermangelung eines klar konturierten bildungspolitischen Profils des Christlichen Gewerkschaftsbundes Deutschland (CGB).[36]

Ebenso unberücksichtigt bei der Inhaltsanalyse bleibt der deutsche Beamtenbund, wobei jenseits der systematischen Inhaltsanalyse auf einzelne Positionen der in ihm organisierten Lehrerverbände[37] Bezug genommen wird.

Auf der Seite der Wirtschaftsverbände werden die sozial- und wirtschaftspolitischen Spitzenverbände sowie die Dachorganisationen der Kammern untersucht. Im Einzelnen sind das die Bundesvereinigung Deutscher Arbeitgeberverbände (BDA), der Bundesverband der Deutschen Industrie (BDI), der Deutsche Industrie- und Handelskammertag (DIHK), der Zentralverband des Deutschen Handwerks (ZDH) und das Kuratorium der Deutschen Wirtschaft für Berufsbildung (KWB[38]). Letzteres wird dabei wie ein eigenständiger Verband behandelt.

[36] Das Amtsgericht Gera hat in einer Entscheidung der Christlichen Gewerkschaft Deutschlands (CGD) aus Gera den Gewerkschaftsanspruch abgesprochen (AZ 2BV 3/2000 vom 17.10.2002).
Die IG Metall hat mit Verweis auf das Mächtigkeitsprinzip ein Beschlussverfahren gegen die Christliche Gewerkschaft Metall (CGM) eingeleitet, um ihr den Gewerkschaftsanspruch aberkennen zu lassen. Das Landesarbeitsgericht Baden-Württemberg hat in seiner jüngsten Entscheidung einen Beschluss des Arbeitsgerichts Stuttgart aufgehoben und der CGM die Gewerkschaftseigenschaft bestätigt (AZ 4 TaBV 1 /04 vom 01.10.04). Die IG Metall hat angekündigt, das Bundesarbeitsgericht anzurufen.

[37] Es existieren unterschiedliche Lehrerorganisationen, die zum Teil die Lehrerschaft bestimmter Schularten repräsentieren. Die Lehrerorganisationen haben bei den Beamten ein Anhörungsrecht in allen wesentlichen Fragen des Berufes. In bestimmten Fällen gibt es auch nach Maßgabe der jeweiligen Landesgesetze förmliche Mitbestimmungsrechte z.B. bei wesentlichen Veränderungen der Arbeitsbedingungen. In den neuen Ländern, deren Lehrerinnen und Lehrer überwiegend als Angestellte beschäftigt werden, werden die wesentlichen Bestimmungen der Vergütung und der Arbeitsbedingungen durch Tarifverträge zwischen den Kultusbehörden und den Lehrergewerkschaften geregelt. Vgl. Döbrich, Peter/ Klemm, Klaus/ Knauss, Georg/ Lange, Hermann (2004): Ausbildung, Einstellung und Förderung von Lehrerinnen und Lehrern (OECD-Lehrerstudie). Ergänzende Hinweise zu dem Nationalen Hintergrundbericht (CBR) für die Bundesrepublik Deutschland. In: http://www.oecd.org/dataoecd/55/61/31076280.pdf. S. 16 f.

[38] Das KWB koordiniert und vertritt die Positionen und Interessen der Wirtschaft in der beruflichen Bildung und übernimmt die Koordination der Neuordnungsverfahren bzw. der Einführung neuer Berufe sowie der Ordnungsverfahren in der Aus- und Weiterbildung. Mitglieder im Kuratorium für Berufsbildung sind folgende Verbände: Bundesvereinigung Deutscher Arbeitgeberverbände (BDA)/ Deutscher Industrie- und Handelskammertag (DIHK)/ Hauptverband des Deutschen Einzelhandels (HDE)/ Zentralverband des Deutschen Handwerks (ZDH)/ Bundesverband der Deutschen Industrie (BDI)/ Bundesverband des Deutschen Groß- und Außenhandels (BGA)/ Bundesverband der Freien Berufe (BFB)/ Deutscher Bauernverband (DBV).

1.5 Politikfeld Bildung

Bildung im traditionellen Sinne gilt als die erarbeitende und aneignende Auseinandersetzung mit der Welt und als Inbegriff der Selbstverwirklichung des Menschlichen im Menschen. Von Hentig sieht in Bildung „den notwendigen und wünschenswerten Vorgang, im Laufe dessen wir erstens unsere Anlagen, also unsere Person, entfalten, zweitens taugliche Bürger werden und drittens an unserer historischen Lebensform, also unserer Kultur, teilhaben als deren erfreute Nutznießer und erfreuliche Fortzeuger und Kritiker."[39] Deutlich erkennbar sind die persönliche, politische und berufliche Dimension des Bildungsbegriffs.

Für das vorliegende Forschungsvorhaben ist eine – ohnehin kaum leistbare – umfassende Definition von Bildung an dieser Stelle nicht zwingend, weil die jeweils von den Verbänden in der Regel implizit zugrunde gelegten Bildungskonzepte analysiert werden, so dass keine eigene definitorische Abgrenzung notwendig ist.

Eine Abgrenzung des Bereichs der Bildungspolitik ist hingen hilfreich, so dass im Folgenden unter Bildungspolitik die Gesamtheit aller politischen, finanziellen und organisatorischen Maßnahmen, Aktivitäten und Einflüsse staatlicher Institutionen und gesellschaftlicher Gruppierungen gefasst wird, die sich auf die Einrichtung, Bewahrung, Gestaltung und Veränderung des Erziehungs- und Bildungssystems beziehen.[40] Als Bildungssystem wird die Gesamtheit der institutionellen und organisatorischen Möglichkeiten (Bildungsangebote) in einer Gesellschaft bezeichnet, die es bestimmten Personen oder Personengruppen erlauben sollen, durch meist planvoll organisierte Lehr-Lern-Prozesse in einem bestimmten Zeitraum definierte Bildungsziele zu erringen.[41]

Obwohl Bildung ein höchst ressourcenintensives und im Bewusstsein breitester Bevölkerungskreise durchaus präsentes Politikfeld ist, dessen strategische Bedeutung für andere Politikbereiche unbestritten ist, zählt es dennoch nicht zu den Problemkomplexen, „die dem politischen System zur bevorzugten Bearbeitung vorgegeben sind".[42] Claus Offe erklärt diese Randständigkeit der Bildungspolitik damit, dass der Staat sein „Krisenmanagement" vorzugsweise auf Bereiche richtet, die den Systembestand garantieren, und andere Bereiche, aus denen weniger systemrelevante Risiken hervorgehen, nicht prioritär bearbeitet.[43] Daraus folgert Massing, dass Bildungspolitik umgekehrt immer dann mit hoher Priorität auf die politische Agenda gerät, wenn sie in diese systemrelevanten Komplexe eingebettet und von ihr in diesem Zusammenhang wichtige Leistungen erwartet werden[44], so dass gerade der enge Bezug zwischen dem Bildungssystem und systemexternen ökonomischen Effekten eine Chancen für eine Stärkung der Bildungspolitik berge.[45]

Als problematisch für den Stellenwert der Bildungspolitik erweisen sich auf der Seite des Problemdrucks, dass die Konsequenzen eines leistungsschwachen Bildungssystems kurz- und mittelfristig wenig offensichtlich und nicht eindeutig zurechenbar sind, zumal, wenn kein akzeptiertes indikatorengestütztes Berichtssystem existiert. Auf der Ebene des

[39] Von Hentig, Hartmut (2004): Die überschätze Schule. In: Frankfurter Rundschau (FR) vom 11.05.2004. S. 9.

[40] Vgl. Rechel, Peter (1978): Bildungspolitik. In: Sontheimer, Kurt/ Röhring, Hans H. (Hrsg.): Handbuch des politischen Systems der Bundesrepublik Deutschland. München. S. 57 – 67. S. 57.

[41] Vgl. Massing, Peter (2002): Einleitung: Bildungspolitik in der Bundesrepublik Deutschland. S. 33. Anmerkung 1.

[42] Offe, Claus (1982): Strukturprobleme des kapitalistischen Staates. Frankfurt am Main. S. 156.

[43] Ebenda. S. 160.

[44] Massing, Peter (2002): Einleitung: Bildungspolitik in der Bundesrepublik Deutschland. S. 29.

[45] Ebenda. S. 8.

politischen Handelns ist der lange Zeitraum, bis die Erträge bildungspolitischer Handlungen wirksam werden, problematisch. Dadurch ist das grundsätzliche Problem der Zukunftsschwäche demokratischer Institutionen in Bereichen, in denen die Erträge politischer Maßnahmen erst nach Ablauf der aktuellen Legislaturperiode und damit jenseits des für die politischen Entscheidungsträger relevanten Zeitraums anfallen, im Bildungsbereich besonders ausgeprägt.[46]

Gleichzeitig müssen die investiven Aufwendungen von einer Bevölkerungsgruppe aufgebracht werden, die sich nicht mehr im Bildungssystem befindet, weshalb sich das Bildungswesen insbesondere in Zeiten knapper öffentlicher Mittel gegenüber der konsumptiven Ausgabenkonkurrenz der Renten- oder Gesundheitspolitik nicht behaupten kann.[47]

Aus diesen Gründen war Bildungspolitik relativ zu anderen Politikfeldern immer eher programmgesteuert und langfristig. Bei steigendem Problemdruck, der aktuell für Deutschland konstatiert werden kann, ist es aus Sicht der politischen Entscheidungsträger rational, sich auf Handlungen eines kurzen bis mittleren Wirkungshorizontes zu konzentrieren. Da sich die Auswirkungen von bildungspolitischen Handlungen jedoch in der Regel erst längerfristig zeigen, dürfte das Politikfeld Bildung auf Dauer für Parteien seine Attraktivität verlieren. Dadurch und durch das Problem der Längerfristigkeit ist dieser Politikbereich prädestiniert für große Verbände, denn auch in anderen Politikfeldern mit ähnlichen Politikbedingungen wie beispielsweise der Umweltpolitik oder Staatsdefizitfragen drängen vor allem Verbände auf Nachhaltigkeit der politischen Entscheidungen. Ein wesentlicher Beitrag der Verbände zu der politischen Leistungsfähigkeit moderner Gesellschaften wird darin gesehen, dass „aufgrund der Kontinuität der von Verbänden vertretenen Interessen der Zeithorizont verbandlicher Politik in der Regel über den Tellerrand sowohl der Rechnungsperioden der Verbandsmitglieder als auch der Wahlperioden der Politik hinausreicht."[48]

Wegen der Verknüpfung mit anderen Politikfeldern und nicht zuletzt aufgrund des Erziehungsauftrages des schulischen Bereichs des Bildungssystems sind bildungspolitische Entscheidungen bedingt durch die oftmals widersprüchliche Vielfalt von Erwartungen und Forderungen zahlreicher Gruppierungen und Organisationen aus Politik, Gesellschaft, Wirtschaft und Kultur in hohem Maße konsensabhängig.

Trotzdem führt das Bildungssystem in Deutschland „traditionell ein ausgeprägtes Eigenleben, das, verstärkt durch die Entkoppelung von Bildungs- und Beschäftigungssystem, eigene Traditionen und Erziehungsambitionen fortzeugt [...] und hinsichtlich der internen Strukturen nur schwer aus obrigkeitsstaatlichen Verhältnissen herausfindet."[49] Trotz der vielfältigen Ansprüche an das Bildungssystem sind dessen „Schnittstellen zu anderen Teilsystemen – selbst den Abnehmern – kaum ausgeprägt, und sogar innerhalb des Erziehungs-

---

[46] Kemnitz, Alexander/ Weizsäcker, Robert K. (2003): Bildungsreform und Demokratie. In: Vierteljahrshefte zur Wirtschaftsforschung Nr. 72/ 2003. Berlin. S. 188 – 204. S. 200. Anmerkung 21.

[47] Zum Verhältnis konsumptiver und investiver Ausgaben vgl. Schmidt, Manfred G. (2002): Warum Mittelmaß? Deutschlands Bildungsausgaben im Internationalen Vergleich. In: Politische Vierteljahresschrift (PVS) Nr. 1/2002. S. 3 – 19; Schmidt, Manfred G. (2003): Ausgaben für Bildung im internationalen Vergleich. In: APuZ. B21-22/2003. S. 6 – 11.

[48] Streeck, Wolfgang (1999): Von Nutzen und Nutzung des Korporatismus in einer Gesellschaft im Wandel. In: Bührer, Werner/ Grande, Edgar (Hrsg.): Unternehmerverbände und Staat in Deutschland. Baden-Baden. S. 53 – 63. S. 55.

[49] Muszynski, Bernhard (2002): Empirische Wende oder heiße Luft? Was die PISA-Debatte bewegen könnte. In: Andersen, Uwe/ Breit, Gotthard/ Massing, Peter/ Woyke, Wichard (Hrsg.): Bildungspolitik in der Bundesrepublik Deutschland. Entwicklung – Kontroversen – Perspektiven. Schwalbach/ Ts. S. 65 – 77. S. 67.

systems sind die unterschiedlichen Bildungsstufen und Bildungszweige kaum aufeinander bezogen. Entsprechend pflegt das pädagogische Personal oft ein individualisierendes Professionsverständnis [...].“[50] Somit zeichnet sich ein Bildungssystem ab, das kaum mit anderen Teilsystemen vernetzt ist, über ein hohes Maß an Autonomie verfügt und deswegen bisher nicht systematisch in politische Modernisierungsstrategien eingebunden wurde. Gleichzeitig wird das Bildungssystem in der Programmatik diverser Gruppen zur universellen Lösungsinstanz stilisiert, so dass die Bildungspolitik „angesichts des Strukturwandels [...] zum Hoffnungsträger für soziale Gerechtigkeit, Wirtschaftswachstum und sogar für zivilgesellschaftliche Demokratie“[51] wird.

---

50 Ebenda.

51 Schöning, Werner/ Theisen, Heinz (2002): Arbeitsmarkt- und Sozialpolitik in Deutschland und Europa zwischen neuer Mitte und neuem Populismus. In: Aus Politik und Zeitgeschichte (APuZ) Bd. 46 – 47/ 2002. S. 36 – 45. S. 40.

2 Ökonomische Bedeutung von Bildung

2.1 Bildungsfinanzierung und Verteilungswirkung

Bildung ist ein öffentliches Gut mit positiven Externalitäten und wird folgerichtig vom Staat subventioniert. Gleichzeitig hat Bildung die Qualität eines positionalen Gutes, so dass der Arbeitsmarktwert von Abschlüssen durch kompetitive Faktoren bestimmt wird und bei relativer Knappheit steigt. Bildungsinvestitionen und Bildungspolitik sind dadurch gekennzeichnet, dass gesellschaftliche Wirkungen - etwa durch eine hohe Humankapitalausstattung[52] der Bürger - nur durch die Summe individueller Bildungserträge erreicht werden können. Folglich haben Bildungsprozesse, Bildungsinvestitionen und Bildungserträge über alle Dimensionen des Bildungsbegriffs hinweg eine individuelle und eine gesellschaftliche Auswirkung. Dennoch handelt es sich bei Bildung trotz der kumulativen Wirkung auf gesellschaftlicher Ebene um kein Kollektivgut, da Individuen von dessen Inanspruchnahme dauerhaft ausgeschlossen werden (können).[53]

Diese zwei Ausprägungen von Bildungserträgen finden sich insbesondere in der ökonomischen Dimension von Bildung, wobei im Nachfolgenden zu zeigen sein wird, dass die bestehenden Einschätzungen der volkswirtschaftlichen Erträge differieren. Jenseits der unterschiedlichen Quantifizierungen kann eine elementare Rolle der Bildung als volkswirtschaftlicher Produktionsfaktor als allgemein akzeptiert angesehen werden.[54] Zudem wirken sich höhere Bildungsausgaben individuell ebenfalls positiv auf Beschäftigungsfähigkeit, Einkommen, Gesundheit und weitere Aspekte der Lebensqualität aus, so dass Bildung oftmals eine „Schlüsselfunktion bei der Verteilung von Lebenschancen“[55] zugeschrieben wird. Damit haben öffentliche Bildungsausgaben sowohl direkte als auch indirekte verteilungspolitische Auswirkungen, so dass Bildungspolitik in beträchtlichem Maße als Verteilungspolitik angesehen werden kann.

Diese von der Bildungspolitik ausgehende Verteilungswirkung wird in diesem Kapitel für alle Bildungsbereiche, aber unter besonderer Berücksichtigung des tertiären Bereichs, näher untersucht. Zuvor werden Theorien, Modelle und empirische Ergebnisse über die von Bildungsanstrengungen ausgehenden individuellen und gesellschaftlichen Erträge darge-

---

52 Humankapital beschreibt die Fähigkeiten und Fertigkeiten sowie das Wissen, das in Personen verkörpert ist und das durch Bildungsprozesse und Erfahrung erworben werden kann. Es muss in irgendeiner Form gesellschaftlich und/oder ökonomisch transaktionsfähig sein.

53 Zwar ist der über Jahrhunderte wachsende Bestand kollektiv geteilten kulturellen Gemeinwissens der sich stets neu bildenden Kultur Ergebnis von Lernprozessen. Da diese aber stark durch informelles Lernen und weniger durch Institutionen vermittelt sind, wird kollektiv geteiltes Wissen nicht unter den der vorliegende Arbeit zugrunde liegenden Bildungsbegriff subsumiert, so dass kein Kollektivgutcharakter für Bildung angenommen wird.

54 Bundesministerium für Bildung und Forschung (BMBF) (Hrsg.) (2001): Zur technologischen Leistungsfähigkeit Deutschlands. Zusammenfassender Endbericht 2000. Bonn.

55 Thränhardt, Dietrich (1990): Bildungspolitik in der Bundesrepublik. In: Beyme, Klaus v./ Schmidt, Manfred G. (Hrsg.): Politik in der Bundesrepublik Deutschland. Opladen. S. 177 – 202 . S. 178.

stellt. Solche Forschungsfragen zur systemexternen Wirksamkeit des Bildungssystems unter der Fragestellung des individuellen und gesellschaftlichen Humankapitalbeitrags lassen sich unter den Oberbegriff Bildungsökonomie subsumieren[56].

2.1.1 Staatliche Bildungsausgaben

Obgleich die öffentlichen Ausgaben für Bildung an dem Bruttosozialprodukt in Deutschland unter dem Durchschnitt der OECD-Staaten liegen, werden die Schulen und Hochschulen in Deutschland nahezu ausschließlich aus den öffentlichen Haushalten finanziert. Private Finanzierung überwiegt nur im Rahmen der betrieblichen Aus- und Weiterbildung. Selbst bei den privaten Bildungseinrichtungen übernahmen die öffentlichen Haushalte noch fast zwei Drittel der dort angefallenden Kosten. Damit stellt Bildung einen quantitativ beträchtlichen Ausgabenbereich der öffentlichen Haushalte dar:

Im Jahr 2000 betrug das Bildungsbudget zirka 132 Milliarden Euro, wobei sich die Ausgaben der öffentlichen Haushalte auf 95 Milliarden Euro (74 Prozent) summierten[57]. Diese 74 Prozent öffentlicher Bildungsausgaben am Bildungsbudget werden knapp zur Hälfte (48 Prozent) durch die Länder bestritten, 12 Prozent bringt der Bund und 14 Prozent die Gemeinden auf.[58] Die ausgabenseitige Verteilung ist folgende: öffentliche Vorschulen, Schulen, Hochschulen (52 Prozent), betriebliche Ausbildung (11 Prozent), Teilnehmerförderung (10 Prozent), private Vorschulen, Schulen, Hochschulen (9 Prozent), betriebliche Weiterbildung (7 Prozent), sonstige Bildungseinrichtungen (7 Prozent), Ausgaben für Nachhilfe, Lernmittel und dergleichen (4 Prozent).

Für die öffentlichen Bildungsausgaben lassen sich zudem die Ausgabenarten darstellen, bei denen die Personalaufwendungen mit einem Anteil von 65% überwiegen. Im Schulsektor liegt dieser Posten noch einmal etwa zehn Prozentpunkte höher. Für laufende

---

56 Neben diesem Aspekt ist die Bildungsökonomie auch mit Fragen der Steuerungsverfahren im Bildungswesen befasst, auf die im Zusammenhang mit der Darstellung der bildungspolitischen Profile der Verbandsgruppe einzugehen sein wird.

57 Das umfassendste nationale Erhebungskonzept von Bildungsausgaben ist das vom Statistischen Bundesamt regelmäßig ausgewiesene Bildungsbudget. Eingeschlossen sind hier auch die Weiterbildung, bildungsbezogene Ausgaben der Bundesanstalt für Arbeit, im Rahmen der Jugendhilfe geleistete entsprechende Aufwendungen, von Privaten für Lernmittel aufgewendete Beträge und Ausgaben der öffentlichen Haushalte für den Unterhalt der Bildungsteilnehmer. Den Beamtenbezügen werden Beihilfezahlungen sowie fiktive Beiträge für die gesetzliche Rentenversicherung und für die Zusatzversorgung zugeschlagen. Andererseits werden Forschungsausgaben der Bildungseinrichtungen herausgerechnet. Es unterscheidet ferner zwischen einer Durchführungs- und einer Finanzierungsbetrachtung. Bei der Durchführungsbetrachtung wird ausgewiesen, wie viele Mittel für den jeweiligen Bildungszweck ausgegeben werden, während in der Finanzierungsbetrachtung zusätzlich nach der Herkunft des Geldes (vom öffentlichen bzw. privaten Sektor oder vom Ausland) aufgegliedert wird. Derzeit liegen zur Durchführung Zahlen bis zum Jahr 2001 vor; die Angaben zur Mittelherkunft reichen erst bis zum Jahr 2000. Vgl. Deutsche Bundesbank (2003): Monatsbericht Nr. 10/ 2003. Frankfurt am Main. S. 60. Zur Kritik und Erweiterung dieses Konzeptes vgl. Dohmen, Dieter/ Hoi, Michael (2004). Bildungsausgaben in Deutschland – eine erweiterte Konzeption des Bildungsbudgets: Studie zur Technologischen Leistungsfähigkeit Deutschlands Nr. 3-2004 im Auftrag des Bundsministeriums für Bildung und Forschung (BMBF). FiBS-Forum Nr. 20. Köln.
Ferner von Bedeutung ist, dass es sich beim Bildungsbudget um eine Bruttobetrachtung handelt, bei der die Abschreibungen auf das Bildungsvermögen nicht berücksichtigt werden. Das Verhältnis von Bestand zu Investitionen ist für die Betrachtung des Humankapitalsstocks von wesentlicher Bedeutung. Vgl. Kapitel 1.2.3.2.

58 Stand 2000; vgl. Deutsche Bundesbank (2003): Monatsbericht Nr. 10/ 2003. Frankfurt am Main. S. 62.

Sachaufwendungen wurden 14 Prozent und für Zahlungen an andere Bereiche, mit denen vor allem die Personal- und sonstigen laufenden Kosten von privaten oder ausgegliederten Einrichtungen finanziert werden, 12 Prozent aufgewendet. Auf Investitionsausgaben entfallen 9 Prozent. Setzt man bei den privaten Bildungseinrichtungen den gleichen Anteil an Personalkosten wie im staatlichen Ausgabenbudget voraus, entfielen im Jahr 2000 etwa 70 Mrd. Euro auf Personalkosten im Bildungswesen.[59]

Die Anzahl der im Bildungssystem Beschäftigten ist aufgrund von Klassifizierungs- und Abgrenzungsproblemen nur näherungsweise zu bestimmen. Das Statistische Bundesamt beziffert die Zahl der Beschäftigten von Bund, Ländern und Gemeinden im Bildungswesen, Wissenschaft und Forschung auf 1,35 Millionen. Davon entfallen 928.500 Beschäftigte (69 Prozent) auf den allgemein- und berufsbildenden Bereich (davon Länder: 116.800 [87 Prozent]; Gemeinden: 116.800 [13 Prozent]) und 286.200 Beschäftigte (21 Prozent) auf den Hochschul-Bereich (nur Länder). Die zu 100 Prozent verbleibenden Bereiche werden von der Statistik nicht weiter aufgeschlüsselt. Damit sind ein Drittel der öffentlich Beschäftigten im Bereich Bildung, Wissenschaft und Forschung tätig (23 Prozent in Schulen, 7 Prozent in Hochschulen und 3 Prozent in anderen Bereichen).[60]

Für die Anzahl der Beschäftigten im Bereich Bildung, Wissenschaft und Forschung, die nicht dem öffentlichen Dienst zuzuordnen sind, ergeben sich aufgrund fehlender statistischer Daten nur Hinweise. So weist das Statistische Jahrbuch in einer Aufstellung nach Wirtschaftsbereichen für das Jahr 2001 1,97 Millionen Erwerbstätige im Bereich Unterrichtung/ Erziehung aus.[61] Bereinigt man diese Zahl um den aus der nach Berufsgruppen differenzierten Darstellung hervorgehenden Anteil der Erzieher, bleiben 1,54 Millionen Beschäftigte im Bereich Unterricht/ Erziehung ohne die Berufsgruppe der Erzieher. Es ist anzunehmen, dass die Differenz von 190.000 Erwerbstätigen zwischen diesem Wert und dem Wert der öffentlichen Angestellten im Bereich Bildung, Wissenschaft und Forschung in privaten Bildungs- oder Forschungseinrichtungen tätig ist. Der größte Teil dieser Erwerbstätigen dürfte sich in der Weiterbildung finden.[62]

Diese zirka 1,5 Millionen Beschäftigten im Bereich Bildung, Wissenschaft und Forschung entsprechen in etwa vier Prozent aller Erwerbstätigen in Deutschland, so dass Bildung nicht nur ein erheblicher Ausgabenposten der öffentlichen Hand ist, sondern darüber hinaus, insbesondere aus gewerkschaftlicher Perspektive, auch aus Arbeitsmarktgesichtspunkten relevant ist.[63] Dabei ist die Beschäftigungsstruktur im Bildungsbereich mit einem Großteil an öffentlich Beschäftigten bis hin zu der Dominanz von prekären Arbeitsverhältnissen in der Weiterbildung überaus heterogen.

59 95 Mrd. Euro staatliche Bildungsausgaben in 2000. Davon 65 Prozent Personal sind 61,75 Mrd. Hinzu kommen 12 Prozent für private Einrichtungen, die wiederum 65 Prozent für Personal ausgeben, also 95 Mrd. x 0,12 x 0,65 = 7,41.

60 Quelle: Statistisches Bundesamt Deutschland, Stand 30.06.2002.

61 Statistisches Bundesamt Deutschland (2003): Statistische Jahrbuch 2003 für die Bundesrepublik Deutschland. Wiesbaden. S. 112.

62 Faulstich schätzt die Zahl derjenigen, die ihr Haupteinkommen in der Weiterbildung verdienen, auf 80.000 – 100.000 Personen, so dass bei der vorliegenden Annahme 90 000 Erwerbstätige in nicht-öffentlichen Bildungs- und Forschungseinrichtungen verbleiben. Vgl. Faulstich, Peter (2003): Weiterbildung. In: Cortina, Kai S./ Baumert, Jürgen/ Leschinsky, Achim u.a. (Hrsg.): Das Bildungswesen in der Bundesrepublik Deutschland. Reinbek bei Hamburg. S. 625 – 660. S. 653.

63 Das Bildungssystem ist somit bezüglich Ausgabenvolumen und Beschäftigten halb so groß wie das Gesundheitssystem. Vgl. Statistsches Bundesamt Deutschland (2003): Daten zum Gesundheitswesen. In: http://www.destatis.de/themen/d/thm_gesundheit.php.

Nicht zuletzt aufgrund des hohen Anteils von Beschäftigten im Öffentlichen Dienst in diesem Bereich, vor allem aber aufgrund der außergewöhnlichen großen Bedeutung der Bildungspolitik für viele andere Politikfelder existieren innerhalb der bildungspolitischen Diskurse Fragen nach Arbeitsbedingungen und Beschäftigungsaspekte nur peripher.

Bildungsökonomisch stehen angesichts des großen staatlichen Ausgabenvolumens für Bildungsleistungen und dessen Verteilungswirkung Fragen nach den Effekten der eingesetzten Mittel im Vordergrund, aus denen einerseits Effektivitäts- und Effizienzeinschätzungen in Bezug auf die intendierten Ergebnisse abgeleitet und andererseits Verteilungswirkungen zwischen Einkommensklassen dargestellt werden.

2.1.1.1 Exkurs: Effizienzbetrachtung und Steuerungswirkung

Von der Betrachtung der Bildungsausgaben und dem Befund der im internationalen Vergleich relativen Unterfinanzierung aller Bereiche des deutschen Bildungssystems dürfen jedoch nicht automatisch Rückschlüsse auf die Qualität der erstellten Bildungsleistungen gezogen werden. Vielmehr ist der auf den ersten Blick einleuchtende und in der politischen Diskussion zumeist präsupponierte Zusammenhang zwischen Finanzressourceneinsatz und Qualität im Bildungssystem empirisch, insbesondere für den schulischen Bereich, kaum nachweisbar.

Da für den tertiären Bildungsbereich keine international vergleichenden Untersuchungen mit deutscher Beteiligung existieren und die Operationalisierung von Bildungsqualität in diesem Bereich einige Probleme aufwirft, sind diesbezüglich vergleichende Qualitätsaussagen mit erheblicher Unsicherheit behaftet. Dennoch ist ein Konsens erkennbar, der weniger die Ressourcenexpansion als vielmehr eine innere Reform als entscheidenden Ausgangspunkt für die Effizienzsteigerung im Hochschulsystem ansieht. Ähnliches gilt für den Bereich der Weiterbildung, dem angesichts der aufgewendeten Ressourcen bei einem im internationalen Vergleich überraschend geringen Erfolg der Stärkung der Erwerbsfähigkeit durch Weiterbildung große Qualitäts- und Effizienzprobleme attestiert werden.[64]

Für den allgemeinschulischen Bereich gehört zu den unbestrittenen Erkenntnissen der Bildungsforschung, dass die Leistungserstellung in diesem Bereich zunehmend kostenintensiver wird.[65] Ausgehend von Untersuchungen der Weltbank in Entwicklungsländern steht der Zusammenhang zwischen Leistungserstellung und Leistungsqualität im allgemeinschulischen Bereich in den Industrieländern seit längerem im Fokus der Forschung. Dabei ergeben sich keine Hinweise, dass das Volumen der Finanzmittel signifikant positiv mit der Qualität, für die für gewöhnlich in diesen Studien Ergebnisse internationaler Schulvergleichsstudien herangezogen werden, korreliert.[66]

Studien für die OECD-Länder können zeigen, dass der Schulbereich in dieser Ländergruppe seit längerer Zeit zwar einen überdurchschnittlichen Ressourcenzuwachs erfährt,

[64] Auf Qualitäts- und Effizienzprobleme einzelner Bildungsbereiche wird im Rahmen des Auswertungsteils ausführlich eingegangen, so dass auf eine Darstellung an dieser Stelle verzichtet wird.

[65] Weiß, Manfred (1999): Schule: Innovation und Leistungsfähigkeit durch Wettbewerb? In: Grimm, Andrea (Hrsg.) Bildung zwischen Markt und Staat. Perspektiven einer zweiten Bildungsreform. Loccumer Protokolle 12/98. S. 132 – 137. S. 132.

[66] Vgl. Foders, Federico (2001): Bildungspolitik für den Standort D. Berlin. S. 62; Hanushek, Eric A. (1996): Rationalizing School Spending: Efficiency, Externalities and Equity and their Connection to Rising Costs. Wallis Working Papers from University of Rochester. Rochester.

aber keine nachhaltige Verbesserung des Leistungsstandards der Schüler belegbar ist.[67] Selbst zwischen dem Pro-Kopf-Einkommen einer Gesellschaft und den Schülerleistungen besteht kein ökonometrischer Zusammenhang.[68] Dieser Befund eines stetigen Anstiegs der Bildungsinputs für den Schulbereich, der zumindest keine Verbesserung der Schulleistungen bewirkt, wird von den Autoren als „sinkende Schulproduktivität" bezeichnet und kann für eine Reihe von OECD-Ländern nachgewiesen werden.[69]

Abbildung 2.1: Veränderung im Leistungsstand der Schüler und in den realen staatlichen Bildungsausgaben je Schüler, 1970 – 1994[70]

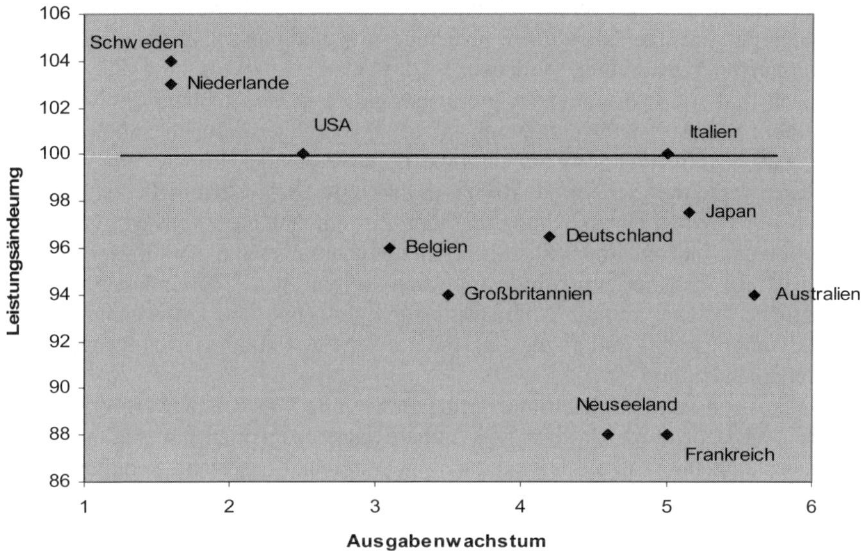

Quelle: Wößmann/ Gundlach 2000

[67] Gundlach, Erich, L./ Wößmann, Ludger/ Gmelin, Jens (1999): The Decline of Schooling Productivity in OECD Countries. Kieler Arbeitspapiere 926. Kiel.

[68] Foders, Federico (2001): Bildungspolitik für den Standort D. S. 63.

[69] Gundlach, Erich / Wößmann, Ludger (2000): Die sinkende Produktivität der Schulen in OECD-Ländern. In: Weiß, Manfred/ Weishaupt, Horst (Hrsg.): Bildungsökonomie und Neue Steuerung. Frankfurt am Main. S. 31 – 52. Für die USA vgl. die Metaanalyse von Hanushek, Eric A. (1997): Assessing the effects of school resources on student performance: An update. In: Educational Evaluation and Policy Analysis. 19 Jg. Heft 2. S. 141 – 164.

[70] Im Fachbereich Naturwissenschaften; Leistungsänderung: Indexziffer 1970 = 100; Ausgabenwachstum: Durchschnittliche jährliche Veränderungsrate der staatlichen Bildungsausgaben je Schüler deflationiert mit dem Preisindex für das Bruttoinlandsprodukt in Prozent.

Speziell für Deutschland belegen Wößmann/ Gundlach (2000) einen dramatischen Produktivitätsverfall deutscher Schulen, der den in der Bildungsforschung viel zitierten „Produktivitätskollaps" des amerikanischen Schulsystems noch in den Schatten stellt.[71]

Erklärungsansätze dieses contraintuitiven Befundes einer Entkoppelung von Performanceniveau und den aufgewendeten Ausgaben verweisen auf Untersuchungen von finanzökonomischen Daten aus Entwicklungsländern, die zeigen, dass ineffiziente Mittelverwendung im Schulbereich Folge einer Verteilung ist, welche die Mittel vornehmlich für Inputs verwendet, die direkt den Nutzen der Lehrer erhöhen (Anhebung der Lehrergehälter, Verkleinerung der Klassen), aber gegenüber den wenig präferierten Verwendungszwecken (z.B. Lehr- und Lernmittelausstattung) eine deutlich niedrigere Grenzproduktivität je aufgewendeten Dollar aufweisen.[72] Die Mittelverwendung in den untersuchten Entwicklungsländern orientiert sich folglich stärker an den Wohlfahrtzielen der Angestellten des Bildungssystems als am Ziel der Schuleffektivitätsverbesserung. Allerdings ist unklar, inwieweit auf Seiten der Entscheidungsträger gesicherte Informationen über die Grenzproduktivität der alternativen Verwendung vorliegen.

Dass auch in den OECD-Ländern und insbesondere in Deutschland die Bildungsausgaben vor allem mit Aufwandsindikatoren, nicht aber mit gemessenen Schülerleistungen korrelieren, wird als Hinweis gewertet, dass die Befunde aus den Entwicklungsländern für die Erklärungen sinkender Schulproduktivität in den Industrieländern in Teilen extrapoliert werden können.[73] Hoxbys Untersuchung über den Zusammenhang zwischen gewerkschaftlichem Einfluss und Ineffizienz im Schulbereich legt ebenfalls nahe, dass dieser Befund für Entwicklungsländer auch für einige Industrieländer Geltung hat.[74] Zumindest für die naturwissenschaftlichen Fächer kommt Wößmann – allerdings ohne eine Untersuchung der speziellen Interessengruppen – durch eine Analyse des TIMSS-II-Datensatzes für Deutschland zu einem ähnlichen Befund.[75]

Diese Erkenntnisse sind gleichsam für die Bewertung von Wettbewerbselementen im Schulsystem von Bedeutung, da derartige Steuerungsmechanismen ein größeres Maß an Autonomie der einzelnen Schule voraussetzen. Wenn aber Lehrer und Schulleitungen erweiterte Handlungsspielräume eher zur Verbesserung ihrer eigenen Situation einsetzen, muss eine Stärkung der Autonomie der Einzelinstitution durch ein System von Evaluations-

---

71 Gundlach, Erich / Wößmann, Ludger (2000): Die sinkende Produktivität der Schulen in OECD-Ländern. S. 49.

72 Vgl. für einen Literaturüberblick: Pritchett, Lant/ Filmer, Deon (1999): What Education Production Functions Really Show: A Postive Theory of Education Expenditures. In: Economics of Education Review Nr. 18. S. 223 – 239; Hanushek, Eric A (1998): Conclusions and Controversies about Effectiveness of School Resources. In: Federal Reserve Bank of New York Economic Policy Review Nr. 4. S. 11 – 27.

73 Aufgrund der mit dem Alter steigenenden Bezüge hat in Deutschland zudem die Alterstruktur der Lehrer erhebliche Auswirkungen auf die Kosten der Leistungserstellung, so dass die stark zyklische Einstellungspolitk der letzten Dekaden nicht nur zu einem hohen Durchschnittsalter der Lehrer führt, sondern dieses erheblich höhere Kosten verursacht als eine ausgewogene Altersverteilung. Im Jahr 1992 waren 25,8 Prozent der Lehrer in Deutschland 50 Jahre und älter, 2000/1 waren es 41,4 Prozent. Im selben Zeitraum stieg die Schülerzahl um etwa 7 Prozent, die Anzahl der Lehrer aber um weniger als ein Prozent, während die öffentlichen Ausgaben für die Schule insgesamt um 20 Prozent zunahmen. Bei einem Anteil von zirka 75 Prozent für die Personalaufwendungen im schulischen Bereich sind die Personalkosten folglich um 15 Prozent gestiegen, während die Personaldecke im selben Zeitraum aber nur um ein Prozent gewachsen ist. Vgl. Anhang 2.1.

74 Hoxby, Caroline Minter (1996): How techers` unions effect education. In: The Quarterly Journal of Economics. 111 Jg.. Heft 3. S. 671 – 718.

75 Wößmann, Ludger (2000): Schooling resources, educational institutions, and student performance: The international evidence. Kiel.

und Sanktionsinstrumentarien flankiert werden, was wiederum der Effizienz des Gesamtssystems abträglich sein dürfte. Dieser Zusammenhang wird von Befürwortern derartiger Modelle, etwa den Wirtschaftsverbänden, oftmals übersehen.

Für die Fragenstellung der vorliegenden Arbeit, die den bildungspolitischen Konzeptionen der Wirtschaftsverbände und der Gewerkschaften nachgeht, ist somit die unter anderem von Pritchett und Filmer (1999) vertretene These, dass die Ressourcenallokation im Bildungssektor weniger Effizienzkriterien folge, sondern hauptsächlich durch den Einfluss von Interessengruppen bestimmt würde[76], von großer Relevanz.

Die durch die internationalen Leistungsvergleichsstudien im Schulbereich festgestellte Entkoppelung von Performanceniveau und den aufgewendeten Ausgaben nährt die Zweifel an der Ausgabenpolitik im Schulbereich und stellt überdies die Steuerungsfähigkeit des Bildungssystems über finanzielle Ressourcen im Allgemeinen in Frage. Aussagen über die Effizienz eines Bildungssystems lassen sich folglich aufgrund einer Betrachtung von Bildungsbudgets nur in sehr begrenztem Rahmen treffen. Sicher ist hingegen, dass eine bloße Erhöhung der Bildungsausgaben keine Verbesserung der Bildungsergebnisse nach sich ziehen.

2.1.2 *Bildungsökonomische Bestandsaufnahme*

Die wirtschaftliche Prosperität einer Gesellschaft ist von der Humankapitalausstattung der Bevölkerung abhängig. Im Folgenden wird gezeigt, dass diese elementare Rolle der Bildung als Produktionsfaktor herrschende Meinung ist[77]. Dennoch existieren alternative Thesen, welche den positiven Effekt von Bildung auf Einkommen nicht auf eine erhöhte Produktivität, sondern vornehmlich auf andere Faktoren zurückführen.

Weitere bildungssoziologische Ansätze befassen sich zwar nicht unmittelbar mit der Auswirkung von Bildung auf das Wirtschaftswachstum, ergänzen diese aber um wichtige Aspekte, was eine Darstellung in diesem Zusammenhang rechtfertigt.

2.1.2.1 Signaling - oder Screeningthese

Die Signalthese, derzufolge der erworbene Bildungsabschluss nur als formales Kriterium zur Signalisierung von produktionsrelevanten Eigenschaften fungiert[78], die nicht erst durch den Bildungsabschluss geschaffen werden, stellt mit dieser Annahme die Produktivitätshypothese der Humankapitaltheorie grundsätzlich in Frage und misst der Bildung keinerlei Einfluss auf Produktivität bei.[79] Die Signalthese nimmt an, dass Personen sich aufgrund „innerer“ Fähigkeiten in ihrer Produktivität unterscheiden. Personen mit höheren Fähigkeiten erreichen mehr Bildung, so dass der Zusammenhang zwischen Bildung und Einkommen somit nicht unmittelbar auf eine erhöhte Produktivität zurückgeführt wird, sondern auf die

[76] Pritchett, Lant/ Filmer, Deon (1999): What Education Production Functions Really Show: A Postive Theory of Education Expenditures. S. 223 – 239.

[77] Weißhuhn, Gernot (2001): Gutachten zur Bildung in Deutschland. Bonn. S. 39 f.; Bundesministerium für Bildung und Forschung (BMBF) (Hrsg.) (2001): Zur technologischen Leistungsfähigkeit Deutschlands.

[78] Vgl. Spence, Michael A. (1973): Job Market Signaling. In: Quarterly Journal of Economics No. 87. S. 355 – 374.

[79] Cohn, Elchanan. / Geske, Terry G. (1990): The economics of education. 3. Aufl. Oxford. S. 57 ff.

Entscheidung produktiver Personen für mehr Bildung, die mit einem höheren späteren Einkommen belohnt wird.[80]

Einen ähnlichen Mechanismus nimmt die „Screening"-Theorie an, in der die Arbeitgeber annehmen, dass Bildungsabschlüsse einen Näherungswert für positive Fähigkeiten wie Produktivität oder Motivation der Arbeitnehmer darstellen.[81]

Folgt man den Prämissen der Signal- bzw. Screeningthese würde der Wettbewerb am Arbeitsmarkt eine Bildungsinflation bewirken, die – im Gegensatz zu den Annahmen der Humankapitaltheorie – langfristig durch Reaktion der Arbeitnehmer nicht wieder zu einem Gleichgewicht, sondern zu einer dauerhaften Überqualifikation führen würde. Das Phänomen der Überqualifizierung wird oftmals als Beleg für die Signal- bzw. Screeningthese angeführt. Dennoch ließen sich die einzelnen Theorien weder eindeutig beweisen noch widerlegen.[82]

Die dargestellten Theorien, die genauso wie die Humankapitaltheorie vor allem Aussagen über den Zusammenhang von Bildung und Produktivität treffen, lassen sich durch bildungssoziologische Ansätze ergänzen, die ebenfalls Implikationen für das gesamtwirtschaftliche Wachstum haben und von denen für die vorliegende Untersuchung der Gewerkschaften und Wirtschaftsverbände vor allem die Statusgruppentheorie von Bedeutung ist.

2.1.2.2 Statusgruppen- oder Konflikt-Theorie

Die auf Max Weber zurückgehende Statusgruppen-Theorie führt Bildungsexpansion auf die Konkurrenz zwischen Statusgruppen innerhalb der Gesellschaft zurück. Grundlage dieser Theorie ist die Annahme, dass Bildung neben anderen Faktoren den Zugang zu intangiblen Gütern fördert, die entweder absolut oder gesellschaftlich bedingt knapp sind. Zwecks Aufrechterhaltung ihrer Vormachtstellung reagieren obere Statusgruppen auf wachsende Bildungsanstrengungen anderer Statusgruppen mit einer Erhöhung der Bildungsstandards oder mit institutionalisierter oder nicht institutionalisierter Verriegelung der Bildungsteilsysteme, so dass die Konkurrenz zwischen Statusgruppen folglich je nach Reaktionsmodell unterschiedliche Auswirkungen auf die Veränderung des Bildungssystems hat. Diesem Erklärungsmodell entsprechen auch die Beobachtungen und Erklärungen Bourdieus einer institutionalisierten und nicht institutionalisierten Marktabschließung durch Bildungsaufsteiger.

Bei der Beschreibung der Struktur eines Bildungssystems eröffnet der Statusgruppenansatz somit Erklärungsperspektiven, welche die soziostrukturellen Gegebenheiten einer Gesellschaft einbeziehen. Im Folgenden wird gezeigt, dass statusgruppentheoretische Erklärungen durchaus mit Beobachtungen von Verteilungswirkungen der humankapitalorientierten Ansätze korrespondieren.

---

80 Vgl. Ammermüller, Andreas / Dohmen, Dieter (2004): Individuelle und soziale Erträge von Bildungsinvestitionen. In: Bundesministerium für Bildung und Forschung (BMBF) (Hrsg.): Studien zum deutschen Innovationssystem Nr. 1-2004. Berlin. S. 14.

81 Vgl. Thurow, Lester (1970): Investment in Human Capital. Belmont, California.

82 Vgl. Ammermüller, Andreas / Dohmen, Dieter (2004): Individuelle und soziale Erträge von Bildungsinvestitionen. S. 14 und 24 – 28.

2.1.2.3 Humankapitaltheorie

Die Bildungsökonomie befasst sich mit der theoretischen und empirischen Analyse von Bildungssystemen und –institutionen unter der Fragestellung eines optimalen Mitteleinsatzes. Das Grundkonzept der Bildungsökonomie bildet die These, dass die in Bildungsprozessen erworbenen Kompetenzen (Kenntnisse, Fähigkeiten, Fertigkeiten, Einstellungen) die Arbeitsproduktivität einer Person erhöhen, woraus im Beschäftigungssystem Erträge in Form höherer Einkommen resultieren.[83] Der Humankapitalansatz fasst finanzielle Ressourcen, die für Bildung verausgabt werden, nicht als konsumtive Ausgaben, sondern als Investitionen auf, aus denen sich bestimmte Erträge für den Einzelnen und die Gesellschaft realisieren.

Neben einem steigenden Steueraufkommen durch höhere Einkünfte bestehen direkte Vorteile von Bildung für eine Gesellschaft in geringeren Sozialausgaben, da mit steigendem Bildungsstand die durchschnittliche Lebensarbeitslosigkeit sinkt.[84] Jüngere Humankapitalansätze versuchen zudem, neben Lohnabständen und Beschäftigungssicherheit, auch Bildungserträge außerhalb der Erwerbstätigkeit (Gesundheitsvorsorge, Kindererziehung, Konsum- und Freizeitverhalten) zu quantifizieren.[85] Dafür werden die monetären Erträge von Bildung für die Gesellschaft mit den Opportunitätskosten wie Steuerausfällen während der Ausbildung und deren Subventionskosten durch den Staat verglichen.[86] Dabei sind die sozialen Erträge von Bildung schwer zu beziffern, da der Staat relativ zur Einzelperson viel von den Externalitäten der Bildung, aber weniger von den direkten Effekten profitiert.

Die vorliegenden Untersuchungen zu diesen nicht-markt- bzw. erwerbsförmigen Erträgen von Bildungsmaßnahmen stützen nachdrücklich die These, dass „mehr Bildung in vielfältiger Weise die individuelle Lebensqualität erhöht und dass davon die Gesellschaft in Form externer Erträge zu profitieren scheint: durch eine niedrige Kriminalitätsrate, geringere Sozial- und Gesundheitsausgaben, eine größere Steuerkraft, ein höheres Innovationspotenzial und eine größere gesellschaftliche Stabilität.“[87]

Mikroökonomische Ansätze, die externaliserte Effekte unberücksichtigt lassen, konzentrieren sich zumeist auf eine Betrachtung der individuellen Erträge auf der Mikroebene, indem das Einkommen den Bildungskosten gegenübergestellt wird. Dabei setzten sich die

---

83 Weiß, Manfred (2002): Stichwort: Bildungsökonomie. In: Zeitschrift für Erziehungswissenschaften (ZfE) Heft 2/2002. S. 183 – 200. S. 183.

84 Im OECD-Durchschnitt vermindert sich die durchschnittliche Zeit der Arbeitslosigkeit von Männern zwischen 25 und 64 um 1,8 Jahre, wenn sie im Vergleich zu einer abgebrochenen Schulausbildung über eine höhere Ausbildung verfügen. Vgl. OECD (1998): Human Capital Investment. Paris.

85 Ein Überblick über die theoretischen Ansätze und Messverfahren zu “non-market social outcomes to human capital formation through education” findet sich bei: McMahon, Walter W. (2001): The Impact of Human Capital on Non-Market Outcomes and Feedbacks on Economic Development. In: OECD (Hrsg.): The Contribution of Human and Social Capital to Sustained Economic Growth and Well-Being. International Symposium Report. Paris. http://www.oecd.org/dataoecd/5/61/1825169.pdf (15.06.2004).

86 Auf Seiten der privaten Kosten von Bildung bestehen die Opportunitätskosten in dem während der Bildungsphase entgangenen Einkommen. Öffentliche Opportunitätskosten bestehen in den entgangenen Steuereinnahmen durch nicht Erwerbstätigkeit während des Bildungsprozesses.

87 Weiß, Manfred (2002): Stichwort: Bildungsökonomie. S. 187. Zu dem gleichen Ergebnis kommen auch ökonomische Untersuchungen zu den nicht monetären Folgen von Bildung. Vgl. An, Chong-Bum/ Haveman, Robert/ Wolfe, Barbara (1993): Teen Out-of-Wedlock Births and Welfare Receipt: The Role of Childhood Events and Economic Circumstances. In: Review of Economics and Statistics No. 75(2). S. 195–208 und Vila, Luis E. (2000): The Non-monetary Benefits of Education. In: European Journal of Education Vol. 35 No. 1. Paris. S. 21 – 31.

Bildungskosten aus direkten Kosten und Opportunitätskosten zusammen, die durch Verzicht auf alternatives Einkommen während der Bildungsphase entstehen. Auf der Mikroebene fließt der öffentliche Ausgabenteil an den Bildungsinvestitionen nicht in die Berechnung der Bildungsrendite mit ein.

Makroökonomisch befasst sich die Bildungsökonomie mit dem Zusammenhang von Bildung und wirtschaftlichem Wachstum. Während die neoklassische Wirtschaftstheorie, welche den technischen Fortschritt, ohne auf dessen Entstehungszusammenhang einzugehen, als exogene Wachstumsdeterminante auffasst[88], keine theoretisch befriedigende und empirisch validisierbare Erklärung für den Beitrag von Bildung zum Wirtschaftswachstum leisten konnte, rückte dieser Zusammenhang in den 1990er Jahren wieder in den Blickpunkt der neuen Wachstumstheorien. Diese unterscheiden sich von traditionellen Wachstumstheorien vor allem durch die Berücksichtigung von Wissen und Humankapital als wesentlichen, zusätzlichen Produktionsfaktor[89], indem sie den technologischen Fortschritt in den Wachstumsmodellen durch eine explizite Betrachtung des Wissenschafts- und Bildungsbereichs endogenisieren.[90] Die Gleichstellung des Faktors Humankapital mit den klassischen Faktoren Kapital und Arbeit bildet ein Modell, das Bildung als eine fundamentale Determinante des langfristigen Wachstumsverlaufs ansieht und das mit den empirischen Daten zur Wachstumsentwicklung besser vereinbar ist.[91]

Die bildungsökonomische Untersuchung der systemexternen Wirksamkeit des Bildungssystems auf die Humankapitalbildung erfolgt somit in zwei Dimensionen. Mikroökonomisch stehen zum einen Auswirkungen auf das persönliche Humankapital im Mittelpunkt des Interesses, das zumeist mit Indikatoren aus der Erwerbswelt dargestellt wird. Makroökonomisch erweitern zum anderen die endogenen Wachstumstheorien die Produktionsfaktoren Sachkapitel und Arbeit um das Humankapitel und widmen sich dem Zusammenhang von gesamtwirtschaftlichem Wirtschaftswachstum und dem Humankapitalstock.

Im Folgenden wird gezeigt, dass es empirische Evidenz für mikroökonomische Effekte von Bildung gibt, während die Schlussfolgerung, dass die mikroökonomischen Effekte kumuliert automatisch makroökonomisch wirksam werden, empirisch nicht widerspruchsfrei ist. Zwar kann die Grundannahme positiver Effekte von Bildung auf die Makroökonomie als weitgehend anerkannt betrachtet werden, wenngleich die empirischen Untersuchungen der endogenen Wachstumstheorie teils widersprüchlich sind und allgemein akzeptierte Schlussfolgerungen derzeit nicht zulassen.[92] Die Erörterung der volkswirtschaftlichen Wirkung von Bildung schließt an die folgende Darstellung der mikroökonomischen Effekte von Bildung an.

---

[88] Ihr bildungssoziologisches Pendant finden die neoklassischen Wachstumstheorien in den technisch-funktionalen Bildungsthesen, denen zufolge der technologische Wandel einen erhöhten Qualifikationsbedarf schafft, der wiederum eine Bildungsexpansion auslöst. Dabei wird der technologische Wandel als exogener Faktor aufgefasst und seine Entstehung selber nicht bildungssoziologisch hinterfragt.

[89] Frenkel, Michael/ Hemmer, Hans-Rimbert (1999): Grundlagen der Wachstumstheorie. München.

[90] Romer, Paul M. (1990): Endogenous Technological Change. In: Journal of Political Economy. Vol. 98. No.5. S. 71-101.

[91] Mankiw, Gregory N./ Romer, David/ Weil, David N. (1992): A Contribution to the Empirics of Economic Growth. In: Quarterly Journal of Economics Nr. 107(2). S. 408 – 437.

[92] OECD (1998): Human Capital investment. S. 63.

2.1.3 Mikroökonomische Effekte: Empirische Evidenz

Die positiven Erträge von Bildung, von denen der Einzelne profitiert, bestehen vor allem in einem erhöhten Einkommen, größerer Erwerbssicherheit und sich daraus ergebender Effekte. Insbesondere nicht monetäre Effekte, die hauptsächlich das soziale Verhalten einer Person betreffen, sind empirisch schwer zu fassen. Dennoch ergeben sich für einige Bereiche deutliche Hinweise auf einen positiven Zusammenhang: So ist der Zusammenhang zwischen der Höhe der Kriminalitätsrate und dem Bildungsniveau negativ[93], während der Gesundheitszustand positiv mit dem Bildungsniveau korreliert.[94] Ferner zeigt eine internationale Vergleichsstudie[95], dass „fundamentale Werte eines Staates wie Demokratie, Menschenrechte und politische Stabilität, unabhängig vom Einkommen, positiv von der Bildung der Bevölkerung abhängen, jedoch nicht immer signifikant."[96] Zudem stellt der Lernprozess für viele Menschen einen Wert an sich dar, so dass zu den nicht monetären Effekten von Bildung zweifelsohne auch die persönliche Erfüllung aus dem Lernprozess und dem Erlernten gehört.

Die monetären Effekte von Bildung sind hingegen überaus deutlich zu quantifizieren. Im OECD-Durchschnitt vermindert sich die durchschnittliche Zeit der Arbeitslosigkeit von Männern im Alter zwischen 25 und 64 um 1,8 Jahre, wenn sie im Vergleich zu einer abgebrochenen Schulausbildung über eine höhere Ausbildung verfügen. Das Risiko, arbeitslos zu werden, steigt mit sinkendem Bildungsstand deutlich, wobei der Anstieg in Deutschland wesentlich stärker als im OECD-Mittel ausfällt.[97] Zudem bleibt dieser Zusammenhang in Deutschland mit wachsender biografischer Entfernung von dem Alter der Erstausbildung signifikant.[98] So waren 2001 lediglich 3,4 Prozent der männlichen Hochschulabsolventen arbeitslos (OECD-Mittel: 2,8 Prozent), während 9 Prozent der Personen mit Abschluss im Sekundarbereich II (OECD-Mittel: 4,8 Prozent) und 15,6 Prozent der Personen ohne Abschluss im Sekundarbereich II (OECD-Mittel 8.9 Prozent) von Arbeitslosigkeit betroffen waren.[99] Auch die Erwerbsquote steigt mit höherem Bildungsabschluss, ebenso die Kluft zwischen der Erwerbsbeteiligung von Männern und Frauen.[100]

Neben dem deutlich geringeren Risiko der Erwerbslosigkeit hat ein höherer Bildungsabschluss in der Regel ein höheres Einkommen zur Folge. Dieser Effekt ist je nach Bildungsabschlussart und Fachrichtung sowie in den einzelnen Staaten unterschiedlich ausgeprägt.

---

93 Yamada, Taichi/ Yamada, Takeshi/ Kang, Jun-Koo (1991): Crime Rates versus Labour Market Conditions: Theory and Time-Series Evidence. National Bureau of Economic Research (NBER) Working Paper No. 3801. Cambridge.

94 Für einen Überblick über die nicht-monetären Effekte von Bildung, insbesondere Gesundheit vgl. OECD (2001): The Well-Being of Nations. Paris.

95 McMahon, Walter W. (1999): Education and Development, Mesuring the Social Benefits. Oxford.

96 Vgl. Ammermüller, Andreas/ Dohmen, Dieter (2004): Individuelle und soziale Erträge von Bildungsinvestitionen. S. 19.

97 OECD (2002): Bildung auf einen Blick 2002. Paris. S. 131.

98 Vgl. ebenda: Tabelle AELT2: Ältere Arbeitslose (45 Jahre und älter) nach der Berufsausbildung sowie Statistisches Bundesamt (Hrsg.) in Zusammenarbeit mit dem Wissenschaftszentrum Berlin für Sozialforschung (WZB) und dem Zentrum für Umfragen, Methoden und Analyse, Mannheim (ZUMA) (1999): Datenreport 1999. Zahlen und Fakten über die Bundesrepublik Deutschland. Bonn. S. 472-476.

99 Vgl. OECD (2002): Bildung auf einen Blick 2002. S. 132.

100 In Deutschland liegt die Erwerbsquote für Absolventen des Tertiärbereichs A (Hochschulen und Fachhochschulen) bei 92% für Männer und bei 83% für Frauen, bei Personen ohne Abschluss im Sekundarbereich II dagegen bei lediglich 77% für Männer und 50% für Frauen. Vgl. ebenda. S. 132.

Abbildung 2.2: Verteilung des Jahreseinkommens (Ganztagsbeschäftigte) nach Abschlussart[101]

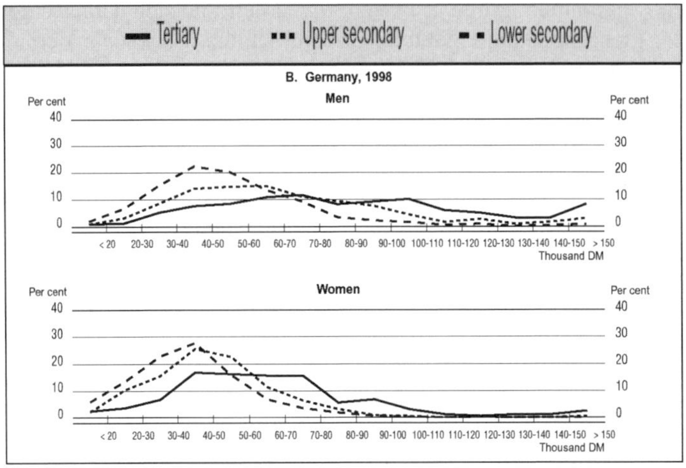

2.1.3.1 Bildungsrenditen

Zur Messung der ökonomischen Rentabilität von Bildung für den Einzelnen werden die jeweiligen Kosten und Erträge gegenübergestellt und wie bei sonstigen Investitionen in einer individuellen Ertragsrate zusammengefasst. Diese Ertragsrendite ist Maßzahl für die Erträge, die ihren Niederschlag in höherem Einkommen und geringerem Risiko der Arbeitslosigkeit finden, im Verhältnis zu den Kosten, etwa in Form von entgangenem Einkommen während der Ausbildung, höheren Steuern oder Studiengebühren. Sie wird in Prozentpunkten ausgedrückt und entspricht der Verzinsung einer Kapitalanlage. Für die Berechnung der Renditen haben sich drei verschiedene Methoden – Standard-Mincer Gleichung, „interner Zinsfuß" und „short-cut"-Methode – etabliert, die abhängig von den vorhandenen Daten eingesetzt werden können.[102] Dabei führen die verschiedenartige Datenstruktur, die den Berechnungen der Bildungsrenditen zugrunde gelegt wird, die zu berechnende Renditeart (z.B. Brutto- bzw. Nettorendite) und die gewählte Referenzgruppe zu unterschiedlichen Ergebnissen, so dass eine Vergleichbarkeit der unterschiedlichen Untersuchungen nur in wenigen Fällen gegeben ist.

Eine Untersuchung von Lauer und Steiner aus dem Jahr 2000 anhand von Daten des sozioökonomischen Panels beobachtet die Entwicklung der allgemeinen privaten Renditen über alle Ausbildungsniveaus hinweg für den Zeitraum von 1984 bis 1997. Für diesen Zeitraum errechnen die Autoren eine durchschnittliche private Bildungsrendite pro Jahr von 8,3 Prozent für Männer und 10,5 Prozent für Frauen pro Ausbildungsjahr. Diese Werte liegen

[101] Blöndal, Sveinbjörn/ Field, Simon/ Girouard, Nathalie (2002): Investment in Human Capital through Upper-Secondary and Tertiary Education. OECD Economic Studies No. 34. Paris. S. 5; Quelle: Sozio-Ökonomisches-Panel (ungewichtet).

[102] Zur Methode der Berechnung der Bildungsrenditen vgl. Vgl. Ammermüller, Andreas/ Dohmen, Dieter (2004): Individuelle und soziale Erträge von Bildungsinvestitionen. S. 20 – 24.

deutlich höher als vergleichbare Untersuchungen, was aus der Verwendung von Bruttolöhnen resultieren könnte. Da weder die Lohn- und Einkommenssteuer noch die Sozialversicherungsbeiträge als private Rendite betrachtet werden können, müssten Nettolöhne zugrunde gelegt werden, so dass die tatsächlichen Netto-Erträge niedriger liegen.[103]

Andere Berechnungen, welche die Bildungsrenditen nur für vollzeiterwerbstätige Männer in Deutschland zwischen 15 und 65 Jahren ausweisen, kommen für das Jahr 1987 zu einer generellen Rendite von 5,01 Prozent.[104] Dieser um 3,75 Prozentpunkte niedrigere Wert als in der Untersuchung von Lauer/ Steiner (2000) könnte von der unterschiedlichen Altersgruppe herrühren. Lauer und Steiner (2000) berücksichtigen nur Erwerbstätige zwischen 30 und 60 Jahren, die insgesamt mehr verdienen als die von Lorenz und Wagner (1993) betrachtete Personengruppe zwischen 15 und 65 Jahren. Da beide Erhebungen Selbständige und ausländische Haushalte, die beide im Mittel über ein niedriges Einkommen pro Stunde verfügen, von der Berechnung ausschließen, dürften die Renditen tatsächlich etwas niedriger liegen.

Die Darstellung durchschnittlicher privater Bildungsrenditen unterstellt eine einheitliche Rendite für alle Bildungsabschlüsse. Tatsächlich differieren die nach formalen Bildungsabschlüssen aufgeschlüsselten privaten Durchschnittsrenditen erheblich. Dabei werden die Bildungsrenditen der höheren Ausbildungsabschlüsse relativ zur Referenzgruppe, die aus Personen ohne Abschluss oder mit Haupt- bzw. Realschulabschluss besteht, unter Berücksichtigung der Ausbildungsdauer berechnet.

Tabelle 2.1: Durchschnittliche Renditen höherer Bildungsabschlüsse 1984-1997 in Prozent[105]

	Lehre	**Fachschule**	**Abitur**	**Fachhochschule**	**Universität**
Männer	8,33	11,52	8	9,2	8,22
Frauen	10,96	13,77	9,86	10,41	10,19

Es zeigt sich, dass mit wachsender Ausbildungsdauer ein Sinken der Bildungsrendite einhergeht, was aufgrund internationaler Beobachtungen von Bildungsrenditen zu erwarten war.[106]

Aussagekräftiger als ein Vergleich mit einer Referenzgruppe ohne Schulabschluss ist für die (Fach-) Hochschulen eine Gegenüberstellung der Bildungsrenditen mit Absolventen einer Berufsausbildung. Bellmann, Reinberg und Tessaring (1994), die unter Verwendung der gleichen Berechnungsmethode Personen mit abgeschlossener Berufsausbildung ohne

103 Vgl. Ebenda. S. 31.

104 Lorenz, Wilhelm/ Wagner, Joachim (1993): A Note on Returns to Human Capital in the Eighties: Evidence from twelve Countries. In: Jahrbuch für Nationalökonomie und Statistik (JNS). Band 211/1-2. Jena S. 60 – 72.

105 Lauer, Charlotte/ Steiner, Viktor (2000), Private Erträge von Bildungsinvestitionen in Deutschland. ZEW Discussion Paper No. 00-18. Mannheim. S. 11 ff.; Lauer, Charlotte/ Steiner, Viktor (2000):Returns to Education in West Germany. An Empirical Assessment. ZEW Discussion Paper No. 00-04. Mannheim.

106 Im weltweiten Durchschnitt liegen die privaten Renditen für primäre Schulausbildung (27 %) weit über denen von sekundärer (17 %) und höherer Ausbildung (19 %). Vgl. Psacharopoulos, George/ Patrinos, Harry Anthony (2002): Returns to Investment in Education: A Further Update, World Bank Policy Research Working Paper 2881.

Abitur als Referenzgruppe zugrunde legen, errechnen für das Jahr 1987 eine Rendite für ein Fachhochschulstudium von 10,3 Prozent und für ein Universitätsstudium von 4,9 Prozent. Im Vergleich mit einer Berufsausbildung ist die Rendite eines Fachhochschulstudiums also mehr als doppelt so groß wie die eines universitären Studiums.

2.1.3.2 Exkurs: praxis- vs. theorieorientierte Ausbildung unter Renditegesichtspunkten

Ingesamt liegen die Renditen von eher praxisorientierteren Ausbildungen wie Lehre, Fachschule und Fachhochschule über den korrespondierenden Renditen von eher theoretischen Ausbildungen wie Abitur und Universitätsstudium, was innerhalb der Kontroverse, ob eine allgemein- oder berufsbildende Qualifizierung die vorteilhaftere Humankapitalinvestition darstellt, oftmals als Indiz für eine berufsqualifizierende Ausbildung gewertet wird. Allerdings entsteht die niedrige Bildungsrendite praxisfernerer Hochschulausbildungen vor allem durch hohe Opportunitätskosten aufgrund der langen Dauer der Hochschulstudiengänge in Deutschland.[107]

Überdies muss angesichts der vielfältigen Forderung einer besseren Abstimmung von Bildungs- und Beschäftigungssystem berücksichtigt werden, dass die private Bildungsrendite nur ein Aspekt bei der Bewertung eines Humankapitalinvestments ist. Ein Vergleich der Lebenseinkommensprofile der Absolventen verschiedener Studiengänge mit unterschiedlichem Spezialisierungsgrad (z.B. Ingenieure vs. Wirtschaftswissenschaftler) belegt eine schnellere Entwertung einer spezifischen Ausbildung, während allgemeines Humankapital einem deutlich langsameren Abschreibungsprozess ausgesetzt ist.[108] Unterhalb der tertiären Ausbildung findet sich beim Vergleich der Absolventen des dualen Systems und von Berufsfachschulen[109] ein ähnlicher Befund: Mit zunehmendem zeitlichen Abstand von einer betrieblichen Erstausbildung im dualen System steigt das Risiko der Arbeitslosigkeit deutlich stärker als bei Absolventen von Berufsfachschulen.[110] Eine berufliche Spezialisierung, insbesondere eine duale Ausbildung, reduziert somit zwar Übergangsprobleme beim Einstieg in den Arbeitsmarkt, aber diese Vorteile kommen nur in den ersten Berufsjahren

---

107 Das Forschungsinstitut für Bildungs- und Sozialökonomie (FiBS) kommt in einer Untersuchung der Bildungsrenditen in Deutschland für das BMBF zu dem Ergebnis, dass die privaten Bildungsrenditen bis auf Ausnahmen in Deutschland keineswegs überragend sind und empfiehlt zur Steigerung der Bildungsrendite insbesondere der naturwissenschaftlichen und ingenieurwissenschaftlichen Studiengänge eine Verkürzung der realen Studienzeiten. Vgl. Ammermüller, Andreas / Dohmen, Dieter (2004): Individuelle und soziale Erträge von Bildungsinvestitionen. S. 74 – 76. Auch Plünnecke identifiziert die langen Studienzeiten auf der Kostenseite – neben der geringen Lohndifferenzierung auf der Ertragsseite – als das renditeschwächende Moment. Vgl. Plünnecke, Axel (2003): Bildungsreform in Deutschland. Eine Positionsbestimmung aus bildungsökonomischer Sicht. iw-Positionen. Beiträge zur Ordnungspolitik. Institut der deutschen Wirtschaft Köln. Köln. S. 11.

108 Weiß, Manfred (2002): Stichwort: Bildungsökonomie. S. 189.

109 Berufsfachschulen sind Schulen mit Vollzeitunterricht von mindestens einjähriger Dauer, für deren Besuch keine Berufsausbildung oder berufliche Tätigkeit vorausgesetzt wird. Sie haben die Aufgabe, allgemeine und fachliche Lerninhalte zu vermitteln und den Schüler zu befähigen, den Abschluss in einem anerkannten Ausbildungsberuf oder einem Teil der Berufsausbildung in einem oder mehreren anerkannten Ausbildungsberufen zu erlangen oder ihn zu einem Berufsausbildungsabschluss zu führen, der nur in Schulen erworben werden kann. In einigen Ländern gibt es Berufsfachschulen, die nach mindestens zweijähriger Dauer einen dem Realschulabschluss gleichwertigen Abschluss vermitteln.

110 Bundesministerium für Bildung und Forschung (BMBF)/ Kulturministerkonferenz (KMK) (Hrsg.) (2004): OECD-Veröffentlichung „Bildung auf einen Blick". Wesentliche Aussagen in der Ausgabe 2004. Bonn. S. 15, Abb. A10.1.

zum Tragen und werden mit Abstand zur Erstausbildung zunehmend nivelliert. Über den gesamten Karriereverlauf betrachtet, deutet sich jedoch an, dass stärker allgemeinbildende Ausbildungsgänge mittel- und längerfristig zu vorteilhafteren Arbeitsmarktpositionen führen.[111]

Offensichtlich erleichtert allgemeines Humankapital den Aufbau spezifischen Kapitals, so dass sich insbesondere in Zeiten beschleunigten technologischen Fortschritts und der damit einhergehenden Unsicherheit bezüglich der zukünftig benötigten Qualifikationsprofile des Wirtschaftssystems eher der Aufbau allgemeinen Humankapitals als eine stärkere Praxisorientierung empfiehlt.[112] Insgesamt finden sich derzeit keine empirischen Belege, dass Absolventen mit berufsspezifischer Qualifikation über bessere Arbeitsmarktchancen verfügen[113], so dass Gesichtspunkte der Humankapitalbildung keine Argumente für eine praxisorientierte Ausbildung liefern.

2.1.3.3 Erhebung der Bildungsrenditen durch die OECD

Die wachsende Anzahl von Untersuchungen der Bildungsrenditen führt aufgrund der dargestellten begrenzten Vergleichbarkeit nicht zu der benötigten Eindeutigkeit, so dass sich die Verwendung einer über mehrere Staaten und Untersuchungszeiträume standardisierten Methode empfiehlt, die Aussagen über Veränderungen und internationale Vergleiche zulässt. Berechnungen der OECD kommen aufgrund einer anderen Berechnungsmethode und einem unterschiedlichen Zeitraum zwar zu etwas anderen Bildungsrenditen, dennoch zeichnet sich deutliche eine Tendenz ab: In allen Staaten liegt die individuelle Ertragsrate für Investitionen in Bildung über den realen Zinssätzen, häufig sogar erheblich.[114] Allerdings weist Deutschland eine der niedrigsten Ertragsraten auf. Bemerkenswert ist dieser Wert vor dem Hintergrund der Gebührenfreiheit des Studiums in Deutschland sowie im Vergleich mit Bildungsrenditen von Ländern mit hohen Studiengebühren.

[111] Gangl, M. (2003): Bildung und Übergangsrisiken. In: Zeitschrift für Erziehungswissenschaft (ZfE). Heft 1/2003. S. 72 – 89. S. 85. Vgl. auch Korpi, Thomas/ Mertens, Antje (2003): Training Systems and Labor Mobility: A Comparison between Germany and Sweden. In: Scandinavian Journal of Economics No. 4/2003. S. 597 –617.

[112] Diese Argumentation wird gestützt durch die im Vergleich mit ausgewählten EU-Ländern auffällig geringe Arbeitslosenquote von 15 bis 24 Jährigen in den USA. Psacharopoulos sieht die hohe Jugendarbeitslosigkeit als Folge der für die untersuchten EU-Länder charakteristischen starken Berufsorientierung der Ausbildung im Sekundar-II-Bereich. Vgl. Vgl. Psacharopoulos, George (2000): Economics of Education a la Euro. In: European Journal of Education. No. 35 (1). S. 81 – 95.

[113] Weiß, Manfred (2002): Stichwort: Bildungsökonomie. S. 188 f.

[114] Rendite vor Steuern unter Berücksichtigung der Länge der Ausbildung. Quelle: OECD. Vgl. Blöndal, Sveinbjörn/ Field, Simon/ Girouard, Nathalie (2002): Investment in Human Capital through Upper-Secondary and Tertiary Education. S. 57 f.

Tabelle 2.2: Private Bildungsrenditen, 1999 – 2000[115]

Private Bildungsrenditen, 1999 - 2000											
		Deutsch-land	**USA**	**Japan**	**Frank-reich**	**Groß-britannien**	**Däne-mark**	**Nieder-lande**	**Schweden**	**Durchschnitt (ungewichet)**
Tertiary education im Vergleich mit upper-secondary education	Männer	7,1	18,9	8	13,3	18,1	7,9	11,7	9,4	11,8
	Frauen	7	18,8	8	12,1	16,4	6	9,4	7,4	10,6
Upper Secondary education im Vergleich mit lower-secondary education	Männer	10	14,4	4,4	7,5	12,4	11,3	6,9	3,9	8,9
	Frauen	6,1	10,6	6,6	10,5		8,3	7,9		8,3

Wichtiger als die Bewertung des absoluten Niveaus der Renditen ist aus Steuerungs- bzw. Anreizperspektive die Einschätzung der Politikvariablen, welche die Bildungsrenditen beeinflussen.

Die oben dargestellten OECD-Werte sind Brutto-Bildungsrenditen, so dass der Effekt der unterschiedlichen Steuer- und Abgabenquote in den OECD-Staaten nicht berücksichtigt ist. Innerhalb der untersuchten Länder war für den Erhebungszeitraum in Deutschland die durchschnittliche Steuerbelastung inklusive Arbeitnehmeranteil an den Sozialversicherungen hinter Dänemark für alle drei Abschlussniveaus (Tertiary, Upper secondary, Lower secondary) am zweithöchsten, so dass die Nettorenditen im internationalen Vergleich deutlich niedriger als die Bruttorenditen sind. Dennoch wäre es vorschnell, der Steuer- und Abgabenquote einen zu großen Effekt auf die Bildungsrenditen beizumessen, denn in Dänemark, das im Erhebungszeitraum eine höhere Quote als Deutschland aufweist, liegen die Bildungsrenditen mit Ausnahmen der Frauen mit tertiärem Abschluss über denen von Deutschland. Japan, das mit Abstand die geringste Steuer- und Abgabenquote aufweist, erreicht trotzdem nur sehr geringe Renditen, wobei sich die nahezu identische Abgabenquote für Absolventen der drei Bildungsabschlüsse in der Differenz zwischen tertiären und höheren mittleren Abschlüssen bemerkbar macht.

Neben der Abgabenquote ist die Bildungsrendite auch von der Einkommensstruktur in einer Volkswirtschaft abhängig. So verzeichnen die Länder mit der höchsten Lohndifferenz auch die höchsten Bildungsrenditen[116]. Die tertiären Bildungsrenditen der Niederlande, Schwedens und Dänemarks – allesamt Staaten mit einer geringeren Einkommensspreizung – zeigen jedoch, dass höhere Bildungsrenditen nicht ausschließlich in Ländern mit einem

[115] Rendite vor Steuern unter Berücksichtigung der Länge der Ausbildung. Quelle: OECD. Vgl. Blöndal, Sveinbjörn/ Field, Simon/ Girouard, Nathalie (2002): Investment in Human Capital through Upper-Secondary and Tertiary Education.

[116] Janeba/ Haupt können zeigen, dass der aus dem Zusammenhang mit der Besteuerung von Kapitalerträgen und den Investitionsentscheidungen von Unternehmen bekannte Hold-up-Effekt auch die Bildungsinvestitionsneigung schwächt. Demzufolge mindert die Antizipation eines späteren Wertverlustes durch verteilungspolitische Maßnahmen zur Verringerung der Einkommensabstände die Attraktivität von individuellen Bildungsinvestitionen. Um einer Unterfinanzierung entgegenzuwirken, ist zum Zeitpunkt der Aufbringung der Bildungsinvestitionen eine (Mit-) Finanzierung durch die Gesellschaft notwendig. Der wesentlich geringere Anteil privater Bildungsausgaben in Ländern mit einem kleinen Gini-Koeffizienten werten Janeba/ Haupt ebenfalls als Indiz für die Wirksamkeit des Hold-up-Effektes. Vgl. Haupt, Alexander/ Janeba, Eckhard (2003): Bildung im Zeitalter mobilen Humankapitals. In: Vierteljahrshefte zur Wirtschaftsforschung 72/ 2003. Berlin. S. 173 – 187. S. 176 f.

hohen Maß an Einkommensspreizung erreicht werden können.[117] Frankreich, das einen mit Deutschland vergleichbaren Gini-Koeffizienten ausweist, erreicht gleichzeitig deutlich höhere tertiäre Bildungsrenditen. Die folgende Matrix deutet zwar eine Korrelation (R^2 = 0,7423) zwischen der privaten Bildungsrendite und dem Gini-Koeffizienten an, die aber aufgrund der geringen Zahl zugrunde gelegter Länder und der Datenstruktur nicht überbewertet werden darf.[118] Dennoch ist Deutschlands Sonderstellung mit privaten Bildungsrenditen erkennbar, die eher charakteristisch für Länder mit einem deutlich geringeren Gini-Koeffizienten sind.

Abbildung 2.3: Private tertiäre Bildungsrenditen im Verhältnis zur Einkommensspreizung

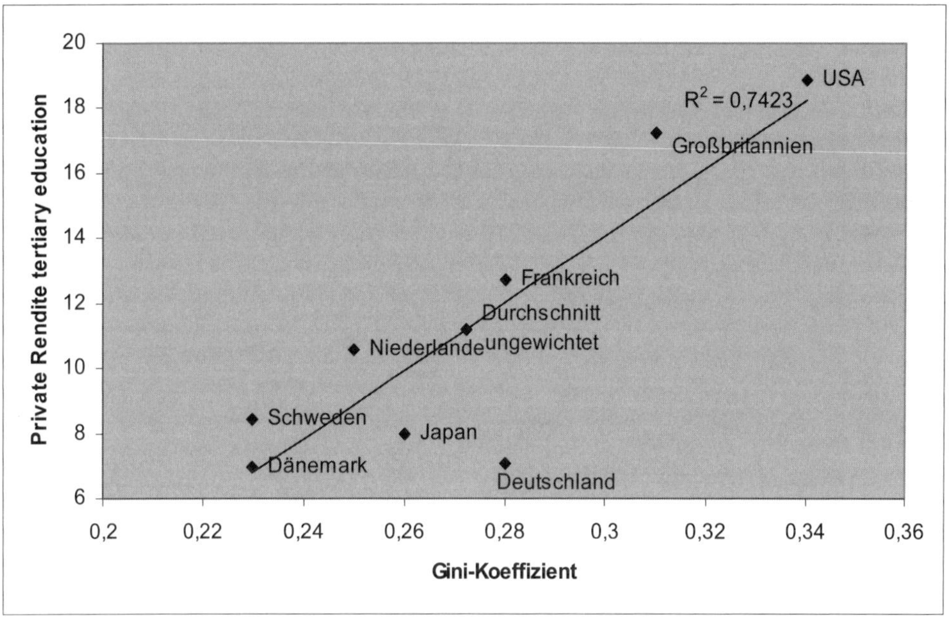

117 Der Gini-Koeffizient ist mit seiner Skala von 0 (= alle Bürger haben das gleiche Einkommen) bis 1 (= ein Bürger hat alles) eines der gebräuchlichsten Maße zur Beurteilung der personellen Einkommensverteilung einer Volkswirtschaft. Deutschland hatte in 90er Jahren einen durchschnittlichen Gini-Koeffizienten von 0,28 (NL: 0,25, SW: 0,23, DK: 0,23, FR: 0,28, GB: 0,31, USA: 0,34). Zu den Möglichkeiten und Grenzen der Gini-Maßzahl vgl. Jenkins, Stephen P. (1991): The Measurement of Income Inequality. In: Osberg, Lars (Hrsg.): Economic Inequality and Poverty: International Perspectives. London. S. 3-38.

118 Da keine neueren Daten für den Gini-Koeffizienten auf OECD-Staatenebene existieren, wurden die Werte von 1995 verwendet und in Relation zu den Bildungsrenditen aus dem Jahr 1999 gesetzt. Als Test wurden die Bildungsrenditen ins Verhältnis zu dem Verteilungsquintil gesetzt, der das Verhältnis des Gesamteinkommens der 20 Prozent der Bevölkerung mit dem höchsten Einkommen (oberstes Quintil) zum Gesamteinkommen der 20 Prozent der Bevölkerung mit dem niedrigsten Einkommen (unterstes Quintil) ausdrückt. Als Einkommen wird das verfügbare Äquivalenzeinkommen verstanden; Verteilungsquintil-Daten liegen nur für Europa vor. Quelle: Eurostat. Die Anordnung der Staaten auf der Matrix und die Trendlinie unter Verwendung des Verteilungsquintils ähneln der unter Verwendung des Gini-Indexes.

Die unterdurchschnittlichen Bildungsrenditen in Deutschland werden zumeist mit den langen Studienzeiten erklärt, die lediglich von Griechenland und Österreich übertroffen werden.[119] Schätzungen für Österreich ergeben, dass eine um vier Semester längere Studiendauer die individuelle Rendite um etwa vier Prozentpunkte reduziert[120], so dass die Verkürzung der Studienzeiten als Königsweg zur Steigerung der Bildungsrenditen angesehen wird. Im internationalen Vergleich zeigt sich allerdings, dass kurze Studienzeiten bis zum ersten berufsqualifizierenden Abschluss nicht automatisch zu höheren privaten Bildungsrenditen führen.

Abbildung 2.4: Private tertiäre Bildungsrenditen im Verhältnis zur Studiendauer

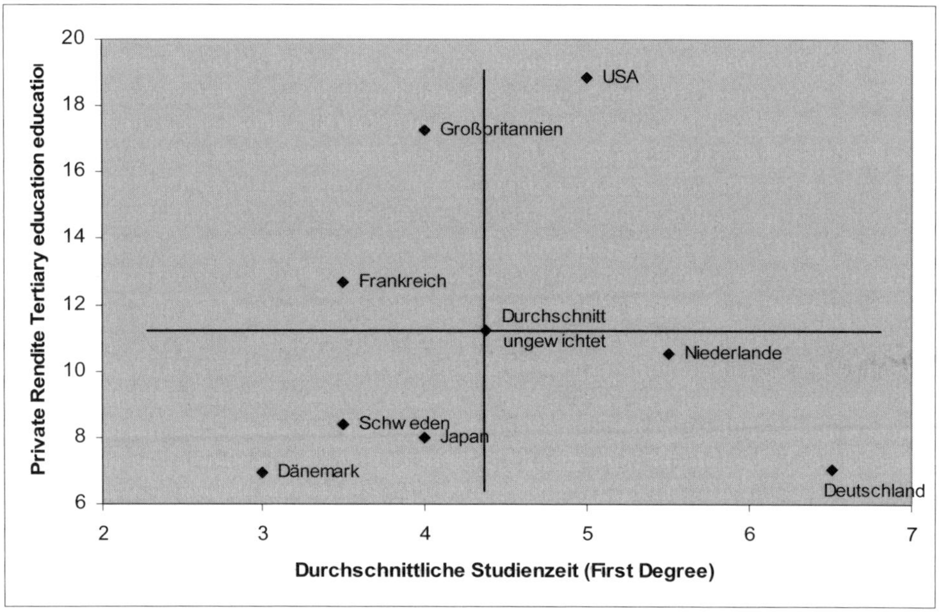

Darüber wirkt sich deutlich auf die tertiäre Bildungsrendite aus, in welchem Maße Studierende während der Studienzeit über eigene Einnahmen verfügen, da die Einkünfte in frühen Jahren durch die Abdiskontierungsmethode einen relativ hohen Beitrag zur Rendite leisten.[121] Ferner hat die Progressivität des Steuer- und Abgabensystems Auswirkungen auf die privaten Netto-Bildungsrenditen, ebenso die reale Lebensarbeitszeit, die nicht nur von dem Berufseintritts-, sondern auch von dem Renteneintrittsalter abhängig ist. Hauptdeterminanten der privaten und sozialen Bildungsrenditen sind jedoch die Lohnstruktur und die Stu-

119 OECD (2002): Bildung auf einen Blick 2002. Briefing notes – Germany vom 29.10.2002. Paris. S. 1; Ammermüller, Andreas/ Dohmen, Dieter (2004): Individuelle und soziale Erträge von Bildungsinvestitionen. S. 65 und 77.

120 Katterl, Alfred (2001): Renditen der Universitätsausbildung. Bundesministerium für Finanzen. Working Papers 6/2001. Wien. S. 19.

121 Ebenda. S. 19.

diendauer, so dass von allen Einflussgrößen die Verkürzung der Studienzeit am einfachsten durchzusetzen und mit den geringsten politischen Kosten verbunden ist.

Die bisher verwendeten tertiären Bildungsrenditen sind Durchschnittswerte, die keine Aussagen über die Renditen der einzelnen Fächergruppen bzw. Universitätsstudienfächer machen. Tatsächlich differieren diese Werte stark, wobei eine Reihe von Studiengängen deutlich negative Renditen aufweist (vgl. Anhang 2.2).

2.1.3.4 Fiskalische und soziale Bildungsrenditen

Die fiskalische Bildungsrendite eines Studiums entsteht durch die Berechnung der monetären Konsequenzen eines Studiums für die Ausgaben und Einnahmen des Staates. Die Einnahmen des Staates setzen sich aus den zusätzlichen Steuer- und Sozialversicherungsbeiträgen aufgrund des mit steigendem Bildungsstand höheren Einkommens zusammen und werden den staatlichen Kosten für ein Studium gegenübergestellt. Diese Kosten bestehen aus den staatlichen Ausgaben für ein Studium in Form von Personal und Betrieb sowie den entgangenen Einnahmen durch nicht gezahlte Steuern und Sozialversicherungsbeiträge während der jeweiligen Ausbildungszeit. Weitere zu berücksichtigende Kosten sind die Sozialausgaben für Studierende wie BAföG und Kindergeld. Die fiskalische Bildungsrendite besteht somit in dem internen Zinsfluss und umfasst keine nicht monetären Aspekte.

Die soziale Rendite stellt die volkswirtschaftliche Gesamtkonsequenz von Bildung dar, indem nicht monetäre Komponenten wie Auswirkungen auf das Wirtschaftswachstum, niedrigere Kriminalität, bessere Gesundheit etc. Berücksichtigung finden.

In gleichem Maße wie bei der Berechnung privater Renditen gilt auch für die Berechnung der fiskalischen Rendite und vor allem für die soziale Rendite, dass unterschiedliche Methoden, Zeiträume und Referenzgruppen die einzelnen Ergebnissen nur begrenzt vergleichbar machen.

Für Deutschland liegen zurzeit zwei detaillierte Untersuchungen der privaten, fiskalischen und sozialen Bildungsrenditen auf Studiengangsebene vor[122]. Im Anhang 2.2 sind die fiskalischen und privaten Bildungsrenditen einander gegenübergestellt.[123] Die geringen Bildungsrenditen dieser Untersuchung stehen im deutlichen Gegensatz zu den Ergebnissen anderer Untersuchungen (Lauer/ Steiner 2000; Blöndal/ Field/ Girouard 2002) und weisen nur etwa halb so große Werte auf. Ammermüller/ Dohmen (2004) führen diese Diskrepanz auf die Referenzgruppe der Abiturienten ohne Berufsausbildung zurück, die auch alle Studien- und Berufsausbildungsabbrecher umfasst, ohne deren Opportunitätskosten zu berücksichtigen.[124] Dadurch werden das Einkommen dieser Gruppe über- und ihre Kosten unterschätzen, was zu einer geringeren Rendite der Hochschulabsolventen führt.

---

[122] Centrum für Hochschulentwicklung (CHE) (2000): Umverteilung von unten nach oben durch gebührenfreie Hochschulbildung. Materialsammlung. Gütersloh; Ederer, Peer/ Schuller, Philipp (1999): Geschäftsbericht Deutschland AG. Stuttgart.

[123] Auf die Darstellung der sozialen Renditen wird verzichtet, da der entsprechenden Untersuchung keine Angaben über benutzte Daten und angewandte Methodik zu entnehmen sind. Zudem wird die soziale Rendite für spätere Aussagen über die Verteilungswirkung nicht benötigt.

[124] Ammermüller, Andreas/ Dohmen, Dieter (2004): Individuelle und soziale Erträge von Bildungsinvestitionen. S. 44 f.

2.1.3.5 Zwischenfazit: Bildungsrenditen und mikroökonomische Faktoren

Zahlreiche Studien belegen, dass sich die Investition in Bildung mikroökonomisch betrachtet ausgesprochen stark rentiert (vgl. Anhang 2.3). Für jedes Ausbildungsniveau liegen die privaten Renditen über dem Kapitalmarktzins. Des Weiteren ergeben sich vielfältige Spillover-Effekte für nicht monetäre Bereiche. Im Vergleich mit anderen EU-Staaten sind die privaten Bildungsrenditen in Deutschland für Abschlüsse unterhalb der (Fach-) Hochschule überdurchschnittlich, aber bezüglich der Tertiärbildung sind die deutschen Bildungsrenditen innerhalb der führenden OECD-Länder deutlich unterdurchschnittlich und scheinen sich zwischen 1995 und 1999 sogar noch verringert zu haben. Bei der sozialen Rendite einer Tertiärausbildung liegt Deutschland innerhalb von 10 OECD-Ländern sogar an vorletzter Stelle.[125]

Hauptdeterminanten der tertiären Bildungsrendite sind eindeutig die Lohnstruktur und die Studiendauer. Da die Lohnstruktur keine politisch abhängige Variable ist und mit einer Vergrößerung der Lohndifferenz eine Verstärkung der sozialen Differenzierung der Gesellschaft einhergehen würde, bleibt als Stellschraube für die privaten und fiskalischen Bildungsrenditen nur eine Effizienzsteigerung des Studiums, was in der Regel durch eine Verkürzung der Studienzeiten zu erreichen versucht wird.

Aufgrund der unvollkommenen Informationen über Renditeaussichten und angesichts der aktuellen Nachfragestruktur nach Studiengängen, die sich zu einem großen Teil (40 Prozent) auf Fächer mit negativen Renditen erstreckt, ist es erstens fraglich, ob Kosten und Ertragsmöglichkeiten bei der Wahl eines Studiums neben anderen nicht monetären Motiven wirklich dominant sind. Daraus ergeben sich zweitens zumindest Zweifel, inwieweit Bildungsrenditen überhaupt eine Steuerungsfunktion für die Nachfrage innehaben (sollten).

2.1.4 Makroökonomische Effekte

Der modernen Makroökonomie zufolge zählt die Qualität des Produktionsfaktors Arbeit zu den Hauptdeterminanten der Produktivität, wobei sich auf der Ebene einzelner Erwerbstätiger die Arbeitsqualität in der Regel aus dem Zusammenspiel von Begabung und den vorgenommenen Bildungsinvestitionen ergibt.[126]

Obwohl die Schätzungen der privaten Bildungserträge in mikroökonomischen Studien einen deutlichen Hinweis auf die positive Wirkung von Bildung für das Individuum geben, ist eine Extrapolation dieser Ergebnisse auf die gesamte Volkswirtschaft problematisch, da der Wirkungsgrad der externalisierten Effekte empirisch schwieriger zu operationalisieren ist als im mikroökonomischen Bereich, der auf klar qualifizierbare Kriterien zurückgreifen kann.

Während die Humankapitalausstattung einer Volkswirtschaft als ein wesentlicher Produktionsfaktor in den Wachstumstheorien allgemein anerkannt ist und weitgehende Einigkeit über den positiven gesamtwirtschaftlichen Effekt von Bildung besteht[127], existiert keine

---

[125] Ebenda. S. 74.

[126] Foders, Federico (2001): Bildungspolitik für den Standort D. S. 1.

[127] Kontrovers dazu Pritchett, der den Standpunkt vertritt, dass Bildung kaum Wachstumsauswirkungen hat. Allerdings bezieht sich diese Kritik auf Analysen, die das Niveau des Pro-Kopf-Einkommens (und nicht der Wachstumsrate des Pro-Kopf-Einkommens) auf Bildungsvariable regressieren. Vgl. Foders, Federico (2001): Bildungspolitik für den Standort D. S. 66. Pritchett, Lant (1996): Where has all the education gone? How to

verlässliche Theorie oder empirische Methode zur Bemessung dieser makroökonomischen Effekte.[128] Trotzdem schätzen einige Autoren Humankapital als den am stärksten an Bedeutung gewinnenden Produktionsfaktor ein.

> „Human capital refers to the knowledge, information, ideas, skills, and health of individuals. This is the «age of human capital» in the sense that human capital is by far the most important form of capital in modern economies. The economic successes of individuals, and also of whole economies, depends [sic] on how extensively and effectively people invest in themselves. [...] While all forms of capital are important, including machinery, factories, and financial capital, human capital is the most significant."[129]

Schätzungen der OECD kommen zu dem allgemeinen Ergebnis, dass Investitionen in Bildung Erträge in ähnlichen Größenordnungen wie bei Sachkapitalinvestitionen erreichen.

> „There is clear evidence also that education and training are investments which pay off in terms of higher economic growth. [...] The study presents estimates that show the rate of return on investment in education to be as favourable as that on physical capital investment, suggesting that investment in education will continue to be useful, even in countries that provide universal upper secondary schooling and mass higher education."[130]

Anhand einer Untersuchung des Wirtschaftswachstums in 21 OECD Staaten in dem Zeitraum von 1971 – 1998 finden Bassanini/ Scarpetta einen bedeutenden Wachstumseffekt der Humankapitalakkumulation und sehen dadurch endogene Wachstumsmodelle bestätigt.[131] Die Verbesserung des Humankapitals wird somit von der OECD als bedeutender Faktor der Wachstumsprozesse der letzten Jahrzehnte ausgemacht. In einigen Staaten sei mehr als ein halber Prozentpunkt Wachstum auf die Verbesserung der Humankapitalausstattung zurückzuführen.[132]

Auf der Basis von 113 Ländern in einer international vergleichenden Untersuchung der Unterschiede im Sozialprodukt je Arbeitnehmer weist das Kieler Institut für Weltwirtschaft den Erklärungsbeitrag von Bildung als makroökonomische Produktionsfunktion mit 41 Prozent aus.[133] Auch die Deutsche Bundesbank unterstreicht in einer Analyse des gesamtwirtschaftlichen Umfeldes die Bedeutung des Bildungssystems für die Verbesserung der Wachstumsbedingungen in Deutschland.[134] Ebenso kommen Halls Arbeiten zu dem

---

explain the surprising finding that more education did not lead to faster economic growth? Worldbank Policy Research Working Paper no. 1581. In: http://econ.worldbank.org/files/301_wps1581.pdf.

128 Ein guter Überblick über die ökonomischen Theorien, die den Zusammenhang zwischen Bildung und wirtschaftlichem Wachstum modellieren, findet sich bei Dahlin, Brian G. (2002): The Impact of Education on Economic Growth. Theory, Findings, and Policy Implications. Durham, NC. S. 27.

129 Becker, Gary S. (2002): The Age of Human Capital. In: Lazear, Edward P. (Hrsg.): Education in the Twenty-First Century. Stanford. S. 3 – 9. S. 3.

130 OECD (1998): Human Capital Investment: An International Comparison. Paris. (http://www1.oecd.org/media/publish/pb98-14a.htm).

131 Bassanini, Andrea / Scarpetta, Stefano (2001): Does human capital matter for growth in OECD countries? Evidence from pooled mean-group estimates. OECD Economics Department Working Papers No. 282. Paris. S. 24.

132 OECD (2002): Bildung auf einen Blick 2002. S. 156.

133 Gundlach, Erich (2000): Bildung als Standortfaktor. In: Morath, Konrad. (Hrsg.): Rohstoff. Bildung. Beiträge zu einer Tagung des Frankfurter Instituts. Frankfurt am Main. S. 27 – 39.

134 Deutsche Bundesbank (2003): Zur Entwicklung und Bedeutung der Bildungsausgaben in Deutschland. S. 57 – 70. S. 59.

Schluss, dass das Wirtschaftswachstum positiv mit der Humankapitalausstattung zusammenhängt, wobei er die Bedeutung einer Mischfinanzierung als Voraussetzung für eine optimale Akkumulation unterstreicht.[135]

Barro untersucht für den Zeitraum 1965 – 1995 für 100 Länder den Zusammenhang zwischen Bildung und Wachstum des Bruttosozialproduktes mit dem Ergebnis, dass sich die Ausbildungsdauer von Männern auf sekundärer und tertiärer Ausbildungsstufe positiv auf das Wachstum auswirkt, während die primäre Schulbildung keinen direkten Einfluss auf das BIP-Wachstum hat.[136] Barros Untersuchung ist darüber hinaus bedeutsam, weil sie über formale Bildungsabschlüsse hinaus Hinweise über den Einfluss der Qualität der erworbenen Bildung liefert. Für etwa die Hälfte der untersuchten Länder liegen Ergebnisse standardisierter Tests der Fähigkeiten aus den Bereichen Naturwissenschaften, Mathematik und Sprache/Literatur vor, was eine Differenzierung der Einflussgröße Bildung nach formalen Bildungsständen und qualitativen Fähigkeiten ermöglicht. Barro kann zeigen, dass der Einfluss der qualitativen Faktoren gemessen anhand der Testergebnisse deutlich überwiegt.

> „Given the quality of education, as represented by the test scores, the quantity of schooling – measured by average years of attainment of adult males at the secondary and higher levels – is still positively related to subsequent growth. However, the effect of school quality is quantitatively much more important."[137]

Dieser Befund wird durch die empirischen Arbeiten von Hanushek/ Kimko (2000) gestützt, die auf der Grundlage internationaler Querschnittsanalysen zur makroökonomischen Wachstumsforschung einen bedeutenden Erklärungsbeitrag der qualitativen Komponente von Bildung ausmachen.[138]

Zusammenfassend lässt sich feststellen, dass in der empirischen Literatur ein Konsens bezüglich des entscheidenden Beitrages von Bildung zur langfristigen Wirtschaftsentwicklung besteht[139], wenngleich es bisher nur unbefriedigend gelungen ist, diesen Zusammenhang empirisch widerspruchsfrei zu beweisen.

> „While the theoretical relevance of human capital as a factor of production and a key to innovation and productivity gains is hardly questioned, empirical analysis fails to provide commonly agreed and reliable estimates of this effect."[140]

Bis zu einer exakten Bestimmungsmethode, die ausreichend empirische Evidenz liefert, besteht freilich die Gefahr, dass komplementäre Faktoren ausgeblendet oder unterschätzt werden, was eine Überbewertungstendenz der Bildungseffekte zur Folge haben könnte.[141]

---

135 Hall, Robert E. (2002): The Value of Education: Evidence from Around the Globe. In: Lazear, Edward P. (Hrsg.): Education in the Twenty-First Century. Stanford. S. 3 – 9. S. 25 – 41. S. 27 und 30 – 35.

136 Vgl. Barro, Robert J. (2001): Human capital and growth. In: American Economic Review Vol. 91, No. 2. S. 12 - 17.

137 Barro, Robert J. (2002): Education as a Determinant of Economic Growth. In: Lazear, Edward P. (Hrsg.): Education in the Twenty-First Century. Stanford. S. 9-25. S. 23.

138 Hanushek, Eric A./ Kimko, Dennis D. (2000): Schooling, Labor-Force Quality, and the Growth of Nations. In: American Economic Review No. 90. S. 1184 – 1208; Wößmann, Ludger (2003): Specifying Human Capital: A Review and Some Extensions. In: Journal of Economic Surveys Nr. 3/ 2003. S. 239 – 270.

139 Vgl. mit weiteren Verweisen: Foders, Federico (2001): Bildungspolitik für den Standort D. S. 66.

140 Michaelowa, Katharina (2001): Die Bedeutung von Bildung in Niedrigeinkommensländern: Das Beispiel Afrika. In: Schubert, Renate (Hrsg.): Entwicklungsperspektiven von Niedrigeinkommensländern - zur Bedeutung von Wissen und Institutionen. Berlin. S. 127-152. S. 147.

2.1.5 Verteilungswirkung von staatlicher Bildungsfinanzierung

Es ist gezeigt worden, dass die Bildungsrenditen aller Abschlüsse über den üblichen Kapitalmarktwerten liegen, wobei die Effekte größtenteils internalisiert werden können. Gleichzeitig werden die Kosten für Personal und Betrieb der Bildungsinstitutionen ganz oder in großen Teilen durch den Staat finanziert, so dass von staatlichen Bildungsinvestitionen in erheblichem Maße Verteilungswirkungen ausgehen. Eine Betrachtung des Bildungssystems unter Verteilungsgesichtspunkten hat in Deutschland im Gegensatz zu dem angloamerikanischen Raum, durchaus aber auch im Vergleich mit Frankreich kaum Tradition und bezieht sich zumeist und in jüngerer Zeit zunehmend auf die tertiäre Ausbildung. Diese Konzentration auf die Hochschulen verstellt den Blick auf die Verteilungswirkung, welche aus den anderen Bereichen des Bildungssystems herrührt und bei weitem nicht nur bildungsökonomische Ausprägungen aufweist.[142]

Die quantitative Dimension dieser Verteilungswirkung durch das Bildungssystem ist kontrovers. Dabei wirkt sich die dargestellte Mehrdeutigkeit der Bildungsrenditen je nach Berechnungsmethode, Referenzgruppe etc. negativ auf die Verlässlichkeit der Taxierung der Verteilungswirkung aus. Dennoch lassen sich für die unterschiedlichen Bildungsbereiche generelle Aussagen über deren Verteilungswirkung machen.

2.1.5.1 Exkurs: Grundsätzliche Notwendigkeit staatlicher Bildungssubvention

Positive Bildungsrenditen werfen die Frage auf, ob der Umfang staatlicher Finanzierung der höheren Bildungsangebote und die ausgesprochen geringe private Beteiligung aus ökonomischer Perspektive sinnvoll sind. Volkswirtschaftlich gerechtfertigt wäre eine staatliche Finanzierung, wenn sie eine Optimierung der Humankapitalakkumulation bewirken würde, was wiederum voraussetzt, dass die Humankapitalakkumulation ohne staatliche Subvention suboptimal ist.

Für die Richtigkeit dieser Annahme lassen sich einige Gründen finden. Zum einen hat die Darstellung der tertiären Bildungsrenditen gezeigt, dass die ökonomische Anreizstruktur offensichtlich nicht das dominierende Motiv für die Wahl eines Studienfaches darstellt. Zudem bestehen Informationsdefizite bei der Wahl eines Studienfaches, die aus dem rapiden technologischen Wandel und wechselnden Anforderungsprofilen der Arbeitswelt resultieren und kaum zu beheben sind, so dass Menschen aufgrund der Unsicherheit über die anfallenden Erträge Investitionen in Bildung scheuen. Die Risikoaversität steigt mit zunehmender Unsicherheit über die Erträge, so dass in Zeiten wachsender Einkommensrisiken, denen eigentlich mit Bildungsinvestitionen begegnet werden müsste, eben diese Investitionen ausbleiben. Besonders risikoavers sind typischerweise Haushalte, welche die Bildungsinvestitionen nicht aus der Substanz oder dem Einkommen, sondern nur durch Verschuldung bestreiten können, so dass die Unterinvestition in Bildung vor allem bei ärmeren Haushalten stärker ausgeprägt ist.[143]

---

[141] Vgl. ebenda S. 10; Weiß, Manfred (2002): Stichwort: Bildungsökonomie. S. 188.

[142] Auf die ausgesprochen starke sozialselektive Wirkung des Bildungssystems, die durch dessen Finanzierungsform zusätzlich verstärkt wird, wird im Laufe dieser Arbeit noch einzugehen sein. Vgl. 4.1.

[143] Vgl. De Frajas Untersuchung der Auswirkungen von Zugangstests zur Universität oder steuerfinanzierten Zuschüsse zu Studiengebühren auf die Chancengerechtigkeit. De Fraja, Gianni (2001): Education Policies: Equity, Efficiency and Voting Equilibrium. In: The Economic Journal No. 111. Oxford. C104 – C119.

Für einkommensschwächere Kreise besteht vor allem am deutschen Kapitalmarkt nur unzureichend die Möglichkeit der Kreditaufnahme zwecks Bildungsfinanzierung. Zwar entwickelt sich in Deutschland derzeit ein Angebot an privatfinanzierten Studienfinanzierungsprodukten, aber deren Vergabe unterliegt der gleichen Unsicherheit bezüglich des zu erwartenden Einkommens und damit der Kreditsicherheit für die Finanziers, so dass diese eine ähnlich risikoaverse Vergabepolitik einschlagen wie die privaten Haushalte. Wenn sozial schwache Gruppen, die zudem Kreditbeschränkungen unterliegen, nicht in der Lage sind, private Bildungsinvestitionen vorzunehmen und dazu durch den Staat nicht in die Lage versetzt werden, hat das negative Auswirkungen auf die gesamtwirtschaftliche Akkumulation von Humankapital und überdies verteilungspolitisch gravierende Folgen.[144]

Folglich setzt eine optimale Humankapitalakkumulation funktionierende Kreditmärkte und ein Mindestmaß an verlässlicher Information voraus. Fernerhin finden die Erträge der Externalitäten des Humankapitals bei Personen, die ihre Studienentscheidung tendenziell an persönlichen Ertragsaussichten orientieren, keine Berücksichtigung, so dass die Gesamterträge von Bildung aus der individuellen Perspektive generell unterschätzt werden. Insgesamt haben die genannten Aspekte eine Unterinvestition in Humankapital zur Folge, die durch staatliche Intervention kompensiert werden muss.

> „Die Höhe der Unterinvestition und damit der Umfang der optimalen staatlichen Intervention sind schwer abschätzbar. Es bleibt aber die Einsicht, dass die Regierung mit Subventionen diesem Marktversagen entgegenwirken und im Prinzip eine effiziente Akkumulation von Humankapital sicherstellen kann.“[145]

Folglich ist, um einer Unterfinanzierung durch den Holdup-Effekt entgegenzuwirken, zum Zeitpunkt der Aufbringung der Bildungsinvestitionen eine (Mit-) Finanzierung durch die Gesellschaft notwendig.[146]

Eine staatliche Subventionierung ist somit grundsätzlich sowohl für eine optimale Humankapitalakkumulation als auch verteilungspolitisch erforderlich, um Marktversagen in bestimmten Bereichen, etwa dem Kapitalmarkt, zu kompensieren.[147] Angesichts dieser Notwendigkeit ist die tatsächliche Verteilungswirkung der staatlichen Bildungsinvestitionen allokativ und distributiv von großer Bedeutung.

2.1.5.2 Verteilungswirkung staatlicher Bildungsfinanzierung

Bei der Bewertung der Verteilungswirkung ist eine Unterscheidung zwischen Niveau- und Struktureffekten sinnvoll. Struktureffekte liegen vor, wenn durch die öffentliche Bildungsfinanzierung unabhängig von Wachstumseffekten Wohlfahrtsgewinne einer bestimmten Gruppe erreicht werden, während man von Niveaueffekten spricht, wenn sich der Anteil einer bestimmten Gruppe aufgrund des Wachstums der Gesamtheit vergrößert (Fahrstuhlef-

---

144 Entsprechende bildungsökonomische Modelle zur Beteiligung der Nutzer an den Kosten des tertiären Bildungsbereichs müssen diesem Problem Rechnung tragen. Vgl. 4.3.4.7.

145 Haupt, Alexander/ Janeba, Eckhard (2003): Bildung im Zeitalter mobilen Humankapitals. S. 176.

146 Ebenda. S. 176 f.

147 Selbst in den USA, in denen die privaten Bildungsausgaben eine deutlich größere Rolle als in Deutschland spielen, wird ein Teil der Studiendarlehen vom Staat vergeben oder zumindest abgesichert. Vgl. Ebenda. S. 176 f.

fekt). Des Weiteren haben Fragen der Verteilungswirkung je nach Bildungsbereich unterschiedliche Ausprägungen. Forderungen nach einer Beteiligung der Nutzer resultieren aus der Annahme einer regressiven Verteilungswirkung und sind mithin sowohl allokations- als auch gerechtigkeitstheoretisch motiviert.[148] Deswegen sind Forderungen nach Beteiligung der Nutzer an Ausbildungskosten des tertiären Bildungssystems besonders aktuell, während derartige Vorschläge für den Bereich der beruflichen Bildung nur sehr vereinzelt auszumachen sind.[149] Für den allgemeinschulischen Bereich herrscht Konsens bezüglich einer staatlichen Finanzierungsverpflichtung, der auch nicht von Positionen innerhalb der Autonomie- und Steuerungsdebatte, die zum Teil nachfrageorientierte, quasi-private Steuerung favorisieren, in Frage gestellt wird.

Freilich stellt eine Betrachtung der ökonomischen Verteilungswirkung nur einen Aspekt der Verteilungswirkung des Bildungssystems dar, die überdies Fragen der Gerechtigkeit, Autonomie, Integration und Teilhabe umfasst. Die folgende Darstellung konzentriert sich zunächst ausschließlich auf die Erkenntnisse der ökonomischen Verteilungswirkung.

Ein Verzicht auf die Erhebung finanzieller Nutzerbeiträge für staatliche Bildungsangebote bzw. eine steuer- oder abgabenfinanzierte Subventionierung der Weiterbildungsangebote wird für gewöhnlich mit einer sozial gerechten Politik konnotiert. Dahinter steht die Annahme, dass einkommensschwachen Gruppen eine angemessene Bildungsbeteiligung aufgrund finanzieller Restriktionen verwehrt bleibt, so dass, wo es die Datenlage ermöglicht, eine Betrachtung der Veränderung der sozialen Bildungsbeteiligung jeweils nach Umgestaltung der Finanzierungsmodalitäten von Bildungsangeboten, aufschlussreich ist. Eine derartige Darstellung liefert wichtige Hinweise über zu erwartende Effekte einer stärkeren Beteiligung der Nutzer an den Bildungskosten.

Im Folgenden werden die einzelnen Bereiche des Bildungssystems kurz in ihrer Finanzierungsstruktur und der daraus resultierenden Verteilungswirkung skizziert, wobei dem tertiären Bereich besondere Aufmerksamkeit gewidmet wird, weil Fragen der Finanzierungsbeteiligung in diesem Bereich auf der politischen Agenda stehen und zwischen den untersuchten Verbandsgruppen kontrovers sind.

2.1.5.2.1 Elementarbereich

Obwohl der Elementarbereich in Deutschland über keinen staatlichen Bildungsauftrag verfügt, ist dessen Finanzierungsstruktur für Fragen der Verteilungswirkung im Bildungswesen von großer Bedeutung.[150] Der Privatfinanzierungsanteil ist in Deutschland mit 37 Prozent im Vergleich mit den meisten anderen OECD-Ländern (< 10 Prozent) und in Relation zu dem über alle Bildungsbereiche durchschnittlichen Privatfinanzierungsanteil von etwa 19 Prozent vergleichsweise hoch. Dabei können Kreyenfeld und Spieß (2002) zeigen, dass trotz der Kindergartengebühren, die teilweise erhoben werden und die zudem zumeist mit dem Elterneinkommen steigen, Familien mit mittleren Einkommen die größten Nutznießer der öffentlich finanzierten Kindertageseinrichtungen sind. Bei Familien im untersten Einkommensquintil ist die prozentuale Einkommensbelastung durch entsprechende Gebühren

[148] Diese Betrachtung konzentriert sich auf die fachwissenschaftliche Diskussion und lässt haushaltpolitische Beweggründe der Regierungen unbeachtet.

[149] Foders, Federico (2001): Bildungspolitik für den Standort D. S. 82.

[150] Zur bildungspolitischen Bedeutung des Elementar- und Primarbereiches vgl. 4.3.7.

mit 4 Prozent doppelt so hoch wie im höchsten Quintil und der jährliche Netto-Transfer mit 1.840 DM niedriger als im zweiten (2.310 DM), dritten (2.100 DM) und vierten Quintil (1.970 DM). Darüber hinaus ist der Nutzungsanteil mit 34 Prozent in diesem Einkommensquintil deutlich niedriger als in den mittleren Quintilen, in denen er zwischen 42,4 und 47,5 Prozent liegt.[151]

2.1.5.2.2 Schule

Das allgemein bildende Schulsystem wird nahezu vollständig öffentlich finanziert und Schulgeld wird in keinem Bundesland erhoben. Für das deutsche Kaiserreich hat die Behauptung, der Verzicht auf die Erhebung von Schulgeld für den Besuch einer weiterführenden Schule bzw. die Einführung der Lehrmittelfreiheit habe zu mehr sozialer Gerechtigkeit bei der Bildungsbeteiligung geführt, noch erhebliche Plausibilität, während die objektive Höhe des Schulgeldes nach 1945 keine Rolle mehr spielte.[152] Zu jeder Zeit waren weniger die direkten Schulkosten als vielmehr die Lebenshaltungs- bzw. Opportunitätskosten ein Hinderungsgrund eines weiterführenden Schulbesuches, so dass eine schichtspezifische Veränderung der Schülerzusammensetzung in den weiterführenden Schulen nach Abschaffung des Schulgeldes und Einführung der Lehrmittelfreiheit nicht stattgefunden hat.[153]

> „Die Stilisierung der Schulgeldfrage diente der parteipolitischen Instrumentalisierung und konnte von den wesentlichen Ursachen der Bildungsbenachteiligung bestimmter Bevölkerungsgruppen ablenken.“[154]

Insgesamt erscheint es für alle Bildungsentscheidungen plausibel, dass nicht ausschließlich die durch die Inanspruchnahme der Bildungsangebote unmittelbar anfallenden Kosten entscheidungsrelevant sind, sondern vielmehr eine Gesamtkostenabschätzung, welche mit Sicherheit die Aufwendungen für den Lebensunterhalt und vereinzelt auch entgangene Opportunitätskosten berücksichtig. Deshalb bieten sich für eine Analyse der Finanzlastverteilung eine Darstellung an, die zwischen Kosten für den Bildungsprozess und Lebensunterhalt differenziert.

Unter Berücksichtigung dieser Differenzierung und von staatlichen Transferleistungen wie etwa Kindergeld kommt Dohmen (2004) zu dem Ergebnis, dass der allgemeinbildende Schulbereich (Sekundarstufe I) nur einen marginalen Privatfinanzierungsanteil von etwa 5 Prozent aufweist.[155] Über die gesamte Oberstufe gerechnet, werden durchschnittlich 25 Prozent der zusätzlichen Ausgaben für den Lebensunterhalt staatlich und gut drei Viertel

[151] Vgl. Dohmen, Dieter (2004): Finanzierung lebenslangen Lernens von der Kita bis zur Weiterbildung. FiBS-Forum Nr. 22. Köln. S. 7.

[152] Ehmann errechnet einen Beitrag von 22 Euro pro Schüler und Jahr für Schulbücher, so dass dieser Betrag für die weiter führende Schule nicht entscheidungsrelevant sein dürfte. Anderseits könnte mit der Gesamtsumme von 273 Millionen Euro für gezielte Maßnahmen durchaus Bildungsförderung betrieben werden. Vgl. Ehmann, Christoph (2003): Bildungsfinanzierung in Deutschland – eine Analyse. Aufkommen, Verteilung und Wirkungen der finanziellen Mittel. In: Vereinte Dienstleistungsgewerkschaft (ver.di): Finanzierung der Bildung – Was ist uns die Bildung wert? Berlin. S. 12- 26. S. 19.

[153] Ehmann, Christoph (2001): Bildungsfinanzierung und soziale Gerechtigkeit. Vom Kindergarten bis zur Weiterbildung. Bielefeld. S. 63.

[154] Ebenda. S. 62.

[155] Vgl. Dohmen, Dieter (2004): Finanzierung lebenslangen Lernens von der Kita bis zur Weiterbildung. S. 8.

privat finanziert.[156] Da der Übergang in die Oberstufe stark mit dem sozioökonomischen Hintergrund der Familie korreliert, kommt den zusätzlich anfallenden Unterhalts- und Opportunitätskosten eine weitere Barrierenwirkung zu. Folglich hatte die faktische Abschaffung des Schüler-BafóGs deutliche Auswirkungen auf die soziale Zusammensetzung der Sekundarstufe II, da leistungsstarke Schüler aus weniger wohlhabenden Haushalten nun aufgrund der Ausbildungsvergütungen vermehrt das Duale Berufsbildungssystem anstelle der allgemeinbildenden Oberstufe wählten. Die entscheidende Barrierewirkung innerhalb des deutschen Bildungswesens geht für die Gruppe der niedrigeren sozialen Herkunft von dem Übergang in die gymnasiale Oberstufe aus[157], was durch die Finanzierungsregelungen zusätzlich verstärkt wird. Dieser Befund muss bei der Darstellung der sozialen Verteilung der Studierenden an Hochschulen präsent gehalten werden.

2.1.5.2.3 Hochschule

Nach der Abschaffung der Studiengebühren im Jahr 1970 stieg zwar zunächst der Anteil der Kinder aus Arbeiterfamilien, die ein Studium aufnahmen, an, was aber nicht als Folge der Abschaffung der Studiengebühren interpretiert werden kann, zumal 30 Prozent der Studierenden von den Gebührenzahlungen befreit gewesen waren[158]. Vielmehr resultierte dieser Anstieg aus dem Inkrafttreten des Bundesausbildungsförderungsgesetzes mit Fördersätzen, von denen in den 70er Jahren tatsächlich der Lebensunterhalt bestritten werden konnte und das zudem auch den gesamten Sekundar II-Bereich umfasste, so dass das Potenzial für den Hochschulzugang deutlich erweitert wurde. Parallel stieg auch die Anzahl an Studierenden aus Akademiker-Haushalten.[159] Da die Einnahmeausfälle durch die Abschaffung der Studiengebühren durch Verringerung der Sozialleistungen in Form von Kürzungen der Zuwendungen an die Studentenwerke und ab Mitte der 70er Jahre durch eine Absenkung der BAFöG-Förderung kompensiert wurden, waren die sozialpolitischen Folgen eine Schlechterstellung der sozialen Schichten, die von der Abschaffung der Gebühren eigentlich profitieren sollten. Ehmann kommt deshalb zu dem Ergebnis, dass die „Abschaffung

[156] Zur ausführlichen Berechnung vgl. Dohmen, Dieter, Michael Hoi (2004): Bildungsaufwand in Deutschland – eine erweiterte Konzeption des Bildungsbudgets. Studien zur Technologischen Leistungsfähigkeit. Nr. 3 – 2004. FiBS Forum Nr. 20. Köln.

[157] Von 100 Kindern aus der Herkunftsgruppe „hoch" erreichen 85 Prozent die gymnasiale Oberstufe und von dieser Gruppe wiederum 95 Prozent den Hochschulzugang, so dass 82 von 100 Kindern dieser Herkunftsgruppe ein (Fach-) Hochschulstudium aufnehmen. Von 100 Kindern aus der Herkunftsgruppe „niedrig" erreichen 36 Prozent die gymnasiale Oberstufe und von dieser Gruppe wiederum 31 Prozent den Hochschulzugang, so dass 11 von 100 Kindern dieser Herkunftsgruppe ein (Fach-) Hochschulstudium aufnehmen. Somit war im Jahr 2000 die Chance, ein Hochschulstudium aufzunehmen, für Kinder der Herkunftsgruppe „hoch" 7,4-fach größer als für Kinder der Herkunftsgruppe „niedrig". Vgl. Isserstedt, Wolfgang/ Middendorff, Elke/ Weber, Steffen/ Wolter, Andrä/ Schnitzer, Klaus (2004): Die wirtschaftliche und soziale Lage der Studierende in der Bundesrepublik Deutschland 2003. 17. Sozialerhebung des deutschen Studentenwerks im Auftrag des Bundesministeriums für Bildung und Forschung (BMBF) (Hrsg.) durchgeführt durch HIS Hochschul-Informations-System (HIS) – Ausgewählte Ergebnisse. Berlin. S. 20.

[158] Gemäß einer Empfehlung der KMK vom 20./ 21. Januar 1966 betrug die Studiengebühr 160 DM pro Semester.

[159] Von dem Wintersemester 1966/67 bis zum Sommersemester 1979 stieg der Anteil von Kindern aus Arbeiterhaushalten, die ein Studium aufnahmen, von 5,7 auf 14 Prozent. Bei Akademikerkindern stieg der Anteil im gleichen Zeitraum von 36,6 auf 45,8 Prozent, was einem ähnlichen Wachstumskoeffizienten entspricht.

der Studiengebühren [...] zur sozialen Gerechtigkeit und zur Öffnung des Hochschulzuganges nichts beigetragen" habe.[160]

Ein ähnliches Bild zeichnet eine Studie über die soziale Herkunft der Studierenden des Hochschulinformationszentrums (HIS) aus dem Jahr 2000.

> „Aus den Analyseergebnissen über das Herkunftsprofil der Studienanfänger aus den alten und neuen Ländern lässt sich das Fazit ziehen, dass die tradierten Vermittlungsmechanismen sozialer Reproduktion für das akademische Studium fortbestehen und auch bei der Fachrichtungswahl wirksam werden. Die Trends der 90er Jahre im sozialen Profil der Studienanfänger belegen den ungebrochenen Einfluss der familiären Herkunft und des darin eingewobenen kulturellen Kapitals auf die Bildungslaufbahn der nachkommenden Generation. Ungeachtet aller enorm erweiterten Bildungschancen durch die Bildungsexpansion bleiben tradierte soziale Auswahlmechanismen bestehen."[161]

Diese Konstanz der sozialen Auswahlmechanismen wird ebenso durch die aktuelle 17. Sozialerhebung der wirtschaftlichen und sozialen Lage der Studierenden bestätigt. Diese Erhebung benutzt das Konstrukt „soziale Herkunftsgruppen" unter Verwendung von drei verschiedenen Angaben zum Elternhaus: berufliche Stellung, höchster berufsqualifizierender und höchster allgemein bildender Abschluss der Eltern; dieses Forschungskonstrukt zielt auf die Analyse vertikaler Ungleichheiten innerhalb der Gruppe der Studierenden. Dabei zeigt sich, dass die Entwicklung der sozialen Zusammensetzung der Studierenden in den letzten 25 Jahren einen eindeutigen Trend aufweist: Der Anteil Studierender aus der Herkunftsgruppe „hoch" steigt kontinuierlich, während sich der Prozentsatz Studierender vor allem aus den unteren beiden Herkunftsgruppen reduziert. Abbildung 2.5 zeigt, dass 37 Prozent aller Studierenden im Jahr 2003 aus der Herkunftsgruppe „hoch" stammen. Diese Gruppe verzeichnet damit gegenüber 2000 einen Zuwachs um vier Prozentpunkte, während die anderen drei Herkunftsgruppen an den Hochschulen zu jeweils ein bis zwei Prozentpunkten weniger vertreten sind. Über einen Zeitraum von zwei Jahrzehnten hinweg betrachtet, sind im Jahr 2003 Studierende aus der Herkunftsgruppe „hoch" doppelt so häufig an den Hochschulen anzutreffen wie 1982. Im Gegenzug reduzierte sich der Anteil Studierender aus „niedrigen" (hochschulfernen) Milieus auf fast die Hälfte.[162]

---

160 Ebenda. S. 87.

161 Bathke, Gustav-Wilhelm/ Schreiber, Jochen/ Sommer, Dieter (2000): Soziale Herkunft deutscher Studienanfänger - Entwicklungstrends der 90er Jahre. HIS-Kurzinformation A 9 / 2000. S. 1.

162 Isserstedt, Wolfgang/ Middendorff, Elke/ Weber, Steffen u.a. (2004): Die wirtschaftliche und soziale Lage der Studienrenden in der Bundesrepublik Deutschland 2003. S. 20.

Abbildung 2.5: Studierenden nach sozialen Herkunftsgruppen

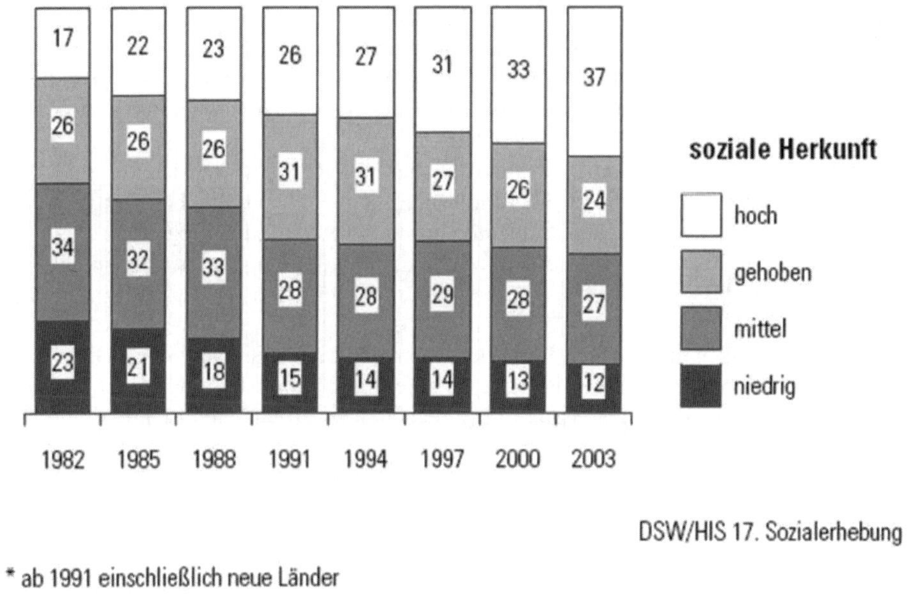

Bildungs- und sozialpolitisch bedenklich ist zudem die Entwicklung, dass die Zahl der Studierenden aus Familien, in denen die Eltern einen mittleren Schulabschluss aufweisen und über mittlere Einkommen verfügen, zwischen 2000 und 2003 zurückgegangen ist. Offenbar fällt es mittleren Einkommenseinschichten, die knapp aus der Förderung herausfallen, immer schwerer, das Studium der Kinder (teil-) zu finanzieren.[163]

Die Entwicklung der Sozialstruktur der Studierenden wird sowohl von Veränderungen in der sozialen Zusammensetzung der Elterngeneration als auch von sozialgruppenspezifischen Bildungschancen und ihrer Inanspruchnahme beeinflusst, so dass eine nach sozialen Herkunftsgruppen differenzierte Betrachtung der verschiedenen Hochschularten und Fächergruppen Rückschlüsse auf die jeweiligen Einstiegsbarrieren für hochschulferne Schichten ermöglicht.[164] Es zeigt sich, dass die geringste Barrierewirkung für Studieninteressierte aus hochschulfernen Schichten von Fachhochschulen, an denen Studierende der beiden unteren Herkunftsgruppen wesentlich stärker vertreten sind als an Universitäten bzw. an Musik- und Kunsthochschulen, ausgeht.

---

[163] Die Einnahmen des „Normalstudenten" setzen sich wie folgt zusammen: Eltern: 50 Prozent, Erwerbstätigkeit 27 Prozent, Bafög: 13 Prozent, andere Quelle: 9 Prozent. Vgl. Isserstedt, Wolfgang/ Middendorff, Elke/ Weber, Steffen u.a. (2004): Die wirtschaftliche und soziale Lage der Studienrenden in der Bundesrepublik Deutschland 2003. S. 25.

[164] In diesem Zusammenhang muss unterstrichen werden, dass die Ausführungen den Übergang von hochschulzugangsberechtigten Kindern aus niedrigen sozialen Herkunftsgruppen in das Hochschulsystem ins Auge fassen, wobei bereits dargestellt wurde, dass insgesamt die entscheidende Barrierewirkung von dem Übergang in die gymnasiale Oberstufe ausgeht.

Die Attraktivität dieser Hochschulart wird zum einen auf die kürzeren, praxisbezogenen Studienangeboten zurückgeführt, zum anderen konzentriert sich die Studienfachnachfrage hochschulferner Schichten auf bestimmte Fächergruppen, insbesondere Ingenieurwissenschaften, darunter vor allem Elektrotechnik/ Elektronik und Sozialwesen/Sozialpädagogik, die vor allem an den Fachhochschulen angeboten werden.[165]

Studierende mit hochschulnahem Hintergrund, die ein Fachhochschulstudium aufnehmen, wählen einerseits überproportional häufig rechts- bzw. wirtschaftswissenschaftliche Fächer, insbesondere Betriebswirtschaftslehre.[166] An Universitäten betrifft die sozialgruppenspezifische Fächerwahl vor allem Fächer wie Rechtswissenschaften und Medizin, für welche sich seit Jahrzehnten überdurchschnittlich viele Studienberechtigte aus hohen und höchsten gesellschaftlichen Schichten immatrikulieren. Im Gegensatz dazu wählen Studieninteressierte aus bildungsferneren Schichten an der Universität eher sprach-, kultur- oder erziehungswissenschaftliche Fächer, darunter vergleichsweise häufig Lehramtsstudiengänge.[167]

Aus bildungsökonomischer Perspektive entsteht ein uneinheitliches Bild, da hochschulferne Schichten an Universitäten zwar überproportional Fächergruppen belegen, die geringe bis negative Bildungsrenditen versprechen, aber an Fachhochschulen mit den ingenieurwissenschaftlichen Fächern durchaus auch Fächer mit deutlich positiven Renditeerwartungen belegen. Allerdings dürfte die Renditeaussicht dieser Fächer nur mittelbar studienwahlentscheidend und die geringen Opportunitätskosten aufgrund der kürzeren Studienzeiten ausschlaggebend sein, die ihrerseits relevant für die positiven Erträge dieser Fächergruppen sind. Eine Nachfrage nach renditestarken Fächern im Sinne „sozial vererbter" Bildungstraditionen der höheren Sozialschichten kann zwar deutlich, aber eben nur für die Universitäten konstatiert werden.

Insgesamt offenbart eine nach Hochschularten und sozialen Herkunftsgruppen aufgeschlüsselte Darstellung, dass innerhalb des deutschen Hochschulsystems in erster Linie die Fachhochschulen als Einstiegsbildungsstätte für die Aufsteiger aus hochschulferneren Schichten fungieren.

Dieser Befund lässt sich nicht nur aus der Nachfragepräferenz ableiten, sondern zeigt sich auch in der inneren Organisation der Fachhochschulen: Während an Fachhochschulen kein Zusammenhang von Zugehörigkeit zu einer Sozialgruppe und Studiendauer erkennbar ist, zeigen sich diesbezüglich an den Universitäten signifikante Unterschiede: Studierende der Herkunftsgruppe „hoch" gehören deutlich seltener zu denjenigen, die sich seit mindestens 13 Semestern im Erststudium befinden, während in dieser Gruppe Studierende der beiden unteren Herkunftsmilieus stärker präsent sind, als es ihrem durchschnittlichen Anteil an im Erststudium Immatrikulierten entsprechen würde.[168] Die 17. Sozialerhebung der sozialen und wirtschaftlichen Lage der Studierenden identifiziert vielfältige, zumeist miteinander zusammenhängende sozioökonomische Merkmale wie Selbstfinanzierung, Erwerbstätigkeit neben dem Studium, Wohnform, Familienstand und familiäre Verpflichtungen als Ursache für die durchschnittlich längere Verweildauer an Universitäten von Studierenden aus hochschulfernen Herkunftsfamilien. Jedoch wirken sich zumindest die ökono-

165 Vgl. Isserstedt, Wolfgang/ Middendorff, Elke/ Weber, Steffen u.a. (2004): Die wirtschaftliche und soziale Lage der Studierenden in der Bundesrepublik Deutschland 2003. S. 21.

166 Ebenda.

167 Ebenda.

168 Ebenda. S. 21 f..

mischen Nachteile hochschulferner Schichten je nach Hochschulart unterschiedlich auf den Studienverlauf aus. Grundsätzlich vermindert sich mit jeder Stunde Erwerbstätigkeit der Studienaufwand durchschnittlich um fast eine halbe Stunde.[169] Die für Erwerbstätigkeit aufgewendete Zeit geht nicht einseitig zu Lasten des Studiums, sondern in gleichem Maße auf Kosten des übrigen Freizeitbudgets, wobei der negative Einfluss des Erwerbstätigkeitsumfangs auf den Studienaufwand im Fächervergleich durchaus unterschiedlich ist.[170] Obwohl sich der Erwerbsaufwand der Studierenden an Universitäten von dem der Studierenden an Fachhochschulen nicht signifikant unterscheidet, beeinflusst die Erwerbstätigkeit Studierender aus hochschulfernen Schichten an Fachhochschulen deren Studiendauer weniger stark als an Hochschulen.

Offensichtlich können Unterschiede in der Strukturiertheit des Studiums und der Fachkulturen den negativen Einfluss großer Erwerbstätigkeit kompensieren, so dass den Studierenden an Fachhochschulen aus ihrer Erwerbstätigkeit kein Nachteil bezüglich der Studiendauer erwächst, was sich wiederum positiv auf die Bildungsrendite auswirkt. Auch diese Betrachtungsweise unterstützt den Befund der Fachhochschulen als die integrierende Bildungsstätte hochschulferner Schichten in das Hochschulsystem.

Für die tertiäre Bildungsbeteiligung kann festgehalten werden, dass die tradierten Vermittlungsmechanismen sozialer Reproduktion für das akademische Studium fortbestehen und zudem bei der Fachrichtungswahl wirksam werden. Insbesondere der Effekt auf die Fächerwahl belegt den ungebrochenen Einfluss des kulturellen Kapitals, das aus der familiären Herkunft resultiert und das keinesfalls auf ökonomische Kapazitäten reduziert werden darf. Indiz für den großen Einfluss kulturellen Kapitals ist auch, dass trotz absoluter Gebühren- und Lernmittelfreiheit und familienunabhängiger Ausbildungsförderung die Selbstrekrutierungsquote von Akademikern in keinem Land höher war als in der Spätphase der DDR.[171] Der große Einfluss des kulturellen Kapitals dürfte entscheidend sein, warum die Abschaffung der Studiengebühren in Deutschland keine wesentlichen Veränderungen in der sozialen Zusammensetzung der Studierenden bewirkt hat.[172] Dennoch kann aus diesem Befund nicht der Umkehrschluss gezogen werden, dass eine Wiedereinführung ebenfalls

---

169 Ebenda. S. 41. Bild 8.8.

170 Während die Erwerbstätigkeit beispielsweise in den sozialwissenschaftlichen Fächern deutlich zu Lasten des Studiums geht, verhält es sich in einigen anderen Fächern anders. Obwohl Medizin-Studierende innerhalb der Fächergruppen den höchsten Studienaufwand betreiben, bleiben ihre zeitlichen Abstriche am Studium (bei vergleichbarem Umfang der Erwerbstätigkeit) bis zum Studienabschluss konstant gering. Vgl. ebenda. S. 43.

171 Vgl. Ehmann, Christoph (2003): Bildungsfinanzierung in Deutschland – eine Analyse. Aufkommen, Verteilung und Wirkungen der finanziellen Mittel. S. 20; Lenhardt, Gero/ Stock, Manfred (1997): Bildung, Bürger, Arbeitskraft. Schulentwicklung und Sozialstruktur in der BRD und der DDR. Frankfurt am Main. S. 161.

172 Da sich die Transmission des sozialen Status` zwischen den Generationen nicht nur über Bildungsabschlüsse vollzieht, sondern auch über Aspiration und individuelles soziales Handel, die wiederum Einfluss auf den Bildungserfolg haben, müssen die komplexen Wirkungen von sozialen Einflüssen auf den Bildungserfolg prozessorientiert statt lediglich ergebnisorientiert analysiert werden. Dazu wird oftmals die Unterscheidung zwischen primären und sekundären sozialen Disparitäten herangezogen. Unter primärer sozialer Ungleichheit werden Unterschiede in den bis zur Übergangsschwelle erworbenen und für die nächste Etappe vorausgesetzten Kompetenzen bezeichnet, die in der Regel nicht unabhängig von der sozialen Herkunft sind. Sekundäre soziale Ungleichheit beschreibt hingegen das aus der sozialen Disparität entstehende unterschiedliche Entscheidungsverhalten (etwa bei der Schullaufbahnentscheidung). Vgl. Büchner, Peter (2003): Stichwort: Bildung und soziale Ungleichheit. In: Zeitschrift für Erziehungswissenschaften (ZfE). Heft 1/2003. S. 5 – 24. S. 13.
Insbesondere für die im dreigliedrigen Schulsystem gewichtige Schullaufbahnentscheidung beim Übergang zur weiterführenden Schule kann ein großer Einfluss sekundärer Ungleichheiten festgestellt werden. Vgl. 4.3.7.3.

ohne Auswirkungen auf die soziale Zusammensetzung der Studierenden wäre. Auf die Frage der Nutzerbeteiligung in der tertiären Bildung wird im Folgenden aus bildungsökonomischer Perspektive eingegangen werden.

2.1.5.2.3.1 Studienbeiträge

Kaum eine bildungspolitische Kontroverse ist derart stark sozialpolitisch akzentuiert und besitzt eine derartige Symbolfunktion wie die Frage der Beteiligung der Studierenden an den Kosten, wobei sowohl Gegner als auch Befürworter der Erhebung bzw. dem Fehlen von Beiträgen jeweils eine ungerechte verteilungspolitische Wirkung unterstellen. Während die Befürworter von Beiträgen eine verteilungspolitisch orientierte Ablehnung von Studiengebühren mit Verweis auf den hohen staatlichen Subventionsanteil und den Privatgutcharakter eines Hochschulstudiums zurückweisen, betonen die Gegner die Opportunitätskosten der Studierenden und bezweifeln die regressive Verteilungswirkung[173] der derzeitigen Form der Studienfinanzierung.

Bei der Betrachtung der Verteilungswirkung eines kostenfreien Hochschulzugangs muss zwischen Quer- und Längsschnittsanalysen unterschieden werden. Erstere treffen Aussagen über die Umverteilungseffekte zwischen den Haushalten unterschiedlicher Einkommensklassen, während Längsschnittsanalysen dem Investitionscharakter von Bildungsaufwendung Rechung tragen, indem sie Aufwendungen und spätere Erträge ins Auge fassen und Aussagen über die Größe des durch höhere Steuer zurückgezahlten Anteils an den erhaltenen Leistungen machen.

Die Einführung von Studienbeiträgen wird sowohl in der jeweiligen politischen Diskussion auf Länder- und im Zusammenhang mit dem Hochschulrahmengesetz (HRG) auf Bundesebene als auch innerhalb der Bildungsforschung, speziell der Bildungsökonomie, diskutiert. Die politische Diskussion ist einerseits durch wachsende Ambitionen einer Reihe von christ- als auch sozialdemokratischen Landeswissenschaftsministern zur Einführung von Studienbeiträgen geprägt, die bisher durch das Festhalten der Bundesregierung am Verbot von Studiengebühren für das Erststudium im HRG verhindert wurden.[174] Andererseits existieren innerhalb dieser Kontroverse unterschiedliche Institutionen, zu denen auch die untersuchten Verbandsgruppen gehören, und Initiativen, die sich deutlich für oder wider die Einführung von Studienbeiträgen positionieren.[175] Beide Positionen innerhalb dieser stark polarisierten Diskussion sind durch vielfältige Behauptungen und Annahmen über die zu erwartenden sozialen Folgen und die Steuerungswirkung geprägt, über die es kaum (er-

---

173 Von regressiver Verteilungswirkung wird gesprochen, wenn obere Einkommensschichten im Vergleich zu unteren begünstigt werden.

174 Das Bundesland Baden-Württemberg hat gemeinsam mit Bayern, Hamburg, dem Saarland und Sachsen-Anhalt im Frühjahr 2001 einen Normenkontrollantrag beim Bundesverfassungsgericht gegen das Studiengebührenverbot eingereicht. Eine Entscheidung steht noch aus.

175 Um nur einige zu nennen, seien als entschiedene Gegner von Studiengebühren der Bund demokratischer Wissenschaftlerinnen und Wissenschaftler (BdWi), der freie zusammenschluss von studentInnenschaften (fzs), das Aktionsbündnis gegen Studiengebühren (ABS), die Jungsozialistinnen und Jungsozialisten in der SPD (Jusos) und schließlich die Gewerkschaften erwähnt. Für die Einführung sprechen sich unter anderem das Centrum für Hochschulentwicklung (CHE), die Hochschulrektorenkonferenz (HRK) und der Wissenschaftsrat (WR) aus. Bemerkenswert ist, dass sich im Gegensatz zu den Gewerkschaften der Sachverständigenrat Bildung bei der gewerkschaftsnahen Hans-Böckler-Stiftung (HBS) für Studiengebühren ausspricht.

fahrungs-) wissenschaftliche Sicherheit gibt. Die folgende Darstellung beschränkt sich auf die fachwissenschaftliche Kontroverse.

Innerhalb der bildungsökonomischen Fachdiskussion konstatieren die Beitragsbefürworter eine regressive Verteilungswirkung, die von dem derzeitigen Finanzierungsmodell ausgehe, und sprechen von einer „langfristigen Umverteilung von unten nach oben[176]".[177] Ausgehend von dem empirischen Befund, dass die staatliche Subventionierung der Hochschulen vorrangig einer Umverteilung zugunsten mittlerer Einkommensgruppen und nicht zugunsten der sozial schwachen Bevölkerungskreise beitrage[178], kommt die viel zitierte Längsschnittanalyse Grüskes zu dem Ergebnis, dass ein Hochschulabsolvent im Mittel nur einen Teil seiner öffentlich finanzierten Hochschulkosten über höhere Steuerleistungen refinanziert[179], so dass die entgeltlose Bereitstellung der Hochschulen angesichts der mit einem Studienabschluss verbundenen höheren Einkommen einen Umverteilungseffekt zugunsten von Akademikern bewirke. Folgestudien[180] bestätigten diese Längsschnittresultate in der Tendenz genauso wie Bildungsratenansätze[181].

Im Querschnitt erfolge laut Grüske eine Umverteilung zugunsten von Haushalten mit studierenden Kindern, wobei Familien im unteren Einkommensbereich aufgrund der Ausbildungsförderung etwas höhere Zuwendungen erhalten. Kritiker weisen darauf hin, dass eine Betrachtung der Verteilungswirkung im Querschnitt zeige, dass Grüskes Methode zu einer Überbewertung der Überrepräsentanz reicher Studierender führe, da Studierende mit eigenem Haushalt der „einkommensschwachen" Gruppe zugeordnet werden, obgleich ihr Eltern-Haushalt in der oberen Gruppe angesiedelt ist.[182] Zudem seien in der einkommensschwachen Gruppe überdurchschnittlich viele Rentner.[183] Barbaro kommt unter Verwen-

---

176 Vgl. Grüske, Karl-Dieter (2002): Wer finanziert wem das Studium? Verteilungswirkungen der Hochschulfinanzierung. In: Dohmen, Dieter/ Cleuvers, Birgitt A. (Hrsg.): Nachfrageorientierte Bildungsfinanzierung. Neue Trends für Kindertagesstätte, Schule und Hochschule, Schriften zur Bildungs- und Sozialökonomie. Band 1. Bielefeld. S. 253 – 280. S. 256; Guger, Alois (1994): Verteilungswirkungen der gebührenfreien Hochschulbildung in Österreich. Wien; Hans Böckler Stiftung, Sachverständigenrat Bildung (1998): Diskussionspapier: Für ein verändertes System der Bildungsfinanzierung. Düsseldorf; Sachverständigenrat zur Begutachtung der gesamtwirtschaftlichen Entwicklung (1998): Jahresgutachten des Sachverständigenrates zur Begutachtung der gesamtgesellschaftlichen Entwicklung 1998/99 vom 18.11.1998. Kapitel 6 IV: Bildungspolitik - Grundlegende Reformen im Hochschulbereich. Wiesbaden; Centrum für Hochschulentwicklung (CHE) (2000): Umverteilung von unten nach oben durch gebührenfreie Hochschulbildung. Materialsammlung. Gütersloh.

177 Diese Kritik besteht in Deutschland bereits seit der ersten Formulierung der politischen Forderung eines gebührenfreien Hochschulzugangs auf dem Gothaer Parteitag 1875 der Sozialdemokraten. Besonders Marx und Engels kritisierten diesen Punkt des Gothaer Programms, da dessen Umsetzung eine Finanzierung der Erziehungskosten der höheren Klassen aus dem allgemeinen Steueraufkommen bedeute.

178 Holtzmann, Hans-Dieter (1994): Öffentliche Finanzierung der Hochschulausgaben in der Bundesrepublik Deutschland – Verteilungseffekte, allokative Folgen und Reformbedarf. In: Grüske, Karl-Dieter (Hrsg.): Forum Finanzwissenschaft. Band 5. Nürnberg.

179 Grüske, Karl-Dieter (1997): Tragen Akademiker die Kosten ihrer Ausbildung? Sind Studiengebühren unsozial? In: Böttcher, Wolfgang/ Weishaupt, Horst/ Weiß, Manfred (Hrsg.): Wege zu einer neuen Bildungsökonomie. Weinheim. S. 227 – 290.

180 Auf der Basis von 1993: Sternberg, Lars (2001): Staatliche Finanzierung der Hochschulausbildung – Umverteilung von „unten" nach „oben"? In: Grüske, Karl-Dieter (Hrsg.): Forum Finanzwissenschaft. Band 22. Nürnberg.

181 Centrum für Hochschulentwicklung (CHE) (Hrsg.) (2000): Umverteilung von unten nach oben durch gebührenfreie Hochschulbildung. S. 15.

182 Barbaro, Salvatore (2001): Bildungsfinanzierung und Verteilung. In: Gewerkschaftliche Monatshefte (GMH) Nr. 8 - 9/2001. S. 522 – 530. S. 523.

183 Ebenda. S. 524.

dung einer gewichteten Betrachtung der Haushaltseinkommen zu dem Ergebnis, dass sich der Befund einer regressiven Verteilungswirkung in der Querschnittsbetrachtung empirisch nicht halten lasse.[184]

Für die Analyse von Verteilungswirkungen sind jedoch, insbesondere aufgrund des Investitionscharakters von Bildungsausgaben, Aussagen, die auf einer Betrachtung des Lebenszeitraumes basieren, aussagekräftiger als Querschnittsanalysen, welche langfristige Effekte von Bildungsinvestitionen nicht darstellen können. Doch die Ergebnisse der Längsschnittuntersuchung Grüskes bleiben ebenfalls nicht unwidersprochen.

Sturn und Wohlfahrt (2000) halten in einem Gutachten im Auftrag des Deutschen Studentenwerks (DSW) dem Befund eines Umverteilungseffektes zugunsten höherer Einkommen entgegen, dass der „entgangene Glättungsvorteil" der Hochschulabsolventen unberücksichtigt bliebe: Da Akademiker im Vergleich zu Nicht-Akademikern typischerweise eine geringere Lebensarbeitszeit aufweisen, tragen sie bei gleichem Lebenseinkommen aufgrund des progressiven Steuersystems eine deutlich höhere Gesamtsteuerlast.[185] Sturn und Wohlfahrt interpretieren diese höhere Steuerlast als Rückzahlung des während eines gebührenfreien Studiums erhaltenen Vorteils und sehen insgesamt „starke Anhaltspunkte für einen hohen Grad an 'Eigenfinanzierung' über spezifische Steuerrückflüsse, die gleichsam als implizite 'Akademikersteuer' wirken."[186] Akademiker zahlten demzufolge über die Steuer mehr zurück, als sie an Leistungen während des Studiums erhalten hätten.[187]

Die sich auf den entgangenen Glättungsvorteil beziehende Argumentation wird jedoch mit dem Verweis zurückgewiesen, dass sie für alle Personen gelte, deren gleich hohes Lebenseinkommen über einen kürzeren Erwerbszeitraum erzielt wird.[188] Hiervon sind somit alle Personen mit einem diskontinuierlichen Erwerbsverlauf wie z.B. Arbeitslose, erwerbstätige Mütter etc. betroffen[189].

Zudem wird kritisch darauf hingewiesen, dass Sturn und Wohlfahrt (2000) mit einer modellhaften Betrachtung auf der Grundlage des allgemeinen Steuertarifs operieren, nicht aber auf der Grundlage tatsächlicher Steuerdaten, was eine Überbewertung der Steuerlastunterschiede bewirke, da Akademiker ihr zu versteuerndes Einkommen deutlich stärker

---

184 Zur Verwendung der Quadratwurzelmethode des Deutschen Institutes für Wirtschaftsforschung (DIW) zur Verarbeitung von Einkommensdaten vgl. ebenda. S. 525 f..

185 Dieter Dohmen verdeutlicht diesen Effekt mit folgendem Beispiel. Ein Angestellter verdient während seines 40jährigen Arbeitslebens insgesamt 1,0 Millionen Euro, was einem Jahreseinkommen von 25.000 Euro entspricht. Unterliegt dieses Einkommen einem Grenzsteuersatz von 30 Prozent, dann zahlt er während seines gesamten Erwerbslebens insgesamt 300.000 Euro Steuern. Ein Akademiker mit dem gleichen Lebenseinkommen, aber einer Lebensarbeitszeit von 30 Jahren würde jährlich 33.333 Euro verdienen. Bei einem hypothetischen Grenzsteuersatz von 40 Prozent entspräche dieses einer Gesamtsteuerlast von 400.000 Euro. Vgl. Dohmen, Dieter (2004): Finanzierung lebenslangen Lernens von der Kita bis zur Weiterbildung. S. 15.

186 Sturn, Richard/ Wohlfahrt, Gerhard (2000): Umverteilungswirkungen der öffentlichen Hochschulfinanzierung in Deutschland. Gutachten im Auftrag des Deutschen Studentenwerkes. Graz. S. 54.

187 Sturn/ Wohlfahrt kommen in ihren Berechnungen für Österreich zu einem Differenzbetrag von umgerechnet ca. 25.000 Euro. Für Deutschland gibt es keinen empirischen Beleg. Vgl. Ziegele, Frank (2000): Würdigung des DSW-Gutachtens von Sturn/Wohlfahrt im Lichte der neuen empirischen Ergebnisse. In: Centrum für Hochschulentwicklung (CHE) (Hrsg.) (2000): Umverteilung von unten nach oben durch gebührenfreie Hochschulbildung. S. 14 – 16. S. 15.

188 Daneben wird der Effekt des Glättungsvorteils durch die in den Studien nicht berücksichtigte Erwerbstätigkeit der Studierenden, die bis zu einem Freibetrag steuer- und sozialversicherungsfrei gestellt ist, abgemildert. Dieser Grundfreibetrag für Studierende stellt ebenfalls eine staatliche Subvention dar, da Nicht-Studierende diesen Betrag bereits versteuern müssen, der in der Diskussion um Studienkosten- und Beiträge oftmals vernachlässigt wird.

189 Dohmen, Dieter (2004): Finanzierung lebenslangen Lernens von der Kita bis zur Weiterbildung. S. 15.

mindern (können) als Nicht-Akademiker.[190] Aussagen über die Verteilungswirkung, die auf dem tatsächlichen Steuer-Transfer beruhen, finden sich in dem Gutachten genauso wenig wie konkrete Berechnungen für Deutschland.[191]

Methodisch wird grundsätzlich bezweifelt, ob der Steuer-Transfer-Saldo überhaupt ein hinreichendes Messkonzept für die Analyse der Verteilungswirkungen in der Ausbildungsfinanzierung darstellt.[192] Deswegen greifen andere Untersuchungen auf das bereits dargestellte Konzept der Bildungsrenditen zurück.[193] Dementsprechend wird nicht von einer Subvention der Akademiker ausgegangen, wenn diese aus der staatlichen Übernahme von Studienkosten höhere Transferleistungen erhalten, als sie später über Steuern zurückzahlen, sondern wenn die private Rendite die staatliche Rendite übersteigt.

Unter Verwendung privater und fiskalischer Renditen aufgrund empirischer Daten für Deutschland sowie unter Berücksichtigung des Glättungsvorteils[194] kommen Schuller/ Ederer/ Kopf (2002) zu dem Ergebnis, dass die Steuer-Transfer-Salden je nach Studienfach teilweise positiv, teilweise negativ sind.[195] Damit wird Sturns und Wohlfahrts Vermutung negativer Transfer-Salden teilweise, aber bei weitem nicht für alle Studienfächer bestätigt. Daneben belegen Schuller/ Ederer/ Kopf, dass die staatliche Rendite für alle Studienfächer geringer als die private Rendite ist[196], so dass aus dem gebührenfreien Studium Verteilungsvorteile zugunsten von Akademikern entstehen.

Dieser Befund wird durch Untersuchungen der Bildungsfinanzierungen anderer OECD-Länder untermauert, die teilweise trotz einer Kostenbeteiligung im tertiären Bereich ebenfalls einen regressiven Charakter aufweisen.

> „Financing arrangements in post-compulsory education tend to be regressive. Those not participating in post-compulsory education – typically people from disadvantaged backgrounds – do not benefit at all from public funding while graduates from tertiary education institutions receive large government subsidies, even though they are likely to come from relatively well-off families and have high-income prospects."[197]

Obwohl insgesamt die Umverteilungswirkungen zugunsten der Akademiker wesentlich plausibler erscheinen[198], kann zusammenfassend festgehalten werden, dass die bildungsökonomische Debatte dennoch keine gesicherten Hinweise über die genaue Verteilungswirkung eines gebührenfreien Studiums liefern kann. Vor allem angesichts der tatsächlichen sozialen Zusammensetzung der Studierenden, die in erster Linie auf der sozialen Se-

190 Ebenda. S. 15. Fußnote 17.

191 Ausführlich zu dem Gutachten von Sturn/ Wohlfahrt vgl. Grüske, Karl-Dieter (2002): Wer finanziert wem das Studium? Verteilungswirkungen der Hochschulfinanzierung.

192 Ziegele, Frank (2000): Würdigung des DSW-Gutachtens von Sturn/ Wohlfahrt im Lichte der neuen empirischen Ergebnisse. S. 15.

193 So die bereits erwähnte Untersuchung von Ederer, Peer/ Schuller, Philipp (1999): Geschäftsbericht Deutschland AG.

194 Vgl. Ziegele, Frank (2000): Würdigung des DSW-Gutachtens von Sturn/ Wohlfahrt im Lichte der neuen empirischen Ergebnisse. S. 15.

195 Ederer, Peer/ Schuller, Philipp/ Kopf, Christian (2002): Wieviel Bildung brauchen wir? Humankapital in Deutschland und seine Erträge. Alfred-Herrhausen Gesellschaft. Frankfurt am Main. S. 44.

196 Ebenda. S. 44. Abb. 13.

197 Blöndal, Sveinbjörn/ Field, Simon/ Girouard, Nathalie (2002): Investment in human capital through post-compulsory education and training: Selected Efficiency and Equity Aspects. In: OECD Economics Department Paper Nr. 333. Paris. S. 2.

198 Dohmen, Dieter (2004): Finanzierung lebenslangen Lernens von der Kita bis zur Weiterbildung. S. 15.

lektivität des allgemeinschulischen Bildungsbereichs beruht, entwickelt das gebührenfreie Hochschulstudium eine regressive Verteilungswirkung. Dabei ist jedoch offen, ob eine Gebührenbeteiligung der Studierenden einerseits zwar eine progressivere Verteilungswirkung bewirken, gleichzeitig aber die bestehende soziale Exklusivität weiter verschärfen könnte.[199]

In einer Reihe von OECD-Staaten hat die Einführung von Gebührenelementen im tertiären Bereich zu keiner Veränderung der Sozialstruktur der Studierenden geführt[200], während die Auswirkungen in Österreich derzeit weniger eindeutig sind[201]. Eine OECD-Meta-Studie zeigt, dass bei einer entsprechenden Finanzierungs- und Darleheninfrastruktur die Einführung bzw. Erhöhung von Studiengebühren die regressive Verteilungswirkung abschwächen kann, ohne dass bestimmte Einkommensschichten von einem Studium abgehalten werden.[202]

Diese Frage einer stärkeren Mitfinanzierung der direkten Kosten durch die Nutzer des tertiären Bildungsbereiches ist neben distributiven Gesichtspunkten auch für die allokative Effizienz von Bedeutung. Die in der Bildungsökonomie diskutierten Konzepte tragen diesem Aspekt Rechnung. Nahezu alle Modelle sehen deshalb eine nachträgliche und in Relation zum Einkommen erfolgsabhängige Rückzahlung vor.[203] Entweder werden wie in Neuseeland, Australien oder Großbritannien etablierte Studienkostenmodelle favorisiert, die über öffentliche Darlehen finanziert werden, wobei die Rückzahlung von der Höhe des tatsächlichen Einkommens der Absolventen anhängig gemacht werden kann, oder es wird eine einkommensabhängige Akademikersteuer gefordert. In derartigen Modellen würden die erfolgreichen Absolventen dann neben ihren eigenen Ausbildungs- und Lebenshaltungskosten partiell auch die der in Punkto Einkommen erfolgloseren Hochschulabsolven-

---

199 Die Interpretation des Auftragebers der Sturn/Wohlfahrt-Studie, des Präsidenten des Deutschen Studentenwerkes, Professor Hans-Dieter Rinkens, dass Studiengebühren „ein Abschreckungspotenzial [haben], das junge Menschen vom Studium abhält", ist somit spekulativ; in der Studie finden sich keine diesbezüglichen Aussagen. Vgl. Harmsen, Torsten (2000): Bezahlt die Verkäuferin das Studium des Arztsohns? Dieser These widerspricht ein Gutachten im Auftrag des Studentenwerks / Rinkens: "Gebühren sind unsozial". In: Berliner Zeitung vom 20.03.2000. S. 14.

200 Zusammenfassend und mit Verweisen auf die Länderstudien: Blöndal, Sveinbjörn/ Field, Simon/ Girouard, Nathalie (2002): Investment in human capital through post-compulsory education and training: Selected Efficiency and Equity Aspects. S. 21.

201 Direkt nach Einführung der Gebühren stieg zwar die Abbrecherquote, während sich der Hochschulzugang in den letzten Jahren im Hinblick auf die soziale Herkunft der Studierenden auch nach Einführung der Studienbeiträge nicht verändert hat. Vgl. Bundesministerin für Bildung, Wissenschaft und Kultur (bm:bwk) (2003): Studierende 2002 - Aktiver in Studium und Beruf. Präsentation der „Studierenden-Sozialerhebung 2002". Wien. S. 3.
Das in der öffentlichen Diskussion oftmals zitierte Ergebnis einer Befragung des Büros für Sozialtechnologie und Evaluationsforschung (2002) der Tendenz einer höheren sozialen Herkunft nach Einführung der Studiengebühren bezeichnen die Autoren selber ausdrücklich als nicht signifikant. Vgl. Kolland, Franz/ Kahri, Silvia/ Frick, Ingrid (2002): Auswirkungen der Einführung von Studienbeiträge (sic!) auf die Studienbeteiligung und das Studierverhalten. Wien. S. 95.

202 Zusammenfassend vgl. die OECD-Meta-Studie Blöndal, Sveinbjörn/ Field, Simon/ Girouard, Nathalie (2002): Investment in human capital through post-compulsory education and training: Selected Efficiency and Equity Aspects. S. 22.

203 Damit unterscheiden sich die Modelle der Bildungsökonomen von den stark haushaltspolitisch motivierten Konzepten der Landesregierungen, die zumeist einen geringeren, aber während des Studiums zu entrichtenden Beitrag fordern. Konzepte von Bildungsökonomen sehen grundsätzlich eine größere, teilweise sogar komplette Kostendeckung vor. Kostenschätzungen für Deutschland gehen von 12.000 Euro pro Studierenden aus. Vgl. Dohmen, Dieter (2004): Finanzierung lebenslangen Lernens von der Kita bis zur Weiterbildung. S. 13, Fußnote 11.

ten begleichen, wodurch das dargestellte Verteilungsproblem einer Subventionierung des tertiären Bildungsbereiches aus dem allgemeinen Steueraufkommen, zu dem auch die einkommensschwachen Schichten beitragen, zumindest begrenzt würde.[204] Eine einkommensabhängige Akademikersteuer und einkommenskonditionierte Studiendarlehen haben den Vorteil einer starken Korrelation zwischen tatsächlich zu zahlenden Studienbeiträgen und den realisierten persönlichen Erträgen, wobei das Risiko des Misserfolgs von (Teilen) der Gesellschaft getragen wird, so dass eine private Unterinvestition in Bildung nicht zu befürchten ist.[205]

2.1.5.2.4 Weiterbildung

Die durchschnittliche Finanzlastverteilung erstreckt sich im Weiterbildungsbereich zu 46 Prozent auf die öffentliche Hand, zu 26 Prozent auf die Unternehmen und zu 28 Prozent auf die privaten Haushalte.[206] Tabelle 2.3 zeigt, dass Personen mit längeren Erstausbildungszeiten und höherem beruflichen Status Weiterbildungsangebote wesentlicher stärker wahrnehmen. Dies gilt sowohl für die von Dritten, insbesondere dem Arbeitgeber, bezahlte als auch für eigenfinanzierte Weiterbildung. Bei eigenfinanzierten Weiterbildungsangeboten, deren Kosten steuerlich geltend gemacht werden können, profitieren Personen mit einem höheren Einkommen aufgrund des höheren Steuersatzes deutlich, so dass ihre realen Kosten teilweise unten denen der geringer Verdienenden liegen.[207]

Tabelle 2.3: Teilnahme an Weiterbildung nach Schulbildung und beruflicher Qualifikation

Teilnahme an Weiterbildung nach Schulbildung 1997 in Prozent der Gruppe[208]			
	Allg. WB	Berufl. WB	WB insg.
Niedrige Schulbildung	22	19	34
Mittlere Schulbildung	33	37	54
Abitur	44	41	65

204 García-Peñalosa und Wälde können durch einen Vergleich zeigen, dass eine derartige Graduate Tax zu einer effizienteren Akkumulation von Humankapital und zu einer weniger ungleichen Einkommensverteilung führt als die traditionelle Steuerfinanzierung der Hochschulausbildung und die alternative Finanzierung über einkommenskonditionierte Darlehen. Vgl. García-Peñalosa, Cecilia/ Wälde, Klaus (2000): Efficiency and Equity Effects of Subsidies to Higher Education. In: Oxford Economic Papers. No. 52 (4). S. 702 – 722.

205 Vgl. Haupt, Alexander/ Janeba, Eckhard (2003): Bildung im Zeitalter mobilen Humankapitals. S. 185.

206 Dohmen, Dieter (2004): Finanzierung lebenslangen Lernens von der Kita bis zur Weiterbildung. S. 17.

207 Bei einem Fortbildungskurs, der 1000 Euro kostet, erhält ein Arbeitnehmer mit dem Eingangssteuersatz von 15 Prozent eine Rückerstattung von 150 Euro und zahlt somit real 850 Euro, während ein Arbeitnehmer mit dem Spitzensteuersatz von 42 Prozent real nur 580 Euro für den gleichen Kurs zahlt.

208 Quelle: Bundesministerium Bildung und Forschung (Hrsg.) (2000): Berichtssystem Weiterbildung VII. Integrierter Gesamtbericht zur Weiterbildungssituation in Deutschland. Bonn. S. 108.

Teilnahme an Weiterbildung nach beruflicher Qualifikation 1997 in Prozent der Gruppe[209]			
	Allg. WB	Berufl. WB	WB insg.
Keine Berufsausbildung	19	9	24
Lehre/ Berufsfachschule	29	28	45
Meister/ Fachschule	34	42	58
Hochschulabschluss	45	48	69

In der Vergangenheit haben die Erhöhungen der Teilnahmegebühren für Weiterbildungsmaßnahmen keine messbare Auswirkung auf die soziale Zusammensetzung der Teilnehmer bewirkt[210], da eine zu hohe finanzielle Belastung als Hinderungsgrund sowieso fast ausschließlich von der Gruppe angeführt wird, die bislang nicht an Weiterbildung teilgenommen hat.[211]

Eine kompensatorische Funktion kommt dem Weiterbildungsbereich somit nicht zu. Im Gegenteil kommen die selektiven Mechanismen des vorgelagerten Bildungssystems auch im quartären Bereich voll zum Tragen.

Ein ähnlicher Effekt wird im Bereich der beruflichen Bildung wirksam: Der Anspruch des dualen Systems auf prinzipielle Offenheit, also des formal nicht an den Nachweis bestimmter Schulabschlüsse gebundenen Zugangs, kann bei anhaltendem Nachfrageüberhang und wachsenden Anforderungen nicht mehr eingelöst werden, so dass auch in diesem Bereich die soziale Selektivität des allgemein bildenden Schulsystems ihre Wirksamkeit entfaltet.

Der Finanzierung des berufsbildenden Bereiches widmet sich Kapitel „Auswertung Teil V“ ausführlich, so dass auf eine Darstellung an dieser Stelle verzichtet wird.

2.1.5.3 Fazit: Verteilungswirkung der Bildungsfinanzierung

Trotz einiger empirischer Unsicherheit kann als gesichert angesehen werden, dass die Finanzierung des Bildungsbereiches einen regressiven Charakter aufweist – und zwar über alle Bereiche des Bildungssystems hinweg. Eine genaue Analyse der Finanzierungsformen zeigt, „dass nicht nur die Finanzierung einzelner Bildungsbereiche mit erheblichen Umverteilungseffekten zugunsten bildungsnaher und höherer sozioökonomischer Schichten verbunden ist,“ sondern darüber hinaus „deutet die zusammengefasste Betrachtung aller fünf Bildungsbereiche […] noch deutlicher auf erhebliche Umverteilungseffekte zugunsten dieser Gruppen hin. Bildungsferne und niedrige sozioökonomische Schichten partizipieren in wesentlich geringerem Umfang als bildungsnahe und höhere sozioökonomische Schichten an weiterführender und insgesamt wesentlich kostenintensiverer Bildung.“[212]

---

209 Quelle: Ebenda. S. 115.

210 Ehmann, Christoph (2001): Bildungsfinanzierung und soziale Gerechtigkeit. Vom Kindergarten bis zur Weiterbildung. S. 101.

211 Behörde für Schule, Jugend und Berufsbildung der Freien und Hansestadt Hamburg, Amt für Berufs- und Weiterbildung (Hrsg.) (1989): Hamburger Repräsentativerhebung zum Weiterbildungsverhalten. Hamburg. S. 39.

212 Dohmen, Dieter (2004): Finanzierung lebenslangen Lernens von der Kita bis zur Weiterbildung. S. 18.

Abbildung 2.6 zeigt die monatlichen Aufwendungen für die einzelnen Bildungsbereiche der Studie zur Bildungsfinanzierung von Dohmen (2004).

Abbildung 2.6: Private und öffentliche monatliche Ausgaben für die einzelnen Bildungsbereiche[213]

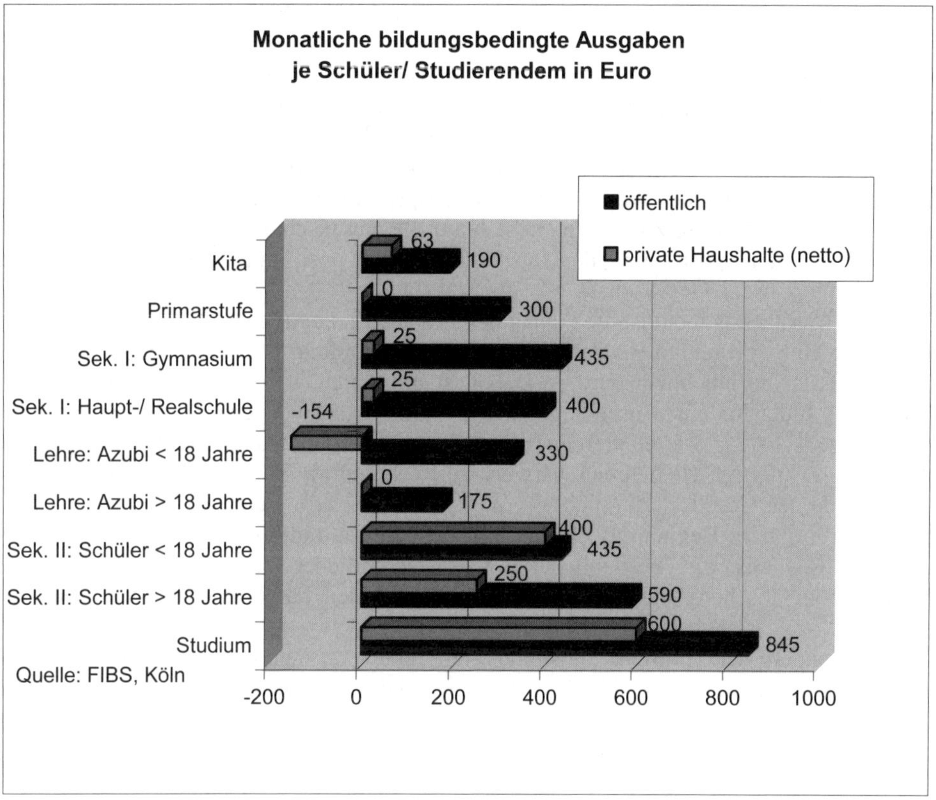

Wer also mit einem Haupt- oder Realschulabschluss und einer Berufsausbildung im dualen System das Bildungssystem verlässt, hat in der Summe staatliche Bildungsausgaben in Höhe von insgesamt rund 60.000 Euro verursacht, während für einen Akademiker durchschnittlich 120.000 Euro an staatlichen Bildungsausgaben angefallen sind.[214]

213 Vgl. Dohmen, Dieter (2004): Finanzierung lebenslangen Lernens von der Kita bis zur Weiterbildung. S. 18.

214 Berechnungsgrundlage ist ein Hochschulabsolvent mit Abitur und einer Studienzeit von sechs Jahren. Dieser Wert erhöht sich bei Berücksichtigung der ausbildungsbedingten staatlichen Aufwendungen zur Finanzierung des Lebensunterhalts (BAföG oder Familienleistungsausgleich etc.) um weitere 15.000 Euro. Vgl. Ebenda. Das Institut der deutschen Wirtschaft (iwd) taxiert die öffentlichen Kosten pro Bildungsteilnehmer bis zum universitäten Examen sogar auf 166.000 Euro. Institut der deutschen Wirtschaft (iwd): Bildungsausgaben: Breite Preisspanne. In: Informationsdienst Nr. 48/ 2004 vom 25.11.2004. S. 3.

Aufgrund der deutlich unterschiedlichen Bildungspartizipation besitzt das System der Bildungsfinanzierung folglich eine erhebliche Umverteilungswirkung zugunsten bildungsnaher und höherer sozioökonomischer Schichten.

2.2 Wissensgesellschaft

Angesichts des technologischen Wandels, der sowohl im Hinblick auf das Produktionsmodell als auch in soziokultureller Hinsicht Wirksamkeit entfaltet, ist die These des Übergangs zur Wissensgesellschaft inzwischen zwar weithin akzeptiert[215], aber gleichzeitig ist die Verwendung des Begriffs der Wissensgesellschaft auch in seiner Verwendung durch die untersuchten Verbände derzeit so unpräzise wie populär.

Andere Autoren verwenden den Terminus Wissenschaftsgesellschaft[216] oder stellen durch die Verwendung des Begriffs Informationsgesellschaft[217] auf die technische Infrastruktur ab. Viele Ansätze konzentrieren sich auf die Gesellschaftsformation oder das Produktionsmodell und postulieren dementsprechend eine post-industrielle, postfordistische oder posttayloristische Gesellschaft.

Allen Ansätzen gemein ist die Annahme, dass die Erzeugung und Verteilung von Wissen künftig eine vorrangige Bedeutung in der Wertschöpfung wie auch im gesellschaftlichen Bewusstsein einnehmen wird.[218] Dabei ist umstritten, inwieweit dieser Befund tatsächlich als Indiz für einen grundlegenden Strukturwandel von einer Industrie- zu einer Wissensgesellschaft gewertet werden kann, der eine zeitdiagnostische Gesellschaftsbeschreibung rechtfertigt. Heidenreich verweist zu Recht auf die Kontinuität des Verständnisses der modernen Gesellschaft (auch) als Wissensgesellschaft. Bereits Weber und Sombart haben im 19. und zu Beginn des 20. Jahrhunderts die Enttraditionalisierung, Rationalisierung und Systematisierung betrieblicher und gesellschaftlicher Wissensbestände betont und auf den systematischen Umgang mit Wissen im Rahmen bürokratischer Organisationen verwiesen.[219]

Insbesondere der Terminus „postindustriell" übersieht den seit der Industrialisierung bestehenden Zusammenhang zwischen Wissen und Produktionsmodell und läuft Gefahr, durch die Verwendung eines Begriffs, der das (empirisch nicht haltbare[220]) Verschwinden des industriellen Sektors beschreibt, das eigentliche Moment der Wissensintensivierung der Wertschöpfung zu vernachlässigen.[221]

---

215 Welsch, Johann (2002): Die schleichende Spaltung der Wissensgesellschaft. In: WSI Mitteilungen Nr. 4/ 2002. S. 195 – 202. S. 195.

216 Kreibich, Rolf (1986): Die Wissenschaftsgesellschaft: von Galilei zur High-Tech-Revolution. Frankfurt am Main.

217 Nora, Simon/ Minc, Alain (1979): Die Informatisierung der Gesellschaft. Frankfurt am Main.

218 Hofmann, Jeanette (2001): Digitale Unterwanderungen: Der Wandel im Innern des Wissens . In: Aus Politik und Zeitgeschichte (APuZ). Bd. 36/2001. S. 3 – 6. S. 3.

219 Heidenreich, Martin (o. J.): Die Debatte um die Wissensgesellschaft. In: http://www.uni-bamberg.de/sowi/europastudien/erlangen (15.07.2004).

220 Zur Integration und Verschmelzung von industriellem Sektor und Wissens- Dienstleistungen vgl. 3.1.2.1.

221 Somit wird das industrielle Wertschöpfungssystem, welches im Kern auf der Produktion materieller Güter durch die Nutzung von Sachkapital und qualifizierter Arbeit beruht, nicht durch ein System reiner Wissensproduktion abgelöst, sondern vielmehr steigen die Wissensanteile (Forschung und Entwicklung, Design, Service und Beratung, Marketing, Image etc.) an den materiellen Gütern sowie die Bedeutung intangibler Leistungen innerhalb der Wertschöpfungskette.

Diese sozioökonomische Transformation hat über Veränderungen der Produktionsweise hinausgehende weitreichende gesellschaftliche Folgen, so dass Stehr von Wissensgesellschaft spricht, „sobald [...] Wissen in steigendem Maß nicht nur als konstitutives Merkmal für die moderne Ökonomie und deren Produktionsprozesse und -beziehungen, sondern insgesamt zum Organisations- und Integrationsprinzip und zur Problemquelle der modernen Gesellschaft wird.“[222]

Ohne diese aus der Wissensintensivierung der Ökonomie resultierenden Konsequenzen für die Gesellschaft zu bezweifeln, wird der vorliegenden Arbeit dennoch ein engerer Begriff der Wissensgesellschaft zugrunde gelegt, der im Wesentlichen auf die Organisation und Verfasstheit der Wertschöpfung abzielt und den Übergang in die Wissensgesellschaft als Strukturwandel des Wirtschaftssystems auffasst.[223] Als Wissensgesellschaft wird demnach eine Gesellschaft bezeichnet, „deren wirtschaftliche Leistungsfähigkeit nicht in erster Linie von dem verfügbaren Arbeits- oder Kapitalvolumen, sondern von der Organisation sozialer Beziehungen und von der Fähigkeit zur systematischen Erzeugung, zur flexiblen Rekombination und zur produktiven Nutzung von Wissen abhängt (Reich 1992; Heidenreich/ Töpsch 1998). Im Zentrum der Wissensgesellschaft steht die gezielte Umsetzung von Erfahrungen und neuen Erkenntnissen in neue Produkte und Dienstleistungen“.[224]

Dieser Begriff trägt der wichtigen Beobachtung Rechnung, dass professionelles Wissen in der Wissensgesellschaft nicht nur Primärressource ist, sondern selbst einem wachsenden Funktionalisierungsdruck unterliegt, der durch die steigende Verschränkung der Wissenschaft mit ihren Verwertungskontexten hervorgerufen wird.[225] Diese stärkere Marktförmigkeit von Wissen weitet kapitalistische Verwertungsformen durch die Schaffung von Wissensmärkten aus, so dass der Hinweis, die Wissensgesellschaft sei Phänomen des Spätkapitalismus’, berechtigt ist.[226]

Die Wissensintensivierung der Wertschöpfung und die Entstehung von Wissensmärkten tangiert eine Reihe von zentralen Aspekten der Wirtschafts- und Arbeitswelt. So wirft die Anwendung der Eigentumsfigur auf Wissen andere Fragen und Probleme als bei materiellem Besitz auf.[227] Im Folgenden werden sowohl die Auswirkungen dieser Entwicklung auf die mikroökonomische Einrichtung der Arbeitsverhältnisse als auch im zweiten Schritt makroökonomische Implikationen wissensgesellschaftlicher Produktionsorganisation dargestellt.

---

[222] Stehr, Nico (2001): Moderne Wissensgesellschaft. In: Aus Politik und Zeitgeschichte (APuZ). Bd. 36/2001. S. 7-14. S. 10.

[223] Diese Konzentration bietet sich an, da der zugrunde gelegte Begriff weitgehend der Benutzung durch die untersuchten Verbänden entspricht und diese die auf die Wissensgesellschaft verweisenden Phänomene als Elemente des Strukturwandels auffassen und ihnen begegnen.

[224] Heidenreich, Martin (1998): Die duale Berufsausbildung zwischen industrieller Prägung und wissensgesellschaftlichen Herausforderungen. In: Zeitschrift für Soziologie (ZfS). Jg. 27, Nr. 5. S. 321 – 340. S. 3.

[225] Hofmann, Jeanette (2001): Digitale Unterwanderungen: Der Wandel im Innern des Wissens. S. 4.

[226] Bittlingmayer, Uwe H. (2001): „Spätkapitalismus“ oder „Wissensgesellschaft“? In: Aus Politik und Zeitgeschichte (APuZ). Bd. 36/2001. S. 15 – 23.

[227] Für Wissensmärkte kann eine weitgehende Analogie zu materiellem Eigentum angenommen werden. Bereits im 19. und 20. Jahrhundert wurde das ursprünglich auf materielle Güter bezogene Eigentumskonzept auf geistiges Schaffen und das geistige Werk übertragen. Das intellektuelle Eigentum und damit dessen Rechte und Erträge liegen wie auch bei der Mehrwertproduktion materieller Güter nicht bei dem individuellen Produzenten, sondern dem Eigentümer der Produktionsmittel, weshalb Wissensgesellschaften nach dem Stand der ökonomischen und politischen Struktur immer noch als kapitalistische Gesellschaften bezeichnet werden müssten. Vgl. Adorno, Theodor W. (1979): Spätkapitalismus oder Industriegesellschaft. Einleitungsvortrag zum 16. Deutschen Soziologentag. In: ders. (Hrsg.): Soziologische Schriften I. Frankfurt am Main. S. 354 – 370.

2.2.1 *Arbeitskraftunternehmer*

Die Auswirkungen der Wissensintensivierung entlang der gesamten Wertschöpfungskette beschleunigen eine Veränderung der betrieblichen Arbeitsorganisation hin zu Konzepten der kooperativen Führung und einer verstärkten Selbstorganisation und Eigensteuerung. Diese Entwicklung setzte mit Flexibilisierungs-Konzepten und neuen Strategien der Arbeitskraftsteuerung in der Industrie bereits in den 70er Jahren ein und verstärkte sich unter den Produktionsbedingungen der Wissensgesellschaft in erheblichem Maße, wodurch das Verhältnis von Arbeitskraft und Unternehmen eine grundlegende Veränderung erfährt.

Die auf dieser Veränderung gründende industriesoziologische These von der strukturellen Veränderung der „Ware Arbeitskraft" nimmt zunächst eine Ergänzung und langfristig eine Ablösung der vorherrschenden Form des „verberuflichten" Arbeitnehmers durch einen neuen Typus von Arbeitskraft an. Diese neuen Arbeitsformen sind durch eine verstärkte selbständige Planung, Steuerung und Überwachung der eigenen Tätigkeit (Selbst-Kontrolle), durch zunehmend aktiv zweckgerichtete „Produktion" und „Vermarktung" der eigenen Fähigkeiten und Leistungen – auf dem Arbeitsmarkt wie innerhalb von Betrieben (Selbst-Ökonomisierung) und durch wachsende bewusste Durchorganisation von Alltag und Lebensverlauf und Tendenzen zur „Verbetrieblichung" der Lebensführung (Selbst-Rationalisierung) gekennzeichnet.[228] Pongratz/ Voß (1998) bezeichnen diesen zum Modell zugespitzten Typus als „Arbeitskraftunternehmer", weil an die Stelle einer detaillierten Durchstrukturierung und Kontrolle von Tätigkeiten zunehmend marktähnliche Auftragsbeziehungen treten und der Arbeitskraftunternehmer deshalb eine quasi-unternehmerische Entwicklung und Vermarktung der eigenen Arbeitskraft – auch als abhängig-Beschäftigter – als Ware vornehmen muss.[229]

> „Die Arbeitskraftunternehmer-These ist als Prognose formuliert, die besagt, dass der Arbeitskraftunternehmer-Typus über den Bereich unmittelbarer Umsetzung hinaus langfristig vor allem dadurch besondere Bedeutung erlangt, dass er als normativer Leittypus für die Veränderung von Arbeits- und Erwerbsbedingungen wirksam wird."[230]

Die Externalisierung von Organisation, Steuerung und Kontrolle bewirkt eine Verlagerung des Transformationsproblems[231] auf die Seite der Beschäftigten, was der zentralen Annahme der Arbeitskraftunternehmer-These zufolge eine grundlegende Veränderung der generellen Verfassung von Arbeitsvermögen in der Gesellschaft nach sich zieht. Die Auswirkungen betreffen unmittelbar den Interessenskonflikt von „Kapital und Arbeit" und stellen die zugehörigen Interessenverbände vor große Herausforderungen, da diese der zunehmen-

---

228 Pongratz, Hans J./ Voß, Günter G. (2001): Erwerbstätige als „Arbeitskraftunternehmer". Unternehmer ihrer eigenen Arbeitskraft? In: SOWI–Sozialwissenschaftliche Informationen. Heft 4/ 2001. (www.tu-chemnitz.de/phil/soziologie/ voss/aufsaetze/AKUSowiOrig.pdf) S. 4.

229 Dieser Terminus geht auf Pongratz/ Voß zurück. Vgl. Voß, G. Günter/ Pongratz, Hans J. (1998): Der Arbeitskraftunternehmer. Eine neue Grundform der Ware Arbeitskraft? In: Kölner Zeitschrift für Soziologie und Sozialpsychologie (KZfSS). Heft 1/1998. S. 131-158.

230 Pongratz, Hans J./ Voß, Günter G. (2001): Erwerbstätige als „Arbeitskraftunternehmer". Unternehmer ihrer eigenen Arbeitskraft? S. 8.

231 Ein Unternehmen kauft mit der Einstellung von Mitarbeitern keine fertige Arbeitsleistung, sondern potenzielle Arbeitskraft, wobei der Erwerb der Arbeitskraft nicht die gewünschte Arbeit in der erhofften Qualität und Quantität per se garantiert. Das Transformationstheorem beschreibt die organisatorisch-technische Steuerung der Umformung des Fähigkeitspotenzials in konkrete Arbeitsleistung.

den Verlagerung des überbetrieblichen Interessengegensatzes auf eine betriebliche, arbeitsplatznahe und schließlich individuelle Ebene begegnen müssen. Auf die organisatorisch-strategischen und materiell-programmatischen Anpassungsschwierigkeiten des Systems industrieller Beziehungen wird im Laufe dieser Arbeit noch einzugehen sein; für das Bildungssystem ist ferner die aus dem Strukturwandel resultierende Entberuflichung von Bedeutung. Die Auflösung der Beruflichkeit, die als institutionalisiertes Qualifikationsbündel Ausdruck der stark regulierten Arbeitsordnung der Nachkriegszeit gewesen ist, hat nunmehr, da die statuszuschreibende Funktion der Beruflichkeit ebenfalls erodiert, sowohl Auswirkungen auf gruppenspezifische Identitäten als auch auf die Anforderungen an das Bildungssystem.

Die doppelte Selbst-Ökonomisierung erfordert, dass der Arbeitnehmer sein einziges „zur Erwerbssicherung nutzbares «Vermögen», nämlich das Vermögen zu arbeiten, hochgradig gezielt und kontinuierlich auf eine potenzielle wirtschaftliche Nutzung hin entwickelt und aktiv verwertet (auf dem Arbeitsmarkt wie innerhalb von Beschäftigungsverhältnissen).“[232] Aus diesem Zwang einer permanenten inner- und überbetrieblichen Marktwerterhaltung der eigenen Arbeitskraft erwachsen inhaltliche und institutionelle Anforderungen an das Bildungssystem, die entweder systematisch aufgebaut oder durch die Nachfrage der Beschäftigten mit arbeitskraftunternehmerischem Beschäftigungscharakter geschaffen werden.[233] In jedem Fall scheint unter wissensgesellschaftlichen Bedingungen keine persönliche Ressource so wertvoll wie ein hinreichender Zugriff auf Bildung[234]. Damit kommt dem Bildungssystem nicht nur ein herausragender Stellenwert bei der Zuteilung von Lebenschancen zu, sondern darüber wird diese Funktion in Wissensgesellschaften über die klassische Erstausbildungsphase hinaus ausgeweitet – und mit ihr die bestehenden sozialreproduktiven Mechanismen. Für beide Verbandsgruppen, vor allem aber für die Gewerkschaft stellt deshalb die advokatische Interessenvertretung derartiger Arbeitnehmer im Allgemeinen wie in Hinblick auf das Bildungssystem im Besonderen eine große Herausforderung, aber durchaus auch eine Chance dar, zumal der für diesen Aspekt bedeutende Bereich der beruflichen Bildung bzw. der Weiterbildung von den Sozialpartnern korporatistisch verantwortet wird bzw. bei Präsenz eigener Anbieter weitgehend unreguliert ist.[235]

2.2.2 Technologische Leistungsfähigkeit

Die wachsende Wissensintensivierung und deren Bedeutung für Wachstum, Wettbewerbsfähigkeit und Prosperität entwickelter Industriestaaten sind seit einigen Jahren deutlich anhand vielfältiger Indikatoren ablesbar.[236] In der Industrie können nur noch forschungs-

---

232 Pongratz, Hans J./ Voß, Günter G. (2001): Erwerbstätige als „Arbeitskraftunternehmer“. Unternehmer ihrer eigenen Arbeitskraft? S. 4 f.

233 Aus den geschilderten Entwicklungen ergeben sich überdies einschneidende Veränderungen des gesamten Lebenszusammenhangs der Betroffenen, auf deren Erörterung im Kontext dieser Arbeit zugunsten einer Konzentration auf die Aspekte des Bildungssystems verzichtet wird.

234 Bittlingmayer, Uwe H. (2001): „Spätkapitalismus“ oder „Wissensgesellschaft“? S. 17.

235 4.3.5 und 4.3.6.

236 Legler, Harald/ Licht, Georg/ Egeln, Jürgen (2001): Zur Technologischen Leistungsfähigkeit Deutschlands. Zusammenfassender Endbericht 2000. Gutachten im Auftrag des Bundesministeriums für Bildung und Forschung. Vorgelegt durch das Zentrum für Europäische Wirtschaftsforschung Mannheim, Niedersächsisches Institut für Wirtschaftsforschung Hannover, Deutsches Institut für Wirtschaftsforschung Berlin, Fraunhofer-

und entwicklungsintensive Industrien Produktivitätssteigerungen verzeichnen, die eine Wettbewerbsfähigkeit auf dem Weltmarkt ermöglichen[237], während in allen anderen industriellen Bereichen die durchschnittliche Arbeitsproduktivität faktisch stagniert. Auch für den Dienstleistungssektor gilt, dass in wissensintensiven Branchen Beschäftigung und Wertschöpfung deutlich schneller wachsen als im Durchschnitt.[238] Im internationalen Vergleich ist ein eindeutiger Zusammenhang zwischen der Intensität der Nutzung der neuen Techniken und dem Produktivitätsanstieg zu beobachten.[239]

Für eine derart entwickelte und exportorientierte Volkswirtschaft mit hohen Produktions- und Standortkosten wie der Bundesrepublik ist hohe Innovationstätigkeit der entscheidende Ansatzpunkt zur Sicherung ihrer Wettbewerbsfähigkeit, da sie kaum über andere komparative Kostenvorteile verfügt. Natürlich ist Innovationstätigkeit bei weitem nicht der einzige Aspekt der Wettbewerbsfähigkeit, aber aktuelle Bestrebungen, durch Reduzierung der Produktionskosten komparative Kostennachteile gegenüber Standortwettbewerbern zumindest zu reduzieren, verweisen auf die hohen politisch-sozialen Kosten, institutionellen Grenzen und den letztlich geringen Wirkungsgrad einer derartigen Strategie und können als Indiz für die sinkende technologische Leistungsfähigkeit der deutschen Wirtschaft gewertet werden.

Die technologische Leistungsfähigkeit[240] ist insgesamt betrachtet hoch, aber im internationalen Vergleich verschlechtert sich die deutsche Spitzenposition bezüglich einer Spitzenposition in der ersten Hälfte der 80er bis Mitte und Ende der 90er Jahre kontinuierlich, wobei der Bericht zur Technologischen Leistungsfähigkeit Deutschlands im Jahr 2002 feststellt, dass eben dieser Aufhol- und Expansionsprozess im Bereich der Spitzentechnologie in den vergangenen zwei Jahren erheblich ins Stocken gekommen sei[241], so dass die

Institut Systemtechnik und Innovationsforschung Karlsruhe, Wissenschaftsstatistik im Stifterverband für die Deutsche Wissenschaft Essen. Mannheim. S. d.

237 Ebenda S. 52 – 55.

238 Eurostat (2004): Statistik kurz gefasst. Wissenschaft und Technologie. Thema 9 – Nr. 2/2004. S. 5.

239 OECD (2001): The New Economy: Beyond the Hype. Paris. S. 22 f.

240 Die Wettbewerbsfähigkeit der Unternehmen beruht auf der Fähigkeit, technische Innovationen hervorbringen zu können, also ihr Innovationspotenzial in Form von Wissen, technischem und unternehmerischem Können und Kreativität auszuschöpfen und sich Zugang zu neuen technischen Möglichkeiten zu verschaffen – sei es durch die Rekrutierung von hochqualifiziertem Personal oder durch die Kooperation mit anderen Unternehmen und der Wissenschaft. Diese Fähigkeiten können unter dem Begriff „technologische Leistungsfähigkeit" zusammengefasst werden. Vgl. Grupp, Hariolf/ Legler, Harald/ Breitschopf, Barbara (2003): Zur Technologischen Leistungsfähigkeit Deutschlands 2002. Bericht des Bundesministeriums für Bildung und Forschung, vorgelegt durch eine Arbeitsgruppe von Instituten, koordiniert durch das Fraunhofer-Institut für Systemtechnik und Innovationsforschung, Karlsruhe, Niedersächsisches Institut für Wirtschaftsforschung, Hannover, Institut für Wirtschaftspolitik und Wirtschaftsforschung der Universität Karlsruhe. Bonn. S. 1.
Die folgenden Ausführungen folgen der Definition des Berichtes zur Technologischen Leistungsfähigkeit Deutschlands 2002. Demzufolge umfassen FuE-intensive Bereiche alle Güterbereiche, in denen überdurchschnittlich forschungsintensiv produziert wird. Der Bereich der Spitzentechnologie enthält Gütergruppen mit einem FuE-Anteil von über 8,5 Prozent am Umsatz (z. B Pharmazie, EDV, Flugzeuge, Waffen). Der Bereich der hochwertigen Technologie umfasst Güter mit einem FuE-Anteil am Umsatz zwischen 3,5 und 8,5 Prozent (z B. Automobile, Maschinen, Elektrotechnik, Chemie). Ebenda. Übersicht 2a und 2b.
„Wissensintensive" Dienstleistungen werden auf Basis der Qualifikationsanforderungen an die Beschäftigten klassifiziert. Vgl. Ebenda. Übersicht 3.

241 Zwar konnte Deutschland seine Stellung als zweitwichtigster Nettotechnologieexporteur in den 90er Jahren verteidigen, aber der Außenhandelserfolg des deutschen Technologiesektors hat sich in den 90er Jahren zunehmend – rein rechnerisch sogar ausschließlich – auf den Automobilsektor gestützt, während der Importdruck in anderen traditionell starken Branchen wie der Chemie und dem Maschinenbau deutlich zunahm. Somit muss für eine Reihe von klassischen deutschen Exportbranchen eine Verschlechterung der Wettbewerbs-

nachhaltige Festigung der Innovationskraft und Verbesserung der Wettbewerbsposition der deutschen Wirtschaft im weltweiten Technologiewettbewerb noch aussteht. Andere Länder weisen diesbezüglich eine größere Dynamik auf und ziehen mit Deutschland gleich und vorbei, wobei die Autoren des Berichtes zur Technologischen Leistungsfähigkeit ausdrücklich Humankapitalschwächen für die Entwicklung mit verantwortlich machen.

> „Die Hauptgründe liegen im Angebot Hochqualifizierter[...] und in einer über einen langen Zeitraum hinweg verhaltenen Neigung zu Zukunftsinvestitionen in FuE, Bildung und IuK."[242]

Ferner muss Deutschland ein Auseinanderklaffen zwischen Substanz und Wachstum attestiert werden: Bei längerfristig gewachsenen Strukturen wie der Wirtschafts- und Außenhandelsstruktur ist Deutschland innerhalb der Vergleichgruppe[243] recht gut positioniert, während es bei investiven Anstrengungen, die für die erfolgreiche Bewerkstelligung des künftigen Strukurwandels von Bedeutung sind, zurückfällt.

Abbildung 2.7: Rangplatz Deutschlands unter ausgewählten Ländern nach wichtigen Kriterien der technologischen Leistungsfähigkeit[244]

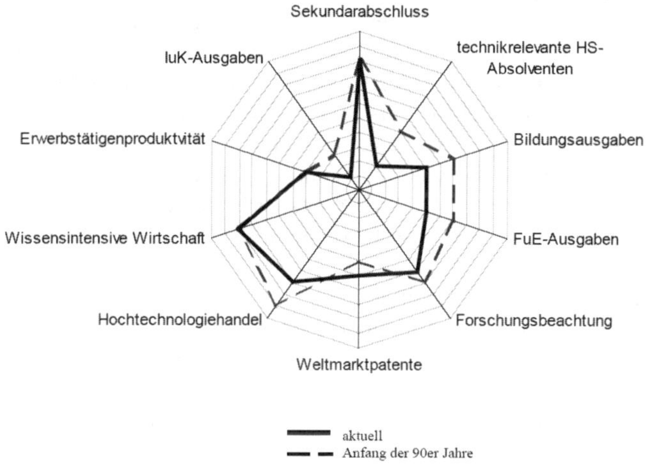

position konstatiert werden. Zudem ist die andauernde Binnennachfrageschwäche nach Hochtechnologie problematisch, weil ein Verlust der „lead market"-Funktion ebenfalls negative Folgen für die volkswirtschaftliche Innovationstätigkeit insgesamt hat. Vgl. ebenda. S. xvii, Abb. 7; viii und 3.
Gerade bei technologischen Dienstleistungen können Nettoimporte als Indikator für die Absorptionsfähigkeit einer Volkswirtschaft für Wissen und Technologien interpretiert werden. Allgemein akzeptiert ist auch, dass durch Wissensimporte zusätzliche Impulse für andere Wissensbereiche erfolgen („knowledge spillover"). Vgl. Belitz, Heike/ Stille, Frank (2004): Deutschlands Position im internationalen Austausch technologischer Dienstleistungen: Kaum Anlass zur Besorgnis. In: Wochenbericht des Deutschen Institutes für Wirtschaftsforschung (DIW) Berlin Nr. 22/2004.

242 Grupp, Hariolf/ Legler, Harald/ Breitschopf, Barbara (2003): Zur Technologischen Leistungsfähigkeit Deutschlands 2002. S. ix.

243 G7-Staaten plus Schweiz, Schweden, Finnland, Niederlande und Republik Korea.

244 Vgl. Grupp, Hariolf/ Legler, Harald/ Breitschopf, Barbara (2003): Zur Technologischen Leistungsfähigkeit Deutschlands 2002. S. ix. Länder: siehe oben.

Obige Abbildung zeigt, dass insgesamt kein Aggregat existiert, bei dem Deutschland seine Position signifikant verbessern konnte. Vielmehr beschönigt die große Substanz in einigen Aggregaten die tatsächliche Entwicklung, die relativ zu anderen Ländern eine Wettbewerbsverschlechterung bedeutet.

Aufgrund der fundamentalen Bedeutung für die Wettbewerbsfähigkeit wird im Folgenden die deutsche Humankapitalausstattung unter Berücksichtigung von Wachstums- und Bestandsgrößen genauer untersucht und in einen internationalen Vergleich eingeordnet.

2.2.3 Humankapital

2.2.3.1 Erklärungsmodelle des Qualifikationsanstiegs

Seit über zwei Jahrzehnten steigen die Qualifikationsanforderungen im Beschäftigungssystem stetig an, wobei sich diese Entwicklung seit Beginn der 90er Jahre nochmals beschleunigt hat.[245] Auf die Frage der Ursachen dieses langfristig stabilen Strukturwandels finden sich zwei analytische Argumentationsmuster, aus denen sich unterschiedliche Folgerungen für den Aufbau von Humankapital ergeben. Eine angebotsorientierte Perspektive nimmt einen Verdrängungswettbewerb von Personen mit höheren Qualifikationsmerkmalen an, die aufgrund einer insgesamt schwierigen Beschäftigungssituation gering Qualifizierte von Arbeitsplätzen verdrängen, für die eine höhere Qualifikation eigentlich nicht nötig wäre. Nachfrageseitig argumentiert macht der technische Fortschritt und die Wissensintensivierung der Produkte und Dienstleistungen einfache Arbeitsplätze vermehrt überflüssig, während sich die Nachfrage nach komplexeren Tätigkeiten erhöht. Bei diesen Ansätzen handelt es sich um eine idealtypische analytische Trennung, die bei der Erklärung des Strukturwandels kombiniert werden müssen, da am Arbeitsmarkt beide Aspekte gekoppelt auftreten. Dennoch lässt sich für die letzten zwei Dekaden eine Dominanz nachfrageorientierter Mechanismen ausmachen.[246]

Die Entwicklung zur Höherqualifizierung der Arbeitskräfte vollzieht sich parallel zu einer Tertiärisierung der Wirtschaft, wobei umstritten ist, ob der Sektoraleffekt Auslöser oder Katalysator des Trends zu höherer Qualifikation der Beschäftigten ist. Die Hypothese des Skill Biased Technological Change (SBTC-Hypothese) führt die Höherqualifizierung auf die gestiegenen Qualifikationsanforderungen infolge des technischen Fortschritts zurück[247], der branchenübergreifend einen relativen Nachfrageanstieg nach qualifizierten Arbeitskräften und einen relativen Nachfragerückgang bei unqualifizierten Arbeitskräften zur Folge habe.[248] Die Sectoral Structure Change-Hypothese (SSC-Hypothese) nimmt zwar auch einen technologischen Fortschritt an, der unmittelbar allerdings nur durch einen sektoralen Strukturwandel zu einer Nachfragesteigerung nach hohen Qualifikationen führe, da

[245] Reinberg, Alexander (2001): Qualifikation und die Chancen auf dem deutschen Arbeitsmarkt. Entwicklungen, Perspektiven und Hintergründe. In: Zeitschrift für angewandte Wirtschaftsforschung. Heft 51: Bildungsreform aus ökonomischer Sicht. 63. Wissenschaftliche Tagung der Arbeitsgemeinschaft deutscher wirtschaftswissenschaftlicher Forschungsinstitute vom 11. und 12. Mai 2000. S. 11 – 28. S. 11.

[246] Ebenda.

[247] Steigende Qualifikationsanforderungen sind nicht rein technischer Natur, sondern können auch aus dem organisatorischen Wandel durch höhere Komplexität von Aufgaben und Tätigkeiten resultieren.

[248] Schimmelpfennig, Axel (2000): Structural change of the production process and unemployment in Germany. Kieler Studien Nr. 307. Tübingen. S. 33.

die expandierenden Sektoren mehr höhere Qualifikationen als die schrumpfenden Sektoren benötigten[249].[250] Tatsächlich treten beide Effekte kumuliert auf, wobei sich für Westdeutschland der Trend zur Höherqualifizierung zu einem großen Teil durch den Skill Biased Technological Change und nur zu einem kleineren Teil durch den sektoralen Wandel erklären lässt.[251]

Folglich ist der Sektoraleffekt als Erklärungsvariable für den qualifikatorischen Strukturwandel im Beschäftigungssystem von nachrangiger Bedeutung, da sich die Entwicklung zur Höherqualifizierung der Arbeitskräfte branchenübergreifend und parallel zu der Tertiärisierung der Wirtschaft vollzieht.[252]

2.2.3.2 Humankapitalbestand

In der Summe verfügt Deutschland im Vergleich mit anderen Industrienationen über einen hohen Bildungstand seiner Bürger. Diese Substanz erklärt aber nur teilweise die stärkere Dynamik der Bildungsexpansion anderer Länder, so dass sich aus deutscher Perspektive die Indizien mehren, welche den Grundstock der technologischen Leistungsfähigkeit in längerfristiger Perspektive in Frage stellen.

Dabei ist der Problemdruck in den einzelnen Bereichen des Bildungssystems durchaus unterschiedlich; für alle kann aber festgestellt werden, dass die hohe Humankapitalausstattung in Deutschland vornehmlich aus der bestehenden Substanz herrührt, während die Zuwachsraten deutlich schwächer als im internationalen Vergleich sind. Dieses Verhältnis muss beunruhigen und relativiert die Aussagekraft der Höhe des Bildungsbudgets als Investitionsindikator, weil ein großer Teil auf den Erhalt der Substanz verwendet werden muss. Systematische Betrachtungen, die das Verhältnis von Humankapitalstock und Abschreibung berücksichtigen, existieren nur vereinzelt. Ewerhart verwendet in Anlehnung an den von Theodore W. Schultz entwickelten Ansatz der Humankapitalstockschätzung[253] ein Berechnungsmodell, das die Investitionen und Abschreibungen sowie die Bestandsgröße des Systems berücksichtigt und für Investitionen und Bestandsgrößen wie beim Sachkapital eine retrospektive, kostenorientierte Bewertung der Bestände zu Wiederbeschaffungsprei-

---

249 Vgl. Seyda, Susanne (2004): Trends und Ursachen der Höherqualifizierung in Deutschland. iw-trends Nr. 2/2004. Köln. S. 2.

250 Zudem nimmt eine außenhandelstheoretisch orientierte Perspektive an, dass durch die Intensivierung der internationalen Handelsverflechtungen in den Industrieländern der Export von Waren und Dienstleistungen, deren Produktion hoch qualifizierte Arbeit erfordert, und der Import von Gütern, die einfache Arbeit erfordern, zu einem relativen Rückgang der inländischen Nachfrage nach unqualifizierten Arbeitskräften und zu einem relativen Nachfrageanstieg nach Hochqualifizierten führt. Vgl. ebenda. Zumindest für Deutschland kann diese Hypothese verworfen werden. Vgl. Heitger, Bernhard / Schrader, Klaus / Stehn, Jürgen (1999): Handel, Technologie und Beschäftigung, Kieler Studien Nr. 298. Tübingen. S. 26 f.; Puhani, Patrick A. (2003): A Test of the 'Krugman Hypothesis' for the United States, Britain, and Western Germany. ZEW-Discussion Paper No. 03-18. In: ftp://ftp.zew.de/pub/zew-docs/dp/dp0318.pdf. S. 1.

251 Vgl. Seyda, Susanne (2004): Trends und Ursachen der Höherqualifizierung in Deutschland. S. 13

252 Zu diesem Ergebnis kommt auch: Reinberg, Alexander (2001): Qualifikation und die Chancen auf dem deutschen Arbeitsmarkt. Entwicklungen, Perspektiven und Hintergründe. In: Zeitschrift für angewandte Wirtschaftsforschung. Heft 51: Bildungsreform aus ökonomischer Sicht. 63. Wissenschaftliche Tagung der Arbeitsgemeinschaft deutscher wirtschaftswissenschaftlicher Forschungsinstitute vom 11. und 12. Mai 2000. S. 18 – 20.

253 Schultz, Theodor W. (1962): Rise in the Capital Stock Represented by Education in the United States 1900 – 1957. In: Mushkin, Selma J. (Hrsg.): Economics of Higher Education. Washington. S. 93-101.

sen vornimmt.[254] Für das Untersuchungsjahr 1990 (Westdeutschland) zeigt sich, dass die Nettobildungsinvestitionen gesamtwirtschaftlich nur etwa 5 Prozent der Bruttobildungsinvestitionen ausgemacht haben, d.h. zu einer Erhöhung des Humankapitalbestands verwendet werden konnten. Die übrigen 95 Prozent wurden als Reinvestitionen zur Deckung des demografisch bedingten Ersatzbedarfs benötigt.[255]

Die Auswirkungen dieser im internationalen Vergleich geringen Nettoinvestitionen sind bereits an der Verteilung der formalen Bildungsgrade ablesbar. Während Deutschland mit einer Abschlussquote[256] von 83 Prozent im Sekundarbereich II im OECD-Vergleich in der Spitzengruppe liegt[257], ist der Anteil der Bevölkerung mit einer universitären Ausbildung bereits heute unterdurchschnittlich. Beide Bereiche weisen in anderen OECD-Ländern erheblich stärkeres Wachstum auf[258], so dass Deutschland in Hinblick auf die Abschlussanteile Sekundar II und Tertiär bei jüngeren Bevölkerungsgruppen bereits von vielen Ländern überholt wurde.[259]

Trotz einer seit 1999 leicht steigenden Studierneigung ist Deutschlands Rückstand vor allem im technologisch orientierten Tertiärbereich größer geworden, so dass an den weiterhin bestehenden großen Abständen zu den führenden Ländern in etwa ablesbar ist, „wie gewaltig dennoch die bildungspolitische Aufgabe bleibt, [...] Deutschland im Hochschulbereich wieder an das internationale Niveau heranzuführen.“[260]

Heikel erweist sich diesbezüglich der überaus enge Zusammenhang zwischen sozioökonomischer Herkunft und Bildungsbeteiligung der Schüler in Deutschland, dessen soziale Trichterwirkung das Potenzial für die Hochschulen stark begrenzt. Da bisher keine schlüssigen Konzepte zur besseren Förderung von Schülern aus bildungsferneren Elternhäusern erkennbar sind, bleibt dieses grundlegende Problem ungelöst. Gleiches gilt für die Sicherung ausreichender Studierfähigkeit.

Die duale Berufsausbildung wird immer noch als herausragende Stärke des deutschen Ausbildungssystems betrachtet. Dabei steht das duale System mit dem Berufskonzept unter dem permanenten Zwang, die zugrunde gelegten Berufsbilder permanent an die neuen technologischen Anforderungsprofile anzupassen. In der Frage der Anpassungskapazität des dualen Systems existieren allerdings unterschiedliche Einschätzungen.

Einerseits wird die Schaffung einer Vielzahl neuer sowie die Modernisierung großer Teile der bestehenden Ausbildungsberufe in den letzten Jahren als Beleg für die Anpassungsfähigkeit an die Erfordernisse der Wissensgesellschaft angeführt. Andererseits deutet

254 Ewerhart, Georg (2002): Bildungsinvestitionen, brutto und netto. Eine makroökonomische Perspektive. In: Trends in Bildung International (Tibi) Nr. 4/ 2002. S. 1 – 29. S. 7 – 14.

255 Ebenda. S. 23 f..

256 Die Abschlussquote des Sekundarbereichs II gibt den Anteil der 25-64-jährigen Bevölkerung an, der mindestens Abitur oder eine abgeschlossene berufliche Ausbildung hat.

257 Noch höhere Anteile verzeichnen nur die Tschechische Republik, Japan, Norwegen, die Slowakische Republik und die Vereinigten Staaten.

258 Während in Deutschland der Anteil der Bevölkerung mit einem tertiären Abschluss unter jungen Leuten mit 22 Prozent kaum höher ist als bei älteren (20 Prozent), hat sich in den meisten anderen Ländern ein deutliches Gefälle zwischen Jung und Alt entwickelt. Gleiches gilt für die Abschlussquote des Sekundär II-Bereichs, die in der Gruppe der 25-43-jährigen mit 85 Prozent nur geringfügig höher ist als den 45-54-jährigen mit 84 Prozent. Vgl. Bundesministerium für Bildung und Forschung (BMBF)/ Kulturministerkonferenz (KMK) (Hrsg.) (2004): OECD-Veröffentlichung „Bildung auf einen Blick“. Wesentliche Aussagen in der Ausgabe 2004. Bonn. S. 2.

259 Grupp, Hariolf/ Legler, Harald/ Breitschopf, Barbara (2003): Zur Technologischen Leistungsfähigkeit Deutschlands 2002. S. 13, Tabelle 2-2.

260 Ebenda. S. xi.

die im europäischen Vergleich überaus unterdurchschnittliche Beschäftigungsquote bei hochqualifizierten IuK-Berufen sowie das ungünstige Wachstum dieser Gruppe darauf hin, dass zumindest die Anpassungsgeschwindigkeit im internationalen Vergleich eher gering ist.[261] Überdies mehren sich skeptische Stimmen, ob das im Kern stark von verarbeitendem Gewerbe und damit in normativer, kognitiver und strategischer Hinsicht entscheidend von der Industriegesellschaft geprägte System insgesamt den Anforderungen der Wissensgesellschaft genügt.[262] Die Entwicklungen neuer dualer Ausbildungsberufe im IuK-Bereich kann ebenso als Argument für die Skeptiker herangezogen werden, denn in anderen Ländern findet gerade im IuK-Bereich eine Tertiärisierung des Personals statt, um eine Ausrichtung auf die Spitze der wissenschaftlich-technischen Entwicklung zu ermöglichen, so dass der „Bericht zur Technologischen Leistungsfähigkeit Deutschlands 2002" befürchtet, dass „in Deutschland längerfristig tendenziell eher „handwerkliche" Lösungen im IuK-Bereich gesucht werden als wissenschaftliche Herangehensweisen mit einem breiteren Diffusionspotenzial."[263]

Damit entspricht dieser Bereich dem Innovationsmuster der deutschen Wirtschaft, deren Stärken in dem Bereich der Hochtechnologie liegen, in dem inkrementelle Innovationen auf bekannten wissenschaftlich-technischen Pfaden im Vordergrund stehen.[264] Diese Strategie einer kompetenten Anwendung und Umsetzung von (zu einem nicht unerheblichen Teil importierten) Spitzenforschungsergebnissen in anderen Bereichen ist zwar über Jahrzehnte in diesen Marktsegmenten erfolgreich gewesen, aber ein Aufschließen zu der Spitzentechnologieforschung anderer Länder ist ausgeblieben. Dies ist umso problematischer, als dass weltwirtschaftlich betrachtet die Wirtschaftspotenziale bei Industrie und Dienstleistungen eher in der Spitze zu erwarten sind als in der Breite.[265] Angesichts der wirtschaftlichen Bedeutung dieser Spitzentechnikbereiche und deren „knowledge spillover"-Effekte für hochwertige Dienstleistungsbereiche stellt sich für die deutsche Volkswirtschaft die Frage, wie lange die Zwischenpositionierung zwischen Hochtechnologie und der auch an anderen Standorten favorisierten „mittleren" Technologie noch haltbar sein wird.[266] Die spezifisch deutsche Innovationsstruktur als „technologischen Konservativismus"[267] zu interpretieren, übersieht dabei, dass der deutschen Wirtschaft derzeit einige wesentliche Voraussetzungen für eine progressive Innovationsstrategie nur in unzureichendem Maße zur Verfügung stehen. So ist in OECD-Staaten ein Zusammenhang zwischen dem Maß an Investitionen in die Tertiärausbildung und der Ausprägung des spezifischen Innovationspotenzials der entsprechenden Länder erkennbar, so dass sich die Schwäche in der akademi-

261 In den 90er Jahren konnte Deutschland überhaupt nicht mit dem international angeschlagenen Tempo des Ausbaus des IuK-Bereichs mithalten, was aufgrund seines Querschnittstechnologiecharakters negative Folgen für die Diffusionsrate dieser Technologie und damit für die Produktivitäts- und Wachstumsentwicklung insgesamt hat.

262 Dieser Aspekt wird in Teil 4.3.5 ausführlich behandelt.

263 Grupp, Hariolf/ Legler, Harald/ Breitschopf, Barbara (2003): Zur Technologischen Leistungsfähigkeit Deutschlands 2002. S. 21.

264 Büchtemann, Christoph F./ Vogler-Ludwig, Kurt (1997): Das deutsche Ausbildungsmodell unter Anpassungszwang: Thesen zur Humankapitalbildung in Deutschland. In: ifo-Schnelldienst Nr. 17-18/1997. S. 15 – 20. S. 20.

265 Ebenda. S. 3.

266 Vgl. Porter, Michael E. (1998): The Competetive Advantage of Nations. New York.

267 Wiesenthal, Helmut/ Clasen, Ralf (2003): Gewerkschaften in Politik und Gesellschaft: Von der Gestaltungsmacht zum Traditionswächter? In: Schroeder, Wolfgang/ Weßels, Bernhard (Hrsg.): Die Gewerkschaften in Politik und Gesellschaft der Bundesrepublik Deutschland. Wiesbaden. S. 296 – 322. S. 311.

schen Ausbildung für das deutsche Innovationssystem in einer kommenden Aufschwungperiode als fundamentaler Engpass erweisen wird. Hinzu tritt die strukturbewahrende Wirkung des in der Industriegesellschaft verankerten dualen Systems.[268]

Überdies werden die aus dem zweifachen Strukturwandel – hin zu forschungs- und wissensintensiven Wirtschaftszweigen auf der einen und zu hochwertigen Dienstleistungstätigkeiten auf der anderen Seite – resultierenden Qualifikationsanforderungen der deutschen Wirtschaft künftig gewaltige Probleme bereiten.[269]

Zudem steigt mit wachsender Wissensintensivierung und beschleunigter technologischer Entwicklung das Abschreibungstempo der erworbenen beruflichen Qualifikationen, so dass Wissen und Fertigkeiten immer wieder durch Weiterbildung auf den neusten Stand gebracht werden müssen. Gerade das deutsche Bildungssystem mit langen Erstausbildungszeiten, in denen ein hohes Maß an spezifischem Humankapital geschaffen wird, benötigt unter wissensgesellschaftlichen Bedingungen dringend eine Ergänzung durch ein System der öffentlichen Weiterbildung und durch vermehrte betriebliche Aktivitäten. Aber in dieser Hinsicht sind in Deutschland weniger Anstrengungen zu beobachten als in anderen (europäischen) Ländern. Die institutionellen Voraussetzungen für eine Aktualisierung bereits erworbener Qualifikationen in Deutschland sind eher ungünstig, so dass sich Deutschland sowohl bezüglich der Anzahl an Betrieben, die Weiterbildungsangebote offerieren, als auch in Hinblick auf die Teilnehmerzahlen und die besuchten Kurse stets am unteren Ende der EU-15-Rangfolge befindet.[270]

2.2.3.3 Fachkräftemangel

Die aufgezeigten Nachfrageüberschüsse nach Hochqualifizierten sind lediglich Vorbote der strukturellen Engpassfaktoren, die in Deutschland – verstärkt durch die demographische Entwicklung – auch in mittleren Fachkräftesegmenten[271] zu erwarten sind und so künftig die Einkommens- und Beschäftigungsentwicklung begrenzen könnten.[272]

2.2.3.3.1 Perspektiven für Geringqualifizierte

Gleichzeitig hat der steigende Qualifizierungsbedarf negative Auswirkungen auf die Nachfrage nach einfacheren Tätigkeiten. In Abschlüssen ausgedrückt verzeichnen vor allem jene Personengruppen steigende Überschüsse, die

---

268 Zur Rolle des Systems beruflicher Bildung im Strukturwandel vgl. 4.3.5.

269 Grupp, Hariolf/ Legler, Harald/ Breitschopf, Barbara (2003): Zur Technologischen Leistungsfähigkeit Deutschlands 2002. S. 148.

270 Vgl. ebenda. S. 34, Tabelle 2-9.

271 Als Fachkräfte werden Personen verstanden, die eine Lehre in einem anerkannten Lehrberuf abgeleistet und die Abschlussprüfung mit Erfolg absolviert haben und/ oder über einen (Fach-) Hochschulabschluss verfügen.

272 In der vom Weltwirtschaftsforum (WEF) veröffentlichten internationalen Wettbewerbsstudie 2000 belegt Deutschland im „Current Competitiveness Ranking“, das vor allem die aktuelle Wettbewerbsfähigkeit und den Lebensstandards misst, den dritten Platz. In der zweiten Rangliste, dem „Growth Competitiveness Ranking“, das anhand von Wachstumsraten und künftiger Wettbewerbsfähigkeit erstellt wird, belegt Deutschland Platz 15. Diese Differenz wird u. a. mit dem unzulänglich an den Arbeitsmarkt angepassten Bildungssystem begründet. Vgl. International Institute for Management Development IMD (2000): The World Competitiveness Yearbook. Lausanne (CH). S. 134-139, 188-191.

- keinen Hauptschulabschluss
- einen Hauptschulabschluss, aber keinen Berufsabschluss
- einen Hauptschulabschluss und einen Berufsabschluss
- die mittlere Reife, aber keinen Berufsabschluss

erreicht haben.[273] Allerdings sind die Folgen des Anstiegs des Qualifikationsbedarfs auf der einen sowie der Verschlechterung der Angebotsposition Geringqualifizierter auf der anderen Seite stark von den gesamtwirtschaftlichen Rahmenbedingungen abhängig und unterscheiden sich zwischen den Volkswirtschaften deutlich. So entspricht das Muster der deutschen Qualifikationsentwicklung am Arbeitsmarkt der Entwicklung in den auf dem Weg in die Wissensgesellschaft weiter fortgeschrittenen USA mit dem Unterschied, dass die Prognose des Bedarfs an geringqualifizierten (angelernten) Erwerbtätigen in den USA im Vergleichszeitraum nur verhältnismäßig wenig abnimmt.[274] Diese relative Beschäftigungsstabilität Geringqualifizierter in den USA kann für Deutschland überhaupt nicht konstatiert werden, was mit dem Fehlen von Niedriglohngruppen in Deutschland erklärt wird, das die Nachfrage nach Erwerbstätigen geringer Qualifikation dämpft.[275] Die Wissensintensivierung hat somit in den verschiedenen Volkswirtschaften unterschiedliche Auswirkungen auf die Einkommens- und Beschäftigungssituation: Während sich in Deutschland die Wissensintensivierung stärker in Unterschieden bei der Arbeitslosigkeit und weniger in der Lohnspreizung widergespiegelt, verhält es sich in den angloamerikanischen Ländern andersherum.[276] Die Interpretation, dass beide Effekte aus den unterschiedlichen institutionellen Arrangements der Arbeitsmärkte resultieren, beide aber ursächlich auf einen Nachfrageschock im Bereich der geringqualifizierten Tätigkeiten zurückzuführen sind, ist als Krugman-Hypothese bekannt.

> „It states that the rise in wage inequality in the Anglo-Saxon countries and the rise in unemployment in continental Europe are «two sides of the same coin», namely a fall in the relative demand for unskilled workers."[277]

Die Untersuchungen für die USA, Großbritannien und Deutschland belegen die Krugman-Hypothese und bestätigen überdies, dass der Hauptgrund für den Nachfragerückgang nach geringen Qualifikationen in dem technologischen Strukturwandel und nicht in einer Verschlechterung der Außenhandels- oder Wettbewerbsposition zu sehen ist.[278] Die Diskussion der Auswirkungen von Niedriglohnsektoren und größerer Lohnspreizung auf die Entwicklung der Erwerbslosigkeit ist ein weites Feld, das sich weit über makroökonomische Vergleiche und normative Bewertungen erstreckt. Realpolitisch muss als wahrscheinlich angenommen werden, dass Deutschland mittelfristig nicht das Maß an Flexibilität der anglo-

[273] Vgl. Foders, Federico (2001): Bildungspolitik für den Standort D. Berlin. S. 9 – 16.
[274] Ebenda. S. 18.
[275] Ebenda.
[276] Puhani, Patrick A. (2003): A Test of the 'Krugman Hypothesis' for the United States, Britain, and Western Germany. S. 31.
[277] Ebenda S. 1.
[278] Vgl. Berman, Eli/ Bound, John/ Machin, Stephen (1998): Implications of Skill-Biased Technological Change: International Evidence. In: Quarterly Journal of Economics. Cambridge, MA. No. 113. S. 1245 – 1279; Machin, S./ Reenen, J. Van (1998): Technology and Changes in Skill Structure: Evidence From Seven OECD Countries. In: Quarterly Journal of Economics No. 113. 1215 – 1244.

amerikanischen Arbeitsmärkte anstreben bzw. erreichen wird, so dass für Deutschland mit einer massiven Verschlechterung der Employability Geringqualifizierter aufgrund stark rückläufiger Nachfrage nach einfachen Tätigkeiten angenommen werden muss. Diese könnte allerdings in Teilen kompensiert werden, wenn das Wachstum des allgemeinen Qualifikationsniveaus mit dem technologischen Strukturwandel Schritt hält, weil sich dann wiederum das Angebot an geringqualifizierten Erwerbstätigen reduzieren würde.

> „This sets up what Katz and Goldin (1996) called a race between technological change and government investment in education. If the government can keep increasing the average level of educational achievement in a society rapidly enough to keep up with technological change, it can ensure that economic growth leads to gains for all segments of the population. Even the workers who remain less educated will face rising wages over time because the investment in education means that there will be fewer less-educated workers such as themselves competing for the jobs that they can do. In effect, the government can raise wages for workers with less education by creating a shortage of these workers."[279]

Eine parallele Entwicklung des Ausbildungssystems mit dem technologischen Strukturwandel ist in Deutschland mittelfristig jedoch nicht anzunehmen, so dass für Geringqualifizierte in Deutschland eine massive Verschlechterung ihrer Erwerbsfähigkeit angenommen werden muss.[280]

2.2.3.3.2 Fachkräftemangel als Wachstumsbremse

In dem guten konjunkturellen Umfeld der Jahre 1999/ 2000 waren in allen wichtigen Bereichen des Arbeitsmarktes für hoch qualifiziertes Fachpersonal starke Nachfrageüberschüsse erkennbar, so dass in der Industrie und im Dienstleistungssektor zunehmend Innovationsaktivitäten beeinträchtigt und das Wirtschaftswachstum geschwächt wurde.

> „Der Arbeitskräftemangel vor allem im technischen und naturwissenschaftlichen Bereich wird zunehmend zur Wachstumsbremse für die Wirtschaft und gefährdet deren internationale Wettbewerbsfähigkeit."[281]

Das Problem von Nachfrageüberschüssen nach Fachkräften in konjunkturellen Hochphasen ist allerdings kein neues Phänomen, doch in jüngerer Zeit ist deutlich eine Dominanz von strukturellen Ursachen über konjunkturelle oder temporäre erkennbar.[282] Trotz der andauernden konjunkturellen Schwäche, die das Problem des Fachkräftemangels in der wirtschaftspolitischen Diskussion etwas in den Hintergrund gedrängt hat, dürfte dieses Problem angesichts der absehbaren demographischen Entwicklung und der Qualifikationstrends in

---

[279] Romer, Paul M. (2002): Redistributional Consequences of Educational Reform. In: Lazear, Edward P. (Hrsg.): Education in the Twenty-First Century. Stanford. S. 41 – 78. S. 56.

[280] Dieser Aspekt des Umgangs mit Geringqualifizierten bildet gleichzeitig den Hintergrund für einen der zentralen bildungspolitischen Konflikte zwischen den Gewerkschaften und den Wirtschaftsverbänden, der sich in unterschiedlichen bildungspolitischen Fragen manifestiert.

[281] So der Präsident des Zentrums für Europäische Wirtschaftsförderung (ZEW) in Mannheim. Vgl. Losse, Bert/ Wettach, Silke (2001): Übel des Jahrzehnts. Der eskalierende Fachkräftemangel wird zur Wachstumsbremse für die Wirtschaft. In: Wirtschaftswoche Nr. 9/2001 vom 22.02.2001. S.18-22.

[282] Eichhorst, Werner/ Thode, Eric (2002): Strategien gegen den Fachkräftemangel. S. 20.

der Bevölkerung schon bald wieder verschärft sichtbar werden.[283] Angebotsprojektionen nehmen bezogen auf das Basisjahr 1998 für das Jahr 2015 einen Rückgang des Gesamtangebotes an Erwerbspersonen außerhalb des Bildungssystems zwischen 15 und 64 Jahren um knapp 2 Millionen Erwerbstätige an.[284] Ab 2010/15 wird sich dieser Trend deutlich verschärfen. Überdies verläuft der demographische Wandel nicht qualifikationsneutral, da die weit verbreitete Vorstellung, dass besser qualifizierte jüngere Generationen an die Stelle schlechter qualifizierter älterer treten, heute immer weniger zutrifft.[285] Die Irrigkeit der Annahme einer quasi natürlichen Bildungsexpansion zeigt sich an dem überraschenden Befund, dass im Jahr 2015 die Gruppe der 50- bis 64-jährigen mit Abstand die beste Qualifikationsstruktur aufweisen werden[286].

Selbst ein Erhalt der derzeitigen Qualifikationsverteilung in den nächsten Jahren bedeutet tatsächlich eine Stagnation bzw. einen Rückschritt, da sich alle aktuellen Bedarfsprognosen darin einig sind, dass sich die grundlegenden Trends der Höherqualifizierung in der Qualifikationsstruktur aller Voraussicht nach zukünftig fortsetzten werden. Einer Studie des Institutes für Arbeitsmarkt und Berufsforschung (IAB) und der Prognos AG zufolge, welche die Veränderung der ausgeübten Tätigkeitsniveaus aufgrund der 1990er Jahre für das Jahr 2010 extrapoliert, wird der Anteil hochqualifizierter Tätigkeiten bis 2010 etwa in der Größenordnung zunehmen wie Hilfstätigkeiten abnehmen.[287] Diese spiegelbildliche Tendenz zeigt sich auch beim Vergleich der beiden jeweils nachfolgenden Kategorien.

[283] Für einige Gruppen von Fachkräften besteht selbst in konjunkturschwachen Zeiten ein massiver Mangel an Fachkräften. Vgl. Zentrum für europäische Wirtschaftsforschung GmbH (ZEW): Fachkräftemangel bei Ingenieuren. Aktuelle Situation und Perspektiven. Mannheim. S. 4 f.
Im längeren Verlauf konnten selbst Perioden mit niedrigem oder negativem Wirtschaftswachstum den positiven Beschäftigungstrend bei Akademikern nicht stoppen, sondern lediglich bremsen. Vgl. Reinberg, Alexander / Hummel, Markus (2004): Fachkräftemangel bedroht Wettbewerbsfähigkeit der deutschen Wirtschaft. In: Aus Politik und Zeitgeschichte (APuZ) Bd. 28/2004. S. 3 – 10. S. 3.
Selbst in Ostdeutschland mit ausgesprochen hoher Arbeitslosigkeit erweist sich die Verknappung des Angebots an qualifizierten Arbeitskräften in den letzten Jahren als nicht unproblematisch. Vgl. Brenke, Karl/ Eickelpasch, Alexander (2002): Ostdeutsche Industrie gewinnt an Boden. Ergebnisse einer Umfrage. In: DIW-Wochenbericht Nr. 3/2003.

[284] Reinberg, Alexander/ Hummel, Markus (2003): Steuert Deutschland langfristig auf einen Fachkräftemangel zu? IAB-Kurzberichte Nr. 9/2003 vom 7.07.2003. S. 5.

[285] Ebenda.

[286] Diese Gruppe wird mit 22 Prozent die höchsten Akademikeranteile und mit 9 Prozent die geringste Ungelerntenquote aufweisen. Vgl. Reinberg, Alexander / Hummel, Markus (2004): Fachkräftemangel bedroht Wettbewerbsfähigkeit der deutschen Wirtschaft. S. 9.

[287] Weidig, Inge/Hofer, Peter/Wolff, Heinfrid (Prognos AG) (1999): Arbeitslandschaft 2010 nach Tätigkeiten und Tätigkeitsniveau. Beiträge zur Arbeitsmarkt- und Berufsforschung. BeitrAB 227. Nürnberg.

Abbildung 2.8: Erwerbstätige in Deutschland nach Tätigkeitsniveaus in Prozent[288]

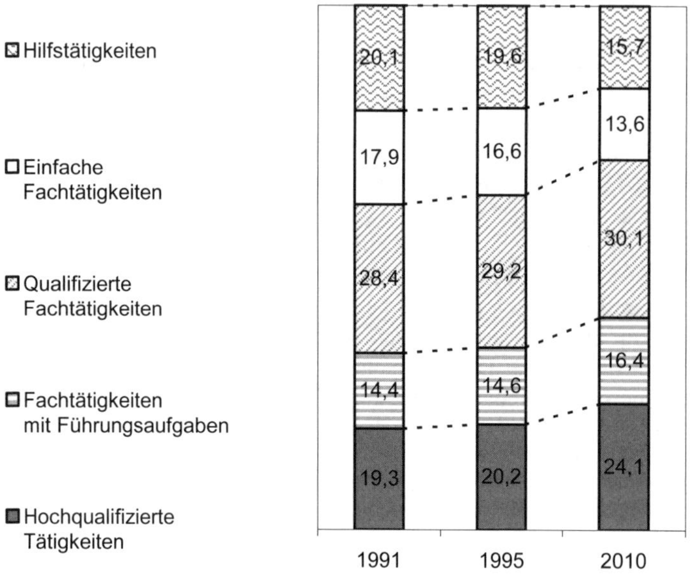

Quelle: IAB/ Prognos-Projektion

Die Entwicklung der formalen Qualifikationsniveaus ist weit davon entfernt, mit dem Anstieg in den Tätigkeitsniveaus Schritt zu halten. Derzeit kann nicht einmal eine Substitution der ausscheidenden Fachkräfte erreicht werden. Die Verrentungswelle der ersten nach dem Krieg akademisch ausgebildeten Generation ist gerade erst angelaufen, so dass allein der Ersatzbedarf in der gewerblichen Wirtschaft in den Jahren 2000 – 2007 sich auf 71.000 Naturwissenschaftler, 109.000 Ingenieure und 72.000 sonstige Akademiker beläuft. Angesichts der allgemeinen Wissensintensivierung und dem überproportionalen Wachstum von Dienstleistungen, bei denen die Akademikerquote noch höher als im verarbeitenden Gewerbe ist, dürfte dieser Substitutionsbedarf lediglich die Untergrenzen darstellen. Sowohl die tatsächliche Entwicklung der Absolventen in den letzten Jahren als auch die prognostizierte Entwicklung für die nächsten Jahre stellen nicht annähernd das Erreichen des benötigten Substitutionsbedarfs in Aussicht. Aus eigener Kraft, d.h. aus dem eigenen Bildungssystem, lassen sich somit keine Ansätze zum Substanzerhalt des tertiären Humankapitals geschweige denn für einen durchgreifenden Aufholprozess gegenüber anderen Industrienationen erkennen.

[288] Vgl. Reinberg, Alexander/ Hummel, Markus (2003): Steuert Deutschland langfristig auf einen Fachkräftemangel zu? IAB-Kurzberichte Nr. 9/2003 vom 7.07.2003. S. 3, Abbildung 3.

Tabelle 2.4: Verhältnis von Absolventen zu Verrentungen nach Fächergruppen 1993 – 2007[289]

	1993 – 2000	1996 – 2003	2000 - 2007
	Absolventen/ Verrentung	Absolventen/ Verrentung	Absolventen/ Verrentung
Naturwissenschaftler	3,2	2,4	2,2
Ingenieure	4,4	2,9	1,9
sonstige Akademiker	8,4	5,6	4,5
gesamt	5,9	4,1	3,2

Quelle: KMK (2001) – Mikrozensus – Berechnung des Fraunhofer ISL

Die Ursachen für den Fachkräftemangel liegen in einer unzulänglichen oder ausbleibenden Ausrichtung der institutionellen Rahmenbedingungen des Arbeitsmarktes, der Sozialsysteme und des Bildungssystems auf die demographische Entwicklung. Jede Verlängerung der Dauer der Arbeitslosigkeit beschleunigt die Abschreibung des Humankapitals und erhöht folglich den Ressourceneinsatz der beruflichen Weiterbildung. Die sozialpolitische Forcierung eines vorzeitigen Ausscheidens aus dem Erwerbsleben hat erhebliche negative Folgen auf die Humankapitalausstattung einer Gesellschaft. Ebenso wirken sich Steuer- und Abgabenbelastungen, geringe Bildungsrenditen und unzureichende institutionelle Bedingungen für eine Steigerung der Frauenerwerbstätigkeit verschärfend auf den Fachkräftemangel aus.[290] Die folgenden Darstellungen konzentrieren sich auf die Konsequenzen des demographischen Wandels für die Humankapitalsausstattung und das Bildungssystem, ohne dabei den großen Einfluss und die Interdependenzen von Arbeitsmarkt, Sozialsystem und Bildungssystem außer Acht zu lassen.

2.2.3.4 Demographie und Bildung

Diese demographische Entwicklung wird langfristig stabil bleiben und sich sogar weiter beschleunigen. Aufgrund der niedrigen Geburtenrate und der steigenden Lebenserwartung wird die erste Hälfte des 21. Jahrhunderts durch eine sinkende und alternde Bevölkerung der Bundesrepublik gekennzeichnet sein[291]: Schätzungen der 9. koordinierten Bevölkerungsvorausberechnung des statistischen Bundesamtes gehen unter der Voraussetzung einer jährlichen Zuwanderung von 200.000 Personen von einer Gesamtbevölkerung von 78 Millionen im Jahr 2030 und etwa 70 Millionen im Jahre 2050 aus. Ohne Zuwanderung ginge

289 Grupp, Hariolf/ Legler, Harald/ Breitschopf, Barbara (2003): Zur Technologischen Leistungsfähigkeit Deutschlands 2002. S. 30, Tabelle 2-8.

290 Ein Ursachenüberblick findet sich bei Eichhorst, Werner/ Thode, Eric (2002): Strategien gegen den Fachkräftemangel. S. 22 – 29.

291 Statistisches Bundesamt (2000): Bevölkerungsentwicklung Deutschlands bis zum Jahr 2050. Ergebnisse der 9. Koordinierten Bevölkerungsvorausberechnung. Wiesbaden. S. 13.

die Bevölkerung bereits 2030 auf 72 Millionen und auf nur noch 59 Millionen im Jahre 2050 zurück.[292] Mit dieser Schrumpfung geht eine konstante Erhöhung des Durchschnittsalters einher, so dass im Jahre 2050 die etwa 60-jährigen die am stärksten besetzten Jahrgänge bilden werden.[293] Der Anteil der Altersgruppe der 5- bis 29-jährigen dürfte bis 2030 um über 30 Prozent zurückgehen. Mit dieser Bevölkerungsentwicklung nimmt Deutschland im internationalen Vergleich eine Sonderstellung ein, da mit Ausnahme Spaniens in keinem anderen OECD-Land der Bevölkerungsrückgang ähnlich stark ist.[294]

Aus dieser skizzierten demographischen Entwicklung folgen unterschiedliche wirtschafts-, sozial- und bildungspolitische Konsequenzen[295]. Neben der Verringerung der dem Arbeitsmarkt zur Verfügung stehenden Zahl an Erwerbstätigen und dem parallel wachsenden Angebotsdefizit an qualifizierten Kräften ergeben sich schon für sich genommen aus der Verschiebung der Altersstruktur Konsequenzen für die Innovationsfähigkeit und das Wirtschaftwachstum einer Volkswirtschaft, auf die durch eine Anpassung des Bildungssystems entsprechend reagiert werden muss.

In einer Untersuchung zeigt Foders durch Anwendung des modifizierten Zwei-Generationen-Wachstumsmodells von Sala-i-Martin, das die grundlegenden Zusammenhänge zwischen der demographischen Entwicklung, der Bildungspolitik und der Arbeitsproduktivität überzeugend darstellen kann, Konsequenzen des demographischen Wandels für die Bildungspolitik auf.[296] Dabei geht Foders davon aus, dass die Produktivität einzelner Erwerbstätiger von zwei Faktoren abhängig ist: Zum einen vom eigenen Humankapital als seinem persönlichen Qualifikationsniveau und zum anderen von dem durchschnittlichen Humankapital der Volkswirtschaft.[297] Das individuelle Humankapital wird mit zunehmendem Alter obsolet und damit entwertet. Bieten ältere Erwerbstätige ihre Arbeitsleistungen an, so hat das diesem Modell zufolge einen negativen Effekt auf die Durchschnitts-Produktivität und damit auf die Produktivität der Jüngeren.[298] Ein schnellerer Fortschritt beschleunigt folglich die Abschreibungsrate, also die Entwertung des Humankapitals der Älteren. Wenn das durchschnittliche Humankapital der Älteren vom durchschnittlichen Humankapital der Jüngeren stark abweicht, kommt es zu nennenswerten volkswirtschaftlichen Produktivitätsverlusten bzw. Wachstumseinbußen. Dieser Fall tritt ein, wenn das Verhältnis der Älteren zu den Jüngeren sich zugunsten der Älteren verschiebt und wird durch ein sinkendes Qualifikationsniveau der jüngeren Generationen verstärkt. Eine große Lücke zwischen dem Humankapital der Jüngeren und dem der Älteren hat somit immer eine Ab-

---

292 Ebenda S. 26 Tabelle 6 (Variante II: 200 000 Personen Zuwanderung p. a.).

293 Ebenda S. 13.

294 OECD (2000): Bildung auf einen Blick. S. 32.

295 Selbst wenn – wie von ver.di – die demographische Entwicklung als sachlich unbegründetes „demagogisches" (!) Argument mit Alibicharakter für eine Reform der Sozialsysteme betrachtet wird und die Folgen des demographischen Wandels durch einen Anstieg der Produktivität und der Erwerbstätigkeit für kompensierbar gehalten wird, wird gerade auch in diesem Zusammenhang die Humankapitalausstattung zu dem zentralen Instrument zukünftiger Sozialpolitik. Da sich diese Arbeit auf die bildungspolitischen Konsequenzen konzentriert, bleiben die Handlungsoptionen in anderen Politikfeldern weitgehend unerörtert. Zur ver.di-Kritik vgl. ver.di – Vereinte Dienstleistungsgewerkschaft (2003): Mythos Demografie. Berlin.

296 Foders, Federico (2000): Demographie und Bildung: Gehen uns die Qualifizierten aus? Auswirkungen der Bevölkerungsentwicklung auf das deutsche Bildungssystem. Kieler Arbeitspapier Nr. 1003. Institut für Weltwirtschaft. Kiel. S. 11-20.

297 Ebenda. S. 12.

298 Das Modell erfasst zwecks Einfachheit der Terme nur zwei Generationen. Vgl. Foders, Fredericoe (2000): Demographie und Bildung: Gehen uns die Qualifizierten aus? S. 15.

schwächung der gesamtwirtschaftlichen Leistungsfähigkeit zur Folge.[299] Um sicherzustellen, dass das volkswirtschaftliche Einkommen langfristig weiter steigt, muss eben diese Lücke verringert werden. Neben dem Instrument einer umlagefinanzierten Rentenversicherung, das allerdings ab einem unbestimmten Missverhältnis zwischen Alten und Jungen an seine funktionalen Grenzen im Sinne einer Schließung der Humankapitallücke zwischen Älteren und Jüngeren stößt,[300] sieht Sala-i-Martins-Modell exogene Politikmaßnahmen im Politikfeld Bildung vor.[301]

Wenn durch kontinuierliche Weiterbildung eine permanente Aktualisierung des Humankapitals an den technischen Fortschritt gewährleistet ist, kann ein Rückgang des durchschnittlichen Niveaus des Humankapitals verhindert werden und die entsprechende Volkswirtschaft nachhaltige Wachstumsimpulse erfahren.

Dazu muss sichergestellt sein, dass jeder Generation ausreichend Ersparnisse zur Verfügung stehen, um den Weiterbildungsbedarf zu finanzieren. Hierfür müsste im Bildungswesen ein Strukturwandel zugunsten der Weiterbildung von Erwerbstätigen stattfinden, der eine gleichmäßige Verteilung der Bildungsphasen im Erwerbsleben der Menschen ermöglicht. Gleichzeit würde ein derartiger Strukturwandel des Bildungssystems dessen Abbau aufgrund demographisch bedingter, sinkender Nachfrage verhindern.

> „Ein Bildungssystem, das seinen Schwerpunkt im Weiterbildungssegment hat, müsste hingegen keine Einschränkungen hinnehmen, sondern vielmehr seine Bildungsangebote ausweiten, vor allem im tertiären Bildungsbereich, um die steigende Nachfrage nach akademischen und nichtakademischen Formen der Weiterbildung zu befriedigen.“[302]

Da auch andere Industrieländer Probleme haben, ausreichend Fachpersonal durch ihr Bildungssystem hervorzubringen, ist die Lösungskapazität durch konsequente „Importstrategien“ (Greencard, Zuwanderung) begrenzt. Es ist überaus fraglich, ob Deutschland im Wettbewerb um Humankapitalressourcen über ausreichend attraktive Standortvorteile verfügt, um mit diesen Ländern mithalten zu können[303], so dass eine Lösung durch das eigene Bildungssystem umso mehr angezeigt ist. Ein Vergleich der Maßnahmen in den wirtschafts- und sozialpolitischen Handlungsfeldern für eine bessere Deckung der Fachkräfte-

299 Die OECD nimmt für Deutschland mittelfristig eine Wachstumseinbuße von 0,2 – 0,5 Prozentpunkten aufgrund des Mangels an Arbeitskräften an. Vgl. Hauschild, Helmut (2004): Fachkräftemangel kostet Wachstum. In: Handelsblatt vom 15.06.2004. S. 6.

300 In der sinkenden gesamtwirtschaftlichen Leistungsfähigkeit sieht Sala-i-Martin den Grund, warum sich Gesellschaften für die Einführung einer staatlichen Rentenversicherung entscheiden. Eine umlagefinanzierte Rentenversicherung stellt ein Instrument zur Schließung dieser Lücke dar, indem es ein Ausscheiden der Älteren aus dem Arbeitsprozess ermöglicht. Bei Überschreitung einer bestimmten Schwelle des Alterns werden allerdings die Kosten einer klassischen Rentenversicherung (Umlageverfahren) zu hoch, so dass die wenigen verbleibenden Jüngeren den Rückgang der gesamtwirtschaftlichen Leistungsfähigkeit nicht mehr aufhalten können und die betroffene Gesellschaft dazu gezwungen wird, über eine Reform der Rentenversicherung (eventuell über eine Abschaffung bzw. Ergänzung des Umlageverfahrens) nachzudenken. Deshalb ist ein Rentenversicherungssystem unter den Voraussetzungen eines schnellen technologischen Fortschrittes und einer starken Schieflage zwischen den (beiden) Generationen für die Schließung der Humankapitallücke von geringerer Bedeutung als die (Fort-) Bildungspolitik.

301 Foders, Frederico (2000): Demographie und Bildung: Gehen uns die Qualifizierten aus? S. 18.

302 Ebenda. S. 22.

303 Schwarz, Petra (2004): Hochqualifizierte stehen nicht Schlange. Deutschland ist für Einwanderer kaum attraktiv. In: Handelsblatt vom 16.06.2004. S. 6.

nachfrage offenbart für Deutschland im Vergleich mit anderen Ländern insbesondere im (Weiter-) Bildungssystem eine Reihe von Defiziten.

2.2.3.5 Mismatch

Ebenfalls ins Blickfeld gerät die Bedeutung des Weiterbildungssystems bei einer Betrachtung des ausgeprägten Mismatch am Arbeitsmarkt.[304] In Deutschland ist für die letzten Jahre eine deutliche Verschärfung des Mismatch-Problems festzustellen, so dass es immer weniger gelingt, bestehende Vakanzen aus dem Kreis der Arbeitlosen zu besetzen. Bemerkenswert im internationalen Vergleich ist zudem, dass in Deutschland 80 Prozent der mangels qualifizierter Bewerber unbesetzten Stellen einen Hochschulabschluss fordern.[305]

Zwar ist eine langfristige Zunahme des Mismatch-Problems in vielen Industrieländern auszumachen; aber in Deutschland ist dieses Phänomen überaus stark ausgeprägt, während die USA, Großbritannien, die Niederlanden und Dänemark seit einigen Jahren diesbezüglich sogar einen Rückgang aufweisen können.[306] Auch die hohe Langzeitarbeitslosensquote und die beträchtlichen Unterschiede der Arbeitslosenquote je nach Beschäftigungsniveau deuten auf ein ausgeprägtes Mismatch-Problem in Deutschland hin. Relativierungen des Fachkräftemangels mit Verweis auf die hohe Zahl Erwerbsloser in Deutschland können aufgrund dieser Mismatcharbeitslosigkeit und vor allem vor dem Hintergrund der entscheidenden Bedeutung der Humankapitalausstattung für das wirtschaftliche Wachstum nicht überzeugen. Wegen der wachstumshemmenden Wirkung verursacht Fachkräftemangel vielmehr weitere Arbeitslosigkeit auch gering qualifizierter Personen.

Bemerkenswert für Deutschland ist ferner, dass die im internationalen Vergleich deutlich überdurchschnittlichen öffentlichen Mittel, die für aktive Arbeitsmarktpolitik aufgewendet werden und von denen etwa ein Drittel in Qualifizierungsmaßnahmen fließt, keine signifikante Abschwächung des Mismatch-Problems erreichen können, was auf erhebliche Effizienz- und Effektivitätsprobleme im Weiterbildungsbereich schließen lässt.[307]

2.2.4 Resümee: Bildungsökonomie und Wissensgesellschaft

Bildung eine elementare Rolle als Produktionsfaktor beizumessen, ist über die moderne Wachstumstheorie hinaus weitgehend unumstritten. Deutlich erkennbar sind die individuellen Vorteile für unterschiedliche, nicht nur monetäre Bereiche des Lebens, die aus einem höheren Bildungsniveau resultieren. Überdies besteht in der empirischen Literatur ein Konsens bezüglich des wesentlichen Beitrages von Bildung zur langfristigen Wirtschaftsentwicklung, wenngleich es bisher nur unbefriedigend gelungen ist, diesen Zusammenhang empirisch widerspruchsfrei zu beweisen. Kritischere Autoren weisen auf die Gefahr einer Überbewertung dieses Zusammenhangs hin, ohne ihn grundsätzlich in Frage zu stellen.

---

304 Von Mismatch wird gesprochen, wenn die Stellensuchenden in qualifikatorischer, beruflicher und regionaler Hinsicht nicht zu den verfügbaren Stellenangeboten passen.

305 Eichhorst, Werner/ Thode, Eric (2002): Strategien gegen den Fachkräftemangel. Band 1: Internationaler Vergleich. Gütersloh. S. 43.

306 Vgl. die Beveridge-Kurven für ausgewählte Länder in Eichhorst, Werner/ Thode, Eric (2002): Strategien gegen den Fachkräftemangel. S. 72 f.

307 Vgl. 4.3.6.2

Folglich kommt dem Bildungssystem in der Wissensgesellschaft als der zentralen Institution zur Schaffung des grundlegenden Produktionsmittels eine herausragende wirtschafts- und sozialpolitische Bedeutung zu. Bildungspolitik wird zu der Querschnittspolitik zwischen wirtschaftlichem Wachstum und sozialer Gerechtigkeit. Die Effizienz des Bildungssystems ist nicht nur von entscheidender wirtschaftspolitischer Bedeutung für das wirtschaftliche Wachstum und damit für den Wohlstand der Volkswirtschaft, sondern auch für die gerechtigkeits- und sozialpolitische Frage der Verteilung von Lebenschancen.

Für beide Dimensionen muss dem deutschen Bildungssystem, wenn auch für seine Bereiche in unterschiedlichem Maße, insgesamt mangelnde Effizienz attestiert werden; in Fragen der sozialen Gerechtigkeit sogar Ineffektivität. In keinem anderen OECD-Land sind schulische Leistungsunterschiede und die Selektionsmechanismen[308] des Bildungssystems derart stark durch die soziale Herkunft bedingt wie in Deutschland, so dass das deutsche Bildungssystem ein im internationalen Vergleich außergewöhnlich hohes Maß an sozialer Reproduktivität aufweist.[309] Dieser Befund korrespondiert mit dem trotz einiger empirischer Unsicherheit erkennbaren regressiven Charakter der Finanzierung aller Bereiche des Bildungssystems. Analysen der Finanzierungsformen zeigen, „dass nicht nur die Finanzierung einzelner Bildungsbereiche mit erheblichen Umverteilungseffekten zugunsten bildungsnaher und höherer sozioökonomischer Schichten verbunden ist," sondern darüber hinaus „deutet die zusammengefasste Betrachtung aller fünf Bildungsbereiche [...] noch deutlicher auf erhebliche Umverteilungseffekte zugunsten dieser Gruppen hin."[310]

Das Versagen des deutschen Bildungssystems bei der gezielten Förderung und Integration bildungsfernerer Schichten wird angesichts des technologischen Strukturwandels in seinen Auswirkungen potenziert, weil unter wissensgesellschaftlichen Bedingungen keine persönliche Ressource so wertvoll ist wie ein hinreichender Zugriff auf Bildung[311]. Damit kommt dem Bildungssystem nicht nur der eben erwähnte herausragende Stellenwert bei der Zuteilung von Lebenschancen zu, sondern darüber hinaus wird diese Funktion in Wissensgesellschaften über die klassische Erstausbildungsphase hinaus ausgeweitet – und mit ihr die bestehenden sozialreproduktiven Mechanismen.

Neben der verteilungspolitisch höchst bedenklichen Unfähigkeit einer Gesellschaft, über ihr Bildungssystem Chancen- oder Zugangsgerechtigkeit zu gewährleisten, stellt überdies die hohe Persistenz intergenerationaler Bildungsprozesse ein volkswirtschaftliches Problem dar. Zum einen beeinträchtigt der starke Einfluss sozialer Faktoren auf Bildungsbeteiligung und -erfolg leistungsorientierte Auswahlmechanismen, was langfristig negative Folgen für das gesamte Bildungsniveau hat. Zum anderen erfordert der technologische Strukturwandel flankiert durch die demographische Entwicklung eine Erhöhung des Bildungsniveaus und damit eine Ausweitung der Bildungsbeteiligung, um einer größer werdenden Lücke zwischen den steigenden Qualifikationsanforderungen des Arbeitsmarktes und dem Bildungsniveau der Arbeitskräfte entgegen zu wirken.

---

308 Leistungsunterschiede und Selektionsmechanismen werden getrennt aufgeführt, weil u. a. die IGLU-Untersuchung zeigt, dass die Selektionsgrundlage bei dem entscheidenden Übergang auf die weiterführende Schule zu einem großen Teil nicht auf tatsächlichen Leistungsunterschieden, sondern auf anderen Faktoren basiert. Zur Selektionswirkung – und Grundlage vgl. 4.3.7.3.

309 vgl. 4.1.2.

310 Dohmen, Dieter (2004): Finanzierung lebenslangen Lernens von der Kita bis zur Weiterbildung. S. 18.

311 Dieser Zugriff umfasst neben dem Zugang zu Bildungseinrichtungen vor allem die Befähigung, Bildungsprozesse erfolgreich zu bewältigen, wofür eine Grundausstattung an Bildung im Sinne von Methoden- und Lernkompetenz vonnöten ist, die zuvor durch das Bildungssystem vermittelt werden muss.

Aufgrund der Parallelität mikro- und makroökonomischer Bildungserträge ist eine deutliche Erhöhung des durchschnittlichen Bildungs- und Qualifikationsniveaus nachwachsender Generationen ein zentrales Anliegen der Gewerkschaften und Wirtschaftsverbände.

Der ausschließlich demographisch bedingte Ersatzbedarf an Akademikern erfordert eine langfristige Verdoppelung des Hochschulabsolventenanteils an der Bevölkerung von derzeit 20 Prozent, was wiederum eine Übergangsquote zur Universität von 50 Prozent (derzeit 35 Prozent) voraussetzt. Ferner müsste der derzeitige Anteil an Schulabbrechern (derzeit: 10 Prozent) bzw. Personen ohne abgeschlossene Berufsausbildung (derzeit: 20 Prozent) ebenfalls deutlich reduziert werden, um den Anteil an Personen mit abgeschlossener Berufsausbildung bei 60 – 70 Prozent halten zu können.[312] Diese Maßnahmen zielen jedoch nur auf eine Substitution bestehender Qualifikationen. Vor dem skizzierten Hintergrund des technologischen Strukturwandels ist überdies eine deutliche Steigerung über alle Bildungs- und Qualifikationsniveaus unbedingt erforderlich. Das wesentliche Potenzial für das Erreichen einer derartigen Erhöhung des durchschnittlichen Bildungs- und Qualifikationsniveaus stellen dabei Kinder aus bildungsfernen und niedrigeren sozio-ökonomischen Schichten dar. Folglich liegt eine notwendige Grundvoraussetzung für die zukünftige Wohlstandsentwicklung in einem Bereich, für den internationale Schulstudien dem deutschen Schulsystem ein folgenschweres Versagen bescheinigt haben und für den weder eine besondere schulpolitische Tradition noch reaktive konzeptionelle Ansätze zur besonderen Förderung und zum Ausgleich vorhandener individueller, familiärer und/ oder sozioökonomischer Nachteile existieren bzw. derzeit erkennbar wären.

Zu der Notwendigkeit einer allgemeinen Bildungsexpansion tritt ein Strukturwandel des Bildungssystems hinzu, um den veränderten Bedingungen der Wissensgesellschaft und der demographischen Entwicklung Rechnung zu tragen. Diese Anforderungen sind ausgesprochen vielfältig und bergen einige Zielkonflikte. Zum einen stellt der beschriebene Strukturwandel der Wirtschaft einen einschneidenden Paradigmenwechsel der Produktionsfaktoren dar, wobei nicht nur die Bedeutung von Wissen als infrastrukturelle Voraussetzung exorbitant wächst, sondern Wissen darüber hinaus primär Unternehmensgegenstand wird. Es darf deshalb nicht übersehen werden, dass durch diese Expansion der Wissensproduktion gleichzeitig auch der Bedarf an Wissenschaftlern steigt, so dass die Universitäten innerhalb der Ausbildung zwei Aufgaben integrieren müssen. Einerseits obliegt den Hochschulen weiterhin die Pflege des wissenschaftlichen Nachwuchses, andererseits müssen sie zukünftig der Verschiebung des Schwergewichts der beruflichen Nachfrage in Richtung wissenschaftlich fundierter und gleichzeitig praxisorientierter Qualifikationsprofile Rechnung tragen.[313] Dabei kommt erschwerend hinzu, dass die Erwartungen des Arbeitsmarktes überaus uneinheitlich sind und für eine konkrete Curriculumentwicklung ausreichende Eindeutigkeit vermissen lassen, so dass sich für die meisten Fächer eine fachdidaktische

---

312 Die Schätzungen basieren auf der Annahme einer Erfolgsquote im Bachelorstudium von 75 Prozent und einer Übergangsquote von durchschnittlich 50 Prozent in das Masterstudium. Vgl. Forschungsinstitut für Bildungs- und Sozialökonomie (FiBS): Demografischer Wandel stellt hohe Anforderungen an das Bildungssystem: FiBS legt 12-Punkte-Plan vor. FiBS-Presseerklärung vom 06.05.2004. Köln.

313 Der Einwand, dass dies keine neue Entwicklung charakterisiere, sondern exakt der Aufgabenbeschreibung deutscher Hochschulen entspreche, ist wenig überzeugend, weil durch den Strukturwandel langfristig die Universitäten das duale System der Berufsausbildung als die zentrale Ausbildungsinstitution ablösen werden. Damit ist die für das deutsche Wissenschaftssystem charakteristische Differenzierung von wissenschaftsorientierter Bildung und einer berufsorientierten Ausbildung endgültig obsolet und die Hochschulen stehen vor der Aufgabe, eine Synthese zwischen diesen Polen zumindest für den ersten konsekutiven Abschluss zu entwickeln.

Reduktion auf „wissenschaftlich basierte Beschäftigungsfähigkeit"[314] als schwierig erweisen könnte. Curricular zu berücksichtigen ist ferner die schnellere Entwertung einer spezifischen Ausbildung, während allgemeines Humankapital einem deutlich langsameren Abschreibungsprozess ausgesetzt ist und den Aufbau spezifischen Kapitals erleichtert.[315]

Ferner verlangt sowohl die beschleunigte Abschreibung von erlerntem Wissen als auch die demographische Entwicklung, die eine Ausschöpfung des gesamten Produktivitätspotenzials aller Erwerbstätigen erforderlich macht, einen Umbau des Bildungssystems, der eine neue Aufteilung der Lernphasen umfasst, so dass in mehreren kürzeren Phasen der notwendige Anpassungsprozess an technologische Veränderungen und neues Wissen erfolgen kann. Damit steht das deutsche Bildungssystem vor der Aufgabe der Integration des weitgehend unregulierten Weiterbildungsbereichs in das bestehende System der beruflichen und tertiären Bildung, was aufgrund der traditionellen Struktur des deutschen Bildungssystems mit intensiver ersten Berufsausbildung im dualen System oder an (Fach-) Hochschulen einerseits und dem im internationalen Vergleich ausgesprochen geringem institutionellen Angebot an Weiterbildungsmaßnahmen andererseits einem Paradigmenwechsel gleichkommt.

Derartige Strukturveränderungen haben neben organisatorischen auch lerntheoretische Implikationen, da in der verkürzten ersten Lernphase vor allem Anschlussfähigkeit als die Befähigung zur Bewältigung späterer Lernphasen an Bedeutung gewinnen wird. Entsprechende Kompetenzbegriffe müssen erst noch konzeptionell und pädagogisch-didaktisch bestimmt werden.

Diese Strukturmerkmale der bestehenden deutschen Ausbildungswege verweisen auf konzeptionelle Leitbilder von Berufsausbildung, die insbesondere in den natur- und ingenieurwissenschaftlichen Erstausbildungen stark an den speziellen beruflichen Erfordernissen ausgerichtet sind. Aus dieser Ausbildungsstruktur resultiert eine geringere berufliche und sektorale Mobilität deutscher Absolventen, weil spezifisches Ausbildungskapital schwerer substituierbar als allgemeines ist, was sich wiederum verlangsamend auf den Technologietransfer auswirkt und insbesondere in Zeiten des Strukturwandels Anpassungsprobleme hervorruft.

Die in vielen anderen Ländern dominierende Form des Aufbaus von allgemeinem Humankapital durch relativ kurze und stärker allgemein ausgerichtete Erstausbildungen, die dann durch den Aufbau spezifischen Humankapitals in einer oftmals an die Erstausbildung angeschlossenen Phase der Vermittlung betrieblicher, sektoraler und tätigkeitsbezogener Kenntnisse ergänzt wird, scheint den Anforderungen der Wissensgesellschaft adäquatere institutionelle Lösungen hervorgebracht zu haben.

Die Herausforderungen an das deutsche Bildungssystem sind somit vielfältig: Die Bildungschancen von schwächeren sozioökonomischen Schichten müssen drastisch verbessert werden, während parallel für alle Bereiche des Bildungssystems eine erhebliche Effizienzsteigerung notwendig ist. Zur Anpassung an veränderte gesellschaftliche Anforderungen muss zudem die Lebensbildungszeit gleichmäßiger über die Lebensarbeitszeit verteilt und insgesamt ausgeweitet werden. Eine bessere Abstimmung von Bildungs- und Beschäfti-

---

[314] Wissenschaftsrat (2000): Empfehlungen zur Einführung neuer Studienstrukturen und –abschlüsse (Bakkalaureus/Bachelor – Magister/Master) in Deutschland. Köln. S. 117.

[315] Weiß, Manfred (2002): Stichwort: Bildungsökonomie. In: Zeitschrift für Erziehungswissenschaften (ZfE) Heft 2/2002. S. 183 – 200. S. 189.

gungssystem ist notwendig, wobei sich die Ungewissheit über die benötigten Qualifikationen eher weiter vergrößern wird.

Die skizzierten Veränderungen werfen die Frage auf, wie die Finanzierung des Bildungssystems an die veränderte Bildungsnachfrage angepasst werden soll, denn der notwendige Umbau benötigt zweifelsohne erhebliche zusätzliche Ressourcen. Eine Betrachtung, welche die Ausgaben je Bildungsteilnehmer ins Verhältnis zum BIP pro Kopf setzt und so den relativen Wohlstand berücksichtigt, zeigt, dass in Deutschland im Verhältnis zur wirtschaftlichen Leistungskraft ein wesentlich geringerer Betrag für Bildung ausgegeben wird als in vielen anderen Ländern.[316] Für den für die Realisierung von Zugangsgerechtigkeit bedeutenden Primarbereich wendet Deutschland relativ sogar die geringsten Mittel[317] auf und auch im Tertiärbereich fällt Deutschland deutlich zurück.[318]

Ein Ausgabenverhalten einer Gesellschaft, das nicht geeignet ist, den bestehenden Wohlstand zu erhalten, evoziert eine regressive Verteilungswirkung zwischen den Generationen. Wenn man – wie Kemnitz/ Weizsäcker – öffentliche Bildung und öffentliche Alterssicherung als ein spiegelbildliches System intergenerationeller Transfers begreift, die durch die Koppelung der Rentenleistung an die Arbeitseinkommen der jeweils Erwerbstätigen verknüpft sind[319], ergibt sich eine direkte Abhängigkeit des öffentlichen Bildungsetats von der Machtverteilung zwischen den Generationen. Erhebliche Ausgabensteigerungen im Bildungssystem bergen somit die Gefahr intergenerationeller Verteilungskonflikte. In den USA lassen sich Indizien finden, dass es mit einem zunehmenden Anteil der älteren Bevölkerung zu einem intergenerationellen Verteilungskonflikt kommt und die Bildungsausgaben zugunsten altersrelevanter öffentlicher Leistungen oder auch einer geringeren Steuerlast, insbesondere der local property tax, eingeschränkt werden.[320]

Unter den Bedingungen der Wissensgesellschaft rückt ferner das Verhältnis zwischen makrostrukturellem Wandel und individuellen Zugriffschancen ins Zentrum der verteilungspolitischen Diskussion um die Ausgestaltung des Wohlfahrtstaates, in der eine Akzentverschiebung auf Fragen der Faktorausstattung, der Bildungspolitik und der Chancengleichheit im Wettbewerb erkennbar ist.

Schonig/ Theisen zeigen unter Verwendung der Typologisierung und Terminologie der Wohlfahrtsstaaten von Esping-Andersen, dass für alle Typen von Wohlfahrtstaaten die De-Kommodifizierung[321] zukünftig tendenziell an Bedeutung verliert, während die De-

---

316 Innerhalb der Bildungsforschung besteht jedoch Einigkeit, dass das Ausgabenvolumen keine direkten Rückschlüsse auf die Qualität zulässt, wofür Finnland, das in dieser gewichteten Darstellungsform ähnliche Bildungsausgaben wie Deutschland aufweist, aber erheblich bessere Ergebnisse erzielt, ein eindrucksvolles Beispiel darstellt.

317 Zusammen mit Großbritannien, den Niederlanden und Irland. Vgl. Grupp, Hariolf/ Legler, Harald/ Breitschopf, Barbara (2003): Zur Technologischen Leistungsfähigkeit Deutschlands 2002. S. 10, Tabelle 2-1.

318 Weltweit sind in der Regel die Bildungsinvestitionen im Vergleich zum Inlandsprodukt nicht reduziert worden, sondern oftmals eher ausgebaut worden. Deutschland gehört jedoch zu den Ländern, die den Stand von Mitte der 90er Jahre noch nicht wieder haben erreichen können.

319 Kemnitz, Alexander/ Weizsäcker, Robert K. (2003): Bildungsreform und Demokratie. In: Vierteljahrshefte zur Wirtschaftsforschung Nr. 72/ 2003. Berlin. S. 188 – 204. S. 199 f.

320 Baum, Britta/ Seitz, Helmut (2003): Demografischer Wandel und Bildungsausgaben: Empirische Evidenz für die westdeutschen Länder. In: Vierteljahrshefte zur Wirtschaftsforschung Nr. 72/ 2003. Berlin. S. 205 – 220. S. 206.

321 Gemeint ist damit ein Maßstab für soziale Rechte, die eine Sicherung des Lebensunterhalts abhängig oder unabhängig vom Zwang zur Erwerbsarbeit garantieren und somit den Warencharakter von Arbeit abschwächen.

Stratifizierung[322] unter dem Aspekt der Förderung von Bildungs- und Zugangschancen an Bedeutung gewinnen wird. Bezüglich der Förderung von Bildungs- und Zugangschancen seien Anzeichen einer Konvergenz der „liberalen, sozialdemokratischen und konservativen Welten" erkennbar.[323] So bauen die skandinavischen Länder ihre großen Anstrengungen in der Bildungs- und Qualifikationspolitik weiter aus, während liberale Sozialordnungen wie Großbritannien und Irland neben der Aufrechterhaltung des hohen Drucks zur Arbeitsaufnahme ebenfalls Bildungspolitik und Qualifikationsmaßnahmen stärker akzentuieren. Innerhalb der Reformbemühungen dieser Länder werden deutliche Schwerpunkte sowohl im Schulsystem als auch in der beruflichen Bildung sowie im Hochschulbereich gesetzt.[324]

Aufgrund der elementaren Rolle von Bildung für die Wettbewerbsfähigkeit und das Wirtschaftswachstum einer Volkswirtschaft und für die individuelle Beschäftigungsfähigkeit und Lebensqualität ist Bildungspolitik klassische Querschnittspolitik zwischen Wirtschafts- und Sozialpolitik. Aus dieser Position erklärt sich die hohe Bedeutung dieses Politikfeldes für Gewerkschaften und Wirtschaftsverbände.

Ferner stellt die Veränderung der Arbeitsformen in der Wissensgesellschaft die advokatische Interessenvertretung beider Verbandsgruppen vor große Probleme und vor neue Aufgaben im Bereich der industriellen Beziehungen, da Bildung und Qualifizierung zukünftig auch ein zentrales Element der industriellen Beziehungen sein werden. Zudem werden die für die erfolgreiche Bewältigung des Strukturwandels wichtigen Bereiche der Berufs- und Weiterbildung entweder durch die Verbandsgruppen korporatistisch (mit-) verantwortet oder sind durch das Auftreten der beiden Verbandsgruppen als Bildungsanbieter gekennzeichnet.

Damit sind die untersuchten Verbandsgruppen wesentliche Akteure in dem Bereich der beruflichen Erwachsenenbildung. Der Untersuchung der konkreten inhaltlichen Profile der Gewerkschaften und Wirtschaftsverbände in der Bildungspolitik in Kapitel III ist eine Analyse der strategischen Bedeutung dieses Politikfeldes für die jeweilige Verbandsstrategie und die Zukunft der industriellen Beziehungen insgesamt vorangestellt.

---

322 De-Stratifizierung beschreibt, inwieweit eine Sozialordnung in der Lage ist, soziale Schichten durchlässig zu machen. Das Ausmaß der De-Stratifizierung bemisst sich an den Prinzipien der Transfergewährung, am Grad der Umverteilung durch das Steuer- und Transfersystem sowie an der Offenheit von Bildungszugängen.

323 Vgl. Schöning, Werner (2001): Gibt es einen Reformtrend der Sozialordnungen in der EU? Skizze einer Typologie zur Diskussion um einen neuen dritten Weg. In: Jahrbücher für Nationalökonomie und Statistik. Nr. 4/2001. S. 404 – 417.

324 Schöning, Werner/ Theisen, Heinz (2002): Arbeitsmarkt- und Sozialpolitik in Deutschland und Europa zwischen neuer Mitte und neuem Populismus. In: Aus Politik und Zeitgeschichte (APuZ) Bd. 46 – 47/ 2002. S. 36 – 45. S. 41.

3 Bildungspolitik und industrielle Beziehungen

3.1 Gewerkschaften

Wirtschaftsverbände und Gewerkschaften befinden sich beide in strukturellen Krisen, die sich teils gegenseitig bedingen. Es wird zu zeigen sein, dass zwar die Erosionsphänomene die Verbandsgruppen in unterschiedlichem Ausmaß treffen, aber mit einer Stärkung einer Gruppe zu Lasten ihres antagonistischen Partners nicht zu rechnen ist, da beide im System industrieller Beziehungen über gemeinsam getragene Regelungssysteme verbunden sind, deren notwendige Voraussetzung ausreichend legitimierte und verpflichtungsfähige Partner sind.

Der nach Gewerkschaften und Wirtschaftsverbänden differenzierten Darstellung der Krisensymptome und Erosionsursachen folgt eine kurze Skizzierung der Konzepte zur Gewerkschafts- bzw. Wirtschaftsverbandsreform. Dabei wird der Bedeutung des Politikfeldes Bildung hinsichtlich seiner Funktion innerhalb des Reformprozesses der Verbände besondere Beachtung geschenkt. Somit wird die Perspektive aus Kapitel eins, welche die exogenen Anforderungen, die von Wirtschaft, Arbeit und Gesellschaft an Bildungspolitik gestellt werden, um eine verbandsbezogene Perspektive erweitert, die nach der strategischen Bedeutung von Bildungspolitik für die Zukunft der Verbandgruppen fragt.

3.1.1 Erosionsphänomene

Die Gewerkschaften sind beginnend mit dem durch den Neue Heimat-Skandal 1982 eingeleiteten Scheitern der Gemeinwirtschaft in eine strukturelle Krise geraten, die in stetig sinkenden Mitgliederzahlen ihren plakativen Ausdruck findet.[325] Der sinkende Organisationsgrad wirkt direkt auf die finanzielle Situation der Gewerkschaften[326], ihre Durchsetzungsfähigkeit und ihre Legitimierung als politische Vertretung aller Arbeitnehmer, so dass inner-

[325] Der Zusammenbruch der gewerkschaftlichen Gemeinwirtschaft durch Missmanagement hat bei weitem nicht nur finanzielle Folge für den DGB, denn die aus der Arbeiter-Genossenschaftstradition und dem Wirtschaftsdemokratiegedanken stammende gewerkschaftliche Gemeinwirtschaft war neben ökonomischer auch von elementarer programmatischer Bedeutung für die deutschen Gewerkschaften, so dass die entstandene programmatisch-politische Lücke nicht wieder geschlossen werden konnte. Vgl. Hemmer, Hans-Otto (2003): Gewerkschaftsmiseren. In: Gewerkschaftliche Monatshefte (GMH) Nr. 08-9/2003. S. 457 – 460. S. 457.

[326] Ein korrekter Überblick über das Vermögen der Gewerkschaften ist nicht möglich, da diese die Ergebnisse ihrer Vermögensverwaltung nicht publik machen. Hassel kommt aufgrund der in den Geschäftsberichten ausgewiesenen Rückstellungen zu dem Ergebnis, dass das gewerkschaftliche Vermögen trotz massiv fallender Mitgliederzahlen in den neunziger Jahren eine starke Zunahme verzeichnet, so dass die Annahme einer Finanzkrise der deutschen Gewerkschaften in Folge der deutschen Vereinigung erheblich relativiert werden muss. Vgl. Hassel, Anke (2003): Organisation: Struktur und Entwicklung. In: Schroeder, Wolfgang/ Weßels, Bernhard (Hrsg.): Die Gewerkschaften in Politik und Gesellschaft der Bundesrepublik Deutschland. Wiesbaden. S. 102 – 122. S. 115.

halb der Debatte über die Zukunft der Gewerkschaften in Deutschland Konsens besteht, dass umfassende Reformen der Gewerkschaften dringend nötig sind, um einen weiteren Bedeutungsverlust zu verhindern. Die Empfehlungen für eine strategische Neuordnung lassen sich in einen in Wissenschaft und Gewerkschaften weitgehend unkontroversen Teil und einen Bereich strittiger Empfehlungen differenzieren, wobei die Schnittmenge geteilter Empfehlungen deutlich überwiegt.

3.1.1.1 Mitgliederverluste

Die DGB-Gewerkschaften haben in den neunziger Jahren dramatische Mitgliederverluste hinnehmen müssen, welche selbst die pessimistischsten Prognosen der Mitgliederentwicklung vom Anfang der Dekade weit unterschritten haben.[327] Trotz einer leichten Verlangsamung dieser Entwicklung ist ein Ende nicht abzusehen.

Mit der Gründung der Bundesrepublik 1949 entstand der Deutsche Gewerkschaftsbund (DGB), der trotz drei konkurrierender (Dach-) Verbände zum bestimmenden gewerkschaftliche Dachverband wurde. Eine Integration der Angestellten in den DGB scheiterte, so dass mit der Gründung der Deutsche Angestellten Gewerkschaft (DAG) die organisatorische Trennung der Arbeitnehmervertretungen von Angestellten und Arbeitern aus der Weimarer Republik fortgesetzt wurde. Neben DGB und DAG traten der Deutsche Beamtenbund (DBB) als Standesorganisation der Beamten und schließlich 1957 nach der Reintegration des Saarlandes der Christliche Gewerkschaftsbund (CGB).

Bei relativer Beibehaltung der Größenverhältnisse der Dachverbände zueinander verlangsamt sich nach starken Mitgliederzuwächsen in Zeiten der Vollbeschäftigung das Wachstum der Gewerkschaften bis zu den „Septemberstreiks“ von 1969. In den 70er Jahren konnten insbesondere IG Metall, HBV und ÖTV weiter wachsen. In der ersten Hälfte der 80er Jahren verzeichnete der DGB erstmals angesichts der Krise der gewerkschaftlichen Gemeinwirtschaft und dem sich für Gewerkschaften schwieriger darstellenden politischen Klima durch den Regierungswechsel erhebliche Mitgliederverluste in Größenordnungen von 4 Prozent (300.000 Mitglieder), die in der zweiten Hälfte der Dekade wieder hinzugewonnen werden konnten. Erst die 90er Jahre bescherten den Gewerkschaften eine schwere und andauernde Mitgliedererosion, so dass alle Einzelgewerkschaften außer der Gewerkschaft der Polizei (GdP) und der Gewerkschaft Erziehung und Wissenschaft (GEW) über ein Viertel ihres Mitgliederbestandes einbüßten. Die IG Metall verlor trotz der Integration der Gewerkschaften Textil Bekleidung (1998) sowie Holz und Kunststoff (1999) ebenfalls ein Viertel, in Relation zu den Ausgangsbeständen der drei Einzelgewerkschaften im Jahr 1991 sogar 33 Prozent ihrer Mitglieder.[328] Die durch die Fusion der Gewerkschaft Bau-Steine-Erden und der Gewerkschaft Gartenbau, Land- und Forstwirtschaft entstandene IG Bau büßte im gleichen Zeitraum etwa 36 Prozent ihres Mitgliederbestandes ein.[329]

---

[327] Schnabel, Claus/ Pege, Wolfgang (1992): Gewerkschaftsmitglieder. Zahlen, Strukturen, Perspektiven. Köln. S. 112 ff.

[328] Zimmer, Stefan (2002): Jenseits von Arbeit und Kapital? Unternehmerverbände und Gewerkschaften im Zeitalter der Globalisierung. Opladen. S. 105.

[329] Ebenda.

Tabelle 3.1: Mitglieder in DGB, DAG, DBB und CGB

Mitglieder in DGB, DAG, DBB und CGB (in 1.000), 1950-2002)[330]									
	West					West und Ost			
	1950	1960	1970	1980	1990	1991	2000	2002	2003
DGB	5451	6379	6713	7883	7938	11800	7772	7700	7699
DAG	307	450	461	495	505	585	451		
DBB	190	650	721	819	799	1053	1200	1224	1257
CGB	3	200	195	288	309	330	305	307	297

Obige Betrachtung der Mitgliederentwicklung der Dachverbände macht den dramatischen Mitgliederrückgang der DGB-Gewerkschaften der letzten Jahre deutlich. In dem Zeitraum von 2001 bis 2003 verzeichnet der DGB trotz des Zuwachses der DAG-Mitglieder durch die ver.di-Fusion per saldo einen weiteren Mitgliederverlust.[331] Über die 90er Jahre insgesamt betrachtet hat der DGB im Jahr 2000 per saldo die durch die Wiedervereinigung hinzugewonnenen Mitglieder wieder verloren. Derzeit ist trotz Verlangsamung der Mitgliedererosion ein Ende der Entwicklung nicht abzusehen.[332]

> „Schreibt man die Mitgliederverluste der letzten 10 Jahre fort, dann haben die Gewerkschaften noch eine Lebensdauer von etwa 15 bis 20 Jahren, bis sie zu einem reinen Lobbyverband unter anderen verkümmert sind.“[333]

Die derzeitige Mitgliederstruktur der Gewerkschaften unterstützt diese Prognose der zunehmenden Partikularisierung der vertretenen Interessen, denn ihre immer noch einflussreiche Position im politischen System der Bundesrepublik beziehen die Gewerkschaften vor allem aus ihrer starken Verankerung im produzierenden Sektor unter den männlichen Facharbeitskräften in großbetrieblichen industriellen Strukturen. Ebenfalls große gewerkschaftliche Präsenz weist der öffentliche Dienst auf, auch wenn dort die Rekrutierung anderen Kriterien folgt und die gewerkschaftliche Bedeutung für das exportorientierte deutsche Modell nachrangig ist.

---

330 Ebbinghaus, Bernhard (2003); Die Mitgliederentwicklung deutscher Gewerkschaften im historischen und internationalen Vergleich. In: Schroeder, Wolfgang/ Weßels, Bernhard (Hrsg.): Die Gewerkschaften in Politik und Gesellschaft der Bundesrepublik Deutschland. Wiesbaden. S. 174 – 203. S. 180.
Daten für das Jahr 2003: DGB (2004): einblick Nr. 5/2004. S. 6. Fernmündliche Auskünfte des Sekretariates des CGB und der Pressestelle des DBB.

331 Dabei verzeichnet ver.di selber ebenfalls einen Mitgliederrückgang von 2,89 Mio. im Jahr 2001 auf 2,74 Mio. in 2003.

332 Frerichs, Petra/ Pohl, Wolfgang (2001): Zukunft der Gewerkschaften Teil I. Mitgliederentwicklung – Organisationsstrukturen – Werte und Orientierungen. Arbeitspapier 44 der Hans Böckler Stiftung. Düsseldorf. S. 23.
Für das Jahr 2003 betrug die Verlustrate gegenüber dem Vorjahr 4,4 Prozent (Verlustrate in 2002 im Vergleich mit dem Vorjahr: 2,5 Prozent). Vgl. DGB (2004): einblick Nr. 5/2004. S. 6.

333 Hassel, Anke (2002): Die Lage der deutschen Gewerkschaften. In: Gewerkschaftliche Monatshefte, 54 (2002) 5. S. 294–298. S. 294.

Schroeder spricht von drei „Welten“ gewerkschaftlicher Rekrutierungschancen, wobei in der „zweiten Welt“, bei mittelgroßen Betriebe der verarbeitenden Industrie und im Dienstleistungssektor, gewerkschaftliche Stärke nur in Fällen günstiger Konstellation von regionalen, branchenspezifischen oder betrieblichen Bedingungen entstehen und erhalten werden kann.[334] In der „dritten Welt“, bestehend aus kleinen oder mittleren Betriebe des verarbeitenden Gewerbes, aber vor allem auch aus größeren, dem Selbstverständnis nach mittelständischen Betrieben, zumeist des Dienstleistungssektors, sind die Gewerkschaften meist gar nicht oder nur schwach vertreten.[335]

Da viele Firmen der „dritten“ Welt mit höheren Innovationsniveaus, höheren Wertschöpfungen und größerem Beschäftigungsaufbau als die Betriebe der anderen zwei Welten als Gewinner des Strukturwandels betrachtet werden müssen, ist die schwache gewerkschaftliche Verankerung in diesem Bereich nicht nur für die Erosion gewerkschaftlicher Vertretungsmacht insgesamt problematisch, sondern verstärkt darüber hinaus die Partikularisierung der gewerkschaftlich vertretenen Interessen. Unter den Bedingungen eines beschleunigten und im Vergleich zu anderen Ländern verzögerten Strukturwandels stellt sich somit die starke Verankerung der Gewerkschaften in großbetrieblichen industriellen Betrieben eher als Schwäche dar, weil zum einen die überragende Stellung der männlichen Industriearbeiter die interessenpolitische und organisationspolitische Auseinandersetzungen bestimmt und überdies erheblichen Einfluss auf die Mitgliedergewinnung besitzt.

Folglich ist die Frage nach den Organisationsproblemen der Gewerkschaften gleichzeitig eine Frage nach der politischen Strategie. Angesichts der Mitgliederstruktur wird die interessenpolitische Positionierung der Gewerkschaften von einer innergewerkschaftlichen Mehrheitsgruppe dominiert, die auf dem Arbeitsmarkt bereits zur Minderheit geworden ist.[336] Für die Interessenvertretung führt dies zu einer Verallgemeinerung solcher Partialinteressen, die unhinterfragt als die Interessen aller abhängig Beschäftigten behandelt werden. Dieser Mechanismus von Vereinheitlichung ohne die Einbeziehung relativ benachteiligter, „strategisch nicht wichtiger“ Gruppen wird in der wissenschaftlichen Literatur für nicht zukunftsfähig gehalten.[337]

> „Gewerkschaften mit ihrer alternden Mitgliedschaft laufen heute Gefahr, zu Verteidigern eines industriellen Beschäftigungs- und sozialen Sicherungssystem zu werden, das den Bedürfnissen des wachsenden postindustriellen Sektors von Wirtschaft und Gesellschaft nicht gerecht wird.“[338]

Die Mitgliederstrukturen der Gewerkschaften „behindern sogar eher die Transformation der deutschen Gewerkschaften von der Industrie- zur Dienstleistungsgewerkschaft, die erheblich stärker differenzierte Vertretungsstrukturen ausbilden müsste, als sie die bisher auf monolithische Einheitlichkeit ausgerichtete Politik zuließ.“[339]

---

334 Schroeder, Wolfgang (2003): Der neue Arbeitsmarkt und der Wandel der Gewerkschaften. In: APuZ Bd. 47 – 48/ 2003. S. 6 – 13. S. 7.

335 Ebenda.

336 Hassel, Anke (2000): Organisationsreform und Organisationsformen. In: Gewerkschaftliche Monatshefte (GMH) Nr. 3/2000. s. 129 – 139. S. 136.

337 Frerichs, Petra/ Pohl, Wolfgang (2001): Zukunft der Gewerkschaften Teil I. S. 79.

338 Streeck, Wolfgang (2003): Gewerkschaften in Westeuropa. In: Schroeder, Wolfgang/ Weßels, Bernhard (Hrsg.): Die Gewerkschaften in Politik und Gesellschaft der Bundesrepublik Deutschland. Wiesbaden. S. 86 – 102. S. 99.

339 Frerichs, Petra/ Pohl, Wolfgang (2001):Zukunft der Gewerkschaften Teil I. S. 22.

Dieses Übergewicht bestimmter Wirtschaftssektoren innerhalb der gewerkschaftlichen Mitgliederstrukturen wird durch eine sozialstrukturelle Asymmetrie ergänzt.

Tabelle 3.2: Mitgliederanteile im DGB

Mitgliederanteile im DBG (in Prozent)[340]							
	West					West und Ost	
	1950	**1960**	**1970**	**1980**	**1990**	**1991**	**2000**
Arbeiter	82,6	79,6	74,5	68,2	67,1	59,4	60,2
Angestellte	10,4	11,2	14,4	21	22,8	23,6	28,6
Beamte	7	9,2	11,1	10,8	10	6,9	7,2
Erwerbs-personen	92,9	88,4	83,4	86	83,3	86,9	81
Rentner	6,4	10,5	15,1	14	16,7	13,1	19
Frauen	16,2	16,9	15	20,3	24,4	33	30,5
Junge < 25	k.A.	k.A.	14,1	14,6	13,2	11,5	5,3

Insbesondere der geringe Anteil an Frauen und jüngeren Arbeitnehmern, aber durchaus auch der im Verhältnis zur Erwerbsbevölkerung unterdurchschnittliche Anteil an Angestellten tangiert den Selbstanspruch der Gewerkschaften, (weiterhin) die Vertretung der Mehrheit der Beschäftigten zu sein. Wie wenig dieser Selbstanspruch eingelöst werden kann, machen die in folgender Tabelle dargestellten Organisationsgrade – die Anteile der Arbeitnehmer, die Gewerkschaftsmitglied sind – deutlich.[341]

340 Ebbinghaus, Bernhard (2003): Die Mitgliederentwicklung deutscher Gewerkschaften im historischen und internationalen Vergleich. S. 182. Tabelle 2.

341 Der Organisationsgrad misst den Anteil der Arbeitnehmer, die Gewerkschaftsmitglied sind. Es ergeben sich unterschiedliche Berechnungsarten: Beim Bruttoorganisationsgrad wird die Anzahl der Mitglieder entweder im BOG I zu allen abhängigen Erwerbspersonen (inkl. Arbeitslose im Nenner) oder beim BOG II zu allen abhängigen Beschäftigten (ohne Arbeitslose im Nenner) in Beziehung gesetzt, beim Nettoorganisationsgrad (NOG I) werden die Rentner und andere inaktive Gruppen (z.B. Studenten) aus den Mitgliedszahlen herausgerechnet. Vgl. Ebbinghaus, Bernhard (2003): Die Mitgliederentwicklung deutscher Gewerkschaften im historischen und internationalen Vergleich. S. 183.

Tabelle 3.3: Organisationsgrade des DGBs

Organisationsgrade des DGBs (in Prozent)[342]							
	West					West u. Ost	
	1950	**1960**	**1970**	**1980**	**1990**	**1991**	**2000**
Erwerbspersonen (BOG I)	34,4	31,1	30	31,8	29	32,3	21,3
ohne Rentner (NOG I)	32,2	27,8	25,4	27,3	24,2	28,1	17,3
Erwerbstätige (BOG II)	39,3	31,9	30,7	33	31,2	34,8	23,8
Arbeiter	45,8	40,7	40,7	47,3	48,4	48,1	36,9
Angestellte	17,8	11,7	12,6	16,3	15,1	16,6	12,6
Beamte	45,4	40,6	38,8	36,2	32,3	32,2	24
Frauen	k.A.	16,1	13,6	17,5	18,8	27,1	16,2
Jugend (<25)	k.A.	k.A.	20,4	21,1	20,5	22,6	10,2

Allerdings hat eine gewisse sozioökonomische Asymmetrie der gewerkschaftlichen Mitgliederbasis zur (Erwerbs-) Bevölkerung historisch immer bestanden, und die Gewerkschaften haben „immer schon damit gelebt, dass sie nur bestimmte Beschäftigtengruppen (vorrangig die Qualifizierten, die Arbeiter, die Arbeitsplatzbesitzer, die Männer etc.) organisieren konnten oder wollten“[343]. Der geringe Organisationsgrad wird spätestens dann zum Organisationsproblem, wenn Gewerkschaften aufgrund sich wandelnder rechtlich-institutioneller Arrangements durch eine Fragmentierung der Arbeitsmarktinstitutionen wie beispielsweise Flächen- oder Branchentarifverträge den gewerkschaftlichen Interessenvertretungsanspruch aller Lohnabhängigen, also ihren Charakter als Schutz- und Gestaltungsmacht, stärker zur Legitimation ihres politischen Handelns unterstreichen müssen.

3.1.1.2 Soziokultureller Wandel

Die Gewerkschaften sind wie alle gesellschaftlichen Großorganisationen von einem soziokulturellen Wandel betroffen, der ein „Aussterben der Stammkunden“[344] im Sinne einer nachlassenden Bindung an Großorganisation aufgrund einer stärkeren Individualisierung bewirkt. Die Individualisierungsthesen im Allgemeinen gehen davon aus, dass die Zugehörigkeit zu sozialstrukturellen Kategorisierungen ihre systematische Wirkung auf das alltägliche menschliche Handeln verliert, so dass eine für die Bundesrepublik auszumachende

342 Ebenda. S. 182. Tabelle 2.

343 Weischer, Christoph (1993): Gewerkschaftsorganisation auf dem Prüfstand. Eine Bilanz der gewerkschaftssoziologischen Diskussion. In: Leif, Thomas/ Klein, Ansgar/ Legrand, Hans-Josef (Hrsg.): Reform des DGB. Herausforderungen, Aufbruchpläne und Modernisierungskonzepte. Köln. S. 89-144. S. 141.

344 Streeck, Wolfgang (1987): Vielfalt und Interdependenz. Überlegungen zur Rolle von intermediären Organisationen in sich ändernden Umwelten. In: Kölner Zeitschrift für Soziologie und Sozialpsychologie. Nr. 39/ 1987. S.471 – 495. S. 474.

fortschreitende Individualisierung[345] der Gesellschaft mit einem Rückgang der Prägekraft von sozialmoralischen Milieus einhergeht. Folglich bewirkt der soziale Wandel eine Auflösung des traditionell industriegesellschaftlichen Vergesellschaftungs- und Vergemeinschaftungsmechnismus` in Klassen und Schichtmilieus. An deren Stelle tritt eine Pluralisierung der Lebensstile, so dass sich neu bildende Milieus und Lebensstile in keinem eindeutigen Zusammenhang mehr mit der vertikalen Gliederung der Gesellschaft stehen. Dieser Verlust der „arbeiterspezifischen Proletarität"[346] korrespondiert mit dem Abschied von Deutungsmustern, welche auf den Aufstieg als Klasse im Kollektiv der Arbeiterbewegung zielten.

Gleichzeitig verliert die konkrete Erwerbstätigkeit aufgrund wachsender Heterogenität von Arbeitsbedingungen und Arbeitsanforderungen ihren identitätsstiftenden Charakter einer Kollektiverfahrung bestimmter Gruppen, so dass Arbeitserfahrungen kaum mehr „Determinationskraft für gesellschaftliches Bewusstsein und Handeln" haben.[347]

Für die Gewerkschaften bedeutet dies, dass bestimmte Gruppen, die früher quasi automatisch beitraten, weil Mitgliedschaft in einer Gewerkschaft wichtiges Element ihres Sozialmilieus und damit eine Art vororganisatorischer Integrationsmechanismus war, heute durch bestimmte Anreize erst gewonnen werden müssen, so dass sich für die gewerkschaftliche Rekrutierung ein Zielkonflikt ergibt.[348] Einerseits müssen sie ihr Stammklientel stabilisieren und andererseits gleichzeitig neue Arbeitnehmergruppen mobilisieren, deren Interessen teilweise nicht mit denen der Stammklientel deckungsgleich sind und die bezüglich ihres Sozialmilieus wesentlich heterogener sind.

Erschwerend kommt hinzu, dass sich das politische Partizipationsinteresse, wobei Partizipation als Teilhabe am kulturellen, gesellschaftlichen und politischen Leben in Form von freiwilligen Mitgliedschaften in intermediären Organisationen verstanden wird, ebenfalls dergestalt ändert, dass sowohl Partizipation an sich immer weniger einen Wert darstellt als auch die Partizipationsformen einem Wandel unterliegen.[349] Die Gewerkschaften sind somit mit einer wachsenden sozialen Heterogenität ihrer Mitglieder und einer Ausdifferenzierung deren (auch „qualitativer" und „symbolischer") Interessen konfrontiert, wobei die reine Partizipation als gesellschaftlich-politisches Handeln offensichtlich keinen Beitrittsanreiz für sich darstellt, da der sozial-moralische Resonanzboden für kollektives gewerkschaftliches Handeln kaum mehr existiert. Da in enttraditionalisierten, individualisierten Gesellschaften weniger soziales Kapital zur Einbindung des Einzelnen entsteht, erfolgt eine Rationalisierung von Handlungskriterien der Individuen im Sinne Max Webers mit der Folge einer nutzentheoretischen Umgewichtung zwischen sozialem Kapital und individuel-

345 Beck, Ulrich (1983): Jenseits von Stand und Klasse? - Soziale Ungleichheiten, gesellschaftliche Individualisierungsprozesse und die Entstehung neuer sozialer Formationen und Identitäten. In: Soziale Welt. Sonderband Nr. 2/1993. S. 35 – 74.

346 Mooser, Josef (1984): Arbeiterleben in Deutschland 1900-1970. Klassenlagen, Kultur und Politik. Frankfurt am Main. S. 225.

347 Offe, Claus (1984): Arbeit als soziologische Schlüsselkategorie. In: Offe, Claus (Hrsg.): „Arbeitsgesellschaft". Strukturprobleme und Zukunftsperspektiven. Frankfurt am Main. S. 13 – 43. S. 17.

348 Streeck spricht von einer „Austrocknung der vororganisatorischen Quellen formaler Organisierung". Vgl. Streeck, Wolfgang (1987): Vielfalt und Interdependenz. Überlegungen zur Rolle von intermediären Organisationen in sich ändernden Umwelten. S. 475.

349 In der Debatte über den Wandel von Engagement und Partizipation wird gegenwärtig kein Rückgang, sondern eine Verlagerung sozialer und politischer Beteiligung in Vereinigungen, Verbänden und Organisationen konstatiert, so dass sich die Erosion des Wertes „Partizipation" auf Teilhabe an etablierten Institutionen bezieht. Vgl. Heinze, Rolf G./ Strünck, Christoph (2000): Die Verzinsung des sozialen Kapitals. Freiwilliges Engagement im Strukturwandel. In: Beck, Ulrich (Hrsg.): Die Zukunft von Arbeit und Demokratie. Frankfurt am Main. S. 171 – 216.

lem Humankapital zu Lasten des sozialen Kapitals[350], so dass Nutzenkalkülen innerhalb der Eintrittsmotivation verstärkte Bedeutung zukommt.[351]

3.1.1.3 Wandel des regulativen Umfeldes

Sinkende Organisationsgrade kollektiver Akteure durch Mitgliederverluste führen zu einer demokratietheoretischen Legitimationskrise der kollektiven Interessensvertretung, nicht aber automatisch zu interessenpolitischen Einflussproblemen[352], die erst entstehen, wenn die institutionellen Arrangements, in die die kollektiven Akteure eingebunden sind, ebenfalls einem Erosionsprozess unterliegen.

Im internationalen Vergleich zeigt sich, dass die Anpassungsfähigkeit der europäischen Gewerkschaftssysteme an neue Arbeitsmarktstrukturen je nach der spezifischen Form der institutionellen Integration der Gewerkschaften in die jeweiligen politischen und tarifvertraglichen Systeme unterschiedlich ausgeprägt ist.[353] Als entscheidende Formen institutioneller Organisationshilfe werden neben der Verankerung gewerkschaftlicher Beteiligung an der Sozialversicherung, auf welche im Laufe dieser Arbeit noch einzugehen sein wird, der Zugang der Gewerkschaften zum Arbeitsplatz und ihre Rolle in der betrieblichen Interessenvertretung angesehen. Als dritte Form institutioneller Verankerung lässt sich die Zentralisierung der Tarifvertragssysteme nennen.[354]

Somit bedingen sich die Organisationskrise der Gewerkschaften[355] und die Erosionsprozesse zentraler Arbeitsmarktinstitutionen, von dem sowohl Tarif- als auch Mitbestimmungsinstitutionen betroffen sind, so dass die Organisationskrise als Indikator für eine Institutionenkrise des gesamten Systems industrieller Beziehungen interpretiert werden kann.[356]

3.1.1.3.1 Dezentralisierung und Deregulierung

Das deutsche Produktionsmodell der 60er bis 80er Jahre mit seiner stark exportorientierten industriellen Massenproduktion standardisierter Produkte und Dienstleistungen war durch die langsame Abkehr von solchen Arbeitsorganisationen vor besondere Herausforderungen gestellt, die nur langsam erkannt und angenommen wurden. Mit relativer Verspätung zu

---

350 Wessels, Bernhard (2003): Gewerkschaften in der Mediengesellschaft. In: Schroeder, Wolfgang/ Weßels, Bernhard (Hrsg.): Die Gewerkschaften in Politik und Gesellschaft der Bundesrepublik Deutschland. Wiesbaden. S. 323 – 341. S. 330.

351 Schroeder, Wolfgang/ Weßels, Bernhard (2003): Das deutsche Gewerkschaftsmodell im Transformationsprozess: Die neue deutsche Gewerkschaftslandschaft. In: Schroeder, Wolfgang/ Weßels, Bernhard (Hrsg.): Die Gewerkschaften in Politik und Gesellschaft der Bundesrepublik Deutschland. Wiesbaden. S. 11-40. S. 21.

352 Als intermediäre Organisationen erbringen Verbände Vermittlungsleistungen zwischen Gesellschaft und Staat und müssen folglich unterschiedliche Funktionsanforderungen erfüllen. Diese oftmals konfligierenden Funktionsanforderungen werden gewöhnlich mit den Begriffen Mitgliedschaftslogik und Einflusslogik beschrieben. Vgl. Schmitter, Philipp C. / Streeck, Wolfgang (1981): The Organization of Business Interests. A Research Design to Study the Associative Action of Business in the Advanced Industrial Societies of Western Europe. WZB-Discussion Paper. Wissenschaftszentrum Berlin (WZB). S. 49 ff. und S. 121 ff.

353 Hassel, Anke (2000): Organisationsreform und Organisationsformen. S. 132. f.

354 Ebenda.

355 Und wie später noch gezeigt werden wird: der Wirtschaftsverbände. Siehe 3.2.

356 Vgl. Zimmer, Stefan (2002): Jenseits von Arbeit und Kapital? S. 108.

anderen Industrienationen setzte der Strukturwandel zu stärker technologie- und wissensbasierten Produkten, Dezentralisierung in der Produktion, prozess- und teamorientierter Arbeitsweise mit weniger Hierarchieebenen, größerer Selbstverantwortung kleinerer Einheiten und der dafür erforderlichen flexibleren Produktions- und Arbeitsorganisationsweisen in Deutschland ein. Parallel zu dem Wandel der fordistischen Arbeitsorganisation setzte ein starker Anstieg der Forschungs- und Entwicklungsintensität bei Produkten höherer Wertschöpfung ein, so dass die Festlegung gleicher Arbeitsbedingungen und -kosten innerhalb einer Branche durch Flächentarifverträge immer weniger der wachsenden Heterogenität der Betriebe mit sich uneinheitlich entwickelnden Produktivitätsentwicklungen gerecht wurde.

Durch derartige Strukturveränderungen gewinnen die Pflege des betriebsspezifischen Humankapitals, Mitspracherechte der Arbeitnehmer im Produktionsprozess und eine erfolgsorientierte, differenzierte Entlohnung an Bedeutung, was wiederum erhöhte Flexibilisierungsbedarfe auf der betrieblichen Ebene erfordert, die in den Tarifverhandlungen der 80er Jahren erstmals anhand von Fragen der Arbeitszeitgestaltung ihren Ausdruck fanden und denen die Sozialpartner durch behutsame Schritte zur systemimmanenten Reform ihrer Verbandstarifverträge begegneten, indem sie der betrieblichen Ebene größere Entscheidungsspielräume gewährten.

In den Folgejahren nahmen – katalysiert durch die deutsche Einheit – angesichts großer wirtschaftlicher Leistungsunterschiede zwischen Betrieben, Branchen und Regionen tarifvertragliche Öffnungsklauseln zu, die Betriebsparteien eine bestimmte Regelungskompetenz durch Betriebsvereinbarung zuwiesen und die Betriebe damit in die Lage versetzten, besondere Umstände vor Ort sachgerechter zu regeln, so dass sich das Gesamtssystem der Arbeitsbeziehungen dezentralisierte und in Richtung eines mehrstufigen Verhandlungssystems entwickelte.[357]

> „Durch diese neuen Instrumente kontrollierter Dezentralisierung wird das deutsche System industrieller Beziehungen in seinen prägenden institutionellen Strukturen zwar fortgeführt, jedoch einem beschleunigten Wandel ausgesetzt: Die Schutzfunktion flächentarifvertraglicher Regelungen bleibt erhalten, aber ihre Reichweite und Geltungskraft nimmt ab [...]“[358]

Die Abnahme der Geltungskraft von Flächentarifverträgen ist neben einer wachsenden Zahl von Standortpakten, die (oftmals mit stillschweigender Duldung der Verbände) tarifvertragliche Regelungen unterlaufen, an dem stark steigenden Anteil von Firmentarifverträgen ablesbar:

Die absolute Zahl von Firmentarifverträgen hat sich von 1991 bis 2000 nahezu verdoppelt, was allerdings zu weiten Teilen der Strukturveränderung (Neugründungen im IuK-Bereich oder Ausgründungen) geschuldet ist. Dennoch ist eine relative Zunahme von Firmentarifverträgen auszumachen, deren Anteil von 30 Prozent im Jahre 1991 auf 39 Prozent im Jahr 2000 anstieg.[359]

Der Geltungskraftverlust von Flächentarifverträgen ist für West- wie Ostdeutschland – von sehr unterschiedlichen Ausgangsniveaus – gleichermaßen festzustellen, wobei sich

---

[357] Einen Paradigmenwechsel stellt der Tarifvertrag in der chemischen Industrie aus dem Jahre 1997 dar, der Betriebsräten Lohnkürzungen bis zu zehn Prozent als Gegenleistung für Beschäftigungsgarantien ermöglichte, womit erstmals der betrieblichen Ebene wesentliche Teile der Lohnverhandlungen übertragen wurden.

[358] Schroeder, Wolfgang/ Weßels, Bernhard (2003): Das deutsche Gewerkschaftsmodell im Transformationsprozess: Die neue deutsche Gewerkschaftslandschaft. S. 22.

[359] Zimmer, Stefan (2002): Jenseits von Arbeit und Kapital? S. 111.

insbesondere kleinere Betriebe den Flächentarifverträgen entziehen, da sie weit weniger in der Lage sind, durch Kosteneinsparungen die tarifvertraglichen Lohnsteigerungen zu kompensieren. Neben derartiger betriebsorganisatorischer Kostenabsorption erhält die exportorientierte deutsche Industrie ihre Wettbewerbsfähigkeit durch konsequenten Abbau von Arbeitsplätzen[360], so dass die exportorientierte Industrieproduktion zwar eine flächentarifvertragliche Domäne bleibt, deren Kosten aber von kleineren Betrieben gezahlt werden, deren Austrittsneigung aus dem Tarifverband dementsprechend höher ist.

Neben der Betriebsgröße sind ferner die Branchenzugehörigkeit und das Betriebsalter wichtige Faktoren für die Verankerung von Flächentarifverträgen. Ökonometrische Analysen zeigen, dass die Wahrscheinlichkeit einer Tarifbindung mit der Betriebsgröße zunimmt. Filialbetriebe neigen häufiger, Einzelunternehmen und Personengesellschaften sowie jüngere Betriebe seltener zu tariflichen Regelungen. Größere Betriebe, Filialbetriebe und solche mit Betriebsrat ziehen sich auch seltener aus Flächentarifverträgen zurück, so dass ein zu der Drei-Rekrutierungswelten-These Schroeders analoges Bild entsteht.[361] Der Deckungsgrad von flächentarifvertraglich gebundenen Betrieben ist im produzierenden Gewerbe weiterhin hoch, während in Unternehmen kleinerer und mittlerer Betriebsgröße sowie im Dienstleistungsbereich eher Firmentarifverträge abgeschlossen werden. Offensichtlich führt die Dezentralisierung der Arbeitsinstitutionen nicht zu besseren gewerkschaftlichen Rekrutierungsmöglichkeiten im Sinne einer Gegenbewegung der Belegschaft.[362] In Gegenteil wird die Dezentralisierung von Tarifvertragsstrukturen in den achtziger und neunziger Jahren als ein Erklärungsfaktor für Mitgliederverluste der Gewerkschaften gewertet.[363]

Zu den Dezentralisierungstendenzen von der Verbands- auf die Betriebsebene innerhalb der Arbeitsmarktinstitution Tarifsvertrag tritt ein Deregulierungsprozess, der den wachsenden Anteil an Betrieben ohne tarifvertragliche Bindung beschreibt. Der Anteil von Betrieben, die branchen-, flächen- oder firmentarifvertraglich gebunden sind, sinkt stetig auf 45 Prozent (Westdeutschland) und 23 Prozent (Ostdeutschland) im Jahr 2000, wobei diese Betriebe, weil vor allem KMU[364] auf Tarifverträge verzichten, immer noch 63 Prozent der westdeutschen bzw. 45 Prozent der ostdeutschen Mitarbeiter beschäftigen.[365] Jüngste Ergebnisse des IAB-Betriebspanels aus dem Jahr 2003 liefern Hinweise für eine Stabilisie-

---

360 Dieser Effekt findet sich in allen Hochkostenländern. In allen hoch entwickelten Industrieländern geht die Beschäftigung in den dem internationalen Wettbewerb ausgesetzten Wirtschaftsbereichen seit mehr als zwanzig Jahren kontinuierlich zurück, wobei die Bundesrepublik in den international exponierten Branchen immer noch überdurchschnittlich viele Arbeitsplätze hat. Vgl. Scharpf, Fritz W. (1998): Die Zukunft der Arbeit im renovierten „Modell Deutschland". In: Gewerkschaftliche Monatshefte Nr. 6-7/1998. S. 447-450. S. 447.

361 Kohaut, Susanne/ Schnabel, Claus (2001): Tarifverträge – nein danke!? Einflussfaktoren der Tarifbindung west- und ostdeutscher Betriebe. Discussion Papers No. 8 des Lehrstuhls für Arbeitsmarkt- und Regionalpolitik der Universität Erlangen-Nürnberg. Erlangen. Tabelle 3: Tarifbindung nach Betriebsgröße 2000. S. 9.

362 Zudem stehen Dezentralisierungs- und Deregulierungsprozesse in einem Wechselverhältnis, da das Vorhandensein eines Betriebsrates die Abwanderung vom Flächentarif deutlich dämpft, weil ein Betriebsrat mit Hinweis auf seine vielfältigen (Veto-)Rechte auf anderen Gebieten die Betriebsleitung überzeugen kann, an dem Flächentarifvertrag festzuhalten. Umgekehrt wirkt sich die Existenz einer (Flächen-) Tarifbindung positiv auf die Einrichtung eines Betriebsrates aus, dem bei der Umsetzung von Tarifverträgen eine wichtige Überwachungsfunktion zukommt.

363 Hassel, Anke (2000): Organisationsreform und Organisationsformen. S. 131.

364 Die KMU-Definition der Europäischen Kommission vom 6. Mai 2003 umfasst mittelgroße (Mitarbeiter < 250, Umsatz ≤ 50 Millionen Euro), kleine (Mitarbeiter < 50, Umsatz ≤ 10 Millionen Euro) und Mikrounternehmen (Mitarbeiter < 10, Umsatz ≤ 2 Millionen Euro).

365 Kohaut, Susanne/ Schnabel, Claus (2001): Tarifverträge – nein danke!? Einflussfaktoren der Tarifbindung west- und ostdeutscher Betriebe. S. 7.

rung der Tarifbindung und weisen einen Anteil von 43 Prozent für Westdeutschland bzw. 21 Prozent für Ostdeutschland an Betrieben mit Branchentarifverträgen aus. Bezogen auf den Anteil der Beschäftigten arbeiten 62 Prozent in West- und 43 Prozent in Ostdeutschland in einem Betrieb mit Branchentarifvertrag.[366] Von den verbleibenden nicht tarifvertraglich gebundenen Unternehmen orientieren sich 42 Prozent bei der Lohnhöhe an bestehenden Tarifverträgen.[367]

Die durch die Dezentralisierung der Tarifverträge gestärkte betriebliche Verhandlungsebene ist dennoch nicht gänzlich von dem flächentarifvertraglichen Verhandlungssystem entkoppelt, weil sich ein Großteil der Betriebe ohne Tarifbindung gleichwohl an den Verträgen orientiert, ohne diesen zu unterliegen, so dass deren tatsächlicher Geltungsbereich immer noch beträchtlich ist.[368] Damit erhalten die betrieblichen Akteure zwar ein größeres Eigengewicht, aber die Verbände können nichtsdestotrotz auch ohne das Instrument eines Tarifvertrages durch deren vorstrukturierende Funktion Einfluss auf die betriebliche Verhandlungsebene nehmen. Wichtiges Bindeglied zwischen den Gewerkschaften und der betrieblichen Ebene, das die Kommunikation sicherstellt, ist der Betriebsrat. Aufgrund dieser Entwicklung wird der gewerkschaftliche Organisationsgrad der Betriebsratsvertreter für die Gewerkschaften zum entscheidenden Faktor der Einflussnahme auf betriebliche Ebene.

3.1.1.3.2 Gewerkschaftlicher Organisationsgrad der Betriebsratsvertreter

Das Betriebsverfassungsgesetz definiert die Betriebsräte als gewerkschaftsunabhängige Organe der Gesamtbelegschaft.[369] Nach Erlass des Gesetzes im Jahr 1952 setzten die Gewerkschaften auf eine gezielte Rekrutierung von Betriebsräten und bauten gleichzeitig ein System eigenständiger Vertrauensleute in den Betrieben auf, die die Betriebsräte in ihren Aufgaben unterstützten, aber auch deren „Betriebsegoismus" entgegenwirken sollten.[370] Mit der Novellierung des Betriebsverfassungsgesetzes von 1972 wurden die Mitwirkungs- und Gestaltungsbefugnisse der Gewerkschaften, insbesondere um das Recht der Initiierung von Betriebswahlen mit eigenen Wahlvorschlägen, deutlich erweitert, so dass der Großteil

366 Ellguth, Peter/ Kohaut, Susanne (2004): Tarifbindung und betriebliche Interessensvertretung: Ergebnisse des IAB-Betriebspanels. In: WSI-Mitteilungen Nr. 8/2004. S. 450 – 454. S. 451, Tabelle 1 und Tabelle 2.

367 In Beschäftigten ausgedrückt, orientiert sich die Lohnhöhe von 53 Prozent (West) und 52 Prozent (Ost) der Beschäftigten in Betrieben ohne Tarifbindung dennoch an den Tariflöhnen.

368 Kohaut, Susanne/ Schnabel, Claus (2001): Tarifverträge – nein danke!? Einflussfaktoren der Tarifbindung west- und ostdeutscher Betriebe. S. 24. Bei Kohaut/ Schnabel bleibt allerdings offen, inwieweit sich die Orientierungen an den Tarifverträgen auf die Lohnniveaus und andere Aspekte der Arbeitsbeziehungen bezieht.

369 Aus diesem Grund (und aufgrund gesonderter Regelungen für den öffentlichen Dienst) stieß das Betriebsverfassungsgesetz von 1952 auf die strikte Ablehnung der Gewerkschaften, die eine Beschränkung des gewerkschaftlichen Einflusses und eine Erschwerung des Betriebszugangs befürchteten. Tatsächlich unterschritten die Regelungen zur Mitbestimmung im Betriebsverfassungsgesetz von 1952 die Reglungen der Montanmitbestimmung mit ihrer vollen Parität im Aufsichtsrat, einer neutralen Entscheidungsperson in Pattsituationen und dem Arbeitsdirektor als einem von den Gewerkschaften nominierten, gleichberechtigten Mitglied des Vorstands, so dass die Einführung des Betriebsverfassungsgesetzes von den Gewerkschaften, deren mitbestimmungspolitisches Leitbild die Montanmitbestimmung gewesen war, massiv bekämpft und von den Wirtschaftsverbänden weitgehend begrüßt wurde.

370 Müller-Jentsch, Walther (1996): Die Betriebsverfassung - eine deutsche Karriere. In: Die Mitbestimmung, 42. Jg. (1996). S. 43-46. S. 43.

der Betriebsratsvertreter gewerkschaftlich organisiert und in der Regel durch ihre Gewerkschaftsmitgliedschaft in die Position gekommen ist.

> „Betriebsratskandidaten rekrutieren sich in der Regel über Kandidatenaufstellung der Vertrauensleute, die versuchen, den Zugang zu den Organen der betrieblichen Interessenvertretung nur gewerkschaftlich organisierten Arbeitnehmern vorzubehalten. [...] Betriebsräte rekrutieren Mitglieder über ihre Machtposition im Betrieb, z.B. über das Zustimmungsbedürfnis der Betriebsräte bei der Einstellung neuer Arbeitnehmer."[371]

Neben der Verklammerung inner- und außerbetrieblicher Gewerkschaftspolitik haben sich die formal gewerkschaftsunabhängigen Gremien der Betriebsverfassung auf diese Weise zu den wesentlichen Rekrutierungsinstrumenten der Gewerkschaften entwickelt, die zwar tendenziell einseitig auf bestimmte Arbeitnehmergruppen wie auch bestimmte Sektoren wirken, sich dort aber in den siebziger und achtziger Jahren als weitgehend stabil erwiesen haben. Diese etablierten Rekrutierungsmechanismen unterliegen nun seit den 90er Jahren einer Erosion, die zum einen Folge sinkender Deckungsraten von Betrieben mit Betriebsräten ist und zum anderen aus der nachlassenden gewerkschaftlichen Gebundenheit der Betriebsratvertreter resultiert.

Tabelle 3.4: Verteilung der Betriebsratsmandate 1975 – 1998

Verteilung der Betriebsratsmandate 1975 - 1998 (in Prozent)[372]					
	1974	**1984**	**1994**	**1998**	**2002**
DGB	67,9	63,9	66,7	61,9	57,8
DAG	10,4	8,9	4,3	3,2	
CGB und andere Gewerkschaften	4,2	1,8	2,5	1,6	10,3
gewerkschaftslose Beschäftigte	17,5	25,4	26,5	33,3	40,7

Obige Tabelle zeigt, dass der gewerkschaftliche Organisationsgrad der Betriebsräte zwar immer noch mehr als doppelt so hoch wie bei den Beschäftigten insgesamt, aber dennoch ein deutlicher Anstieg gewerkschaftsloser Betriebsratsvertreter zu verzeichnen ist[373], was

---

[371] Hassel, Anke (2000): Organisationsreform und Organisationsformen. S. 133 f.

[372] Zimmer, Stefan (2002): Jenseits von Arbeit und Kapital? Tabelle 11. S. 119 unter Verwendung von Zahlen des European Industrial Relations Observatory. Vgl. EIRO (1998): Results of the 1998 works council elections. In: http://www.eiro.eurofound.ie/1998/10/feature/de9810180f.html (16.12.2003). Daten für 2002 vgl. Niedenhoff, Horst-Udo (2003): Gewerkschaften in Deutschland. Köln. S. 66.
Aufgrund der bereits erwähnten Erhebungsunsicherheit des gewerkschaftlichen Organisationsniveaus kommen einige Autoren zu unterschiedlichen Ergebnissen. Ellguth weist für das Untersuchungsjahr 2003 79 Prozent der Betriebsratsmitglieder und 57 Prozent der Personalratmitglieder als Mitglied in einer DGB-Gewerkschaft aus. Unabhängig von dem Niveau konstatiert auch Ellgut einen weiteren Rückgang des gewerkschaftlichen Organisationsgrades. Vgl. Ellguth, Peter (2003): Quantitative Reichweite der betrieblichen Mitbestimmung. In: WSI-Mitteilungen Nr. 3/ 2003. S. 194 – 199.

[373] Mangels einer amtlichen Betriebsratsstatistik sind diesbezügliche Angaben immer mit einer gewissen Unsicherheit versehen, da die gewerkschaftliche Betriebsratsstatistik etliche Mängel aufweist, die ihre Aussage-

sich für die Gewerkschaften angesichts des Bedeutungszuwachses der betrieblichen Ebene und deren Funktion für die Mitgliederrekrutierung als äußerst problematisch darstellt.

Es ist nahe liegend, dass die Haltung der Gewerkschaften zum Ausbau eines Mehrebenenverhandlungssystems etwa durch weitere Öffnung der Tarifverträge langfristig von ihren Einflussnahmepotenzialen auf die erstarkende betriebliche Ebene abhängig ist, so dass der gewerkschaftliche Organisationsgrad in den Betriebsräten für Policy und Strategie der Gewerkschaften insgesamt von zentraler Bedeutung ist.

Hinzu kommt eine ungleiche Reputation von Betriebsräten und Gewerkschaften durch eine differenzierende und teils polarisierende Perspektive der Medien und der politischen Parteien[374], die stärker als früher zwischen Gewerkschaften und Betriebsräten differenziert, wobei letztere in wachsendem Maße als die legitime Interessensvertretung der Arbeitnehmer dargestellt werden und damit der Legitimitätsanspruch der Gewerkschaften in Frage gestellt wird.[375]

> „Während Arbeitgeberverbände und Gewerkschaften sowie ihr Hauptprodukt, der Flächentarifvertrag, von Erosionstendenzen und Schwächeanzeichen gezeichnet sind, genießt der Betriebsrat hohe Akzeptanz in der politischen Öffentlichkeit, bei den Arbeitgebern und nicht zuletzt bei den Arbeitnehmern [...]“[376]

Zwar lassen die Ergebnisse der jüngsten Betriebsratswahlen eine Stabilisierung der innerbetrieblichen Mitbestimmung erkennen, die nach dem deutlichen Rückgang in der zweiten Hälfte der 90er Jahr auf die Reform des Betriebsverfassungsgesetzes zurückzuführen ist[377]. Aber der Trend zur allmählichen Absenkung des gewerkschaftlichen Organisationsniveaus in den Betriebsräten scheint trotz der Zunahme an Mandaten anzuhalten.[378]

Ob die Reform des Betriebsverfassungsgesetzes langfristig eine stabilisierende Wirkung auf das gewerkschaftliche Organisationsniveau der Betriebsräte hat, lässt sich derzeit

---

kraft über den Verbreitungsgrad von Betriebsräten deutlich mindern. Vgl. Ebenda; Niedenhoff, Horst-Udo (2003): Betriebsratswahlen 2003. Köln.
Trotz dieser Mängel kann der anhaltende Trend zur allmählichen Absenkung des gewerkschaftlichen Organisationsniveaus in den Betriebsräten aufgrund detaillierter Untersuchungen einzelner Branchen als gesichert angesehen werden. Vgl. Rudolph, Wolfgang/ Wassermann, Wolfram (2002): Betriebsratswahlen 2002. Zukunftsmusik in den neuen Betriebsräten. In: Mitbestimmung international edition 2002 http://www.boeckler.de/rde/xchg/SID-3D0AB75F-1425A038/hbs/hs.xsl/164_29219.html (15.12.2003).

374 Medientenor (2003): Medien beginnen nun mit Kritik an Gewerkschaften. Darstellung der deutschen Gewerkschaften in den deutschen Meinungsführungs-Medien 1/02 – 2/03. In: Medien Tenor Forschungsbericht Nr. 130 vom 15. März . S. 30 f.

375 Institut für Demoskopie Allensbach (2003): Wachsende Kritik am Einfluss der Gewerkschaften auf die Regierungspolitik. In: Allensbacher Berichte Nr. 3/2003. Allensbach am Bodensee.

376 Müller-Jentsch, Walther (2002): Die Betriebsverfassung - eine deutsche Karriere. S. 43.

377 Die Reform des Betriebsverfassungsgesetzes hatte u. a. einen Anstieg der Zahl der Wahlberechtigten, etwa durch die Wahlberechtigung von Zeit- und Leiharbeitern, zur Folge. Zudem wurde das Wahlverfahren vereinfacht und die Mandats- und Freistellungszahlen ausgeweitet. Allerdings rekrutieren sich bisher nur knapp zwei Prozent der Wahlberechtigten aus der Gruppe der Leiharbeiter, was vermuten lässt, dass das Wählerpotenzial unter den Leiharbeitern noch nicht ausgeschöpft ist.

378 Der gewerkschaftliche Organisationsgrad in den erstmals gewählten Betriebsräten liegt deutlich niedriger als in den bestehenden. Allerdings darf dieser Befund nicht überbewertet werden, da im Allgemeinen das gewerkschaftliche Organisationsniveau der Mandatsträger mit dem Bestehen des Betriebrates steigt. Vgl. Rudolph, Wolfgang / Wassermann, Wolfram (2002): Zukunftsmusik in den neuen Betriebsräten. Betriebsratswahlen 2002. In: Mitbestimmung international edition 2002 http://www.boeckler.de/cps/rde/xchg/SID-3D0AB75D-2B46E0A4/hbs/hs.xsl/164_29219.html (12.10.2004).

nicht abschließend beantworten, kann aufgrund der strukturellen Probleme und bisherigen Erfahrungen aber eher bezweifelt werden. Denn auch nach den verbesserten Zugangsbedingungen durch die Betriebsverfassungsgesetznovellierung im Jahre 1972 konnten die Gewerkschaften ihre Position nur in den Bereichen wirklich institutionalisieren, wo sie bereits vorher über eine starke Organisationsmacht verfügten. Das novellierte Betriebsverfassungsgesetz hatte somit bestehende Machtpositionen verfestigt, neue jedoch nur im beschränkten Maße eröffnet.

Insofern bleibt abzuwarten, ob die jüngste Reform des Betriebsverfassungsgesetzes eine stärkere gewerkschaftliche Bindung der Betriebsräte bewirken sowie langfristig den Rückgang der Firmen mit Betriebsräten insgesamt aufhalten kann. Letzterer ist trotz einer Abschwächung als Trend der letzten Jahre weiterhin deutlich auszumachen und verstärkt alle beschriebenen Probleme der Gewerkschaften.

3.1.1.3.3 Erosion der Mitbestimmungsrechte

Bis Mitte der neunziger Jahre ist die mitbestimmungsfreie Zone des privaten Sektors, in der es weder Aufsichtsrats- noch betriebliche Mitbestimmung gibt, von 51 Prozent in der ersten Hälfte der achtziger Jahre auf knapp 61 Prozent gewachsen.[379] Hierzu gehören vor allem kleine Unternehmen mit weniger als fünf Beschäftigten, für die das Betriebsverfassungsgesetz keine Errichtung eines Betriebsrats vorsieht, sowie die überwiegende Mehrzahl der Unternehmen mit weniger als zwanzig Beschäftigten, aber auch ein Teil der größeren Unternehmen des Dienstleistungsbereichs, in denen Betriebsräte nicht errichtet werden, obwohl dafür die gesetzlichen Voraussetzungen gegeben sind.[380]

Diese in zweifacher Hinsicht sinkende institutionelle Verankerung der Gewerkschaften – insgesamt weniger Betriebe mit Betriebsräten bei gleichzeitig rückläufigem Organisationsgrad gewerkschaftlicher Betriebsratsvertreter – ist für die Gewerkschaften äußerst schwerwiegend, da internationale Vergleiche zeigen, dass nicht die Organisationsform der Gewerkschaften an sich bedeutsam ist, sondern welche Art der institutionellen Verankerung diese Organisationsform ermöglicht und wie die Gewerkschaften diese für ihre Mitgliederrekrutierung nutzen konnten.[381] Durch die skizzierte Veränderung des regulativen Umfeldes sind somit zwei wesentliche Formen institutioneller Organisationshilfe, nämlich die Rolle der Gewerkschaften in der betrieblichen Interessenvertretung und ihre institutionelle Verankerung in ein zentralisiertes Tarifvertragssystem, negativ betroffen.

3.1.2 Reformmaßnahmen

Durch die geschilderten ökonomischen, politischen und gesellschaftlichen Veränderungen sind sowohl das regulative Umfeld der Gewerkschaften als auch die politisch-kulturelle Verfasstheit von deren (potenzieller) Mitgliederbasis und damit zentrale gewerkschaftliche

---

379 Da im öffentlichen Sektor so gut wie überall Betriebs- und Personalräte bestehen, kann davon ausgegangen werden, dass die mitbestimmungsfreie Zone auf den privaten Sektor beschränkt ist.

380 Bertelsmann Stiftung/ Hans-Böckler-Stiftung (Hrsg.) (1998): Mitbestimmung und neue Unternehmenskulturen. Bilanz und Perspektiven. Bericht der Kommission Mitbestimmung. 2. Auflage. Gütersloh. S. 53.

381 Vgl. Hassel, Anke (2000): Organisationsreform und Organisationsformen. S. 131.

Existenzvoraussetzungen betroffen.[382] Setzen sich die skizzierten Erosionsprozesse in beiden Bereichen fort, werden die Gewerkschaften zu partikularistischen Interessensorganisationen mit auf bestimmte Branchen und Bereiche begrenzter Relevanz, ohne einen politischen Vertretungsanspruch für die Arbeitnehmer legitimieren zu können.

Der eingeleitete Transformationsprozess der Gewerkschaften wird von den Gewerkschaften bisher eher reaktiv ohne Gesamtkonzept vollzogen. Programmatisch ist es den Gewerkschaften ebenfalls nicht gelungen, ein perspektivisch über situatives Reagieren hinausgehendes kohärentes Konzept für gewerkschaftliches Handeln unter Bedingungen des demografischen Wandels und der Wissensgesellschaft zu entwickeln. Eine Entwicklung von Programmatik und zugehöriger Strategie ist aufgrund der unterschiedlichen, teils konfligierenden Funktionen der Gewerkschaften äußerst schwierig, zumal Organisationen kollektiver Akteure mit innerinstitutionellen Willensbildungsprozessen und sehr unterschiedlichen branchen- und regionalspezifischen Besonderheiten nur begrenzt strategiefähig sind. Den aktuellen Reformanstrengungen der Gewerkschaften muss allesamt ein inkrementeller Charakter attestiert werden, wobei im Blick behalten werden muss, dass sie sich nach den Gewerkschaftsfusionen der 90er Jahre bereits in einer zweiten, konsolidierenden Reformphase befinden.

3.1.2.1 Erste Reformphase: Gewerkschaftsfusionen

Die gewerkschaftlichen Fusionen der letzten Dekaden sind weniger Organisationsanpassungen an die ökonomischen Strukturveränderungen als vielmehr organisatorische Reaktionen auf die Finanz- und Legitimationskrise durch massive Mitgliederverluste.

Ausgangspunkt für erste Reorganisationen innerhalb des DGB war der Skandal um den Zusammenbruch der gewerkschaftlichen Gemeinwirtschaft, der mit dem coop-Prozess (1992 – 1993) zu einem der größten Wirtschaftsstrafverfahren der Bundesrepublik wurde und eine Zäsur im Verhalten der großen Einzelgewerkschaften, insbesondere der IG Metall, zum DGB markiert. Der DGB war nach dem Skandal nahezu ohne Vermögen und mehr denn je auf die Finanztransfers der Einzelgewerkschaften angewiesen, wodurch ihm im Gegensatz zu früheren Zeiten die materielle Basis für eigene politische Aktivitäten fehlte. Unter der Federführung der IG Metall als wohlhabendster Einzelgewerkschaft wurde der DGB während der Neuordnung und Sanierung der Finanzen als Dachverband zwar erhalten, aber durch kostenreduzierende Maßnahmen wie Rückzug aus der Fläche, Wegfall von Aufgaben und Verzicht auf unmittelbare Mitgliederbetreuung auf Kernaufgaben beschränkt.[383]

Das vorherrschende Reaktionsmuster auf die durch Mitgliederverluste ausgelöste Finanzkrise waren Rationalisierungsmaßnahmen und massiver Personalabbau[384] sowie ein

[382] Schroeder, Wolfgang/ Weßels, Bernhard (2003): Das deutsche Gewerkschaftsmodell im Transformationsprozess. S. 35.

[383] Müller, Hans-Peter/ Wilke, Manfred (2003): Gewerkschaftsfusionen: Der Weg zu modernen Multibranchengewerkschaften. In: Schroeder, Wolfgang/ Weßels, Bernhard (Hrsg.): Die Gewerkschaften in Politik und Gesellschaft der Bundesrepublik Deutschland. Wiesbaden. S. 122 – 143. S. 136.

[384] Durchschnittlich wurden von 1993 bis 1998 im DGB 23,6 Prozent des Personals abgebaut bei großen Unterschieden der einzelnen Gewerkschaften (IG BCE: + 37,4 Prozent, GEW: -5,4 Prozent, HBV: - 25,5 Prozent, IG Metall: - 13,6 Prozent, ÖTV: - 28,2 Prozent, DAG: - 13,1 Prozent, IG Medien: - 20,6 Prozent, DPG: -7,8

Kooperations- und Konzentrationsprozess, an dessen Ende der DGB aus nur noch acht Einzelgewerkschaften besteht, wobei Dreiviertel aller Mitglieder, 70 Prozent der Delegierten der DGB-Bundeskongresse und Vierfünftel aller Vorsitzenden in den 94 DGB-Regionen auf ver.di und IG Metall entfallen. Folglich muss der durch die Gewerkschaftsfusionen der 90er Jahre beschleunigte Entwicklungstrend zu Multibranchengewerkschaften als das nicht-intendierte, aber faktische Resultat eines Reorganisationsprozesses der deutschen Gewerkschaften angesichts der Mitgliederverluste angesehen werden[385].

Als Nebenfolge dieses Konzentrationsprozesses ist seit der ver.di-Gründung eine Renaissance zwischengewerkschaftlicher Konkurrenz auszumachen, für die die erstmalige Abkehr von dem gewerkschaftlichen Prinzip „Ein Betrieb – eine Gewerkschaft“ symptomatisch ist[386], zumal die Branchenzugehörigkeit als natürliche Abgrenzung der Mitgliederrekrutierung zunehmend unpraktikabel ist. Gleichzeitig verliert die klassische Sektoralisierung der Wirtschaft durch den wirtschaftlichen Strukturwandel ihre Aussagekraft, so dass der Dienstleistungsbegriff als organisationspolitisches Abgrenzungskriterium ebenfalls disfunktional wird. Der konstante Rückgang des industriellen Unternehmenssektors an der nationalen Wertschöpfung entspricht weitgehend der von Fourastié aufgestellten „Drei Sektoren-Hypothese“, der zufolge der tertiäre Sektor den industriellen keinesfalls vollständig verdrängen wird.[387] Vielmehr entwickeln sich produzierendes Gewerbe und Dienstleistungen zu einem komplementären Beziehungsgeflecht, das einen neuen Schlüsselsektor der Volkswirtschaft bilden wird.[388] Somit ist die bisherige Unterscheidung zwischen Waren und Dienstleistungen obsolet geworden, da bei einem Großteil der von den Unternehmen geschaffenen Werte Dienstleistungen und Ware verschmolzen sind[389].

Auf Seiten der Gewerkschaften führt dieser Strukturwandel jedoch nicht, wie von Hans Böckler gewünscht und prognostiziert, zu einem Generalkartell der organisierten Arbeitnehmer, sondern vielmehr ist eine neue Trennung zwischen herkömmlichen und neuen industrienahen Dienstleistungen auf der einen Seite und traditionell immateriellen sowie neu entstehenden Dienstleistungen auf der anderen Seite erkennbar. Typologisch werden Multibranchengewerkschaften deshalb nicht als Vorstufe zu einer „allgemeinen Gewerkschaft“ im Böcklerschen Sinne angesehen, sondern als strategisch und finanziell

Prozent). Vgl. Müller, Hans-Peter/ Niedenhoff, Horst-Udo/ Wilke, Manfred (2003): ver.di. Portrait und Positionen. Köln. S. 308. Tabelle 4.

385 Müller, Hans-Peter/ Niedenhoff, Horst-Udo/ Wilke, Manfred (2003): ver.di. Portrait und Positionen. S. 21.

386 Diesen Grundsatz hat erstmals im Jahre 2001 ein DGB-Schiedsgericht im Fall der IBM nicht mehr durchsetzen können, was einerseits auf die zwischengewerkschaftliche Konkurrenz und andererseits auf die geschwächte Durchsetzungskraft des Dachverbandes verweist, der seine Mitgliedsorganisationen nicht anhalten kann, in Wachstumsbranchen auf Konkurrenzkampf um Mitglieder zu verzichten. Vgl. Hohmann, Gerhard (2001): Schiedsgericht regelt Streit zwischen Verdi und IG Metall um Vorherrschaft beim Computerkonzern IBM. In: Handelsblatt (HB) Nr. 242 vom 14.12.01. S. 8.

387 Fourastié, Jean/ Fourastié, Jacqueline (1986) : La réalite économique. Paris.

388 Grömling, Michael/ Lichtblau, Karl/ Weber, Alexander (1998): Die Industrie – Drehscheibe der globalen Dienstleistungsgesellschaft. Köln.

389 So ist beispielsweise nur knapp ein Fünftel aller Beschäftigten im Maschinenbau und der Elektroindustrie mit der direkten Herstellung von Produkten befasst, da ab einem gewissen Technologisierungsstandard die meisten Mitarbeiter mit produktionsbegleitenden Dienstleistungen beschäftigt sind. Bei dem produzierten Wert kann deswegen nicht klar zwischen Ware und Dienstleistung differenziert werden, da der Dienstleistungsanteil, insbesondere Forschungs- und Entwicklungsleistungen, den Großteil der Wertschöpfung eines materiellen Produktes ausmachen. Vgl. Rüsch, Ingo (1997): Verbandsarbeit für die Informationswirtschaft. In ZVEI (Hrsg.): Die Elektroindustrie – Motor des Wandels: Produkte – Systeme – Netze – Dienstleistungen. Tätigkeitsbericht 96/97. Frankfurt. S. 32 – 33.

autonome Gewerkschaft innerhalb eines durch Machterosion und Funktionsausdünnung gekennzeichneten Gewerkschaftsbundes.[390] Ein Beleg für den bereits erfolgten Machtverlust des Dachverbandes ist, dass der DGB zu keinem Zeitpunkt den Fusionsprozess der Gewerkschaften durch Initiativen gestalten oder vorantreiben konnte.

Inwieweit den Finanzproblemen durch Fusionssynergien begegnet werden kann, lässt sich derzeit noch nicht beurteilen; das gewerkschaftliche Problem der Repräsentanz der wachsenden Heterogenität der Mitgliederinteressen aufgrund sozioökonomischer Veränderungen wird jedoch durch die Gewerkschaftsfusionen zu Multibranchengewerkschaften institutionell zusätzlich verstärkt. Zwar ist mit der ver.di-Gründung die Mitgliederstruktur einer Gewerkschaft erstmals seit langem wieder repräsentativ für die gesamte Arbeitnehmerschaft und damit ist zumindest für die Dienstleistungsgewerkschaft das „Angestelltenproblem" gelöst, was sich positiv auf die Legitimation des Stellvertretungsanspruchs auswirkt. Gleichzeitig erschwert eine derartige Breite der organisierten Mitglieder die Positionsbestimmung.[391]

Bei der Bewältigung dieses Grundkonfliktes zwischen Repräsentanz der Mitglieder und Effizienz der Organisation beschreiten die beiden großen DGB-Gewerkschaften, IG Metall und ver.di, unterschiedliche Wege: Während die IG Metall einen nicht mehr auf die Metallbranche fokussierten, sondern einen generellen an der abstrakten Figur eines Einheitsarbeitnehmers orientierten Stellvertreteranspruch formuliert, weist ver.di eher den Charakter einer Berufsgewerkschaft auf und bietet einzelnen Berufs- und Tätigkeitsgruppen innerhalb der Organisation größere Autonomie und Flexibilität. In ver.di scheint erstmals die traditionelle gewerkschaftliche Forderung nach einem einheitlichen Arbeitnehmerbegriff als Bezugspunkt für die Begründung arbeitsrechtlicher und tarifvertraglicher Ansprüche uneinlösbar und infolgedessen programmatisch aufgegeben. Um eine Zersplitterung zu verhindern erfordern beide Strategien repräsentative Querschnittspolitiken als Ersatz zu dem ehemals identitätsstiftenden Branchenprinzip und zur Integration der unterschiedlichen Gruppen in die Organisation.

3.1.2.2 Zweite Reformphase

Die gesellschaftspolitische Debatte um die Zukunft der Gewerkschaften wird vor allem auch von den Gewerkschaften selbst geführt, wobei hinsichtlich der Analyse der Probleme, die sich aus dem gesellschaftlichen Wandel ergeben, ein weit reichender, hier bereits referierter Konsens im Schrifttum auszumachen ist. Aufgrund der vielfältigen sich gegenseitig bedingenden Erosionsphänomene und der Tatsache, dass diese veränderten Umwelteinflüs-

---

[390] Keller, Berndt (1999): Neustrukturierung der Interessensvertretung im Dienstleistungsbereich. Eine Gedankenskizze zu ver.di. In: Gewerkschaftliche Monatshefte Nr. 10/1999. S. 609 - 624. S. 612.
Keller hält allerdings Multibranchengewerkschaften als Zwischenschritt zu der Bildung von supranationalen Gewerkschaftsorganisationen für möglich. Keller, Berndt (2001): ver.di: Triumphmarsch oder Gefangenenchor? Hamburg. S. 119.

[391] Die erheblichen Schwierigkeiten, welche die Integration von Interessenorientierungen von Arbeitern und hochqualifizierten Angestellten birgt, zeigen sich in einer Belegschaftsbefragung im Zusammenhang mit den Betriebsratswahlen 2002 in Großbetrieben der Metall- und Elektroindustrie: Deutlich erkennbar ist eine Tendenz, dass Arbeiter den Rückgang der Wahlbeteiligung in ihren Betrieben auf zu geringe Lohn- und Gehaltsabschlüsse zurückführen, während bei Angestellten vornehmlich überhöhte gewerkschaftliche Forderungen als Ursache für den Rückgang der Wahlbeteiligung gelten. Vgl. Schmidt, Werner (2004): Betriebsratwahlen 2002 in Großbetrieben der Metall- und Elektroindustrie. In: WSI-Mitteilungen Nr. 1/2004. S. 35 – 40. S. 39.

se keinesfalls rein exogen sind, sondern in einem Rückkoppelungsprozess zu dem regulativen Umfeld stehen, werden eindeutige Handlungsanweisungen für die institutionelle Strategie nur sehr zurückhaltend gegeben. Die Suche nach einem tragfähigen Zukunftskonzept wird für die Gewerkschaften wissenschaftlich im Wesentlichen von der Hans-Böckler-Stiftung und der Otto-Brenner-Stiftung unterstützt.

Im Folgenden erfolgt eine kurze Darstellung jener Empfehlungen, die mit einer Erörterung der Bedeutung einer bildungspolitischen Profilierung der Gewerkschaften hinsichtlich ihrer Funktion für den Reformprozess verknüpft wird.

3.1.2.2.1 Vielfalt und Differenz

Die wachsende soziale Heterogenität der (potenziellen) Mitgliederbasis und die weitere Ausdifferenzierung der Interessen lässt ein Festhalten an der Figur eines Einheitsarbeitnehmers nicht länger zu, sondern fordert vielmehr umgekehrt das Eingehen auf Interessendivergenzen und -differenzierungen. Eine Ausdifferenzierung der Forderungen entsprechend der Mitgliederinteressen führt jedoch zu einem Verlust der Durchsetzungskraft. Die Folge ist ein Dilemma zwischen der inneren und äußeren Repräsentanz und der Effektivität der Organisation, dem nur durch eine „intelligente, diskursiv-kommunikativ angelegte und beteiligungsorientierte Interessenpolitik, die es insbesondere versteht, Forderungsstrukturen „von unten nach oben“ aufzubauen und verschiedene Interessen zu bündeln“[392] begegnet werden kann. Forderungsstrukturen in dem Sinne dieser Empfehlung, die von unten nach oben entwickelt werden, angemessen differenziert, aber dennoch ausreichend gebündelt sind, werden in Zukunft immer weniger rein quantitativ, etwa durch prozentuale Lohnerhöhungen, ausgerichtet sein können.

Die traditionelle Verteilungsdiskussion muss deshalb durch eine Etablierung qualitativer, arbeitspolitischer Tarifpolitik um die Ressource „Bildung“ erweitert werden, denn die tarifvertragliche Regelung von Fragen der Weiterbildung und Qualifikation bietet die Möglichkeit des Eingehens auf Interessendivergenzen und -differenzierungen, weil die konkrete Durchführung der Weiterbildung von den Fähigkeiten des individuellen Arbeitnehmers und der betrieblichen Bedarfe abhängig ist und nur auf der betrieblichen Ebene ausgestaltet werden kann. Zudem ist Weiterbildung als tarifvertragliche Materie von relativ hoher Komplexität somit geeignet, in einem dezentralisierten Mehrebenensystem der Arbeitsbeziehungen durch eine vorstrukturierende Funktion verbandlichen Einfluss auf die betriebliche Ebene auszuüben. Qualitative und um Bildungsfragen erweiterte Tarifpolitik kann sowohl der Heterogenität der innergewerkschaftlichen Interessen Rechnung tragen, eine Antwort auf den Beschäftigungswandel darstellen als auch ihrem wichtigen Instrument „Tarifvertrag“ zu neuer Geltung und Bedeutung verhelfen. Für die Bewahrung und Neufundierung der Relevanz von Tarifverträgen ist die Weiterentwicklung und Verbreiterung von Qualifizierungsperspektiven in Tarifverträgen von elementarer Bedeutung.

Erste Ansätze in diese Richtung sind zwar bereits erkennbar. Allerdings blieb der in diesem Zusammenhang oftmals hervorgehobene Qualifizierungstarifvertrag I in der baden-württembergischen Metallindustrie in der Praxis folgenlos, weil sich die diesbezügliche Verbreiterung und Weiterentwicklung als sehr anspruchsvoll erwiesen hat und die Tarifpo-

[392] Frerichs, Petra/ Pohl, Wolfgang (2001): Zukunft der Gewerkschaften Teil I. S. 80.

litik andere Prioritäten gesetzt hat und diesen eingeschlagenen Pfad nicht weiter verfolgt hat.[393]

3.1.2.2.2 Politische Mandatierung

Die Entwicklung eines Mehrebenenverhandlungssystems mit einer gestärkten betrieblichen Ebene, die dem gewerkschaftlichen Einfluss zunehmend entzogen ist, bei einer zeitgleichen Deregulierung der Arbeitsmarktinstitutionen bedeutet für die Gewerkschaften einen fortschreitenden Funktionsverlust als Tarifpartner und damit eine Erosion ihrer Kernkompetenz. Die dadurch evozierte sinkende makroökonomische Bedeutung der Gewerkschaften und die geringere Verpflichtungsfähigkeit führen zu einem weiteren Bedeutungsverlust als politischer Akteur insgesamt.

Eine stärkere, über die reine Interessenvertretung hinausgehende Politisierung der Gewerkschaften wird deshalb als notwendige Bedingung für ein erfolgreiches Reformszenario angesehen.[394] Die Überwindung von Brancheninteressen und die Aggregation von heterogenen Interessen sind Voraussetzungen für verbandliche Politikfähigkeit der Gewerkschaften. Eine stärkere Prononcierung des allgemeinpolitischen Charakters zuungunsten konkreter Arbeitnehmerinteressenvertretung der Gewerkschaften würde die Gewerkschaften in Richtung Industrieverbände entwickeln, die ihre Legitimation auch durch ihr politisches Profil und nicht mehr allein durch ihre genuine Branchennähe definieren, wodurch ein stärker richtungsgewerkschaftlicher Charakter etabliert würde.[395] Die Differenzen zwischen IG Metall, ver.di und der IG BCE in der Frage der so genannten Hartzreformen können als Anzeichen für eine stärkere richtungsgewerkschaftliche Ausrichtung der Gewerkschaften interpretiert werden.

Eine derartige Erweiterung des politischen Mandats hätte eine organisatorische und eine thematisch-inhaltliche Dimension. Die organisatorischen Aspekte müssen neuen Partizipations- und Artikulationsformen, regionalen Differenzierungen und der Notwendigkeit einer (eventuell temporären) Vernetzungsfähigkeit mit anderen Akteuren Rechnung tragen.

Die Bündnisfähigkeit mit anderen Akteuren macht einen erweiterten Interessenbegriff erforderlich, thematisch müssen neue Politikfelder erschlossen werden und originär gewerkschaftliche Positionen in den bestehenden Politikfeldern stärker akzentuiert werden. Entscheidend für die Mobilisierung und Integration einer Multibranchengewerkschaft ist eine einheitsstiftende und profilgebende Verbandsideologie, die in programmatische

---

393 Vgl. mit weiteren Verweisen: Kädtler, Jürgen (2003): Tarifpolitik und tarifpolitisches System in der Bundesrepublik. In: Schroeder, Wolfgang/ Weßels, Bernhard (Hrsg.): Die Gewerkschaften in Politik und Gesellschaft der Bundesrepublik Deutschland. Wiesbaden. S. 341 – 375. S. 362.

394 Vgl. Frerichs, Petra/ Pohl, Wolfgang (2001): Zukunft der Gewerkschaften Teil I. S. 80; Schroeder, Wolfgang/ Weßels, Bernhard (2003): Das deutsche Gewerkschaftsmodell im Transformationsprozess: Die neue deutsche Gewerkschaftslandschaft. In: Schroeder, Wolfgang/ Weßels, Bernhard (Hrsg.): Die Gewerkschaften in Politik und Gesellschaft der Bundesrepublik Deutschland. Wiesbaden. S. 11-40. S. 36.

395 Bei derartigen Multibranchengewerkschaften halten Müller/ Wilke eine faktische Rückkehr zum Richtungsgewerkschaftsprinzip für gegeben. Die durch Fusionen entstandenen Multibranchengewerkschaften markieren für Müller/ Wilke das vorläufige Ende organisatorischer Neuordnung und sind entgegen der Prognose Kellers nicht ein Zwischenschritt zur Bildung von supranationalen Gewerkschaftsorganisationen. Vgl. Keller, Berndt (2001): ver.di: Triumphmarsch oder Gefangenenchor? S. 119; Müller. Hans-Peter/ Wilke, Manfred (2003): Gewerkschaftsfusionen: Der Weg zu modernen Multibranchengewerkschaften. S. 141.

Grundpositionen operationalisierbar ist. Prädestiniert für eine derartige Positionierung ist eine Neubestimmung von sozialer Gerechtigkeit.

3.1.2.2.3 Programmatisch-ideelle Neubestimmung

Der Gerechtigkeitsbegriff könnte als integrierende Klammer neuer Themen, eines erweiterten Interessenbegriffs und ausdifferenzierter Interessen fungieren und damit profilgebend für gewerkschaftliches Handeln werden. Voraussetzung ist eine Erweiterung des stark verteilungspolitisch geprägten gewerkschaftlichen Gerechtigkeitsbegriffs, der sich gewerkschaftspolitisch im Wesentlichen am ökonomischen Wachstum orientiert und sich in einer Tarifpolitik manifestiert, deren Ziel eine möglichst „gerechte" Verteilung der Produktivitätszuwächse über Lohnforderungen und Verkürzung der Arbeitszeit ist.

Die Begrenztheit dieses Gerechtigkeitskonzeptes zeigt sich in der Debatte um Reformen der Sozialversicherungssysteme, in der die Gewerkschaften ihren verteilungsorientierten Gerechtigkeitsbegriff nicht unter Wachstumsbedingungen gegenüber dem Tarifpartner, sondern in einem deregulativen Umfeld allgemeiner Sparanstrengungen gegenüber Parteien, Bundesregierung, Bundestag und Bundesrat argumentativ vertreten müssen, was zu einem verstärkten ex-negativo-Gebrauch dieses Begriffs als Abwehr bestimmter Reformen geführt hat. Dennoch kam den Gewerkschaften weder eine Veto-Funktion zu, noch konnten sie sich in der öffentlichen Meinung nennenswert als Schutzmacht der Arbeitnehmer profilieren.[396]

Gestalterisch haben die Gewerkschaften kaum versucht, auf die Politikformulierung einzuwirken, was in Zeiten von Stagnation bzw. negativem Wachstum durch den zuwachs- und verteilungsorientierten Gerechtigkeitsbegriff erheblich erschwert wird. Die axiomatische Annahme, soziale Gerechtigkeit sei als distributive Verteilung von Wachstum organisierbar, beschränkt die gewerkschaftlichen Handlungsmöglichkeiten in Zeiten negativen Wachstums auf eine reine Veto-Player-Position, zu deren erfolgreicher Durchsetzung den Gewerkschaften zuletzt bei den unter dem Oberbegriff Agenda 2010 erlassenen Gesetzen die Macht fehlte.

Die Gewerkschaften stehen somit vor einer Veränderung bisher gewohnter Werte[397], denn die Interessenvereinheitlichung durch die Fiktion eines Durchschnittsarbeitnehmers ist gleichzeitig auch Grundlage des gewerkschaftlichen Verständnisses von Solidarität, in dem noch ein antagonistischer Klassen- oder Schicht-Begriff erkennbar ist.

Sich abzeichnende neue, durchaus konkurrierende Bedeutungsinhalte für den Wert der sozialen Gerechtigkeit müssen von den Gewerkschaften nachvollzogen und gestaltet werden, so dass Gerechtigkeitsprobleme in Themenfeldern wie Globalisierung, Ökologie, Nachhaltigkeit, Generationengerechtigkeit und Zugangsfragen im Sinne von Teilhabe fassbar bleiben. Die Autoren der Studien zur Zukunft der Gewerkschaften der Hans Böckler-Stiftung legen eine Repolitisierung der Gerechtigkeitsforderung durch eine Verbindung von Gerechtigkeit mit der (egalitären) Freiheitsidee nahe, der gemäß Gerechtigkeit als gleiche

---

396 Deutsche Medienbeobachtungs-Agentur GmbH (2003): Die Medien-Krise der Gewerkschaften. Medienresonanzanalyse. Berlin. S. 4 f.; vgl. Niedenhoff, Horst-Udo (2003): Gewerkschaften in Deutschland. Köln. S. 77 unter Verwendung von Emnid-Daten.

397 Negt, Oskar (1993): Wandlungen im gewerkschaftlichen Selbstverständnis und gesellschaftliche Zukunftsaufgaben. In: Fricke, Werner (Hrsg.): Jahrbuch Arbeit und Technik. Schwerpunktthema: Zukunft der Arbeit – Zukunftsfähigkeit der Gewerkschaften. Bonn. S. 232 – 242. S. 242.

Freiheit in der Gestaltung des Lebens verstanden wird. Diese entscheidende Umorientierung in der Gerechtigkeitsdebatte von einer wachstumsorientierten ökonomischen Verteilungslogik zu einer Perspektive realer Teilhabe erhält das Konzept der Verteilungsgerechtigkeit abgeschwächt aufrecht und ermöglicht gleichzeitig eine Erweiterung um die Frage der Inklusion und Exklusion in Form von Teilnahmechancen bzw. Chancengerechtigkeit.

Probleme gesellschaftlicher In- und Exklusion stellen sich vor allem in Fragen politischer Partizipation, auf die noch einzugehen sein wird, und im Bildungsbereich.

Angesichts der relativen Erfolglosigkeit der letzten 35 Jahre, durch Bildungsexpansion Struktureffekte zu erzielen, d.h. die sozialen Abstände zu verringern, muss die egalitaristische und auf formale Gleichheit fokussierte Stoßrichtung gewerkschaftlicher Politik im Bildungs- und Ausbildungsbereich dringend überprüft werden. Eine kritische Bestandsaufnahme ist bisher durch die Realisierung von Niveaueffekten[398] verhindert worden, die ausreichend Verteilungsspielraum zur Kompensation ausbleibender, aber unter Gesichtspunkten der sozialen Gerechtigkeit wesentlicher Struktureffekte geboten hat, so dass die große soziale Selektivität des deutschen Schulsystems aus dem gewerkschaftlichen Konzept (und dem aller anderen Akteure) sozialer Gerechtigkeit ausgeblendet worden ist.

Im gleichen Maße, wie die Bedeutung des Bildungsgrades für den Marktwert eines Arbeitnehmers steigt, wächst der Wettbewerb beim Zugang zu Bildungsinstitutionen und die Konkurrenz der formalen Bildungsabschlüsse mit dem Ergebnis eines Wertverlustes bestimmter Bildungstitel auf dem Arbeitsmarkt, so dass soziale Struktureffekte allein aufgrund eines erleichterten Zuganges zu Bildungsinstitutionen niemals realisiert werden können.

Chancengleichheit im Bildungswesen kann erst realisiert werden, wenn dessen Selektivität tatsächlich auf Chancengleichheit zur Erfüllung der benötigten Leistung basiert. Diese Gerechtigkeitsdimension zu politisieren erfordert von den Gewerkschaften zunächst die Akzeptanz kognitiver (anstelle bestehender sozialer) Selektionsmechanismen und damit die Anerkennung partieller Ungleichheit des individuellen Leistungsvermögens, um dann den bildungspolitischen Schwerpunkt auf Maßnahmen zur größtmöglichen Egalisierung der unterschiedlichen Ausstattung mit sozialem und kulturellem Kapital setzen zu können. Zwar ist eine vollständige Egalisierung der Bildungsvoraussetzungen bildungssoziologisch kaum realisierbar, aber empirische Vergleiche mit anderen OECD-Ländern zeigen, welche erheblichen Spielräume noch zur Verfügung stehen.

Die weitgehend in korporatistischer Eigenverantwortung der Tarifpartner liegende berufliche Bildung und die unregulierte, aber in ihrer Bedeutung (für gewerkschaftliche Mitgliederbasis) stark zunehmende Weiterbildung sind Bereiche, in denen egalitäre Verteilungsgerechtigkeit (etwa in Form von Weiterbildungsansprüchen) mit Fragen von Chancengerechtigkeit (etwa durch gezielte Maßnahmen für Benachteiligte) konzeptionell verbunden werden können. Insgesamt ist Bildung ein Politikfeld, in dem eine perspektivische Umorientierung in der Gerechtigkeitsdebatte zu Konzepten von Chancengerechtigkeit den Gewerkschaften leichter als in anderen Politikfeldern fallen dürfte. Gelingt es den Gewerkschaften, zusammen mit den Arbeitgeberverbänden beide Bereiche beruflicher Bildung größtenteils eigenständig zu verantworten, könnte ihnen dies zu einer institutionellen Ver-

[398] Struktureffekte liegen vor, wenn unabhängig von Wachstumseffekten Wohlfahrtsgewinne einer bestimmten Gruppe erreicht werden. Von Niveaueffekten spricht man, wenn sich der Anteil einer bestimmten Gruppe aufgrund des Wachstums der Gesamtheit vergrößert (Fahrstuhleffekt).

ankerung verhelfen, die der Position der skandinavischen Gewerkschaften in den Sozialversicherungssystemen nicht unähnlich ist.

3.1.2.2.4 Neue Formen politischer Partizipation

Mit Anpassung des Gerechtigkeitsbegriffs ist freilich nur die thematisch-inhaltliche Dimension der Erweiterung des politischen Mandats beschrieben, die gleichsam eine organisatorische Erneuerung in Richtung neuer Partizipations- und Artikulationsformen, regionale Differenzierungen und Vernetzungsfähigkeit mit anderen Akteuren benötigt. Fernerhin sind Fragen der politischen Partizipation für ein auf Inklusion und Exklusion fokussiertes Gerechtigkeitskonzept von bestimmender Bedeutung.

Die rückläufige Mobilisierungsfähigkeit kollektiver Akteure steht in Zusammenhang mit dem Wandel von Engagement und Partizipation, der weniger als Rückgang, sondern vielmehr als Verlagerung angesehen werden muss. Tatsächlich rückläufig ist die Partizipation in vertikal integrierten und hierarchisch strukturierten Organisationen sozialer und politischer Teilhabe wie Gewerkschaften, Kirchen, Wohlfahrtsverbänden und Parteien, während kleine, eher informelle, selbstorganisierte und projektorientierte Organisationenformen wie Selbsthilfegruppen, Bürgerinitiativen oder Kooperationsringe eine Zunahme verzeichnen.[399] Zur Erweiterung ihres politischen Mandats müssen die Gewerkschaften mit den politischen Partizipationsformen in Kontakt treten und kooperieren, die von dem Wandel von Engagement und Partizipation profitieren. Derartige Kooperationen der Gewerkschaften mit neuen sozialen Bewegungen zeigen sich beispielsweise in der Unterstützung und engen Zusammenarbeit mit attac, die nicht nur gemeinsame Formen der Öffentlichkeitsarbeit, sondern auch inhaltliche Positionierungen beinhaltet. So haben attac und ver.di ein gemeinsames Konzept für eine „Solidarische Einfachsteuer" präsentiert[400], dem auch der Vorstand der IG Metall zugestimmt hat.[401]

Erfahrungen aus den USA und Großbritannien, wo der Kontakt mit neuen sozialen Bewegungen und NGOs und die gemeinsame Entwicklung gleichberechtigter politischer Initiativen, vor allem auf lokaler und regionaler Ebene, für mehr soziale Gerechtigkeit den Gewerkschaften Mitgliederzuwächse beschert haben, legen eine stärkere Zusammenarbeit mit diesen sozialen Bewegungen nahe.[402]

Dabei müssen die Gewerkschaften den spezifischen Bestimmungsgründen Rechnung tragen, die soziale Bewegungen für partizipatorisches Engagement attraktiv machen. Selbsthilfegruppen und neue Initiativen sind ausdrücklich an der Erreichung persönlicher Anliegen orientiert, selbstorganisiert und stärker auf professionalisiertes Engagement aus-

---

399 Brömme, Norbert/ Strasse, Hermann (2001): Gespaltene Bürgergesellschaft? Die ungleichen Folgen des Strukturwandels von Engagement und Partizipation. In: APuZ Bd. 25-26/ 2001. S. 6 – 14. S. 8.

400 attac/ver.di/ IG Metall (2004): Konzept für eine „Solidarische Einfachsteuer" (SES): Gerechte Steuern – Öffentliche Finanzen stärken. In: http://www.igmetall.de/download/wirtschafts_steuerpolitik/solidarische_einfachsteuer.pdf.
Im Rahmen dieser Arbeit ist vor allem die gemeinsame Positionierung zu Fragen der Liberalisierung des Welthandels mit Dienstleistungen von Bedeutung. vgl. Kapitel 4.3.2.7

401 Vgl. Hickel, Rudolf (2004): Die Solidarische Einfachsteuer. Wie attac und ver.di der Expertokratie Paroli bieten. In: Blätter für deutsche und internationale Politik Nr. 7/2004. S. 851 – 861. S. 851.

402 Fichter, Michael/ Gester, Jochen/ Zeuner, Bodo (2001): Zukunft der Gewerkschaften Teil II. Externe Herausforderungen – Interne Problemlagen – Zukunftsoptionen: Eine internationale Perspektive. Arbeitspapier 44 der Hans Böckler Stiftung. Düsseldorf. S. 172.

gerichtet, wohingegen die Zugehörigkeit zu einem besonderen sozial-moralischen Milieu von untergeordneter Bedeutung ist. Sie bieten die Möglichkeit der aktiven Einbringung eigener Interessen und Fähigkeiten und tragen damit zur persönlichen Weiterentwicklung bei. Von großer Bedeutung ist die Verbesserung der Bedingungen für Vertrauen und gegenseitige Aufmerksamkeit durch eine direkte Einbindung und Interaktionen der Mitglieder.

Beim Ausbau derartiger Partizipationsformen stellen sich allerdings für die Gewerkschaften einige Probleme. Zum einen beziehen Gewerkschaften als intermediäre Organisationen ihre Legitimation aus einem innerverbandlichen Demokratiegebot, das sich formal auf die Besetzung der hauptamtlichen Posten und materiell auf den Willensbildungsprozess bezieht. Durch fließende Organisationsgrenzen wird die Legitimation des Gesamtverbandes geschwächt und überdies ist eine noch stärker wachsende Interessensvielfalt an den Rändern der Organisation zu erwarten. Organisationsökonomisch betrachtet verursacht eine Kooperation mit sozialen Bewegungen Kosten, die aufgrund von Mobilisierung, Reputationsgewinnen oder politischen Durchsetzungserfolgen gerechtfertigt sein können, sich aber direkt nicht monetär auswirken. Somit muss ein Hauptziel gewerkschaftlicher Kooperation immer die Gewinnung zahlender Mitglieder sein. Dabei ist unklar, welche Anreize die Gewerkschaften Mitgliedern anderer Partizipationsformen für den Eintritt bieten können, denn diese haben sich ja gerade aufgrund der Andersartigkeit ihrer Partizipationsform für diese entschieden. Ein Feld einträglicher Kooperations- und auch Rekrutierungsmöglichkeiten könnten Selbsthilfegruppen im Bereich Erwerbslosigkeit sein, denn hier verfügen Gewerkschaften mit ihrem Netz von Weiterbildungsinstitutionen über eine ausgebaute Infrastruktur, die als Nährboden für regionales und projektorientiertes politisch-soziales Engagement dienen könnte. Zudem gewinnen Informations- und Beratungsdienstleistungen über Weiterbildungsangebote nach den Arbeitsmarktreformen große Bedeutung für den Einzelnen[403], so dass die gewerkschaftliche Kompetenz in diesem Bereich einen selektiven Anreiz für einen Beitritt darstellen könnte.

Durch verstärkte Kooperationen mit Selbsthilfegruppen Erwerbloser bzw. durch die aktive Gründungsförderung derartiger Initiativen könnten die Gewerkschaften innerhalb einer Gruppe mobilisieren, die zurzeit nahezu ausgeschlossen von jedweder sozialer und politischer Beteiligung ist, da es sich beim Strukturwandel von Engagement und Partizipation um sozialstrukturell ungleich verteilte Entwicklungen handelt.[404]

Aufgrund des inzwischen auch von den Gewerkschaft stillschweigend eingeräumten Zusammenhangs zwischen Beschäftigung und Lohnhöhe sowie der Ambivalenz von Schutzfunktion und Verriegelungswirkung einer Reihe von Arbeitnehmerrechten, die zu einer Insider-Outsider-Spaltung am Arbeitsmarkt führen[405], sind die Interessen der (ge-

---

403 Das „Gesetz über moderne Dienstleistungen am Arbeitsmarkt" sieht u. a. vor, dass Arbeitslose nicht mehr einer Maßnahme zugewiesen werden, sondern stattdessen einen Bildungsgutschein erhalten, der bei zugelassenen Bildungsmaßnahmen frei einlösbar ist. Vgl. 4.3.6.4.

404 Brömme/ Strasser können zeigen, dass der Mitgliederschwund traditioneller Solidarorganisationen überproportional die unteren, vor allem bildungsfernen Bevölkerungsschichten betrifft. Gleichzeitig binden neue Organisationsformen weniger privilegierte Bevölkerungskreise nicht ein. Dieser strukturelle Wandel von Assoziationsformen führt zur Exklusion bestimmter Bevölkerungsgruppen und damit zu einer qualitativen Veränderung der Solidarität in Form einer ungleichen Verteilung von sozialem Kapital auf individueller Ebene bei gleichbleibendem Umfang in der Gesellschaft. Vgl. Brömme, Norbert/ Strasse, Hermann (2001): Gespaltene Bürgergesellschaft? Die ungleichen Folgen des Strukturwandels von Engagement und Partizipation. S. 6 – 14.

405 Schmidt, Manfred G. (2003): Ausgaben für Bildung im internationalen Vergleich. In: APuZ. B21-22/2003. S. 6-11. S. 9. Auch Wiesenthal/ Clasen konstatieren eine Miturheberschaft der Gewerkschaften an der Massen-

werkschaftlich organisierten) Arbeitsplatzinhaber und der Arbeitsplatzsuchenden zum Teil gegensätzlich, so dass ein Erstarken der Gruppe der Erwerbslosen innerhalb der Gewerkschaften zwangsläufig zu massiven und kaum mediatisierbaren innergewerkschaftlichen Interessenkonflikten führen würde. Deshalb wäre eine Mobilisierung dieser Gruppen durch Kooperation ohne Mitgliedschaft und ohne Partizipation an innergewerkschaftlichen Willensbildungsprozessen aus Sicht der Gewerkschaften durchaus vorteilhaft.[406]

3.1.2.2.5 Rekrutierung über selektive Anreize

Ob und in welchem Ausmaß die gewerkschaftliche Rekrutierung das traditionell betriebszentrierte Organisationsmodell zugunsten eines individualisierten Dienstleistungskonzepts im Sinne selektiver Anreize verlassen soll, ist innerhalb der gewerkschaftlichen Zukunftsdebatte umstritten.[407] Empirisch lässt sich feststellen, dass die Verbandskonsolidierung bisher vor allem auf traditionelle Weise betrieben wurde und eine Dienstleistungsorientierung eher nachrangig ist.[408]

Die Vorteile und Gefahren einer stärkeren Dienstleistungsorientierung müssen im Kontext dieser Arbeit nicht nachvollzogen werden, zumal die beschriebenen Modelle idealtypisch sind und lediglich die genaue Verortung, also die Frage, welchen Stellenwert die Bereitstellung von Dienstleistungen neben der Interessenvertretung und der politischen Vertretung nehmen soll, kontrovers ist. Dass das gewerkschaftliche Kerngeschäft von Solidarität selbstverständlich auch Dienstleistungsangebote der Gewerkschaften etwa für Betriebs- und Personalräte erforderlich macht, ist in der Literatur unbestritten.

Anderer potenzieller Dienstleistungen ungeachtet, machen es die Kompetenz der Gewerkschaften als Beratungs- und Informationsstelle und als Anbieter eigener Angebote in der Weiterbildung unter den Bedingungen des entstehenden Wettbewerbs der Weiterbildungseinrichtungen möglich, dass die Gewerkschaften sich in diesem Bereich in Agenturen umwandeln, die für ihre Beratungs- und Informationsleistungen Preise nehmen, die für Mitglieder rabattierbar sind, so dass diese Dienstleistungen selektiven Anreizcharakter für einen Gewerkschaftseintritt entfalten, ohne dass die Gefahr einer Entwicklung zu einem Wirtschaftsunternehmen besteht.

---

arbeitslosigkeit. Vgl. Wiesenthal, Helmut/ Clasen, Ralf (2003): Gewerkschaften in Politik und Gesellschaft: Von der Gestaltungsmacht zum Traditionswächter? In: Schroeder, Wolfgang/ Weßels, Bernhard (Hrsg.): Die Gewerkschaften in Politik und Gesellschaft der Bundesrepublik Deutschland. Wiesbaden. S. 296 – 322. S. 318.

406 Müller, Hans-Peter/ Wilke, Manfred (1999): Rückkehr in die politische Arena. Die deutschen Gewerkschaften und das Bündnis für Arbeit. Sankt Augustin. S. 21-28.

407 Vgl. u.a.: Keller, Berndt (1999): Neustrukturierung der Interessenvertretung im Dienstleistungsbereich. S. 609 – 624; Schmidt, Nikolaus (2000): Tertiarisierung – Ende der Industriegewerkschaften? Zum Verhältnis von Industriesektor und industriellen Dienstleistungen. In: Peters, Jürgen (Hrsg.): Dienstleistungs@rbeit in der Industrie. Ein gewerkschaftliches Gestaltungsfeld. S. 20 – 49.

408 Waddington, Jeremy/ Hoffmann, Reiner (2000): Gewerkschaften in Europa. In: Waddington, Jeremy/ Hoffmann, Reiner (Hrsg.): Zwischen Kontinuität und Modernisierung. Münster. S. 15-56. S. 44 ff.

3.2 Wirtschaftsverbände

Seit Anfang der 90er Jahre ist eine wachsende Unzufriedenheit mit den Leistungen des Wirtschaftsverbändesystems auszumachen, während die Bereitschaft abnimmt, dieses über eigene Beiträge zu finanzieren. Gleichzeitig sind Ansätze von alternativen Strukturen zu erkennen. Die wirtschaftlichen, politischen und sozialen Strukturveränderungen, die als Ursachen für die Erosion gewerkschaftlicher Vertretungsmacht ausgemacht wurden, haben ebenfalls negativen Einfluss auf die Integrationsfähigkeit der Wirtschaftsverbände, die an Verbandsaustritten und Tarifflucht ablesbar ist, so dass das System industrieller Beziehungen insgesamt in Gefahr geraten könnte.[409]

> „Sollten die Arbeitgeber nicht mehr in der Lage sein, die für den Flächentarifvertrag nötige Integrationsleistung gegenüber den Unternehmen zu erbringen, hat dies auch fundamentale Auswirkungen auf die Handlungsbedingungen der Gewerkschaften, so dass aus ordnungspolitischer Sicht die Archillesverse des deutschen Systems industrieller Beziehungen weniger die Gewerkschaft als vielmehr die Arbeitgeber sind."[410]

Welche Verbandsgruppe in einem auf bestimmte Regionen und Branchen erodierten Rumpfsystem industrieller Beziehungen einen strukturelle Vorteil haben würde, ist derzeit kontrovers und kann bisher nur spekulativ beantwortet werden. Ähnlich wie bei den Gewerkschaften ist die zukünftige Verfasstheit der Wirtschaftsverbandslandschaft maßgeblich von den zu ergreifenden Reformstrategien abhängig. Diese Reformoptionen werden im Folgenden nach einem Überblick über Erosionsmerkmale- und Ursachen dargestellt, wobei – analog zu der Darstellungsart der Reformaßnahme der Gewerkschaften – die Bedeutung des Politikfeldes Bildung hinsichtlich seiner Funktion innerhalb des Reformprozesses besondere Berücksichtigung erfährt.

3.2.1 Typologisierung der Verbände

Anders als Gewerkschaften sind Arbeitgeberverbände keine Massen-, sondern Honoratorenorganisationen, wobei das System organisierter Wirtschaftsinteressen in Funktion und Rechtsform unterschiedliche Verbandstypen umfasst. Politikwissenschaftlich werden Interessen als „verhaltensorientierte Ziele und Bedürfnisse von einzelnen und Gruppen in einem sozialen Umfeld"[411] definiert. „Organisierte Interessen werden [...] verstanden als freiwillig gebildete, soziale Einheiten mit bestimmten Zielen und arbeitsteiliger Gliederung. Es sind Organisationen, die individuelle, materielle und ideelle Interessen ihrer Mitglieder im Sinne von Bedürfnissen, Nutzen und Rechtfertigungen zu verwirklichen suchen. Sie tun

409 Selbst Autoren, die keine Krise des Systems organisierter Interessenvermittlung insgesamt erkennen mögen, sondern den tendenziellen Bedeutungsverlust etablierter Verbände angesichts der Entstehung neuer Interessenorganisationen als Modernisierungsprozess und Strukturwandel deuten, müssen eingestehen, dass es innerhalb dieses Strukturwandels eine Verschiebung der Domänen und somit Gewinner und Verlierer gibt. Vgl. Reutter, Werner (2000): Organisierte Interessen. Entwicklungstendenzen, Strukturveränderungen und Zukunftsperspektiven. In: Aus Politik und Zeitgeschichte (APuZ) Bd. 26 - 27/2000. S. 7 – 15.

410 Schroeder, Wolfgang/ Silvia, Stephen J. (2003): Gewerkschaften und Arbeitgeberverbände. In: Schroeder, Wolfgang/ Weßels, Bernhard (Hrsg.): Die Gewerkschaften in Politik und Gesellschaft der Bundesrepublik Deutschland. Wiesbaden. S. 244 – 270. S. 244.

411 Weber, Jürgen (1977): Die Interessensgruppen im politischen System der Bundesrepublik. Stuttgart. S. 31.

dies innerhalb der sozialen Einheiten [...] und/ oder gegenüber anderen Gruppen, Organisationen und Institutionen."[412]

Dieser Nominaldefinition zufolge ist die Organisationsform kein definitorisches Merkmal. Für die Erörterung der Zukunft der Wirtschaftsverbände ist eine weitere Kategorisierung der Verbände dieser Gruppe vonnöten. Die gebräuchlichste Kategorisierung erfolgt nach dem politischen Handlungsfeld (wirtschafts- oder sozialpolitische Verbände) und der Rechtsform (Kammern als Körperschaften des öffentlichen Rechtes[413]).[414]

Die Trennung zwischen Wirtschafts- und Arbeitgeberverbänden gilt als strukturprägendes Prinzip der deutschen unternehmerischen Verbandslandschaft.[415] Obwohl der Vorschlag Hennebergers plausibel ist, aufgrund nahezu identischer Tätigkeit der wirtschaftspolitischen Verbände und der Kammern auf der Dachverbandsebene nur noch zwischen sozial- und wirtschaftspolitischen Spitzenverbände zu unterscheiden,[416] wird die oben skizzierte Differenzierung zwischen Kammern und wirtschaftspolitischen Spitzenverbänden beibehalten, da für die Gewichtung der Erosionsphänomene sowohl die Rechtsform als auch die Mitgliederbasis von Bedeutung ist.

Bei den in dieser Arbeit untersuchten Wirtschaftsverbänden handelt es sich somit um sozialpolitische (BDA) bzw. wirtschaftspolitische (BDI und ZDH[417]) Verbände sowie um Kammern als Körperschaften des öffentlichen Rechtes (DIHK[418]).

Die ordnungspolitische Grundkonzeption der drei Spitzenverbände der Wirtschaft ist nahezu identisch. Gleiches gilt für die gesamtstrategische Zielsetzung im Sinne der Förderung einer angebotsorientierten Politik. Unterschiedlich sind lediglich die Aufgabenfelder: Industriebranchenbezogene Forderungen an die Wirtschaftspolitik sind Domäne des BDI, gesamtwirtschaftliche Sozial- und Tarifpolitik die der Bundesvereinigung deutscher Arbeitgeberverbände (BDA). Tarifpolitisch erfüllt die BDA wie der DGB lediglich eine Koordinierungsfunktion durch den „Katalog der zu koordinierenden lohn- und tarifpolitischen Fragen". Der Deutsche Industrie und Handelstag (DIHK) vertritt kammerspezifische und regionalpolitisch orientierte Forderungen der Industrie und des Handels.

Im Gegensatz zu den Gewerkschaften sind die Wirtschaftsverbände in der Forschung „chronisch unterforscht"[419], wobei von der geringen Anzahl an Studien der Großteil auf die sozialpolitischen Arbeitgeberverbände entfällt, während zu wirtschaftspolitischen Verbän-

---

412 Alemann, Ulrich von (1989): Organisierte Interessen in der Bundesrepublik. S. 30.

413 Aufgrund der Zwangsmitgliedschaft in den regionalen Industrie- und Handelskammern (IHK) können diese nicht unter „organisierte Interessen" subsumiert werden, da die Freiwilligkeit des Zusammenschlusses ein definitorisches Merkmal ist. Der (freiwillige) zentrale Zusammenschluss der regionalen IHK im Deutschen Industrie und Handelstag e.V. (DIHK) hingegen entspricht der zugrunde gelegten Definition.

414 Weber, Jürgen (1977): Die Interessensgruppen im politischen System der Bundesrepublik. S. 87 f.

415 Henneberger, Fred (1994): Arbeitgeber- und Wirtschaftsverbände in den neuen Bundesländern. In: Schmid, Josef/ Löbler, Frank/ Tiemann, Heinrich (Hrsg.) (1994): Organisationsstrukturen und Probleme von Parteien und Verbänden. Berichte aus den neuen Ländern. Marburg. S. 119-149. S. 126.

416 Ebenda. S. 123.

417 Der ZDH ist die wirtschaftspolitische Spitzenvereinigung des deutschen Handwerks, in der sowohl öffentlich-rechtliche Handwerkskammern als auch Zentralfachverbände des Handwerks organisiert sind.

418 Der DIHK ist die Spitzenorganisation aller Industrie- und Handelskammern. Er ist – genau wie die Industrie- und Handelskammern selber auch – als Körperschaft des öffentlichen Rechts organisiert. Für Unternehmen besteht die Mitgliedspflicht in der jeweiligen Kammer.

419 Abromeit, Heidrun (1987): Interessensverbände der Unternehmer. In: Journal für Sozialforschung. Heft 3 4/1987. S. 417 – 422. S. 417.

den oder Kammern nur sehr wenige Monografien existieren.[420] Aus diesem Grund steht für die Zukunftsdiskussion der Wirtschaftsverbände keine größere wissenschaftliche Expertise zur Verfügung, die in Umfang und Qualität den Studien der Hans Böckler-Stiftung vergleichbar wäre. Ferner fokussiert die politikwissenschaftliche Literatur, die sich mit Interessensverbänden und ihrer Rolle im politischen Prozess befasst, auf die Spitzen- bzw. Dachverbände und blendet die Landesebene weitgehend aus.[421]

3.2.2 Erosionserscheinungen: Mitgliederverluste und Durchsetzungsschwäche

In den 90er Jahren kam es im Gefolge der deutschen Einheit während der schwersten Rezession der Nachkriegszeit 1992 – 1996 zu großen Strukturveränderungen in der gewerblichen Wirtschaft, die schon seit längerem virulente Konflikte zwischen den Wirtschaftsverbände und ihren Mitgliedern offen hervortreten ließ. Derartige Konflikte traten sowohl in wirtschafts- als auch in sozialpolitischen Verbänden auf, wobei allerdings die Branchen unterschiedlich stark betroffen waren.

Im Zuge der Auseinandersetzung der Mitglieder mit dem BDI um die zu entrichtenden finanziellen Leistungen zeigte sich, dass die Betragsstruktur aus Sicht der vier größten Branchenverbände als unangemessen angesehen wurde. Die BDA sah sich vor allem mit einer breiten Unzufriedenheit der tarifvertraglichen Regelungen konfrontiert. Da sich der BDI dieser Kritik anschloss, entwickelte sich eine fortschreitende interverbandliche Konkurrenz zwischen Sozial- und Wirtschaftsverbänden auf Spitzenverbandsebene. Als der VDMA in seinem Ansinnen, separate Branchen- oder Betriebsabkommen anstelle eines übergreifenden Flächentarifvertrages einzuführen, ausdrücklich und öffentlich durch den BDI unterstützt wurde, kam es zwischen ihm und der BDA zu scharfen Auseinandersetzungen. Der Konflikt innerhalb der Spitzenverbände der Wirtschaft um das Instrument des Flächentarifvertrages ist bis heute virulent und Indiz dafür, dass die Wirtschaftsverbände in dieser Frage tief gespalten sind und ihr Verhältnis zunehmend von Konkurrenz geprägt ist.

Aus der Retrospektive erscheint es plausibel, für BDI-Austritte andere Motive als maßgeblich für BDA-Austritte anzunehmen, denn während der Krise der verarbeitenden Wirtschaft verzeichneten auch die nichttariffähigen Branchenverbände erhebliche Austritte, was nahe legt, dass eine erhebliche Grundunzufriedenheit mit den Leistungen und Kosten aller Wirtschaftsverbände bestand. In dem günstigeren Konjunkturumfeld der Folgejahre konnten sich jedoch die wirtschaftspolitischen Verbände stabilisieren, während bei den sozialpolitischen Vereinigungen keine organisatorische Stabilisierung auszumachen ist.

Ein wichtiger Indikator für die Bewertung des arbeitsmarktpolitischen Einflusses von Arbeitgeberverbänden ist der Beschäftigtenorganisationsgrad, also der Anteil der Beschäftigten in den Mitgliedsunternehmen gemessen an der Gesamtzahl aller in der Branche Beschäftigten, da sich in diesem Indikator die rechtliche Geltungskraft des Flächentarifvertrages abbildet.

[420] Als weitere Mischform existieren integrierte Verbände, die sowohl Industrie- wie auch Tariffunktion unter einem Dach vereinen.

[421] Mayntz, Renate (1990): Organisierte Interessenvertretung und Föderalismus: Zur Verbändestruktur in der Bundesrepublik Deutschland. In: Ellwein, Thomas/ Hesse, Joachim Jens/ Mayntz, Renate/ Scharpf, Fritz W. (Hrsg.): Jahrbuch zur Staats- und Verwaltungswissenschaft. Band 4. Baden-Baden. S. 145 – 156. S. 145.

Zwar ist dieser in der Bundesrepublik zumeist höher als der der Gewerkschaften, so dass Tarifverträge eine überproportionale Ausstrahlung erreichen, gleichzeitig weist er erheblich divergierende Organisationsneigungen je nach Betriebsgröße und Sektoren auf. Große Betriebe sind für gewöhnlich verbandsgebunden, während bei KMU nur ein kleiner Teil Mitglied in einem Arbeitgeberverband ist. Im Osten ist der Organisationsgrad der Arbeitgeberverbände insgesamt wesentlich niedriger als in Westdeutschland, wobei allerdings die Organisationsgrade großer Betriebe mit mehr als 500 Beschäftigten in Ost- und Westdeutschland ähnlich sind. Im Dienstleistungsbereich ist er in West- und Ostdeutschland geringer als in der verarbeitenden Wirtschaft.

Über alle Bereiche hinweg muss eine Erosion der Organisationsneigung konstatiert werden. Der Verbandsorganisationsgrad[422] der westdeutschen Arbeitgeberverbände ist seit zwei Jahrzehnten konstant zurückläufig[423], ebenso der Beschäftigungsorganisationsgrad, jedoch deutlich langsamer[424]. Diese unterschiedlichen Erosionsgeschwindigkeiten sind durch ein nach Betriebsgröße unterschiedliches Austrittsverhalten erklärbar, denn vor allem KMU verlassen die Arbeitgeberverbände, wodurch die Zahl der nicht verbandsgebundenen Unternehmen im Vergleich zum Beschäftigtenorganisationsgrad überproportional steigt. Auffällig ist ferner, dass die Arbeitergeberverbände je nach Branche in unterschiedlichem Ausmaß von dem Mitgliederschwund betroffen sind. Während es in der Druck- Holz- und Metallindustrie zu beträchtlichen Austrittsbewegungen kam, konnten sich die Arbeitgeberverbände der Chemie- und Textilbranche relativ gut behaupten. Auf die Gründe für die unterschiedliche Strukturanpassungskapazität wird später noch einzugehen sein.

Die Mitgliedererosion der Arbeitgeberverbände führt einerseits zu einer für sie unzureichenden Relation von Aussperrungs- zu Streikfähigkeit und damit zum massiven Verlust ihrer realen Konfliktfähigkeit in den Arbeitskämpfen.[425] Andererseits rufen die stetig sinkenden Organisationsgrade bei einer gleichzeitig größeren Ausstiegsneigung der KMU eine Legitimationskrise hervor, da die vertikale Exklusivität, also der Anspruch, für die gesamte Wirtschaft bzw. für die gesamte Branche zu sprechen, verloren geht. Innerhalb der Arbeitgeberverbände können die Interessen zwischen den verschiedenen Größenklassen offensichtlich nicht mehr ausreichend integriert werden, so dass sich die Verbandspolitik an den größeren Unternehmen mit hohem gewerkschaftlichen Organisationsgrad ausrichtet. Davon

---

[422] Der Verbandsorganisationsgrad/ der Beschäftigtenorganisationsgrad errechnet sich aus dem Quotienten der Zahl der Mitgliedsunternehmen/ der Beschäftigten und der Zahl der organisierten Unternehmen/ Beschäftigten multipliziert mit 100. Vgl. Müller-Jentsch, Walther/ Ittermann, Peter (2000): Industrielle Beziehungen. Daten, Zeitreihen, Trends 1950 – 1999. Frankfurt am Main. S. 144 f.

[423] Mitgliederorganisationsgrad für die westdeutsche Metallbranche: 65 Prozent (1964), 56 Prozent (1984), 43 Prozent (1994), 35 Prozent (1998), 31 Prozent (2001). Vgl. Schroeder, Wolfgang (2003): Der neue Arbeitsmarkt und der Wandel der Gewerkschaften. In: APuZ Bd. 47 – 48/ 2003. S. 6 – 13. S. 9 f.
Der sinkende Organisationsgrad widerlegt gleichzeitig die oftmals seitens der Wirtschaftsverbände aufgestellte Behauptung, die Mitgliederverluste resultierten zur Hälfte aus Unternehmensinsolvenzen. Vgl. Zimmer, Stefan (2002): Jenseits von Arbeit und Kapital? S. 98.

[424] Beschäftigtenorganisationsgrad der westdeutschen Metallbranchen: 77 Prozent (1984), 68 Prozent (1994), 63 Prozent (2000), 62 Prozent (2001). Ebd. S. 98.

[425] Seit den 90er Jahren wurde das Mittel der Aussperrung als Antwort auf gewerkschaftliche Streiks kaum mehr eingesetzt. Auch die Relation zwischen Streik- und Aussperrungsbetroffenen verändert sich für die Arbeitgeberverbände massiv zum Nachteil. Vgl. Hans Böckler Stiftung (2000): Streiks und Aussperrungen in West- und Ostdeutschland. In: http://www.boeckler.de/rde/xchg/SID-3D0AB75F-71A6FF46/hbs/hs.xsl/559_16561.html (31.12.2003). Der Anteil der Aussperrungsbetroffenen an allen Konfliktakteuren sank von 34 % bzw. 37 % in den 60er und 70er Jahren über 12 % in den 80er Jahren auf 0,01 % in den 90er Jahren. Vgl. Schroeder, Wolfgang/ Weßels, Bernhard (2003): Das deutsche Gewerkschaftsmodell im Transformationsprozess. S. 263.

sind sowohl Legitimität[426] der verbandlichen Interessenvertretung als auch Effektivität des Systems industrieller Beziehungen insgesamt unmittelbar berührt[427], weil zwei wesentliche Voraussetzungen des Systems – eine angemessene Binnenstruktur und ein ausreichender Organisationsgrad der Verbände – erodieren.[428]

Gleichzeitig ist zusätzlich zu dem wachsenden Konflikt zwischen BDI und BDA in Fragen der Tarifautonomie die Etablierung von Parallelstrukturen in Form von Interessenvertretungsorganisationen der KMU (Arbeitsgemeinschaft selbständiger Unternehmer [A-SU] oder dem Verband der Investitionsgüterindustrie [Verband der deutschen Maschinen- und Anlagenbauer, VDMA]) erkennbar, so dass der Druck auf den Flächentarifvertrag und die Tarifpartner zusätzlich erhöht wird.[429]

Zusammenfassend muss für das gesamte System organisierter Wirtschaftsinteressen ein die etablierten Verbände schwächender Strukturwandel konstatiert werden. Für alle Wirtschaftsverbände ist festzuhalten, dass die Kritik an der Leistungsfähigkeit steigt, während gleichzeitig die Bereitschaft, Mitgliedsbeiträge zu entrichten, sinkt.[430] Dabei richtet

---

426 Die verfassungsrechtliche Stellung von Verbänden ist in der Rechtswissenschaft nicht abschließend geklärt, jedoch nimmt die herrschende Meinung zumindest für den Spezialfall der Spitzenverbände aufgrund deren Mitwirkung an der politischen Willensbildung des Volkes eine Analogie zum Art. 21 Abs. 1 GG an, so dass Art. 21 Abs. 1 HS 3 („Ihre innere Ordnung muss demokratischen Grundsätzen entsprechen.") auch auf Verbände Anwendung findet. Vgl. Hesselberg, Dieter (1999): Das Grundgesetz. Kommentar für die politische Bildung. S. 189; Föhr, Horst (1975): Anforderungen des Grundgesetzes an den Aufbau von Verbänden. In: Neue Juristische Wochenschrift (NJW) Nr. 28/1975. S. 619-629. S. 619 f. Ferner verlangt der Grundrechtsschutz der Mitglieder innerverbandliche Demokratie: Da die Spitzenverbände aus der privaten gesellschaftlichen Sphäre herausgewachsen sind, sind die ursprünglichen Freiheitsrechte vom Staat auf mächtige gesellschaftliche Gruppen übertragbar (Drittwirkung der Grundrechte). Vgl. Scholz, Rupert (1990): Grundgesetz. RdNr. 95ff. Zur Ausgestaltung von Binnendemokratie in Verbänden vgl. Alemann, Ulrich von (1989): Innerverbandliche Demokratie – Privatsache oder Politikum? S. 8-12.

427 Im Bereich der beruflichen Bildung zeigt sich, dass die Wirtschaftsverbände aufgrund mangelnder Verpflichtungsfähigkeit einen großen Teil der Steuerungsfähigkeit über den korporatistisch verantworteten Bereich bereits verloren haben. Vgl. 4.3.5.

428 Interessanterweise verwenden Teubner und Schroeder mit Bezug auf Legitimität bzw. Effektivität die gleiche Metapher. Für Teubner stellt die Binnenstruktur der Verbände und ein ausreichend hoher Organisationsgrad die „Achillesferse des Korporatismus" dar, wohingegen Schroeder zufolge die „Mitgliedschaftsproblematik in Arbeitgeberverbänden als Achillesferse für das deutsche Modell der industriellen Beziehungen betrachtet werden kann." Vgl. Teubner, Gunther (1979): Neo-korporatistische Strategien rechtlicher Organisationssteuerung. In: Zeitschrift für Parlamentsfragen (ZParl) Nr. 10. S.487-495. S. 497; Schroeder, Wolfgang (1997): Loyality und Exit – Austritte aus regionalen Arbeitgeberverbänden. In: Alemann, Ulrich von/ Weßels, Bernhard (Hrsg.) (1997): Verbände in vergleichender Perspektive. Beiträge zu einem vernachlässigten Feld. Berlin. S. 225-252. S. 266.

429 Auch bei den Gewerkschaften sind organisatorische Differenzierungen erkennbar, die zu Parallelstrukturen mit klarem Konkurrenzcharakter führen. Als Beispiel sei die Pilotenvereinigung Cockpit genannt, die seit der Integration von DAG und ÖTV in ver.di selber tariffähig geworden ist. Im Bereich der Luftfahrt existieren ferner die Unabhängige Flugbegleiterorganisation (Ufo) sowie eine Vereinigung Boden (vb). Vor kurzem trennten sich die Berufsverbände der Fluglotsen und der Flugsicherungstechniker von ver.di und gründeten eine eigene Gewerkschaft der Flugsicherung. Im Bereich des Schienentransportwesens sind ähnliche Entwicklungen erkennbar.

430 Da ein Austritt aus den Industrie- und Handelskammern aufgrund des Status als öffentlich-rechtliche Körperschaften nicht möglich ist, blieben diese zwar von Austritten verschont, trotzdem existiert eine Unzufriedenheit der Mitglieder in gleichem Maße wie bei BDI und BDA. Ähnlich wie beim BDI war der Auslöser eine von den großen Mitgliedern ausgemachte Gerechtigkeitslücke, da kleine Betriebe keine Beiträge zahlen, die Leistungen aber in vollem Maße in Anspruch nehmen können. Als eine Entscheidung des Bundesverwaltungsgerichtes den DIHK zwang, diese Gebührenstruktur dahingehend zu verändern, dass kleine Unternehmen ebenfalls Gebühren entrichten müssen, brach eine Diskussion um die Pflichtmitgliedschaft aus. Vgl. BVerwGE vom 26.06.1990. Insbesondere die ehemals gebührenbefreiten Mitglieder organisierten ihren Wi-

sich die Unzufriedenheit vor allem auf die Spitzenverbände. Wirtschafts- und sozialpolitische Verbände haben Probleme bei der innerverbandlichen Integration der durch den Strukturwandel zunehmend divergierenden Mitgliederinteressen. Arbeitgeberverbände passen sich eher den Einzelinteressen an als umgekehrt und haben nur eine relative Autonomie gegenüber den Mitgliedern[431], woraus eine innerverbandliche Dominanz großer Mitgliedsfirmen bzw. auf Spitzenverbandsebene gewichtiger Mitgliederverbände resultiert. Insbesondere die BDA wird durch die industriellen Großverbänden vor allem der Metall- und Elektroindustrie dominiert, so dass Gesamtmetall innerhalb der BDA eine ähnliche Rolle wie der IG Metall im DGB zukommt. Dies hat zwei Folgen für Einfluss- und Mitgliederlogik: Zum einen verfügen die Wirtschaftsverbände nur über geringe Verpflichtungsfähigkeit bei einer gleichzeitigen innerverbandlichen Marginalisierung randständiger Interessen. Als Reaktion verlassen vor allem KMU die Arbeitgeberverbände, was einen selbstverstärkenden Effekt erzeugt, da die Interessen der verbleibenden Unternehmen dieser Größenklassen weiter marginalisiert werden. Stärker als in einer relativen Unterrepräsentation bestimmter Mitgliederinteressen innerhalb der wirtschaftspolitischen Interessenvertretung gegenüber dem politischen System findet diese unzureichende Integrationskapazität ihren Ausdruck in dem Instrument des Flächentarifvertrages, so dass sozialpolitische stärker als wirtschaftspolitische Verbände betroffen sind.

3.2.3 Erosionsursachen

3.2.3.1 Flächentarifvertrag

Angesichts der Konstanz dieser Entwicklungen kann die in den Jahren zwischen 1992 und 1996 mehrheitlich insbesondere von den Wirtschaftsverbänden vertretene These, die Verbandsflucht sei primär auf konjunkturelle Gründe zurückzuführen, heute als widerlegt betrachten werden.[432] So weist Schroeder in einer Untersuchung der Austrittsmotive nach, dass keine determinierende Beziehung zwischen schlechter Geschäftslage und Austrittsentscheidung besteht[433]. Vielmehr ist eine generelle Unzufriedenheit mit der konkreten Arbeit und Dienstleistungsqualität der Verbände auszumachen, so dass die schlechte ökonomische Lage eher ein Anlass denn eine Ursache für den Verbandsaustritt darstellt, wobei der dominante Austrittgrund bei den sozialpolitischen Verbänden die Unzufriedenheit mit der verbandlichen Tarifpolitik ist.

Stefan Zimmer bestätigt anhand einer umfassenden Untersuchung aller vormaligen Mitglieder der Metall- und Elektroverbände in der Bundesrepublik zwischen 1995 – 1999, dass der Anteil unzufriedener Betriebe stetig wächst und sich die Unzufriedenheit in erster

derstand gegen die Neuordnung durch die Gründung des Vereins „IHK-Verweigerer e. V." Vgl. Hirn, Wolfgang/ Klusmann, Steffen (1996): Die Rebellion der Zwangsbeglückten. S. 224f. Eine erneute Änderung des IHK-Gesetzes 1998, die etwa ein Drittel der Kleinstbetriebe von der Gebührenpflicht entband, konnte die Debatte um den Beitragszwang nicht beenden. Laut einer Umfrage von INFAS betrachten nach wie vor über 25 Prozent der Mitglieder die Beitragsstruktur als ungerecht. Vgl. INFAS-Umfrage 1996/97 „IHK"; Hirn, Wolfgang/ Klusmann, Steffen (1996): Die Rebellion der Zwangsbeglückten. S. 224.

431 Zu diesem Ergebnis kommen übereinstimmend die Neo-Korporatismus-Studien von Franz Traxler für Österreich, Hajo Weber für die Metall- und Elektroindustrie sowie Josef Hilbert für die Ernähungsindustrie. Vgl. Schroeder, Wolfgang/ Silvia, Stephen J. (2003): Gewerkschaften und Arbeitgeberverbände. S. 248.

432 Schroeder, Wolfgang/ Silvia, Stephen J. (2003): Gewerkschaften und Arbeitgeberverbände. S. 262.

433 Schroeder, Wolfgang (1997): Loyality und Exit – Austritte aus regionalen Arbeitgeberverbänden. S. 247.

Linie auf die verbandlichen Leistungen und vor allen auf das Kollektivgut Verbandstarifvertrag richtet.[434] Für das Baugewerbe kommt Zimmer zu ähnlichen Ergebnissen.[435]

Tabelle 3.5: Austrittsmotive der Mitgliedsunternehmen bei Gesamtmetall

Gesamtmetall - Austrittgründe der Mitgliedsunternehmen 1995 - 1999[436]					
Austrittsgründe	**1995**	**1996**	**1997**	**1998**	**1999**
Liquidation	327 (44,6%)	304 (41,1%)	251 (47,7%)	199 (51,7%)	165 (33,3%)
Beitragshöhe	6 (0,8%)	4 (0,6%)	2 (0,4%)	0	0
Tarifbindung	242 (32,9%)	184 (27,9%)	147 (27,9%)	111 (28,8%)	238 (48,1%)
davon OT-Übertritte	67	61	61	50	153
sonstige Gründe/ ohne Angaben von Gründen	159 (21,7%)	168 (25,4%)	126 (24%)	75 (19,5%)	92 (18,6%)
Gesamtaustritte	734 (100%)	660 (100%)	526 (100%)	385 (100%)	495 (100%)

Der steigende Anteil von Übertritten in Arbeitgeberverbände ohne Tarifbindung (OT-Verbände) an den Austritten aus Arbeitgeberverbänden insgesamt unterstreicht zum einen die Unzufriedenheit mit dem Flächentarifvertrag und zeugt zum anderen von einer organisatorischen Reaktion der Arbeitgeberverbände, die OT-Verbände bzw. OT-Mitgliedschaften in stärkerem Maße bereitstellen.

Ein weiterer Beleg für die Unzufriedenheit mit der Flächentarifpolitik als entscheidendes Austrittsmotiv sind die Mitgliederzuwächse der neu entstandenen Interessenorganisationen der KMU. Diese wirken in der Öffentlichkeit – oftmals unterstützt oder flankiert durch die wirtschaftspolitischen Branchenverbände und deren Spitzenverband – als Hauptkritiker der flächentariflichen Struktur des deutschen Modells.[437]

Hauptmotiv für die Austritte aus sozialpolitischen Arbeitgeberverbänden ist eindeutig die Unzufriedenheit mit den Ergebnissen der verbandlichen Tarifpolitik. Tarifflucht ist jedoch nicht die alleinige Ursache, denn auch die nichttariffähigen Verbände sind mit Mitgliederverlusten konfrontiert, was auf eine allgemeine Unzufriedenheit mit den Wirtschaftsverbänden schließen lässt. Es kann angenommen werden, dass die noch näher zu bestimmenden Erosionsursachen, die nicht mit dem Flächentarifvertrag in Zusammenhang stehen, sowohl für sozial- als auch wirtschaftspolitische Verbände Geltung haben.

---

[434] Zimmer, Stefan (2002): Jenseits von Arbeit und Kapital? S. 97.
[435] Ebenda. S. 98 f.
[436] Ebenda. S. 96. Tabelle 2. Quelle: Gesamtmetall.
[437] Schroeder, Wolfgang/ Silvia, Stephen J. (2003): Gewerkschaften und Arbeitgeberverbände. S. 255.

3.2.3.2 Soziokultureller Wandel

Der bereits erwähnte Verfallsprozess traditioneller Sozialmilieus, „in denen Loyalität zu, Mitgliedschaft in und Beteiligung an einer bestimmten, kollektiven Identität repräsentierenden und erzeugenden Organisation eine verpflichtende "Selbstverständlichkeit" war.“[438] wirkt sich negativ auf die Bindungskraft der Wirtschaftsverbände aus. Traditionelle und normative Integrationsformen verlieren ihre moralisch-verpflichtende, informell-obligatorische Komponente mit dem Ergebnis einer destabilisierenden Wirkung auf die innerverbandliche Integrationskraft.[439] Speziell für die Bindungen an organisierte Wirtschaftsinteressen ist festzustellen, dass diese ihre affektiv-expressive Dimension einbüßen und vermehrt instrumentellen Charakter annehmen.

> „In der Nachkriegsära war es für jeden standesbewussten Unternehmer eine Selbstverständlichkeit, Mitglied in mindestens drei Organisationen zu sein. [...] Heute existiert dieser Automatismus keineswegs mehr uneingeschränkt. Wichtige Argumente für Verbändemitgliedschaft scheinen ihre Gültigkeit verloren zu haben.“[440]

Demzufolge verliert zunehmend die Pflege einer gemeinsamen Wertebasis im Sinne von Klassenbewusstsein (als Unternehmer) zugunsten einer an Systemnotwendigkeiten orientierten Rationalität als Aufgabe deutscher Wirtschaftsverbände an Bedeutung.[441] Hinzu kommt der Verlust des Gegenverbandscharaktes der Wirtschaftsverbände durch die Schwäche der Gewerkschaften.

Ob „gesellschaftliches Engagement [von Unternehmen; J. K.] [...] heute mehrheitlich als altruistische Spielwiese einzelner betrachtet und ihm demnach fakultativer Charakter beigemessen“[442] wird, kann aufgrund der stark wachsenden Zahl von Stiftungen und Initiativen, die durch Unternehmen finanziert bzw. initiiert werden, durchaus bezweifelt werden. Vielmehr ist derartiges Engagement als Beleg für den Wandel der politischen Partizipationsformen (anstelle einer Auflösung) zu werten.[443]

3.2.3.3 Internationalisierung der Wirtschaft und europäische Integration

Sowohl die zunehmende Internationalisierung der Wirtschaft als auch die fortschreitende europäische Integration führen zu einer Verlagerung von Entscheidungsprozessen. In beiden Fällen hat diese Verlagerung einen Bedeutungsverlust nationalstaatlich begrenzter,

---

[438] Mit weiteren Verweisen auf Untersuchungen zu der Auflösung traditioneller Sozialmilieus vgl. Streeck, Wolfgang (1999): Korporatismus in Deutschland: zwischen Nationalstaat und Europäischer Union. Frankfurt am Main. S. 227.

[439] Ebenda.

[440] Burgmer, Inge Maria (1999): Die Zukunft der Wirtschaftsverbände. Bonn. S. 86 f..

[441] Ohneis, Gerhard (1990): Wandel in der Zielsetzung der Deutschen Unternehmerverbände – Eine systematische Analyse am Beispiel von BDI und BDA. Univ.-Diss. Stuttgart. S. 202.

[442] Burgmer, Inge Maria (1999): Die Zukunft der Wirtschaftsverbände. S. 84.

[443] Vgl. Eberle, Ute/ Stöbener, Dorothée (2000): Gutes tun mit Gewinn. In: Zeit Nr. 39/2000 vom 28.09.2000; Habisch, André (2000): Wohl und Wehe. André Habisch über Corporate Citizenship und die Weiterentwicklung der sozialen Marktwirtschaft. In: Wirtschaftswoche Nr. 51 vom 14.12.2000. S. 32f.; Janning, Heinz/ Bartjes, Heinz (2000): Ehrenamt und Wirtschaft. Internationale Beispiele bürgerschaftlichen Engagements der Wirtschaft. Stuttgart. S. 75.

(wirtschafts-) politischer Entscheidungen zur Folge, mit dem wiederum eine Erosion der nationalen Verbändelandschaft einhergeht. Trotz dieser Gemeinsamkeit weisen beide Phänomene qualitative Unterschiede auf, denn die europäische Integration erfordert Entscheidungsverlagerungen von der nationalen auf die supranationale Ebene, wobei sich die Internationalisierung der Wirtschaft außerhalb staatlicher Strukturen vollzieht.

3.2.3.3.1 Internationalisierung

Durch die Internationalisierung der Kapitalmärkte entsteht ein Mechanismus, der im Gegensatz zu den Investitionsgesellschaften in einer national begrenzten Volkswirtschaft zur Optimierung des wirtschaftlichen Umfeldes nach seinen Vorstellungen nicht unbedingt mit dem Versuch der Einflussnahme auf die politischen Entscheidungen reagiert, sondern bei Antizipation besserer Renditemöglichkeiten eine einfache Abwanderung des Kapitals ermöglicht.[444] Aufgrund der deutschen Besonderheit des Kapitalmarktes mit hohem Banken- und geringem Eigen- oder Fremdkapitalanteil an deutschen Unternehmen darf dieser Effekt als Erosionsursache für die Wirtschaftsverbände jedoch nicht überbewertet werden, weil das Volumen ausländischer Direktinvestitionen in Deutschland gering ist und zudem private Kapitaleigner und Investitionsformen die Wirtschaftsverbände bisher kaum für ihre Interessenvertretungen genutzt haben.

Die neue Intensität sowie die räumliche und materielle Qualität der Internationalisierung von Waren, Dienstleistungen, Kapital, Arbeitsplätzen und Informationen hat die weltwirtschaftliche Verflechtung in den letzten Jahren enorm dynamisiert und zu markanten Strukturverschiebungen auf den Weltmärkten geführt. In diesem Zusammenhang muss auf das gestiegene Gewicht der multinationalen Unternehmen hingewiesen werden.[445] Beides, globale Kapitalströme und international tätige Unternehmen, führen zu einer Abnahme der Steuerungsfähigkeit von Nationalstaaten, die aufgrund eines derzeitigen Fehlens eines Pendants zur Europäischen Union auf internationaler Ebene nur sehr begrenzt durch Verlagerung oder Entwicklung politisch-institutioneller Strukturen kompensiert werden kann.

Der sinkende Spielraum der nationalen Regierungen als Hauptadressaten verbandlicher Interaktion bewirkt einen parallelen Bedeutungsverlust nationaler Verbände.[446]

---

444 Scharpf, Fritz W. (1998): Demokratie in der transnationalen Politik. In: Beck, Ulrich (1998): Politik der Globalisierung. Frankfurt am Main. S. 228-254. S. 24; Eine Betrachtung der Direktinvestitionen im Verhältnis zum nominellen Sozialprodukt zeigt den enormen Bedeutungszuwachs von internationalen Kapitalströmen: Bis 1985 sind Direktinvestitionen jährlich um 1 % gewachsen, von 1985 bis 1990 stiegt diese Wachstumsrate auf 34 %. Damit war die Zunahme der Investitionsströme bedeutend größer als diejenige der Warenexporte (+13 %) oder der nominellen Sozialprodukte (+12 %). Vgl. Institut der Deutschen Wirtschaft (2000): Direktinvestitionen. Unternehmen streben nach Größe. In: Informationsdienst IWD 14/2000. S. 2.

445 Bürklin, Wilhelm (2000): Globalisierung als Chance für Wohlstand und Arbeitsplätze. In: Aus Politik und Zeitgeschichte (APuZ) Bd. 48/2000. 24.11.2000. S. 33-39. S. 33.

446 Dolzer, Rudlf (2001): Die Souveränität der Nation ist nicht abgeschafft. In: Das Parlament Nr. 3-4 vom 19.01.2001. S.6.

3.2.3.3.2 Europäische Integration

Bei der Verlagerung wirtschaftspolitischer Entscheidungsprozesse von der nationalen auf die europäische Ebene verhält es sich anders: In diesem Fall ist eine Kompensation der abnehmenden Steuerungsfunktion der Nationalstaaten durch den Aufbau supranationaler politisch-institutioneller Strukturen in Europa möglich. Nach Eichener/ Voelzkow ist die politisch-institutionelle Integration Europas durch eine „Ko-Evolution politisch-administrativer und verbandlicher Strukturen"[447] gekennzeichnet. Dabei muss zwischen der Evolution europäischer Verbände[448] und der Direktvertretung nationaler Verbände bei der EU differenziert werden.

3.2.3.3.2.1 Direktvertretung der deutschen Spitzenverbände bei der EU

Mit der zweiten Variante beginnend, kann für BDI, BDA und auch den DIHK festgestellt werden, dass diese im Zuge einer europäischen Gemeinschaftsbildung ihr Aufgabenspektrum erweitern, organisatorische Anpassungen vorgenommen und neue Kooperationsstrategien entwickelt haben. Trotz jüngster personeller und finanzieller Aufstockung des Brüsseler Büros bleiben die wirtschafts- bzw. sozialpolitischen deutschen Spitzenverbände dem Territorialprinzip verhaftet, indem sie von deutschem Boden aus agieren und durch eigene Niederlassungen oder Mitgliedschaften über die nationalen Grenzen hinweg Einfluss auszuüben versuchen.[449]

Dieser Befund ist typisch für die Wirtschaftsverbandslandschaft, denn die von vielen erwartete weitgehende Verlagerung der Verbandsaktivitäten von der nationalen auf die europäische Ebene hat in dieser Qualität bisher nicht stattgefunden. Vielmehr lässt sich eine Doppelstrategie von Wirtschaftsverbänden erkennen, indem sie ihre Aktivitäten auf nationaler Ebene gerade nicht in dem Maße zurückfahren, in dem europäische aufgebaut werden. Fallstudien deuten eher auf ein paralleles Wachstum hin[450], so dass mit der Europäischen Union eine dritte Handlungsebene für nationale Verbände hinzutreten könnte.[451] Allerdings sind dieser Strategie durch Beanspruchung zusätzlicher Ressourcen in beträchtlichen Größenordnungen Grenzen gesetzt, da viele deutsche Unternehmen nicht bereit sind, den Aufbau eines Verbandsgefüges wie in Deutschland zusätzlich noch in Brüssel zu akzeptieren.[452]

---

447 Eichener, Volker/ Voelzkow, Helmut (1994): Europäische Integration und verbandliche Interessenvermittlung: Ko-Evolution von politisch-administrativem System und Verbändevermittlung. In: Eichener, Volker/ Voelzkow, Helmut (Hrsg.): Europäische Integration und verbandliche Interessenvermittlung. Marburg. S. 9-25.

448 Der Einfachheit halber wird der allgemeinen Terminologie in der Literatur gefolgt, die Verbände, welche ausschließlich auf der Ebene der Europäischen Union existieren, mit dem Präfix „Euro" versieht.

449 Kohler-Koch, Beate (2000): Unternehmensverbände im Spannungsfeld von Europäisierung und Globalisierung. In: Bührer, Werner/ Grande, Edgar (Hrsg.): Unternehmerverbände und Staat in Deutschland. Baden-Baden. S. 132 – 149. S. 135.

450 Ebenda. S. 139.

451 Streeck, Wolfgang/ Schmitter, Phillipe C. (1991): From National Corporatism to Transnational Pluralism: Organized Interests in the Single European Market. In: Politics and Society, Nr. 19/1991. S. 133 – 164. S. 133 ff.

452 Wartenberg, Ludolf von (2000): Industrieller Wandel in Deutschland, Globalisierung und Europäisierung-Herausforderungen für den BDI. S.161. In: Bührer, Werner/ Grande, Edgar (Hrsg.): Unternehmerverbände und Staat in Deutschland. Baden-Baden. S. 157 – 163.

Einerseits erklärt sich diese Unwilligkeit aus dem Wunsch der Kostenminimierung, andererseits sehen sich insbesondere die wirtschaftspolitischen Verbände zunehmend mit anderen Vorstellungen der Interessenvertretung konfrontiert: Sehen deutsche Verbände in einem durch einen hohen Organisationsgrad handlungsfähigen Verband einen Garanten für erfolgreiche Interessenvertretung, herrscht bei vielen Unternehmen die Auffassung vor, dass gerade ein schlanker Verband effizient arbeitet, weil er aufgrund seiner geringen Ressourcenausstattung notwendigerweise auf die Unterstützung der Unternehmen angewiesen ist und somit seine Forderungen näher an deren Interessen liegen.[453] Diese Einschätzung ist vor allem bei Großunternehmen zu finden, die in Brüssel wesentlich stärker als in Berlin Lobbying ohne Einbindung eines Verbandes betreiben und darüber hinaus bestrebt sind, ihren Einfluss auf jene kontinuierlich zu vergrößern.[454] Deshalb sind es nicht nur kleine und mittelständische Unternehmen (KMU), die eine Ausweitung der Verbandsaktivitäten nach Brüssel skeptisch betrachten, sondern auch bei Großunternehmen besteht nur verhaltenes Interesse, die notwendigen Ressourcen zu finanzieren.

Erschwerend kommt hinzu, dass das Spektrum der Einflussgelegenheiten für die wirtschaftsverbandliche Interessenvertretung im Vergleich zur Bundesrepublik beträchtlich eingeschränkt ist.[455] Überdies kommt dem Lobbying innerhalb der Interessenvermittlung in der Europäischen Union eine weitaus größere Bedeutung zu als in der Bundesrepublik, was die deutschen Spitzenverbände vor weitere Probleme stellt.[456]

Die Einflusslogik des Lobbying lässt erwarten, dass der Wirkungsgrad eines Verbandes umso größer ist, je höher sein Sachverstand ist. Dabei liegt es auf der Hand, dass die Informationsmenge und Qualität – wenn auch nicht alleinig – so doch in erheblichem Maße von den finanziellen und personellen Ressourcen vor Ort abhängig ist. Diese Variable ist im Fall der deutschen Spitzenverbände aus oben genannten Gründen nur noch in geringem Maße steigerbar.

Erschwerend kommt hinzu, dass der BDI im Bereich der Einbringung von Sachverstand erheblich unter Konkurrenzdruck durch europäische Branchenverbände[457] geraten ist, mit deren jeweiliger ressortspezifischen Kompetenz, insbesondere in technischen Detailfragen, die Brüsseler BDI-Vertretung nicht mithalten kann. Außerdem verstehen es die europäischen Branchenverbände, ihre größere Homogenität zur Schaffung nicht unbeträchtlicher politischer Durchschlagskraft zu nutzen.[458] Wenn ihnen eine Beeinflussung des Inhaltes einer Richtlinie oder Verordnung in der Phase der Politikformulierung nicht gelungen ist, kämpfen sie anschließend um eine „interpretationsfähige“ Anwendung. Dieses „Lobbying for exemption”, ursprünglich eine Strategie französischer Verbandsprovenienz, ist heute

---

453 Kohler-Koch, Beate (2000): Unternehmensverbände im Spannungsfeld von Europäisierung und Globalisierung. S. 140.

454 Crouch, Colin (2000): Die Vielfalt des europäischen Verbandswesens. In: Bührer, Werner/ Grande, Edgar (Hrsg.): Unternehmerverbände und Staat in Deutschland. Baden-Baden. S.23 – 36. S. 31-33.

455 Nollert, Michael (2001): Verbandliche Interessenvertretung in der Europäischen Union. In: Verbändereport. Informationsdienst für die Führungskräfte der Verbände. 5. Jg., Nr. 1. S. 12-13. S. 12.

456 Strauch, Manfred (1993): Lobbying in Bonn und Brüssel. In: Strauch, Manfred (Hrsg.): Lobbying. Wirtschaft und Politik im Wechselspiel. Wiesbaden. S. 61-86. S. 67-69.

457 Unter den rund 300 Euro-Branchen finden sich sowohl Verbände mit ausschließlicher Mitgliedschaft nationaler Branchenverbände als auch mit ausschließlicher Direktmitgliedschaft von Unternehmen, aber auch Verbände, die beides akzeptieren. Qualitativ lässt sich dabei ein Trend zu vermehrter Direktmitgliedschaft feststellen. Vgl. Burgmer, Inge Maria (1997): Die Zukunft der Wirtschaftsverbände. S. 102-105.

458 Mann, Siegfried (1994): Macht und Ohnmacht der Verbände: am Beispiel des Bundesverbandes der Deutschen Industrie e. V. (BDI) aus empirisch-analytischer Sicht. Baden-Baden. S. 212.

eine Domäne der Branchenverbände. Der BDA und dem BDI, der traditionsgemäß eher in der Phase der Politikformulierung über Sachgespräche mit den Experten der Kommission tätig ist, bleiben im Bereich des „Lobbying for exemption" wegen des Anspruches, alle deutschen Branchen zu vertreten, nur wenig Möglichkeiten. Die konkretere Zielsetzung der Branchenverbände mit einer auf die jeweilige Branche fokussierten Reichweite ermöglicht ein zielgerichteteres Vorgehen. Darüber hinaus dürfte der Sachverstand desjenigen, für den die „interpretationsfähige" Anwendung durchgesetzt werden soll, in der Regel größer als bei einem industriellen Spitzenverband sein. Insofern ist diese Präferenz für Euro-Branchenverbände als Reaktion auf die aus Sicht der nationalen Branchenverbände unzureichende Berücksichtigung bei der Aggregation der Einzelinteressen durch einen industriellen Spitzenverband zu interpretieren.

Um einem Bedeutungsverlust auf europäischer Ebene entgegenzuwirken und nicht durch die ressourcenstarken Euro-Verbände marginalisiert zu werden, richteten die BDA und der BDI ihre Europa-Strategie seit Anfang der 90er Jahre auf eine Intensivierung der Arbeit im Europäischen Spitzenverband der nationalen Industrie- und Arbeitgeberorganisationen, der UNICE (Union of Industrial and Employers' Confederations of Europe), aus.

3.2.3.3.2.2 Europäischer Spitzenverband der Industrie- und Arbeitgeberorganisationen (UNICE)

UNICE ist als europäischer Dachverband der nationalen Industrie- und Arbeitgeberverbände angelegt, also ein Verband der Verbände, der laut Satzung keine Direktmitgliedschaft von Unternehmen vorsieht. Seit der Übereinkunft von Scheveningen im Jahre 1991 ist die verstärkte Zusammenarbeit mit den europäischen Branchenverbänden erklärtes Ziel von UNICE, so dass heute eine Reihe von europäischen Branchenverbänden ständig an den Sitzungen der UNICE-Arbeitsgruppen teilnehmen, ohne Mitglied bei UNICE zu sein.

Ferner existiert seit 1989 mit der UASG, die UNICE Advisory and Support Group, ein Beraterkreis von Unternehmern, dessen Ziel die Stärkung der Einbindung einzelner Unternehmen in die Arbeit und die Entscheidungen der UNICE ist. Diese Unternehmensmitgliedschaft in der UASG kann als verdeckte Direktmitgliedschaft in dem europäischen Spitzenverband der nationalen Industrie- und Arbeitgeberorganisationen gewertet werden. Die Mitgliedsverbände im UNICE hatten gegen eine Änderung der Satzung, die eine Direktmitgliedschaft von Unternehmen ermöglichen würde, erbitterten Widerstand geleistet, weil sie dadurch einen Bedeutungsverlust der eigenen Position befürchteten.[459] Doch die desolate Finanzlage der UNICE machte den UASG-Kompromiss unabdingbar, allerdings mit einer Ergänzung der Satzung, dass die UASG-Beiträge nicht mehr als 25 Prozent des UNICE-Budgets ausmachen dürfen.

Der Trend zu einer verstärkten Direktmitgliedschaft von Unternehmen, wenn auch über den Umweg der UASG, ist charakteristisch für die UNICE. Gleichzeitig ist diese Entwicklung paradigmatisch für die Zukunft der deutschen Verbandslandschaft, da wachsende Aufgaben, aber sinkende Mitgliedsbeiträge ein Phänomen sind, das auch auf nationaler Ebene, wenn auch noch in anderen Dimensionen, zu beobachten ist.

---

[459] Kohler-Koch (2000): Unternehmensverbände im Spannungsfeld von Europäisierung und Globalisierung. S. 142.

> „Diese Veränderungen, die das anders gelagerte Verhältnis von Verband und Unternehmen [...] aufgreifen, haben nun auch einen Spill-over-Effekt in die Bundesrepublik. Es kann davon ausgegangen werden, dass er sich in dem Maße verstärken wird, in dem in Folge der aktuellen Konzentrationsprozesse Unternehmen gebildet werden, die aufgrund ihrer internationalen Ausrichtung und ihrer Größe mehr Handlungsspielraum auch innerhalb ihres Verbandes einfordern.“[460]

Im gleichen Maße wie Unternehmen mit internationaler Ausrichtung ihren Einfluss auf die UNICE erhöhen, wird der Anspruch der nationalen Spitzenverbände relativiert, für die gesamte Wirtschaft bzw. das gesamte Wirtschaftssegment sprechen zu können. Schon heute werfen kleine und mittlere Unternehmen (KMU) der UNICE einseitige Wahrnehmung der Interessen von Großunternehmen vor und zweifeln den allgemeinen Vertretungsanspruch der UNICE an.[461]

Die Fragmentierung der Interessen innerhalb der UNICE wird durch verschiedene wirtschaftspolitische Traditionen der nationalen Spitzenverbände erheblich verschärft, und durch große Unterschiede bezüglich der Funktionszuschreibung, der Repräsentationsbreite und des Aggregationsniveaus wird der interne Abstimmungsprozess schwerfällig oder sogar blockiert.[462] Entscheidungen fallen selten im Konsens, so dass die deutschen Spitzenverbände zur Durchsetzung ihrer Ziele auf Koalitionen angewiesen sind.[463] Dabei werden sowohl die Interessengegensätze als auch die ordnungspolitischen Differenzen zwischen den nationalen Spitzenverbänden häufig unterschätzt. Nicht zuletzt aufgrund der Schwächung durch interne Debatten zwischen marktliberalen, sozialpartnerischen und protektionistischen Kräften müssen die Einflusspotenziale der UNICE gerade im Vergleich mit anderen Dachorganisationen und Euro-Branchenverbänden als vergleichsweise ungünstig angesehen werden. Wendet man Nollerts Kriterienraster für Bedingungen erfolgreicher Interessenvertretung in der Europäischen Union auf die UNICE an,[464] so bestätigt sich der Befund eines durch interne ideologische Gegensätze in seiner Interaktion beschränkten Verbandes, dessen Vertretungsanspruch insbesondere von KMU-Verbänden angefochten wird und der sich in wachsender Konkurrenz zu Euro-Branchen und der eigenen Interessenpolitik der Großunternehmen sieht.[465]

Neben dem Trend zur Direktmitgliedschaft von Unternehmen in der UNICE oder in Euro-Branchenverbänden zeigt sich deren zunehmendes Gewicht in der Schaffung ganz neuer Formen organisierter Wirtschaftsinteressenvertretung. In diesen so genannten „Runden Tischen“ sind ausschließlich Unternehmen, vertreten durch deren Vorstände, zusammengefasst, die vollkommen verbandsunabhängig agieren. Industrielle Unternehmen sind in dem European Round Table of Industrialists (ERT) organisiert, der im Jahre 1983 als Reaktion auf eine nach Ansicht der Gründungsmitglieder inadäquate Interessensvertretung

---

460 Ebenda. S. 142.

461 Nollert, Michael (1997): Verbändelobbying in der Europäischen Union. S. 124.

462 Platzer, Hans-Wolfgang (1984): Unternehmerverbände in der EG – ihre nationalen und transnationalen Organisationen und Politik. Kehl am Rhein S.268 ff..

463 Meller, Eberhard (1993): Lobbying in Brüssel aus Sicht der deutschen Verbände. In: Strauch, Manfred (Hrsg.): Lobbying. Wirtschaft und Politik im Wechselspiel. Wiesbaden. S. 203 – 215. S. 210.

464 Nollert, Michael (1997): Verbändelobbying in der Europäischen Union. S. 122 und 129.

465 Die Ergebnisse der Interviews mit ausgewählten Vertretern von Verbänden, Unternehmen, Consulting-Büros, der Kommission, des Europaparlamentes und des Wirtschafts- und Sozialausschusses bestätigen die wissenschaftlichen Ergebnisse. Nollert, Michael (1997): Verbändelobbying in der Europäischen Union. S. 122 – 129.

durch die UNICE gegründet wurde. Heute kann der ERT als die einflussreichste Unternehmensorganisation in der EU überhaupt angesehen werden.[466]

Zusammenfassend lässt sich feststellen, dass sich die Beamten der europäischen Kommission aufgrund ihrer beschränkten informationellen Ressourcen leicht in klientilistische Netzwerke einbinden lassen,[467] so dass das Institutionengefüge der Europäischen Union Interessengruppen hohe Einflusschancen bietet, wenn diese ressortspezifische Informationen anbieten können. Diese Möglichkeit, im Sinne des Do-ut-des-Prinzips Informationen in Einfluss auf politische Entscheidungen umzuwandeln, können Euro-Branchenverbände, Unternehmensverbindungen und transnationale Unternehmen wesentlich stärker als die deutschen Spitzenverbände nutzen. Der Einfluss von Branchenverbänden und Großunternehmen in der Europäischen Union hat deshalb im Vergleich zu Deutschland zugenommen, während die Bedeutung der Spitzenverbände als Akteur innerhalb der UNICE eher abgenommen hat.

Hinderlich für die nationalen Verbände ist die Vielzahl privater Berater in Brüssel, die Interessenvertretung als Dienstleistung prinzipiell für jeden zahlenden Kunden anbieten. In diesem Zusammenhang sei nur verkürzt vorweggenommen, dass sich privatwirtschaftliche Lobbyisten in der Art ihrer Interessenvertretung von den Spitzenverbänden erheblich unterscheiden und diese der Konkurrenz in dem Bereich kurzfristiger Interventionen nicht gewachsen sind. Die deutschen Spitzenverbände sehen als Reaktion auf diese Schwäche und aufgrund ihres traditionellen verbandlichen Selbstverständnisses ihre Aufgabe stärker in der ordnungspolitischen Mitgestaltung des europäischen Systems. Allerdings sind die Erfolge dieser Arbeit nur sehr schwer darstellbar und werden infolgedessen von den Mitgliedern wenig honoriert, so dass dadurch die Akzeptanz des europäischen Engagements nicht gesteigert werden kann.

Festzuhalten ist ferner, dass durch die Etablierung neuer Formen der Organisation von Wirtschaftsinteressen auf der europäischen Ebene ein Konkurrenzverhältnis mit anderen Verbänden, Unternehmenszusammenschlüssen und einzelnen Unternehmen entsteht, von dem Spill-over-Effekte für die Bundesrepublik zu erwarten sind.

3.2.3.4 Konkurrenzverhältnisse

3.2.3.4.1 Konkurrenz durch Verselbständigung von Unternehmen

Etwa seit Beginn der neunziger Jahre nehmen große Unternehmen stärker direkten Einfluss auf Regierung und Parlament und dies häufig an ihren Verbänden und Zentralorganisationen vorbei, so dass einige Lobbyisten sogar von einer Verlagerung der „tatsächlichen Lobby-Macht [von den Verbänden; J. K.] auf einzelne Firmen und schlagkräftige Zusammenschlüsse mit eng umgrenzter Mitgliederzahl“[468] sprechen. Aufgrund der Schwierigkeiten, den Einfluss von Lobbying messen zu können, und der unterschiedlichen Lobbying-

---

466 Burgmer, Inge Maria (1999): Die Zukunft der Wirtschaftsverbände. S. 106; Nollert, Michael (1997): Verbändelobbying in der Europäischen Union. S. 126.

467 Nollert, Michael (1997): Verbändelobbying in der Europäischen Union. S. 129.

468 Kessler, Martin/ Berschens, Ruth/ Peter, Michal/ Sauga, Michael (1996): Lobbys in Bonn. In: Wirtschaftswoche vom 7.11.1996. S. 34.

Definitionen, die solchen Einschätzungen zugrunde liegen, sind verlässliche quantitative Aussagen sehr problematisch, wobei die Richtung der Entwicklung unstrittig ist.

3.2.3.4.2 Konkurrenz durch Lobby-Consultants

Lobby-Consultants[469] sind kein neues Phänomen in der Bundesrepublik, aber ihr Einfluss war im Vergleich mit ihren Brüsseler oder Washingtoner Kollegen relativ gering. Doch seit Anfang der neunziger Jahre nimmt ihre Anzahl konstant zu. Im Unterschied zu den unternehmensinternen Lobbyisten, die ausschließlich für ihr Unternehmen arbeiten, übernehmen Lobby-Consultants einzelne Aufträge von Unternehmen.

Die Möglichkeit, ohne einen innerverbandlichen Abstimmungsprozess entsprechende Interessen direkt gegenüber den politischen Entscheidungsträgern zu artikulieren, ist für die Unternehmen der ausschlaggebende Grund, sich von Lobby-Consultants und nicht durch einen Verband vertreten zu lassen.[470] Lobby-Consultants sind stärker auf Einzelfallentscheidungen und konkrete Maßnahmen ausgerichtet. Trotz einer sich abzeichnenden Veränderung ist das Hauptbetätigungsfeld von Lobby-Consultants immer noch das Intervenieren, das „lobbying for exemption" sowie das „single issue-lobbying", wohingegen Spitzenverbände der Wirtschaft stärker ordnungspolitisch ausgerichtete sind, so dass Lobby-Consultants derzeit erst eine Teilfunktion des Verbändesystems erfüllen.

Für die Zukunft ist absehbar, dass die Spitzenverbände der Wirtschaft auch in der Phase der Politikformulierung an Bedeutung verlieren werden. Ihre Domäne werden Fragen der politischen Rahmenbedingungen im ordnungspolitischen Sinne sein, so dass sich eine Art Mehrebenen-Interessenvertretung, differenziert nach dem Allgemeinheitsgrad des Interesses, herausbilden wird.

3.2.2.4.3 Zwischenverbandliche Konkurrenz

Betrachtet man das Verhältnis der Spitzenverbände untereinander, finden sich zunächst Indizien für eine weitreichende Kooperation: regelmäßige Zusammenkünfte der Hauptgeschäftsführer und der Spitzenfunktionäre, aber auch der Präsidenten mit den Hauptgeschäftsführern. Zu Themen, welche die grundsätzliche Orientierung der Wirtschaftspolitik betreffen, werden gemeinsame Positionen erarbeitet und als solche in der Öffentlichkeit vertreten.

Der weitgehende Konsens bei ordnungspolitischen Themen erleichtert zwar die Findung gemeinsamer Positionen und stärkt deren Gewicht gegenüber Entscheidern in der Politik und gegenüber der Öffentlichkeit, gleichzeitig entstehen aber bei den Mitgliedsverbänden Zweifel an der Notwendigkeit dreier Spitzenverbände. Eine Kooperation der drei Akteure gefährdet somit langfristig deren Eigenständigkeit. Folglich befinden sich die Spit-

---

[469] Weder in der Europäischen Union noch in Deutschland ist „Lobbyist" ein geschützter Begriff. Anbieter klassischer Lobbyarbeit treten deshalb unter den Bezeichnungen Berater/ Consultant, Anwalt, Repräsentant, Leiter des Hauptstadtbüros oder Public Affair Representative etc. auf. Den gängigen Lobbyismus-Definitionen zufolge ist es unerheblich, ob derjenige, der Lobbying betreibt, privatwirtschaftlich oder verbandlich organisiert ist. Der Autor folgt deshalb dem am weitesten verbreiteten Begriff des Lobby-Consultant.

[470] Vgl. Peter Jeutter, Inhaber der Lobby-Agentur Jeutter Consulting Beschrieben in: Kessler, Martin/ Berschens, Ruth/ Peter, Michal/ Sauga, Michael (1996): Lobbys in Bonn. In: Wirtschaftswoche vom 7.11.1996. S. 41.

zenverbände der deutschen Wirtschaft in einem Dilemma. Die Konkurrenz durch Lobby-Consultants zwingt sie zu einer stärkeren Betonung ordnungspolitischer Fragen, bei denen ein breiter Konsens zwischen BDI, BDA und DIHK besteht. Die gemeinsame Positionierung schwächt allerdings das jeweilige Profil und reduziert dadurch die Akzeptanz der Mitglieder.

Durch eine größere Profilierung bei Themen mit unterschiedlicher Interessenlage würde der Einfluss jedes Verbandes durch die Konkurrenz sinken. Gleiches gilt für den Versuch, die eigenen Aktivitäten auf den Kernbereich eines anderen Spitzenverbandes auszudehnen.

Eindrucksvolles Beispiel hierfür ist der Streit zwischen BDI und BDA um die adäquate Form der Lohnfindung.[471] Beginnend mit den Tarifabschlüssen von 1995 in der westdeutschen Metall- und Elektroindustrie, die vom BDI als wesentlich zu hoch empfunden wurden, griff der BDI die tarifpolitischen Positionen der Arbeitgebervertreter kontinuierlich an. Auslöser war dabei nur vordergründig die Unzufriedenheit mit den konkreten jeweiligen Tarifabschlüssen, denn die Diskrepanz zwischen BDI und BDA ist in Fragen der Tarifpolitik grundsätzlicher Natur, da der BDI die Existenzberechtigung des Flächentarifvertrages an sich in Frage stellt.

In dieser für die BDA wesentlichen Frage stehen BDI und BDA in deutlicher Konkurrenz, die je nach verbandspolitischer Opportunität in der Öffentlichkeit ausgetragen wird.

Der Streit um die Lohnfindungsmechanismen im Jahr 1995 wurde mit großer publizistischer Resonanz ausgetragen, vier Jahre später fiel die Kritik des BDI bei erneuten Tarifabschlüssen in der Metall- und Elektroindustrie verhaltener aus, was als Reaktion auf den durch die offene Gegnerschaft ausgelösten Reputationsschaden beider Verbände zu werten ist.[472] Dennoch war die grundsätzliche Differenz damit nicht beigelegt, denn der BDI versuchte, dieses Thema gegen massiven Widerstand der IG-Metall und entgegen dem Wunsch der BDA auf die Agenda der neu aufgenommenen Gespräche zum „Bündnis für Arbeit, Ausbildung und Wettbewerbsfähigkeit“ zu setzen.[473] Die tarifpolitischen Differenzen zwischen BDI und BDA haben nicht nur zu einem katastrophalen Medienecho geführt und für bedeutende Unruhe bei den Mitgliedern gesorgt, sondern darüber hinaus die eigene Position in anderen Fragen geschwächt, weil sich BDI und BDA gegenseitig blockierten, indem sie aufgrund divergierender Positionen ihre wichtigsten Anliegen[474] aus dem Bünd-

---

471 Schott, Norbert (1995): Zur Entwicklung der industriellen Beziehungen nach der Wiedervereinigung. Arbeitgeberstrategien auf überbetrieblicher Ebene unter besonderer Berücksichtigung des „Revisionsstreits“ in der ostdeutschen Metallindustrie. Frankfurt am Main S.79 – 82.

472 Exemplarisch für andere: Weidenfeld, Ursula (1996): BDI/ BDA/ DIHK – Wütende Proteste: Das deutsche Verbändewesen zerbricht – die Präsidenten beziehen Position im Stellungskrieg. In: Wirtschafswoche, Nr. 29 vom 11.07.1996. S. 20-23; einen guten Überblick liefert: Medien Tenor Institut für Medienanalysen GmbH (1996): MT-Forschungsbericht. 3. Jg., Nr. 44, 15.06.1996.

473 Gemeinsame Erklärung des „Bündnises für Arbeit, Ausbildung und Wettbewerbsfähigkeit“. Treffen des Bundeskanzlers mit Vertretern von Wirtschaft und Gewerkschaften vom 10.12.1998. S. 961 ff.

474 Weil Möglichkeiten der betrieblichen Tarifgestaltung einer Änderung des § 77(3) des Betriebsverfassungsgesetzes bedurft hätten, verhinderten DGB und BDA eine Behandlung der Betriebsverfassungsgesetz-Reform im Bündnis für Arbeit. Es ist anzunehmen, dass eine dortige Behandlung eher einen den Interessen von BDI und BDA adäquaten Reformentwurf erbracht hätte, da in der gemeinsamen Positionen der Kommission der Bertelsmann- und der Hans-Böckler-Stiftung unter Beteiligung von Gewerkschaften sowie BDI und BDA deren Interessen bereits wesentlich stärker berücksichtigt waren. Die für die Wirtschaftsverbände letztlich ungünstige Reform des Betriebsverfassungsgesetzes hätte durch kooperativeres Verhalten von BDA und BDI entschärft werden können. Die interverbandliche Konkurrenz hat also eine suboptimale Lösung zur Folge, so der

nis für Arbeit heraushalten mussten, so dass jeglicher „politischer Tausch“ unmöglich wurde.[475]

Dass unter der Präsidentschaft Rogowskis dennoch die Forderung eines flexibleren Tarifsystems bewusst und ausdrücklich unter Inkaufnahme einer Konfrontation mit der BDA[476] zu einem zentralen Anliegen des BDI wurde[477], kann als Indiz einer bewussten Verschärfung der interverbandlichen Konkurrenz interpretiert werden.[478] In der jüngsten Diskussion um den Flächentarifvertrag fordert der BDI vehement eine Änderung des Tarifvertragsgesetzes und des Betriebsverfassungsgesetzes, so dass Betriebsvereinbarungen grundsätzlich zulässig würden, womit sich der BDI deutlich gegen die BDA positioniert, die betriebliche Bündnisse zwar grundsätzlich auch befürwortet, diese aber durch die Tarifpartner genehmigt werden sollen.[479]

In der Position zur institutionellen Lohnfindung kristallisiert sich die Konkurrenzsituation der beiden Spitzenverbände heraus, wodurch der BDI und dessen Mitglieder ihr eignes Profil schärfen und den tarifunwilligen Unternehmen eine Verbandsalternative anbieten können.

> „Die klassische Arbeitsteilung zwischen BDI und BDA scheint mithin der Vergangenheit anzugehören, und der Konkurrenzgedanke gewinnt damit auch hier dominierenden Charakter.“[480]

Auch über die Gefahr der Selbstblockade in korporatistischen Gremien hinaus verschlechtern gegensätzliche Positionen der Spitzenverbände der Wirtschaft die Zugangsmöglichkeiten zu den politischen Entscheidungsträgern und den Einfluss auf diese. Maßgeblicher Erfolgsfaktor bei parlamentarischen und ministeriellen Anhörungen ist die Anzahl der angehörten Verbände. Da diese sehr hoch ist, richten insbesondere die Koalitionsfraktionen im Bundestag ihr Augenmerk speziell darauf, ob die Einschätzungen von BDI, BDA und DIHK voneinander abweichen. Regierungsvertreter und Spitzenbeamte sind bei erkennbaren Diskrepanzen bestrebt, den Austauschprozess mit den Verbänden ihrerseits auf einem niedrigen Delegationsniveau zu halten. Bei unterschiedlichen Positionen der Wirtschafsverbände gelingt es diesen in der Regel nicht, schon im Vorfeld von Spitzengesprächen mit einem Minister oder Staatssekretär zusammenzutreffen, um diese mit ihren Positionen direkt zu konfrontieren und so top-down die Ministerialbürokratie zu beeinflussen.[481] Der

---

wissenschaftliche Leiter der Mitbestimmungskommission. Vgl. Streeck, Wolfgang (2001): Wir haben schon sehr viel pragmatischer argumentiert. In: Frankfurter Allgemeine Zeitung (FAZ) vom 12.02.2001. S. 12.

475 Streeck, Wolfgang (2001): Im Bündnis für Arbeit bleiben die wahren Probleme ungelöst. In: Financial Times Deutschland vom 4.01.2001. S. 25.

476 Hauschild, Helmut/ Heinacher, Peter (2000): Weiche Schale, harter Kern. In: Handelsblatt vom 27.11.2000. S. 14; Handelsblatt (ohne Verfasser) (2000): Rogowski fordert flexibleres Tarifsystem. In: Handelsblatt vom 27.11.2000. S. 4.

477 Schütte, Christian (2001): BDI-Chef hält Halbierung der Arbeitslosigkeit für möglich. In: Financial Times Deutschland (FTD) vom 9.01.2001. S. 10.

478 Rogowski hatte schon als Präsident des VDMA heftige Kritik am deutschen Tarifvertragswesen geäußert und sich deswegen in einem Dauerkonflikt mit den Arbeitgeberverbänden befunden. Seine Berufung zum BDI-Präsidenten ist deshalb ebenfalls Beleg einer bewussten Konfrontation mit der BDA.

479 Hank, Rainer (2003): Hundts Mannen attackieren Rogowski. In Frankfurter Allgemeine Sonntagszeitung (FASZ) vom 21.09.2003. S. 31.

480 Burgmer, Inge Maria (1999): Die Zukunft der Wirtschaftsverbände. S. 180.

481 Petersohn, Frederik A. (2000): Zur Bedeutung von Informalisierung und Parteipolitisierung im Politikformulierungsprozess der Bundesrepublik Deutschland. Dargestellt am Bespiel der steuerpolitischen Positionen des Bundesverbandes der Deutschen Industrie e.V. (BDI) zwischen 1982 und 1994. Münster. S. 88.

umgekehrte bottom-up-Prozess ist nicht nur weniger Erfolg versprechend, sondern gleichzeitig mit höheren Zugangskosten verbunden, denn in diesem Fall müssen Verbandsvertreter einen Konsultationsprozess mit Ministerialexperten eingehen, bei dem sie in Konkurrenz zu anderen Verbänden stehen. Durch Konkurrenz zwischen den Akteuren wird den politischen Entscheidungsträgern ferner die Möglichkeit eröffnet, die getrennt operierenden Verbände gegeneinander auszuspielen.

Insgesamt kann festgestellt werden, dass ein hohes Maß an innerverbandlicher und intraverbandlicher Mediatisierung von Einzelpositionen die Zugangskosten zu den Entscheidungsträgern erheblich senkt. Umgekehrt wird diese durch Konkurrenz zwischen den Spitzenverbänden erhöht. Außerdem sind ex post anfallende Koordinationskosten in der Regel wesentlich höher, weil die Einzelakteure durchweg feste Positionen bezogen haben und dementsprechend verhandeln. Dabei sind Kompromisse in diesem Stadium nur noch schwer zu erreichen.[482] Da die Interaktion der Spitzenverbände von permanenter Natur ist, erscheint Kooperation auch aus spieltheoretischer Sicht das sinnvollste Verhalten darzustellen, weil jedes Übervorteilen des anderen bei der nächsten Interaktion sanktioniert werden kann („tit for tat“).[483]

3.2.4 *Reformstrategien*

Insgesamt betrachtet unterliegt das System verbandlicher Interessenvertretung einem Wandel, der durch verschiedene Phänomene hervorgerufen wurde und insbesondere für Spitzenverbände zu Veränderungen führt. Alle aufgezeigten Entwicklungen schwächen die Bindekraft der Spitzenverbände, so dass insgesamt von einem Erosionsprozess gesprochen werden muss. Für die Bereiche Lobbying und das Aushandlungssystem der Arbeitsbeziehungen sind bereits Parallelstrukturen zu dem etablierten System organisierter Wirtschaftsinteressen erkennbar. Durch diese Entwicklung droht die vertikale Exklusivität verloren zu gehen, was negative Auswirkungen auf Legitimität und Effektivität der Interessenvertretung hat.

Im Folgenden wird ein Überblick über Empfehlungen der wissenschaftlichen Literatur sowie die seitens der Verbände unternommenen Reformanstrengungen gegeben, um analog zu den Gewerkschaften die Bedeutung des Politikfeldes Bildung für die Zukunft der Wirtschaftsverbände und das System industrieller Beziehungen näher zu ventilieren.

3.2.4.1 Verbandskooperationen und Fusionen

Es ist gezeigt worden, dass Konkurrenz den Zugang zu politischen Entscheidungsträgern erschwert, die Transaktionskosten steigert und die Gefahr provoziert, gegeneinander ausgespielt zu werden. Umgekehrt können Effizienz und Effektivität der Arbeit durch kooperatives Verhalten erhöht werden. In diesem Fall verlieren aber die Profile der einzelnen Spitzenverbände an Schärfe, wodurch das Infragestellen der Notwendigkeit zweier Spitzenverbände der Wirtschaft an Aktualität gewinnt. Die Spitzenverbände der Wirtschaft befinden

[482] Sebald, Martin (1997): Organisierter Pluralismus. Kräftefeld, Selbstverständnis und Politische Arbeit deutscher Interessengruppen. Opladen. S. 62.

[483] Axelrod, Robert (1988): Die Evolution der Kooperation. München. S. 28-43.

sich folglich in einem Dilemma, für dessen Lösung derzeit keine Strategie existiert, solange die Eigenständigkeit jedes Verbandes für die Zukunft erhalten bleiben soll.

In Hinblick auf die Gewerkschaften stehen nach den Fusionen der 90er Jahre den dezentralisierten Arbeitgebern stark zentralisierte Multibranchengewerkschaften gegenüber, was die organisationsstrukturelle Unterlegenheit der Arbeitgeber zusätzlich verstärkt.

> „Trotz ihrer gründlich dokumentierten Organisationsschwäche verfügen die deutschen Gewerkschaften nach wie vor über zentralisierungsfähigere Handlungsstrukturen, einen größeren Apparat sowie homogenere Mitgliederinteressen. Diese Strukturen bescheren den Gewerkschaften einen strategischen Vorteil in Kollektivverhandlungen.“[484]

Eine Organisationsanpassung zu stärkerem Zentralismus wäre zumindest für die Arbeitgeberverbände nahe liegend. Dennoch gibt es kaum Bestrebungen, auf sektoraler Ebene Industrie- und Arbeitgeberverbände zusammenzulegen.

Auf Bundesebene ist jedenfalls zwischen BDI und BDA eine vermehrte Konkurrenz zu erkennen, wohingegen auf Landesebene wirtschafts- und sozialpolitische Interessenvertretung oftmals von nur einem integrierten Verband geleistet wird.[485] Ebenso verhält es sich in Brüssel, wo knappe Ressourcen eine verstärkte Zusammenarbeit unabdingbar machen, so dass einige Autoren dort schon verwirklicht sehen, was für Deutschland die Zukunft sein könnte, nämlich einen einzigen Bundesverband der deutschen Wirtschaft.[486]

Seitens der BDA scheint derzeit die Bereitschaft einer Verbandsfusion größer als beim BDI zu sein, was aus dem größeren Erosionsdruck auf die BDA und einer antizipierten Stärkung des eigenen Verbandes durch eine Fusion resultiert. Somit speist sich das Infragestellen der Flächentarifverträge neben einer wirtschaftspolitischen Überzeugung sicherlich ein Stück weit auch aus verbandsstrategischen Überlegungen. Für die mittlere Zukunft ist jedenfalls keine Fusion der beiden Spitzenverbände absehbar, weitere Kooperationen aber wahrscheinlich.

3.2.4.2 Schwierigkeiten beim innerverbandlichen Mediatisierungsprozess

Als intermediäre Organisation mediatisieren Wirtschaftsverbände die vielfältigen Mitgliederinteressen in einem innerverbandlichen Willensbildungsprozess durch eine notwendige Aggregation zu verallgemeinerten Gruppeninteressen. Dabei kann es zwangsläufig zu einer Nichtberücksichtigung schwacher Interessen kommen, und der Allgemeinheitsgrad des Forderungskatalogs steigt mit der Anzahl der berücksichtigten Partikularinteressen. Die Art der Gestaltung dieses Mediationsprozesses ist sowohl für die Akzeptanz der Verbandsarbeit

---

484 Schroeder, Wolfgang/ Silvia, Stephen J. (2003): Gewerkschaften und Arbeitgeberverbände. S. 260.

485 Teils sind diese Verbände erst kürzlich durch Fusion des wirtschaftspolitischen mit dem sozialpolitischen Verband entstanden. So wie in Bayern die Vereinigung der Bayerischen Wirtschaft (VBW) im Jahr 1997 aus der Fusion der Vereinigung der Arbeitgeberverbände in Bayern (VAB) mit dem Landesverband der Bayerischen Industrie (LBI) hervorgegangen ist.

486 Weiler, Tobias/ Wunnerlich, Michael (1997): Aktuelle Trends der Verbandsarbeit in Brüssel. Vortrag anlässlich der Referentenbesprechung in Brüssel am 9.06.1997 in Köln. BDI-Archiv. Berlin. S. 9.

durch seine Mitglieder als auch für die Legitimität der Interaktion des Verbandes entscheidend.[487]

Bisher gelang es den Wirtschaftsverbänden in den meisten Sektoren, verschiedene Branchen unter einem Dach zu vereinen und die Differenzen zwischen Groß-, Mittel- und Kleinbetrieben zu überwinden. Diese Konflikte sind latent geblieben und für die letzten Jahre ist in beiden Spitzenverbänden eine wachsende Unzufriedenheit kleiner und mittlerer Unternehmer registrierbar, die ihre eigenen Interessen von dem Spitzenverband nicht ausreichend artikuliert sehen. Offenbar hat die ordnungspolitische Funktion der Unterbindung von Lohnkonkurrenz, der bislang als wichtiges gemeinsames Ziel eine integrierende Funktion zukam, durch eine fortschreitende Diversifizierung der Industrie und die weitere Ausdehnung des innereuropäischen und internationalen Wettbewerbs an Bedeutung eingebüßt, so dass das innerverbandliche „Management of Diversity“[488] zunehmend versagt. Durch schwach ausgeprägte innerverbandliche Partizipationsmöglichkeiten bei der Formulierung der Verbands-Positionen sinkt die Bereitschaft der Mitglieder, sich durch den entsprechenden Verband vertreten zu lassen.

Nach dem von Albert Hirschmann entwickelten Modell existieren zwei Reaktionsmöglichkeiten auf mangelnde Leistung in Interessenorganisationen. Demnach sind Abwanderung oder Austritt (Exit) oder Widerspruch und Protest (Voice) mögliche Reaktionen auf Unzufriedenheit mit den Verbandsleistungen.[489] Je schwächer die innerverbandlichen Partizipationsmöglichkeiten sind, desto wahrscheinlicher ist die Exit-Variante, was eine Verbesserung der Partizipationsmöglichkeiten für randständige Interessen und KMU empfehlen würde. Es ist jedoch fraglich, ob das innerverbandliche Mediationsverfahren derart angepasst werden kann, dass es angesichts immer differenzierterer Mitgliederinteressen ausreichend Integrationskapazität bereithalten kann. Angesichts der begrenzten Autonomie der Spitzenverbände gegenüber ihren Mitgliedsverbänden können diese nicht gezwungen werden, schwache Interessen entsprechend zu berücksichtigen.

Des Weiteren sind abweichende oder konträre Meinungen von eigenen Mitgliedern für sozialpartnerische Kollektivverhandlungen sowie für eine erfolgreiche Interessenvertretung gegenüber dem politischen System äußerst abträglich[490]. Das „Sprechen mit einer Stimme

---

487 Da sich korporatistische Aushandlungsprozesse zwischen Großverbänden untereinander und mit dem Staat als Verhandlungen der Verbandsspitzen vollziehen, ist für deren Legitimation die Binnenstruktur der Verbände entscheidend. Vgl. Teubner, Gunther (1979): Neo-korporatistische Strategien rechtlicher Organisationssteuerung. S. 487. Auch außerhalb von korporatistischen Arrangements muss die Binnenstruktur nach demokratischen Grundsätzen organisiert sein.

488 Streeck/ Wolfgang/ Schmitter, Philippe C. (1999): The Organization of Business Interests: Studying the Associative Action of Business in Advanced Industrial Societies. MPIfG Discussion Paper No. 99/1. Köln.

489 Zusätzlich führt Hirschmann den Begriff Loyality ein, der eine von den Leistungen relativ unabhängige positive Einstellung zu der Organisation beschreibt. Je größer die Loyalität eines Mitglieds zu der Organisation ist, desto wahrscheinlicher ist es, dass es bei Unzufriedenheit nicht mit Exit, sondern mit Voice reagiert. Vgl. Hirschmann, Albert O. (1974): Abwanderung und Widerspruch: Reaktionen auf Leistungsabfall bei Unternehmungen, Organisationen und Staaten. Tübingen; Alemann, Ulrich von (1985): Der Wandel organisierter Interessen in der Bundesrepublik. In: Aus Politik und Zeitgeschichte (APuZ) Nr. 49. S. 3-21.
Innerhalb der vorliegenden Untersuchung ist Loyality unter „soziokulturellem Wandel“ subsumiert worden.

490 Vgl. Mann, Siegfried (1996): Macht und Ohnmacht der Verbände. S. 245; Henkel, Hans Olaf (2000): Begrüßungsrede auf dem Symposium „Bewahren und Bewegen – Zur Rolle der Verbände in Deutschland“. In: Bührer, Werner/ Grande, Edgar (Hrsg.): Unternehmerverbände und Staat in Deutschland. Baden-Baden. S. 9-14. S. 7; Petersohn, Frederik A. (2000): Zur Bedeutung von Informalisierung und Parteipolitisierung im Politikformulierungsprozess der Bundesrepublik Deutschland. S. 97 f.; Schott, Norbert (1995): Zur Entwicklung der industriellen Beziehungen nach der Wiedervereinigung. S. 84-99. 127f..

gegenüber der Politik“[491] als notwendiger erfolgsbestimmender Faktor schließt eine stärkere Mediatisierung und größere Transparenz der in die Position des Spitzenverbandes integrierten Einzelpositionen aus. Eine größere Berücksichtigung der Mitgliederlogik ginge mit einer Schwächung der Einflusslogik einher, so dass diesbezügliche Reformen die Probleme der Wirtschaftsverbände eher verschärfen würden. Andererseits bedeutet die Akzeptanz des strukturellen Integrationsproblems kleiner und mittlerer Unternehmer eine Entwicklung in Richtung großindustrieller Vertretung. Wie die Gewerkschaften auch haben die Wirtschaftsverbände bisher kein tragfähiges Konzept zum Umgang mit der Mitgliedervielfalt entwickeln können.

3.2.4.3 Flexibilisierungen der Verbandsmitgliedschaft

Es ist gezeigt worden, dass die tarifpolitische Unzufriedenheit der Mitglieder für die sozialpolitischen Verbände den zentralen Erosionsgrund darstellt. Somit ist die Erosion der sozialpolitischen Wirtschaftsverbände eine Folge der Erosion des tarifvertraglichen Aushandlungssystems der Arbeitsbeziehungen. Dieses wird von den Wirtschaftsverbänden und Gewerkschaften gemeinsam getragen, woraus ihre institutionelle Verankerung resultiert, die den Gewerkschaften ihre Exklusivität sichert und aus der sie einen Großteil ihrer Existenzberechtigung beziehen. Daraus ergibt sich ein Zielkonflikt zwischen einer Aushandlungsform der Arbeitbeziehungen, die ausreichende betriebliche Gestaltungsspielräume für die unterschiedlichen Mitgliederbedürfnissen lässt, um so deren Tarifflucht zu verhindern, und einer die Ordnungsfunktion bei der Gestaltung der Arbeitsbedingungen gefährdenden Flexibilisierung. Unter den Bedingungen anhaltender Differenzierung der Mitgliederinteressen wird die Flexibilisierung der Tarifverträge dennoch keine dem einzelnen Mitgliederinteresse im Ergebnis ausreichende Berücksichtigung leisten können, ohne den ursprünglich zentralistischen Charakter und die ordnungspolitische Funktionalität des Ausschlusses der Lohnkonkurrenz zu verlieren.

Die Arbeitgeberverbände verfolgen eine Doppelstrategie, indem sie einerseits sowohl das Regulierungsniveau der Tarifverträge durch Dezentralisierungen und Flexibilisierungen zurückführen und andererseits den Aufbau von Parallelstrukturen ohne Tarifbindung betreiben. So sind in den letzten Jahren vermehrt Verbandsmitgliedschaften ohne Tarifbindung ermöglicht worden, bzw. neue Verbände ohne Tarifbindung (OT-Verbände) gegründet worden.

OT-Verbände bieten ihren Mitgliedern alle verbandlichen Serviceleistungen außer dem Kollektivgut des Tarifvertrages. Für die Arbeitgeberverbände hat ein Verbandswechsel eines Mitglieds keine finanziellen Einbußen zur Folge und kann als Druckmittel auf die Gewerkschaften benutzt werden. Ein oftmals eingeräumtes Sonderkündigungsrecht ermöglicht den Unternehmen den Verbandsaustritt kurz nach Nennung einer bestimmten Forderung während der Tarifverhandlungen oder kurz vor Abschluss eines Tarifvertrages.

Dabei sind OT-Verbände als allgemeine Arbeitgeberverbände in der Bundesrepublik zwar kein neues Phänomen, aber ihre vermehrte Inanspruchnahme setzte erst 1995 ein, als 400 der Metall- und Elektroindustriebetriebe als Reaktion auf den Tarifabschluss die Arbeitgeberverbände verließen. In den Jahren 1996 und 1997 verließen etwa 2000 Unterneh-

---

[491] Henkel, Hans Olaf (2000): Begrüßungsrede auf dem Symposium „Bewahren und Bewegen – Zur Rolle der Verbände in Deutschland“. S. 11.

mer der Bauindustrie aus Berlin, Mecklenburg-Vorpommern, Thüringen und Brandenburg den Zentralverband des Deutschen Baugewerbes (ZDB) und schlossen sich mit ihren Regionalverbänden in dem Interessenverbund Bau zusammen, wobei die ausgetretenen Regionalverbände vor allem Mitgliedschaften ohne Tarifbindung anbieten. In Ostdeutschland ist mittlerweile der Anteil der OT-Verbände an den organisierten Unternehmen größer als der der T-Verbände.

Durch OT-Mitgliedschaften konnten die sozialpolitischen Verbände die Mitgliedererosion zwar nicht stoppen, aber zumindest organisatorisch und finanziell abfedern[492]; allerdings nur auf Kosten eines sinkenden Deckungsgrades der Tarifverträge und einer gespaltenen Mitgliedschaft, was langfristig eine weitere Destabilisierung der Verbände zur Folge haben dürfte. Im Ergebnis unterminieren OT-Verbände bzw. OT-Mitgliedschaften die Tarifautonomie und bilden einen weiteren Schritt hin zu deren Reduzierung auf den Bereich der exportorientierten, verarbeitenden Großindustrie.[493] Außerdem stellt sich durch die Entkoppelung von Beratungs- und Serviceleistungen von der überbetrieblichen Tarifpolitik ordnungspolitisch und aus Sicht potenzieller Mitglieder die Frage nach dem Zweck von Arbeitgeberverbänden neu.

Durch die Abkoppelung der Tarifbindung von der Verbandsmitgliedschaft ist der Schritt zu einer weiteren Dienstleistungsorientierung beschritten, weil den OT-Mitgliedern tarifrechtliche Beratung faktisch als Dienstleistung angeboten wird.

3.2.4.4 Dienstleistungsorientierung: Erweiterung der verbandlichen Leistungen

Angesichts der Erosion des von ihnen erbrachten Kollektivgutes versuchen die Wirtschaftsverbände verstärkt, durch Ausbau ihres Dienstleistungsangebotes als selektive Anreize neue Mitglieder zu gewinnen bzw. die bestehende Mitgliedschaft zu stabilisieren. Die Erweiterung der Verbandsleistungen über die Erbringung von Kollektivgütern hinaus wird in der Wirtschaftsverbandsliteratur als notwendige Bedingung für die Zukunftsfähigkeit der Wirtschaftsverbände ausgemacht und stellt überdies die derzeit maßgebliche strategische Reaktion der Wirtschaftsverbände dar.[494]

Dennoch gehen mit dem Ausbau des Dienstleistungsangebotes einige Probleme einher. Aufgrund der Ressourcenknappheit ist der Aufbau komplementärer Dienstleistungsstrukturen kaum möglich, so dass dieser zulasten der Kollektivgutproduktion vollzogen wird, was eine Akzentverschiebung von einem intermediären Verband zu einem Dienstleistungsunternehmen bewirkt. Überwiegt die Dienstleistungsorientierung eines Verbandes und ist diese nicht ausreichend mit der Kollektivgutproduktion verknüpft, stehen die Verbände jedoch in direktem Wettbewerb zu privaten Beratungsfirmen. Zudem sind die Möglichkeiten der Erbringung weiterer Verbandsleistungen je nach Verbandsart unterschiedlich. Ausschließlich tarif- und sozialpolitische Verbände haben aufgrund der Konkurrenz der wirtschaftpolitischen Verbände nur begrenzte Möglichkeiten, ihre Verbandsleistungen wesent-

492 In der Metall- und Elektroindustrie sind Vierfünftel der Aussteiger aus dem Tarif-Verband Mitglied in dem OT-Verband geworden und die Hälfte neu eingegangener Verbandsbindungen bisher nicht organisierter Unternehmen entfiel auf den OT-Verband. Vgl. Gesamtmetall (2002): OT-Verbände in der M+E-Industrie. Köln. S. 2.

493 Schroeder, Wolfgang/ Silvia, Stephen J. (2003): Gewerkschaften und Arbeitgeberverbände. S. 268.

494 Zimmer spricht von Field Enlargment. Vgl. mit weiteren Verweisen: Zimmer, Stefan (2002): Jenseits von Arbeit und Kapital? S. 147 f.

lich auszuweiten. Ihnen bleibt vor allem die tarifrechtliche Beratung für Nicht-Mitglieder bzw. OT-Mitglieder bei deren Gestaltung ihrer hauseigenen Tarifverträge. Bessere Möglichkeiten haben integrierte Verbände, da sie zudem Beratungs-, Zertifizierungs- und Koordinationsdienstleistungen in technischen Bereichen bereithalten und auf Landesebene in diesen Bereichen zum Teil mit öffentlichen Aufgaben beliehen werden können.

Gleichzeitig evoziert eine stärkere Dienstleistungsorientierung der Verbände zwischenverbandliche Konkurrenzverhältnisse, wobei regionale und spezialisierte Verbände einen Vorteil gegenüber den Dachverbänden haben. Gerade für KMU ist eine Mitgliedschaft in regionalen Branchenverbänden von großer wirtschaftlicher Bedeutung, weil ein Großteil der wirtschaftspolitischen Entscheidungen auf regionaler Ebene verhandelt wird. Ferner stellt der stark spezialisierte Sachverstand der Branchenverbände ein Alleinstellungsmerkmal dar, weshalb deren Leistungen traditionell stärker in der Erbringung von Dienstleistungen lagen, während die Leistungen der Spitzenverbänden eher im intermediären Bereich zwischen Wirtschaft und Politik liegen.

Für die Dach- bzw. Spitzenverbände ist der Rahmen ihrer Dienstleistungsoffensive somit eng gesteckt. Sie stehen sowohl in Konkurrenz zu (ihren) Verbänden niedrigerer Ordnung als auch zu privaten Firmen, wobei aufgrund deren Spezialisierungsgrades kein wesentlicher Wettbewerbsvorteil der spitzenverbandlichen Leistungen auszumachen ist. Zugleich sind die verbandlichen Ressourcen für die Kompetenzentwicklung zur Erschließung neuer Dienstleistungspotenziale begrenzt. Bei der Erweiterung der verbandlichen Leistungen verspricht somit allein die Entwicklung von Dienstleistungen Erfolg, die eng mit dem Kerngeschäft verknüpft sind, wobei der Charakter eines intermediären Verbandes ein Vorteil sein könnte.

Mit zunehmendem Gewicht qualitativer Elemente in Tarifverträgen, vor allem in Bereichen betrieblicher und überbetrieblicher Weiterbildung, gewinnen diesbezügliche Beratungsleistungen bei der Gestaltung der betrieblichen Tarifverträge an Bedeutung. So blieb der Qualifizierungstarifvertrag I in der baden-württembergischen Metallindustrie in der Praxis u. a. ohne Folgen, weil viele kleine und mittlere Betriebe mit der Umsetzung überfordert waren.[495] In diesem Feld besteht offensichtlich großer Bedarf sowohl an Beratungsleistungen als auch an konkreten Bildungsangeboten. Durch die Intensivierung von Fragen der Weiterbildung und Qualifikation könnten Flächentarifverträge ihre vorstrukturierende Funktion als Referenzrahmen für nicht-gebundene Betriebe erhalten und gleichzeitig verbandliche Dienstleistungen ausgebaut werden, da Gewerkschaften und Wirtschaftsverbände die größten Anbieter von Weiterbildungsangeboten in Deutschland sind. Der Ausbau dieser Komplexes und dessen Verzahnung mit den tarifvertraglichen Regelungen könnte nicht nur ein gewinnbringendes Dienstleistungspotenzial darstellen, sondern darüber hinaus einen Beitrag zur Stabilisierung des Systems der industriellen Beziehungen leisten.

3.3 Resümee

Gewerkschaften und Wirtschaftsverbände unterliegen Veränderungsprozessen, die aus unterschiedlichen wirtschaftlichen, politischen und sozialen Strukturveränderungen resultieren und die im Ergebnis eine Schwächung von Wirtschaftsverbänden und Gewerkschaf-

---

[495] Vgl. mit weiteren Verweisen: Kädtler, Jürgen (2003): Tarifpolitik und tarifpolitisches System in der Bundesrepublik. S. 362.

ten bedeuten. Gemein ist beiden Verbandsgruppen eine nachlassende Bindungskraft und wachsende Probleme der innerverbandlichen Willensbildung. Die Verbände reagieren auf diese Problem in unterschiedlicher Weise: Die IG Metall formuliert einen an der abstrakten Figur eines Einheitsarbeitnehmers orientierten Stellvertreteranspruch. Ähnlich verläuft die Willensbildung in den Wirtschaftsverbänden, wobei die exportorientierte gewerbliche Wirtschaft als Referenzrahmen dient, während ver.di den unterschiedlichen Interessen größere Autonomie und Flexibilität einräumt.

Es muss als kontrovers angesehen werden, ob sich der Erosionsprozess symmetrisch – d. h. für beide Verbandsgruppen in gleichem Maße – oder asymmetrisch vollzieht.[496] Im Gegensatz zu Offe/ Wiesenthals These aus den 80er Jahren eines „natürlichen Organisationsvorteils“ der Arbeitgeber wird heute überwiegend ein organisatorischer Nachteil der Arbeitgeber angenommen.[497] Ihre Integrationsprobleme sind innerhalb korporatistischer Politikformulierungsprozesse von ausschlaggebender Bedeutung, da durch mangelnde Verpflichtungsfähigkeit der Arbeitgeber korporatistische Arrangements insgesamt in Frage gestellt werden.[498]

Gewerkschaften und Arbeitgeberverbände haben unterschiedliche Möglichkeiten der Reaktion auf die Erosion des Flächentarifvertrages: Gewerkschaften können ihr tarifpolitisches Handlungsmandant generell auch auf der Unternehmensebene wahrnehmen, wenn sie eine entsprechende Verankerung auf der betrieblichen Ebene sicherstellen können. Die Arbeitgeberverbände können ihrerseits durch den Aufbau von OT-Verbänden die Tarifflucht abfedern und ihre tarifpolitische Kompetenz als Dienstleistung zur Verfügung stellen, so dass sie weiterhin in die betriebliche Aushandlung der Arbeitsbeziehungen involviert sind.

Verbunden sind Gewerkschaften und Arbeitgeber durch ihr gemeinsames prinzipielles Eintreten für den Flächentarifvertrag, was bei den wirtschaftspolitischen Verbänden zunehmend hinterfragt wird. Nach BDI-Kritik der letzten Jahre, die auf die konkreten Ergebnisse der Tarifverhandlungen gerichtet war, bezieht diese sich zunehmend auf institutionelle Fragen der Lohnfindung. Dadurch wird zwischen den wirtschafts- und sozialpolitischen Verbänden eine weitere Konfliktlinie etabliert, wobei sich Befürworter und Gegner des Aushandlungssystems der Arbeitsbeziehungen unversöhnlicher denn je gegenüberstehen. Diese ordnungspolitische Differenz schwächt zwar insgesamt das Lager der Wirtschaftsverbände, aber mit einer Dominanz der Gewerkschaften ist dennoch nicht zu rechnen.

Eine Betrachtung der Faktoren für Verbandsflucht zeigt vielmehr, wie stark beide Verbandsgruppen in einer antagonistischen Kooperation miteinander verbunden sind. Da neben Betriebsgröße und Alter der Firma der gewerkschaftliche Organisationsgrad ein entscheidender Faktor für die Verbandszugehörigkeit des Unternehmens ist[499], haben folglich die gewerkschaftlichen Rekrutierungsprobleme einen Rückkoppelungseffekt auf die Arbeitge-

---

[496] Zimmer sieht die Arbeitgeberverbände als Verlierer, weil sie im Gegensatz zu den Gewerkschaften bei den Aushandlungen der Arbeitsbeziehungen auf betrieblicher Ebene nicht mehr beteiligt sind, während Schroeder die Gewerkschaften von den Erosionsphänomenen GW stärker betroffen sieht, weil die Arbeitgeber die Möglichkeit der OT-Verbände nutzen können. Vgl. Zimmer, Stefan (2002): Jenseits von Arbeit und Kapital? S. 113; Schroeder, Wolfgang/ Weßels, Bernhard (2003): Das deutsche Gewerkschaftsmodell im Transformationsprozess. S. 32.

[497] Schroeder, Wolfgang/ Silvia, Stephen J. (2003): Gewerkschaften und Arbeitgeberverbände. S. 260.

[498] Schmitter, Philippe C./ Grote, Jürgen R. (1997): Der korporatistische Sisyphus: Vergangenheit, Gegenwart, Zukunft. In: Politische Vierteljahresschrift (PVZ) Nr. 3/1997. S. 530 – 554. S. 550.

[499] Schroeder, Wolfgang/ Silvia, Stephen J. (2003): Gewerkschaften und Arbeitgeberverbände. S. 262.

berverbände, so dass die derzeitigen Erosionsprozesse als empirischer Beleg für Traxlers aus historischer Perspektive abgeleitete Feststellung, die Bereitschaft der Arbeitgeber, sich in Verbänden zu organisieren und Flächentarife abzuschließen, sei in letzter Instanz von der Stärke der Gewerkschaften abhängig, aufgefasst werden kann.[500]

Die sektoral bemerkenswert unterschiedliche Erosionsanfälligkeit deutet ebenfalls auf die stabilisierende Wirkung von kooperativem Verhalten der Sozialpartner hin. In der chemischen Industrie sind sowohl der tarifpolitische Bundesarbeitgeberverband Chemie e.V. (BAVC) als auch der wirtschaftspolitische Verband Chemischer Industrie (VCI) relativ erosionsresistent[501], was auf die sozialpartnerischen Beziehungen und den kontinuierlich auch unabhängig von Tarifverhandlungen geführten Dialog zurückgeführt wird. Offenbar sorgt die Kompromissbereitschaft der IG BCE für größeres Vertrauen der Unternehmen in das Instrument Flächentarifvertrag. Gleichzeitig konnte die Gewerkschaft die kontrollierte Dezentralisierung für die Initiierung beschäftigungssichernder Projekte nutzen. Trotz dieser prononciert sozialpartnerschaftlichen Kooperation verfügen die Gewerkschaften der Chemiebranche aufgrund eines hohen Zentralisierungsniveaus und einer engen wirtschaftlichen Verflechtung der Betriebe über ein hohes Maß an Konfliktfähigkeit, was wiederum viele Unternehmen an einem Verbandsaustritt hindert. Somit können aus den Bedingungen der Chemiebranchen starke, d. h. verpflichtungs- bzw. konfliktfähige Verbände als notwendige Bedingungen für ein effizientes System industrieller Beziehungen induziert werden.

Wirtschaftsverbände und Gewerkschaften sind aber nicht nur durch die Tarifverträge miteinander verbunden, sondern auch durch ihre starke Stellung in den Sozialversicherungen und durch die gemeinsam verantwortete Struktur der beruflichen Bildung. Letzteres ließe sich in Verbindung mit einer Forcierung von Weiterbildungs- und Qualifikationsfragen als tarifvertragliche Regelungsmaterie zu einem neuen Betätigungsfeld sozialpartnerschaftlicher Kooperation innerhalb eines dadurch stabilisierten Systems industrieller Beziehungen ausbauen. Zudem fordern die aus der demographischen Entwicklung resultierenden Auswirkungen auf Fachkräfteangebot und alternde Bevölkerung neue Konzepte der Arbeitszeitgestaltung und Weiterbildung, die kaum auf der einzelbetrieblichen Ebene lösbar sind. Eine Stärkung der kollektiven Akteure durch Partizipation an einer korporativen Konzertierung bei der Umstellung des Ausbildungssystems auf lebenslanges Lernen wäre ein erwünschter Nebeneffekt.

In der Bundesrepublik ist Phasen des wirtschaftlichen Strukturwandels zumeist durch sozialpartnerische Verabredungen über Qualifikation begegnet worden. Das von den Tarifpartnern verantwortete duale System der Berufsausbildung mit dem Facharbeiterstatus ist nicht nur ein entscheidender Wettbewerbsfaktor des exportorientierten Industriesystems gewesen, es bildete zugleich die argumentative Grundlage der Hochlohnpolitik mit der Folge erheblich verringerter Unterschiede zwischen Facharbeitern und Angestellten oder selbstständigen Mittelschichten.[502]

---

[500] Traxler, Franz (1999): Gewerkschaften und Arbeitgeberverbände: Probleme der Verbandsbildung und Interessenvereinheitlichung. In: Müller-Jentsch, Walther (Hrsg.): Konfliktpartnerschaft. Akteure und Institutionen der industriellen Beziehungen. Mering, S. 57 – 77. S. 70 – 72.

[501] So erkennen die Arbeitgeber der chemischen Industrie im Gegensatz für ihren Geltungsbereich ausdrücklich keinen Bedeutungsrückgang des Flächentarifvertrages. Vgl. Hauschild, Helmut (2004): Bedeutung des Flächentarifvertrages nimmt ab. In: Handelsblatt vom 29.09.2004. S. 3.

[502] Wiesenthal, Helmut/ Clasen, Ralf (2003): Gewerkschaften in Politik und Gesellschaft: Von der Gestaltungsmacht zum Traditionswächter? In: Schroeder, Wolfgang/ Weßels, Bernhard (Hrsg.): Die Gewerkschaften in Politik und Gesellschaft der Bundesrepublik Deutschland. Wiesbaden. S. 296 – 322. S. 299.

Auch beim Abbau tayloristischer Arbeitsorganisation und der Aufwertung von Produktionsarbeitsplätzen waren die Gewerkschaften wichtige Akteure, wobei in diesem Zusammenhang insbesondere ihre Rolle in der Arbeitsmarkt- und Qualifizierungspolitik von Bedeutung war.[503] Um eine ähnlich gestaltende Rolle beim Übergang von der Industriegesellschaft zur Wissensgesellschaft spielen zu können, bedarf es einer Renaissance qualitativer Tarifpolitik mit einer Konzentration auf Qualifikation und Weiterbildung, für welche die bestehende Infrastruktur an Weiterbildungsträgern nutzbar gemacht werden kann. Die Einrichtung von durch Arbeitgeber und Gewerkschaften gemeinsam getragenen Agenturen im Bereich der Weiterbildung weist bereits in diese Richtung.

So wird eine Verankerung der Tarifpartner in mesokorporatistischen Arrangements in regionalen Netzwerken aus Verbänden, Unternehmen und Bildungszentren erreicht, um der wachsenden wirtschaftspolitischen Bedeutung branchenübergreifender Regionalinteressen (anstelle von verengten Brancheninteressen) Rechnung zu tragen.[504] In dem so auf regionaler Ebene entstehenden neuen Handlungsfeld der Tarifpartner, das komplementär zur Tarifpolitik liegt, wird der industriepolitische Dialog nicht auf zwei Kontrahenten beschränkt, sondern er bezieht andere gesellschaftliche Akteure mit ein.[505] Eine derartige Ausdifferenzierung der industriellen Beziehungen würde die Position der Hauptakteure ehemaliger Industriepolitik auch unter den Bedingungen der Wissensgesellschaft als gestaltende und einflussreiche Akteure regionaler Strukturpolitik (Clusterpolitik) sicherstellen.

---

503 Streeck, Wolfgang (2003): Gewerkschaften in Westeuropa. S. 97.

504 Jansen, Peter/ Jürgens, Ulrich (2003): Gewerkschaften und Industriepolitik. In: Schroeder, Wolfgang/ Weßels, Bernhard (Hrsg.): Die Gewerkschaften in Politik und Gesellschaft der Bundesrepublik Deutschland. Wiesbaden. S. 429 – 450. S. 466.

505 Ebenda.

4 Bildungspolitische Positionen von Gewerkschaften und Spitzenverbänden der Wirtschaft

Im Folgenden werden die bildungspolitischen Positionen der Gewerkschaften und der Spitzenverbände der Wirtschaft systematisch dargestellt und in Hinblick auf die zugrunde gelegten Thesen mit bildungstheoretischen Diskursen verknüpft.

Da die Veröffentlichung der PISA-Studie eine bildungspolitische Zäsur markiert, die unter anderem bewirkt hat, dass sich die untersuchten Verbände deutlich stärker als zuvor bildungspolitischen Themen widmen, erscheint ein Diskurs zu den Ergebnissen dieser Studie am Anfang der Auswertung der verbandlichen Profile sinnvoll. Zudem beziehen sich alle in der vorliegenden Arbeit untersuchten Verbände in ihren schulpolitischen Konzepten auf die PISA-Studie, so dass deren kurze Darstellung die Einordnung und Bewertung der verbandlichen Positionen und Argumentationen erleichtert. Zunächst sollen kurz die Anlage und die Hauptbefunde der internationalen Studie skizziert werden. Im Anschluss werden die Erkenntnisse der nationalen Ergänzungsstudie dargestellt, wobei besonders den Aspekten, die im Zentrum der Argumentationen der Verbände stehen, Aufmerksamkeit zuteil wird. Trotz dieser Fokussierung im Sinne der vorliegenden Untersuchung kann auf eine Einordnung in den Gesamtkontext der Studien nicht gänzlich verzichtet werden.

Im Anschluss erfolgen zunächst eine Darstellung der Untersuchungsmethode und eine Beschreibung des verwendeten Materials (Teil 4.2), gefolgt von dem Auswertungsteil der bildungspolitischen Positionen der Gewerkschaften und Wirtschaftsverbände (4.3).

4.1 Programme for International Student Assessment (PISA)

Keine andere Untersuchung hat in den letzten Jahren die Diskussion um Bildungspolitik derart angefacht wie das „Programme for International Student Assessment", kurz PISA. Der PISA-Studie kommt eine ähnliche Bedeutung zu wie Georg Pichts Warnung vor der „Bildungskatastrophe" Anfang der 60er Jahre.[506]

Derartige Vergleichsuntersuchungen bedeuten für Deutschland eine neue Erfahrung, was in Teilen Folge der traditionell geisteswissenschaftlichen Orientierung der deutschen Pädagogik ist. Deutsche Lehrkräfte waren ebenso wenig wie Schuladministration und Bildungspolitik gewohnt, die tatsächlichen Ergebnisse ihres Handelns zu klären und am Maßstab dessen zu bewerten, was andere unter gleichen Kontextbedingungen erreichen.[507]

---

506 Picht, Georg (1964): Die deutsche Bildungskatastrophe. Freiburg i/Br.

507 Vgl. Döbrich, Peter/ Klemm, Klaus/ Knauss, Georg/ Lange, Hermann (2004): Ausbildung, Einstellung und Förderung von Lehrerinnen und Lehrern (OECD-Lehrerstudie). Ergänzende Hinweise zu dem Nationalen Hintergrundbericht (CBR) für die Bundesrepublik Deutschland. In: http://www.oecd.org/dataoecd/55/61/31076280.pdf. S. 10.
Zur Beteiligung Deutschlands an Schulvergleichsstudien in der Vergangenheit vgl. 4.3.2.2.

Die Ergebnisse der Studie lösten zunächst bei den Parteien einen hektischen schulpolitischen Aktionismus aus, legten das Augenmerk der Fachöffentlichkeit auf bestimmte neue Aspekte der Bildungspolitik; andere Diskurse erfahren nun eine Renaissance und schließlich ist bei einigen Akteuren ein Abrücken von bestimmten bildungspolitischen Konzepten zu erkennen. Unbestritten stellen die internationale PISA-Studie und die nationale PISA-Ergänzungsstudie (PISA-E) bildungspolitische Zäsuren dar, die auch in dem verstärkten Engagement der Wirtschaftsverbände und Gewerkschaften auf diesem Politikfeld ihren Niederschlag finden.

4.1.1 Zur Anlage der Studie

PISA ist ein Programm zur zyklischen Erfassung basaler Kompetenzen der nachwachsenden Generation, das von der Organisation für wirtschaftliche Zusammenarbeit und Entwicklung (OECD) durchgeführt und von allen Mitgliedsstaaten gemeinschaftlich getragen und verantwortet wird. Die Ergebnisse sollen den teilnehmenden Staaten auf periodischer Grundlage Prozess- und Ertragsindikatoren zur Verfügung stellen, die für politisch-administrative Entscheidungen zur Verbesserung der nationalen Bildungssysteme brauchbar sind. Der Begriff der politisch-administrativen Entscheidung umfasst dabei auch die Entwicklung der Einzelschule sowie alle Unterstützungssysteme von der Lehrerausbildung bis zur Schulberatung.[508]

Die Indikatoren beziehen sich auf die Bereiche Lesekompetenz (Reading Literacy), mathematische Grundbildung (Mathematical Literacy), naturwissenschaftliche Grundbildung (Scientific Literacy) und fächerübergreifende Kompetenzen (Cross-Curricular Competencies). Zielpopulation sind 15-jährige Schülerinnen und Schüler. Der Begriff Literacy beschreibt somit keinen Wissens- oder Methoden-Kanon, sondern vielmehr ein funktionales Bildungsverständnis im Sinne von individueller Handlungsfähigkeit zum Lösen von Problemen in der modernen Welt, „das sich auf die Frage bezieht, wie sich Teilhabe an Schule und Unterricht in solchen funktionalen Kompetenzen der Welterschließung und Problembewältigung niederschlägt."[509] In Deutschland ist die PISA-Studie um einen internationalen Leistungsvergleich (PISA-E) erweitert worden.

PISA ist damit sowohl international als auch national die bislang anspruchsvollste Schulleistungsstudie.[510] Im Rahmen dieser Arbeit kann nicht auf die Erhebungsinstrumente und methodologischen Grundlagen eingegangen werden[511], es sei aber angemerkt, dass Design, Stichprobenziehung, statistische Auswertung usw. auch von Erziehungswissen-

---

508 Baumert, Jürgen/ Artelt, Cordula/ Klieme, Eckhard/ Neubrand, Michael/ Prenzel, Manfred/ Schiefele, Ulrich/ Schneider, Wolfgang/ Stanat, Petra/ Tillmann, Klaus-Jürgen/ Weiß, Manfred (Hrsg.) (2002): Programme for International Student Assessment: Schülerleistungen im internationalen Vergleich. Im Auftrag der Kultusminister der Länder in der Bundesrepublik Deutschland und in Zusammenarbeit mit dem Bundesministerium für Bildung und Forschung. In: http://www.mpib-berlin.mpg.de/pisa/PISA_im_Ueberblick.pdf. S. 3.

509 Terhart, Ewald (2002): Nach PISA. Bildungsqualität entwickeln. Hamburg. S. 22.

510 Klieme, Eckhard/ Steinert, Brigitte (2002): PISA 2000: Sicherung von Mindeststandards, Chancengleichheit und verständnisorientiertes Lernen sind unerfüllte Ziele des deutschen Bildungssystems. In: SchulVerwaltung HRS Nr. 1/2002. http://www.dipf.de/publikationen/volltexte/publikationsverzeichnis/pisa_klieme_steinert_200112.pdf. S. 1.

511 Eine ausführliche Dokumentation der Erhebungsinstrumentarien findet sich in: Kunter, Mareike/ Schümer, Gundel/ Artelt, Cordula u.a. (2003). Pisa 2000 - Dokumentation der Erhebungsinstrumente. Berlin.

schaftlern, die quantitativen Schulleistungsvergleichen gegenüber grundsätzlich skeptisch eingestellt sind, als professionell und technisch ausgereift geschätzt werden.[512]

Vor der Veröffentlichung der Ergebnisse am 4. Dezember 2001 gab es Anzeichen, dass diese nicht nur eine empirische Basis für Verbesserungen der nationalen Bildungssysteme bilden, sondern tatsächlich das Handeln der politisch-administrativen Entscheidungsträger beeinflussen könnten. In einem Schreiben der Amtschefskommission „Vorbereitung der Veröffentlichung der PISA-Ergebnisse“ hießt es:

> „Die Komplexität und das Gewicht der Befunde schließen es dabei aus, bereits jetzt ein abgeschlossenes Handlungsprogramm vorzulegen. Die Vorbereitung curricularer, didaktischer und struktureller Veränderungen setzt eine breite bildungspolitische Diskussion auf verschiedenen Ebenen des Bildungssystems und unter Beteiligung vieler Betroffener voraus. Diese Diskussion findet in den Ergebnissen von PISA eine empirische Grundlage, welche lediglich symbolische Reaktionen ausschließt und zur problemangemessenen Genauigkeit hinsichtlich der einzuleitenden Maßnahmen zwingt.“[513]

Dieser Anspruch der Bildungsstaatssekretäre wurde, jedenfalls bis heute, eher nicht eingelöst. Dennoch markiert die Studie den Beginn einer Akzentverschiebung in der schulpolischen Debatte. Standen in der westdeutschen Tradition der Qualitätsdebatte Kontext- und Prozessvariablen im Mittelpunkt und Wirkungen eher am Rande, konzentriert sich derzeit der Blick stärker auf die Wirkung von Schule und insbesondere von Unterricht[514], so dass Hoffnung besteht, den „Systemdefekt überwiegender Inputsteuerung“[515] der deutschen Schultradition zu überwinden.

4.1.2 PISA – Zentrale Befunde

Im Folgenden werden die zentralen Befunde kurz skizziert. Im Auswertungsteil wird auf diese Darstellung Bezug genommen und immer dann präzisiert, wenn sich die Verbände in ihrer Argumentation auf diese Studien beziehen.

Die internationale PISA-Studie kommt für Deutschland zu folgenden Ergebnissen:

- In allen untersuchten Kompetenzbereichen (Lesekompetenz, mathematische Kompetenz, naturwissenschaftliche Kompetenz) liegen die mittleren Ergebnisse für die 15-Jährigen in Deutschland deutlich unter dem OECD-Durchschnitt.

---

512 Klieme, Eckhard/ Steinert, Brigitte (2002): PISA 2000: Sicherung von Mindeststandards, Chancengleichheit und verständnisorientiertes Lernen sind unerfüllte Ziele des deutschen Bildungssystems. S. 1 mit einem weiteren Verweis auf Weinert, Franz E. (Hrsg.) (2001): Leistungsmessungen in Schulen. Weinheim.

513 Zitiert nach Roitsch, Jutta (2002): Reflexe und Ignoranzen. Politische Reaktionen auf die Ergebnisse und Erkenntnisse der PISA-Studie 2000. In: Blätter für die deutsche und internationale Politik Nr. 4/2002. S. 451 – 462. S. 452.

514 Klemm, Klaus (2000): Large scale assessments in einem modernisierten Bildungssystem. Vortrag anlässlich der Fachtagung „Empirische Schulleistungsvergleiche – Nutzen, Risiken, Interessen“. In: http://www.forum-bildung.de/bib/material/klemm.doc. S. 6.

515 Muszynski, Bernhard (2002): Empirische Wende oder heiße Luft? Was die PISA-Debatte bewegen könnte. S. 69.

- In der Lesekompetenz erreicht Deutschland mit 484 Punkten unter 32 Nationen nur Platz 22. Schwächen zeigen sich insbesondere bei anspruchsvolleren Aufgaben, die ein inhaltliches Verständnis von Sachverhalten verlangen und nicht durch die Reproduktion von gelerntem Wissen lösbar sind. Besonders ausgeprägt ist in Deutschland die Teilgruppe derjenigen, die unterhalb der Kompetenzstufe I[516] liegen. Diese Gruppe umfasst in Deutschland 10 Prozent (OECD-Durchschnitt 6 Prozent) und liegt damit auf dem fünftletzten Platz. Weitere 13 Prozent erreichen nur die Kompetenzstufe I. Angesichts der Definition der Kompetenzstufe I bedeuten diese Befunde, dass knapp ein Viertel der Schüler am Ende der achten Klasse nur mit Mühe lesen kann oder Texte nur auf einem elementaren Niveau versteht. Diese Gruppe ist für Industrienationen außergewöhnlich groß.[517]
- Die Streuung der Leistungen ist in Deutschland breiter als in den meisten OECD-Staaten. Im Bereich Lesekompetenz ist der Abstand zwischen den schwächsten 5 Prozent und den stärksten 5 Prozent größer als in allen anderen Ländern.
- Die deutsche Spitzengruppe ist mit 9 Prozent der Schüler (OECD-Durchschnitt 9-10 Prozent) nur durchschnittlich groß und von der Ländergruppe, die Werte zwischen 15-19 Prozent erreichen, weit entfernt. Somit sind keine herausragenden Erfolge in der Förderung von Spitzenleistungen nachweisbar.
- Die Leistungsunterschiede sind in keinem anderen Land so stark durch die soziale Herkunft bedingt wie in Deutschland: Die Differenz zwischen Schülern aus der oberen und der unteren Sozialschicht liegt bei 111 Punkten – in Korea, Finnland und Japan nur bei 25-50 Punkten.
- Jugendliche aus Migrationsfamilien schneiden schlechter ab als Muttersprachler. Diese Differenz findet sich in allen Ländern, ist aber in Deutschland besonders hoch ausgeprägt. Die niedrigeren Leistungsergebnisse von Migrantenkindern drücken sich ebenfalls in einer unterproportionalen Beteiligung an Bildungsgängen aus, die zu höheren Schulabschlüssen führen, wobei das Fehlen einer ausreichenden Lesekompetenz die entscheidende Hürde beim Übergang in diese Bildungsgänge darstellt.
- Im Mittelwert unterscheiden sich die Leistungen zwischen den verschiedenen Schulformen zwar erheblich, aber überraschen muss dennoch die starke Überlappung der Verteilungen: Sehr gute Hauptschüler können mit dem Durchschnitt der Gymnasiasten mithalten.

---

516 Schülerinnen und Schüler, die Kompetenzstufe I erreichen, sind zu Folgendem in der Lage: explizit angegebene Informationen zu lokalisieren, wenn keine konkurrierenden Informationen im Text vorhanden sind (Informationen ermitteln), den Hauptgedanken oder die Intention des Autors in einem Text über ein vertrautes Thema zu erkennen; wobei der Hauptgedanke relativ auffällig ist, weil er am Anfang des Textes erscheint oder wiederholt wird (textbezogenes Interpretieren); einfache Verbindungen zwischen Informationen aus dem Text und allgemeinem Alltagswissen herzustellen, wobei der Leser ausdrücklich angewiesen ist, relevante Faktoren in der Aufgabe und im Text zu beachten (Reflektieren und Bewerten). Vgl. Baumert, Jürgen/ Artelt, Cordula/ Klieme, Eckhard u. a. (Hrsg.) (2002): Programme for International Student Assessment. S. 11.

517 Zwar betont die PISA-Studie, dass das Nicht-Erreichen der Kompetenzstufe I nicht gleichbedeutend mit Analphabetismus sei, jedoch besitzt diese Risikogruppe „elementare Lesefertigkeiten, die einer praktischen Bewährung in lebensnahen Kontexten nicht standhalten" vgl. Baumert, Jürgen/ Artelt, Cordula/ Klieme, Eckhard u. a. (Hrsg.) (2002): Programme for International Student Assessment. S. 35. Doch wenn diese erworbenen literalen Kenntnisse für einen funktionalen Gebrauch nicht ausreichend sind, muss diese so benannte „Risikogruppe" (unter Kompetenzstufe I) als Gruppe funktionaler Analphabeten gelten. Vgl. Nickel, Sven (2002): Funktionaler Analphabetismus – Ursachen und Lösungsansätze hier und anderswo. Vortrag am 30. Mai 2002 im Rahmen der IV. Internationalen Woche im Fachbereich Erziehungs- und Bildungswissenschaften der Universität Bremen. In: http://www.alphabetisierung.de/Nickel_-_InternationaleWoche.pdf.

- Unter deutschen Schülern ist der Anteil derjenigen, die am Schulanfang zurückgestellt und/ oder während der Schulzeit Klassen wiederholen müssen, mit 36 Prozent überdurchschnittlich hoch.
- Jungen erzielen im Lesen schwächere Leistungen als Mädchen. Diese Differenz ist größer als der Leistungsvorsprung der Jungen in der Mathematik.
- Computer werden in deutschen Schulen deutlich seltener genutzt als in allen anderen Industrienationen. Die deutschen Jugendlichen haben zwar ein großes Interesse an Computern, aber vergleichsweise wenig Erfahrung. Ihre Erfahrungen konzentrieren sich noch stärker als in anderen Ländern auf Computerspiele.
- Die Einheitlichkeit der Benotung ist ungenügend, in bestimmten Bereichen sogar beliebig.[518]
- Der internationale Vergleich zeigt eindeutig, dass die Sicherung eines insgesamt hohen Leistungsniveaus und die Verringerung der Leistungsabstände unter angemessener Förderung aller Leistungsgruppen miteinander vereinbare Ziele sind. Länder mit einem hohen Anteil abiturähnlicher Abschlüsse (50-70 Prozent in Finnland, Japan und Korea gegenüber 33 Prozent in Deutschland) erreichen eine derart breite Bildungsbeteiligung nicht auf Kosten einer niedrigeren Durchschnittsleistung.

Zusammenfassend lässt sich feststellen, dass das deutsche Bildungssystem in „zentralen, für die moderne Lebensführung und das Berufsleben zwingend notwendigen sowie grundlegenden Kompetenzfeldern“[519] bei den fünfzehnjährigen Schülern Leistungen erzeugt, deren Durchschnitt lediglich im unteren Drittel der internationalen Skala liegt. Bei niedrigen Durchschnittswerten existieren in Deutschland zudem eine große Risikogruppe in den unteren Kompetenzbereichen und nur eine sehr kleine Spitze in allen Leistungsbereichen. Gleichzeitig ist das Schulsystem hochselektiv, die soziale Herkunft entscheidet so stark wie in keinem anderen Industrieland über den Schulerfolg. Der attestierte Zusammenhang von Leistung und Sozialschicht und die frühe Verteilung auf unterschiedliche Schulformen nach Leistung hat somit eine sehr frühe Trennung der Schüler nach sozialen Schichten zufolge. Ferner sind die diagnostischen Fähigkeiten der Lehrer und damit des Schulsystems äußerst schwach, was zu einer großen Streuung über alle Schulformen führt.[520]

4.1.2.1 PISA-E

Paralysiert durch derartige Befunde war die bildungspolitische Landschaft unmittelbar nach Veröffentlichung der PISA-Ergebnisse im Dezember 2001 von einvernehmlichem Klagen und Forderungen nach neuen Bildungsoffensiven geprägt. In der (Fach-) Öffentlichkeit wurde diese Diskussion mit der Veröffentlichungen der PISA-Ergänzungsstudie stärker politisiert und spätestens mit dem Bundestagswahlkampf 2002 war man dem Reiz erlegen, die PISA-Befunde - meistens unter grober Vereinfachung, teils auch schlichtweg falsch - für eine parteipolitische Auseinandersetzung zu instrumentalisieren. Die ursprünglich von

518 Kahl, Reinhard (2003): Willkür im Klassenzimmer. Neue Pisa-Daten zeigen die Ungerechtigkeit unseres Schulsystems. In: Die Zeit Nr. 11/2003. S. 34.

519 Terhart, Ewald (2002): Nach PISA. Bildungsqualität entwickeln. S. 28.

520 Baumert, Jürgen/ Artelt, Cordula/ Klieme, Eckhard u. a. (Hrsg.) (2003): PISA 2000 – Ein differenzierter Blick auf die Länder der Bundesrepublik Deutschland. Berlin. S. 70 – 72. vgl. 4.3.7.3.

den Bildungsstaatssekretären geforderte „problemangemessene Genauigkeit hinsichtlich der einzuleitenden Maßnahmen“ bleibt freilich auf der Strecke.

Bei PISA-E werden die Ergebnisse der Bundesländer wie Nationalstaaten gewertet und ins Ranking eingefügt. Dabei zeigt sich, dass in allen drei untersuchten Kompetenzbereichen jeweils nur ein oder zwei Bundesländer Leistungswerte erreichen, die oberhalb des OECD-Durchschnitts liegen. Doch selbst diese Länder weisen einen auffällig großen Abstand zur internationalen Spitzengruppe auf. Die Länderunterschiede innerhalb Deutschlands sind in ihrer Größenordnung beachtlich und über alle drei Dimensionen - Lesen, Mathematik und Naturwissenschaften - hinweg relativ konsistent.

4.1.2.2 Adjustierung der Ergebnisse

Die PISA-E-Studie ermöglicht eine Darstellung, welche sowohl den Migrantenanteil als auch Unterschiede in der Gesellschaftsstruktur der verschiedenen Länder berücksichtig. Dazu werden die Leistungswerte den externen sozialen Bedingungen entsprechend adjustiert. Die dazu herangezogenen Merkmale sind der internationale sozioökonomische Index (ISEI), der Besitz an Kulturgütern und die kulturelle Praxis der Familie.[521] Die Ergebnisse werden wiederum für Jugendliche mit und ohne Migrationshintergrund gesondert dargestellt.

Bei Berücksichtigung der Zusammensetzung der Schülerschaft und des Migrationshintergrundes verschieben sich die Rangplätze der Länder unter Beibehaltung der Spitzenreiter zwar leicht, die deutlichen Niveauunterschiede zwischen den Ländern bleiben aber bestehen. Trotz Adjustierung der Leistungswerte bleibt in der Gruppe der Schüler mit in Deutschland geborenen Eltern ein relativ großer Abstand von etwa ½ Standardabweichung zwischen dem schwächsten und dem stärksten Land bestehen.

Im Folgenden werden ausgewählte Aspekte näher beleuchtet, die für die Argumentation der untersuchten Verbände von Bedeutung sind.

Für die Dimensionen ergeben sich folgende Befunde:

Mathematische Grundbildung[522]

- In den mathematischen Leistungen liegen Bayern, Baden-Württemberg und Sachsen über dem OECD-Durchschnitt.
- Die durch die Herkunft bedingten Leistungsunterschiede sind in aller Regel sehr groß. Die Adjustierung der Leistungswerte nähert die Länder einander an; das gilt auch für die Extremgruppen innerhalb der Länder. Der relativ große Abstand von etwa ½ Standardabweichung zwischen dem schwächsten und dem stärksten Land bleibt bei den Schülerinnen und Schülern mit in Deutschland geborenen Eltern erhalten. Jugendliche aus Migrantenfamilien bleiben auch nach der Adjustierung um etwa ½ Standardabweichung in den mathematischen Leistungen hinter den Schülern ohne Migrationsgeschichte zurück.

---

[521] Baumert, Jürgen/ Artelt, Cordula/ Klieme, Eckhard (Hrsg.) (2002): PISA 2000 – Die Länder der Bundesrepublik Deutschland im Vergleich. S. 163 f.

[522] Ebenda. S. 101 – 120.

Lesekompetenz[523]

- Nur Bayern befindet sich als deutsches Bundesland im oberen Drittel der internationalen Rangreihe, allerdings ist der bayerische Abstand zur internationalen Leistungsspitze beträchtlich. Die Leistungen der 15-Jährigen in Baden-Württemberg und Sachsen entsprechen dem durchschnittlichen Leistungsniveau der Schüler aus den OECD-Staaten, alle anderen Ländern liegen deutlich unter dem OECD-Durchschnitt.
- Während im mittleren Leistungsniveau deutliche Unterschiede zwischen den Ländern der Bundesrepublik bestehen, zeigt sich innerhalb aller vierzehn am Vergleich teilnehmenden Länder eine große Leistungsstreuung. In kaum einem PISA-Teilnehmerstaat bestehen so große Leistungsunterschiede zwischen den besten und den schwächsten Lesern wie in den Ländern der Bundesrepublik. In Finnland, Japan und Kanada findet sich ein hohes Niveau der Lesekompetenz und eine leistungsmäßig homogene Schülerschaft. In den Ländern der Bundesrepublik ist das Niveau der Lesekompetenz deutlich niedriger und jeweils gepaart mit einer relativ heterogenen Schülerschaft.
- Der Anteil an Risikoschülern (auf und unter Kompetenzstufe I) ist in allen Ländern der Bundesrepublik sehr hoch und macht in der Hälfte der 14 teilnehmenden Länder jeweils über 25 Prozent der Gesamtgruppe der 15-Jährigen aus. Im Vergleich zum O-ECD-Durchschnitt (18 Prozent) ist der Anteil an potenziellen Risikoschülern in fast allen Ländern der Bundesrepublik deutlich höher. Der Anteil der Schüler, deren Lesefähigkeit mit Kompetenzstufe V beschrieben werden kann, variiert zwischen 12 Prozent in Bayern und knapp 4 Prozent in Brandenburg.

Naturwissenschaften[524]

- Nur in Bayern, Baden-Württemberg, Sachsen und Thüringen sind die relativen Anteile der Jugendlichen auf der ersten Kompetenzstufe kleiner als im Durchschnitt der PISA-Teilnehmerstaaten. Aber auch in diesen Ländern liegen sie deutlich höher als beispielsweise in Österreich und dem Vereinigten Königreich. In mehreren Ländern der Bundesrepublik (Hessen, Nordrhein-Westfalen, Niedersachsen, Sachsen-Anhalt, Brandenburg) sind fast ein Drittel der Schülerinnen und Schüler zur Gruppe der potenziellen Risikokandidaten zu zählen; im Stadtstaat Bremen liegt der Anteil noch höher (38 Prozent). Betrachtet man die Anteile auf der höchsten Kompetenzstufe (Stufe V), so zeichnet sich in einigen Bundesländern ein durchaus positives Bild ab. Der im internationalen Durchschnitt erreichte Anteil von 4,1 Prozent wird in sieben Ländern erreicht oder sogar übertroffen (Niedersachsen, Thüringen, Rheinland-Pfalz, Sachsen, Bayern, Schleswig-Holstein, Baden-Württemberg). Diese Befunde unterstreichen, dass die Probleme der naturwissenschaftlichen Grundbildung in Deutschland insbesondere im unteren Leistungsbereich liegen. Gleichzeitig sind weitere – in einigen Ländern deutlich verstärkte – Anstrengungen erforderlich, um Spitzengruppen zu fördern und die Gruppe potenzieller Nachwuchskandidaten für naturwissenschaftliche und technische Studiengänge zu vergrößern.[525]

---

523 Ebenda. S. 62 – 93.
524 Ebenda. S. S. 129 – 157.
525 Ebenda. S. 136.

- Die Ländermittelwerte verschieben sich bei Betrachtung der Neuntklässler ohne Migrationshintergrund um bis zu 30 Punkte. Die relative Position verbessert sich dabei insbesondere für Länder mit einem relativ hohen Anteil von Jugendlichen mit im Ausland geborenen Eltern (Stadtstaat Bremen, Hessen, Nordrhein-Westfalen). Die Größe der Leistungsunterschiede zwischen den Ländern bleibt jedoch weitgehend gleich. Auch die Mittelwerte der Schülerinnen und Schüler mit Migrationshintergrund variieren erheblich. In Bayern erreicht diese Gruppe beispielsweise ein Leistungsniveau, das in Sachsen-Anhalt und Brandenburg von Schülerinnen und Schülern deutscher Herkunft erzielt wird. Dieser Befund relativiert in gewisser Weise die Bedeutung des Faktors „Migrationshintergrund“ für den Aufbau naturwissenschaftlicher Kompetenz.
- In zwei Ländern, Schleswig-Holstein und Mecklenburg-Vorpommern, rücken die Physikleistungen der Mädchen auf dem Gymnasium deutlich an die Leistungen der Jungen heran – ein Beleg dafür, dass der Leistungsrückstand der Mädchen in den Naturwissenschaften nicht als unveränderbar hingenommen werden muss.[526]

Das „Länder-Ranking“ weist zwar über alle Dimensionen eine gewisse Stabilität auf, unter Berücksichtigung spezieller Aspekte vertauschen sich doch viele Rangplätze.

> „So erreicht Schleswig-Holstein den ersten Platz, wenn man nur die Naturwissenschaftsleistungen der Gymnasien berücksichtigt. Sachsen-Anhalt, das beim Gymnasialvergleich noch das Schlusslicht bildet, erreicht mit dem Mittelwert von 496 den nationalen Durchschnitt, wenn man nur den deutschen Testteil auswertet. Auch Bremen verbessert seine Position, wenn man den hohen Anteil von Eltern nicht deutscher Herkunft kontrolliert. Mecklenburg-Vorpommern rangiert vor Schleswig-Holstein und Brandenburg vor Nordrhein-Westfalen, wenn man nur den deutschen Testteil heranzieht. Gymnasiasten in Niedersachsen liegen in Biologie im Spitzenbereich bei 580, und Mecklenburg-Vorpommern hat die geringste Benachteiligung von Mädchen in den „harten“ Naturwissenschaften Physik und Chemie.“[527]

Diese Auflistung mag zur Verwirrung beitragen, zeigt sie doch, wie komplex offensichtlich die Einflussfaktoren für das Gelingen schulischer Bildungsprozesse sind. Die Untersuchungen der schulischen Kontextbedingungen in PISA und PISA-E liefern trotz der multivarianten Abhängigkeiten Hinweise auf die bestimmenden Einflussfaktoren für erfolgreiche schulische Bildungsprozesse.

4.1.2.3 Kontextbedingungen

Obschon die Leistungsunterschiede zwischen den Bundesländern beträchtlich und größer als in anderen föderalen Staaten sind, ist die Variabilität der Ergebnisse innerhalb Deutschlands im Vergleich zu den Leistungsunterschieden zwischen den OECD-Staaten kleiner, was auf die „Vergleichbarkeit der gesellschaftlichen und ökonomischen Kontextbedingungen, aber auch der die Schule tragenden Lernkultur“ verweise.[528] Deshalb mahnen die Au-

---

[526] Ebenda. S. 154.
[527] Ebenda. S. 157.
[528] Ebenda. S. 221.

toren der Studie, diese internationale Perspektive präsent zu halten, um innerdeutsche Länderunterschiede vor einer angemessenen Folie zu interpretieren.[529]

Diese Relativierung wird ferner durch die Untersuchung der schulischen Kontextbedingungen in PISA-E untermauert. Dabei zeigt sich ein Bild relativ großer Gleichheit eben dieser schulischen Kontextbedingungen in allen Bundesländern:

> „Zwischen den Ländern der Bundesrepublik Deutschland gibt es keine großen Differenzen hinsichtlich der im Rahmen von PISA 2000 erfassten Kontextbedingungen schulischen Lernens. Gleichgültig, ob das Schulklima, die Schüler-Lehrer-Beziehungen oder die Einschätzung der Unterrichtsqualität durch die Jugendlichen betrachtet werden, die Unterschiede zwischen den Ländern sind relativ klein. Auch was institutionelle Bedingungen schulischen Lernens wie beispielsweise Klassenfrequenzen oder die Einhaltung der Stundenpläne angeht, sind die Ähnlichkeiten der Länder wesentlich größer als die Unterschiede zwischen ihnen."[530]

Bei der Analyse der Rolle von Kontextbedingungen für das Gelingen schulischer Bildungsprozesse ist der Erklärungsabstand von Strukturmerkmalen auf Länderebene zu den Vorgängen in einer Schule oder Klasse oder gar zu den individuellen Lern- und Entwicklungsprozessen derart weit, dass keine direkte Kausalität abgeleitet werden kann. Dennoch umfasst die PISA-E-Studie zwei diesbezügliche Analysen, deren Befunde die Autoren jedoch eher als Anregungen für systematisches Nachdenken über strukturelle Zusammenhänge denn als empirisch fundiert verstanden wissen möchten.

Im Folgenden werden die Ergebnisse kurz nachgezeichnet, da insbesondere die Befunde der zweiten Analyse den unterschiedlichen Argumentationsmustern der Verbände implizit zugrunde liegen.

Eine erste Reihe von Regressionsanalysen untersucht die Bedeutung ökonomischer und sozialstruktureller Kontextbedingungen, die insgesamt auf die Prosperität eines Landes hinweisen. Dabei zeigt sich, dass die von Neuntklässlern erreichten mittleren Leistungen in allen drei untersuchten Kompetenzbereichen substanziell mit den Prosperitätsmaßen kovariieren.[531] Wohlhabendere Länder mit weniger sozialen Problemen und einem dynamischen Arbeitsmarkt scheinen auch im Bildungssystem erfolgreicher zu sein.[532]

Die zweite Analyse befasst sich mit dem Zusammenhang zwischen institutionellen Merkmalen der Unterrichtsversorgung und den mittleren Leistungsergebnissen eines Landes. Erwartungsgemäß verbessern sich die mittleren Leistungen in allen drei Kompetenzbereichen mit steigendem nominellem Unterrichtsaufkommen. Schlüsselt man diese korrelativen Zusammenhänge zwischen nomineller Unterrichtszeit und den Schülerleistungen fachspezifisch auf, treten zum Teil - völlig erwartungswidrig - negative Zusammenhänge auf: „Mehr schlechter Unterricht ist schädlicher als weniger schlechter Unterricht."[533]

In Ländern mit höheren Personalausgaben pro wöchentlicher Unterrichtsstunde werden im Mittel schwächere Leistungen erreicht – und zwar selbst dann, wenn man die nomi-

---

529 Ebenda. S. 221.

530 Ebenda. S. 203.

531 Ebenda. S. 232.

532 Um Missverständnissen vorzubeugen, sei darauf hingewiesen, dass sich die Kontextbedingungen auf die sozioökonomische Bevölkerungsstruktur und nicht auf die staatlich für Bildung aufgewendeten Mittel beziehen.

533 So Jürgen Baumert. Zitiert nach Kahl, Reinhard (2002): PISA oder die einstürzenden Altbauten des deutschen Bildungssystems. In: NDR 4 info FORUM 4 vom 6.01.2002. Manuskript unter: http://www.zinnfiguren-rieger.de/Elternseite/Kahl_Pisa.pdf.

nelle Unterrichtszeit konstant hält. Dieser Befund eines negativen Zusammenhangs zwischen Personalausgaben pro wöchentlicher Unterrichtsstunde und Schülerleistungen bleibt auch bei Kontrolle der Stundentafel und des Anteils von Schülern mit Mirgrationshintergrund bestehen. Für die Autoren der PISA-E-Studie legt dies die Interpretation nahe, „dass die Personalausgaben pro wöchentlicher Unterrichtsstunde in einem Organisationskontext steigen, in dem die Optimierung sekundärer Arbeitsbedingungen Vorrang vor dem Unterricht hat"[534]. Damit scheint dieser Indikator unterschiedliche Leitvorstellungen politisch-administrativen Handelns zu symbolisieren.

4.1.2.4 Gymnasien

Das Gymnasium ist die länderübergreifend am stärksten standardisierte Schulform, an der neben der Integrierten Gesamtschule die Unterschiede der bildungspolitischen Programme der Länder zumindest symbolisch am deutlichsten sichtbar werden. Dabei stand in der Vergangenheit die Kontroverse, ob bei einer Expansion dieser Schulform noch eine angemessene Vorbereitung einer akademischen Elite gewährleistet werden könne oder ob im internationalen Wettbewerb eine noch viel stärkere Öffnung vorakademischer Bildungswege angezeigt sei, im Vordergrund. Diese Kontroverse ist in dem untersuchten Verbändespektrum vor allem für BDA, BDI und DIHK von Bedeutung.

Allerdings widerlegen die internationalen Vergleichsstudien einen Zielkonflikt von „Öffnung der Wege zur Hochschulreife" und „Förderung von Exzellenz". Schon die Oberstufenuntersuchung von TIMSS hat gezeigt, dass es sich bei diesen Zielsetzungen – jedenfalls bei den zurzeit anzutreffenden Expansionsraten – um kein Verträglichkeitsproblem handelt, sondern die Elitenbildung vielmehr von einer breiteren akademischen Rekrutierungsbasis profitiert.[535] An die PISA-Studie stellt sich somit – besonders für die Wirtschaftsverbände – die Frage, inwieweit die länderübergreifende Standardisierung des Gymnasiums funktioniert und bei steigenden Expansionsraten dieser Schulform die Einhaltung gemeinsamer Standards sicherstellt.

Ob, inwieweit und unter welchen Bedingungen eine generelle Bildungsexpansion zur Verbesserung des Bildungsniveaus der gesamten nachwachsenden Generation und gleichzeitig zur Sicherung von Sockelniveaus für alle führt, muss als die zentrale Frage aller Reformbemühungen im Bildungssystem angesehen werden. Auch wenn PISA keine Antwort leisten kann, ergeben sich dennoch einige Fingerzeige.

Die Leistungsverteilungen in den drei untersuchten Kompetenzbereichen sind im Gymnasium der Bundesrepublik relativ ähnlich, wobei das durchschnittliche gymnasiale Leistungsniveau knapp eine Standardabweichung über dem deutschen Gesamtmittelwert liegt. Im Vergleich mit anderen Schulformen ist die Leistungsverteilung der Schüler der 9. Jahrgangsstufe an Gymnasien in allen drei untersuchten Kompetenzbereichen relativ homogen. Dennoch sind die Leistungsabstände zwischen den Extrempositionen in allen Kompetenzbereichen in Relation zur Standardabweichung der gymnasialen Leistungsver-

---

534 Baumert, Jürgen/ Artelt, Cordula/ Klieme, Eckhard u. a. (Hrsg.) (2002): PISA 2000 – Die Länder der Bundesrepublik Deutschland im Vergleich. S. 233 f..

535 Vgl. Baumert, Jürgen/ Bos, Wilfried/ Watermann, Rainer (2000): Fachleistungen im voruniversitären Mathematik- und Physikunterricht im internationalen Vergleich. In: Baumert, Jürgen/ Bos, Wilfried/ Lehmann, Rainer (Hrsg.): TIMSS/III. Dritte Internationale Mathematik- und Naturwissenschaftsstudie: Mathematische und naturwissenschaftliche Bildung am Ende der Schullaufbahn. Bd. 2. S. 129 – 180. Opladen.

teilung sehr groß. Übersetzt in Leistungszuwächse können die mittleren Kompetenzunterschiede einem bis eineinhalb Schuljahren entsprechen.

Zwar belegt die PISA-E-Studie, dass eine Erhöhung des relativen Schulbesuchs an Gymnasien aufgrund der Logik von Übergangsentscheidungen und der damit verbundenen Fehlermöglichkeiten zu sinkenden Leistungsmittelwerten führt, aber eine Erklärung, welche die Leistungsunterschiede ausschließlich auf Selektivität zurückführt, widerspricht den PISA-E-Gesamtbefunden.[536] Denn auch unter Konstanthaltung des relativen Schulbesuchs an Gymnasien bleiben die Leistungsergebnisse in den im Bereich Mathematik leistungsstarken Ländern Schleswig-Holstein und Bayern erwartungswidrig gut. Gleiches gilt mit umgekehrten Vorzeichen für die Länder Bremen und Brandenburg.

Die Autoren der PISA-E-Studie warnen ausdrücklich vor „allzu schlichten Versuchen", die hohen Leistungsniveaus an Gymnasien in erster Linie auf die Eingangsselektivität dieser Schulform zurückführen wollen[537] und differenzieren das gymnasiale Bild wie folgt:

> „Der Zusammenhang zwischen dem relativen Schulbesuch am Gymnasium und dem erreichten mittleren Kompetenzniveau ist negativ. Der Erklärungswert dieses Zusammenhangs für Leistungsunterschiede zwischen den Ländern ist jedoch begrenzt. Differenzierte Analysen unterschiedlicher Leistungsgruppen zeigen einen moderaten positiven Zusammenhang zwischen relativem Schulbesuch an Gymnasien und der Qualität der Leistungsspitze. Möglicherweise wird mit einer Öffnung vorakademischer Bildungsgänge auch die Rekrutierungsbasis für Spitzenleistungen verbessert. Das entgegengesetzte Bild ist im unteren Leistungsbereich zu erkennen. Mit einem steigenden relativen Schulbesuch an Gymnasien wachsen die Schwierigkeiten, im untersten Leistungsbereich angemessen zu fördern, um gymnasiale Mindeststandards zu sichern."[538]

Betrachtet man das untere Leistungsviertel an Gymnasien isoliert, wird deutlich, dass mit zunehmender Expansion des Gymnasiums die Schwierigkeiten steigen, in der unteren Leistungsgruppe ein gymnasialadäquates Leistungsniveau zu sichern. Die mittleren Leistungswerte des unteren Viertels der Gymnasien liegen teilweise erheblich unter dem mittleren Leistungsniveau von Realschulen.[539]

Deshalb versprechen Maßnahmen zur Qualitätssicherung durch Förderung der Selektivität wenig Erfolg. Aus der PISA-E-Studie ergeben sich somit explizit Handlungsanweisungen an die Bildungsadministration.

> „Angesichts des im internationalen Vergleich eher schwachen Ausbaus vorakademischer Bildungsgänge in Deutschland ist die Sicherung von Mindeststandards kein Problem der Selektivität, sondern eines der Förderung und des professionellen Umgangs mit Leistungsheterogenität im Unterricht."[540]

---

536 Vgl. Anhang 4.1, Abb. a.

537 Baumert, Jürgen/ Artelt, Cordula/ Klieme, Eckhard u. a. (Hrsg.) (2002): PISA 2000 – Die Länder der Bundesrepublik Deutschland im Vergleich. S. 231.

538 Ebenda.

539 Ebenda. S. 230 und Anhang 4.1: Abb. b und Abb. c.

540 Ebenda. S. 231.

4.1.2.5 Soziale Selektivität

Die Adjustierung des Migrationshintergrundes und der sozialen Herkunft erlaubt einerseits die Betrachtung einer „korrigierten" Bezugsgruppe und zeigt, dass auch unter Kontrolle dieser Gruppen die Ergebnisse im internationalen Vergleich unterdurchschnittlich bleiben. Umgekehrt verweisen die Ergebnisse der Risikogruppen überaus deutlich auf die außergewöhnlich große soziale Selektivität des deutschen Schulsystems.

Die Differenz in der basalen Kulturtechnik Lesekompetenz zwischen Jugendlichen aus höheren und niedrigeren Sozialschichten ist in Deutschland von allen OECD-Ländern am größten.[541] Selbst die Vereinigten Staaten, die immer wieder als Beispiel für große soziale Disparitäten in den Bildungschancen angeführt werden, weisen zwar immer noch beträchtliche, aber signifikant niedrigere sozial bedingte Leistungsunterschiede als Deutschland auf[542]. Die Autoren sprechen von einer hohen Stabilität der Grundstruktur sozialer Disparitäten in der Bildungsbeteiligung, die es nahe lege, „die Institution Schule selbst als Ursache der Disparitäten zu identifizieren"[543].

Es ist an anderer Stelle bereits auf die Wirkung früher Verteilung auf unterschiedliche Schulformen nach Leistung bei gleichzeitig unzulänglicher diagnostischer Trennschärfe hingewiesen worden. Dazu passt das Bild einer schulformübergreifenden Streuung von 25 Prozent, denn die PISA-Befunde identifizieren sowohl in der Hauptschule als auch in der Realschule eine große Gruppe von Schülern (rund ein Viertel), die das durchschnittliche Leistungsniveau der jeweils „höheren" Schulform erreichen. Folglich stabilisiert das Schulsystem nicht nur die soziale Unterklasse, sondern die Verteilung auf die Schulformen erfolgt insgesamt mit erheblicher Unschärfe hinsichtlich der kognitiven Leistungen.

Gesellschaftlich bedenklich ist, dass die sog. Risikogruppe über keine ausreichenden Kompetenzen für den Aufbau eines grundlegenden Wissens über naturwissenschaftliche oder technische Sachverhalte verfügt, das in vielen Ausbildungsgängen und Berufen, aber auch im Alltag benötigt wird[544], so dass kaum noch von einer gelungenen Integration in die Gesellschaft gesprochen werden kann. Ein ähnliches Bild zeigt sich im Bereich der Lesekompetenz, was bei der heutigen Struktur der Arbeitswelt zumindest eine Integration der Risikogruppe in die berufsbezogene Erwerbstätigkeit nahezu ausschließt.[545] Im Gegensatz zu dem unteren Bildungsviertel in den 60er und 70er Jahre bietet sich diesen Jugendlichen heute kaum noch eine Perspektive in der Arbeitswelt.

Die PISA-Befunde bedeuten nicht weniger als einen empirischen Beleg für das Versagen, allen Heranwachsenden gleich gute Bildungschancen zu geben, sie individuell optimal zu fördern und gleichzeitig soziale, ethnische und kulturelle Disparitäten der Bildungsbetei-

---

541 Aufschlussreich ist in diesem Zusammenhang eine von Plünnecke vorgenommene Differenzierung des sozioökonomischen Status` nach Bildung und Einkommen der Eltern, die belegt, dass der Schwerpunkt auf dem Bildungsstand der Eltern - insbesondere der Mutter - und weniger auf deren Einkommens liegt. Vgl. Plünnecke, Axel (2003): Bildungsreform in Deutschland. Eine Positionsbestimmung aus bildungsökonomischer Sicht. S. 17 – 19.

542 Baumert, Jürgen/ Artelt, Cordula/ Klieme, Eckhard u. a. (Hrsg.) (2002): PISA 2000 – Die Länder der Bundesrepublik Deutschland im Vergleich. S. 183.

543 OECD (Hrsg.) (2001): Lernen für das Leben: Erste Ergebnisse von PISA 2000. Paris. S. 352.

544 Ebenda. S. 135.

545 Vgl. Jürgen Baumert im Zeit-Gespräch: Spiewak, Martin (2001): Wieso, weshalb, warum? Über die Ursachen der Bildungsmisere und wie man Schule besser machen kann. Jürgen Baumert, verantwortlich für die Timss-Studie, und Hermann Lange, Pisa-Beauftragter der Kultusministerkonferenz, im ZEIT-Gespräch. In: Die Zeit Nr. 50/2001. S. 45.

ligung und des Bildungserfolgs auszugleichen. Damit bleibt eines der wichtigsten bildungspolitischen Ziele demokratischer Gesellschaften uneingelöst.

4.2 Beschreibung der Untersuchung

Die inhaltlich-qualitative Darstellung der verbandlichen Profile in bildungspolitischen Fragen (Teil 4.3) schließt sich an die Darstellung der Beschreibung des Verfahrens der Datengewinnung über die untersuchten Verbandsgruppen an.

4.2.1 Inhaltsanalytische Verfahren

Die Auswertung der bildungspolitischen Positionen der Spitzenverbände der Wirtschaft und der Gewerkschaften erfolgt anhand einer inhaltsanalytischen Untersuchung der Verbandspublikationen.

Die Inhaltsanalyse ist eine „empirische Methode zur systematischen und intersubjektiv nachvollziehbaren Beschreibung inhaltlicher und formaler Merkmale von Mitteilungen."[546] In einer definierten Gesamtheit der Texte werden bei einem inhaltsanalytischen Verfahren zuvor entwickelte theoretische Konstrukte gemessen, welche die Texte nur als eine semantische Komponente neben anderen repräsentieren. Das semantische Merkmal wird vom Bedeutungskomplex des konkreten sprachlichen Ausdrucks abstrahiert, wobei das zu messende theoretische Konstrukt nur selten explizit im Text genannt ist.[547] In dem Falle sind zur Rekonstruktion der Bedeutungszusammenhänge Zusatzinformationen und die Aktivierung von Vorwissen erforderlich. Dieser als Inferenz bezeichnete Rekonstruktionsprozess der über den Rahmen semantischer Implikationen hinausgehenden Bedeutungszusammenhänge stellt selbst ein hermeneutisches Verfahren dar, das die inhaltliche Identifikation einer Aussage aufgrund qualitativer Merkmale vornimmt, so dass die vorliegende Untersuchung nicht der vereinzelt anzutreffenden Unterscheidung zwischen quantitativen und qualitativen inhaltsanalytischen Verfahren folgt.[548] Ungeachtet einer kategorischen Unterscheidung der Verfahren bestehen methodisch Unterschiede zwischen stärker standardisierten, formal-quantitativen Formen und weniger standardisierten, inhaltlich-qualitativen Formen der Inhaltsanalyse, die vor allem für die Hypothesenbildung von Bedeutung sind. Zur Erarbeitung der bildungspolitischen Verbandsprofile sind offene Hypothesen und ein stärker vom Material ausgehender induktiver Ansatz zweckmäßig. Auf die Berücksichtigung von formalen Merkmalen der Texte wie Umfang, Platzierung, Schriftgröße, Illustration oder Ähnliches wurde weitgehend verzichtet.

Untersuchungsmaterial ist ein grundsätzlich vorher definierter Textkorpus - im Fall dieser Untersuchung die Verbandspublikationen zu Fragen der Bildungspolitik in einem bestimmten Zeitraum, so dass das empirisch-sozialwissenschaftliche Verfahren der Inhalts-

---

546 Früh, Werner (2001): Inhaltsanalyse. Theorie und Praxis. 5 Aufl.. München. S. 119.

547 Ebenda S. 52.

548 Obschon einige Autoren auf den quantitativen Charakter der Inhaltsanalyse hinweisen, ist diese Begrifflichkeit in der fachlichen Diskussion umstritten. Zur „Qualitativ-quantitativ-Kontroverse" vgl. ebenda. S. 67 f.

analyse im Gegensatz zu hermeneutischen oder textsemantischen Textanalyseverfahren keine Analyse von Einzeltexten darstellt.[549]

4.2.2 Beschreibung des Materials

Ingesamt wurden 275 Verbandstexte ausgewertet, was zirka 2500 Normseiten entspricht.

Die Publikationen der Verbände umfassen unterschiedliche Formate, die sich adressatenspezifisch (eigene Mitglieder, staatliche Institutionen oder politische Parteien, Öffentlichkeit) unterteilen lassen. Die Formate umfassen Grundsatzpapiere, Positionspapiere zu einzelnen Politikfragen, umfangreiche monothematische Einzelbroschüren, Tagungs- und Konferenzdokumentationen, Presseerklärungen, Verbands- und Mitgliederzeitschriften, Interviews oder eigene Beiträge von Verbandsfunktionären in anderen (Fach-) Medien, verbandsinterne Beschlüsse, verbandsübergreifende Beschlüsse, Anfragen an Ministerien und Stellungnahmen zu Gesetzgebungsverfahren.

Der gewählte Zeitraum der Untersuchung ist für die einzelnen Publikationsformate unterschiedlich. Bei Grundsatz- und bildungspolitischen Positionspapieren wurden jeweils die aktuellen Dokumente erfasst, die größtenteils aus dem Zeitraum 2001 – 2003 datieren, was sich aus dem stark wachsenden bildungspolitischen Engagement der untersuchten Verbände nach der Veröffentlichung der PISA-Ergebnisse Ende 2001 und aufgrund einiger anderer Entwicklungen im Bildungssystem in den letzten Jahren erklärt. Vereinzelt wurden auch Dokumente erfasst, die aus den 90er Jahren stammen und immer noch die verbandlichen Positionen repräsentieren. Bei den anderen Publikationsformen wurden die Jahre 09/ 2001 bis 09/ 2004 untersucht, wobei diese Spanne für die notwendige Begrenzung des Textumfanges gewählt wurde, weil dieser Zeitraum durch eine besondere publizistische Aktivität der Wirtschaftsverbände und der Gewerkschaften im Bereich der Bildungspolitik gekennzeichnet ist. Zudem liegen für diesen Zeitraum die Dokumente in den Archiven der jeweiligen Verbände lückenlos vor. Innerhalb der Verbandspublikationen der Jahre 09/2001 bis 09/2004, die sich mit bildungspolitischen Fragen befassen, erfolgte keine weitere Auswahl, so dass prinzipiell alle diesbezüglichen Dokumente ausgewertet wurden.

Um in Einzelfällen Kontinuität bzw. Wandel von verbandlichen Positionen einschätzen zu können, wurden jeweils zwei dreimonatige Vergleichszeiträume (März bis Juli 1990 und März bis Juli 1980) als Datenschnitte gebildet.

4.2.3 Kodierung

Die Auswertung der Verbandspublikationen erfordert ein Kategorisierungsschema, das es ermöglicht, jede bildungspolitische Aussage unter ein theoretisches Konzept (Kode) zu subsumieren. Als bildungspolitische Aussagen werden dabei nicht nur jene Aussagen gewertet und erfasst, die eine eindeutige Aussage zu einem bildungspolitischen Thema treffen oder eine explizite bildungspolitische Forderung erheben, sondern auch Kritik an bildungspolitischem Handeln und Unterlassen anderer Akteure sowie Analysen bestehender Zustände, da diese als interpretative Inferenzen Rückschlüsse auf eigene Positionen und Profile zulassen.

[549] Ebenda. S. 47 – 51.

Durch das Kodieren werden dann Textpassagen Kodes in Form von Kodekennziffern zugeordnet.[550] Inhaltlich zusammenhängende Kodes werden systematisch zu Themenclustern gruppiert, die wiederum jeweils einer von sechs Kategorien zuzuordnen sind. Die Einteilung der Kategorien folgt der institutionell-organisatorischen Verfasstheit des deutschen Bildungssystems, an der sich die Verbände thematisch und teils in der Organisation ihrer bildungspolitischen Positionierung ebenfalls orientieren. Ergänzt werden diese Kategorien durch den Bereich der allgemeinen bzw. ordnungspolitischen Aussagen. Die sechs Kategorien, die gleichzeitig die Grobgliederung für die Auswertung bilden, sind damit[551]: allgemeine Aussagen – ordnungspolitische Positionen – Schule – Hochschule - Berufliche Bildung - Weiterbildung - Elementar- und Primarbereich.

Bei einer ersten Sichtung der Texte wurde ein differenziertes System von Kodes entwickelt, das eine eindeutige Zuordnung jeder bildungspolitischen Aussage zu einem Kode gewährleistet. Die vorliegende Arbeit verwendet 550 Kodes, die in 80 Themenclustern gruppiert sind.[552] Die eigentliche Datenerhebungsphase[553] zeigte, dass das Kategorisierungssystem alle in Hinblick auf die Forschungsfrage relevanten Aspekte erfasst und trennscharf zuordnet.

Obwohl inhaltsanalytische Verfahren eine systematische und intersubjektiv überprüfbare Textanalyse, die der Interpretationsbedürftigkeit und Bedeutungsfülle des sprachlichen Materials gerecht wird, gewährleisten sollen, kann es aufgrund der Interpretationsspielräume (Inferenzen) bei der Erfassung der Bedeutungsdimensionen von Inhalten zu Unschärfen kommen. Deswegen wurden als Reliabilitätstest sowohl bereits kodierte Texte mit einem zeitlichen Abstand von einem Jahr erneut kodiert als auch identische Texte von anderen Kodierern als dem Autor anhand des Kodierungsschemas erfasst. Dieser Test zeigte ein sehr hohes Maß an Übereinstimmungen der Kodes.[554] Insgesamt kommt der sachliche und präzise Stil der Verbandspublikationen der Eindeutigkeit der Kodierung entgegen, so dass keine alternativen Textinterpretationen und Deutungen bei den Testkodierern auftraten, die an unterschiedlichen Kodierungen ablesbar gewesen wären.

Von einer Quantifizierung des sprachlichen Umfanges einer Aussage wurde abgesehen, so dass es bei der Kodierung keinen Unterschied macht, ob z.B. relevante Aspekte in Form einer Aufzählung oder mit umfangreichen Erläuterungen dargestellt sind. Ebenso verzichtet wurde auf eine Differenzierung nach dem Grad der sprachlichen Intensität. Beispielsweise wurde die Aussage „das Bildungsniveau vieler Jugendlicher ist für die anspruchsvollen – technischen und theoretischen - Ausbildungsinhalte oftmals unzurei-

550 Der Arbeitsschritt der Kodierung der Texte erfolgte mit der Software MAXQDA (ehemals winmax).

551 Beim zweiten Kodierungsdurchlauf zeigt sich, dass es inhaltlich gerechtfertigt und zweckmäßig ist, den Primarbereich nicht als Themenblock innerhalb der Kategorie Schule, sondern als eigenständige Kategorie zu erfassen. Aus diesem Grund steht diese Kategorie am Ende der Systematik und nicht, wie die organisatorische Organisation des Bildungssystems vermuten ließe, an zweiter Stelle.

552 Eine Übersicht der Kodes findet sich in Anhang 5.1.

553 Die Daten bei inhaltsanalytischen Verfahren bilden nicht die Texte, sondern die registrierten Objektmerkmale (= Kodierungen).

554 Ein Maß zur Messung der Übereinstimmung der Kodierungen gleicher Texte durch unterschiedliche Kodierer ist der Quotient aus der Anzahl der übereinstimmenden Kodes multipliziert mit zwei und der Summe der Anzahl der Kodes zweier Kodierer. Werden - wie in diesem Reliabilitätstest - mehr als zwei Kodierer zur Überprüfung herangezogen, wird der Mittelwert aller paarweisen Übereinstimmungen gebildet. In dem Fall dieses Reliabilitätstest ist dieser Wert 0,97, was auf ein sehr hohes Maß an Verlässlichkeit der Kodierung schließen lässt.

chend"[555] mit derselben Kodekennziffer erfasst wie die Aussage: „Vielmehr müssen - vor dem Hintergrund einer immer anspruchsvoller werdenden Berufsausbildung und differenzierterer Berufsbilder – die allgemeinbildenden Schulen deutlich bessere Vorleistungen für die anschließende berufliche Bildung erbringen."[556]

Die Auswertung erfolgt durch Zusammenstellung und Interpretation von zusammengehörigen Textsegmenten – identifiziert durch den gleichen Kode, die miteinander verknüpft und zu übergeordneten Kategorien zusammengefasst werden. Diese Themenanalyse (Retrieval) bildet das Gerüst für die Darstellung der verbandlichen Profile.

4.3 Auswertung der bildungspolitischen Programme

4.3.1 Auswertung: Quantitative Auswertung

4.3.1.1 Spitzenverbände der Wirtschaft

Innerhalb der Gruppe der Spitzenverbände der Wirtschaft wurden 1613 bildungspolitische Aussagen kodiert, wobei das Kuratorium der Deutschen Wirtschaft für Berufsbildung (KWB), das gemeinsam von allen Spitzenverbänden der Wirtschaft getragen wird und die berufsbildungspolitischen Positionen jener Verbände bündelt, als eigener Verband behandelt wird. Dabei wird etwa die Hälfte der bildungspolitischen Aussagen durch die BDA getätigt; auf BDI (13,3 %), DIHK (13,2 %) und ZDH (14,9 %) entfällt der Rest abzüglich der 4,8 Prozent gemeinsamer Nennungen durch das KWB zu etwa gleichen Teilen.

Tabelle 4.1: Verteilung der bildungspolitischen Aussagen auf die Spitzenverbände der Wirtschaft

Verteilung der bildungspolitischen Aussagen auf die Spitzenverbände der Wirtschaft		
Verband	**absolut**	**Prozent**
BDA	868	53,8
BDI	214	13,3
DIHK	213	13,2
ZDH	240	14,9
KWB	78	4,8
Summe	1613	

555 Zentralverband des Deutschen Handwerks (2001): Schlechte Noten für das deutsche Schulsystem – Was tun nach dem PISA-Schock? In: Baden-Württembergischer Handwerkstag (Hrsg.): Schriftenreihe Baden-Württembergischer Handwerkstag. Juli 2002. Stuttgart. S. 35 – 37. S. 36.

556 Zentralverband des Deutschen Handwerks (1998): Ausbildungshemmnisse im Handwerk. Ergebnisse einer Umfrage bei Handwerksbetrieben im 1. Quartal 1998. Bonn. S. 8.

Bei der Verteilung der kodierten Aussagen auf die Kategorien zeigt sich, dass etwa Dreiviertel aller Aussagen schul- oder hochschulpolitischer Natur sind, wobei mit 39 Prozent die meisten Aussagen zur Schulpolitik getätigt werden. Es folgen Berufsbildung (12 %), allgemeine Aussagen (7 %), Weiterbildung (6 %) und Elementarbereich (2 %).

Abbildung 4.1: Verteilung der bildungspolitischen Aussagen der Spitzenverbände der Wirtschaft auf die Kategorien

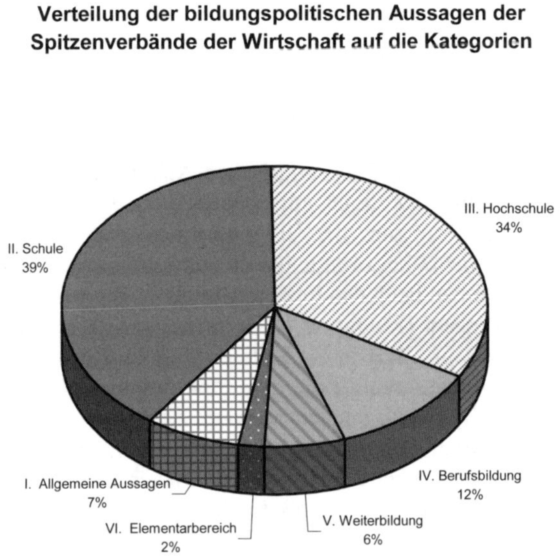

Schon aufgrund der BDA-Dominanz mit 54 Prozent aller Aussagen empfiehlt es sich, die Verteilung auf die Kategorien nach den einzelnen Verbänden differenziert zu betrachten.

Tabelle 4.2: Verteilung der Nennungen einer Kategorie auf die Verbände (wie viele der Aussagen zur Kategorie y wurden von Verband x gemacht)

Verband	Gesamt	BDA		BDI		DIHK		ZDH		KBB	
		ges.	%	ges.	%	ges.	%	ges.	%	ges.	%
Allgemein	**117**	**71**	60,7	**36**	30,8	**5**	4	**5**	4	**0**	0
Schule	**640**	**443**	69,2	**50**	7,8	**55**	9	**91**	14	**1**	0
Hochschule	**541**	**272**	50,3	**121**	22,4	**82**	15	**66**	12	**0**	0
Berufsbildung	**187**	**44**	23,5	**4**	2,1	**37**	20	**43**	23	**59**	32
Weiterbildung	**95**	**29**	30,5	**3**	3,2	**31**	33	**14**	15	**18**	19
Elementar	**33**	**9**	27,3	**0**	0,0	**3**	9	**21**	64	**0**	0

Das quantitative Übergewicht an bildungspolitischen Aussagen der BDA findet sich natürlich in einer nach den sechs Kategorien aufgeschlüsselten Darstellungsweise wieder. Es muss quantitativ von einer Dominanz der BDA bei hochschulpolitischen Aussagen (50,3 %) und einer starken Dominanz bei ordnungspolitischen Aussagen und Schulpolitik (69,2 %) gesprochen werden. Bei den beiden zuletzt genannten Kategorien stammen 60,7 Prozent (Kategorie I) bzw. 69,2 Prozent (Kategorie II) von der BDA. Eine ähnlich starke Ausprägung findet sich sonst nur beim ZDH in der Kategorie „Elementarbereich“ (Kategorie VI). Ferner lässt sich feststellen, dass nahezu die gesamten ordnungspolitischen Aussagen über Bildungspolitik von BDA oder BDI gemacht werden. Aufgrund dieser quantitativen BDA-Dominanz wird in der qualitativen Auswertung besonders auf unterschiedliche Positionen der BDA und anderer Spitzenverbände der Wirtschaft zu achten sein.

Neben der obigen Betrachtung, wie groß der Anteil eines Verbandes an der Anzahl an Aussagen innerhalb einer Kategorie ist, bietet die folgende Darstellung die Möglichkeit, Aussagen über etwaige Priorisierung einer Kategorie innerhalb eines einzelnen Verbandes zu machen.

Tabelle 4.3: Verteilung der Verbandsaussagen auf Kategorien - differenziert nach Verbänden (wie viele Aussagen macht Verband x zur Kategorie y)

Verband / Kategorie	Gesamt	BDA absolut	BDA %	BDI absolut	BDI %	DIHK absolut	DIHK %	ZDH absolut	ZDH %	KBB absolut	KBB %
Allgemein	**117**	**71**	8,2	**36**	16,8	**5**	2,3	**5**	2,1	**0**	0,0
Schule	**640**	**443**	51,0	**50**	23,4	**55**	25,8	**91**	37,9	**1**	1,3
Hochschule	**541**	**272**	31,3	**121**	56,5	**82**	38,5	**66**	27,5	**0**	0,0
Berufsbild.	**187**	**44**	5,1	**4**	1,9	**37**	17,4	**43**	17,9	**59**	75,6
Weiterbild.	**95**	**29**	3,3	**3**	1,4	**31**	14,6	**14**	5,8	**18**	23,1
Elementar	**33**	**9**	1,0	**0**	0,0	**3**	1,4	**21**	8,8	**0**	0,0
Summe	**1613**	**868**	100,0	**214**	100,0	**213**	100,0	**240**	100,0	**78**	100,0

Dabei zeigen sich unterschiedliche Prioritäten der einzelnen Verbände: Bei BDA und ZDH entfallen die meisten Aussagen auf Schulpolitik, bei BDI und DIHK auf Hochschulpolitik. Lässt man das KWB aufgrund seiner fachlichen Ausrichtungen auf Berufsbildung außen vor, können die verbleibenden Verbände bezüglich der qualitativen Aussagen nach Kategorien in zwei Gruppen differenziert werden: Auf der einen Seite stehen BDA und BDI mit jeweils deutlichen Schwerpunkten. Für die BDA liegt dieser auf der Schulpolitik vor der Hochschulpolitik, beim BDI verhält es sich umgekehrt. Diese Gruppierung drückt sich darüber hinaus in der relativen Häufung von ordnungspolitischen Aussagen bei BDA und BDI (8,2 % bzw. 16,8 %) im Gegensatz zu DIHK und ZDH (2,3 % bzw. 2,1 %) aus. Letztere äußern sich zwar in der Hauptsache auch zu Schul- und Hochschulpolitik, aber diese Dominanz ist weniger ausgeprägt, so dass bei DIHK und ZDH insgesamt eine über die sechs Kategorien ausgeglichenere Verteilung ihrer bildungspolitischen Aussagen zu finden ist. Bemerkenswert ist die hohe Anzahl an Aussagen zum Elementarbereich beim ZDH.

4.3.1.2 Gewerkschaften

Innerhalb der Gruppe der Gewerkschaften wurden 1217 bildungspolitische Aussagen kodiert.

Dabei wurde der Deutsche Gewerkschaftsbund (DGB) als eigenständiger Verband betrachtet, obwohl in ihm alle bei der Auswertung berücksichtigten Gewerkschaften organisiert sind. Aufbau, Organisation und inhaltliche Positionierung erlauben es durchaus, den DGB nicht nur als Dachorganisation, sondern als eigenständigen Verband zu betrachten. Dennoch ist aufgrund seiner Funktion als Dachverband und seines Beschlussfindungsverfahrens in Grundsatzfragen, bei dem auf Gewerkschaftstagen die Delegierten der Einzelgewerkschaften über Anträge der Einzelgewerkschaften abstimmen, eine differenzierte Betrachtung, insbesondere bei quantitativen Aussagen, geboten. Positionspapiere und Beschlüsse des DGB, die von Einzelgewerkschaften eingebracht wurden, sind dem DGB zugeordnet, da die Verabschiedung derartiger Beschlüsse immer einen innerverbandlichen Verhandlungssprozess voraussetzt. Immer dann, wenn sich einzelne Gewerkschaften mit ihren Beschlussvorlagen inhaltlich nicht durchsetzten konnten, wurde die nicht als DGB-Beschluss angenommene Position für die Kodierung der Einzelgewerkschaft zugeschrieben.

Diese Unterscheidung ist von Bedeutung, da in einzelnen Punkten Differenzen zwischen den Gewerkschaften bestehen, wobei die einzelnen Gewerkschaften unterschiedlich großen Einfluss auf die Positionierung des DGB haben.

Eine Betrachtung der Verteilung der bildungspolitischen Aussagen auf die Verbände ergibt folgendes Bild: Die meisten Aussagen (431 Kodierungen) zur Bildungspolitik werden von der Gewerkschaft Erziehung und Wissenschaft (GEW) getätigt, was etwa einem Drittel aller Aussagen entspricht. Es folgt der DGB mit 36,5 Prozent sowie die beiden großen Einzelgewerkschaften, IG Metall und ver.di, mit ähnlichem quantitativen Gewicht (IG Metall: 147, 12,9 %; ver.di: 178, 14,6 %). Die IG Bergbau, Chemie, Energie spielt mit nur 1,4 Prozent der Aussagen eine untergeordnete Rolle, weshalb sie bei der quantitativen Auswertung vernachlässigt werden kann.

Tabelle 4.4: Verteilung der bildungspolitischen Aussagen auf die Gewerkschaften

Verteilung der bildungspolitischen Aussagen auf die Gewerkschaften		
Verband	**absolut**	**Prozent**
IG Metall	147	12,1
GEW	431	35,4
DGB	444	36,5
ver.di	178	14,6
IG BCE	17	1,4
Summe	1217	

Die Rolle des DGB muss aus oben angeführten Gründen zumindest für die quantitative Bewertung relativiert werden, da viele DGB-Positionen letztlich nur eine Übernahme der Beschlussvorlagen der Einzelgewerkschaften darstellen. Dies in Rechnung gestellt, findet sich also eine große quantitative Dominanz der GEW.

Bei der Verteilung der gewerkschaftlichen Aussagen zur Bildungspolitik ergibt sich ein relativ ausgeglichenes Bild.

Abbildung 4.2: Verteilung der bildungspolitischen Aussagen der Gewerkschaften auf die Kategorien

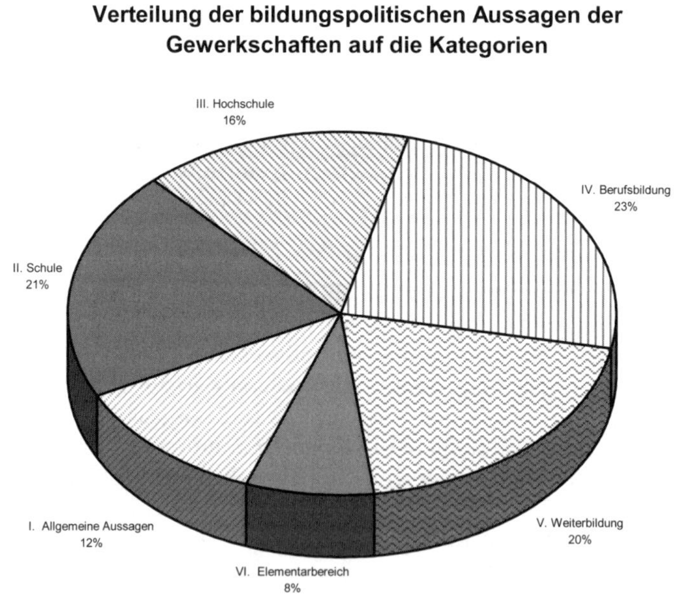

Auffällig ist zwar zunächst der große Teil bildungspolitischer Aussagen zu dem Bereich der Weiterbildung; dies ist jedoch nicht überraschend, denn dieser Bereich wie auch die Berufsbildung ist für die Interessenvertretung der gewerkschaftlich organisierten Arbeitnehmer von großer Bedeutung.

Wie bei der quantitativen Auswertung der Spitzenverbände der Wirtschaft ist eine Darstellung der Verteilung aller Aussagen auf die Kategorien nur wenig aussagekräftig, weil sie aufgrund des unterschiedlichen quantitativen Gewichtes der verschiedenen Gewerkschaften eine Bewertung einer gesamtgewerkschaftlichen Priorisierung der Kategorien nicht zulässt. Insofern muss obige Darstellung nach den Einzelgewerkschaften aufgeschlüsselt werden.

Tabelle 4.5: Verteilung der Nennungen einer Kategorie auf die Verbände (wie viele der Aussagen zur Kategorie y wurden von Verband x gemacht)

Verband	**Gesamt**	**IG Metall**		**GEW**		**DGB**		**ver.di**		**IG BCE**	
		ges.	%	ges.	%	ges.	%	ges.	%	ges.	%
Allgemein	**144**	**28**	19,4	**39**	27,1	**45**	31	**30**	21	**2**	1
Schule	**250**	**15**	6,0	**163**	65,2	**57**	23	**13**	5	**2**	1
Hochschule	**193**	**10**	5,2	**50**	25,9	**45**	23	**88**	46	**0**	0
Berufsbildung	**294**	**53**	18,0	**72**	24,5	**154**	52	**8**	3	7	2
Weiterbildung	**244**	**35**	14,3	**45**	18,4	**126**	52	**32**	13	**6**	2
Elementar	**92**	**6**	6,5	**62**	67,4	**17**	18	**7**	8	**0**	0

Diese Darstellung, die zeigt, wie viele Aussagen zu einer Kategorie von einem Verband getätigt wurden, macht die quantitative Dominanz einzelner Gewerkschaften auf einzelne bildungspolitische Bereiche deutlich. Unter Berücksichtigung der Dachverbandsrolle des DGB ergibt sich für die allgemeinen/ ordnungspolitischen Aussagen eine relativ ausgeglichene Zusammensetzung. Bei den Aussagen zur beruflichen Bildung dominiert der DGB mit 52 Prozent aller kodierten Aussagen, gefolgt von der GEW und der IG Metall; lediglich von ver.di (und IG BCE) sind in diesem Bereich wenige Aussagen zu verzeichnen. Auch der Weiterbildung widmen IG Metall, GEW und ver.di ähnlich viele Aussagen, führend in dieser Kategorie ist der DGB mit über der Hälfte der Aussagen. Anders bei schulpolitischen Positionen und in Fragen der Elementarbildung: In diesen beiden Kategorien dominiert die GEW, während diese Rolle im Bereich der Hochschulpolitik in weniger ausgeprägtem Maße ver.di zukommt.

Um die spezifischen Profile der einzelnen Gewerkschaften herausarbeiten zu können, wird in der folgenden Tabelle dargestellt, wie viele ihrer Aussagen eine Gewerkschaft zu einer der einzelnen Kategorien gemacht hat.

Tabelle 4.6: Verteilung der Verbandsaussagen auf Kategorien (Wie viele seiner Aussagen hat der Verband y zu der Kategorie y gemacht?)

Verband / **Kategorie**	**Gesamt**	**IG Metall** absolut	**IG Metall** Prozent	**GEW** absolut	**GEW** Prozent	**DGB** absolut	**DGB** Prozent	**ver.di** absolut	**ver.di** Prozent	**IG BCE** absolut	**IG BCE** Prozent
Allgemein	**144**	**28**	19,0	**39**	9,0	**45**	10,1	**30**	16,9	**2**	11,8
Schule	**250**	**15**	10,2	**163**	37,8	**57**	12,8	**13**	7,3	**2**	11,8
Hochschule	**193**	**10**	6,8	**50**	11,6	**45**	10,1	**88**	49,4	**0**	0,0
Berufsbildung	**294**	**53**	36,1	**72**	16,7	**154**	34,7	**8**	4,5	**7**	41,2
Weiterbildung	**244**	**35**	23,8	**45**	10,4	**126**	28,4	**32**	18,0	**6**	35,3
Elementar	**92**	**6**	4,1	**62**	14,4	**17**	3,8	**7**	3,9	**0**	0,0
Summe	**1217**	**147**	100,0	**431**	100,0	**444**	100,0	**178**	100,0	**17**	100,0

Dabei zeigt sich, dass innerhalb der Gruppe der Gewerkschaften für jede einzelne ein Kernpolitikfeld innerhalb der Bildungspolitik konstatiert werden kann.

Bei der IG Metall finden sich bei einer insgesamt sehr ausgeglichenen Verteilung die meisten Aussagen zur Berufsbildung. Eine ähnliche Verteilung weist die GEW auf, wobei ihr Kernthema die Schulpolitik ist. Bemerkenswert ist der Befund, dass bei der GEW im Verhältnis zu den anderen fünf Kategorien relativ wenig allgemeine Aussagen kodiert wurden. Beim DGB fallen die meisten Aussagen auf den Bereich der beruflichen Bildung, gefolgt von dem Bereich der Weiterbildung. Bei ver.di wird knapp die Hälfte der bildungspolitischen Aussagen zum tertiären Bildungsbereich gemacht, wobei die sehr geringe Beschäftigung mit Schule, Berufsbildung und dem Elementarbereich auffällig ist.

4.3.1.3 Bewertung der quantitativen Verteilung

Auf Seiten der Wirtschaftsverbände fokussieren die BDA und der BDI auf die Bildungsbereiche Schule bzw. Hochschule, während der DIHK und der ZDH eine relativ ausgeglichene Verteilung über die sechs Kategorien aufweisen. Auf Gewerkschaftsseite kann jeder Gewerkschaft ein bildungspolitisches Kernthema zugeordnet werden. In beiden Gruppen gibt es jeweils einen Verband, BDA und GEW, bei dem mit Abstand die meisten bildungspolitischen Aussagen kodiert wurden.

Insgesamt betrachtet ist die Verteilung nicht überraschend. Allerdings können Rückschlüsse aus diesen quantitativen Merkmalen auf bestimmte Verbands-Prioritäten o.Ä. nur sehr begrenzt gezogen werden, da sich die Verbände in Größe und strategischem Vorgehen stark unterscheiden. So lässt beispielsweise eine offensive Kommunikationsstrategie gegenüber der Presse oder den eigenen Mitgliedern die Anzahl an Publikationen und damit an bildungspolitischen Aussagen steigen, ohne dass daraus der Umkehrschluss zulässig wäre, dass Verbände mit einer anderen Öffentlichkeitsstrategie deswegen bestimmten Themen geringeres Gewicht beimessen würden.

Obwohl eine quantitative Betrachtung demzufolge nur von begrenztem Nutzen ist, liefert sie dennoch für den Gruppenvergleich „Wirtschaftsverbände versus Gewerkschaften" eine wertvolle Basis und fördert darüber hinaus innerhalb einer Gruppe bestimmte Auffälligkeiten zu Tage: So ist es zumindest contraintuitiv, dass der Zentralverband des Deutschen Handwerks sich zu 37,9 Prozent zur Schulpolitik, zu 27,5 Prozent zur Hochschulpolitik und erst an dritter Stelle mit 17,9 Prozent zur Berufsbildungspolitik äußert. Es ist mithin somit nicht der Fall, dass sich die Wirtschaftsverbände besonders stark zu den Bereichen des Bildungssystems äußern, mit denen ihre Mitglieder unmittelbar in Berührung sind. Ohne der folgenden Interpretation vorgreifen zu wollen, zeigt sich in diesem isolierten Befund, dass die Wirtschaftsverbände sich schwerpunktmäßig zu den Bereichen äußern, die sie als besonders reformbedürftig erachten, während Gewerkschaften ihren quantitativen Schwerpunkt auf die Bereiche legen, die für die Interessensvertretung ihrer Mitglieder von Bedeutung oder in denen ihre Mitglieder tätig sind.

Da die quantitative Verteilung weder Rückschlüsse auf eine Meinungsführerschaft, noch auf die Fähigkeit zur Durchsetzung dieser Positionen zulässt, kann eine systematisierte Darstellung der bildungspolitischen Konzeptionen der Verbände nur durch eine inhaltliche Beschreibung der einzelnen Aspekte geleistet werden.

4.3.2 Allgemeine und ordnungspolitische Positionen

4.3.2.1 Problemwahrnehmung der Wirtschaftsverbände

Bei der Analyse des Zustandes des Bildungssystems ergibt sich für die Wirtschaftsverbände ein klares Bild. BDA, BDI, DIHK und ZDH sind einvernehmlich der Auffassung, dass die Qualität aller Bereiche des Bildungssystems nicht ausreichend bis mangelhaft sei.

Dabei fällt die Kritik je nach Bereich unterschiedlich aus. Für den schulischen Bereich wird das durch verschiedene internationale Schulvergleichstests attestierte im Vergleich mit anderen OECD-Ländern durchweg geringe Leistungsniveau deutscher Schüler bemängelt. Obwohl die PISA-Studie aus dem Jahr 2001 von den Wirtschaftsverbänden oftmals angeführt wird, verweisen sie darauf, dass deren Ergebnisse keineswegs überraschend waren, denn insbesondere ausbildende Betriebe würden schon seit Jahren über sinkende Ausbildungsfähigkeit aufgrund mangelnder Grundkompetenzen der Schulabgänger klagen.[557] Vor dem Hintergrund steigender Anforderungen der Arbeitswelt berge diese sich öffnende Scherenbewegung zwischen den erforderlichen Anforderungen und dem Wissen und Kön-

[557] So beklagte der Arbeitgeberpräsident, Dieter Hundt, in einem Gespräch mit der BLK die nach Einschätzung der Wirtschaft steigenden Defizite vieler Schulabsolventen in wesentlichen Kernqualifikationen wie Rechnen, Schreiben, Lesen und das sinkende Interesse der Jugendlichen an naturwissenschaftlichen Fächern in der Schule, während die staatliche Seite in der Frage der Defizite in Kernqualifikationen von Schulabsolventen (vor PISA!) nachdrücklich eine unterschiedliche Auffassungen vertrat. Vgl. Bund-Länder-Kommission für Bildungsplanung und Forschungsförderung (1998): Materialien zur Bildungsplanung und zur Forschungsförderung. Gespräche über das Bildungs- und Beschäftigungssystem in Deutschland –Gespräch mit Arbeitgeberpräsident Dr. Dieter Hundt am 16. November 1998 in Bonn. BLK Heft 74. S. 11.
Die These gravierender schulischer Qualitätsmängel ist bis zur PISA-Studie in Deutschland neben einem kleinen Kreis von Bildungsforschern nur von Professoren und der Wirtschaft, also den Abnehmern der Absolventen, vertreten worden, während sie von Bildungspolitikern und Lehrerorganisationen relativiert bzw. bestritten wurde.

nen der Schulabgänger große Risiken für die Beschäftigungsfähigkeit des Einzelnen und die volkswirtschaftliche Leistungsfähigkeit insgesamt.

Abgesehen von den zu geringen Kompetenzen, welche die Auszubildenden aus der Schule mitbrächten, wird die Berufsausbildung im dualen System aber von den Wirtschaftsverbänden im Vergleich mit den anderen Bereichen des Bildungssystems relativ positiv bewertet. Im Zentrum der Kritik an dem Hochschulsystem steht neben dem fachlichen Niveau der Absolventen und deren hohem Abschlussalter die fehlende Arbeitsmarktkompatibilität der Studiengänge. Darüber hinaus bemängeln die Spitzenverbände der Wirtschaft, dass deutsche Hochschulen in viel zu geringem Maße als Anbieter von wissenschaftlicher Fortbildung zur Verfügung stünden.

Zu der großen Unzufriedenheit mit den Leistungen der Absolventen der unterschiedlichen Bildungseinrichtungen, die als der rote Faden der bildungspolitischen Reformkonzepte der Wirtschaftsverbände angesehen werden muss, kommt die geringe formale Bildungsbeteiligung bzw. die starke soziale Selektivität als zweiter großer Kritikkomplex hinzu. Alle vier Spitzenverbände der Wirtschaft weisen mehrmals und in unterschiedlichen thematischen Zusammenhängen auf diese Schwäche des deutschen Bildungssystems hin.

Insgesamt fällt die allgemeine Bewertung des deutschen Bildungssystems der Spitzenverbände der Wirtschaft einvernehmlich aus. Alle vier Verbände beklagen ein zu geringes Niveau, insbesondere der Schüler sowie eine zu starke soziale Selektivität. Vor diesem Hintergrund fordern sie übereinstimmend eine Bildungsoffensive zur Qualitätssteigerung und Maßnahmen, um die Bildungsbeteiligung benachteiligter Gruppen zu steigern. In dem Anspruch, dass die Bundesrepublik einen Spitzenplatz in internationalen Bildungsvergleichen erlangen muss, sind sich die Wirtschaftsverbände einig.

> „Ziel deutscher Schulpolitik muss es sein, unsere Schüler hervorragend auszubilden und bei künftigen Tests auf einen der Spitzenplätze zu kommen.“[558]

4.3.2.1.1 Exkurs: Vergleichszeitraum

Im Allgemeinen kann für einige Verbände eine starke Konstanz über einen langen Zeitraum bezüglich bestimmter Forderungen, begleitet von einer nur geringfügigen Variation der Argumente, konstatiert werden, die entweder aus der andauernden Aktualität, also aus Sicht des Verbandes einer Nicht- oder nur unzureichenden Problemlösung des betreffenden Themas resultiert oder die ihre Aktualität behält, weil es sich um immer wieder neu zu verhandelnde Konflikte handelt. Aus diesem Grund empfiehlt es sich, zwischen eben solchen Grundelementen der jeweiligen Verbandspositionen bzw. -forderungen und den jeweiligen kurzfristigeren Analyseergebnissen, die in die Verbandspositionierung einfließen, zu differenzieren. Für die Fragestellung der vorliegenden Arbeit bedeutet dies zu hinterfragen, ob die generelle Einschätzung des deutschen Bildungssystems durch die Verbände eventuell eine verbandsspezifische Konstante darstellt, also, die Verbände auch in der Vergangenheit ungenügende Qualität im deutschen Bildungssystem bemängelt haben. Da im Rahmen dieser systematischen Analyse nur Dokumente des Zeitraums Juni 1998 – September 2004 ausgewertet werden konnten, ist eine Bewertung der soeben aufgeworfenen Frage schwie-

---

558 BDA (2002): „Standortfaktor Schule“. Nach PISA – 5-Punkte-Programm der deutschen Arbeitgeber. Statement von Dr. Dieter Hundt am 5.02.2003 im Haus der Wirtschaft. Berlin.

rig. Zur Kontrolle sind deshalb jeweils zwei dreimonatige Vergleichszeiträume (März bis Juli 1990 und März bis Juli 1980) gebildet worden, deren Dokumente zwar nicht in der gleichen Weise wie die im Rahmen der vorliegenden Arbeit ausgewerteten Dokumente kodiert, aber nach den gebildeten Themen-Clustern kontrolliert worden sind. Dabei zeigt sich, dass die inhaltliche Bewertung des deutschen Bildungssystems für die Wirtschaftsverbände vollständig neu ist und sich in den Kontrollzeiträumen keine Aussagen finden lassen, die sich unter die Beispiele subsumieren ließen, die als Oberbegriffe für die aktuelle, negative Situationsbeschreibung gebildet wurden. Ferner weisen eine Reihe (nicht kodierte) sprachliche Hinweise in den ausgewerteten Texten auf die Erstmaligkeit dieser Situationsbeschreibung in den letzten Jahren hin.

4.3.2.2 Problemwahrnehmung der Gewerkschaften

Die gewerkschaftliche Bewertung des deutschen Bildungssystems in Punkto Qualität und Leistungsfähigkeit entspricht grundsätzlich der Einschätzung der Wirtschaftsverbände. In beiden Dimensionen sehen die Gewerkschaften in Deutschland erhebliche Mängel und formulieren das Erreichen eines Spitzenplatzes auf internationalem Niveau als mittelfristiges Ziel. Auch für die Gewerkschaften kann ein PISA-Schock konstatiert werden: Mit der Veröffentlichung der PISA-Studie steigt die Bedeutung des Themas Bildung innerhalb der gewerkschaftlichen Positionen und Bildungspolitik wird als Querschnittsthema für eine Reihe gewerkschaftlicher Forderungen (Gerechtigkeit, Durchlässigkeit, Employability etc.) wieder entdeckt.

Die Behandlung der PISA-Ergebnisse durch die Gewerkschaft Erziehung und Wissenschaft kann als Paradigmenwechsel bezeichnet werden, denn im Gegensatz zu den TIMS-Studien hat die GEW bei PISA auf ein Infragestellen der Methodik und Aussagekraft der Studien verzichtet und von vorne herein auf eine offensive inhaltliche Auseinandersetzung mit den Ergebnissen gesetzt.[559] Die zentrale Bedeutung, die der PISA-Studie in der Argumentation aller Verbände zukommt, weist auf eine zumindest partielle und von Verband zu Verband unterschiedlich starke Etablierung bzw. Akzeptanz einer outputzentrierten Sichtweise auf das Bildungssystem hin.[560]

Auf der Ebene der Problemwahrnehmung sind somit keine substanziellen Unterschiede zwischen den Verbandsgruppen erkennbar. Gleichwohl formulieren die Gewerkschaften ihre Bestandsanalyse in beiden Dimensionen, Qualität und Selektivität, weniger nachdrücklich als die Wirtschaftsverbände. Der Aspekt eines bereits bestehenden Fachkräftemangels und seiner sich abzeichnenden Verschärfung aufgrund der demografischen Entwicklung wird von den Gewerkschaften nur peripher erwähnt; für die Wirtschaftsverbände, insbesondere den BDI, stellt er einen zentralen Aspekt dar. Der Problemdruck auf die Wirtschaftsverbände ist unmittelbarer und konkreter.

---

559 Vgl. GEW-Beschluss zum Umgang mit PISA-Daten. Auszug aus einem Beschluss des GEW-Koordinierungsvorstandes vom 6.6.2002. Punkt f. In: http://www.gew.de/standpunkt/aschlagzeilen/schule/pisa/artikel/artikel_28.htm (27.03.2003). Die GEW begründet ihr Vorgehen mit der unterschiedlichen Solidität von TIMSS und PISA. In der Tat gab es eine Reihe wissenschaftlicher Kritikpunkte an TIMSS, wohingegen PISA im Bereich der Bildungsforschung relativ unumstritten ist.

560 Diese faktische Konsequenz ist beispielsweise in der GEW nicht unumstritten. Einzelne Landesverbände kritisierten die Strategie des Hauptvorstandes der GEW, wie man mit den PISA-Ergebnissen umgehen wolle, eben weil sie eine Etablierung einer outputorientierten Perspektive auf das Bildungssystem bedeute.

Interessanterweise fordern alle Verbände, dass die Bundesrepublik (wieder) zu einer im internationalen Vergleich führenden Bildungsnation werden müsse bzw. sprechen durchweg von „Verfall" oder „Leistungserosion". Dabei existieren keine Anzeichen, dass das deutsche Schulsystem jemals bessere Qualität aufgewiesen hat, als ihm aktuell in der PISA-Studie attestiert wird. Im Gegenteil, schon die Ergebnisse der „First International Science Study" (FISS) von 1970/71, also etwa zehn Jahre nach Georg Pichts Warnung vor der „Deutschen Bildungskatastrophe", zeigten, dass deutsche Schüler am Ende der Grundschulzeit deutlich unter dem Durchschnitt der anderen Länder liegen. Am Ende der Sekundarstufe II landeten die deutschen Gymnasiasten unter 20 Ländern sogar auf dem vorletzten Platz – obwohl sich in den Abschlussklassen nur 9 Prozent des Jahrgangs befanden (gegenüber 30 – 70 Prozent in den Vergleichsländern). Das Urteil „Bildungswesen: mangelhaft"[561] der OECD von 1973 wurde durch die folgende[562] TIMS-Studie bestätigt.[563] Auch die Ergebnisse der internationalen „CIVICS"-Studie zur politischen Bildung, die selbst Fachleute kaum zur Kenntnis genommen haben, verweisen deutsche Schüler ins untere Mittelfeld.[564] Andere nationale Studien wie Iglu, Markus, Lau, Biju, Quasum oder Timss wiesen in dieselbe Richtung. Nun sind diese Befunde allein jedoch nur von geringer Aussagekraft; Bedeutung erhalten solche Ergebnisse erst durch die Analyse der inhaltlichen Qualität der Kompetenzunterschiede und im Rahmen der Bildungsvorstellungen deutscher Lehrpläne. Auch vor diesem Hintergrund galten die Ergebnisse früherer Studien innerhalb der Fachöffentlichkeit bereits als alarmierend.

Die bildungspolitische Aufregung seit der Publikation der PISA-Daten verkennt somit, dass die unterdurchschnittliche Position deutscher Schüler im internationalen Vergleich Kontinuität aufweist. Die Gewerkschaften und Wirtschaftsverbände unterliegen, genau wie alle anderen bildungspolitischen Akteure, diesem Irrtum und gründen ihre jüngsten Ausführungen auf eine implizite „Qualitätserosionsthese". Für die Auswertung der Positionen und Konzepte ist dieser Hinweis deshalb von Bedeutung, weil beide Verbandsgruppen, wenn auch mit unterschiedlichem Vorzeichen, die aktuellen PISA-Ergebnisse konkreten bildungspolitischen Maßnahmen der letzten Jahrzehnte anlasten.

4.3.2.3 Stellenwert und Ziele des Bildungssystems

4.3.2.3.1 Wirtschaftsverbände

Bei der Analyse der Verbandsdokumente haben sich bezüglich des Stellenwertes und der Ziele des Bildungssystems vier Ausprägungen herauskristallisiert: die wirtschaftliche Dimension, die soziale (Gerechtigkeits-) Dimension, die Betonung der Persönlichkeitsentwicklung sowie Demokratisierung und Partizipation. Bei den Wirtschaftsverbänden finden sich alle vier Ausprägungen, aber in sehr unterschiedlichem Maße.

---

561 OECD (1973): Bildungswesen: mangelhaft. BRD-Bildungspolitik im OECD-Länderexamen. – Frankfurt am Main.

562 Die Bundesrepublik beteiligte sich nicht an den folgenden SIM und SIS-Studien (S = Second) und nahm nach 15 Jahren Nichtbeteiligung erst wieder mit TIMSS an vergleichenden Schulstudien teil.

563 Van Ackeren, Isabell (2002): Von FIMS und FISS bis TIMSS und PISA. Schulleistungen in Deutschland im historischen und internationalen Vergleich. In: Die Deutsche Schule. 94. Jg. Heft 2. S. 157 – 175.

564 Torney-Purta, Judith/ Lehmann, Rainer/ Oswald, Hans u.a. (2001): Citizenship and Education in Twenty-eight Countries. Civic Knowledge and Engagement at Age Fourteen. Amsterdam.

In der Hauptsache folgt die Begründung der Wirtschaftsverbände der Argumentation eines Humanressourcenansatzes, indem sie die Bedeutung eines leistungsfähigen Bildungssystems für die volkswirtschaftliche Wettbewerbsfähigkeit unterstreicht.

> „Die Qualität des Wirtschaftsstandortes wird in Zukunft mehr denn je von der Qualität des Bildungswesens abhängen.“[565]

An mehreren Stellen wird auf den aktuellen Fachkräftemangel sowie dessen Verschärfung aufgrund der zu erwartenden demografischen Entwicklung in den nächsten Jahren hingewiesen.[566]

Neben dieser volkswirtschaftlichen Bedeutung, die die Wirtschaftsverbände dem Bildungssystem beimessen, besteht innerhalb der wirtschaftlichen Ausprägung des Stellenwertes und der Ziele des Bildungssystems eine zweite, individuelle wirtschaftliche Bedeutung. Aus Sicht der Wirtschaftsverbände kann und muss die individuelle Beschäftigungsmöglichkeit durch (Aus-) Bildung gesichert und ausgebaut werden. Folglich müsse in jeder Erwerbsgesellschaft die Beschäftigungsfähigkeit ein Hauptbildungsziel sein und das Bildungssystem solle diesem Ziel strukturell angepasst werden. Dieses Employability-Konzept, also die Sicherung der Beschäftigungsfähigkeit als Bildungsziel, erfordere auf der individuellen Seite eine Kultur der Selbstverantwortung für die Bildungsbiografie und damit einhergehend eine Steigerung der Anstrengungsbereitschaft.

Dieses Employability-Konzept kann für die Wirtschaftsverbände als übergeordnetes Konzept von sozialer Gerechtigkeit betrachtet werden. Dabei wird das Bildungssystem nicht als Element des Wohlfahrtsstaates angesehen, sondern als Instrument der persönlichen Befähigung zur Teilhabe an der (Erwerbs-) Gesellschaft.

> „Die Bildungsfrage ist die neue Frage nach dem Standort Deutschland. Sie ist aber auch die neue Frage nach der sozialen Gerechtigkeit. Gerechtigkeit heißt nicht Ergebnisgleichheit, sondern Chancengleichheit und Teilhabe. Das Bildungssystem muss jedem die Chancen geben, seine individuellen Potenziale zu entfalten und eine dementsprechend differenzierte, aber in jedem Fall zukunftsfähige Bildung zu erhalten.“[567]

Dieses plakative Zitat veranschaulicht sehr gut das Gerechtigkeitskonzept, welches den bildungspolitischen Konzeptionen aller Wirtschaftsverbände zugrunde liegt.

Eigenverantwortlichkeit und Ausbildung einer ganzheitlichen Persönlichkeit werden vereinzelt ebenfalls als Ziele eines Bildungssystems genannt, spielen im Gesamtzusammenhang der bildungspolitischen Aussagen aber eine untergeordnete Rolle. Unter den Oberbegriff der „Demokratisierung“ subsumierbare Aussagen finden sich bei den Wirtschaftsverbänden ebenfalls nur vereinzelt.

---

[565] BDA (2002): „Standortfaktor Schule". Begabung fördern, Lernen differenzieren. Berlin. S. 11.

[566] Als Fachkraft verstehen die Wirtschaftsverbände in diesem Zusammenhang nicht mehr, wie noch in der Green-Card-Debatte aus dem Jahre 2000, einen wissenschaftlich ausgebildeten Hochschulabsolventen in einem Studienfach mit geringen Absolventenzahlen, sondern eine für ein bestimmtes Tätigkeitsfeld in der Dualen Berufsausbildung oder in Berufsakademien ausgebildete Arbeitskraft. Die Wirtschaftsverbände weisen darauf hin, dass es ab dem Jahr 2015 nicht mehr genügend ausbildungsfähige Jugendliche geben werde.

[567] BDA (2000): Für eine neue Bildungsoffensive. S. 7.

4.3.2.3.2 Gewerkschaften

Während die Wirtschaftsverbände ihren Schwerpunkt auf die volkswirtschaftliche Bedeutung des Bildungssystems legen, betonen die Gewerkschaften Bildung als eine unverzichtbare Grundlage für eine freie, solidarische, mündige und gerechte Gesellschaft. Bildung wird als gewerkschaftliches Querschnittsthema aufgefasst, von dem die Verwirklichung von Chancengleichheit, reale Teilhabemöglichkeiten sowie die ökonomische und soziale Sicherung entscheidend abhängig sind. Folglich wird Bildung als die soziale Frage des 21. Jahrhunderts angesehen. Volkswirtschaftliche Argumentationsmuster finden sich bei Gewerkschaften nur vereinzelt und zielen dann nicht auf Wettbewerbsfähigkeit oder eine gesamtgesellschaftliche Wohlstandssteigerung in der Logik der Wachstumstheorien. Speziell die IG Metall, aber auch ver.di, betrachten Bildung eher aus der Perspektive von Verteilungspolitik. Bildungspolitik stellt somit neben Vermögenspolitik, öffentlichen Investitionen, Steuerpolitik, Sozialpolitik und Tarifpolitik ein weiteres Element gewerkschaftlicher Verteilungspolitik dar. Die Sicherstellung eines offenen Zugangs zu allen Bereichen des Bildungssystems, deren öffentliche Finanzierung sowie Fragen der Gleichwertigkeit allgemeiner und beruflicher Bildung stehen dementsprechend im Zentrum gewerkschaftlicher Bildungspolitik.

> „Die Bildungspolitik der IG Metall orientiert sich an sozialer Gerechtigkeit, Chancengleichheit, Durchlässigkeit und Gleichwertigkeit. Bildung ist sowohl der Schlüssel für den Erhalt der Arbeitsplätze als auch für die humane und demokratische Gestaltung der Gesellschaft sowie für die Persönlichkeitsentwicklung."[568]

Alle Gewerkschaften betrachten Bildung als Menschenrecht und fordern mit Bezug auf Art. 2 Abs. 1 GG (Entfaltung der Persönlichkeit) ein verfassungsmäßig garantiertes Recht auf Bildung. Dieses Recht könne in der Realität aber nur wirksam werden, wenn Bildung grundsätzlich öffentliches Gut und damit in der (Finanzierungs-) Verantwortung des Staates bliebe.

> „Das Grundrecht auf Bildung unabhängig von Herkunft, Geschlecht oder Vorbildung kann nur dann umfassend umgesetzt werden, wenn es einer ausschließlichen Kosten- und Nutzenkalkulation entzogen und als gesellschaftliche Aufgabe verstanden wird."[569]

Trotz des angedeuteten weiten Bildungsbegriffs spielt Beschäftigungsfähigkeit als Bildungsziel in den gewerkschaftlichen Positionen des DGB, der IG Metall, IG BCE und ver.di eine Schlüsselrolle; bei der GEW findet sich diese Dimension weniger ausgeprägt, was an der starken schulpolitischen Ausrichtung liegen mag. Vor allem im Bereich der Beruflichen Bildung und der Weiterbildung, für ver.di aber auch in Fragen des tertiären Bildungssektors, steht Bildung als Hauptelement des Aufbaus und der Sicherung von Qualifikation für die Erwerbsgesellschaft im Vordergrund.

---

[568] IG Metall (2003) (Hrsg.): Vielfalt solidarisch gestalten. 20. Ordentlicher Gewerkschaftstag in IG Metall 2003. Themen und Thesen für die Entschließungen. Frankfurt am Main. S. 28.

[569] IG Metall/ ver.di (Hrsg.) (2002): Hannoveraner Erklärung. Für mutige Reformen in der Aus- und Weiterbildung Erklärung der Teilnehmer der Betriebs- und Personalrätekonferenz der Gewerkschaften IG Metall und ver.di am 29. Juni 2002. In: http://www.igmetall.de/berufsausbildung/kammerjaeger/ hannoveraner_erklaerung020629.pdf (31.03.2003). S. 1.

Auffällig ist die häufige und nachdrückliche Betonung der partizipatorischen bzw. demokratischen Dimension in den allgemeinen Aussagen zum Bildungssystem aller Gewerkschaften, vor allem aber der IG Metall. In diesem Punkt besteht eine erhebliche Diskrepanz zu den Wirtschaftsverbänden, die in konkreten Fragen der Partizipation und des Managements von Bildungseinrichtungen ihren Niederschlag findet.

4.3.2.4 Gewerkschaftliche und wirtschaftsverbandliche Gerechtigkeitsdimensionen im Vergleich

In Fragen der Gerechtigkeit existieren zwischen den Verbandsgruppen sowohl große Übereinstimmungen etwa in Fragen der Zugangsgerechtigkeit, aber auch Differenzen bezüglich des Differenzierungsgrades der Bildungseinrichtungen, die auf unterschiedliche Gerechtigkeitskonzepte verweisen. Da diese implizit zugrunde gelegten Theorien in vielen Bereichen direkt auf die bildungspolitischen Konzeptionen, insbesondere in Frage der Bildungsfinanzierung, wirken, erscheint eine kurze Gegenüberstellung der unterschiedlichen Gerechtigkeitskonzepte hilfreich.

Die folgende Tabelle zeigt zunächst Antworten der beiden Verbandsgruppen auf die normative Frage der Gerechtigkeitskonzepte. In der zweiten Spalte ist dargestellt, welche Handlungspräferenzen aus diesen Gerechtigkeitskonzepten abgeleitet werden. Diese beiden Aspekte können als Prämissen aufgefasst werden, die vor die Klammer gezogen für alle bildungspolitischen Bereiche Geltung haben.

Tabelle 4.7: Gewerkschaftliche und wirtschaftsverbandliche Gerechtigkeitskonzepte

	Welche regulativen Ideen sozialer Gerechtigkeit liegen den Verbandspositionen zugrunde?	**Welche Handlungspräferenzen werden aus den Gerechtigkeitskonzeptionen für die Bildungspolitik abgeleitet?**
Wirtschaftsverbände	Libertäre Gerechtigkeits-Konzepte (non-egalitaristische)/ Employability/ Beteiligungsgerechtigkeit[570]	Egalitaristische Gerechtigkeitsvorstellungen bezogen auf die Herstellung gleicher Zugangschancen/ prinzipiell offener Zugang bei kognitiver Selektivität durch die Bildungsinstitutionen/ Wettbewerb/ Eigenverantwortung/ Individualisierung der Risiken/ Kosten-Nutzen-Kalküle
Gewerkschaften	Reale Teilhabe/ soziale Gerechtigkeit[571]/ „pluralistische" egalitaristi-	Employability/ Herstellung gleicher Zugangschancen/ offener Zugang/ Gleichwer-

[570] Die Wirtschaftsverbände knüpfen an die von der katholischen und evangelischen Kirche benutzte Begrifflichkeit der „Beteiligungsgerechtigkeit" an. Beteiligungsgerechtigkeit verlange, „allen - je nach ihren Fähigkeiten und Möglichkeiten - Chancen auf Teilhabe und Lebensperspektive zu geben, statt sich damit zu begnügen, Menschen ohne echte Teilhabe lediglich finanziell abzusichern", so dass Ziel aller Gerechtigkeitsbemühungen sei, „Menschen zu eigenverantwortlichem Handeln und zur Übernahme von Verantwortung für andere zu befähigen". Vgl. Sekretariat der Deutschen Bischofskonferenz (Hrsg.) (1998): Mehr Beteiligungsgerechtigkeit. Beschäftigung erweitern, Arbeitslose integrieren, Zukunft sichern: Neun Gebote für die Wirtschafts- und Sozialpolitik. Memorandum einer Expertengruppe berufen durch die Kommission VI für gesellschaftliche und soziale Fragen der Deutschen Bischofskonferenz vom 29. Oktober 1998. Bonn. S. 5.

	sche Gerechtigkeitstheorie	tigkeit beruflicher und allgemeiner Bildung/ Anschlussfähigkeit/ Bildung als Element des Wohlfahrtsstaates

Es ist gezeigt worden, dass Gewerkschaften und Wirtschaftsverbände Beschäftigungsfähigkeit (Employability) als ein wesentliches Ziel des Bildungssystems betrachten. Allerdings ist die Funktion des Employability-Konzeptes für die bildungspolitische Programmatik von Gewerkschaften und Wirtschaftsverbänden durchaus unterschiedlich. Während für Wirtschaftsverbände Employability das übergeordnete Konzept von sozialer Gerechtigkeit darstellt, ist es für die Gewerkschaften nur Strategie zur Annäherung an das ihrer Grundpositionen zugrunde gelegte egalitaristische Gerechtigkeitskonzept. Die Bereitstellung von Bildungsinfrastruktur zur Sicherung der Beschäftigungsfähigkeit Einzelner ist dieser Lesart nach eine staatliche Verpflichtung und das Bildungssystem demzufolge Element des Wohlfahrtsstaates. Chancengerechtigkeit ist aus gewerkschaftlicher Position zwar eine wichtige Dimension sozialer Gerechtigkeit, deckt diese aber nicht vollständig ab. Übergeordnetes gewerkschaftliches Ziel ist ein Zustand sozialer Gerechtigkeit im Sinne realer Teilhabe an der Gesellschaft. Diese regulative Idee sozialer Gerechtigkeit entspringt einer egalitaristischen Gerechtigkeitstheorie, die das einem jeden gerechtermaßen Zustehende nicht absolut und unabhängig von anderen bestimmt, sondern wesentlich relational oder komparativ, mit Blick auf andere.[572]

> „Eine Konzeption von Gerechtigkeit ist egalitaristisch, wenn sie Gerechtigkeit wesentlich als Gleichheit versteht, Gleichheit also als ein zentrales und unabgeleitetes Ziel von Gerechtigkeit ansieht, als moralischen Selbstzweck oder Eigenwert."[573]

Dabei stellt Gleichheit nicht den einzigen Eigenwert egalitaristischer Gerechtigkeitstheorien dar, sondern ihm wird zumeist der Eigenwert der Wohlfahrt zur Seite gestellt, so dass in dem Fall von „pluralistischem" Egalitarismus gesprochen wird.

Die normative Frage nach der Gerechtigkeitstheorie kann gleichsam als gesellschaftliche Zielvorstellung interpretiert werden. Diesbezüglich unterscheiden sich die Vorstellungen der Verbandsgruppen erheblich.

Im Rahmen der vorliegenden Arbeit kann zwar nicht auf die unterschiedlichen Theorien von Gerechtigkeit in der politischen Philosophie eingegangen werden, es sei aber unter Inkaufnahme starker Vereinfachung auf die strittige Frage innerhalb der Gerechtigkeitsde-

571 Für das egalitäre Konzept sozialer Gerechtigkeit der Gewerkschaften könnte ebenso der Terminus „soziale Gleichheit" verwendet werden. Allerdings unterscheidet sich dieser wesentlich von jenen Gerechtigkeitskonzepten, welche in empirischen Sozialwissenschaften zur Beschreibung und Erklärung sozialer Ungleichheiten, insbesondere des politischen Einflusses, der sozialen Reputation oder der ökonomischen Lage, verwendet wird. „Für diese Zwecke ist ein wertfreies Konzept von Gleichheit und Ungleichheit vonnöten, mit dem es möglich ist, die in Betracht stehenden Ungleichheiten in angemessener Form zu klassifizieren, zu beschreiben und allenfalls auch zu messen, ohne damit eine Wertung zu verbinden […]." Vgl. Koller, Peter (2002): Was ist und was soll soziale Gleichheit? In: Schmücker, Reinhold/ Steinvorth, Ulrich (Hrsg.): Gerechtigkeit und Politik. Philosophische Perspektiven. Deutsche Zeitschrift für Philosophie. Sonderband 3. S. 95 – 116. Berlin. S. 9. Dieser Begriff der "Sozialen Gleichheit" dient nicht zur empirischen Beschreibung, sondern zur Bewertung sozialer Verhältnisse und hat somit einen normativen Charakter.

572 Krebs, Angela (2000): Gleichheit oder Gerechtigkeit. Texte der neuen Egalitarismuskritik. Frankfurt am Main. S. 10.

573 Ebenda.

batte hingewiesen, ob sich Gerechtigkeit auf erworbene Verdienste, auf Leistung oder auf Bedürfnisse bezieht. „Equality of opportunity“ und „equality of result“ können dabei als idealtypische Pole betrachtet werden, zwischen denen sich die Gerechtigkeits-Konzeptionen bewegen und auf die jeweils die Gerechtigkeitskonzepte von Wirtschaftsverbänden und Gewerkschaften hin tendieren.

Für das gewerkschaftliche Gerechtigkeitskonzept stellt sich genauso wie für die philosophische Theorie die Frage, in welcher Hinsicht der Egalitarismus Gerechtigkeit unter den Menschen verwirklichen soll. Innerhalb der „Equality-of-What“-Debatte wird dies gewöhnlich mit der Möglichkeit, gut zu leben, kurz: den „Lebensaussichten“, beantwortet. Diese werden je nach Standpunkt als Verfügung über Ressourcen oder Grundgüter, als Freiheit, Zugang, Befähigung etc. konkretisiert. Gleichzeitig wird diese Hinsicht herrschend auf „unverdiente Lebensaussichten“ beschränkt. Die von den Wirtschaftsverbänden häufig geforderte, seitens der Gewerkschaften hingegen gänzlich unerwähnte, Eigenverantwortung kollidiert somit zumindest theoretisch-konzeptionell nicht mit dem gewerkschaftlichen Gerechtigkeitskonzept. Ronald Dworkin zufolge ist die iustitia distributiva, die Verteilungsgerechtigkeit, einerseits „ambition-sensitive“ und anderseits „not-endowment-sensitive“[574]. Noch pointierter formuliert findet sich das Ziel von Gerechtigkeit mit der entsprechenden Einschränkung in Gerald Cohens Ethics-Artikel „On the Currency of Egalitarian Justice“, demzufolge Gerechtigkeit nur auf die Eliminierung von unfreiwilligen Nachteilen, nämlich „[...] disadvantage for which the sufferer cannot be held resposible, since it does not appropriately reflect choices that he has made“[575], zielt.

Als eine Art roter Faden zieht sich die Skepsis gegenüber dem Markt als Schiedsrichter sozialer Gerechtigkeit durch die gewerkschaftlichen Positionen, so dass auch eine Nähe zu John Rawls` sozial-libertärer „Theory of Justice“ (1971) erkennbar ist. Nach Rawls besitzt der Markt zwar die Eigenschaften einer unübertroffenen Allokationseffizienz, aber die Herstellung gerechter gesellschaftlicher Zustände vermag er aufgrund der ungleichen Zugangsbedingungen der Individuen zum Markt nicht zu leisten. Demzufolge fordert Rawls eine gleiche Ausstattung an Grundgütern der Individuen zur Korrektur der sozialen Startbedingungen. Dabei folgt die Verteilung dieser Grundgüter zwei Basisregeln. Die erste übergeordnete Verteilungsregel verlangt die absolut gleiche Verteilung von Grundfreiheiten und politischen Rechten, was unumstritten und in der rechtsstaatlich verfassten Demokratie gewährleistet ist. Umstritten hingegen ist die zweite Verteilungsregel der sozioökonomischen Gerechtigkeit, die soziale und ökonomische Ungleichheiten nur dann als zulässig ansieht, wenn diese den am wenigsten Begünstigten auch zum Vorteil gereichen. Rawls’ „Theory of Justice“ wird somit oftmals als (gerechtigkeits-) theoretische Begründung eines umfassenden Wohlfahrtsstaates herangezogen - und auch kritisiert.

> „Rawls' Ziel der radikalen Befreiung der individuellen Lebenschancen von den Zufälligkeiten der sozialen Herkunft und den natürlichen Begabungen droht in der Verteilungskonsequenz allerdings liberales Terrain zu verlassen. Konsequent durchgeführt, dürfte es zu einem paternalistischen Wohlfahrtsstaat führen, der die Umverteilungsleistung des schwedischen Wohlfahrtsuniversalismus der siebziger Jahre noch deutlich übertreffen würde.“[576]

---

574 Dworkin, Ronald (1981): What is Equality? Part 2: Equality of Resources. In: Philosophy and Public Affairs No. 10. Princeton. S. 283 – 345. S. 302 f. und 311.

575 Cohen, Gerald (1989): On the Currency of Egalitarian Justice. In: Ethics 99. Chicago. S. 906 – 944. S. 916.

576 Merkel, Wolfgang (2001): Soziale Gerechtigkeit in Deutschland. In: Frankfurter Allgemeine Zeitung vom 2.01.2001. S. 6.

Die prominenteste Kritik an Rawls' Form des Liberalismus kommt von Autoren, denen eine Loslösung der abstrakten moralischen Prinzipien, wie Rawls sie sucht, von allen konkreten Gegebenheiten, nicht sinnvoll erscheint. Unter „Kommunitarismus" können jene Ansätze subsumiert werden, die „das Ideal des unparteiischen, wertpluralistischen, quasi anonymen Staates anzweifeln und dem die Rückbesinnung auf eine Gemeinschaft mit gemeinsamem Wertehorizont entgegensetzen."[577]

Dementsprechend verneint Michael Walzer eine für alle Sphären (staatsbürgerliche "Zugehörigkeit", "soziale Sicherheit und Wohlfahrt", "Geld und Waren", "Erziehung" und "politische Macht") geltende Verteilungslogik. Stattdessen besäße jede Güter- und Lebenssphäre ihre eigenen Verteilungsregeln, wobei keine Verteilungsregel eine andere außer der ihr zugeordneten Sphäre dirigieren dürfe. Walzers Gerechtigkeitstheorie sieht Grundgüter, in erster Linie Gesundheit und Bildung, vor, deren Verteilung sich ausschließlich nach dem Gleichheitsgrundsatz und der Bedürftigkeit zu richten habe.[578]

Um den theoretischen Orientierungspunkt der Wirtschaftsverbände zu skizzieren und damit gleichzeitig die Tour d`horizon der Gerechtigkeitskonzeptionen zumindest an der Oberfläche zu vervollständigen verdient Friedrich August von Hayek als klassisch-libertärer Denker Erwähnung. Mit Rawls verbindet Hayek die Ausgangsposition, die Idee einer gerechten Gesellschaft stets vom Individuum aus zu denken, allerdings gelangt Hayek zu vollkommen unterschiedlichen Verteilungsregeln.

Wie bei allen liberalen und libertären Gerechtigkeitsphilosophien sind bei Hayek das Individuum und seine Autonomie der öffentlichen Arena politischer Entscheidungen normativ übergeordnet. Jegliche Begrenzungen dieser Autonomie durch sozialstaatliche Einmischungen oder Ähnliches sind deshalb besonderen Rechtfertigungsprüfungen zu unterziehen.

Die Hayek`sche Theorie sieht keine sozialstaatlich institutionalisierte Umverteilung vor, weil die sich in der Gesellschaft niederschlagenden Tauschergebnisse des Marktes nicht beabsichtigte Ergebnisse individuellen Handelns seien. Folglich könne ohne Intention keine Verantwortlichkeit der Individuen oder des Staates für die Tauschergebnisse angenommen werden, womit diese außerhalb jeder gerechtigkeitstheoretischen Bewertung lägen. Ein auf größtmöglicher Vertragsfreiheit basierender Markt stelle nicht nur die Sphäre unerreichbarer Effizienz dar, sondern schaffe demzufolge darüber hinaus auch Gerechtigkeit.

Vereinfacht dargestellt, werden bei Hayek die Ergebnisse des Marktes prinzipiell als gerecht angesehen, weshalb sozialstaatliche Korrekturen an Eigentums-, Einkommens- und Wohlfahrtsverhältnissen in der Gesellschaft weitgehend abgelehnt werden. Jedoch sieht selbst Hayek ein Minimum staatlichen Sozialtransfers vor, flankiert von größtmöglicher Vertragsfreiheit sowie von absoluter Rechtsgleichheit, die ausdrücklich Chancengleichheit beim Zugang zu Bildungsinstitutionen umfasst. Letzterem komme aufgrund seiner Bedeutung für die Ausbildung individueller Lebenschancen bzw. dem damit verbundenen Marktwert eine zentrale Bedeutung für freiheitliche Kooperation zu.

Der Umriss sehr unterschiedlicher gerechtigkeitstheoretischer Konzeptionen zeigt, dass allen Ansätzen, seien es libertäre, sozial-libertäre, kommunitaristische oder egalitäre,

577 Ebenda.

578 Merkel, Wolfgang (2001): Soziale Gerechtigkeit als Orientierung sozialdemokratischer Politik für das 21. Jahrhundert. In: Friedrich-Ebert-Stiftung (Hrsg.): Die Bedeutung der Grundwerte für politische Reformprojekte in der Wissensgesellschaft. Bonn. S. 47 – 64. S. 51.

eine Priorität der Bildung und damit verknüpfte Chancengerechtigkeit bezogen auf den Zugang zu Bildungseinrichtungen gemein ist. Diesbezüglich fordern alle Ansätze einen Ausgleich unterschiedlicher Startbedingungen und konstatieren ein gesellschaftliches Gut „Bildung“.

Hohe Investitionen in Bildung und Ausbildung und ein Konzept von Chancengerechtigkeit in diesem Bereich sind somit in der philosophischen und politischen Gerechtigkeitsdiskussion unumstritten und bilden damit eine argumentative Schnittmenge der drei repräsentativ ausgesuchten Gerechtigkeitsphilosophien.

Bereits bei der Bildungsexpansion seit dem Ende der 60er Jahre bildetet das Konzept Chancengleichheit die inhaltliche Klammer aller bildungsrelevanten gesellschaftlichen Gruppen, welches sowohl bildungsökonomisch (Humanressourcenansatz) als auch demokratisch-emanzipatorisch im Sinne der von Dahrendorf postulierten „Bildung als Bürgerrecht“ interpretierbar ist. Auch heute bildet Chancengleichheit eine gemeinsame Basis von Gewerkschaften und Wirtschaftsverbänden, wobei gewerkschaftlicherseits Chancengerechtigkeit nur einen Ausgangspunkt darstellt, von dem ausgehend egalitaristische Gerechtigkeitsvorstellungen des gesellschaftlichen Lebens, der gesellschaftlichen Beteiligung bzw. der selbstbestimmten Verfügung über die eigenen Lebensumstände erreicht werden sollen.[579]

Aus dem die unterschiedlichen Konzepte von Gerechtigkeit übergreifenden Gerechtigkeitsargument für die Priorität von Bildung ergibt sich für die Gewerkschaften und Wirtschaftsverbände eine Konstellation, die zwar erhebliche Unterschiede in der normativen Frage sozialer Gerechtigkeit aufweist, diese aber im Politikfeld Bildung, vor allem im Vergleich mit anderen Politikfeldern, kaum Konflikte hervorruft, weil unterhalb der ideellen Zielvorstellung von sozialer Gerechtigkeit das Chancengerechtigkeitsprinzip beim Zugang zu Bildung als Handlungspräferenz – und in den zugrunde gelegten philosophischen Konzepten – weitgehend geteilt wird.

Ferner stellt Bildung in Gerechtigkeitsfragen einen Sonderfall dar, weil unterschiedliche individuelle Begabungen egalitäre Gerechtigkeitskonzeptionen weitgehend auf Zugangs- oder Förderungsfragen reduzieren müssen.

Dennoch ergeben sich aus unterschiedlichen Gerechtigkeitskonzepten natürlich jeweils andere Ableitungen für ordnungspolitische Fragen im Allgemeinen und spezifische bil-

[579] Für eine spätere Darstellung möglicher Allianzen der Verbände mit Parteien ist von Bedeutung, dass sich das gewerkschaftliche Konzept von Chancengleichheit von dem innerhalb der SPD an Dominanz gewinnenden und oftmals als neosozialdemokratisch apostrophierten Verständnis von Gerechtigkeit erheblich unterscheidet. Die ehemalige Ministerin für Schule, Wissenschaft und Forschung des Landes Nordrhein-Westfalen, Gabriele Behler, machte dieses Verständnis von Chancengleichheit anschaulich: „Die Forderung nach Chancengleichheit im Bildungswesen war in den Anfängen der Arbeiterbewegung ein zentrales Instrument, über das die Befreiung der ganzen sozialen Gruppe angestrebt wurde. Heute hat sich die Blickrichtung von der sozialen Klasse hin zum Individuum verschoben. Es geht jetzt bei der Forderung nach Chancengleichheit mehr um die bestmögliche Ausstattung jedes Einzelnen.“ Vgl. Behler, Gabriele: Chancengleichheit in der Politikumsetzung. Rede beim Kongress „Chancengleichheit - Leitbegriff für Politik und Gesellschaft im 21. Jahrhundert" am 12. November 1999 in Potsdam. In: http://www.chancengleichheit.org/texte/2potsdamerk/hauptreferate/Beher.htm.
Das von den Arbeitgeberverbänden benutzte Konzept der Beteiligungsgerechtigkeit findet sich hingegen mit gleichen Zitaten der Deutschen Bischofskonferenz in dem Grußwort des stellvertretenden Fraktionsvorsitzenden der CDU/CSU-Bundestagsfraktion für eine Denkschrift zum fünfzigjährigen Bestehen der Arbeitnehmergruppe in der Bundestagsfraktion. Vgl. CDU/CSU Fraktion im Deutschen Bundestag (Hrsg.) (2002): 50 Jahre Arbeitnehmergruppe: Eine starke Lobby in der Arbeitswelt der Zukunft. Berlin. S. 9.

dungspolitische Fragen im Besonderen, wobei die (implizit) zugrunde gelegten Gerechtigkeitstheorien in vielen Detailfragen durchschimmern.

4.3.2.5 Bildungsfinanzierung

Ein Fragenkomplex, bei dem sich gerechtigkeitstheoretische Konzepte und ordnungspolitische Positionen deutlich herauskristallisieren und gegeneinander absetzen, stellt zweifelsohne die Bildungsfinanzierung dar.

Ordnungspolitisch konkurrieren eine Reihe teils sehr unterschiedlicher, nachfrageorientierter Systeme mit der Forderung nach einer in Anspruchsgrundlage und Finanzierung anderen Sozialleistungen vergleichbaren Finanzierung aller Bereiche des Bildungswesens.

Dabei folgt keine Verbandsgruppe einer bestimmten Metatheorie, sondern sieht jeweils für die einzelnen Bereiche des Bildungssystems andere Finanzierungsinstrumente vor. Aus diesem Grund führt die vorliegende Arbeit die Finanzierungskonzepte nicht separat, sondern im Rahmen der Analyse der einzelnen Detailfragen auf.

Für die einzelnen Bereiche des Bildungssystems befürworten die Wirtschaftsverbände unterschiedliche Finanzierungsformen, auf die bei der Auswertung der anderen Kategorien eingegangen wird. Als allgemeine, gleichsam für alle Kategorien geltende Position ließen sich folgenden Forderungen einer massiven Expansion der staatlichen Bildungsausgaben vor die Klammer ziehen. Eine derartige Forderung ist in dieser Klarheit für die Spitzenverbände der Wirtschaft bemerkenswert, da diese in allen anderen Politikfeldern eine konsolidierende Haushaltspolitik fordern und eine Erhöhung der Staatsquote strikt ablehnen. Der Forderung nach einer Erhöhung der staatlichen Bildungsausgaben kommt somit im Gesamtkontext der Wirtschaftsverbandspositionen eine exponierte Ausnahmestellung zu, die zumeist mit der Mahnung verknüpft wird, dass mehr öffentliches Geld nicht zwangsläufig mehr Qualität schaffe.

Allerdings sei aus Sicht der Wirtschaftsverbände flankierend eine Erhöhung der Bildungsaufwendungen der privaten Haushalte ebenso notwendig, so dass für einige Bereiche wie z.B. Ganztagsschulen oder Aus- und Weiterbildungsangebote an Hochschulen eigene Beiträge der Nutzer prinzipiell zumutbar seien.

Die Wirtschaftsverbände plädieren grundsätzlich für eine nachfrageorientierte staatliche Finanzierung der Bildungseinrichtungen, so dass diese in Eigenverantwortung und Wettbewerb zueinander stehen können. Dafür sei es unerlässlich, dass die aufnehmende Bildungseinrichtung die Bewerber nach eigenen Qualitätskriterien und in Hinblick auf ihr Profil selbst auswählen.

Auch die Gewerkschaften fordern eine Expansion der staatlichen Ausgaben für Bildung. Ähnlich wie die Wirtschaftsverbände, die einen ähnlichen prozentualen Wert, den andere OECD-Länder für Bildung aufwenden, als Richtgröße nehmen, fordert der DGB pauschal, sechs Prozent des Bruttoinlandsprodukts (BIP) für Bildung aufzuwenden.[580]

---

[580] Derzeit wenden die OECD-Mitgliedsstaaten durchschnittlich 5,6 Prozent des BIP für ihre Bildungssysteme auf. Deutschland liegt mit 5,3 Prozent unterhalb des OECD-Mittels und wird von einigen Vergleichsländern (z.B. Frankreich 6,0 %, Österreich 6,3%, Norwegen und Belgien 6,4 %, Kanada 6,6%, Dänemark 7,1 %, Vereinigte Staaten 7,3 %, Korea 8,2%) deutlich übertroffen. Gegenüber 1995 ergibt sich für eine Reihe von Ländern ein rückläufiger Wert: So sanken die Anteile in Österreich (von 6,6 % auf 6,3 %), Kanada (von 6,9 % auf 6,6 %), Frankreich (von 6,3 % auf 6,0 %) und Norwegen (von 7,2% auf 6,4%). In Deutschland ist in dem Zeitraum ein Rückgang von 5,6 auf 5,3 Prozent zu verzeichnen. Steigerungen sind in Australien, Portugal,

Häufig wird in gewerkschaftlichen Positionen die Forderung nach einer Vermögenssteuer bzw. der Anhebung des Spitzensteuersatzes mit der staatlichen Verantwortung für Bildung verknüpft. Die GEW regt überdies eine Reform des europäischen Stabilitätspaktes dahingehend an, dass Ausgaben für Bildung bei der Berechnung der Neuverschuldungsobergrenze unberücksichtigt bleiben[581] sowie den Verkauf der Goldreserven der Bundesbank zugunsten einer zu gründenden „Stiftung Bildung"[582]. Die IG Metall forderte überdies einen Bund-Länder-Fond für Bildung, finanziert aus Vermögenssteuer und höherer Erbschaftssteuer.[583] Da bei den Gewerkschaften keine Forderungen, dass auch private Aufwendungen für Bildung erhöht werden müssten, zu finden sind, wäre die zusätzliche Summe ausschließlich aus öffentlichen Mitteln zu bestreiten. In den meisten Aussagen zur Erhöhung der Bildungsausgaben fehlt eine Differenzierung zwischen öffentlichen und privaten Mitteln, die aber insbesondere für den internationalen Vergleich wesentlich ist.

Gewerkschaften und Wirtschaftsverbände fordern also unisono eine Erhöhung der staatlichen Bildungsausgaben und begründen dies mit Verweis auf internationale Vergleiche.

Der Anteil der Bildungsausgaben an den öffentlichen Gesamthaushalten ist ein viel benutzter Indikator für den Stellenwert des Bildungssystems, der allerdings einigen Einschränkungen unterliegt.

Zum einen können Bildungssysteme mit identischer Ressourcenausstattung dennoch sehr unterschiedliche prozentuale Anteile der Bildungsausgaben am BIP aufweisen, wenn die Bruttoinlandsprodukte entsprechend große Unterschiede aufweisen. Zum anderen verzerrt der Umfang privater Bildungsfinanzierung insbesondere durch die Unternehmen die Aussagekraft dieses Indikators. Je höher der Finanzierungsbeitrag durch die Unternehmen oder Privatleute ist, desto geringer fällt die Inanspruchnahme des Staates in der Regel aus. Durch die Finanzierung der dualen Ausbildung leisten die Unternehmer einen wesentlichen Beitrag zur Erstausbildung, was die öffentlichen Haushalte entlastet, so dass der private Anteil an den Bildungsausgaben in Deutschland deutlich über dem OECD-Mittel liegt.[584]

Ferner ist die Staatsquote, also die Gesamtausgaben des Staates in Prozent des Bruttoinlandsproduktes, von Bedeutung.[585] Je höher der Staatsanteil an der Wertschöpfung eines

---

Spanien, Schweden, der Türkei und den Vereinigten Staaten zu beobachten. Vgl. Bundesministerium für Bildung und Forschung (BMBF) (Hrsg.) (2003): OECD-Veröffentlichung „Bildung auf einen Blick". Wesentliche Aussagen der OECD zur Ausgabe 2002. Berlin. Abbildung B 2.1 und S. 16.

581 GEW (2003): Ausgaben für Bildung bei den Maastricht-Kriterien herausnehmen. Zumeldung zur dritten Bologna-Konferenz der europäischen Bildungsminister vom 20.09.2003. Frankfurt am Main.

582 GEW (2004): GEW: „Kinderbetreuung jetzt ausbauen!". „Ran an die Goldreserven – Spitzensteuersatz nicht weiter senken". Mehr Geld für den Ausbau der Betreuung. Presseerklärung vom 12.03.2004. Frankfurt am Main.

583 Zwickel, Klaus (2002): „Neue Wege wagen". Vorstellung von Offensive 2010 – Chancen für eine bessere Zukunft". Entwurf des Zukunftsmanifestes der IG Metall. Am 14.06.2002 in Leipzig. Redemanuskript. In: http://www.igmetall.de/themen/zukunft/werkstatt/zukunftskongress/zwickeldeu.pdf. S. 21.

584 Der private Anteil an den Bildungsausgaben in Deutschland betrug im Jahr 2000 21,6 Prozent, lediglich in Korea, Griechenland, Japan und den USA war der private Anteil höher. Der Durchschnitt der OECD-Länder liegt bei 12,4 Prozent. Vgl. Anhang 4.2. Als Indikator, inwieweit private Haushalte bereit sind, sich selbst finanziell für Bildung zu engagieren, ist dieser Wert aufgrund der Bildungsfinanzierung der Unternehmen untauglich. Irrig hierzu der BDA- Präsident und Nico Fickinger: Hundt, Dieter (2001): „Unsere Bildungspolitiker brauchen mehr Phantasie". Rahmenbedingungen sind ebenso wichtig wie Investitionen. Fragen an Arbeitgeberpräsident Hundt von Nico Fickinger. In: Frankfurter Allgemeine Zeitung Nr. 138 vom 18.06.2001. S. 18.

585 Es existieren unterschiedliche Berechungsmethoden der Staatsquote. Vgl. Littmann, Konrad (1990): Anmerkungen zur Staatsquote. In: Ellwein, Thomas/ Hesse, Joachim (Hrsg.): Staatswissenschaften. Vergessene Disziplin oder neue Herausforderung? Baden Baden. S. 231 – 250. Diese Arbeit verwendet die Methode der O-

Landes, desto geringer fällt rechnerisch der Anteil der öffentlichen Bildungsausgaben aus. Länder mit traditionell geringen öffentlichen Haushalten, verfügen in der Regel über besonders hohe Anteile an öffentlichen Bildungsausgaben. In der Bundesrepublik liegt dieser Anteil seit 1995 unverändert bei 9,7 Prozent[586], so dass sich gegenüber dem Referenzjahr der OECD-Statistik 1995, anders als bei beim Anteil der Bildungsausgaben am BIP, keine Verschlechterung ergeben hat. Im OECD-Durchschnitt beträgt der Anteil der Bildungsausgaben an den öffentlichen Ausgaben 12,7 Prozent. Deutlich höhere Anteile an den öffentlichen Gesamtausgaben werden von Mexiko (24,3%), Korea (17,7%), Dänemark (15,4%), der Schweiz (15,2%) und Australien (14,4 %) erbracht[587]. Allerdings muss der große Anteil der öffentlichen Haushalte in Deutschland am Bruttoinlandsprodukt, der bei rund 48 Prozent und damit im oberen Drittel aller OECD- Staaten liegt, berücksichtigt werden.

Aufgrund dieser Relativierungen ist die Aussagekraft einer auf den ersten Blick sehr konkret anmutenden Forderung nach einem genau bezifferten Ausgabenanteil für Bildung am BIP bzw. an den öffentlichen Gesamthaushalten wenig präzise und selbst im Vergleich mit anderen Ländern nur begrenzt aussagekräftig.

In Fragen der Mittelverwendung herrscht zwischen Gewerkschaften und Wirtschaftsverbänden weitgehende Einigkeit, dass die Mittelverteilung im Schulbereich zwischen den verschiedenen Schulstufen neu gestaltet und mit einer Priorität des Primarbereichs versehen werden muss.[588]

4.3.2.6 Bildungsföderalismus

In Folge der PISA-E-Studie, welche die erheblichen Unterschiede zwischen den Bundesländern verdeutlicht und den Blick dafür geschärft hat, dass strukturell betrachtet in der

---

ECD, die im Gegensatz zu dem Statistischen Bundesamt, das auch fiktive Zahlungen mit einrechnet, nur reale Kosten (inklusive der Sozialversicherungsbeiträge) berücksichtigt.
Gewerkschaftlicherseits wird oftmals argumentiert, dass die Kosten der Sozialversicherung nicht zu den eigentlichen Kosten des Staates gezählt werden dürften, so dass einige Gewerkschaften teils mit um diesen Faktor bereinigten Werten arbeiten. Vgl. http://www.verdi.de/steuergerechtigkeit/staatsfinanzen (15.04.2003). Dieses Vorgehen führt zu Missverständnissen, weil etwas als Staatsquote bezeichnet wird, was finanzwissenschaftlich eigentlich eine Realausgabenquote darstellt. Diese errechnet sich aus dem Verhältnis der Summe von Personalausgaben und Sachausgaben zum Sozialprodukt und kann als grobes Maß für die staatliche Inanspruchnahme des Sozialproduktes interpretiert werden. Aufgrund der politischen Bedeutung derartiger finanzpolitischer Indikatoren werden diese oftmals modifiziert. So kritisiert beispielsweise das Institut der Deutschen Wirtschaft die vom Bundesfinanzministerium verwendete Finanzstatistik, weil diese als Basis für die OECD-Berechnungen, anders als in anderen EU-Staaten üblich, das Kindergeld und Eigenheimzulage als Steuermindereinnahme verbucht. Vgl. Informationsdienst des Instituts der deutschen Wirtschaft (iwd) (2003): Steuerquote: Dichtung und Wahrheit. Köln. Nr. 6 vom 6. Februar 2003. S. 6.
Für die Inhaltsanalyse entsprechender Verbandspositionen macht dies Problem eine Überprüfung bzw. Umrechnung bestimmter Angaben in eine standardisierte Darstellungsform immer dann unerlässlich, wenn über die Darstellung der Verbandspositionen hinaus auf die Argumentation Bezug genommen wird. Dabei werden die OECD-Berechnungsmethoden verwendet.

[586] Bundesministerium für Bildung und Forschung (BMBF)/ Kulturministerkonferenz (KMK) (Hrsg.) (2004): OECD-Veröffentlichung „Bildung auf einen Blick". Wesentliche Aussagen der OECD zur Ausgabe 2003. S. 8.

[587] Ebenda.

[588] Vgl. Anhang 4.3.

Bundesrepublik 16 unterschiedliche Schulsysteme existieren[589], geriet das deutsche System des bildungspolitischen Exekutivföderalismus[590] erneut in die Kritik, so dass diesem Komplex besondere Aufmerksamkeit in der Bundesstaatskommission zuteil wird.

Die 90er Jahre waren durch zunehmende gesetzgeberische Tätigkeit der Bundesländer im Bereich der Bildungspolitik bei gleichzeitig größerem Selbstbewusstsein und Gestaltungswillen der Länder auf Kosten einer auf Unitarismus ausgelegten Ausgestaltung des Föderalismus geprägt.[591] Zudem ist in dieser Phase ein Paradigmenwechsel erkennbar, denn im Gegensatz zu der früher herrschenden Praxis der Verabschiedung von Handlungsvorgaben in den länderübergreifenden Kooperations- und Konsensfindungsgremien wurde die Implementation bildungspolitischer Maßnahmen zunehmend über die Novellierung landeseigener Gesetze und Erlasse vollzogen, die dann durch Staatsverträge zwischen den Ländern abgesichert wurden. Die rückläufige Inanspruchnahme bundesweit vereinheitlichender Koordinationsleistungen zeugt von den ernüchternden Erfahrungen der Konsensbildung und Problemverarbeitung in den bildungspolitischen Entscheidungsgremien vergangener Jahrzehnte und muss letztlich als Konsequenz der Einsicht in die begrenzte Steuerungsfähigkeit des Bildungsföderalismus aufgefasst werden, die sowohl die freiwilligen horizontalen als auch die verpflichtend vereinbarten institutionalisierten vertikalen Entscheidungs- und Koordinationsgremien umfasst.[592]

Der dem deutschen Bildungsföderalismus von vielen Seiten attestierte überfällige Reformbedarf wird zwar von allen bildungspolitischen Akteuren geteilt, aber die grundsätzlichen Zielvorstellungen der Reform, die stark vereinfacht mit den Polen kooperativer Föderalismus vs. Wettbewerbsföderalismus beschrieben werden kann, sind überaus unterschiedlich. Die untersuchten Verbandsgruppen lassen sich dabei deutlich den entgegengesetzten Föderalismusauffassungen zuordnen.

Die folgende Darstellung beschränkt sich auf die grundsätzliche Darstellung der föderalismuspolitischen Positionen der Verbandsgruppen, während konkrete Verbandsforderungen mit Relevanz für die Ausgestaltung des Bildungsföderalismus` in bestimmten Bildungspolitikfeldern bei der nachfolgenden Darstellungen dieser Bildungspolitikbereiche erörtert werden.

---

589 Das Spektrum reicht von der Zwei- bis zur Fünfgliedrigkeit. Die traditionelle Dreigliedrigkeit (Hauptschule, Realschule, Gymnasium) findet sich nur noch in wenigen Ländern. Daneben gibt es Länder, die neben dem Gymnasium lediglich eine „Schule mit mehreren Bildungsgängen" kennen (Zweigliedrigkeit), aber auch solche, die Hauptschule, Realschule, Gymnasium und Integrierte Gesamtschule (Viergliedrigkeit) und in einigen Fällen zusätzlich „Schulen mit mehreren Bildungsgängen" (Fünfgliedrigkeit) nebeneinander führen. Vgl. Baumert, Jürgen/ Trautwein, Ulrich/ Artelt, Cordula (2003): Schulumwelten – institutionelle Bedingungen des Lehrens und Lernens. In: Deutsches PISA-Konsortium (Hrsg.): PISA 2000 – Ein differenzierter Blick auf die Länder der Bundesrepublik. Opladen. S. 261 ff.

590 Im Zusammenhang mit Bildungsföderalismus wird teils von Exekutivföderalismus gesprochen, da in den Koordinationsgremien zwar die Bundesregierung- bzw. die Länderregierungen, aber nicht die Parlamente beteiligt sind. Zwischenstaatliche Gremien sind somit in der Bildungspolitik ausgesprochen wichtige Entscheidungsgremien, was wiederum aufgrund der Nichtbeteiligung der Parlamente aus demokratietheoretischer Perspektive überaus problematisch ist.

591 Stern, Jutta (2001): Programm versus Pragmatik. Parteien und ihre Programme als Einfluss- und Gestaltungsgröße auf bildungspolitische Entscheidungsprozesse. Frankfurt am Main. S. 105.

592 Horizontale Entscheidungsgremien (z.B. die KMK, HRK) koordinieren bildungspolitische Entscheidungen zwischen den Bundesländern und beruhen auf freiwilliger Verabredung. Vertikale Entscheidungsgremien basieren in der Regel auf einer verpflichtend vereinbarten Institutionalisierung (z.B. Bund-Länder-Kommission für Bildungsplanung, Planungsausschuss für den Hochschulbau, Wissenschaftsrat).

Eine wettbewerbsföderale Grundausrichtung ist allen Wirtschaftsverbänden gemein, wobei deutliche Intensitätsunterschiede auszumachen sind. Trotz der öffentlich geäußerten Forderung des ehemaligen BDI-Präsidenten Hans Olaf Henkel nach Abschaffung der Kultusministerkonferenz ist diese Forderung weder zu einer offiziellen BDI-Position, noch zu einer der anderen Verbände geworden. In Ablehnung dieser Forderung spricht sich BDA-Präsident Dieter Hundt für eine Beibehaltung KMK aus:

> „Die Forderung, die Kultusministerkonferenz abzuschaffen, wie dies ein ehemaliger Präsidentenkollege von mir fordert, ist albern. Ich appelliere vielmehr an die Kultusministerkonferenz, endlich ihre Kernaufgabe zu erfüllen. Sie muss in Deutschland bundesweit für die Sicherung hoher Qualitätsstandards sorgen und so die Vergleichbarkeit von Leistungen und Abschlüssen und ein Höchstmaß an Mobilität im Bundesgebiet gewährleisten.“[593]

Des Weiteren wünschen sich die Wirtschaftsverbände einen systematischen und regelmäßigen Bildungsbericht von neutraler Stelle und empfehlen diesbezüglich eine Stärkung des „Forum Bildung“, um eine über den Dualismus von Bund und Ländern hinausgehende Gesamtschau zu ermöglichen. Für den schulischen Bereich soll ein derartiger Bildungsbericht die Erfüllung bundesweiter Mindeststandards gewährleisten.[594] Ein derartiges Berichtssystem befürworten auch die Gewerkschaften, die angesichts der PISA-E-Ergebnisse ebenfalls das Scheitern des Bildungsföderalismus` konstatieren.

> „Wir müssen zur Kenntnis nehmen, dass zwischen den 16 deutschen Bildungskleinstaaten Welten liegen. Der Föderalismus hat offenkundig in Sachen Bildung bei der Herstellung von Chancengleichheit versagt."[595]

Damit die schulische Bildungsreform als eine Gemeinschaftsaufgabe von Bund und Ländern begriffen werden könne[596], fordern die Gewerkschaften gemeinsam die Einsetzung eines nationalen Bildungsrates.[597]

> „Bildungspolitische Kleinstaaterei muss durch gesamtstaatliche Verantwortung gebändigt werden. Dazu gehört auch [...] systematische nationale Berichterstattung und wissenschaftliche Politikberatung.“[598]

---

593 Bundesvereinigung der Deutschen Arbeitgeberverbände (2002): „Standortfaktor Bildung“ - Nach PISA – 5-Punkte-Programm der deutschen Arbeitgeber. Statement von Dieter Hundt. Präsident der Bundesvereinigung der Deutschen Arbeitgeberverbände e.V. am 5.02.2002. Berlin. S. 1.

594 Diese Forderungen unterscheiden sich von dem ursprünglichen Vorschlag von Bundesministerin Bulmahn nach Einrichtung einer Bundesagentur, eines Bundesbildungsberichts und nationaler Bildungsstandards darin, dass die BDA keine Stärkung der Bundeskompetenz durch die Schaffung von schulpolitischen Institutionen wünscht, sondern auf eine wissenschaftliche Evaluation von neutraler Seite setzt.

595 GEW (2002): Der Bildungsföderalismus ist gescheitert. Vorsitzende Stange fordert umgehende Einsetzung eines bildungspolitischen Sachverständigenrates. In: GEW-Presseerklärung vom 22.06.2003. S. 1.

596 Ebenda.

597 DGB (1998): Bewegt Bildung – Ein Appell des DGB zum Handeln. Bildungspolitische Konferenz des DGB am 30.06 und 1.07.1998 in Bonn. In: http://www.dgb.de/themen/themen_a_z/abisz_doks/b/bildapp.pdf (15.04.2003). S. 3.

598 Vgl. Gemeinsame Erklärung des Hauptvorstandes der Gewerkschaft Erziehung und Wissenschaft (GEW), des Bundeselternrats (BER) und der BundesschülerInnenvertretung (BSV). GEW-Hauptvorstand u.a. (Hrsg.) (2002): Bildung und Erziehung – die soziale Frage des 21. Jahrhunderts. http://www.gew.de/standpunkt/schlagzeilen/schule/pisa/artikel/texte/elternaufruf.pdf (15.04.2003). S. 2.

Das Ausmaß der Kompetenzen, mit denen die Verbände ein derartiges Gremium ausgestattet wissen wollen, ist jedoch zwischen den Verbandsgruppen kontrovers. Während die Gewerkschaften den erkennbaren Ambitionen der Bundesbildungsministerin nach einer stärkeren bundespolitischen Koordinierung in der Schulpolitik durchaus Sympathie entgegenbringen, lehnen die Wirtschaftsverbände jegliche Eingriffe des Bundes in die Aufgaben der Länder strikt ab. Die gewerkschaftlichen Forderungen nach mehr Bundeskompetenzen in Bildungsfragen gehen mit einer deutlichen Ablehnung des föderalen Wettbewerbs einher, der „unter Ausblendung der Realität zum parteipolitischen Glaubenskrieg verkommen" sei.[599]

Dieser Position entsprechend übt die GEW heftige Kritik an den Überlegungen unionsregierter Länder in der Debatte um die Föderalismusreform, künftig die Koordinierung der Bildungsplanung alleine sicherzustellen[600] und unterstützte Bundesbildungsministerin Edelgard Bulmahn, die ursprünglich der gemeinsamen Bildungsplanung bei der Föderalismusreform für die Zukunft einen verpflichtenden Verfassungsauftrag zumessen wollte.[601] Allerdings sähe das Grundgesetz der zumindest umstrittenen Rechtsauffassung der GEW zufolge schon jetzt für den Bund durchaus die Rolle des „Initiators für Bildungsreformen" in Bereichen vor, in denen er keine grundständigen Kompetenzen habe.[602] Dies gelte im Sinne des Verfassungsgebotes gleicher Lebensverhältnisse und Lebenschancen insbesondere für die Herstellung von Chancengleichheit im Bildungswesen.[603] Auch für die IG Metall

599 GEW (2002): GEW kritisiert föderalen Wettbewerb. Vorsitzende Stange fordert: "Bildungskampf beenden" In: GEW-Presseerklärung vom 24.06.2003. S. 1.

600 Bayerisches Staatsministerium für Wissenschaft, Forschung und Kunst (2003) (Hrsg.): Unionsregierte Länder fordern Ausstieg aus der Gemeinschaftsaufgabe Bildungsplanung und kritisieren die Haltung der Bundesregierung bei den Haushaltsberatungen zur gemeinsamen Forschungsförderung. Presseerklärung Nr. 35/2003 vom 25.02.2003.

601 Bundesbildungsministerin Bulmahn im Gespräch mit der Deutschen Presse-Agentur GmbH (dpa) (2003): Bulmahn fordert Verfassungsauftrag für Bund-Länder-Bildungsplanung. In: dpa-Meldung vom 13.04.2003.
Die Bestrebung, größeren Einfluss des Bundes auf die Schulpolitik der Länder zu nehmen, findet ferner in dem Investitionsprogramm „Zukunft Bildung und Betreuung" zum Auf- und Ausbau von Ganztagsprogrammen seinen Niederschlag. Ursprünglich hatte Bundesbildungsministerin Bulmahn (SPD) eine inhaltliche Mitbestimmung bei der pädagogischen Konzeption und eine Genehmigungspflicht durch den Bund angestrebt, was in den Verhandlungen aufgrund des Widerstandes der B-Länder fallen gelassen wurde.

602 GEW (2003): GEW kritisiert Länderausstieg aus der gemeinsamen Bildungsplanung. GEW-Vorsitzende Stange: „Das falsche Signal zur falschen Zeit". Pressemitteilung vom 13.03.2003. Frankfurt am Main.

603 Dieser Rechtsauffassung ist nicht zu folgen. Deutschland ist ein unitarischer Bundesstaat. Der Gedanke der Einheitlichkeit oder zumindest Gleichwertigkeit der Lebensverhältnisse ist an zwei Stellen im Grundgesetz niedergelegt. Gemäß Art. 72 Abs. 2 GG setzt die Ausübung einer konkurrierenden Gesetzgebungskompetenz des Bundes voraus, dass dies unter anderem für die Herstellung gleichwertiger Lebensverhältnisse im Bundesgebiet erforderlich ist. Es gibt jedoch kein rechtlich verbindliches Staatsziel, einheitliche oder zumindest gleichwertige Lebensverhältnisse im ganzen Bundesgebiet herzustellen.
Schwerpunkt der Grundgesetzgebung von 1994 ist die Reform der Bedürfnisklausel gewesen: An Stelle der Wahrung der „Einheitlichkeit der Lebensverhältnisse" tritt die Formulierung „gleichwertiger Lebensverhältnisse". Der Bund soll demnach lediglich dann die Kompetenz erhalten, wenn nicht schon die Länder von sich aus den Standard gleichwertiger Lebensverhältnisse erreichen können. Unterschiedliche Regelungen der Länder schließen somit gleichwertige Lebensverhältnisse nicht aus. Vgl. Männle, Ursula (1997): Grundlagen und Gestaltungsmöglichkeiten des Föderalismus in Deutschland. In: APuZ, Bd. 24/1997. S. 3 – 11. S. 6.
Das BVerfG hatte sich erstmalig nach der Grundgesetzänderung von 1994 grundlegend mit der Vorschrift des Art. 72 GG zu befassen. Art. 72 Abs. 2 GG begrenzt die Kompetenz des Bundes und bindet sie an bestimmte Voraussetzungen. Der Zweite Senat hat einen Kontrollmaßstab für die Einhaltung dieser materiellen Voraussetzungen aufgestellt und sich deutlich von der früheren Rechtsprechung gelöst. Dem Bundesgesetzgeber wird nicht mehr ein von verfassungsgerichtlicher Kontrolle weitgehend freier Beurteilungsspielraum hinsichtlich der Voraussetzungen des Art. 72 Abs. 2 GG eingeräumt. Vielmehr wird eine inhaltliche Kontrolle durch das

stellt der Ausbau der bildungspolitischen Bundeskompetenz eine zentrale schulpolitische Forderung dar.[604]

Die Gegenposition ist durch den ehemaligen bayerischen Wissenschaftsminister, Hans Zehetmair, vertreten worden, der nach der Verfassungslage in Deutschland praktisch keine Bildungsfragen erkennen kann, bei denen der Bund als auch die Länder betroffen seien und die sich für eine gemeinsame Bildungsplanung anböten.[605] Dieser bundeskompetenzkritischen Position hängt auch die BDA an, deren Präsident ein stärker regulierendes Eingreifen des Bundes in Bildungsfragen ablehnt.[606]

Die Forderung einer stärkeren Verpflichtung zur Zusammenarbeit von Bund und Ländern findet des Weiteren ihren Ausdruck im Vorschlag der GEW einer Grundgesetzänderung, welche die Möglichkeit zur gemeinsamen Bildungsplanung im Artikel 91b GG von einer „Kann"- in eine „Muss"-Bestimmung ändert.[607] Das Föderalismus-Reformkonzept der BDA hingegen sieht eine Abschaffung der mischfinanzierten Gemeinschaftsaufgaben (Art. 91 a und 91 b GG) und eine klare Zuordnung von Verantwortlichkeiten vor. Dort, wo eine Zusammenarbeit sinnvoll erscheine, könne diese wie im Fall der Verbesserung der regionalen Wirtschaftsstruktur (Art. 91a Abs. 1 Nr. 2 GG) auf einfachgesetzlicher Grundlage erfolgen. Folglich will die BDA den Aus- und Neubau von Hochschulen (Art. 91a Abs. 1 Nr. 1 GG) der ausschließlichen Gesetzgebungskompetenz der Länder übertragen.[608]

Differenzen zwischen den untersuchten Verbandsgruppen bestehen überdies in Fragen der Reform der Rahmengesetzgebung nach Art. 75 GG, deren Abschaffung die BDA fordert. Die darin enthaltenen Kompetenztitel sollen entweder in die ausschließliche Zuständigkeit der Länder oder in die zu reformierende konkurrierende Grundsatzgesetzgebung übertragen werden, wobei das Hochschulrahmengesetz ausdrücklich der ersten Variante der ausschließlichen Länderkompetenz zugeschlagen werden soll.[609]

Gemäß ihrer wettbewerbsföderalistischen Prämisse setzen die Spitzenverbände der Wirtschaft auf Wettbewerb zwischen den Landeshochschulgesetzen. Diesbezügliche Forde-

---

Gericht für zulässig und notwendig erachtet. Der Senat hat die drei in Art. 72 Abs. 2 GG benannten Ziele zulässiger konkurrierender Bundesgesetzgebung konkretisiert. Dabei handelt es sich um die „Herstellung gleichwertiger Lebensverhältnisse" im Bundesgebiet oder die „Wahrung der Rechts- oder Wirtschaftseinheit im gesamtstaatlichen Interesse":

„Gleichwertige Lebensverhältnisse" werden nicht schon dann hergestellt, wenn es nur darum geht, bundeseinheitliche Regelungen in Kraft zu setzen. Es reicht für einen Eingriff in das grundsätzlich bestehende Gesetzgebungsrecht der Länder auch nicht aus, wenn es lediglich um irgendwelche Verbesserungen der Lebensverhältnisse, die immer möglich und wünschenswert sind, geht. Das bundesstaatliche Rechtsgut gleichwertiger Lebensverhältnisse ist vielmehr erst dann bedroht und der Bund erst dann zum Eingreifen ermächtigt, wenn sich die Lebensverhältnisse in den Ländern der Bundesrepublik in erheblicher, das bundesstaatliche Sozialgefüge in beeinträchtigender Weise auseinander entwickelt haben oder sich eine derartige Entwicklung konkret abzeichnet. Vgl. BVerfGE, 2 BvF 1/01 vom 24.10.2002, Absatz-Nr. (1 - 392).

604 Vgl. 4.3.2.6.

605 Deutschen Presse-Agentur GmbH (dpa) (2003): Zehetmair: Länder wollen über Bildungsfragen selbst bestimmen. In: dpa-Meldung vom 10.03.2003.

606 Hundt, Dieter (2002): Dr. Dieter Hundt im Gespräch mit der Welt zur Bildungsmisere in Deutschland: "Wir müssen die Ausbildung der Lehrer systematisch verbessern". In: Die Welt vom 26. Juni 2002.

607 Deutscher Bundestag, Ausschuss für Bildung, Forschung und Technikfolgenabschätzung (2003): Stellungnahme der GEW zum Thema „Neuordnung der bildungs- und forschungspolitischen Zuständigkeit in der Bundesrepublik Deutschland" anlässlich der öffentlichen Anhörung am 20.10.2003. A-Drs. 15(17)130e. 15. Wahlperiode. In: http://www.zwd.info/download/foedanh.pdf. S. 17 – 22.

608 Küpper, Stefan (2004): Föderalismus: Mut zu neuem Denken! In: BDA (Hrsg.) (2004): Der Arbeitgeber. Das BDA-Magazin zur unternehmerischen Sozialpolitik. Berlin. S. 19 – 22. S. 21.

609 Ebenda.

rungen werden von den Gewerkschaften abgelehnt, die stärker und über die Definition von Bildungsstandards hinaus auf eine Ausweitung der Bundeskompetenz in Bildungsfragen setzen.

> „Die Bundeskompetenz in der Bildungspolitik ist auszubauen (Koordination, Konzeption, Qualitätsentwicklung). Es ist ein Bildungsrahmengesetz für die allgemeine und politische Bildung notwendig, das Qualität und Eigenständigkeit (Profilbildung; Budgetzuständigkeit) der Schulen sichert, die Beteiligung von Eltern und Schülern in Schulen festschreibt sowie politischer und allgemeiner Weiterbildung einen länderübergreifenden Status gibt und Qualität fördert.“[610]

Was auf der Ebene allgemeiner Aussagen lediglich von dem bekannten ordnungspolitischen Gegensatz zwischen Wirtschaftsverbänden und Gewerkschaften zeugt, wird in der Frage der Verfasstheit und der gesetzlich zu bestimmenden Regelungen im Bereich der allgemeinen und beruflichen Weiterbildung zu einem virulenten Konflikt zwischen den beiden Verbandsgruppen.

Zudem ist in der Frage des Bildungsföderalismus die aus einigen sozialpolitischen Politikfeldern bekannte Allianz von SPD und Gewerkschaften einerseits und von Union und Wirtschaftsverbänden andererseits feststellbar.

4.3.2.7 GATS - General Agreement on Trade in Services

Die Kontroverse um die Privatisierung einzelner Bereiche des Bildungssystems ist zu einem großen Teil von dem Ausgang der WTO-Verhandlungen für den Bereich der Dienstleistungen anhängig, weil dieses internationale Abkommen verbindliche Rahmenbedingungen setzen könnte, die der nationalen Politik kaum Spielraum lassen würden. Die ordnungspolitische Verfasstheit des Bildungssystems würde in dem Fall einer weitgehenden Liberalisierung von Bildungsdienstleitungen durch ein internationales Handelsabkommen bestimmt werden. Aufgrund seiner ordnungs- wettbewerbs- und sozialpolitischen Bedeutung ist das Dienstleistungsabkommen für beide Verbandsgruppe von großer Bedeutung. Derzeit ist jedoch nicht absehbar, zu welchen Liberalisierungsforderungen und Marktöffnungszugeständnissen die Akteure tatsächlich bereit sind, so dass im Folgenden die Verhandlungssituation- und modi erläutert und anschließend die Positionen und Interaktionspotenziale der Verbände dargestellt werden.

Die Welthandelsorganisation (WTO) ist eine autonome Vertragsinstitution, in der international anerkannte Handelsabkommen für den Welthandel festgelegt sind. Entstanden ist die WTO als Nachfolgeorganisation des GATT (General Agreement on Tariffs and Trade). Das GATT-Abkommen war tatsächlich keine internationale Organisation, sondern ein multilaterales Vertragswerk, das eine Reihe von Regeln und Kodes zum Abbau von Handelshemmnissen umfasste und in mehreren Verhandlungsrunden erweitert wurde. Hervorgehend aus der achten Welthandelsrunde, der Uruguay-Runde (1986 – 1993), unterzeichneten am 15.04.1994 die Mitgliedsstaaten das neue GATT-Abkommen, in dem die Gründung der WTO festgeschrieben wurde. Gleichzeitig wurde der Geltungsbereich der WTO um die Bereiche Dienstleistungen, GATS (General Agreement on Trade in Service),

---

[610] IG Metall (2003): Vielfalt solidarisch gestalten. Themen und Thesen für die Entschließungen. 20 Ordentlicher Gewerkschaftstag der IG Metall 2003. Frankfurt am Main. S. 28.

sowie Sicherung geistigen Eigentums, TRIPs (Trade-Related Intellectual Property Rights), erweitert. Verantwortlich für diese drei Vertragswerke ist die WTO. Für das GATS wurden Neuverhandlungen ab dem Jahr 2000 festgelegt, die in bestimmten Etappen bis zu dem Ende der neuen Welthandelsrunde Anfang 2005 abgeschlossen sein sollen.

4.3.2.7.1 Verhandlungsmandat und Einbindung der Verbände

Gewerkschaftlicherseits wird die Intransparenz der Verhandlungen und die fehlende demokratische Beteiligung der Parlamente scharf kritisiert. Die Gewerkschaften fordern eine Einbindung in die Verhandlungen und Demokratisierung der Verhandlungen. Zwar werden nach Auskünften der Bundesregierung „alle sachlich betroffenen Institutionen und Interessenvertretungen [...] in Deutschland auf Ad-hoc-Basis fortlaufend über die handelspolitischen Entwicklungen informiert" und deren „intensive Einbeziehung [...] für die Erarbeitung des EU-Angebotes selbstverständlich vorgesehen"[611]; dennoch wird vom DGB und ver.di grundsätzliche Kritik an der mangelnden Transparenz und dem Demokratiedefizit geübt und deswegen ein Moratorium der GATS-Verhandlungen gefordert."[612]

Aus der doppelt gemischten Kompetenz zwischen Ländern und Bund sowie Europäischer Gemeinschaft und ihren Mitgliedstaaten müsste sich theoretisch eine Vielzahl von Adressaten der Gewerkschaften im Mehrebenensystem der EU ergeben. Praktisch wird hingegen immer wieder die fehlende Einbindung der Interessenverbände in den Verhandlungsprozess sowie der mangelhafte Informationsfluss aus dem verhandlungsleitenden Wirtschaftsministerium kritisiert.

Als Handelsabkommen liegt das Verhandlungsmandat der Bundesrepublik für das GATS bei der Europäischen Union und wird von der Europäischen Kommission wahrgenommen. Die EU-Mitgliedsstaaten stimmen ihre Positionen im 133er-Ausschuss ab, dessen informelle Bezeichnung auf den Artikel 133 des EG-Vertrags über die Grundsätze der Gemeinsamen Handelspolitik zurückgeht. Innerhalb der deutschen Delegation im 133er-Ausschuss ist das Bundeswirtschaftsministerium federführend. Nach der Neufassung des Art. 133 im Dezember 2000 in Nizza benötigt der Ministerrat für die Annahme von Handelsabkommen nur noch eine qualifizierte Mehrheit, so dass die Vetomöglichkeit einzelner Staaten entfällt. Ferner fallen Entscheidungen zu Handelsabkommen grundsätzlich nicht in die gemischte Zuständigkeit. Lediglich bei Handelsabkommen, die kulturelle und audiovisuelle Dienstleistungen sowie Dienstleistungen im Bereich Bildung, Soziales und Gesundheit zum Gegenstand haben, bleibt die gemischte Zuständigkeit bestehen, so dass zusätzlich eine nationale Ratifizierung weiterhin nötig ist.[613]

---

611 Antwort der Bundesregierung auf die Kleine Anfrage der Abgeordneten Ursula Lötzer, Eva Bulling-Schröter, Maritta Böttcher, Dr. Heinrich Fink, Rolf Kutzmutz und der Fraktion der PDS (2002): Verhandlungen zur Dienstleistungsliberalisierung in der WTO. In: Deutscher Bundestag Drucksache 14/8845. 14. Wahlperiode 22. 04. 2002 S. 4.

612 Vereinte Dienstleistungsgesellschaft (ver.di) (Hrsg.) (2003): ver.di fordert ein Moratorium der GATS-Verhandlungen. Berlin. S. 19.

613 Vgl. Art. 133 Abs. 6 Uabs. 2, Vertrag von Nizza, Amtsblatt der Europäischen Gemeinschaften 2001 C 80, S. 16. In: europa.eu.int/eur-lex/de/treaties/dat/nice_treaty_de.pdf (30.04.2003). Zusätzlich zu der Verpflichtung der nationalen Ratifizierung verlangt eine gemischte Zuständigkeit der Europäischen Gemeinschaft und ihrer Mitgliedsstaaten einen einstimmigen Beschluss des Rates der Europäischen Union. Ferner ist schon für die Aufnahme von Verhandlungen die einvernehmliche Zustimmung der Mitgliedsstaaten sowie eine Einbindung

Die Bundesregierung muss den Bundestag über EU-Vorhaben zum frühestmöglichen Zeitpunkt umfassend informieren und ihm die Möglichkeit zur Stellungnahme einräumen. Diese Stellungnahme ist zwar bei den Verhandlungen zu berücksichtigen, bindend ist sie hingegen nicht.[614] Wenn die Bundesländer Gesetzgebungskompetenz innehaben, verfügen sie gleichzeitig auch über die Kompetenz zum Abschluss von Verträgen mit Drittstaaten[615]. Da Bildung Länderaufgabe ist, sind die Länder nach Art. 32 Abs. 2 GG zu hören. Verfassungsrechtlich strittig ist die Ausschließlichkeit dieser Zuständigkeit, so dass sich Bund und Länder im „Lindauer Abkommen" von 1957[616], dessen Verfassungskonformität nach wie vor strittig ist[617], auf eine frühstmögliche Beteiligung der Bundesländer vor der Festlegung des Vertragstextes einigten, wobei eine einstimmige Zustimmung des Bundesrats dabei nicht als Zustimmung der Länder zu werten ist. Erst nach dem Einverständnis der Länder kann der Bund den Vertrag abschließen.

Die Gewerkschaften fordern die Länder auf, ihren Partizipationsmöglichkeiten auch tatsächlich nachzukommen.

> „Und nicht zuletzt müssen die Kulturminister endlich aus ihrem föderalen Dornröschenschlaf aufwachen, um nicht eines Tages von einem neuseeländischen Bildungskonzern Bedingungen diktiert zu bekommen."[618]

Wirtschaftsverbände und Unternehmen nehmen traditionell starken Einfluss auf Handelsverhandlungen. Während der vergangenen Welthandelsrunde ließ sich die Europäische Kommission durch den europäischen Arbeitgeberverband, Union of Industrial and Employers' Confederations of Europe (UNICE), und den European Roundtable of Industrialists (ERT) beraten. Letzterer gilt als die einflussreichste Unternehmensorganisation in der EU[619] und agiert verbandsunabhängig. Da die UNICE als schwacher Verband mit geringem Interaktionspotenzial angesehen werden kann[620], muss der Einfluss der Wirtschaftsverbände auf die GATS-Verhandlungen relativiert werden. Oftmals wird in der Literatur der Einfluss der Wirtschaftsverbände auf der europäischen Ebene auf die GATS-Verhandlungen überschätzt, weil die Autoren[621] nicht zwischen Wirtschaftsverbänden und Großunternehmen differenzieren und die Einflussmöglichkeiten letzterer den Euro-Wirtschaftsverbänden

---

selbiger in die Verhandlungen erforderlich. Vgl. Krenzler, Horst Günter /Pischas, Christian (2001): Fortschritt oder Stagnation? Die gemeinsame Handelspolitik nach Nizza. In: EuR. S. 442 – 461. S. 457.

614 Streinz, Rudolf (1996): Rn. 99 – 101, S. 734. In: Sachs, Michael (Hrsg.): Grundgesetz-Kommentar. München.

615 Maunz, Theodor (1993): Rn 19 und 27. In: Maunz, Theodor/ Düring Günter (Hrsg.): Grundgesetz: Kommentar. München.

616 Streinz, Rudolf (1996): Rn. 35, S. 853 f. In: Sachs, Michael (Hrsg.): Grundgesetz-Kommentar. München.

617 Ebenda: Rn. 31-42, S. 852 ff. In: Sachs, Michael (Hrsg.): Grundgesetz-Kommentar. München.

618 So die GEW-Vorsitzende Eva Maria Stange. Vgl. Stange, Eva-Maria (2002): Folgeneinschätzung ist angesagt. Deregulierung - Abbau von Qualitätsstandards - Privatisierung - Handelsware - so sieht in etwa das Szenario der Liberalisierung von Dienstleistungen weltweit aus. In: Erziehung und Wissenschaft (E & W) Nr. 4/2002. S. 9.

619 Burgmer, Inge Maria (1999): Die Zukunft der Wirtschaftsverbände. S. 106; Nollert, Michael (1997): Verbändelobbying in der Europäischen Union. S. 126.

620 Zur Evaluation der Einflussunterschiede europäischer Verbände vgl. Nollert, Michael (1997): Verbändelobbying in der Europäischen Union. S. 122 und S. 129.

621 Scherrer, Christoph/ Yalçin, Gülşan (2002): GATS-Verhandlungsrunde im Bildungsbereich. In: Gewerkschaft Erziehung und Wissenschaft (GEW) (2002): Freier Handel oder freier Zugang? WTO-GATS setzt die Bildung unter Globalisierungsdruck. Dokumentation eines GEW-Workshops vom 26. Februar 2002 in Berlin. Frankfurt am Main. S. 19.

zuschlagen. Für den Einfluss einzelner Unternehmen spricht auch das European Services Forum (ESF), eine speziell für die Neuverhandlung des GATS gegründete „privatwirtschaftliche Organisation der Dienstleistungswirtschaft, die eng mit der EU-Kommission zusammenarbeitet, um die offensiven und eventuelle defensive Handelsinteressen der Gemeinschaft zu definieren und die Kommission zu beraten.“[622] US-amerikanische und europäische Unternehmen koordinieren ihre Forderungen im Dienstleistungsbereich im Rahmen des Transatlantic Business Dialogue (TABD), wobei eine weitgehende Übereinstimmung zu erkennen ist.[623] Insofern dürfte das Einflusspotenzial der deutschen Wirtschaftsverbände auf den 133er-Ausschuss eher begrenzt sein, so dass für sie die nationalen Adressaten von größerer Bedeutung sind.

4.3.2.7.2 Bestimmungen und Verhandlungsverfahren des GATS

Das GATS untergliedert Bildungsdienstleistungen (Educational Services, CPC 920) in fünf Kategorien:

- primäre Bildungsdienstleistungen (CPC 921) im vorschulischen Bereich, z. B. an Kindergärten; aber keine Horte
- sekundäre Bildungsdienstleistungen (CPC 922) (schulische und berufsbildende Angebote unterhalb der Hochschulen)
- höhere (tertiäre) Bildungsdienstleistungen (CPC 923) (z. B. Berufs- und Universitätsausbildung)
- Erwachsenenbildung (CPC 924) (allgemeine Bildung und berufliche Ausbildung), soweit sie nicht vom regulären System für höhere Bildung angeboten wird
- andere Bildungsdienstleistungen (CPC 929) (bezieht sich auch auf spezielle Bildungsangebote im primären und sekundären Bereich, soweit sie nicht dort aufgeführt sind)

4.3.2.7.2.1 Erbringungsarten

Ferner unterscheidet das GATS-Vertragswerk im Artikel I vier Erbringungsarten („modes“) des Dienstleistungshandels[624]:

- Mode 1: Grenzüberschreitende Erbringung: Eine Dienstleistung, die „aus dem Gebiet eines Mitglieds stammt und im Gebiet eines anderen Mitglieds erbracht wird“, d. h. die Lieferung einer Dienstleistung von einem Land in das andere (z. B. E-Learning übers Internet).
- Mode 2: Nutzung im Ausland: Eine Dienstleistung, die „im Gebiet eines Mitglieds gegenüber dem Dienstleistungsempfänger eines anderen Mitglieds erbracht wird“, d.

[622] Barth, Dietrich (2000): Die GATS 2000-Verhandlungen zur Liberalisierung des internationalen Dienstleistungshandels. In: Zeitschrift für europarechtliche Studien (ZEuS). Heft 3. S. 273-293. S. 290.

[623] Scherrer, Christoph/ Yalçin, Gülşan (2002): GATS-Verhandlungsrunde im Bildungsbereich. S. 18. Zu den konkreten Forderungen der US-amerikanischen Wirtschaft vgl. ebd. S. 19.

[624] Zu den Erbringungsarten vgl. Scherrer, Christoph/ Yalçin, Gülşan (2002): GATS-Verhandlungsrunde im Bildungsbereich. S. 6.

h. die Erbringung einer Dienstleistung innerhalb eines Landes für Konsumenten eines anderen Landes (z. B. für Studierende aus dem Ausland).

- Mode 3: Kommerzielle Präsenz: Eine Dienstleistung, die „von einem Erbringer einer Dienstleistung eines Mitglieds im Wege geschäftlicher Anwesenheit im Gebiet eines anderen Mitglieds erbracht wird", d. h. die Erbringung einer Dienstleistung durch die kommerzielle Präsenz in einem anderen Land (z. B. eine Sprachschule von Berlitz).
- Mode 4: Präsenz natürlicher Personen: Eine Dienstleistung, die „von einem Erbringer einer Dienstleistung eines Mitglieds durch die Anwesenheit einer natürlichen Personen eines Mitglieds im Gebiet eines anderen Mitglieds erbracht wird", d. h. die Erbringung einer Dienstleistung durch Personen, die sich zu diesem Zweck temporär in ein anderes Land begeben (z. B. muttersprachliches Lehrpersonal an einer Sprachschule).

Diese Klassifikationen erlauben eine äußerst differenzierte Liberalisierung der Dienstleistungen und erlaubt es den Mitgliedern, nur in den Sektoren ihren Markt zu öffnen, in denen sie es für opportun halten. Haben sie sich allerdings einmal verpflichtet, sind sie dauerhaft gebunden, es sei denn, sie leisten denjenigen Handelspartnern monetär oder durch Liberalisierungen in einem anderen Sektor Kompensationen, die durch die Rücknahme schlechter gestellt werden (Art. XXI).

4.3.2.7.2.2 Zentrale Prinzipien

Die zentralen Prinzipien, auf deren Einhaltung sich die Unterzeichnerländer verpflichten, sind Inländerbehandlung, Meistbegünstigung und Transparenzgebot.

- Inländerbehandlung (Art. XVII) fordert eine Gleichbehandlung von Gebietsfremden und Gebietsansässigen sowie die Sicherstellung gleicher Wettbewerbschancen auf einem bestimmten Markt.
- Meistbegünstigungsprinzip (Art. II) verlangt, dass Handelsvergünstigungen, die einem Land gewährt werden, automatisch auch allen anderen WTO-Mitgliedern zugestanden werden müssen.[625] Das Meistbegünstigungsprinzip kann als der wesentliche Motor der Verbreitung der Handelsliberalisierung angesehen werden.
- Transparenzgebot (Art. III): Das GATS-Übereinkommen fordert Transparenz staatlicher Regulierung des Dienstleistungssektors, so dass den Dienstleistungshandel betreffende Maßnahmen regelmäßig öffentlich zu machen sind.

Zwar nimmt die Hoheitsklausel, Art. I, Abs. 3 b GATS, alle Dienstleistungen, die in hoheitlicher Gewalt erbracht werden, von seinem Geltungsbereich aus, eine Legaldefinition von „hoheitlichen" Dienstleistungen fehlt aber ebenso wie eine konkrete Spezifizierung. Art. I, Abs. 3 (c) nimmt nur eine Negativdefinition vor, wonach der „Begriff »in Ausübung hoheitlicher Gewalt erbrachte Dienstleistung« jede Art von Dienstleistung umfasst, die weder

[625] Regionale Integrationsabkommen sind zum Teil von dem Meistbegünstigungsprinzip ausgenommen, was für die EU bedeutet, dass Handelsvorteile des Binnenmarkts nicht automatisch Drittstaaten gewährt werden müssen.

zu kommerziellen Zwecken noch im Wettbewerb mit einem oder mehreren Dienstleistungserbringern erbracht wird."[626]

Somit ist der Schutz öffentlicher Dienste im Bereich der klassischen Daseinsvorsorge (Gesundheitsversorgung, Bildung, Infrastrukturleistungen) letztlich von der Erbringungsform und den bestehenden Wettbewerbsverhältnissen abhängig. Alle Bereiche, in denen neben staatlichen Dienstleistern auch vereinzelt private Anbieter tätig sind, sind demzufolge tatsächlich durch die Hoheitsklausel des GATS nicht mehr abgedeckt. Damit ist die Hoheitsklausel prinzipiell für alle Bereiche des deutschen Bildungswesens nichtig.

4.3.2.7.3 Status Quo im Bereich Bildung und Forderung in der aktuellen Verhandlungsrunde

Der bisherige Status Quo der Liberalisierung ist in Verpflichtungslisten dargelegt, wo genau nach Erbringungsarten differenziert und unter Auflistung der Ausnahmen klassifiziert ist, für welche Sektoren Marktzugang oder Inländerbehandlung gewährt werden. Diese nationalen Verpflichtungslisten sind eine Mischform aus Positiv- und Negativlistenansatz. Positivlisten beschreiben die zu liberalisierenden Sektoren, Negativlisten definieren die nationalen Beschränkungen zu Inländerbehandlung und Meistbegünstigung.

Bereits mit dem Abschluss des GATS-Abkommens 1994 sind die Europäische Gemeinschaft und ihre Mitgliedsstaaten Liberalisierungsverpflichtungen im Bildungsbereich eingegangen: Für alle Kategorien der Bildungsdienstleistungen mit Ausnahme der Kategorie „andere Bildungsdienstleistungen" gewähren die Mitgliedstaaten der EU Inländerbehandlung, wobei diese Verpflichtungen auf „privat finanzierte Ausbildungsleistungen" beschränkt wurden.

Ferner ist die Verpflichtungsliste nach Erbringungsarten und Sektoren differenziert[627]:

- Die EU-Mitgliedsstaaten gewähren Marktzugang und Inländerbehandlung komplett für den Modus 2, die Nutzung im Ausland.
- Bei Bildungsdienstleistungen im primären, sekundären und im tertiären Bereich gewähren die EU-Mitgliedsstaaten Marktzugang für Niederlassungen.
- Der Bereich der Erwachsenenbildung, der sowohl die allgemeine Erwachsenenbildung als auch die berufliche Weiterbildung umfasst, ist am weitesten liberalisiert.
- Vergleichsweise geringe Liberalisierungsverpflichtungen sind für die Präsenz natürlicher Personen (Modus 4) übernommen worden.

Im Vergleich mit anderen Sektoren sind im Bildungssektor nur von sehr wenigen Ländern GATS-Verpflichtungen übernommen worden.

Während Marktzugang und Inländerbehandlung als vertikale Verpflichtungen bezeichnet werden, umfassen die horizontalen Verpflichtungen die Erbringungsmodi 1 – 4. Bei diesen hat die EU in den Verpflichtungslisten der Länder eintragen lassen, dass in sämtlichen EU-Mitgliedsstaaten „Dienstleistungen, die auf nationaler oder örtlicher Ebene

626 Art. I, Abs. 3 c GATS. Hervorhebungen im Original.

627 Scherrer, Christoph/ Yalçin, Gülşan (2002): GATS-Verhandlungsrunde im Bildungsbereich. S. 9.

als öffentliche Aufgaben betrachtet werden, staatlichen Monopolen oder ausschließlichen Rechten privater Betreiber unterliegen" können.[628]

Diese Definition öffentlicher Ausgaben macht die Hoheitsklausel, die nach dem Wortlaut des Art. I, Abs. 3 b GATS für die Bildungssektoren nicht einschlägig wäre, wieder wirksam.

Darüber hinaus behält sich die EU das Recht, den Marktzugang im Bereich öffentlicher Aufgaben einzuschränken, dadurch vor, dass sie Zweigstellen von Unternehmen aus Nicht-EU-Staaten, die nicht nach dem Recht eines Mitgliedsstaats errichtet worden sind, vom Prinzip der Inländerbehandlung ausnimmt. Im Falle der Gewährung von Subventionen steht auch Zweigstellen, die nach dem Recht eines Mitgliedsstaats errichtet worden sind, nicht das Recht auf Inländerbehandlung zu.

Diese Vorbehalte stehen in der derzeitigen Verhandlungsrunde zur Disposition[629] , so dass die EU unter Rechtfertigungsdruck gerät, weil das GATS-Übereinkommen Subventionen explizit in Art. XV als potenzielle Ursachen von Wettbewerbsverzerrungen ausmacht. Zudem fordert die US-amerikanische Verhandlungsdelegation, dass die Subventionspraxis transparent gemacht wird. Die Gewerkschaften lehnen schon diese Forderung mit Verweis auf die Erfahrungen im EU-Binnenmarkt ab:

> „Transparenz engt den nationalen wirtschaftlichen Spielraum bei Subventionsentscheidungen ein und ist oft ein erster Schritt auf dem Weg zum Verbot von Subventionen."[630]

Des Weiteren schützt das GATS zwar grundsätzlich das Recht der Mitgliedsstaaten, die Erbringung von Dienstleistungen nach ihren politischen Zielen zu regulieren[631], derartige Regulierungen dürfen aber eingegangene Liberalisierungsverpflichtungen nicht unterlaufen:

> „(4) Um zu gewährleisten, dass Maßnahmen, die Qualifikationserfordernisse und -verfahren, technische Normen und Zulassungserfordernisse betreffen, keine unnötigen Hemmnisse für den Handel mit Dienstleistungen darstellen, erarbeitet der Rat für den Handel mit Dienstleistungen mit Hilfe der von ihm gegebenenfalls eingesetzten geeigneten Gremien alle notwendigen Disziplinen. Diese Disziplinen sollen sicherstellen, dass solche Erfordernisse unter anderem
> a) auf objektiven und transparenten Kriterien wie Kompetenz und Fähigkeit zur Erbringung der Dienstleistung beruhen;
> b) nicht belastender sind als nötig, um die Qualität der Dienstleistung zu gewährleisten;
> c) im Fall von Zulassungsverfahren nicht an sich die Erbringung der Dienstleistung beschränken"[632].

Eine genaue Bestimmung der nationalen politischen Ziele, die handelsbeschränkende Maßnahmen legitimieren könnten, existiert bis dato nicht, genauso ist ungeklärt, „ob zur Quali-

---

[628] World Trade Organisation (1994): Liste der spezifischen Verpflichtungen. Deutsche Übersetzung der European Communities and their Member States. Schedules of Specific Commitments, GATS/SC/31. In: Bundesgesetzblatt, Jg. 1994, Teil II. S. 1678 – 1683. S. 1679.

[629] Vereinte Dienstleistungsgesellschaft (ver.di) (Hrsg.) (2003): ver.di fordert ein Moratorium der GATS-Verhandlungen. Berlin. S. 13.

[630] Ebenda.

[631] Vgl. GATS Präambel.

[632] Art VI Abs. 4 GATS.

tät einer Dienstleistung auch ihre soziale, arbeits- oder strukturpolitische Verträglichkeit gezählt werden darf.“[633]

4.3.2.7.3.1 Derzeitige Liberalisierungsforderungen - Forderung der EU

Die EU hat von den USA die Marktöffnung im Bereich privat finanzierter höherer Bildungsdienstleistungen (CPC 923) gefordert und damit ihre prinzipielle Verhandlungsbereitschaft im Bildungsbereich bekundet.

> „USA has only partially committed this sector. The EC requests that this sector be committed as follows:
> C. HIGHER EDUCATION SERVICES (CPC 923)
> This sub-sector is not committed. EC Request:
> Modes 1, 2, 3 : Take commitments for privately funded educational services.
> Mode 4 : Commit for privately funded educational services as referred to in the section 'Horizontal commitments'.“[634]

Mit der Erfüllung einer Forderung kann nur dann gerechnet werden, wenn man bereit ist, Forderungen der Verhandlungspartner in gleicher Höhe zu erfüllen. Doch gerade das Bildungswesen kann nicht erwarten, dass andere Sektoren Liberalisierungsschritte zu seinen Gunsten unternehmen. Die Forderungen der Verhandlungspartner im Bildungssektor müssten daher mit größter Wahrscheinlichkeit innerhalb des Bildungssektors erfüllt werden.

4.3.2.7.3.2 Derzeitige Liberalisierungsforderungen - Forderungen an die EU

Liberalisierungsforderungen im Bildungsbereich beziehen sich bis jetzt nicht auf Deutschland, sondern nur auf spezielle Vorbehalte anderer EU-Mitgliedsstaaten. Ferner wurden Forderungen für die bisher verpflichtungsfreie Kategorie sonstige Bildungsdienstleistungen gestellt. Ferner existieren Forderungen im Bereich der höheren Bildung und Erwachsenenbildung ohne die von der EU vorgenommene Beschränkung auf privat finanzierte Dienstleistungen und spezielle Forderungen für Bildungstest-Dienstleistungen.[635]

Damit sind erstmals Marktöffnungsforderungen im Bereich öffentlich finanzierter Bildungsangebote gestellt worden. Darüber fordern Drittstaaten die Beseitigung der horizontalen Ausnahmen der EU hinsichtlich öffentlicher Aufgaben und Subventionen.

> „Verschiedene Forderungen beziehen sich auf generelle EU-Vorbehalte für Dienstleistungen, die als öffentliche Aufgaben betrachtet werden (Forderung nach Erläuterungen und Spezifizierungen, teilweise auch Streichung), auf die Behandlung von Zweigstellen von Drittstaaten-Unternehmen in der EU (Forderung nach gleicher Behandlung wie Tochtergesellschaften) und

---

633 Scherrer, Christoph/ Yalçin, Gülşan (2002): GATS-Verhandlungsrunde im Bildungsbereich. S. 12.

634 GATS 2000. Request from the EC and its Member States to the Unites States of America. In: http://www.gatswatch.org/docs/offreq/EUrequests/Usa.pdf. S. 16 (25.04.2003).

635 BMWi, Schreiben vom 8.8.2002. Zitiert nach Scherrer, Christoph (2002): Bildung als Ware. Die Auswirkungen des General Agreement on Trade in Services (GATS) auf den Bildungsbereich. Vortrag auf der 22. GEW-Sommerschule. S. 11.

auf Subventionen (Forderung nach teilweiser oder vollständiger Streichung der EU-Vorbehalte bezüglich Inländerbehandlung für GATS-Erbringungsarten 3 und 4).“[636]

4.3.2.7.4 Ausblick - Bildung als Verhandlungsmasse

Im Bereich der Bildungstestdienstleistungen hat Bundesbildungsministerin Bulmahn bereits Liberalisierungsbereitschaft signalisiert[637], unklar ist die diesbezügliche Haltung der anderen EU-Mitgliedsstaaten. Eine Aufgabe des Subventionsvorbehaltes für das gesamte Bildungswesen hingegen ist sehr unwahrscheinlich, da erstens innerhalb der USA kein Konsens für eine komplette Aufgabe besteht und zweitens innerhalb der EU ebenfalls mit erheblicher Ablehnung zu rechnen ist. Jedoch differenziert Bulmahn zwischen marktfähigen und nicht marktfähigen Teilbereichen der Bildungsdienstleistungen, wobei die Bildungsministerin für letztere – explizit werden Weiterbildung und Fernunterricht genannt – eine Auflösung des Subventionsvorbehaltes in Aussicht stellt.[638]

Vergangene Verhandlungsrunden haben gezeigt, dass Übereinkünfte zumeist als Paketlösungen erreicht werden. Es spricht viel dafür, dass die EU-Forderungen im Bildungsbereich als Verhandlungsmasse für andere Sektoren benutzt werden. Auf Drängen der EU wurden möglichst viele Industrie- und Dienstleistungsbranchen sowie handelspolitische Themen einbezogen, so dass eine große Verhandlungsmasse existiert, um Liberalisierungsforderungen insbesondere im Agrar-, aber auch in andern Bereichen abwenden zu können. Ein weiteres Indiz, dass die Forderungen der EU nicht auf eine tatsächliche Liberalisierung zielen, sondern als Tauschobjekte fungieren sollen, kann darin gesehen werden, dass die Forderung an die USA nach Liberalisierung des tertiären Bereichs auf die Niederlande zurückgehen, obwohl weder dort, noch in der EU insgesamt derzeit ein virulentes Interesse erkennbar ist, in Nordamerika Zweigniederlassungen zu errichten.

Für die Gewerkschaften ist das Handelsabkommen mit Dienstleistungen aufgrund seiner Implikationen für Wettbewerbsfähigkeit und Arbeitsmarkt von großer Bedeutung. Vor allem sind sie bestrebt, Liberalisierungsforderungen im Bereich der Präsenz natürlicher Personen (Mode 4) zu verhindern bzw. möglichst enge Grenzen zu setzen. Einvernehmlich fordern sie, dass es „beim GATS mit der Gestaltung einer neuen internationalen Marktordnung für Dienstleistungen nicht gleichzeitig eine neue Ordnung des globalen Arbeitsmarktes geben dürfe.“[639] Die Chancen für mehr Beschäftigung werden seitens des DGB als eher gering eingeschätzt[640], während der DIHK in der Erbringung von Dienstleitungen einen unterschätzten Schlüsselfaktor für die Wettbewerbsfähigkeit Deutschlands sieht.[641]

---

636 Ebenda. S. 1.

637 Bulmahn, Edelgard (2002): Wir dürfen Bildung nicht als Ware dem Handel überlassen. Die Welthandelsorganisation berät über den Import und Export von Hochschul-Dienstleistungen. In: Frankfurter Rundschau vom 8. Juli 2002. S. 10.

638 Ebenda.

639 Vgl. Schriftliche Stellungsnahme des DGB zur öffentlichen GATS-Anhörung. In: Deutscher Bundestag (Hrsg.) (2003): Ausschussdrucksache 15(9)353. Materialien zu der öffentlichen Anhörung am 7. April in Berlin zum Thema „Die Verhandlungen über das internationale Dienstleistungsabkommen (GATS) – Chancen und Risiken für Wirtschaft und Beschäftigung in Deutschland“. Schriftliche Stellungnahmen. Bonn. S. 23 und ebenda im Wortlauf identisch für ver.di. S. 43.

640 Ebenda. S. 23.

641 Ebenda. S. 21.

Des Weiteren müsse die Möglichkeit öffentlicher Steuerung und Regulierung der Versorgungsdienstleistungen auf nationaler, regionaler und lokaler Ebene gewahrt bleiben. Deshalb sei der Bereich der Daseinsvorsorge aus den weiteren GATS-Verhandlungen herauszunehmen.[642] Explizit abgelehnt wird „eine Kommerzialisierung von Bildung“[643] durch eine Regelung der Bereiche Wissenschaft und Bildung im Rahmen des GATS. In diesen Bereichen solle es ausschließlich bi- und multilaterale Übereinkommen außerhalb eines Abkommens über den Handel mit Dienstleistungen geben.[644] Ver.di fordert ferner, die Ausnahmeklausel und der Subventionsvorbehalt der EU für öffentliche Dienste dürften nicht zur Disposition gestellt werden, sondern müssten sogar bekräftigt werden.[645] Außerdem sollten keine Regelungen im Bereich des Bildungssystems für GATS-Mode 3 und 4 (Niederlassungsrecht und Personenfreizügigkeit) zugelassen werden.[646]

Trotz erheblicher Unterschiede in Fragen der Dienstleistungsliberalisierung zwischen Gewerkschaften und Wirtschaftsverbänden folgen diese grundsätzlich der Forderung nach Wahrung der Souveränität eines jeden Landes, darüber zu entscheiden, welche Dienstleistungen hoheitlich organisiert werden. Allerdings sehen sie, im Gegensatz zu den Gewerkschaften, diesen Schutz durch die Hoheitsklausel ausreichend gewahrt.[647] Inwieweit diese Einschätzung von den Wirtschaftsverbänden selbst als realistisch angesehen wird oder ob sie tatsächlich ein In-Kauf-Nehmen von Liberalisierungsschritten in diesem Bereich bedeutet, muss offen bleiben. Lässt man diese Zweifel beiseite, so sind die Positionen der beiden Verbandsgruppen zu den Bildungsaspekten innerhalb des GATS somit von ihren unterschiedlichen Gesamthaltungen diesem Handelsabkommen gegenüber bestimmt. Erhebliche Differenzen in Fragen konkreter Forderungen oder Angebote für das Bildungssystem sind dennoch überraschend nicht auszumachen. Allerdings ist zu vermuten, dass auf Seiten der Wirtschaftsverbände aufgrund ihres großen Interesses an Liberalisierungen im Dienstleistungssektor insgesamt eine größere Bereitschaft vorherrscht, einzelnen Forderung im Bildungsbereich als Teil einer Paketlösung nachzukommen.

Für die Gewerkschaften eröffnet die Kritik an dem GATS durch ihre Einbettung in die allgemeine Globalisierungskritikbewegung und deren Protagonisten zusätzlich neue Interaktionspotenziale und Zugang zu neuen sozialen Bewegungen. Dafür werden zum Teil erhebliche Vereinfachungen für öffentlichkeitswirksame Kampagnen in Kauf genommen, die sich teils deutlich von eigenen in Ausschüssen und Gutachten dargelegten Szenarien unterscheiden. Alles in allem ergeben sich für die Verfasstheit des Bildungssystems sehr unterschiedliche Szenarien, je nachdem, ob man gestellte Forderungen als tatsächliche Liberalisierungswünsche oder als (später fallen zu lassende) Verhandlungsmasse interpretiert.

---

642 Ebenda. S. 24.

643 Ebenda. S. 25.

644 Ebenda.

645 Ebenda. S. 36.

646 Vereinte Dienstleistungsgesellschaft (ver.di) (Hrsg.) (2003): ver.di fordert ein Moratorium der GATS-Verhandlungen. Berlin. S. 28.

647 Deutscher Bundestag (Hrsg.) (2003): Ausschussdrucksache 15(9)353. Materialien zu der öffentlichen Anhörung am 7. April in Berlin zum Thema „Die Verhandlungen über das internationale Dienstleistungsabkommen (GATS) – Chancen und Risiken für Wirtschaft und Beschäftigung in Deutschland“. S. 23.

4.3.3 Allgemeinbildende Schule

4.3.3.1 Steuerungsmechanismen

Der Rahmen der Steuerungsmechanismen, welche die Verbände für das Schulsystem vorsehen, besteht in einer Kombination von weitreichender Autonomie der Einzelschule und bundesweit verbindlichen Bildungsstandards. In der materiellen und organisatorischen Ausgestaltung dieser beiden Elemente sowie in der ihnen zugedachten Funktion manifestieren sich zugleich die Unterschiede zwischen den Verbandsgruppen. Auffällig ist, dass innerhalb der Wirtschaftsverbände zwar eine Dominanz der BDA in ordnungspolitischen Fragen konstatiert werden kann, sich insgesamt aber alle Wirtschaftsverbände zu ordnungspolitischen Fragen im Bereich Schulpolitik äußern. Anders bei den Gewerkschaften: Die beiden großen DGB-Gewerkschaften, IG Metall und ver.di, überlassen dieses Feld der Schulpolitik weitgehend der Gewerkschaft Erziehung und Wissenschaft; ordnungspolitische DGB-Positionen im Bereich Schule gehen größtenteils ebenfalls auf die Initiative der GEW zurück.

Durch die jüngsten Large-Scale-Assessments haben generelle Steuerungsfragen auch über die Bildungswissenschaft hinaus an politischer Relevanz gewonnen. Dabei konzentriert sich die Diskussion derzeit stark auf Fragen der Qualitätssicherung, die durch die Implementation von nationalen Bildungsstandards erreicht werden soll. Dieses Konzept verbindlicher Mindeststandards ist für die deutsche Schulpolitik neu und operiert mit Kompetenzkonzepten, die sich im Abstraktionsniveau und in der Überprüfbarkeit von den Erziehungs- und Bildungszielen der Landesschulgesetze in erheblichem Maße unterscheiden.

Im Grundgesetz sind keinerlei Erziehungs- und/ oder Bildungsziele formuliert. Je nach Bundesland befinden sich die obersten Lernziele entweder in den Landesverfassungen oder in den Schulgesetzen.[648] Diese Bildungs- und Erziehungsziele weisen einen sehr hohen Abstraktionsgrad mit hoher Allgemeinverbindlichkeit auf, die „aber für die praktische Schularbeit einer Präzisierung in didaktischen Ordnungsmitteln (Lehrpläne, Prüfungsordnungen) bedürfen."[649] Für das pädagogische Handeln sind diese allgemeinen Bildungs- und Erziehungsziele von untergeordneter Bedeutung, so dass ihnen ein zu vernachlässigendes Steuerungspotenzial zukommt.

Lehrpläne als staatlich autorisierte Rahmenfestlegung für den Schulunterricht können als das „entscheidende Instrument zur staatlichen Steuerung schulischer Lernprozesse"[650] angesehen werden, wobei damit keine Aussagen über die Effektivität dieses Instruments präsupponiert ist. Im Gegenteil wird der Einfluss von Lehrplänen auf das Unterrichtsgeschehen für gewöhnlich eher überschätzt.[651] Untersuchungen, die der Frage der Bedeutung von Lehrplänen für die unterrichtliche Arbeit in der Schule nachgehen, belegen eine relativ geringe Bedeutung der Lehrpläne für die Alltagsarbeit der Lehrer:

---

[648] Die Landesverfassungen von Hamburg, Niedersachsen und Schleswig-Holstein, der Bundesländer der ehemaligen britischen Besatzungszone, verzichten ebenfalls auf die Nennung von Erziehungs- und/ oder Bildungszielen. In diesen Ländern stellen somit die Schulgesetze die erste Stufe der Formulierung von Bildungszielen dar, während sie in anderen Bundesländern als Konkretisierungen und Ergänzungen der in den Landesverfassungen postulierten Bildungsziele fungieren.

[649] Münch, Joachim (2002): Bildungspolitik: Grundlagen, Entwicklungen. S. 55.

[650] Vollstädt, Witlof u.a. (1999): Lehrpläne im Schulalltag. Eine empirische Studie zur Akzeptanz und Wirkung von Lehrplänen in der Sekundarstufe I. Opladen. S. 13.

[651] Münch, Joachim (2002): Bildungspolitik: Grundlagen, Entwicklungen. S. 64.

> „Lehrpläne – insbesondere, wenn sie schon längere Zeit in Kraft sind – werden nur selten rezipiert und auch nur von einer Minderheit "gut" gekannt. Die orientierende Wirkung auf direktem Weg ist also eher gering, eine indirekte Orientierung (über Lehrbücher, über den Fachhabitus) dürfte wirksamer sein. [...] Die Fallstudien zeigen, dass die Adaptation und Verarbeitung der neuen Rahmenpläne ganz überwiegend im Sinne einer Minimal-Strategie erfolgt: In den Schulen wird für die einzelnen Fächer ermittelt, welche inhaltlichen Veränderungen unvermeidbar sind. Durch thematische Umstellungen und Verschiebungen wird versucht, diese unabweisbaren Ansprüche zu erfüllen. Dabei besteht ein großes Interesse, den bisher gültigen schulinternen Lehrplan möglichst unangetastet zu lassen.“[652]

Eine innovative Funktion könnten neue Lehrpläne offensichtlich nur dann erhalten, wenn sie in umfängliche Maßnahmen der Schulentwicklung wie etwa schulinterne Lehrerfortbildung, Organisationsentwicklung etc. eingebunden werden.[653] Da die erwartete und intendierte Steuerungswirkung von Lehrplänen maßgeblich von deren Akzeptanz und Umsetzung durch die Lehrer abhängig ist, ergeben sich einige Steuerungstoleranzen.

> „Erfahrungen deuten darauf hin, und auch Untersuchungen bestätigen dies [...], dass schulinterne Pläne eine größere Verbindlichkeit (und damit auch Steuerungsfunktion) besitzen als die jeweiligen Rahmenlehrpläne oder Rahmenrichtlinien.“[654]

Diese Betonung der Mikro- und Mesoebene für die Qualitätsentwicklung findet sich in den letzten Jahren in nahezu allen Untersuchungen zur Entwicklung von Schulqualität und wird gleichzeitig von dem Konzept der Bildungsstandards aufgegriffen.

4.3.3.1.1 Bildungsstandards

Die Einführung nationaler Bildungsstandards, die alle Länder mit erfolgreichen Schulsystemen aufweisen, stellte für die nach PISA unter Handlungsdruck geratenen Bildungsminister der Länder einen politisch realisierbaren und zeitnah umsetzbaren Konsens dar.[655]

Indem nationale Bildungsstandards beschreiben, welche Lernergebnisse bis zum Ende eines bestimmten Jahrgangs mindestens zu erwarten sind, formulieren sie verbindliche Anforderungen an das Lehren und Lernen in der Schule. Dabei erfolgt die Konkretisierung des Bildungsauftrags, den Schulen zu erfüllen haben, anhand allgemeiner Bildungsziele, die als Kompetenzmodelle so konkret beschrieben werden, dass sie in Aufgabenstellungen umgesetzt und prinzipiell mit Hilfe von Testverfahren nach Teildimensionen und Niveaustufen differenziert erfasst werden können.[656]

---

[652] Vgl. Projektbeschreibung: Lehrpläne und alltägliches Handeln von Lehrerinnen und Lehrer unter der Leistung von Prof. Dr. Klaus-Jürgen Tillmann. In: http://www.uni-bielefeld.de/paedagogik/agn/ag4/main/projekte_lehrplaene-handeln.html. (15.10.2004).

[653] Ebenda.

[654] Münch, Joachim (2002): Bildungspolitik: Grundlagen, Entwicklungen. S. 66 mit weiteren Verweisen.

[655] Zur Begründung der Entwicklung von Bildungsstandards im Lichte der PISA-Ergebnisse vgl. Klieme, Eckhard (2002): Bildungsstandards als Beitrag zur Qualitätsentwicklung im Schulsystem. In: DIPF informiert Nr. 3/2002. S. 2 – 6.

[656] Klieme, Eckhard / Avenarius, Hermann/ Blum, Werner u. a. (2003): Zur Entwicklung nationaler Bildungsstandards. Eine Expertise. Deutsches Institut für Internationale Pädagogische Forschung (DIPF). Frankfurt am Main. S. 4.

Da alle Large-Scale-Assessments zeigen, dass vor allem anderen die Qualität des Unterrichts maßgeblich für die schulischen Leistungen der Schüler ist, gilt es, die normativen Erwartungen an die Ergebnisse der Lernprozesse für die Verbesserung dieser Lernprozesse, über die die Bildungsstands an sich keine Aussage treffen können, dennoch nutzbar zu machen. Ihre qualitätssichernde Wirkung entfaltet die Auseinandersetzung mit Standards und Testergebnissen neben einer Verbesserung der diagnostischen Kompetenz durch die von ihnen ausgehende Orientierungsleistung, die auf der Schulebene dazu führen kann, dass Lehrer stärker untereinander kooperieren, sich wechselseitig beraten und einen Konsens über pädagogische Konzepte ausbilden.

> „In unserem Schulsystem verorten sich Schüler und Lehrer bislang nur in ihrem unmittelbaren sozialen Kontext, der Klasse bzw. der Schule. Übergreifende Standards könnten dazu beitragen, dass man sich selbst realistischer einschätzt und zugleich anspruchsvollere Ziele setzt. Die Rückmeldung, die aus einer empirisch festgestellten Diskrepanz zwischen erreichten und erwarteten Leistungsergebnissen resultiert, könnte die professionelle Reflexion über das eigene pädagogische Handeln befördern und somit zur Verbesserung des Unterrichts beitragen.“[657]

Obschon die Large-Scale-Assessments starke Evidenz für einen positiven Effekt von Bildungsstandards auf die Qualitätssicherung liefern, liegen auch in Ländern, die eine längere Tradition der standardbezogenen Schulleistungsdiagnostik haben, keine systematischen Befunde zur unmittelbaren Auswirkung auf die Qualität der schulischen Ausbildung vor. Untersuchungen aus diesen Ländern zeigen aber, dass der Verbindung von Evaluation des Unterrichts mit konkreten Fortbildungsmaßnahmen für Lehrer sowie der Kooperation der Lehrkräfte untereinander eine besondere Bedeutung für die Qualitätssicherung zukommt. Innerhalb der Bildungsforschung wird deswegen vor zu hohen Erwartungen gewarnt und der vermehrte Bedarf an Beratung und Unterstützung betont.

Je nachdem, welche Konsequenzen die politischen Rahmenbedingungen mit den Evaluationsergebnissen verbinden, kann den Bildungsstandards neben den skizzierten pädagogischen Aspekten auch eine Steuerungsfunktion zukommen. Erfahrungen anderer Länder zeigen, dass die Evaluation der Bildungsstandards zur Grundlage für einen nachfragegesteuerten Wettbewerb zwischen den Schulen werden kann oder dass die staatliche Schulaufsicht mit Sanktionen auf unzureichende Ergebnisse reagieren. Bezüglich der zurzeit unentschiedenen Frage der schulpolitischen Rahmenbedingungen, unter denen Bildungsstandards zur Anwendung kommen sollen, differieren die Positionen der beiden untersuchten Verbandsgruppen entlang ihrer ordnungspolitischen Grundhaltung.

Die Wirtschaftsverbände sprechen sich nachdrücklich für bundesweit verbindliche Mindeststandards aus, die systematisch von einer Evaluationsagentur evaluiert und in einem jährlichen Bundesbildungsbericht publiziert werden.[658] Dabei fordern die Wirtschaftsverbände, dass die Berichterstattung über die Evaluation mindestens Aussagen über Bundesländer und Schulformen ermöglicht und befürworten überdies ein Einzelschulranking unter Berücksichtigung des jeweiligen sozioökonomischen Hintergrundes.

Ferner befürwortet die BDA weitgehend die wissenschaftliche Expertise zu Bildungsstandards, die unter Leitung von Eckhard Klieme vom Deutschen Institut für Internationale

[657] Klieme, Eckhard (2002): Bildungsstandards als Beitrag zur Qualitätsentwicklung im Schulsystem. S. 3.

[658] Eine derartige Bildungsberichterstattung rechtfertige aber keine Kompetenzverlagerung von den Ländern auf den Bund. Vgl. Küpper, Stefan (2002): Serien zur Koalitionsvereinbarung: Bildungspolitik. Bund will neue Zuständigkeiten. In: BDA (Hrsg.): KND Nr. 51/2002 vom 08.11.2002. Berlin. S. 2.

Pädagogische Forschung (DIPF) erarbeitet wurde.[659] Allerdings ist für die BDA die Ablehnung der Experten unverständlich, Standards auch für Noten, Schullaufbahnentscheidungen oder Schulabschlüsse nutzbar zu machen. Im Gegensatz zum DIPF fordert die BDA, dass die Testergebnisse zur Grundlage der Schülerdiagnostik gemacht werden und für die Schulabschlüsse, die definieren, was am Ende einer Schullaufbahn an Kenntnissen und Kompetenzen erreicht sein sollte, festgesetzt werden müssten.[660] Bildungsstandards fungierten nicht nur als Qualitätssicherungsinstrument, sondern seien darüber hinaus für die Herstellung gleichwertiger Lebensverhältnisse zwischen den Bundesländern erforderlich. Innerhalb der Verbände herrscht Einigkeit, dass die Unterschiede zwischen den Bundesländern derzeit besorgniserregend seien.

Die GEW hat in der Post-PISA-Zeit mit einer Veränderung ihrer diesbezüglichen Position begonnen. Als sich Eva Maria Stange auf der QuiB-Konferenz[661], begleitet von Raunen und erheblicher Unruhe[662], erstmals mit der Formel „Qualität und Chancengleichheit [seien] zwei Seiten einer Medaille" deutlich für interne und externe Überprüfung und für einen regelmäßigen nationalen Bildungsbericht aussprach, stellte das einen Paradigmenwechsel dar, der auf Widerstand in der eigenen Organisation trifft, die Leistungsvergleichen traditionell kritisch gegenüberstand und bei TIMSS und in einigen Landesverbänden noch bei PISA zu Boykotten aufrief bzw. diese tatsächlich unterlief. Dennoch vertritt die GEW in der Frage der Bildungsstandards eine differenzierte Position, indem sie verbindliche Bildungsziele und deren regelmäßige Evaluation prinzipiell befürwortet[663], gleichzeitig aber bestimmte Anforderungen an die Form der Überprüfung und Berichterstattung stellt.

Die Frage nach Art und Funktion der Evaluation besitzt bei weitem nicht nur methodische, sondern darüber hinaus auch ordnungspolitische Implikationen, denn von der Art der Evaluation und Berichterstattung hängt ab, ob ihr eher der Charakter einer wissenschaftlichen Politikberatung zukommt oder ob sie als Element föderalen Wettbewerbs dienen soll. Letzteres lehnt die GEW, genau wie eine Aufschlüsselung nach Schulformen, ab. Als ungeeignet für die Entwicklung und Sicherung von Qualität hält die GEW folgende Instrumente:

> „[...] flächendeckende punktuelle und standardisierte Fachleistungstests als Grundlage für Standardsicherung und Vergleichbarkeit, als Mittel zur Feststellung der Qualität von Einzelschulen und des gesamtem Schulsystems. Die GEW lehnt die Konkurrenz zwischen Einzelschulen auf der Basis von Schulranking ab. Flächendeckende punktuelle und standardisierte Fachleistungstests als Maßnahme des system monitoring toleriert die GEW nur so lange, wie der Datenschutz aller Beteiligten gewährleistet, die Datenhoheit der Schulen garantiert ist und Schlussfolgerungen und Konsequenzen in einem transparenten und partizipativen Verfahren diskutiert

659 Vgl. Klieme, Eckhard / Avenarius, Hermann/ Blum, Werner u. a. (2003): Zur Entwicklung nationaler Bildungsstandards. Eine Expertise. Deutsches Institut für Internationale Pädagogische Forschung (DIPF). Frankfurt am Main.

660 Dabei betont die BDA, dass eine derartige nationale Bildungsberichterstattung keine zusätzlichen Bundeskompetenzen in Bildungsfragen erforderlich mache. Vgl. Kluxen-Pyta, Donate (2003): Mit Bildungsstandards zu einer besseren Schule. In: KND Nr. 8/2003 vom 24.02.2003. Berlin. S. 2.

661 QuiB-Konferenz (Qualität im Bildungswesen) vom 13. bis 14. Dezember 2002 in der Berlin Brandenburgischen Akademie der Wissenschaften, Berlin.

662 So die Beobachtungen des Autors. Vgl. auch: Heinemann, Karl-Heinz/ Feuck, Jörg (2002): Ziemlich viel auf einmal auf dem Prüfstand. Die Gewerkschaft GEW dringt auf Qualität in der Bildung - und auf intelligente Standards. In: Frankfurter Rundschau (FR) vom 19. 12.2002. S. 20.

663 Gemeinsame Erklärung von Bundeselternrat, GEW u. a. (2002): Bildung und Erziehung – die soziale Frage des 21. Jahrhunderts. S. 2.

werden. Schulform-Ranking sowie den von der KMK vereinbarten Wettbewerb zwischen den Bundesländern lehnt die GEW ab."[664]

Insofern begrüßte die GEW die von der Kultusministerkonferenz geplanten nationalen Bildungsstandards zuerst nur bedingt und mahnte Standards an, die über das Substrat curricularer nach Schulformen und Abschlussprofilen getrennter Lehrpläne hinausgingen. Keinesfalls dürften die Bildungsstandards „zur Selektion der Schüler missbraucht werden."[665] Die vorgelegte Expertise der Wissenschaftlergruppe zu Bildungsstandards fand dann jedoch ausdrücklich die volle Anerkennung der GEW.[666]

Die GEW sieht somit in Bildungsstandards und deren Evaluation im Sinne von „system monitoring", genau wie die Wirtschaftsverbände, ein Instrumentarium der Qualitätssicherung, wobei letztere sich darüber hinaus von Evaluation eine Grundlage für Wettbewerb zwischen den Bildungsteilsystemen, aber auch den einzelnen Bildungseinrichtungen versprechen.

In der Rolle des Wettbewerbs liegt der grundsätzliche Hauptunterschied zwischen den beiden Verbandsgruppen. Während die Gewerkschaften Wettbewerb als Steuerungsmechanismus prinzipiell kritisch gegenüberstehen, versprechen sich die Wirtschaftsverbände, in den einzelnen Bildungsbereichen in unterschiedlichem Maße, von einer nachfrageorientierten Ausrichtung des Bildungssystems eine nachhaltige Verbesserung von Qualität und Chancengerechtigkeit. Nachfolgendes Zitat von Hans-Jürgen Brackmann, dem Geschäftsführer der BDA und Leiter der Abteilung Bildungs- und Jugendpolitik, macht das Credo der Wirtschaftsverbände pointiert deutlich:

> „Den Föderalismus als Wettbewerbselement zu verstehen und zu akzeptieren, ist Voraussetzung für nachhaltige Verbesserungen im Bildungsbereich."[667]

4.3.3.1.2 Teilautonome Schule[668]

Das Konzept der teilautonomen Schule setzt auf eine Verbesserung der Einzelschule durch erweiterte organisatorische und pädagogische Entscheidungskompetenzen. Konzepte von Schule in erweiterter Verantwortung spielen in der Bildungspolitik der 1990er Jahre eine

---

664 GEW (2001): Bildung braucht Zukunft. Schulpolitische Positionen der GEW. Beschlossen vom GEW Gewerkschaftstag im Mai 2001. In: http://213.198.62.63/standpunkt/aschlagzeilen/schule/texte/spp_neu.pdf. S. 6.

665 GEW (2003): Bildungsstandards mit heißer Nadel gestrickt. GEW fordert einheitliche Bildungsstandards für alle Schulen. Presseerklärung vom 10.07.2003. Frankfurt am Main.

666 Vgl. Demmer, Marianne (2003): Ein Glücksfall. GEW-Kommentar zur Expertise über nationale Bildungsstandards. In: Erziehung und Wissenschaft (E & W) Nr. 3/2003. S. 20.

667 Vgl. Brackmann, Hans-Jürgen zitiert nach: Ebmeier, Ulrike (2002): Aus- und Weiterbildung: Neue Wege in der Lehrerbildung. In: KND Nr. 23/02 - vom 21. Juni 2002. S. 4.

668 Der ursprüngliche Begriff der Schulautonomie bleibt trotz seiner inflationären Verwendung inhaltlich eher diffus und deckt ein derartig breites semantisches Spektrum ab, dass er für eine trennscharfe Beschreibung des Gegenstandes ungeeignet ist. Im Schrifttum haben sich deshalb die Begriffe „Teilautonome Schule", „Erweiterte Verantwortung der Einzelschule", „Stärkung der Entscheidungskompetenz der Einzelschule", „Erweiterte Eigenverantwortung der Einzelschule" etabliert. Vgl. Füssel, Hans-Peter (1997): Von den Schwierigkeiten mit dem Umgang mit der „Schulautonomie" – ein Versuch, sich einem komplizierten Gegenstand zu nähern. In: Döbert, Hans/ Geissler, Gert: Schulautonomie in Europa. Umgang mit dem Thema, Theoretisches Problem, Europäischer Kontext, Bildungshistorischer Exkurs. Baden-Baden. S. 11 – 25. S. 19.

zunehmend wichtige Rolle. Die Autonomiediskussion weist innerhalb der Pädagogik eine lange Tradition im 19. und 20. Jahrhundert auf.[669] Sie bezieht sich ursprünglich auf die Wahrung einer spezifisch pädagogischen Verantwortung für Kinder im Erziehungsprozess gegen den Druck politischer, ökonomischer oder weltanschaulicher Interessen. Institutionell bezieht sich Autonomie auf die Eigenständigkeit pädagogischer Institutionen gegenüber der Obrigkeit. Diese Dimension ist bereits bei Rousseau und Schleiermacher vorhanden und findet ihren Höhepunkt in der Weimarer Republik.[670]

In der Bundesrepublik wird diese Linie von pädagogisch-demokratietheoretischen Autonomiekonzepten aufgenommen, die eine Pluralisierung der Schulsysteme für die Erziehung zur Demokratie (Wolfgang Klafki) für erforderlich halten und die die „pädagogische Freiheit als Funktionsprinzip der Schule" (Hartmut von Hentig) ansehen.

Die Renaissance der Schulautonomiedebatte ist durch eine Verlagerung der pädagogisch-emanzipatorischen Argumentationslinien hin zu einer steuerungstheoretischen Argumentation mit dem Ziel der Qualitätssteigerung gekennzeichnet.

Obwohl die Ausgestaltung der Schulautonomie stark von ihrer theoretischen Begründung abhängt, ergeben sich dennoch auf der Ebene konkreter Forderungen Schnittmengen zwischen beiden Argumentationslinien. Um nicht Gefahr zu laufen, voreilig große konzeptionelle Übereinstimmungen zwischen den Verbandsgruppen zu konstatieren, die aufgrund gegensätzlicher intendierter Funktion bei genauer Analyse gar nicht gegeben ist, müssen die Forderungen zur Schulautonomie in den ordnungspolitischen Gesamtzusammenhang der jeweiligen Verbände gestellt werden.

Weitgehende Einigkeit besteht zwischen den Verbandsgruppen in der Forderung nach größerer pädagogischer Autonomie der Einzelschule. Bei der pädagogischen Schwerpunktsetzung über Schulprofile- und Programme und der Organisation des Unterrichts sollten die Schulen mehr Eigenständigkeit erhalten. Die konkrete pädagogisch-didaktische Methode der Umsetzung der Bildungsziele solle in die Verantwortung der jeweiligen Bildungseinrichtungen gelegt werden, so dass diese sich auf ihr Klientel einstellen könne. Die Schaffung eines ganzheitlichen auf die konkreten Bedürfnisse der Schülerschaft abgestimmten Schulkonzeptes im Sinne eines „Lebensraums Schule" mache die Billigung von mehr Freiräumen unbedingt erforderlich. Unter einen derartigen Oberbegriff von teilautonomer Schule lassen sich pädagogisch-demokratietheoretische Ansätze genauso subsumieren wie steuerungstheoretische. Letztere gehen über die pädagogische Autonomie deutlich hinaus und fordern ein generelles Subsidiaritätsgebot auch für die administrativen Angelegenheiten der Schule. Demnach sollte das gesamte Schulmanagement in die Verantwortung der Schule gelegt werden. Diese wäre dann berechtig, über die Verwendung der Finanzen zu entscheiden, die Auswahl und den Einsatz des Lehrpersonals selbst zu organisieren und über Schulprogramme eine Differenzierung vorzunehmen. Eine derartige administrative Autonomie würde die Anwendung betrieblicher Verfahren auf Einzelschulebene ermöglichen, was seitens der Wirtschaftsverbände ausdrücklich gefordert wird. Derartige Verfahren umfassen u.a. ein durchgängiges Qualitätsmanagement durch schulinternes Controlling, Zielvereinbarungen zwischen Schulleitung und bestimmten Gruppen sowie zwischen der Schule und

[669] Einen guten historischen Überblick über die Geschichte der Schulverwaltung- und aufsicht findet sich bei Münch, Joachim (2002): Bildungspolitik: Grundlagen, Entwicklungen. S. 75 – 79.

[670] Hermann Nohl führt diese geisteswissenschaftlichen Ansätze der Pädagogik in einer Theorie der deutschen Pädagogik zusammen, der die Vorstellung zugrunde liegt, dass Erziehung ein „relativ selbstständiges Kultursystem" darstelle. Nohl, Hermann (1928): Die pädagogische Bewegung in Deutschland und ihre Theorie. Frankfurt am Main.

den Eltern durch Schulprogramme, ein differenziertes System der Personalpflege mit individueller Portfoliopräsentation der Lehrkräfte, aus der sich Fortbildungsmaßnahmen ergeben.

Diese Erweiterung der pädagogischen Autonomie um die Kompetenz des Schulmanagements wird von den Gewerkschaften weitgehend abgelehnt. Die GEW spricht sich gegen Globalhaushalte und Schulprogrammen, die als Instrument der externen Qualitätskontrolle fungieren, aus. Ebenso wenig billigt sie der Einzelschule Einstellungs- und Entlassungskompetenz zu.[671] Allerdings existieren auch Stimmen aus Landesverbänden mit ersten Erfahrungen in Fragen der Schulautonomie, die auf die erweiterten Möglichkeiten der Mitbestimmung durch die Überführung bestimmter Personalkompetenzen auf Schulebene verweisen.[672]

Der grundsätzliche Gegensatz bezüglich der Mechanismen zur Binneneffizienzsteigerung der Schulen kristallisiert sich besonders deutlich in Fragen der Personalführung und Personalverantwortung der Schulleitung sowie der Mitbestimmung heraus. Während die Gewerkschaften für eine weitere innerinstitutionelle Demokratisierung und generelle Enthierarchisierung der pädagogischen Professionen sowie der Beziehungen zwischen Schulverwaltung, Schulaufsicht, Schulleitung und Schulen eintreten sowie Mitbestimmung und Teilhabe ausbauen wollen, etwa durch die Wahl des Schulleiters und anderer Funktionsstellen durch das Kollegium[673], fordern die Wirtschaftsverbände eine Stärkung der Schulleiterposition. Mitwirkungsrechte der Eltern, Schüler und Lehrer dürften die Leitungsverantwortung des Schulleiters nicht außer Kraft setzen; Funktionsstellen dürften grundsätzlich nur von außen besetzt werden.

Die verschiedenen Konzepte von teilautonomer Schule der beiden Verbandsgruppen verweisen auf unterschiedliche ordnungspolitische Modelle, die allen bildungspolitischen Bereichen zugrunde liegen. Die Wirtschaftsverbände setzten auf nachfrageorientierte Elemente im Schulwesen. Von dem dadurch entstehenden Leistungswettbewerb zwischen den Bundesländern, aber eben auch zwischen den einzelnen Schulen, versprechen sie sich Qualitätsverbesserungen. Durch die Herausbildung von Schulprofilen soll neben mehr innerer Effizienz eine größere Wahlfreiheit und Differenzierung erreicht werden. Damit über Profilbildung tatsächlich Wettbewerb entsteht, fordern BDA und ZDH überdies eine Aufhebung der Schulbezirksgrenzen, so dass eine freie Schulwahl möglich wird. Gleichzeitig müssten die Schulen in dem Fall ebenfalls die Möglichkeit erhalten, ihre Schüler in einem bestimmten Rahmen selbst auszusuchen. Letztlich zielen alle seitens der Wirtschaftsverbände geforderten Maßnahmen zur schulischen Autonomie auf die Instandsetzung für einen Leistungswettbewerb. Dieser kann nur funktionieren, wenn sich aus einer Veränderung der Nachfrage Konsequenzen für den Anbieter Schule ergeben, weshalb die Wirtschaftsver-

---

671 GEW (2002): Bildung braucht Zukunft – Schulpolitische Positionen der GEW. In: http://213.198.62.63/standpunkt/aschlagzeilen/schule/texte/spp_neu.pdf. S. 5.

672 Überdies ergeben sich aus der Personalverantwortlichkeit der Einzelschule neue Rekrutierungsmöglichkeiten für die Gewerkschaften. So können beispielsweise in Nordrheinwestfalen Gewerkschaften und Verbände auf Kosten des Ministeriums Schulungen für Lehrräte anbieten und durch diese Beratungs- und Servicefunktionen Kontakt aufnehmen und die Lehrräte als Vertrauensleute aufbauen. Vgl. Heinemann, Karl-Heinz (2003): Die Tiger laufen weiter im Kreis … auch wenn der Käfig sich öffnet. In: Erziehung und Wissenschaft (E & W) Nr. 3/2003. S. 6 – 9. S. 9.

673 DGB (2002): 17. Ordentlicher Bundeskongress des DGB. Beschluss 84. Frankfurt am Main. S. 186; GEW (2002): Bildung braucht Zukunft – Schulpolitische Positionen der GEW. In: http://213.198.62.63/standpunkt/aschlagzeilen/schule/texte/spp_neu.pdf. S. 5.

bände übereinstimmend die Zuteilung der öffentlichen Mittel an die Ergebnisse der internen und externen Evaluation gebunden sehen wollen.

Diese nachfrageorientierte Steuerung des Schulsystems wird von den Gewerkschaften abgelehnt, was in der Verweigerung von Schulformvergleichen sowie von Rankings auf Einzelschulebene, die als Instrumente der Nachfrageorientierung interpretiert werden, seinen Ausdruck findet.

> „Die GEW lehnt eine vom Konkurrenzprinzip beherrschte marktförmige Organisation des allgemeinbildenden Schulwesens entschieden ab. Die GEW ist überzeugt, dass die Gesetze des Marktes für die Qualitätsentwicklung des Schulwesens kontraproduktiv sind, weil sie im Widerspruch zu den auf Langfristigkeit und Nachhaltigkeit angelegten Bildungsprozessen stehen und Chancengleichheit verhindern. Die GEW wendet sich deshalb gegen Tendenzen, die darauf abzielen, die Schulen nicht in die pädagogische Freiheit, sondern vor allem in die Freiheit eines (teil-) privatisierten und kommerzialisierten Bildungsmarktes zu entlassen, in welchem mittels Schulranking Gewinner und Verlierer ermittelt werden mit äußerst nachteiligen Folgen für Chancengleichheit und gesellschaftlichen Zusammenhalt.“[674]

Die Diskussion um eine Ökonomisierung des Bildungswesens weist einige begriffliche Unschärfen auf, da zumeist nicht zwischen der inhaltlichen Dimension, der Ausrichtung der Ziele und Inhalte an Marktfähigkeit und Verwertbarkeit in der Erwerbswelt, der tatsächlichen Kommerzialisierung in Form privatwirtschaftlicher Gewinninteressen und Formen der Wettbewerbssteuerung über Quasimärkte differenziert wird. Für letztere existieren eine Reihe unterschiedlichster Ausgestaltungskonzepte. Soweit Fragen der Schulautonomie betroffen sind, zeigt sich anhand skandinavischer Schulen, dass größtmögliche Autonomie der Einzelschule unter bestimmten Rahmenbedingungen wie zentraler Evaluation und Standards nicht automatisch zu einer Leistungsdifferenzierung führen muss. Andere, eher im angloamerikanischen Bereich beheimatete, marktapproximative Steuerungsstrukturen setzen wiederum zur Qualitätssteigerung bewusst auf die Förderung der Leistungsunterschiede zwischen den Schulen. Für diese Systeme zeigen sich eine Reihe von Fehlsteuerungen[675], so dass insgesamt eine zurückhaltende Einschätzung bezüglich des effiziensverbessernden Potenzials von Wettbewerbssteuerung im Schulbereich in der Bildungsforschung herrscht.[676]

---

674 GEW (2002): Bildung braucht Zukunft – Schulpolitische Positionen der GEW. In: http://213.198.62.63/standpunkt/aschlagzeilen/schule/texte/spp_neu.pdf. S. 1 f.

675 Die Personalkompetenz der Schule führt dazu, dass besonders qualifizierte Lehrkräfte sich Schulen mit geringen sozioökonomischen Problemen aussuchen können. Erkennbar ist eine starke Ausrichtung des pädagogischen Prozesses auf Bereiche, die für die zentralen Prüfungen von Bedeutung sind („Teaching to the Test“). Ebenso ist eine Leistungssteigerung durch Selektion oftmals einfacher als durch entsprechende pädagogische Arbeit. Zudem werden die in Kapitel 2.1.1.1 dargestellten Effekte einer Erweiterung der Ressourcenausstattung wirksam.
Zudem sind Effizienzgewinne, die man sich von Quasi-Märkten als neue Steuerungsinstrumente verspricht, auf der anderen Seite mit Transaktionskosten – z.B. Kontrolle der Leistungserstellung durch Evaluation - verbunden. Vgl. Bellmann, Johannes (2003): Bildungstheorie und Institutionenökonomik. In: Mangold, Max/ Oelkers, Jürgen (Hrsg.): Demokratie. Bildung und Markt. Bern. S. 99 – 199. S. 101.

676 Zu diesem Ergebnis kommt Manfred Weiß in einer Metaanalyse von 85 Studien zu „School based Management“ im anglo-amerikanischen Raum. Vgl. Weiß, Manfred (2002): Institutionelle Arrangements und Zielerreichung im Schulbereich: Zur Wirksamkeit von Konzepten des New Public Management. In: Eckensberger, Lutz H./ Tröger, Beate/ Zayer, Hermann (Hrsg.): Erinnerungen - Perspektiven. 50 Jahre Deutsches Institut für Internationale Pädagogische Forschung. Frankfurt a.M.. S. 158 – 172.

Derzeit ist nicht eindeutig, welches Konzept der Differenzierung die Wirtschaftsverbände favorisieren.

Ver.di sieht hinter diesen als neoliberal apostrophierten Reformkonzepten starke Interessen, denen es um Kostenreduzierung und Senkung der Staatsausgaben gehe und die auf eine Vertiefung gesellschaftlicher Ungleichheit drängten.[677]

Überdies existieren weitere Einzelforderungen im Bereich teilautonomer Schule ohne intendierte Steuerungswirkung. So spricht sich der DIHK für die prinzipielle Möglichkeit von Teilprivatisierung nicht pädagogischer Aufgaben, etwa des Facility-Managements, aus und möchte Sponsoring der Wirtschaft für Schulen erleichtern. Letzteres wird von den Gewerkschaften nur unter der Maßgabe eines Finanzausgleichs zwischen allen Schulen befürwortet, wodurch die DIHK-Idee der Zusammenarbeit der regionalen Wirtschaft mit ihren Schulen konterkariert würde.

4.3.3.1.3 Qualitätsmanagement

In einem durch zentrale Bildungsstandards bzw. Kundennachfrage gesteuerten Schulsystem mit relativ autonomen Einzelschulen kommt der Evaluation sowohl für die Schaffung der Angebotstransparenz als auch für die Qualitätssicherung große Bedeutung zu.

Generell zeigt sich, dass Länder mit mehr Schulautonomie zwar in der Tendenz bessere durchschnittliche Schülerleistungen aufweisen[678], es aber durchaus auch Länder mit hoher Schulautonomie gibt, in denen dies keine Auswirkungen auf die Schulqualität hat. Bezüglich der Lesekompetenz zeigen die PISA-E-Daten für Deutschland teilweise sogar einen negativen Zusammenhang mit dem Maß der Schulautonomie. Einige Bundesländer, in denen den Schulen größere Freiräume gewährt wurden, ohne sie auf verbindliche Leistungsstandards festzulegen und systematische Qualitätskontrollen einzuführen, haben im innerdeutschen Vergleich durchschnittlich oder unterdurchschnittlich abgeschnitten.[679]

Wößmann erklärt dieses Phänomen mit Informationsasymmetrien in Prinzipal-Agenten-Beziehungen.

> „Hat nämlich der Agent Interessen, die von denen des Prinzipals abweichen, und bestehen asymmetrische Informationen darüber, was der Agent tatsächlich leistet, so kann der Agent seine eigenen Interessen anstatt der Interessen des Prinzipals verfolgen, ohne dass der Prinzipal dies feststellen und sanktionieren kann.“[680]

Anhand des TIMSS-Datensatzes kann Ludger Wößmann empirisch zeigen, dass sich größere Entscheidungskompetenz der einzelnen Schule über Ressourcen tatsächlich ausschließlich in Verbindung mit zentralen Leistungskontrollen positiv auf die Schülerleistungen

---

677 Ver.di (2003): Den Turm im Dorf lassen. Die Schieflage der deutschen Bildungspolitik. Ergebnisse, Hintergründe und Konsequenzen aus den Schulleistungsvergleichen PISA. Berlin. S. 30 f.

678 Oelkers, Jürgen (2002): Steuerung durch Forschung: Bildungspolitische Implikationen von PISA. Vortrag im Staatsinstitut für Schulpädagogik am 18.03.2002 in München. In: http://www.paed.unizh.ch/ap/downloads/oelkers/Vortraege/053_VortragPISA.pdf. S. 14.

679 Weiß, Manfred (2003): Keine Leistungsüberlegenheit. In: Erziehung und Wissenschaft (E & W) Nr. 3/2003. S. 12.

680 Wößmann, Ludger (2003): Zentrale Prüfungen als „Währung“ des Bildungssystems. In: Vierteljahreshefte zur Wirtschaftsforschung Nr. 2/2003. S. 220 – 237. S. 229 – 233. S. 223.

auswirkt.[681] Folglich geht in einem dezentral organisierten Schulsystem mit hoher einzelschulischer Autonomie von zentralen Prüfungen eine Steuerungs- und Anreizwirkung für die Leistungsfähigkeit aus, die eine zentrale Voraussetzung für das effiziente Funktionieren ansonsten dezentral organisierter Schulsysteme darstellt.

Bezüglich des Evaluationsinstrumentariums bestehen zwischen den Verbandsgruppen unterschiedliche Präferenzen, die sich in der Forderung der Wirtschaftsverbände nach Anwendung betrieblicher Verfahren der Qualitätssicherung manifestieren. Diese favorisierten Konzepte der Evaluation beruhen eben nicht ausschließlich auf unterschiedlichen Methodenpräferenzen, sondern müssen vielmehr in Hinblick auf ihre Steuerungsfunktion betrachtet werden.

Für die BDA bildet Evaluation den Kern ihrer schulpolitischen Konzeption. Fast 20 Prozent aller kodierten Aussagen der BDA entfallen auf Maßnahmen zur Evaluation. Dabei werden sowohl schulinterne Evaluation des eigenen Schulprogramms bzw. -profils als auch regelmäßige interne Leistungskontrollen an allen entsprechenden Stationen einer Schülerbiografie mindestens in den Kernfächern in Sek. I gefordert. Ergänzt werden soll diese, von allen Wirtschaftsverbänden geforderte, schulinterne Praxis durch eine standardisierte Evaluation durch eine unabhängige externe Stelle. BDA und BDI wünschen sich darüber hinaus eine Präsentation der Ergebnisse, die einen Vergleich der Einzelschule mit dem Durchschnitt unter Berücksichtigung bestimmter Faktoren wie etwa der sozialen Zusammensetzung zulässt.

Diese „harte Evaluation" auf standardisierter Basis durch Externe mit einer Ranking-Präsentation lehnen die Gewerkschaften wie bereits oben gezeigt strikt ab und setzen dem eine Qualitätssicherung durch „Kommunikation und Kooperation" entgegen.

Diese, im Folgenden als „weiche Evaluation" bezeichnete, Qualitätskontrolle soll eine professionelle „Kooperations- und Feedback-Kultur" etablieren, in deren Mittelpunkt die Selbstbewertung (auch die der Schüler) steht.[682] Diese Bewertung und Evaluierung von Lernprozessen und Unterricht müsse curricular verankert und mit ausreichender Arbeits- und Lernzeit ausgestattet sein; Datenhoheit und Persönlichkeitsschutz müssten garantiert sein.[683] Als weitere Qualitätsinstrumente und -maßnahmen der selbst gesteuerten internen und externen Evaluation nennt die GEW:

> „Schulübergreifende Qualitätszirkel, Netzwerke mit anderen Schulen, Kooperationen mit Wissenschaft und Beratungsstellen, Vergleichsarbeiten, die der Selbstvergewisserung von Lerngruppen, LehrerInnen und Schulen dienen, Stichproben, Fallstudien, Diagnoseinstrumente für die schulinterne Evaluation, lokale und regionale pädagogische Konferenzen sowie konstruktive öffentliche Schüler- und Schulwettbewerbe."

4.3.3.2 Schulstruktur

Studien zur Qualität des Bildungswesens differenzieren für gewöhnlich zwischen äußeren System- und Strukturmerkmalen, der Makroebene, und der Meso- und Mikroebene, die Aspekte der Schul- und Lernkultur sowie der unterrichtlichen Praxis umfassen. Die aktuel-

---

681 Ebenda. S. 229 – 233.

682 GEW (2002): Bildung braucht Zukunft – Schulpolitische Positionen der GEW. In: http://213.198.62.63/standpunkt/aschlagzeilen/schule/texte/spp_neu.pdf. S. 6.

683 Ebenda.

len Diskurse zur Schulpolitik lassen zwei Ausprägungen, Unterrichtsqualitätsdebatte (Meso- und Mikroebene) und Schulstrukturdebatte (Makroebene), erkennen.

Traditionell ist diese durch ein hohes Maß an Emotionalität und starke politische Symbolisierung gekennzeichnet, wobei die Schulstrukturfrage als Folie für grundsätzliche allgemeinpolitische und gesellschaftliche Positionen fungiert. Versteht man Ideologie als ein Bündel von Ideen, das die Wirklichkeitswahrnehmung einer Gruppe strukturiert, also als ein System von Repräsentationen bzw. als einen Kode von Bedeutungen, der die Sichtweise von der Welt von einzelnen Personen und Gruppen steuert, kann die Schulstrukturdebatte der 70er und 80er Jahre als stark ideologisch bezeichnet werden. Eine Verstärkung dieses Effektes wurde durch die klare Zuordnung der Grundpositionen in der Schulstrukturdebatte zu den beiden großen Volksparteien hervorgerufen, was eine bis dato für Bildungspolitik in dem Ausmaße unbekannte Polarisierung zwischen den Bundesländern verursachte.

Nach einer gewissen Abschwächung dieser Diskussion seit Anfang der 90er Jahre, die auf zunehmende Hinweise aus der Bildungsforschung auf die relative Bedeutungslosigkeit der Schulstruktur für die Schulqualität[684] sowie ein sukzessives Verschwinden der gesellschaftspolitischen Argumentationslinien in dieser Frage zurückzuführen ist, sind derzeit Anzeichen für eine Renaissance der Schulstrukturdebatte auszumachen. Dabei treten – hervorgerufen durch die Befunde der PISA-Studie – beide Argumentationsstränge der Schulstrukturdebatte, Schulqualität und Gerechtigkeit, wieder zutage. Interessanterweise ist im Vergleich mit den 70er und 80er Jahren ein Protagonistenwechsel erkennbar, denn aktuell sind es weniger die Parteien, die derzeit eher bedacht sind, eine Schulstrukturdiskussion zu vermeiden und sich stattdessen auf Binnenoptimierung der einzelnen Schule konzentrieren, sondern die Verbände von Arbeit und Kapital, die diese Diskussion bestreiten.

Obwohl die Schulstrukturdebatte insbesondere für GEW und BDA einen Kristallisationspunkt vielfältiger bildungs- und gesellschaftspolitischer Grundannahmen darstellt, der stark der parteipolitischen Polarisierung der vergangenen Dekaden ähnelt, ist in die Positionierung der Verbandsgruppen spätestens seit der Vorstellung des schulstrukturellen Konzeptes des badenwürttembergischen Handwerkskammertages Bewegung gekommen. Ob sich hier tatsächlich neue Allianzen bilden, ist derzeit noch nicht abzusehen; für die Wirtschaftsverbände isoliert betrachtet kann hingegen durchaus eine beginnende Erosion der Befürwortung traditioneller Dreigliedrigkeit konstatiert werden.

Diese sich abzeichnenden Gegensätze innerhalb der Gruppe der Wirtschaftsverbände und zwischen den Verbandsgruppen werden im Folgenden dargestellt, nachdem zuvor kurz Positionen in anderen schulstrukturellen Fragen untergeordneter Bedeutung, namentlich: Ganztagsangebote, Schulzeit, Prüfungsformen, skizziert wurden.

4.3.3.2.1 Ganztagsangebote

Die Förderung von Ganztagsschulangeboten stellt innerhalb der schulstrukturellen Positionen den einzigen Konsens zwischen den beiden Verbandsgruppen dar, der in einer gemein-

[684] Stellvertretend für viele andere sei an dieser Stelle auf die äußerst umfangreiche Literaturauswertung zur Schulqualität von Kurt Aurin verwiesen. Vgl. Aurin, Kurt (Hrsg.) (1991): Gute Schule – Worauf beruht ihre Wirklichkeit? Heilbrunn. Vgl. auch Kapitel 2.5.1.

samen Erklärung von BDA und DGB seinen Ausdruck findet.[685] Allerdings werden diese Forderungen von den Wirtschaftsverbänden und Gewerkschaften etwas anders akzentuiert.

Beide sprechen sich für eine möglichst umfassende Einführung von Ganztagsschulen aus. Dabei sehen beide Verbandsgruppen die Ganztagsschule als ein familienpolitisches Instrument, das eine bessere Vereinbarkeit von Beruf und Familie ermöglichen soll.[686] Neben dem Aspekt der Geschlechtergerechtigkeit betonen die Wirtschaftsverbände überdies die notwendige Aktivierung des Arbeitskräftepotenzials von Frauen. Ebenso einvernehmlich unterstreichen BDA und DGB die sozialpolitische Funktion von ganztägiger schulischer Betreuung, wobei sich der gewerkschaftliche Dachverband von Ganztagsschulen eine Nivellierung sozialer Unterschiede und somit einen Impuls für die Herstellung von Chancengleichheit erhofft. Die BDA empfiehlt eine Zusammenarbeit mit der Jugendhilfe und verweist bei der Bewertung der Mehrkosten für Ganztagsschulen auf die verdeckten Kosten, die durch schlechte Arbeits- und Ausbildungschancen entstünden, so dass Ganztagsschulen sozialpolitisch eine wichtige Investition darstellten.

Trotz dieser sozialpädagogischen Akzentuierung wird das Konzept der Ganztagsschule von den Wirtschaftsverbänden in erster Hinsicht als Element der Qualitätsverbesserung angesehen.

> „Die deutschen Arbeitgeber halten die Qualitätsverbesserung in der Schule für das übergeordnete Ziel aller schulpolitischen Aktivitäten. [...] Ganztagsangebote an allen Schulformen können ein entscheidender Beitrag zur notwendigen Qualitätsverbesserung der schulischen Bildung sein [...] Ganztagsangebote bieten mehr methodische, lerndidaktische und erzieherische Chancen und erhöhen dadurch die Leistungsfähigkeit der Schulen und der Schüler."[687]

Innerhalb des auf Eltern- bzw. Schüler-Nachfrage ausgerichteten schulpolitischen Konzeptes der Wirtschaftsverbände bedeuten Ganztagsangebote ferner einen Standortvorteil einer Schule, der die Schulauswahl beeinflussen würde. Dementsprechend und aufgrund der sozialpädagogischen Betreuungsdimension der Ganztagsschule spricht sich die BDA für eine Kofinanzierung durch die Nutzer aus:

> „Eine Selbstbeteiligung der Eltern an den Betreuungskosten für ihre Kinder ist prinzipiell zumutbar. Sozialverträglich gestaffelte Beiträge, wie sie in Kindergarten und Hort selbstverständlich sind, dürfen auch in der Schule nicht tabu sein."[688]

---

685 BDA/DGB (2003): Gemeinsame Erklärung von BDA und DGB zu Ganztagsangeboten. DGB-Pressemitteilung 059/2003 vom 5.03.2003.

686 Es ist bereits an anderer Stelle auf die Bedeutung des Bildungsstandes der Mutter für die Lesekompetenz der Kinder hingewiesen worden. Bei einer im internationalen Vergleich niedrigen Akademikerinnenquote besteht in Deutschland zusätzlich ein deutlich negativer Zusammenhang zwischen dem Bildungsstand und Fertilität einer Frau. Vgl. Schwarz, Karl (1999): Bedeutung der Berufsabschlüsse für Verheiratung und Kinderzahl der Frauen und Männer in den alten Bundesländern. In: Zeitschrift für Bevölkerungswissenschaften Nr. 2. Berlin. S. 213 – 220.
Insofern sind von einer familienpolitisch motivierten Forcierung der Ganztagsschule, wenn sie Frauen eine bessere Vereinbarung von Kindererziehung und bildungsbiografischer Karriereplanung ermöglicht, langfristig auch positive Bildungseffekte zu erwarten. Diese Argumentation findet sich jedoch nicht bei den Verbänden.

687 Bundesvereinigung der Deutschen Arbeitgeberverbände (BDA) (2000): Für mehr Ganztagsschulen. Berlin. S. 3.

688 Ebenda. S. 10.

Die Gewerkschaften hingegen fordern Gebührenfreiheit für Ganztagsschulen, wobei allerdings „ein Beitrag für Verpflegung [...] erhoben werden [kann]. Ggf. können auch regionale bzw. kommunale Jugendstiftungen gegründet werden, die zur Finanzierung beitragen. Auf keinen Fall darf es vom Einkommen der Eltern anhängen, ob Kinder und Jugendliche Ganztagsschulen besuchen können.“[689] Die Diskrepanz der Verbandsgruppen in Fragen der Gebühren bezieht sich somit nicht auf die Kernaufgabe von Schule, sondern lediglich auf den Modus der Finanzierung der Freizeitgestaltung außerschulischer Träger während der Schulzeit.

Ein Ganztagsschulbetrieb an vier Tagen bis 16 Uhr würde nach Berechnungen der GEW im Sekundarbereich einen zusätzlichen Stellenbedarf von 30 Prozent und aufgrund der geringeren obligatorischen Stundenzahl im Grundschulbereich von 45 Prozent evozieren.[690] Die Gewerkschaft Erziehung und Wissenschaft möchte deshalb sicherstellen, dass die längere Anwesenheit in der Schule nicht zu einer Erhöhung der Gesamtarbeitzeit und Arbeitbelastung führt.[691] Finanzpolitisch von großer Bedeutung ist ferner die GEW-Forderung nach gleichberechtigtem Arbeiten von Lehrern und Sozialpädagogen an Ganztagsschulen, denn eine Angleichung der sozialpädagogischen Besoldung an die der Lehrer würde zusätzlich zu den hohen Anfangsinvestitionen in schulische Infrastruktur einen erheblichen Kostensprung bedeuten.

Bei der Realisierung der Ganztagsangebote gibt es unterschiedliche Modelle, die sich grob in gebundene und offene Ganztagschulmodelle differenzieren lassen. In der gebundenen Ganztagsschule besuchen alle Schüler pflichtmäßig den Unterricht, der - je nach Bundeslandregelung - an drei oder vier Nachmittagen obligatorisch bis 16 Uhr stattfindet, wohingegen in der offenen Ganztagsform der Pflichtunterricht für alle am Vormittag stattfindet; am Nachmittag wird unter Wahlpflichtangeboten gewählt. Obwohl sich die Wirtschaftsverbände nicht explizit für eine Form aussprechen, ist eine Favorisierung der gebundenen Variante - genau wie bei den Gewerkschaften - erkennbar. Letztere wollen darüber hinaus die gebundene Ganztagschule - verstanden als Stadtteil- oder Nachbarschaftsschule in enger Zusammenarbeit mit außerschulischen Kooperationspartnern - als Regelschule etablieren, wobei die GEW einen Rechtsanspruch auf einen Ganztagsschulplatz fordert.[692] Die enge konzeptionelle Verknüpfung gewerkschaftlicher Ganztagsschulkonzepte mit einem integrierten Schulsystem dürfte die aus der Schulstrukturdebatte bekannten Gegensätze der beiden Verbandslager gleichsam auch in der Frage der Ganztagsschulen zutage treten lassen. Dabei ist anzunehmen, dass diese Differenz die gemeinsame Forderung nach mehr Ganztagsschulen überragt.

4.3.3.2.2 Schulzeit

Mit dem Verweis, dass die Schulleistungsuntersuchungen gezeigt hätten, dass Lern- und Leistungszuwächse nur in sehr geringem Maße von der Quantität des Unterrichts abhängig

---

689 Gewerkschaft Erziehung und Wissenschaft (GEW) (2002): Ganztagsschulen: Schulen, in die wir gerne gehen. Frankfurt am Main. S. 3.

690 Ebenda.

691 Ebenda.

692 Gewerkschaft Erziehung und Wissenschaft (GEW) (2001): Ausbau von Ganztagsangeboten vorrangige Aufgabe. Beschluss des Hauptvorstandes der Gewerkschaft Erziehung und Wissenschaft vom 23.06.2001. Frankfurt am Main. S. 2.

seien, fordern BDA, BDI und DIHK unisono eine generelle Verkürzung der Schulzeit. Auch in Hinblick auf das Eintrittsalter in die Erwerbstätigkeit und den sich damit ergebenden Auswirkungen auf die Sozialversicherungssysteme sei eine Verkürzung der schulischen und universitären Ausbildungszeiten wünschenswert. Hierzu sei das gesetzliche und faktische Eingangsschulalter zu senken und das Abitur generell nach 12 Jahren zu erreichen. Ferner plädieren die Wirtschaftsverbände für eine Beibehaltung bzw. Wiedereinführung der vierjährigen Grundschulzeit. Die Gewerkschaften hingegen sehen in eben dieser frühen Schullaufbahnentscheidung das Kernproblem der sozialen Selektivität des deutschen Schulsystems, so dass der DGB in seinem bildungspolitischen Leitantrag für eine sechsjährige Grundschulzeit plädiert. Die Gewerkschaften lehnen eine generelle Verkürzung der Schulzeit bis zum Abitur ebenso ab wie die fakultative Einrichtung von Schnellläuferklassen und Sondereinrichtungen für kognitiv besonders Begabte. Einem Einschulungsalter von fünf Jahren begegnen sie ebenso mit Skepsis.

4.3.3.2.3 Prüfungsformen

Die wirtschaftsverbandlichen Vorstellungen von Qualitätssicherung und Evaluation spiegeln sich in der Forderung nach zentralen Abschlussprüfungen am Ende jeder Schullaufbahn – auch der Hauptschule – wider. Dementsprechend wird seitens der Wirtschaftsverbände ein Zentralabitur favorisiert. Gewerkschaftlicherseits werden Fragen der schulischen Prüfungsformen wenig Beachtung beigemessen, lediglich an einer Stelle lehnt die GEW zentrale Abschlussprüfungen ab.

4.3.3.2.4 Differenzierte vs. Integrierte Schulsysteme

Erhebliche Unterschiede zwischen den Verbänden bestehen in der für die Struktur des Schulsystems wesentlichen Frage nach dem gegliederten Schulsystem. Indes besteht in dieser Frage keineswegs Homogenität innerhalb der Verbandsgruppen, sondern auf der Seite der Wirtschaftsverbände tritt die BDA kompromisslos für ein dreigliedriges Schulsystem ein, wohingegen diese Position seitens der Spitzenverbände des Handwerks zunehmend relativiert wird. Die Gewerkschaften stehen geschlossen hinter einem integrierten System, wobei die Gewerkschaft Erziehung und Wissenschaft diesbezüglich deutlich die Meinungsführerschaft innehat. Die bereits erwähnte Renaissance der Schulstrukturdebatte resultiert aus den Ergebnissen der PISA- und IGLU-Studie, wobei allerdings die Verbände recht unterschiedliche Konsequenzen aus diesen Studien ziehen.

Die BDA tritt entschieden für ein gegliedertes Bildungsangebot ein, das von der Hauptschule bis zum Gymnasium differenziert ist, „so dass alle Schüler einen auf für sie zugeschnittenen, eigenständigen und gesellschaftlich akzeptierten Bildungsgang erhalten können.“[693] Aus ihrer Sicht habe sich die integrierte Gesamtschule nicht bewährt und die in sie gesetzten Hoffnungen nicht erfüllt, so dass Gesamtschulen in Zukunft als ein additiver Typus, der mehrere Schulformen unter einem Dach versammelt, existieren sollten.[694] Den

---

[693] Bundesvereinigung der deutschen Arbeitgeberverbände (BDA) (2000): Für eine neue Bildungsoffensive. Berlin. S. 14.

[694] Ebenda. S. 15.

schulpolitischen Positionspapieren der BDA zufolge sollen Gesamtschulen zwar als kooperative Gesamtschulform neben dem gegliederten Schulsystem weiter bestehen; bei öffentlichen Statements wie auf der Pressekonferenz zur Vorstellung des bildungspolitischen Aktionsprogramms der deutschen Arbeitgeber hingegen wird für gewöhnlich die Ablehnung eines Gesamtschulsystems stärker prononciert:

> „Wir treten entschieden für das differenzierte Schulsystem von Hauptschule, Realschule und Gymnasium ein: Junge Menschen sind unterschiedlich begabt und interessiert und brauchen deshalb zu ihnen passende differenzierte Bildungsangebote. Wir brauchen gut arbeitende Hauptschulen, Realschulen und Gymnasien. Wir brauchen aber keine Gesamtschulen. [...]. Die Leistungen sind im Vergleich zu den anderen Schultypen einfach schlechter.“ [695]

Ferner spricht sich die BDA für die Verbindlichkeit der Schulempfehlung der Grundschule aus. Die Aufnahme in die weiterführende Schule sollte dabei jeweils im Ermessen der aufnehmenden Schule liegen. Entsprechend ihrer kategorischen Ablehnung eines integrierten Schulsystems setzt die BDA auf Differenzierung und Profilbildung innerhalb des gegliederten Systems und fordert einen größeren Pluralismus der Schulangebote. Der wachsenden Heterogenität der Lerngruppen müsse mit stärkerer Binnendifferenzierung der Lerngruppen begegnet werden: „Nicht Gleichbehandlung, sondern individuelle Förderung schafft Chancengleichheit.“[696] Innerhalb des gegliederten Schulsystems fordern BDA und DIHK gemeinsam eine Stärkung der Hauptschule[697], deren zentrale Aufgabe die Sicherstellung der Beherrschung grundsätzlicher Kulturtechniken sei, so dass auf diese Weise eine Ausbildungsfähigkeit ihrer Absolventen garantiert werden könne. Ferner müsse die Hauptschule es als ihre Aufgabe verstehen, ihre Schüler auf eine Berufsausbildung vorzubereiten, was durch eine Stärkung ihres praktisch-lebensnahen Profils zu leisten sei. Eine Ursache für die problematische Tendenz, dass die Hauptschule zunehmend zu einer Restschule würde, sieht die BDA in der Vernachlässigung dieser Schulform durch die Politik zugunsten der Gesamtschule:

> „Wenn sich die Energie der Bildungspolitik weg von den geliebten Gesamtschulen hin zum Stiefkind Hauptschule wenden würde, ginge es den Hauptschulen in vielen Bundesländern wesentlich besser.“[698]

---

[695] Hundt, Hans-Dieter (2000): Für eine neue Bildungspolitik – Bildungspolitisches Aktionsprogramm der deutschen Arbeitgeber. BDA-Pressekonferenz vor der Bundespressekonferenz vom 26.07.2000. In: http://www.bda-online.de/www/bdaonline.nsf/74bd4555f8bedb71c12568e10026099c/9e97e50f63de5c65c12 5692a0038bb3c!OpenDocument (31.05.2003). S. 1.

[696] Bundesvereinigung Deutscher Arbeitgeberverbände (BDA) (2002): "Standortfaktor Schule". Begabung fördern, Lernen differenzieren. Berlin. S. 6.

[697] Die Stärkung der Hauptschule stellt eine Kernforderung der BDA dar, zu deren Realisierung die BDA zusammen mit dem Deutschen Lehrerverband die Initiative Hauptschule gegründet hat. Auf der BDA Fachtagung „Die Hauptschule voranbringen“ am 16. Dezember 2002 in Berlin wurden Bildungsstandards und Abschlussprüfungen für die Hautschule gefordert. Im Rahmen der Initiative Hauptschule wird von der gemeinnützigen Hertie-Stiftung und der Robert-Bosch-Stiftung der Hauptschulpreis vergeben. Vgl. BDA (2002): BDA-Fachtagung: Die Hauptschule voranbringen. In: Der Arbeitgeber Nr. 12/2002. S. 24.

[698] Hundt, Hans-Dieter (2000): Für eine neue Bildungspolitik – Bildungspolitisches Aktionsprogramm der deutschen Arbeitgeber. BDA-Pressekonferenz vor der Bundespressekonferenz vom 26.07.2000. In: http://www.bda-online.de/www/bdaonline.nsf/74bd4555f8bedb71c12568e10026099c/9e97e50f63de5c65c12 5692a0038bb3c!OpenDocument (31.05.2003). S. 1.

Diese von den Wirtschaftsverbänden geforderte Stärkung des praktisch-lebensnahen Profils der Hauptschule führt zu einer erheblichen Kontroverse mit den Gewerkschaften, die in der Schulpolitik weniger, in dem Fragekomplex der Differenzierung des Ausbildungssystems nach unten, also der Schaffung von Ausbildungsberufen in weniger komplexen Arbeitsfelder, aber umso deutlicher zutage tritt. In den hauptschulpolitischen Vorstellungen von Wirtschaftsverbänden und Gewerkschaften deutet sich somit einer der zentralen bildungspolitischen Konflikte bereits an.[699]

Die Haltung der BDA in der Frage der Schulstruktur ist innerhalb der Wirtschaftsverbände nicht unumstritten. Während eine diesbezügliche Übereinstimmung zwischen BDA und DIHK erkennbar ist, hält der BDI es „mindestens für unentschieden, ob eine der beiden Schulformen eine bessere Zukunftsorientierung bietet oder nicht beide für unterschiedliche Schülergruppen optimal sind und deshalb dauerhaft nebeneinander existieren sollten"[700]. Allerdings spielt Schulpolitik im Themenportfolio des BDI eine untergeordnete Rolle.

Für große Aufmerksamkeit in der Schulstrukturdebatte sorgten die Vorschläge des baden-württembergischen Handwerks zur künftigen Strukturierung des allgemeinbildenden Schulwesens. Besonderes Augenmerk kommt dabei der Hauptschule zu, da mit steigender formaler Bildungsbeteiligung gleichsam die Erwartung der Schulabgänger und ihres sozialen Umfeldes an ausbildungsadäquaten Karrieren wächst, so dass das Interesse an einer Ausbildung im gewerblich-technischen Bereich kontinuierlich sinkt.[701] Die Expansion gymnasialer Schulformen hat deshalb den Stellenwert der betrieblichen Lehre grundsätzlich gemindert, so dass berufliche Bildung an das untere Ende der Bildungshierarchie zu sacken droht. Das gegliederte Schulsystem bewirkt somit eine Segregation der Berufserwartungen, so dass selbst Hauptschüler, die an einer Werkrealschule die Mittlere Reife anstreben, vom Handwerk kaum noch gewonnen werden können.[702]

Zurzeit werden im Handwerk zwei Drittel der Hauptschulabgänger und ein hoher Anteil ausländischer Jugendlicher ausgebildet. Da die Anforderungsprofile der Ausbildungsberufe im Handwerk in den vergangenen Jahren erheblich gestiegen sind, ist das Handwerk in zunehmendem Maße auf leistungsstärkere Auszubildende angewiesen. Vor dem Hintergrund dieser Entwicklungen wird es für handwerkliche Betriebe immer schwieriger, qualifizierten Nachwuchs zu gewinnen.[703] Angesichts steigender Anforderungsprofile einerseits und sinkender Qualifikation der Schulabsolventen andererseits wird es für ausbildende

---

[699] vgl. 4.3.5.2.3.

[700] Henkel, Hans Olaf (2000): Forderungen der Wirtschaft an Ausbildung und Bildung. Rede auf dem Bildungskongress der F.D.P. Niedersachsen im Rahmen eines außerordentlichen Landesparteitages am 09.09.2000 in Bad Rothenfelde. Ohne Ort. S. 19.

[701] vgl. Hampel, Jürgen/ Schneider, Melanie/ Spurk, Astrid/ Sautter, Alexander (Hrsg.) (2003): Akademie für Technikfolgenabschätzung in Baden-Württemberg. Schriftenreihe Baden-Württembergischer Handwerkstag. Stuttgart. S. 24 – 29.

[702] Kouli, Ekaterina (2003): Zeit für ein grundlegendes Umdenken. Die Hierarchisierung im Bildungssystem muss überwundern werden. In: Vorgänge. Zeitschrift für Bürgerrechte und Gesellschaftspolitik. Heft 3/2003. S. 57 – 62. S. 59.

[703] Eine Umfrage des Baden-Württembergischen Handwerkstages (BWHT) vom September 2003 ergab, dass 28,7 Prozent der Ausbildungsbetriebe im Handwerk offene Lehrstellen hatten. Diese Zahl an offenen Lehrstellen blieb trotz schlechter konjunkturelle Lage und steigenden Schulabgängerzahlen im Vergleich zum Vorjahr mit 29 Prozent auf dem gleichen Niveau. Vgl. Ebenda. S. 59.

Betriebe im Rahmen der Berufsausbildung immer schwieriger, die Mängel der allgemeinbildenden Schulen auszugleichen.[704]

In Hinblick auf die Lernsituation in den Hauptschulen stellt der Baden-Württembergische Handwerkstag fest, dass die Dreigliedrigkeit nicht ertragreich sei und interpretiert die PISA-Ergebnisse als ein prinzipielles In-Frage-Stellen der Dreigliedrigkeit.[705] Insbesondere die durch die PISA-Studie belegte unzuverlässige Diagnostik lasse eine sichere Selektion nach der Grundschule nicht zu. Hinzu komme das im Vergleich mit Ländern, die integrierte Schulsysteme besitzen, sehr niedrige Leistungsniveau deutscher Schüler. Trotz der größten Homogenität der Lerngruppen in Deutschland erreichten selbst die besten Bundesländer weder ein hohes Gesamtergebnis, noch bildeten sie eine Spitzengruppe heraus.[706] Die große soziale Selektivität sei ebenfalls Konsequenz des dreigliedrigen Schulsystems.[707] Diese Argumentation entspricht der der Gewerkschaften.

Ausgehend von dieser Lesart der PISA-Studie schlägt das baden-württembergische Handwerk ein neues System der Schulorganisation vor, dessen Kernelement in einem Drei-Stufen-Konzept besteht. Die erste Stufe bildet die obligatorische Vorschule. Darauf aufbauend soll in einer Grundstufe eine breit angelegte Allgemeinbildung mit einem größeren Bildungsangebot erfolgen, um einer individuellen Förderung gerecht zu werden. Im Anschluss an diese Phase soll die Spezialisierung entweder im allgemeinbildenden Gymnasium oder in der beruflichen Ausbildung (duale Ausbildung, vollzeitschulische Maßnahmen, berufliche Gymnasien) jeweils über drei Jahre erfolgen. Dabei wird der Zugang zur Oberstufe über Eingangsprüfungen geregelt und der Abschluss dieser dritten Bildungsphase berechtigt generell zum Hochschulstudium.

[704] Die mangelnde Ausbildungsreife der Schulabgänger führt dazu, dass viele Lehrlinge aufgrund von Überforderung ihre Ausbildung abbrechen. Vgl. Westdeutscher Handwerkskammertag (Hrsg.) (2002): Befragung von Abbrechern, Ausbildern und Berufskolleglehrern zum Thema Ausbildungsabbruch. Düsseldorf.

[705] Baden-Württembergischer Handwerkstag (BWHT) (Hrsg.) (2002): Konsequenzen aus PISA. Positionen des Handwerks. Stuttgart. S. 26.

[706] Ebenda. S. 26.

[707] Ebenda. S. 27.

Abbildung 4.3: Vorschlag zur Neugestaltung des Schulsystems (BWHT)

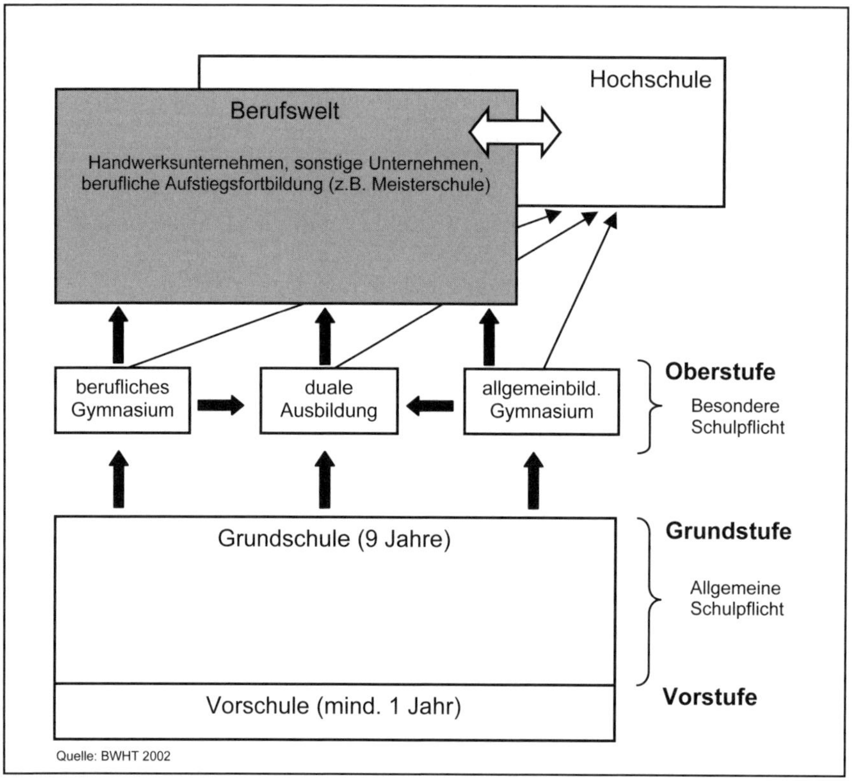

Zwar betont der BWHT, dass mit seiner Konzeption kein Gesamtschulsystem im herkömmlichen Sinne beabsichtigt sei, sondern vielmehr die Vorteile des gegliederten Schulsystems mit den Vorteilen des Gesamtschulsystems zu einem neuen System kombiniert werden sollten.[708] Dennoch ist die Ähnlichkeit der vom BWHT geforderten neunjährigen Grundstufe zur integrierten Gesamtschule nicht von der Hand zu weisen. Den Unterschied sieht der BWHT darin, dass die integrierte Gesamtschule in ihrer inneren Organisation fast immer das traditionelle Schulsystem abbilde und, weil damit kein Ortswechsel verbunden ist, oftmals sogar schneller selektiere, d.h. einen Wechsel der Niveaukurse mit Auswirkungen auf den erreichbaren Schulabschluss vollziehe, als das gegliederte Schulsystem.[709] Die neunjährige Grundstufe des BWHT-Modells führt deshalb im Gegensatz zu der integrierten Gesamtschule, die drei Bildungsabschlüsse vergibt, zu einem einheitlichen Bildungsabschluss,

708 Baden-Württembergischer Handwerkstag (BWHT) (Hrsg.) (2002): Konsequenzen aus PISA. Positionen des Handwerks. Stuttgart. S. 28.

709 Klaus-Jürgen Tillmann, Mitglied des Pisa-Konsortiums, bezeichnet diesen Effekt als blinden Fleck in der PISA-Diskussion und kritisiert, dass die GEW nicht zur Kenntnis nehmen würde, dass die Schulen der Länder mit relativ vielen Gesamtschulen eine ebenso scharfe soziale Auslese betrieben wie diejenigen Schulen in den Ländern, die am gegliederten System festhalten. Vgl. Heinemann, Karl-Heinz/ Feuck, Jörg (2002): Ziemlich viel auf einmal auf dem Prüfstand. S. 20.

der wiederum zum Besuch jeder Schule der Oberstufe berechtigt. Da in seinem Modell weder Abstufungen noch die Möglichkeit der Nicht-Versetzung gegeben sind, verspricht sich der BWHT eine Abkehr vom Selektionsprinzip und einen Zwang zu individueller Förderung.[710]

Diesen Vorschlägen des baden-württembergischen Handwerkskammertages hat sich inzwischen auch der Westfälische Handwerkskammertag (WHKT) angeschlossen:

> „Nach intensivem Meinungs- und Erfahrungsaustausch mit den Autoren des Positionspapieres 'Konsequenzen aus PISA' finden die Forderungen aus Baden-Württemberg große Zustimmung bei den Bildungsexperten des nordrhein-westfälischen Handwerks."[711]

Allerdings bedeutet die gemeinsame Positionierung zweier einflussreicher regionaler Handwerksorganisationen nicht automatisch eine Übernahme durch den Zentralverband des deutschen Handwerks (ZDH). Dieser teilt zwar die baden-württembergische Situationsanalyse sowie die meisten daraus resultierenden Konsequenzen, in der Schulstrukturfrage bestehen jedoch Differenzen. Wie der BWHT kritisiert auch der ZDH die frühe Schullaufbahnentscheidung in der vierten Klasse, will diesem Problem aber durch eine deutlich bessere Durchlässigkeit zwischen den Schulzweigen Rechnung tragen.[712] Ebenso sollten regelmäßige Leistungsdiagnosen mit darauf aufbauender individueller Förderung implementiert und die Nicht-Versetzung erschwert werden.[713] Ferner zeigte sich der damalige Präsident des Zentralverbands des Deutschen Handwerks, Dieter Philipp, skeptisch, ob ein integriertes System das deutsche Problem der Selektivität zu lösen vermag:

> „Und PISA hat nicht zuletzt gezeigt, dass die Bestrebungen der vergangenen Jahre, über Gesamtschulen den breiten Graben zwischen leistungsstarken und leistungschwachen [sic!] Schülern wieder zu verkleinern, nicht zu den erhofften Erfolgen geführt haben. Im Gegenteil."[714]

Eine weitere Reaktion des ZDH deutet auf die bildungspolitische Brisanz des BWHT-Konzeptes hin:

> „Zum Forderungskatalog des baden-württembergischen Handwerkskammertags gehört auch eine Neustrukturierung des gegliederten Schulwesens [...]. Wir haben diesen Vorschlag in der derzeitigen Diskussion um Verbesserung im Schulwesen bisher nicht aufgegriffen, da wir befürchten, dass ein derartiger Vorschlag wiederum zu fruchtlosen Strukturdiskussionen auf Län-

---

710 Handwerkstag Baden-Württemberg (BWHT) (2003): PISA - Was unterscheidet die integrierte Gesamtschule von der neunjährigen Grundstufe (Vorschlag des Baden-Württembergischen Handwerkstages)? In: Informationsdienst des BWHT vom 7.03.2003. http://www.handwerk-bw.de/asp/index.asp?k=1055&uc=&st=1&ss=1&id=10400&da=D&dv=D. S. 1.

711 Westdeutscher Handwerkkammertag (2003): WHKT-Bildungsausschuss greift schulpolitische Forderungen des Baden-Württembergischen Handwerkstages auf. In: WHKT-Report 02/2003.

712 Zentralverband des Deutschen Handwerks (ZDH) (Hrsg.) (2002): Schlechte Noten für das deutsche Schulsystem - Die PISA-Studie. In: http://www.zdh.de/servlet/ContentServer?pagename=DownloadServer& id=1032358523635. S. 3.

713 Anhang 3.6: Gegenüberstellung der Reformvorstellungen des Baden-Württembergischen Handwerkstages (Punkt 3.6) und des Zehn-Punkte-Programms des ZDH zur Schulreform (Punkt 5; 6).

714 Dieter Philipp, Präsident des Zentralverbands des Deutschen Handwerks (ZDH). Ohne Titel. In: handwerk magazin. Nr. 2/2002. S. 22 – 25. S. 24 f.

derebene führen wird und damit erforderliche inhaltliche Verbesserungen auf die lange Bank geschoben werden."[715]

In der Frage der Schulstruktur herrscht somit im Lager der Wirtschaftsverbände Uneinigkeit dergestalt, dass einerseits BDA und DIHK ein integriertes System auf ganzer Linie ablehnen, der BDI sich diesbezüglich bedeckt hält; andererseits treten einflussreiche regionale Handwerksverbände für integrierte Systeme ein, was wiederum nicht die uneingeschränkte Unterstützung ihres Zentralverbandes findet.

Zuspruch hingegen erhält der BWHT von Seiten der Gewerkschaften:

> „Der BWHT hat sich mit einem grundlegenden Reformkonzept als bildungspolitische Avantgarde entpuppt. [...]. Und wer noch glaubt, das Handwerk sei ein Hort des Konservativismus und hänge überkommenen Begabungstheorien an, wird – zumindest im Südwesten – eines besseren [sic] belehrt. Was dort zu lesen ist, ist eine für Deutschland geradezu sensationelle bildungspolitische Positionsbestimmung, die sich an internationalen Maßstäben orientiert und aktuelle Forschungsergebnisse verarbeitet. Mit diesem radikalen Reformkonzept ist das baden-württembergische Handwerk konsequenter und mutiger als die meisten Parteien, als viele Wissenschaftler."[716]

Dieser Zuspruch ist wenig überraschend, ähnelt doch das Schulkonzept des BWHT dem „Eine Schule für alle"-Konzept der Gewerkschaft Erziehung und Wissenschaft[717]. Aus Sicht der GEW habe das gegliederte Schulsystem die Leistungserwartungen nicht erfüllt. Die schulpolitischen und pädagogischen Ziele der GEW seien innerhalb des gegliederten deutschen Schulsystems nur zum Teil und nur unzulänglich zu verwirklichen. Deshalb hält die GEW

- zur Verbesserung von Chancengleichheit
- aus pädagogisch-qualitativen Gründen
- zur Verbesserung sozialer Kohäsion und
- aus schulplanerischen und finanziellen Erwägungen

am Ziel des gemeinsamen Lernens in der "Einen Schule für alle" fest.[718]

Diese „Eine Schule für alle" ist nicht deckungsgleich mit der integrierten Gesamtschule, sondern vielmehr als kommunales Bildungszentrum zu verstehen, das „mindestens aus Tageseinrichtungen für Kinder und anderen Einrichtungen der Jugendhilfe, Schulen sowie

---

715 Schleyer, Hanns Eberhard/ Spelberg, Karl (2002): Reaktionen auf das PISA-Positionspapier des Handwerkstages. In: http://www.handwerk-bw.de/upload/dnload/P/PISA_Stellungnahmen.pdf. S. 3.

716 Demmer, Marianne (2002): Wirtschaft stellt Schulstruktur infrage. Abkehr von selektiver Grundphilosophie. In: Erziehung & Wissenschaft (E & W) Nr. 9/2002. S. 19 – 21.

717 Dieses schulstrukturelle Konzept entstammt den schulpolitischen Positionen der Bundes-GEW. Innerhalb der Gewerkschaft ist es jedoch nicht unumstritten. So vermeidet beispielsweise der große Landesverband NRW in seinen „Eckpunkten zur Schulentwicklung in NRW" weitgehend die schulstrukturelle Frage, während die Bundesfachgruppe Gesamtschule die Gesamtschule als utopisches Ziel erhalten möchte, da sie, selbst bei Nichteinlösbarkeit eine Richtung für Reformschritte liefert. Vgl. Beer, Sigrid/ Ratzki, Anne/ Schumann, Brigitte (2001): Viele Wege führen nach Rom. Zur Diskussion um die „Schulpolitischen Positionen" der GEW. In: Erziehung & Wissenschaft (E & W) Nr. 4/2001. S. 21 – 22.

718 Gewerkschaft Erziehung und Wissenschaft (2001): Bildung braucht Zukunft – Schulpolitische Positionen der GEW. Beschluss 3.10 des Gewerkschaftstages Mai 2001. In: http://213.198.62.63/standpunkt/aschlagzeilen/schule/texte/spp_neu.pdf. S. 7.

formellen und informellen Unterstützungsnetzwerken, zu denen Hochschulen, Beratungseinrichtungen und Volkshochschulen gehören"[719], besteht. Diese Schulform ist eine Ganztagsschule, die nach zehnjährigem Schulbesuch zu einem in allen Bundesländern gleichwertigen Bildungsabschluss führt. Die anschließende Oberstufe integriert allgemeine und berufliche Bildung. Die Schulabschlüsse am Ende der Oberstufe sind vergleichbar und bundesweit anerkannt und beinhalten die Hochschulzugangsberechtigung.

Die „Eine Schule für alle" ist somit eine Weiterentwicklung der integrierten Gesamtschule, in der die GEW für das Ziel des gemeinsamen Lernens die strukturell und konzeptionell am weitesten entwickelte Schulform ausmacht.

> „Sie [die integrierte Gesamtschule; JK] ist die einzige Schule, die potenziell 'eine Schule für alle' ist, weil sie im Prinzip ungeachtet der Bildungsvoraussetzungen und Herkunft jeden aufnimmt und niemanden an andere Schulformen abgeben muss. Deshalb wird die GEW die Weiterentwicklung und Verbreitung von integrierten Gesamtschulen unterstützen."[720]

Dementsprechend umfasst die Umsetzungsstrategie zur Transformation der bestehenden 16 deutschen Schulsysteme in integrierte Systeme einerseits eine weitere Verbreitung von Gesamtschulen und anderer integrierter Schulsysteme sowie andererseits die behutsame Entwicklung von Schulen des gegliederten Schulsystems zu „Einer Schule". Dabei favorisiert die Leiterin des Vorstandsbereichs Schule der GEW, Marianne Demmer, eine legislative Festschreibung der Schulform, so dass alle Schulen der Sekundarstufe I per Gesetz zu integrativer Lernförderung ohne starre Leistungsdifferenzierung verpflichtet werden.[721]

Innerhalb der Schulstrukturfrage ist die GEW der Akteur, der sich mit dem meisten Nachdruck für die Einführung eines integrierten Schulsystems ausspricht. Zwar wird diese Forderung von den anderen Gewerkschaften geteilt und findet auch in den Beschlüssen des 17. Ordentlichen DGB-Bundeskongress seinen Niederschlag; jedoch lässt die dort gewählte Formulierung eine exakte schulstrukturelle Ausgestaltung offen: „Um alle Talente besser fördern zu können, soll Auslese möglichst durch langes gemeinsames Lernen in integrierten Systemen vermieden werden."[722]

Trotz fehlender Präzisierung der schulstrukturellen Ausgestaltung wird deutlich, dass das innerhalb des DGB konsensuale Modell weitgehend dem der GEW entspricht. Dabei herrscht bezüglich der strukturellen Eckpfeiler innerhalb des DGB schon länger Einigkeit:

> „Schulisches Lernen braucht Zeit und ist kein ökonomischer Ballast. [...]. Deshalb soll der mittlere Bildungsabschluss für alle SchülerInnen angestrebt werden. Dazu ist die Schulpflicht auf 10 Jahre festzusetzen. Die Gleichwertigkeit von allgemeiner und beruflicher Bildung erfordert eine mindestens 13-jährige Bildungszeit für alle."[723]

Diese Konfliktlinie zwischen den Anhängern der Dreigliedrigkeit (BDA, DIHK und abgeschwächt BDI) und den Befürwortern integrierter Schulformen (Gewerkschaften und eini-

---

719 Ebenda. S. 8.

720 Ebenda.

721 Demmer, Marianne (2002): Wirtschaft stellt Schulstruktur infrage. Abkehr von selektiver Grundphilosophie. In: Erziehung & Wissenschaft (E & W) 9/2002. S. 19 – 21. S. 21.

722 DGB (2002): 17. Ordentlicher Bundeskongress des DGB. Frankfurt am Main. S. 188.

723 Vgl. DGB (1998): Bewegt Bildung - Ein Appell des DGB zum Handeln. Bildungspolitische Konferenz des DGB am 30.06. und 01.07.1998 in Bonn. In: http://www.dgb.de/themen/themen_a_z/abisz_doks/b/bildapp.pdf. S. 4.

gen regionalen Handwerkskammern) wird solange nicht offen zutage treten, bis auf Seiten der Parteien die Schulstrukturfrage wieder auf die bildungspolitische Agenda gesetzt wird. Derweil wird dieser Gegensatz in anderen bildungspolitischen Fragen, insbesondere der Lernbenachteiligten und Geringqualifizierten, aber auch in curricularen Reformfragen, als Dauerkonflikt virulent bleiben. So bildet beispielsweise die bereits erwähnte Stärkung der Hauptschule eine zentrale Säule des bildungspolitischen Konzeptes der BDA, wohingegen die Implementation integrierter Modelle nicht nur faktisch eine Abschaffung der Hauptschule zur Folge hätte, sondern diese normativ von den Befürwortern integrierter Systeme auch gewünscht ist.[724]

4.3.3.3 Curriculare Reform

4.3.3.3.1 Inhalte

Die Wirtschaftsverbände fordern unisono eine Verschlankung der Inhalte bei gleichzeitiger Betonung der Kernfächer. Die BDA plädiert für verpflichtende Kernfachkombinationen in den Grundkursen der Sekundarstufe II. Weniger Fachwissen, dafür mehr aufbaufähiges Grundwissen und eine Orientierung an Kompetenzmodellen, in deren Mittelpunkt Methodenkenntnis und Schlüsselqualifikation stünden. Der DGB äußert sich diesbezüglich ähnlich. Die Wirtschaftsverbände weisen mit Nachdruck auf die Potenziale von Telelearning hin und betonen, dass die Medienkompetenz im Allgemeinen und die grundsätzliche Beherrschung von IuK-Technologien im Besonderen zu den heutigen Kulturtechniken gehöre. Die Förderung der Kompetenz im Umgang mit neuen Medien müsse deshalb als Querschnittsqualifikation verstanden und als solche entsprechend gefördert werden.

4.3.3.3.2 Fächer

Neben diesen fachübergreifenden curricularen Reformvorschlägen fordern die Wirtschaftsverbände, unterstützt von der IG Metall, dringend eine Aufwertung der MINT-Fächer (Mathematik-Informatik-Naturwissenschaften-Technik) wegen deren wirtschaftlicher Bedeutung, wobei die quantitative Verteilung auf eine deutlich größer empfundene Dringlichkeit bei den Wirtschaftsverbänden hinweist. Anders verhält es sich mit der gemeinsamen Forderung nach Förderung sozioökonomischer Bildung im Unterricht, die in einer gemeinsamen Broschüre von BDA und DGB[725] formuliert wird. Übereinstimmung herrscht zwischen den Verbänden, dass arbeitsweltliche Themen im Unterricht stärker präsent sein müssten. Ferner sei die Einbeziehung von Betrieben als Lernorte und von Fachleuten aus der Arbeitspraxis als Lehrende wünschenswert. Allein die organisatorische Ausgestaltung ist umstritten. Während DGB und BDA sich für ein eigenständiges Fach Ökonomie in der Sekundarstufe I und II aussprechen, favorisiert die GEW eine Ableitung sozioökonomischer Bil-

724 GEW Hauptvorstand (2003): GEW fordert: Mittlerer Bildungsabschluss für alle Schüler! Hauptschulabschluss soll abgeschafft werden! GEW-Presserklärung vom 2.04.2003. S. 1.

725 BDA/ DGB (2000): Wirtschaft – notwendig für schulische Allgemeinbildung. Gemeinsame Initiative von Eltern, Lehrern, Wissenschaft, Arbeitgebern und Gewerkschaften. Berlin.

dungsinhalte aus allgemeinen Bildungsinhalten und lehnt somit ein eigenständiges Unterrichtsfach ab.

4.3.3.3.3 Methoden

Ihrer Grundphilosophie einer stärkeren Binnendifferenzierung entsprechend setzen die Wirtschaftsverbände in Fragen der Didaktik und Unterrichtsmethodik auf eine Abkehr vom immer noch dominanten Skript des „fragend-entwickelnden Unterrichts“ und stattdessen auf individuelle Förderung und die Fähigkeit des Umgangs mit Heterogenität.[726] Ihrerseits wird mehrmals auf die Lernkompetenz als die entscheidende Methodenkompetenz hingewiesen. Diese Fokussierung auf den Prozess des Lernens findet sich insbesondere in BDA- und GEW-Publikationen, wobei allerdings viele verwendete Begriffe in der Didaktik und Unterrichtsforschung nicht trennscharf operationalisiert sind, so dass ihr semantischer Gehalt erheblich differieren kann. Aufgrund eben dieser semantischen Spanne sind Formulierungen wie „selbstgesteuertes, eigenverantwortliches und selbstevaluierendes Lernen, Befähigung zum Selbstlernen, Befähigung zu lebenslangem Lernen“ eher Schlagwörter, mit denen nicht unbedingt konkrete Lehr-Lern-Methoden verbunden sind. Dennoch lassen ihre gemeinsame häufige Verwendung durchaus den Schluss zu, dass BDA und GEW in der Frage der Lehr-Lern-Methoden nahe beieinander liegen. Verstärkt wird dieser Befund durch klarer operationalisierte Methoden- und Unterrichtsorganisationsbegriffe, die insbesondere von Wirtschaftsverbänden und der GEW, aber ebenso seitens des DGB zur Beschreibung ihrer Forderungen verwendet werden. Einigkeit besteht zwischen allen Verbänden in der Forderung, selbstorganisiertes Lernen stärker in Wochenplanarbeit, Frei- und Projektarbeit sowie Formen offenen Unterrichts zu organisieren. Desgleichen fordern sie eine Ablösung der fixen Stundentafel durch Kontigentstundentafeln, weitere Individualisierungsmöglichkeiten innerhalb der Lerngruppe und eine stärkere Beteiligung der Schüler und Eltern am Lernprozess.

Bei allen Verbänden finden sich empfehlende Verweise auf die Gestaltung von Unterricht erfolgreicher PISA-Staaten, insbesondere in den skandinavischen Ländern.

4.3.3.3.4 Bildung und Erziehung

Im Gegensatz zu den Gewerkschaften betonen alle Wirtschaftsverbände weit pointierter die Einheit von Bildung und Erziehung der Schule als ein integratives Konzept, das es zu stärken gelte. Dafür müsse die rechtliche Absicherung der für den Erziehungsauftrag erforderlichen Erziehungsmittel gewährleistet sein. Ziel dieses Konzeptes von Bildung und Erziehung müsse die Förderung von sozialen Schlüsselqualifikationen wie Selbständigkeit, Zu-

[726] Fragend-entwickelnder Unterricht richtet sich idealtypisch an eine homogene Schülergruppe, trägt damit aber den unterschiedlichen Erfahrungen, Interessen und Lernmöglichkeiten von Kindern und Jugendlichen nur unzureichend Rechnung. Veränderungen dieses Unterrichtsskripts werden in der Unterrichtsforschung als eine wesentliche Bedingung für die Entwicklung von einer aussondernden („exklusiven") zu einer fördernden („inklusiven") Pädagogik angesehen, womit sich die Forderungen der BDA im Bereich der konkreten Unterrichtsreform mit denen der GEW decken. Vgl. Döbrich, Peter/ Klemm, Klaus/ Knauss, Georg/ Lange, Hermann (2004): Ausbildung, Einstellung und Förderung von Lehrerinnen und Lehrern (OECD-Lehrerstudie). S. 10.

verlässlichkeit, Verantwortungsbewusstsein, Kritikfähigkeit, Leistungsbewusstsein, Kreativität, Flexibilität und Pünktlichkeit sein. Derartige Kompetenzen seien in einem System moderner Kopfnoten zu zertifizieren.

Neben derartigen Persönlichkeitsaspekten müsse die Vermittlung der Werte des Grundgesetzes als Bestandteil des Bildungs- und Erziehungsauftrages der Schule verankert werden. In ihrer Schrift „Bildungsauftrag Werteerziehung"[727] fordert die BDA das Schulsystem auf, eine Werteerziehung im Sinne der aus dem Grundgesetz abgeleiteten Werte „Freiheit und Verantwortung, Personalität, Solidarität und Subsidiarität" ernst zu nehmen und spricht sich so mittelbar gegen eine vereinzelt geforderte Abschaffung des Religions- und Ethikunterrichts aus. Zudem betont die BDA die soziale Komponente schulischer Erziehung und erwartet eine Förderung der Bereitschaft zur Übernahme von ehrenamtlichem oder sozialem Engagement.

4.3.3.4 Zielgruppen

Die Definition bestimmter Zielgruppen innerhalb des Bildungssystems, die es in besonderem Maße zu fördern gelte, lässt sowohl Rückschlüsse auf bestimmte Zielvorstellungen eines Verbandes als auch auf dessen Problemwahrnehmung zu. Für den schulischen Bereich lassen sich folgende Zielgruppen ausmachen: leistungsschwache Schüler, dabei insbesondere Migrantenkinder, besonders begabte Schüler sowie Mädchen oder Jungen.

Beide Verbandsgruppen sehen die größten Probleme bei leistungsschwachen Schülern. Sowohl die Größe dieser Risikogruppe, ablesbar an der Schülerquote, die ohne Abschluss ihre Schullaufbahn beendet, als auch deren soziale Zusammensetzung werden von Wirtschaftsverbänden und Gewerkschaften als eines der größten Probleme des deutschen Schulwesens ausgemacht. Demzufolge müsse die Verringerung der Risikogruppe im Vordergrund jeglicher Schulpolitik stehen. Die außergewöhnlich große soziale Selektivität als das Grundproblem der deutschen Schule wird von beiden Verbandsgruppen geteilt, so dass von einer identischen Problemwahrnehmung und einem Konsens bezüglich der Priorisierung von bildungspolitischen Maßnahmen gesprochen werden kann. BDA und DGB fordern auf der Ebene der Zielvorstellungen einvernehmlich, dass die Schule generell einen Abschluss garantieren und das dafür notwendige Niveau gewährleisten müsse, wofür eine generelle Schulpflicht von zehn Jahren benötigt werde. Bei den dafür nötigen Instrumenten differieren die Positionen deutlich, wobei beide Verbandsgruppen jeweils konkrete Maßnahmen vor dem Hintergrund ihrer grundsätzlichen schulstrukturellen Positionen entwickeln. So setzen die Wirtschaftsverbände auf eine Mischung aus Binnenoptimierung durch Beratungskonzepte und besondere Förderprogramme einerseits und Zertifizierung der Leistungen durch Prüfungen und entsprechende Dokumentation der erworbenen Kompetenzen in einem zusätzlichen Bildungspass andererseits. Neben regelmäßiger individueller Beratung zur Schullaufbahnorientierung bedürfe es effektiver Konzepte zur systematischen Defizitbehebung, einer Art Leistungsschwachen-Didaktik. Daneben sollten Hauptschulen Praxisklassen mit arbeitswelt- und berufsbezogenem Profil etablieren, in denen, möglichst in enger Kooperation mit Betrieben, schrittweise modulare Qualifizierungen erlangt werden können.

---

[727] Bundesvereinigung Deutscher Arbeitgeberverbände (2002): Bildungsauftrag Werteerziehung. Bildungspolitisches Papier der Arbeitgeber zur Werteerziehung. Berlin.

Derartige Praxisklassen bzw. überwiegend praktische Schulprofile werden von den Gewerkschaften strikt abgelehnt und sie verweisen im Zusammenhang mit der Förderung leistungsschwacher Schüler auf die Schulstrukturfrage.

Innerhalb des Problemfeldes der Leistungsschwachen werden Schüler mit Migrationshintergrund vor allem von der BDA und der GEW als besonders benachteiligte Gruppe akzentuiert. Beide Verbände weisen überdurchschnittlich oft darauf hin, dass diese Schüler zu einem großen Teil die Risikogruppe bildeten und es dem deutschen Schulsystem in unzureichendem Maße gelänge, ihnen eine Eintrittsperspektive in die Erwerbstätigkeit zu bieten.

Die PISA-Studie zeigt, dass der Anteil ausländischer Kinder an der Risikogruppe überproportional groß ist. Dieser Befund wird durch Untersuchungen der Bildungsbeteiligung ausländischer Schüler bestätigt, wobei der überproportionale Anteil von Schülern an „Sonderschulen mit dem Förderschwerpunkt Lernen“[728] innerhalb einer bestimmten Bevölkerungsgruppe als Indikator für deren systematische Benachteiligung benutzt wird. Nachfolgende Tabelle zeigt, dass ausländische Schüler in Deutschland an Sonderschulen für Lernbehinderte deutlich überrepräsentiert und dementsprechend an Realschulen und Gymnasien unterrepräsentiert sind.

Tabelle 4.8: Bildungsbeteiligung ausländischer Schüler. Relativer-Risiko-Index (RRI) nach Bundesländern und Schulformen im Jahr 2002[729]

	Gymnasium	**Realschule**	**Hauptschule**	**Sonderschule für Lernbehinderte**	**Andere Sonder-schulen**
Baden-Württ.	0,38	0,49	2,02	3,41	1,21
Bayern	0,52	0,44	1,56	2,13	1,3
Berlin	0,61	0,64	1,75	1	0,77
Brandenburg	0,85	0,24		0,42	0,38
Bremen	0,83	0,88	1,52	1	1,96
Hamburg	0,6	0,99	1,63	2,26	1,18
Hessen	0,57	0,83	2,11	2,51	1,23
Mecklenburg-	0,88	0,48	0,53	0,67	0,63

728 Diese Bezeichnung entspricht dem KMK-Terminus. Üblicherweise werden diese Schulen als „Sonderschulen für Lernbehinderte“ bezeichnet. Schüler dorthin aber nicht aufgrund einer „Behinderung“ im Sinne des BSHG überwiesen, sondern weil sie an den Anforderungen der Regelschule scheitern, ohne dass erkennbare physische oder organisch bedingte Beeinträchtigungen vorliegen.

729 Erläuterung Relativer-Risiko-Index (RRI): RRI = 1 bedeutet, dass ausländische Schüler weder über- noch unterrepräsentiert sind. RRI kleiner als 1 bedeutet, dass ausländische Schüler unterrepräsentiert sind, bei einem RRI von 0,5 besuchen ausländische Schüler halb so häufig die angegebene Schulform wie deutsche Schüler. RRI größer als 1 bedeutet, dass ausländische Schüler überrepräsentiert sind, bei einem RRI von 2 besuchen ausländische Schüler doppelt so häufig die angegebene Schulform wie deutsche Schüler. Quelle: Zusammenstellung von Bernhard Eibeck (GEW) nach einer Berechung von Dr. Heike Diefenbach (Universität Leipzig) auf der Grundlage der KMK-Statistik vom Dezember 2003 und von Daten des Statistischen Bundesamtes. Vgl. GEW (2004): Ausländerkinder werden systematisch benachteiligt! GEW präsentiert neueste Daten aus der Schulstatistik: Baden-Württemberg bundesweit führend in Ausländerdiskriminierung. In: http://www.gew.de/Binaries/Binary4098/P-25-06-04Anlage1.doc. (16.10.2004). S. 7.

Vorpommern.					
Niedersachsen	0,56	0,58	1,41	3,05	1,31
NRW	0,44	0,57	1,67	2,37	1,06
Rheinl.-Pfalz	0,48	0,53	1,94	2,13	1,11
Saarland	0,37	0,21	0,27	3,04	0,84
Sachsen	0,88	-	-	0,6	0,55
Sachsen-Anhalt	0,61	-	-	0,51	0,41
Schlesw.- Hol.	0,62	0,64	1,69	1,7	1,2
Thüringen	0,52	-	-	0,37	0,31

Bei der Erklärung dieser Benachteiligung kommt neben sozial-familiären Problemen Defiziten in der deutschen Sprache eine Schlüsselrolle zu, so dass der DGB gezielte Sprachfördermaßnahmen unter Einbeziehung der Eltern sowohl der jeweiligen Muttersprache als auch des Erwerbs der deutschen Sprache fordert. Die Wirtschaftsverbände fokussieren stärker auf die Grundschule als Vermittlungsinstanz ausreichender Sprachkenntnisse durch Sonderförderkurse für Schüler ausländischer Herkunft, die mit obligatorischen Sprachtests beim Übergang zur weiterführenden Schule abzuschließen seien. Die Gewerkschaften betonen weiter, dass Interkulturalität generell als Schlüsselqualifikation in allen Lernbereichen begriffen werden solle und fordern deshalb die Einrichtung von Modellversuchen zu interkulturellem Lernen. Die GEW fordert überdies, dass die Sprachen der Migranten in unterschiedlicher Form durchgängig in den Bildungsprozess einbezogen werden, indem alle Erstsprachen als Fremdsprachen angeboten werden sollen und prinzipiell auch Unterrichtssprachen sein können.[730]

Begabtenförderung stellt eine Zielgruppe dar, der die Wirtschaftsverbände ebenfalls große Bedeutung beimessen, wohingegen sie bei den Gewerkschaften keine Erwähnung findet. Die Wirtschaftsverbände setzen sich für eine gezielte institutionalisierte Begabtenförderung ein, etwa durch die Einrichtung von Förderprofilklassen in Schulen und von Hochbegabtenprogrammen auf Bundesebenen (wie bei Studierenden), ein. Ebenso solle eine Begabtenförderung in der Berufsschule stattfinden.

Die Definition geschlechtsspezifischer Zielgruppen erweist sich als kontraintuitiv, denn Schülerinnen stellen eine exklusive Zielgruppe der Wirtschaftsverbände dar, deren Interesse an bzw. Lernerfolg in den MINT-Fächern durch spezifische Förderung zu steigern sei.[731] Die GEW hingegen ist der einzige Verband, der die jüngeren Erkenntnisse der Schulforschung aufnimmt, die auf eine zunehmende Benachteiligung von Jungen hinweisen und deshalb entsprechende Konzepte zur Förderung von Jungen fordert.[732]

---

730 Vgl. GEW (2004): Ausländerkinder werden systematisch benachteiligt! S. 3 f.
731 BDA (2002): Standortfaktor Schule. S. 15.
732 GEW (2001): Bildung braucht Zukunft. Schulpolitische Positionen der GEW. S. 4.

4.3.3.5 Lehrer

4.3.3.5.1 Status und Arbeitsbedingungen

Die Erweiterung der vorrangig inputorientierten Steuerungsinstrumentarien um ergebnisorientierte Verfahren wirkt gleichfalls auf die professionelle Rolle des Lehrers, so dass die Bewertung erreichter Ergebnisse vor dem Hintergrund spezifischer Kontextbedingungen zulasten politisch-administrativer Vorgaben und durch Ausbildung und berufliche Sozialisation geprägte Handlungsmuster an Bedeutung gewinnt.

> „In den Blick gerät damit das Handeln der einzelnen Schule im Rahmen einer 'professional bureaucracy' (Mintzberg), bei der die Leistungserstellung in besonderer Weise vom Sachverstand, der Expertise und der Motivation der Mitarbeiterinnen und Mitarbeiter in den operativen Einheiten bestimmt wird.“[733]

Dementsprechend wird die Schlüsselrolle des Lehrpersonals für die Qualität der Schule von allen Verbänden, besonders aber von den Wirtschaftsverbänden betont.[734] Entsprechend ihrer Lesart, Lehrer als pädagogische Führungskräfte zu betrachten, sprechen sich alle Wirtschaftsverbände für leistungsorientierte Bezahlung unter Berücksichtigung der individuellen beruflichen Weiterentwicklung aus. Vorbild könne das englische Modell sein, wo das Lehrergehalt mit Leistungszulagen um bis zu 20 Prozent aufgestockt wird.[735]

Derartige Arbeitsverträge sollten individuelle Zielvereinbarungen genauso enthalten wie Instrumente zur Bewertung der erbrachten Leistung. Dabei sollten generell nach Fächern differenzierte individuelle Arbeitsverträge möglich sein.[736] Für praktikable differenzierte Arbeitszeitmodelle, die eine Faktorisierung der einzelnen Fächer nach Jahrgangsstufen beinhalten, müssten verlässliche Bewertungskriterien entwickelt werden. Der ZDH regt eine ganztägige Präsenzpflicht der Lehrer an.[737] Eine Präsenzpflicht ohne Erhöhung der Gesamtarbeitszeit wird seitens des GEW-Hauptvorstandes prinzipiell befürwortet.

> „Die Halbtagsschultradition hat das Berufsbild der Lehrerinnen und Lehrer entscheidend geprägt und zu entsprechenden Lebensentwürfen geführt. Um Vorbehalte abzubauen, braucht die Lehrerschaft verbindliche Zusagen, dass eine längere Anwesenheit in der Schule nicht zu einer weiteren Erhöhung der Gesamtarbeitszeit und der Arbeitsbelastung führt. Eine zeitliche Aus-

---

[733] Döbrich, Peter/ Klemm, Klaus/ Knauss, Georg/ Lange, Hermann (2004): Ausbildung, Einstellung und Förderung von Lehrerinnen und Lehrern (OECD-Lehrerstudie). S. 4.

[734] BDA (2001): „Führungskraft Lehrer“. Empfehlungen der Wirtschaft für ein Lehrerleitbild. Berlin. S. 11.

[735] Hundt, Dieter (2003): Lehrer nach Leistung bezahlen. Dieter Hundt im dpa-Gespräch vom 13.01.2003.

[736] Die Lehrerarbeitszeit ist bisher in Form von „Unterrichtsdeputaten” geregelt. Förmliche Regelungen bezüglich der sonstigen Tätigkeiten von Lehrkräften und ihres zeitlichen Umfangs gibt es – mit Ausnahme des Lehrerarbeitszeitmodells in Hamburg – nicht. Untersuchungen zur Lehrerarbeitszeit kommen zwar je nach verwendeter Methode und Bezugsgröße (Wochenarbeitszeit oder Jahresarbeitszeit) zu unterschiedlichen Ergebnissen, wobei aber Einigkeit herrscht, dass die Lehrkräfte im Durchschnitt mehr arbeiten als die Regelarbeitszeit für den öffentlichen Dienst vorsieht. Vgl. Mummert + Partner (1999): Untersuchung zur Ermittlung, Bewertung und Bemessung der Arbeitszeit der Lehrerinnen und Lehrer im Land Nordrhein-Westfalen. Hamburg. Allerdings bestehen erhebliche Schwankungen zwischen den Altersgruppen. So fällt die zeitliche Belastung der Lehrkräfte von der jüngsten Altersgruppe (39-Jahre und jünger) zur ältesten Gruppe (50 Jahre und älter) linear ab.

[737] Zentralverband des Deutschen Handwerks (ZDH) (Hrsg.) (2002): Schlechte Noten für das deutsche Schulsystem - Die PISA-Studie. In: www.zdh.de/servlet/ContentServer?pagename=DownloadServer&id=1032358523635. S. 20.

dehnung der Präsenzzeiten darf nicht zusätzlich zu den hohen Unterrichtsverpflichtungen verordnet werden. [...]. Für jede Pädagogin und jeden Pädagogen an einer Ganztagsschule muss ein individueller Arbeitsplatz zur Verfügung stehen."[738]

Eine Liberalisierung der Laufbahnvorschriften sollte nach Ansicht der Wirtschaftsverbände Flexibilität und Mobilität fördern und Anreize für Schulwechsel bieten. Dazu und um auf die Schwankungen von Schülerzahlen reagieren zu können, sollten Zeitverträge ermöglicht werden. Da allen diesen Veränderungen das Berufsbeamtentum im Wege steht, sollte dieses für die Lehrberufe abgeschafft werden.

Bei dieser Forderung erfahren die Wirtschaftsverbände Unterstützung durch eine Reihe von Bildungsforschern und jüngst durch die so genannte OECD-Lehrerstudie „Anwerbung, Berufliche Entwicklung und Verbleib von qualifizierten Lehrerinnen und Lehrern", die ausdrücklich eine Abschaffung des Beamtenstatus` der deutschen Lehrer empfiehlt.[739] Seitens der Kultusministerkonferenz wird jedoch ein Systemwechsel vom Beamten- zum Angestelltenstatus der Lehrkräfte zurückgewiesen.[740] Ebenso ablehnend äußern sich der Philologenverband[741] und der Deutsche Lehrerverband (DL)[742], wohingegen diese Empfehlung seitens der Gewerkschaften bezeichnenderweise unkommentiert blieb. Zwar findet sich in den ausgewerteten Verbandsdokumenten bei keiner Gewerkschaft eine explizite Forderung nach Abschaffung des Beamtenstatus` von Lehrenden an Schulen, aber eben auch keine der Eindeutigkeit anderer Forderungen entsprechende Positionierung für dessen Beibehaltung. Dies überrascht insofern nicht, als dass bei als Beamte beschäftigten Lehrkräften keine Tarifautonomie im gewerkschaftlichen Sinne existiert, da Besoldungs- und Arbeitszeitregelungen durch Gesetz oder aufgrund gesetzlicher Ermächtigung durch die Landesregierungen festgelegt werden, so dass der gewerkschaftliche Einfluss durch die aus der Auflösung des Beamtenstatus` entstehende Tariffähigkeit bedeutend zunehmen würde.[743] Das defensive Verhalten der GEW bezüglich einer Loslösung der Lehrer aus dem

---

738 GEW (2001): Ausbau von Ganztagsangeboten vorrangige Aufgabe. Beschluss des Hauptvorstandes der Gewerkschaft Erziehung und Wissenschaft vom 23. Juni 2001. Frankfurt am Main. S. 5.

739 Halász, Gábor/ Santiago, Paulo/ Ekholm, Mats/ Matthews, Peter / McKenzie, Phillip (2004): Anwerbung, berufliche Entwicklung und Verbleib von qualifizierten Lehrerinnen und Lehrern. Länderbericht: Deutschland. Paris. S. 55.

740 Da die laufenden Gehälter für Beamte keine Anteile für die Sozialversicherungen enthalten, sind sie aktuell, das heißt bei einer ausgabenorientierten Betrachtung, geringer als die laufenden Ausgaben für Angestellte. Bei einer kostenorientierten Betrachtung ist eine Beschäftigung von Lehrern im Angestelltenverhältnis aus der Sicht der Arbeitgeber durchaus vorteilhaft. Vgl. Färber, Gisela/ Stiller, Silvia/ Schaft, Wolfgang (1999): Zur Einstellungspräferenz von BeamtInnen und Angestellten im Schulbereich. HWWA-Report Nr. 195. Hamburg. In: http://www.hwwa.de/Publikationen/Report/1999/Report195.pdf.
Ein genereller Systemwechsel vom Beamten- zum Angestelltenstatus der Lehrkräfte würde für die Zeit des Übergangs erheblich höhere Kosten verursachen, weil einerseits die höheren Arbeitsplatzkosten für die neu eingestellten Lehrkräfte zu zahlen wären und gleichzeitig die Pensionskosten für die aus dem Dienst ausscheidenden beamteten Lehrkräfte aufgebracht werden müssten. Vgl. Döbrich, Peter/ Klemm, Klaus/ Knauss, Georg/ Lange, Hermann (2004): Ausbildung, Einstellung und Förderung von Lehrerinnen und Lehrern (OECD-Lehrerstudie). S. 15.

741 Deutscher Philologenverband (2004): OECD-Lehrerstudie: Philologenverband mahnt differenzierten Umgang mit den Ergebnissen. Presseerklärung vom 5.10.2004. Berlin.

742 Deutscher Lehrerverband (DL) (2004): Lehrerverband übt heftige Kritik an der OECD-Lehrerstudie. Presseerklärung vom 22.09.2004. Bonn.

743 In den neuen Ländern, deren Lehrerinnen und Lehrer überwiegend im Angestelltenverhältnis beschäftigt sind, werden bereits heute die wesentlichen Bestimmungen der Vergütung und der Arbeitsbedingungen durch Tarifverträge zwischen den Kultusbehörden und den Lehrergewerkschaften geregelt.

Beamtenverhältnis dürfte aus der Interessenslage der Mitglieder resultieren, die einer Abschaffung des Beamtenstatus` vorherrschend kritisch gegenüberstehen.

Es ist bereits gezeigt worden, dass für die gesamte Schulqualität vor allem Fragen der Meso- und Mikrostruktur von herausragender Bedeutung sind. Diesbezüglich sehen alle Verbandsgruppen Handlungsbedarf im Bereich der Unterstützungsinfrastruktur. Die oftmals als Lehrerindividualismus bezeichnete hohe Autonomie der einzelnen Lehrkraft in der Gestaltung ihres Unterrichts sowie die große Zeit- und Organisationssouveränität über die eigene Arbeitszeit außerhalb der Unterrichtsstunden hat sich bisher als festes Elemente in der Berufskultur und als eine stabile Barriere gegen die Entwicklung zu mehr Professionalität erwiesen.[744] BDA und GEW sehen beide ein wesentliches Problem des deutschen Schulsystems in der fehlenden Unterstützungsstruktur der Lehrer und fordern deshalb den Aufbau einer derartigen multidisziplinären Unterstützungsinfrastruktur für die Schulen. Dabei setzt die BDA eher auf Instrumente des Personalmanagements und der Personalpflege wie Coaching und Supervision durch externe Spezialisten, während die GEW den Aufbau eines professionellen Systems der Selbsthilfe und Selbstkontrolle favorisiert.

Eine zentrale Forderung der GEW ist immer die gleiche Besoldung aller Lehrämter gewesen, was eine A13-Eingangsbesoldung für Lehrer aller Schulformen bedeutet. Derzeit gibt es sowohl Bestrebungen, diese gleiche Eingangsbesoldung in den Ländern, wo sie bereits existiert, für bestimmte Lehrämter zurückzunehmen als andernorts auch die Eingangsbesoldung für das Höhere Lehramt generell auf A12 zu reduzieren. Die GEW spricht sich gegen jegliche Absenkung der Beamtenbesoldung und Tarifentgelte sowie gegen Öffnungsklauseln zur Kürzung und Streichung von Besoldungsbestandteilen aus. Auch die unter Beteiligung der ver.di entwickelte Vereinbarung zur Reform des Beamtenrechts, die unter anderem die Streichung von Verheiratetenzuschlag und Dienstalterstufen zugunsten variabler leistungsbezogener Einkommensanteile, stößt bei der GEW auf Widerstand[745], da Leistung von Erziehern und Lehrern nicht quantifizierbar sei.[746]

4.3.3.5.2 Lehrerbildung

Obwohl Professionalität und Qualität der Lehrkräfte von zentraler Bedeutung für die gesamte Schulqualität sind, befindet sich das Feld der Lehrerbildung deutlich weniger im politischen Fokus als andere schulpolitische Fragen. Daran haben bisher auch die in der Öffentlichkeit durchaus rezipierten kritischen Ergebnisse der OECD-Lehrerstudie wenig verändert. Nichtsdestotrotz wird in der Fachöffentlichkeit seit längerem über eine Reform der Lehrerbildung diskutiert.

In der gegenwärtigen bildungspolitischen Diskussion wird von allen Beteiligten die mangelnde Abstimmung zwischen den unterschiedlichen Phasen der Lehrerausbildung, deren Randständigkeit an den Universitäten sowie eine unzureichende Praxisorientierung kritisiert. Wahrscheinlich hat sich aufgrund eben dieser Randständigkeit der Lehrerausbildung kein Kernbestand verpflichtender Inhalte des Lehramtstudiums insbesondere hinsicht-

[744] Terhart, Ewald (2001): Lehrerberuf und Lehrerbildung. Forschungsbefunde, Problemanalysen, Reformkonzepte. Weinheim. S. 100 ff.

[745] hlz – Zeitschrift der GEW Hamburg. Nr. 11-12/2004. S. 7.

[746] Schäfer, Carsten (2004): GEW: Leistung von Lehrkräften kaum quantifizierbar. Verhaltene Reaktion der LehrerInnengewerkschaft auf vorgelegte Eckpunkt. In: zweiwochendienst (zwd) Nr. 17/2004. S. 4.

lich der erziehungswissenschaftlichen Grundlagen herausgebildet, so dass das Lehrangebot vielfach von den individuellen Interessen der Lehrenden bestimmt wird, ohne dass sich die Fachbereiche einer gemeinsamen systematischen Vorbereitung auf den Lehrerberuf verpflichtet fühlen.[747] Zu dieser Beobachtung passt der Befund der OECD-Lehrerstudie, dass bei „den deutschen Lehrkräften die didaktischen Fähigkeiten und die allgemeinen Unterrichtskompetenzen weniger stark entwickelt sind als ihr Fachwissen und sie nicht hinreichend darauf vorbereitet sind, die Lernkompetenzen der Schülerinnen und Schüler zu entwickeln, den Unterricht auf individuelle Bedürfnisse abzustimmen, das selbstregulierte Lernen zu fördern, die Schüler durch Anwendung aktiver Methoden zu motivieren, komplexe Projekte für das Lernen zu initiieren oder kooperatives Lernen in Gruppen zu organisieren.“[748]

Da der Lehrerbildung als Steuerungsinstrument für Qualität eine Schlüsselrolle zukommt, stehen die derzeitigen Modelle der Lehrerausbildung in den Bundesländern unter erhöhtem Veränderungsdruck.[749]

Alle untersuchten Verbände sprechen sich für eine stärkere Vernetzung der ersten und zweiten Phase aus, indem schon während des Studiums Praxisanteile erhöht bzw. eingerichtet werden. BDA und DGB weisen in diesem Zusammenhang auf die Verantwortung der universitären Didaktik und Pädagogik hin, Forschung und Lehre an der schulischen Anwendbarkeit auszurichten. Aufgabe der Hochschulforschung sei in erster Linie die Erarbeitung tragfähiger und praktikabler Konzepte für die Lehrenden. BDA und GEW fordern einvernehmlich die Intensivierung der wissenschaftlichen Unterrichtsforschung. Damit greifen die beiden Spitzenverbände die Generalkritik angehender Lehrer und deren Ausbilder auf, dass die personell im internationalen Vergleich gut ausgestattete universitäre Didaktik und Pädagogik für die tatsächliche Praxis ihrer Studierenden wenig Verwertbares hervorbringe. Auch die Expertise von Döbrich/ Klemm/ Knauss/ Lange für die KMK macht beträchtliche Defizite in der fachdidaktischen Ausbildung aus, die auch Ausdruck des Defizits an empirischer Forschung in den Fachdidaktiken seien. Die Gegenposition hält dem die klare konzeptionelle Trennung der Phasen in wissenschaftliche Ausbildung und praktisches Referendariat entgegen.

Als Konsequenz aus diesem strukturellen Problem der gegenseitigen Abschottung der Institutionen der unterschiedlichen Phasen der Lehrerausbildung stellt die GEW mit der Forderung, die Lehrerbildung als ganzheitlichen, institutionenübergreifenden Prozess zu organisieren, die derzeitige Struktur der Lehrerausbildung insgesamt in Frage und fordert den Aufbau von Zentren für Lehrerbildung.[750] Dafür sollten zunächst alle, die Lehrerausbildung in der Universität, den Studienseminaren und der Schule betreiben, in regionalen

[747] Döbrich, Peter/ Klemm, Klaus/ Knauss, Georg/ Lange, Hermann (2004): Ausbildung, Einstellung und Förderung von Lehrerinnen und Lehrern (OECD-Lehrerstudie). S. 24.

[748] Halász, Gábor/ Santiago, Paulo/ Ekholm, Mats/ Matthews, Peter / McKenzie, Phillip (2004): Anwerbung, berufliche Entwicklung und Verbleib von qualifizierten Lehrerinnen und Lehrern. Länderbericht: Deutschland. Paris. S. 33.

[749] Dabei findet die strukturelle Verschiedenheit der Schulsysteme sowohl in den formalen Vorgaben für die Lehrerbildung als auch in deren inhaltlicher Ausgestaltung ihren Niederschlag, was trotz des Hamburger Abkommens, in dem sich die Kultusminister auf die gegenseitige Anerkennung der nach Maßgabe der Empfehlungen der Kultusministerkonferenz durchgeführten Lehramtsprüfungen geeinigt haben, faktisch die länderübergreifende Mobilität erheblich einschränkt und einen einheitlichen Lehrerarbeitsmarkt weitgehend verhindert.

[750] GEW (2001): Eckpunkte der GEW zur Reform der LehrerInnenbildung. Beschluss des GEW Hauptvorstandes vom 23. Juni 2001. Frankfurt am Main. In: http://www.lehrerbildung.de/docu/GEW-14eckp.pdf. S. 4

Kooperationsverbünden zusammenarbeiten. Diese regionalen Kooperationsverbünde sollten die Möglichkeit erhalten, integrierte Ausbildungsmodelle anzubieten, wobei die Lehrerbildung prinzipiell modular und anschlussfähig zwischen den Phasen zu organisieren sei. Der derzeitigen Beliebigkeit und Unverbundenheit von Lehrangeboten in der Lehrerausbildung müsse mit der Entwicklung von Kerncurricula für alle Ausbildungsanteile entgegengewirkt werden, die von allen an der Lehrerbildung Beteiligten formuliert werden.[751]

Im Gegensatz zu dieser strukturellen Reform, welche die bisherigen Akteure der Lehrerbildung unter einer neuen Organisation zusammenführen würde, spricht sich die BDA für eine Optimierung des Referendariats durch gezielte und individuelle Personalentwicklung mit Coaching, Supervision und Traineeprogrammen aus. Dabei lässt die BDA offen, ob eine derartige Personalentwicklung an Schulen verbunden mit einer Phase der Berufseinführung den Vorbereitungsdienst nicht komplett ersetzen könnte. Für die Ausbildung wie für die Qualitätssicherung fordern die Wirtschaftsverbände, dass in Schulen verstärkt auf Instrumente von Wissensmanagement und gegenseitigem Coaching, etwa durch die Institutionalisierung von Best-Practise-Modellen, gesetzt werden solle.

Auch die GEW-Eckpunkte zur Reform der LehrerInnenausbildung sieht eine Neugestaltung der Übergangsphase in den Beruf vor. Demnach soll das Referendariat durch eine Phase der Berufseinmündung ersetzt oder zumindest optional als Alternative ergänzt werden, die direkt an das Studium anknüpft und als Ausbildungselement gestaltet und organisiert wird. Exemplarisch schlägt die GEW folgendes Modell vor:

> „Die HochschulabsolventenInnen erwerben mit der bestandenen Prüfung einen Rechtsanspruch auf befristete Einstellung in den Schuldienst. Sie werden voll beschäftigt und mit Anspruch auf volle Vergütung und mit den Aufgaben einer Lehrerin oder eines Lehrers betraut. Für die Berufseinmündungsphase werden Ausbildungsmodule vorgesehen, die die BerufsanfängerInnen bei hierzu berechtigten („akkreditierten“) Anbietern abrufen können. Zu denen gehören insbesondere die bisherigen Studienseminare, aber auch Hochschulen oder Fort- und Weiterbildungsinstitute. Für diese Ausbildungsmodule erhalten die BerufsanfängerInnen eine großzügig zu bemessende Stundenanrechnung. Der Gesamtumfang der Module entspricht in etwa den bisherigen zwei Jahren des Referendariats. Die Module werden jeweils einzeln bewertet. Bei Abschluss der Berufseinmündungsphase - es werden drei Jahre vorgeschlagen - müssen die Module nachgewiesen werden. Die Bescheinigungen hierüber werden in einem Portfolio gesammelt, das Auskunft über die spezifische persönliche Qualifikation gibt.“[752]

Strukturell betrachtet sehen BDA und GEW somit ähnliche Konzepte für die Reform des Vorbereitungsdienstes vor.

4.3.3.5.2.1 Studienmodelle

Über die dringende Notwendigkeit einer Reform der deutschen Lehrerausbildung herrscht unter allen Beteiligten Einigkeit. Zurzeit existiert eine Vielzahl von strukturellen Reformmodellen; einige Bundesländer befinden sich schon in der Umsetzung. Seinen Ausgangspunkt nahm die Diskussion mit der Veröffentlichung eines vom Land Nordrhein-Westfalen

---

[751] Ebenda.

[752] GEW (2001): Eckpunkte der GEW zur Reform der LehrerInnenbildung. Beschluss des GEW Hauptvorstandes vom 23. Juni 2001. Frankfurt am Main. In: http://www.lehrerbildung.de/docu/GEW-14eckp.pdf. S. 7.

in Auftrag gegebenen Gutachtens, das sich für die Fachöffentlichkeit überraschend auch mit der Lehrerbildung befasste.[753] Dieses Gutachten stellte die bisherige Form der Lehramtsausbildung zur Disposition und empfahl erstmals ein konsekutives Studienmodell aus sechssemestrigem Fachstudium mit Bachelor-Abschluss und einer erziehungswissenschaftlich-fachdidaktischen Anschlussphase.

Die weiteren Reformmodelle lassen sich grob in konsekutive Modelle auf der einen Seite und Modelle, die die Grundständigkeit beibehalten wollen, auf der anderen Seite differenzieren. Die einflussreichsten Modelle, die gleichzeitig jeweils für einen dieser Pole stehen, stellen derzeit die Empfehlung des Wissenschaftsrates und die der Kommission der KMK dar. Im November 2001 machte der Wissenschaftsrat Empfehlungen zur künftigen Struktur der Lehrerbildung, die ebenfalls ein konsekutives Modell, bestehend aus einem berufsqualifizierenden Bachelor-Studium von zwei Fächern und einer anschließenden nach Schularten differenzierten praxisbezogenen Auseinandersetzung mit Erziehungswissenschaften, Fachwissenschaft und Fachdidaktik, die mit der Master-Prüfung endet, beinhaltet.[754]

Die Kommission der KMK hingegen will die grundständige Lehrerbildung beibehalten und systemimmanent die Defizite bei der Verzahnung von Unterrichtsfach, Fachdidaktik und allgemeinen erziehungswissenschaftlichen Grundlagen beheben. Der federführende Autor, Ewald Terhart, verweist auf die Notwendigkeit einer wissenschaftsbasierten Ausbildung in Kombination mit berufsfeldbezogenen Erfahrungen.

Die Wirtschaftsverbände beteiligen sich, soweit die erste Phase der Ausbildung betroffen ist, nicht an dieser Diskussion, aus den Reihen der Gewerkschaften befasst sich mit diesem Spezialthema nur die GEW. Für jene steht dabei im Vordergrund, dass die Reformmodelle das einheitliche Lehramt für alle Schularten sowie die integrierte Weiterbildung gewährleisten.

> „Die GEW lehnt eine frühzeitige und definitive Festlegung der Lehramtsstudierenden auf Schularten und/oder -stufen oder eine unterschiedliche Dauer der Ausbildung und die Trennung der Ausbildungsorte (z. B. Verlagerung der Grundschul- oder Berufsschul-LehrerInnenausbildung an die Fachhochschule) grundsätzlich ab. Ebenso werden gestufte Studienabschlüsse (Bachelor/Master) für die LehrerInnenbildung abgelehnt, wenn damit eine Reduzierung des Professionalisierungsanspruches und/oder eine hierarchische Stufung von Lehrämtern verbunden wird. Die GEW fordert eine einheitliche Mindeststudiendauer von 8 Semestern.“[755]

---

753 Die Überraschung resultierte daraus, dass die Expertenkommission keinen Auftrag zur Neustrukturierung der Lehrerbildung besaß und diese gewissermaßen als Nebenprodukt der Neustrukturierung der Hochschulen in Nordrhein-Westfalen entstanden ist. Weiter gehörte der Expertenkommission kein mit Schule oder Lehrerbildung vertrauter Wissenschaftler an, so dass diese Empfehlung von einer Reihe renommierter Wissenschaftler scharf kritisiert wurde. Vgl. Combe, Arno/ Helsper, Werner/ Klafki, Wolfgang/ Kolbe, Fritz-Ulrich/ Radtke, Frank-Olaf/ Terhart, Ewald (2001): Mit einem Schnelltraining in den Lehrerberuf. Eine Generalabrechnung von Pädagogik-Professoren mit der "Vision" des Expertenrats zur künftigen Lehrerbildung in Nordrhein-Westfalen. In: Frankfurter Rundschau 2001 vom 20.06.2001. In: http://www.lehrerbildung.de/docu/AntwortNRW-FR.html.

754 Wissenschaftsrat (2001): Empfehlungen zur künftigen Struktur der Lehrerbildung. Drs. 5065/01. In: http://www.wissenschaftsrat.de/texte/5065-01.pdf.

755 GEW (2001): Eckpunkte der GEW zur Reform der LehrerInnenbildung. Beschluss des GEW Hauptvorstandes vom 23. Juni 2001. Frankfurt am Main. In: http://www.lehrerbildung.de/docu/GEW-14eckp.pdf. S. 4.

Dabei ist noch nicht abzusehen, ob konsekutive Modelle als ein einheitliches Modell für alle Lehrämter etablieren werden. Denkbar ist auch eine Reduzierung der Ausbildung der Grund-, Haupt- und Sonderschullehrkräfte auf einen kurzen Bachelor-Studiengang an Fachhochschulen.

Gerd Köhler, innerhalb des Geschäftsführenden Hauptvorstandes der GEW zuständig für Lehrerbildung, steht generell der Einführung von Bachelor- und Masterstudiengängen an den Universitäten unter bestimmten Bedingungen positiv gegenüber, für die Frage der neuen Lehrerbildung spricht sich Köhler „gegen die voreilige und flächendeckende Einführung und für eine systematische Begleitung, gründliche Evaluation und grundsätzliche Rückholbarkeit" der Versuche aus.[756] Allerdings wird seitens der GEW bezweifelt, dass es sich bei der Umsetzung von Modellprojekten tatsächlich um „rückholbare Pilotprojekte handelt und befürchtet, dass die Bundesländer mit diesen Modellvorhaben Fakten schaffen.[757]

Nach Meinung der Wirtschaftsverbände solle die KMK berufsbegleitende Qualifizierungsmaßnahmen zum Lehrer anbieten, um Seiteneinsteigern den Weg in den Schuldienst bei Gewährleistung der Qualität zu eröffnen.

Alle Wirtschaftsverbände fordern neben der fachlichen Ausbildung einen höheren Stellenwert der pädagogischen Professionalität zur Stärkung der pädagogisch-erzieherischen Kompetenz der Lehrer. Auch die GEW will die didaktisch-pädagogischen Anteile im Studium zu Lasten der fachlichen Vollfachstudiengänge stärken und fordert den konstruktiven Umgang mit Heterogenität als zentralen Querschnittsinhalt der Ausbildung. Die Wirtschaftsverbände halten Medienkompetenz der Lehrer für eines der dringlichsten Bestanteile der Lehrerausbildung- und Weiterbildung.

4.3.3.5.2.2 Auswahl und Fortbildung

Genau wie bei anderen Staatsprüfungen ist bei Lehramtsabsolventen seit Beginn des 19. Jahrhunderts ein zyklischer Wechsel von Bewerbermangel und Bewerberüberschuss anzutreffen, wobei die zyklische Einstellungspolitik nicht nur eine problematische Alters- und die damit im öffentlichen Dienst verbundene Kostenstruktur zur Folge hatte, sondern überdies in Zeiten von Lehrkräftemangel bei den Einstellungen weniger Spielraum für Qualitätsgesichtspunkte ließ. Zudem wurde Lehrkräftemangel nicht selten verbandspolitisch zur Durchsetzung eigener Forderungen genutzt.[758]

Die GEW und die BDA weisen beide auf die bereits angespannte Personallage an Schulen und den sich abzeichnenden Mangel an Lehrkräften in den nächsten Jahren hin.[759]

---

756 Zitiert nach Ballauf, Helga (2002): Chancen für eine neue Lehrerbildung? In: Erziehung & Wissenschaft Nr. 6/2002. S. 27 – 28. S. 28.

757 Ballauf, Helga (2002): Chancen für eine neue Lehrerbildung? In: Erziehung & Wissenschaft Nr. 6/2002. S. 27 – 28. S. 27. Angesichts der vielfachen personellen Überschneidungen zwischen GEW und SPD ist es von Bedeutung, dass sich derzeit alle Versuche, die Lehrerbildung nach dem BA/MA-Schema neu zu organisieren, auf Hochschulen von Ländern konzentrieren, in denen die SPD mitregiert: Nordrhein-Westfalen, Niedersachsen, Rheinland-Pfalz, Mecklenburg-Vorpommern, Sachsen-Anhalt.

758 Döbrich, Peter/ Klemm, Klaus/ Knauss, Georg/ Lange, Hermann (2004): Ausbildung, Einstellung und Förderung von Lehrerinnen und Lehrern (OECD-Lehrerstudie). S. 19.

759 Aufgrund der Altersstruktur der Lehrkräfte werden aufgrund demografischer Effekte bis 2020 trotz negativem Zusatzbedarf dennoch zirka 300.000 Lehrkräfte benötigt. Vgl. Jeschek, Wolfgang (2003): Modelrechnungen

Die Wirtschaftsverbände unterstreichen die Bedeutung qualitativ guter Bewerber für das Lehramt und plädieren für geeignete Instrumentarien zur Berufsorientierung, zur Überprüfung der persönlichen Eignung und beruflichen Belastbarkeit für die Lehramtskandidaten einerseits und stärker eignungsbezogene Selektion seitens der Ausbildungsinstanz andererseits, um den zu erwartenden Berufserfolg prognostisch besser einschätzen zu können.[760]

Zudem fordert die BDA regelmäßige und systematische Kontakte mit der außerschulischen Berufswelt durch regelmäßige obligatorische Betriebspraktika sowie die Förderung der Jobrotation zwischen Lehrerberuf und einer Tätigkeit in der Wirtschaft. Bisher ist die berufliche Mobilität deutscher Lehrkräfte eher gering: Wechsel der Schule oder gar der Schultypen sind in Deutschland ausgesprochen selten, ebenso ungewöhnlich ist der (temporäre) Wechsel aus der Schule in andere Berufsfelder. Deshalb müssten dienst- und versorgungsrechtliche Hindernisse beseitigt und Lehrkräfte durch Anreize zu größerer beruflicher Mobilität aufgefordert werden.

Kontinuierliche berufliche Fortbildung der Lehrer während ihrer gesamten Laufbahn wird von zahlreichen Fachleuten als eines der Schlüsselinstrumente zur Realisierung der wichtigsten bildungspolitischen Ziele angesehen. Gleichzeitig wird der Umfang und die Qualität der Fortbildungsaktivitäten deutscher Lehrkräfte als ungenügend bewertet und das rasche Abfallen der Aus- und Fortbildungsaktivitäten nach der Berufseinmündungsphase kritisiert.

> „Ein anderer bemerkenswerter Aspekt ist die Unausgeglichenheit der Hürden während der gesamten Berufslaufbahn. Die Barrieren sind für Lehrer am Anfang ihrer Karriere mit einer langen Studiendauer, verschiedenen Prüfungen zur Zertifizierung ihrer Berufsbefähigung und einer relativ langen Probezeit ziemlich hoch. Mit Erreichen des Beamtenstatus ändert sich dieses Bild grundlegend, denn danach wird die Arbeit der Lehrkräfte kaum oder gar nicht evaluiert.“[761]

Ähnliche Probleme betonen auch die Autoren der ergänzenden Hinweise zu dem nationalen Hintergrundbericht:

> „Die Prüfungsleistungen geben eine Lizenz für lebenslange Unterrichtserteilung, deren Validität im Verlauf des Berufs durch eine kontinuierliche Personalbeurteilung kaum mehr überprüft wird.“[762]

---

zum Lehrerbedarf an allgemein bildenden Schulen bis 2020. In: DIW-Wochenbericht Nr. 15/2003. Tabelle 6, Grundvariante.

760 Allerdings geht kein Verband so weit, eine in vielen anderen Staaten übliche Eingangsprüfung für Lehramtstudiengänge zu fordern. Aufgrund des Fehlens derartiger Auswahlmechanismen sind jedoch Aussagen über die Qualität der Bewerber schwierig zu treffen. Legt man den (bei Lehramtsbewerbern seit dreißig Jahren sinkenden) Abiturnotendurchschnitt als Qualitätsmerkmal zugrunde, haben die Lehramtstudiengänge den Wettbewerb mit anderen Disziplinen um die besten Absolventen freilich längst verloren. Jürgen Baumert zitiert nach: Spiegel-Online (2003): Lehrernachwuchs. Nur die Besten sind gut genug. SPIEGEL-Online vom 21.10.2003. http://www.spiegel.de/unispiegel/jobundberuf/0,1518,270576,00.html.

761 Halász, Gábor/ Santiago, Paulo/ Ekholm, Mats/ Matthews, Peter/ McKenzie, Phillip (2004): Anwerbung, berufliche Entwicklung und Verbleib von qualifizierten Lehrerinnen und Lehrern. Länderbericht: Deutschland. Paris. S. 41.

762 Döbrich, Peter/ Klemm, Klaus/ Knauss, Georg/ Lange, Hermann (2004): Ausbildung, Einstellung und Förderung von Lehrerinnen und Lehrern (OECD-Lehrerstudie). S. 13.
Noch deutlicher formuliert es das Reiseprotokoll der Wissenschaftler. „Geballte Ladung in der ersten und zweiten Phase und dann nichts mehr bis zur Pensionierung. Die Erstausbildung verliert rasant an Wirksamkeit, wenn im Beruf keine weitere Qualifizierung erfolgt.“ Vgl. Kahl, Reinhard (2003): Marionetten an der

Auch in diesem Zusammenhang weisen die Wirtschaftsverbände auf die Notwendigkeit hin, dass die Universitäten neben der wissenschaftlichen Ausbildung angehender Lehrer zukünftig in stärkerem Maße als wissenschaftliche Weiterbildungseinrichtungen fungieren müssen. Neben dem Kontakt zu den erlernten Fächern sei Fortbildung vor allem im Bereich des didaktisch-methodischen Könnens durch Kooperation mit wissenschaftlichen Einrichtungen von besonderer Wichtigkeit. Lehrer sollen nach Meinung von BDA und BDI materielle und immaterielle Anreize zur Weiterbildung erhalten.

Genau wie die GEW, welche die Organisation der Weiterbildung stärker in die Hand der Lehrer geben möchte, fordert auch die BDA eine Dezentralisierung der Fortbildungsetats- und Entscheidungen. Demzufolge sollten die zentralen Fortbildungsetats der Ministerien bzw. Behörden auf die Einzelschulen verteilt werden und die Entscheidungskompetenz über Auswahl der Teilnehmer an Fortbildungen bei der Schulleitung liegen. Diese entscheidet im Sinne einer entwickelnden Personalplanung, die für Lehrer eine verlässliche Laufbahnplanung darstellen müsse, in Abstimmung mit den Lehrern über Art und Umfang der Fortbildungsmaßnahmen. Dabei müsse prinzipiell der gesamte Weiterbildungsmarkt Lehrern offen stehen. BDA-Präsident Hundt forderte im Sommer 2001 überdies eine, dem Schweizer Modell ähnliche, obligatorische jährliche Fortbildungszeit von zwei Wochen, die prinzipiell in der unterrichtsfreien Zeit liegen solle.[763]

4.3.3.6 Resümee – Allgemeinbildende Schulen

In schulpolitischen Fragen kann in jeder Verbandsgruppe eine deutliche Meinungsführerschaft festgestellt werden, so dass eine kurze Gegenüberstellung der Protagonisten BDA und GEW gerechtfertigt scheint.

Trotz unterschiedlicher Akzentuierung kann für beide Verbände im allgemeinschulischen Bereich eine nahezu identische Problemwahrnehmung konstatiert werden. Soweit Reformmaßnahmen betroffen sind, zeichnen sich aber neben unterschiedlichen Auffassungen bezüglich der Steuerungsprinzipien insbesondere in der Frage der Schulstruktur, aber auch bezüglich der Verwertbarkeit große Differenzen ab. Somit bestehen deutlich erkennbare Unterschiede nicht nur in der Policy-Dimension, sondern auch in normativen Fragen der Funktion und des Zwecks von Bildung.

Einigkeit herrscht in den Forderungen nach methodisch-didaktischen Reformen, nach mehr Ganztagsangeboten und nach gezielter individueller Förderung der Schüler, wobei die BDA auf eine Binnendifferenzierung innerhalb des gegliederten Schulsystems und die GEW auf einen schulstrukturellen Wechsel setzt. Angesichts konträrer Wirtschaftsverbandspositionen unterhalb der Dachverbandsebene und einiger Einzelstimmen ist es jedoch fraglich, ob das unbedingte Festhalten der BDA an dem dreigliedrigen Schulsystem innerhalb der deutschen Wirtschaft mit der gleichen Vehemenz vertreten wird.[764]

Tafel. In einer internationalen Lehrerstudie bekommt Deutschland schlechte Noten. In: Die Zeit Nr. 50/2003. S. 35.

[763] BDA-Presseerklärung (2001): Arbeitgeberpräsident Hundt: Lehrer sollen sich in den Schulferien zwei Wochen fortbilden! In: BDA-Presseerklärung vom 4.08.2001.

[764] Jürgen Kluge, Geschäftsführer der Unternehmensberatung McKinsey, fordert in seinem „Manifest zur Bildung" vom 06.09.02 „eine differenzierte Förderung des einzelnen Schülers, die weder etwas mit unserer frühzeitigen Trennung in Haupt-, Realschule und Gymnasium noch mit der Gesamtschule gemein hat, sondern mit individuellen Lehrplänen und Kleingruppenförderung innerhalb des Klassenverbundes". Vgl. Kluge, Jürgen

Nun ist für die bundesdeutsche Bildungspolitik das gesteigerte Interesse und Engagement der Wirtschaftsverbände an bzw. in diesem Politikfeld ein relativ junges und durch die PISA-Studie in der Bundesrepublik etablierte outputorientierte Betrachtung katalysiertes Phänomen, das mit der Formulierung der „Abnehmerinteressen" eine neue Perspektive eröffnet oder zumindest deutlich verstärkt hat. Diese Perspektive auf Bildung übt Druck auf traditionelle, humanistisch ausgerichtete Bildungstheorien aus, die vor dem Hintergrund der deutschen Bildungstradition den Begriff Bildung mit Ideen wie Allseitigkeit, Zweckfreiheit und individueller Selbstkultivierung verbindet.

Allerdings ist Vorsicht vor einer Ex-Post-Idealisierung eines derartigen Bildungsbegriffs geboten, denn die Kritik an verwertungsorientierten Bildungsbegriffen läuft Gefahr, die antizipierte Veränderung mit einem Idealbild eines traditionellen Bildungsbegriffs zu vergleichen, dessen behaupteter Kern nichts weiter als „eine Illusion, Idee oder ein Versprechen sein könnte, von dessen Einlösung man nach 200 Jahren immer noch weit entfernt" ist.[765] Viele bildungspolitische Diskurse sind dadurch gekennzeichnet, dass sie pädagogische Konzepte, also Theorien, mit der wahrnehmbaren Wirklichkeit vergleichen.

Zu Recht weist Jürgen Oelkers darauf hin, dass Schulen primär keine Bildungs-, sondern Lerneinrichtungen sind, die sich angesichts des immensen Ressourcenverbrauchs von ihren Ergebnissen her zu rechtfertigen haben.[766] PISA selbst definiert mit seinen Literacy-Konzepten letztlich eine im Sinne von Welterschließung und Problembewältigung funktionale Bildungstheorie, in deren Mittelpunkt individuelle Handlungsfähigkeit zum Lösen von Problemen steht. Deutlich sind die emanzipatorischen, selbstkultivierenden und allseitigen Elemente erkennbar. Zugespitzt könnte der PISA-Bildungsbegriff als notwendige Grundlage verstanden werden, von der aus hinreichende humanistische Bildungsideale überhaupt erst angestrebt werden können. Zudem bleiben die Verteidiger des Status quo bisher eine Antwort auf die Frage schuldig, wie Lernen überhaupt und schulisches Lernen im Besonderen ohne objektivierbare Informationen über Lernerfolge gestaltet werden soll.[767]

PISA als Instrument einer ökonomiezentrierten Sichtweise auf Bildung zu interpretieren, erscheint auf den ersten Blick nicht gänzlich abwegig, dennoch wäre die Annahme einer diesbezüglichen Kausalität voreilig. Die sich etablierende ökonomische Perspektive auf Bildung ist wohl eher der wachsenden volkswirtschaftlichen Bedeutung des gesellschaftlichen Qualifikationsniveaus geschuldet. Auch sollte nicht in Vergessenheit geraten,

---

(2002): Manifest zur Bildung. Kongress McKinsey bildet am 6. September 2002, Berlin. In: http://www.mckinsey-bildet.de/download/rede_juergen_kluge.pdf. S. 11.
Auch die Bertelsmann-Stiftung spricht sich in einem Papier unter dem Titel „Wir brauchen eine andere Schule!" vom Juni 2002 für ein anderes Schulsystem aus. „Die Schulsysteme in Deutschland müssen fördernd statt selektiv ausgerichtet werden! ... Eine Schule, die die Strategie der individuellen Förderung für jeden Schüler konsequent umsetzen will, muss sich von Vorstellungen vorgeprägter Schulkarrieren und homogener Lerngruppen lösen. Die formale Versetzung eines Schülers in eine andere Lerngruppe oder Schule ist in der innovativen Schule nicht mehr notwendig bzw. möglich - jede Lerngruppe ist ohnehin heterogen zusammengesetzt." Vgl. Bertelsmann Stiftung (2002): Wir brauchen eine andere Schule. Das deutsche Bildungssystem hält nicht, was es verspricht. Gütersloh. S.12.

765 Wimmer, Michael (2002): Bildungsruinen in der Wissensgesellschaft. Anmerkungen zum Diskurs über die Zukunft der Bildung. In: Lohmann, Ingrid/ Rilling, Rainer (Hrsg.): Die verkaufte Bildung. Kritik und Kontroversen zur Kommerzialisierung von Schule, Weiterbildung, Erziehung und Wissenschaft. Opladen. S. 45 – 68. S. 49.

766 Oelkers, Jürgen (2002): Und wo, bitte, bleibt Humboldt? In: Die Zeit Nr. 27/2002. S. 36.

767 Vgl. Muszynski, Bernhard (2002): Empirische Ende oder heiße Luft? Was die PISA-Debatte bewegen könnte. S. 73.

dass die Bildungsreform Ende der 60er Jahre ebenso mit Dahrendorf und Edding[768] zwei Pole aufwies, mit denen die gesellschaftlich-emanzipatorische genauso wie die ökonomisch-qualifikatorische Dimension repräsentiert war.

PISA hat somit keinen neuen Bildungsbegriff eingeführt, sondern erstmals ein Instrumentarium, das nahezu unbestritten belegt, dass die Bildungsreformen vergangener Dekaden für den schulischen Bereich in beiden Dimensionen die Erwartungen nicht erfüllt haben. Damit liefert die PISA-Studie eine empirisch abgesicherte Folie, vor der weitere, über Fachkreise hinausgehende Akteure ihre Problemwahrnehmung und Lösungskonzepte artikulieren. Vor dem Hintergrund des steigenden Einflusses von Qualifikation auf die Wettbewerbsfähigkeit ist ein vermehrtes Engagement der Wirtschaftsverbände nicht überraschend und langfristig eine Stärkung der qualifikatorischen Dimension des Bildungsbegriffs anzunehmen. Zumindest unentschieden ist die Frage, welche Effekte eine Stärkung dieser Dimension für die Qualität schulischer Leistungen insgesamt haben wird. Gegen eine Leistungssteigerung im Bereich der von PISA operationalisierten Kompetenzen als mittelfristiges Ziel spricht sich zurzeit jedenfalls niemand aus.

Aufgrund ihrer jeweiligen normativen Prämissen halten BDA und GEW hingegen die Ergebnisse dieser Entwicklung schon für klar bestimmt. Die BDA erkennt keine Fokussierung auf die Arbeitswelt durch ihre schulpolitischen Vorstellungen, da sich ihre Forderungen größtenteils auf Niveausteigerungen durch neue Instrumente, aber im Rahmen bestehender schulischer Kontexte richten. Eine Veränderung des bestehenden Bildungsbegriffs vermag sie nicht zu erkennen.

Anders die GEW, deren „Schulpolitische Positionen“ ein durch die Ökonomisierung von Bildung bedrohtes Bild zeichnen, das den sprichwörtlichen Roten Faden aller allgemeinen schulpolitischen Publikationen darstellt.

> „Die GEW warnt vor einer schulpolitischen Entwicklung, in der sich neoliberale Elemente mit Konservatismus verbinden. Eine Folge ist die Entwicklung zu einem dichotomen Schulwesen, in dem umfassende Bildung einer kleinen Minderheit in einem wohl ausgestatteten teuren Privatschulwesen vorbehalten ist, während der großen Masse ein vernachlässigtes, verarmtes und überfordertes öffentliches Schulwesen zur Verfügung steht.“[769]

Dieser Warnung vor dem aufgezeigten Szenario würde wahrscheinlich niemand widersprechen; sein Eintreten wäre auch den Interessen der Wirtschaft diametral entgegengesetzt. Unterschiede bestehen zwischen den bildungspolitischen Akteuren vor allem in der Interpretation geforderter oder aktueller Veränderungsprozesse in Hinblick auf ihre Wirkung auf das beschriebene Szenario.

Der Einschätzung, dass die Einführung bestimmter Steuerungsinstrumentarien zu einer willenlosen Dienstbarkeit der Schulpolitik gegenüber den Wünschen der Wirtschaft führt, liegt die Auffassung zugrunde, dass die Erwerbstätigkeit keine umfassend gebildeten Menschen benötige, sondern mit reinen „Anpassungsqualifikationen“ auskomme. Seitens der GEW besteht große Skepsis bezüglich postulierter Unternehmensinteressen an selbstbestimmten, eigenständigen, kreativen und sozial- und demokratisch verantwortlichen Mitar-

---

768 Edding, Friedrich (1964): Ökonomie und Planung des Bildungswesens. Lehren und Lernen als Haushalt und als Investition. Freiburg iBr.

769 GEW (2002): Bildung braucht Zukunft – Schulpolitische Positionen der GEW. In: http://213.198.62.63/standpunkt/aschlagzeilen/schule/texte/spp_neu.pdf. S. 1.

beitern.[770] Inwieweit sich diese Einschätzung mit der Realität deckt oder in einer Wissensgesellschaft decken wird, kann an dieser Stelle nicht diskutiert werden. Sicher ist jedoch, dass für das Gelingen einer umfassenden Bildungsreform das Maß an Konvergenz zwischen individuellen Bildungsinteressen und ökonomischen Verwertungsinteressen von entscheidender Bedeutung ist.[771]

Gleichwohl sei darauf hingewiesen, dass das gesellschaftlich und demokratietheoretisch gebotene Ziel eines Bildungssystems, die sozialen, ethnischen und kulturellen Disparitäten der Bildungsbeteiligung und des Bildungserfolgs der Bürger weitgehend anzugleichen, die Frage der Erwerbfähigkeit nicht ausblenden kann, sondern diese eine wesentliche Referenzgröße darstellt.

Die Ansprüche der Erwerbswelt an die Absolventen des Bildungssystems werden dabei keineswegs ausschließlich durch die Wirtschaftsverbände, sondern ebenso aus einer etwas anderen Perspektive durch die Gewerkschaften formuliert. So fordert ver.di für einen Teil eines Altersjahrgangs die Aufhebung der Trennung von allgemeinbildendem und berufsbildendem Schulwesen durch die Einrichtung von Kooperationsklassen von Haupt-, Sonder- und Berufsschulen ab dem siebten Jahrgang, in denen zwei Drittel Fachpraxis und ein Drittel Fachtheorie vermittelt würden.[772]

Bei allen Unterschieden wird die Legitimität bestimmter gesellschaftlicher Gruppen, mediatisiert durch Verbände Ansprüche an das Schulsystem zu stellen, nicht bestritten. Dieses zunehmende bildungspolitische Engagement unterschiedlicher Akteure in der Bildungspolitik verweist einerseits auf deren wachsende Bedeutung für unterschiedlichste Politikbereiche. Andererseits stellt sich gleichzeitig die Frage der Definitionsmacht über Probleme und Aufgaben, die sich dem Bildungssystem heute und in Zukunft stellen, neu, wodurch der „pädagogisch-kurative Komplex“[773] sein bisheriges hegemoniales Deutungsmonopol in Bildungsfragen zu verlieren droht. Insofern ist es wenig überraschend, dass die GEW als der Lobbyakteur eben dieser Klientel eine zukünftige Hegemonie der Ökonomie über das Bildungswesen konstatiert. Verbandsstrategisch würden sich allerdings aus einer weit reichenden Autonomie der Einzelschule mit Budget- und Personalverantwortlichkeit und einer Überführung der Lehrkräfte in Angestelltenverhältnisse beachtliche Einflusspotenziale erschließen.

---

770 Demmer, Marianne (2000): Arbeitsorientierte Bildung an den Schulen verankern! Gemeinsamer Workshop des Bundeselternrates mit BDA und DGB: Essentials aus GEW-Sicht. In: http://213.198.62.63/standpunkt/aschlagzeilen/schule/es-work.htm (21.10.2004).

771 Damit ist der Einschätzung Marianne Demmers zu folgen, dass unternehmerisches Interesse an umfassender Bildung nicht als Selbstzweck, sondern nur solange besteht, wie diese einen ökonomischen Zweck erfüllt. Differenzen in dieser Frage leiten sich somit vor allen auch aus unterschiedlichen Einschätzungen über die Entwicklung der Wissensgesellschaft und den Auswirkungen auf das antagonistische Verhältnis von Arbeit und Kapital ab, wobei die GEW eine Interessenkonvergenz von individuellen, gesellschaftlichen und ökonomischen Interessen für unmöglich hält. Vgl. Ebenda.

772 Ver.di (2003): Den Turm im Dorf lassen. Die Schieflage der deutschen Bildungspolitik. Ergebnisse, Hintergründe und Konsequenzen aus den Schulleistungsvergleichen PISA. Berlin. S. 46 f.

773 Radtke, Frank-Olaf (2000): Schulautonomie, Sozialstaat & Chancengleichheit. In: Radtke, Frank-Olaf/ Weiß, Manfred (Hrsg.): Schulautonomie, Wohlfahrtsstaat und Chancengleichheit. Ein Studienbuch. Opladen. S. 13 – 32. S. 13.

4.3.4 Hochschulen

4.3.4.1 Tertiäre Bildungsexpansion

Einstimmigkeit herrscht zwischen den untersuchten Verbänden, dass der Anteil der Arbeitnehmer mit Hochschulabschluss in Deutschland in einer gemeinsamen Anstrengung der gesellschaftlichen Gruppen und des Staates erhöht werden müsse. Alle Verbände verweisen auf die im internationalen Vergleich geringe Quote von Hochschulabsolventen. Angesichts steigender Ansprüche des Arbeitsmarktes, der demographischen Entwicklung und des damit verbundenen Fachkräftemangels müsste mittelfristig der OECD-Durchschnittwert von 40 Prozent Studierenden eines Altersjahrgangs erreicht und langfristig ausgebaut werden. Für die Wirtschaftsverbände weist insbesondere der BDI mit viel Nachdruck darauf hin, dass die Akademikerquote mit der schulischen Bildungsexpansion nicht Schritt gehalten habe.[774] Während die Wirtschaftsverbände eher auf eine höhere Studienquote unter Studienzugangsberechtigten und eine drastische Verringerung der Abbrecherzahl setzen, fordern der DGB und die GEW in diesem Zusammenhang eine Steigerung der Quote der Studienzugangsberechtigten, wobei die GEW 70 Prozent eines Jahrgangs langfristig als Richtwert anstrebt.[775]

4.3.4.2 Selbstverständnis der Universitäten

Die dargestellten normativen Vorstellungen der Verbände von den Aufgaben der Hochschulen können als Leitbilder aufgefasst werden, die in den vielen Detailfragen wirksam werden. Gemein ist den Wirtschaftsverbänden und Gewerkschaften die Betonung der Ausbildungsfunktion der Hochschulen.

> „Die Mehrzahl der Studierenden erwartet keine Ausbildung zum Fachwissenschaftler, sondern eine wissenschaftsfundierte Qualifizierung für anschließende Tätigkeiten in der Praxis. Berufsbefähigung verlangt vor allem Handlungskompetenz; sie gründet sich auf breit angelegte Kenntnisse, auf eine methodisch geschulte Auffassungsgabe und auf eine eingeübte Lösungskompetenz. Klar erkennbare Ausbildungsprofile ermöglichen eine bessere Einschätzung der Qualifikation der Hochschulabsolventen“[776].

Ausgehend von diesem Befund formuliert die BDA das Selbstverständnis der Hochschulen:

> „Die Hochschulen brauchen eine [sic] neues Selbstverständnis als moderne, auf Wettbewerb ausgerichtete Dienstleistungsbetriebe und Ausbildungsinstitutionen. Nur bei einer deutlichen Effizienz- und Qualitätssteigerung können sich die Hochschulen zu solchen Dienstleistern entwickeln.“[777]

---

774 Rogowski, Michael (2001): „Innovationsfähigkeit und Kompetenz: Erfolgsgeheimnisse im internationalen Wettbewerb“. Rede zur gemeinsamen Tagung von Bundesverband der Deutschen Industrie und Wuppertaler Kreis "Zukunftsaufgabe Qualifikation – Schlüssel zum Erfolg mittelständischer Unternehmen" am 16. Mai 2001 in Berlin. In: http://www.wkr-ev.de/unternehmertagung/rogowski.pdf (31.05.2003). S. 4.

775 GEW (2002): QuiB - Qualität im Bildungswesen. In: http://www.gew.de/rdb/pdf/quib_thesen.pdf. S. 2.

776 Bundesvereinigung Deutscher Arbeitgeberverbände (2000): Für eine neue Bildungsoffensive. Berlin. S. 26.

777 Ebenda.

Dieses Selbstverständnis teilen die anderen Wirtschaftsverbände. Der BDI spricht von „Wissensunternehmen“[778] und der DIHK sieht den Kernauftrag der Hochschulen, dem diese gerecht werden müssten, in der akademischen Bildung, da „die Mehrzahl [...] „nur“ einen Beruf erlernen“[779] wolle. In einer gemeinsamen Erklärung formulieren alle Wirtschaftsverbände gemeinsam:

> „Die deutschen Hochschulen brauchen ein neues Selbstverständnis. Nicht der staatliche verordnete Bildungsauftrag, sondern die Orientierung an Kundenwünschen – von Gesellschaft, Studierenden und Unternehmen – muss Maxime für das Leistungsangebot werden.“[780]

Unter ein derartiges Selbstverständnis einer wissenschaftsbasierten Ausbildungsinstitution lassen sich auch die Leitbilder der Gewerkschaften subsumieren. Nachfrageorientierung wird nicht prinzipiell aufgrund ihrer Auswirkung auf die Bildungsinhalte skeptisch betrachtet, sondern eher aus der Befürchtung heraus, dass eine nachfrageorientierte Steuerung einer Privatisierung bisher staatlicher Aufgaben Vorschub leisten könnte.[781] Einen stärkeren Praxisbezug fordern alle Gewerkschaften, ebenso eine eindeutige, auf den Arbeitsmarkt gerichtete deutliche Zertifizierung der Studiengänge.

> „Um den gesellschaftlichen Ansprüchen an berufliche Fähigkeiten und Fertigkeiten gerecht zu werden, müssen die Studieninhalte neben den fachlichen Qualifikationen auch und insbesondere soziale und kommunikative Kompetenzen umfassen. Dies beinhaltet neben Interdisziplinarität und Internationalität auch Praxisorientierung als integrale Bestandteile von Studiengängen. Neben die inhaltliche Studienreform muss der Ausbau der Studienberatung und die kontinuierliche Evaluation der Hochschule und der Studienangebote durch die Studierenden treten. Darüber hinaus wird eine stärkere Anerkennung und Zertifizierung erworbener Teilqualifikationen und der Ausbau von Teilzeitstudiengängen notwendig.“[782]

Blendet man den Fragenkomplex der öffentlichen Verantwortung für die Hochschulen aus und konzentriert sich nur auf die Funktionszuschreibung, welche die Hochschulen von Verbandsgruppen erfahren, so zeigen sich diesbezüglich große Übereinstimmungen zwischen Wirtschaftsverbänden und Gewerkschaften. Aus diesen ähnlichen Leitbildern ergeben sich, wie noch zu zeigen sein wird, Übereinstimmungen in einigen Aspekten der Hochschulpolitik.

---

778 Bundesverband der deutschen Industrie (BDI) (2002): Fakten und Argumente. Hochschule profilieren. Berlin. S. 48.

779 Deutscher Industrie- und Handelskammertag (DIHK) (2000): Bildungstandort Deutschland. Berlin. S. 8.

780 BDI, BDA, DIHT u. a. (1997): Autonomie, Wettbewerb, Profilbildung. Vorschläge der Spitzenverbände der Wirtschaft zur Reform des Hochschulwesens. Vorschläge für eine Novellierung des Hochschulrahmengesetzes (HRG). Bonn. S. 6.

781 Vgl. Vereinte Dienstleistungsgewerkschaft (ver.di) (2002): Hochschule: Zukunftsfähig durch wissenschaftliche Ausbildung. S. 2. Berlin. IG Metall (2003) (Hrsg.): Vielfalt solidarisch gestalten. 20. Ordentlicher Gewerkschaftstag in IG Metall 2003. Themen und Thesen für die Entschließungen. Frankfurt am Main. S. 29.

782 ver.di (2002): Hochschule: Zukunftsfähig durch wissenschaftliche Ausbildung. S. 7.

4.3.4.3 Äußere Hochschulreform

Die Spitzenverbände der deutschen Wirtschaft sehen in der Schaffung von Wettbewerb in der Hochschullandschaft, der mit einer weitgehenden Autonomie der Hochschulen einhergeht, eine der vorrangigsten Aufgaben der Bildungspolitik.[783] Dieser Wettbewerb auf derartigen Bildungsmärkten bezieht sich auf Studienbedingungen und damit auf Studierende, auf das Lehrpersonal, auf Drittmittel, auf Public-Private-Partnership-Projekte und auf reguläre staatliche Mittel.[784] Dafür solle das Finanzierungssystem der Universitäten konsequent auf marktwirtschaftliche, nachfrageorientierte Prinzipien umgestellt werden. Durch eine grundlegende Reform müssten die Hochschulen deshalb in die Lage versetzt werden, „in einem intensivierten Wettbewerb ein eigenständiges Profil zu gewinnen, sich stärker an der Nachfrage auszurichten sowie schwierige Entscheidungen der Mittelverteilung einschließlich der Personalentscheidungen eigenverantwortlich zu treffen."[785] Dass eine stärkere Profilbildung letztlich die Aufgabe des Gleichheitsanspruchs der Hochschulen bedeutet, wird von den Wirtschaftsverbänden ausdrücklich begrüßt.[786]

Ferner sollten die Hochschulen ihr Budget nicht nur auf der Ausgaben-, sondern zukünftig auch stärker auf der Einnahmenseite beeinflussen können, um für finanzielle Leistungsanreize mehr Spielraum zu haben. Finanzautonomie, professionelles Management und kaufmännisches Rechnungswesen anstelle von kameralistischer Haushaltsführung seien notwendige Bedingungen einer autonomen Hochschule. Des Weiteren müsse den Hochschulen prinzipiell die Verantwortung für die Auswahl und Zulassung der Studienbewerber übertragen werden.

Auf Seiten der Gewerkschaften sind ordnungspolitische Fragen der Hochschullandschaft Domäne der ver.di, die ebenfalls für eine Reform mit dem Ziel größtmöglicher Autonomie und Profilbildung der Hochschulen eintritt.[787] Das Verhältnis zwischen Staat und Hochschulen solle zwar grundlegend neu definiert werden, jedoch müssten Hochschulen unbedingt „staatliche Angelegenheit bleiben."[788] Diese Ausführungen und das Fehlen weiterer Präzisierungen der Finanzierungsformen verweist darauf, dass ver.di lediglich eine institutionelle Autonomie anstrebt, die zwar über Profilbildung eine nachfrageorientierte Steuerung akzeptiert, eine systemische Wettbewerbssteuerung hingegen nicht befürwortet. Ebenso befürwortet ver.di eine grundsätzliche Beibehaltung bestehender Finanzierungsformen, worin ein deutlicher Gegensatz zu den Wirtschaftsverbänden besteht. Anhand der

---

783 Bundesvereinigung der Deutschen Arbeitgeberverbände (BDA)/ Bundesverband der Deutschen Industrie (BDI)/ Deutscher Industrie- und Handelskammertag (DIHK) u.a. (2001): Gemeinsame Erklärung von Wirtschaftsministerkonferenz (WMK)/ Bundesverband der Deutschen Industrie (BDI)/ Bundesvereinigung der Deutschen Arbeitgeberverbände (BDA)/ Deutscher Industrie- und Handelskammertag (DIHK)/ Zentralverband des Deutschen Handwerks (ZDH): Mehr Freiheit und Wettbewerb in der Bildung: Anforderungen an die Bildungspolitik. Berlin. S. 6.

784 Der Wettbewerbsbegriff der Wirtschaftsverbände bezieht sich somit auf eine indikatorengesteuerte Zuwendung beträchtlicher staatlicher bzw. privater Leistungen. Dabei sind einige, aber beileibe nicht alle Indikatoren nachfrageorientiert. Unterschieden werden muss dieser Wettbewerbsbegriff sowohl von einer vollkommenen privaten Finanzierung und Leistungserstellung als auch von einem Wettbewerbsbegriff, der auf wissenschaftliche Leistungen ausgerichtet ist.

785 Ebenda. S. 6.

786 BDI, BDA, DIHT u. a. (1997): Autonomie, Wettbewerb, Profilbildung. S. 9.

787 Vgl. ver.di (2002): Hochschule: Zukunftsfähig durch wissenschaftliche Ausbildung. S. 2.

788 ver.di (2002): Hochschule: Zukunftsfähig durch wissenschaftliche Ausbildung. S. 7.

Hochschulfinanzierung- und Leitung werden die unterschiedlichen Auffassungen von Gewerkschaften und Wirtschaftsverbänden bezüglich Autonomie dann deutlich.

Die Wirtschaftsverbände sprechen sich zwar auch für eine prinzipielle staatliche Finanzierung der Hochschulen aus, wollen diese aber durch obligatorische weitere Finanzierungsinstrumente ergänzen und fordern deshalb ein aus drei Komponenten – öffentliche Finanzierung, eigene Einnahmen und Drittmittel – bestehendes Finanzierungssystem. Dabei setzt sich die öffentliche Finanzierungskomponente aus einer knapp bemessenen Grundausstattung, die die Funktionsfähigkeit von Forschung und Lehre garantiert, und leistungsbezogenen Zuwendungen aufgrund bestimmter, regelmäßig evaluierter Indikatoren (Zahl der Studierenden, Regelstudienzeit, Anzahl der Examina etc. und den Ergebnissen der externen und internen Evaluation) zusammen.[789] Diese leistungsbezogenen Indikatoren sollen stets im Einvernehmen zwischen Hochschulträger und Hochschulleitung definiert werden. Auch die Ausbildung des wissenschaftlichen Nachwuchses sollte mit einer zusätzlichen Finanzierungskomponente versehen werden, die von der Hochschule für die Finanzierung von Graduiertenkollegs und zusätzlichen Stipendien eingeworben werden kann. Im Bereich der eigenen Einnahmen müssten die Hochschulen sowohl einen festen, nach Profil der Hochschule unterschiedlichen Budgetteil aus Drittmitteln akquirieren, als auch einen Teil ihrer Kosten durch eigene Einnahmen aus Forschungs- und Entwicklungstätigkeit und/oder aus Weiterbildungsleistungen selbst erwirtschaften.[790] Ferner sehen die Finanzierungsvorstellungen der Wirtschaftsverbände Kostenbeiträge der Studierenden vor.[791]

In der Frage der Finanzierung ist das wirtschaftsverbandliche Konzept der Hochschulen als „Wissensunternehmen" bereits erkennbar; noch deutlicher wird diese Betrachtungsweise in den Reformvorschlägen bezüglich der Hochschulleitung sowie der inneruniversitären Kollegialorgane. Eine Organisationsreform der Hochschulen müsse vor allem auf der Ebene der Hochschulleitung ansetzen, die für die Gesamtverantwortung für alle operativen Funktionen verantwortlich zeichnen müsse. Um diese Aufgabe wirkungsvoll erfüllen zu können, müsse die Hochschulleitung mit umfassender Kompetenz im Personal- und Finanzbereich sowie bei der inhaltlichen Gestaltung des Hochschulprofils ausgestattet werden. Zur Unterstützung der Hochschulleitung sollten Dekane bzw. Fachbereichsleiter ebenfalls der Hochschulleitung angehören und in ihren Kompetenzen und ihrer Verantwortung gestärkt werden, was die Gestaltung des jeweiligen Fachbereichs, die Budgetverantwortlichkeit, das Vorschlagrecht für Berufungen und die Evaluation beinhaltet. Ferner plädieren die Wirtschaftsverbände für die Einrichtung von Hochschulräten, welche auf die strategische Planung und Profilbildung achten. Damit kommt den Hochschulräten eine klassische Aufsichtsratfunktion zu, während die Rolle der Hochschulleitung in diesem Konzept dem eines (arbeitsteiligen) Vorstandes mit Vorsitzenden entspricht.

Aufgrund der umfassenden Verantwortung der Hochschulleitung solle diese in Zukunft zwar mit Anhörung von Vertretern der Universität, aber ohne deren Mitspracherecht durch die Hochschulräte benannt werden. Die Zusammensetzung der Hochschulräte bleibt in den einzelnen Positionspapieren der Wirtschaftsverbände unpräzise. Es wird lediglich darauf hingewiesen, dass die Hochschulräte selbst nicht aus der Hochschule stammen müs-

789 Im Splittingmodell der BDA werden nachfrageorientierte öffentliche Finanzierungsmodelle in Abhängigkeit von variablen Kostenbeiträgen der Studierenden gesetzt. Nase

790 Zum Finanzierungskonzept der Hochschulen vgl.: BDI, BDA, DIHT u. a. (1997): Autonomie, Wettbewerb, Profilbildung. S. 18 – 21.

791 Dieser Aspekt ist zwischen den Verbandsgruppen äußerst kontrovers und wird aufgrund seines hohen Konfliktpotenzials unter Punkt separat . 4.3.4.7 behandelt.

sen, sondern von außen kommen können[792]. In einem gemeinsamen Vorschlag zur Novellierung des HRG werden Vertreter des staatlichen Hochschulträgers und der Region des Hochschulstandorts als Mitglieder in den Hochschulräten genannt.[793]

Derartige Veränderungen der Organisations- und Entscheidungsstrukturen, insbesondere die Trennung zwischen operativen Funktionen und Grundsatz- sowie Kontrollfunktionen, erfordern eine Neuordnung der Kollegialorgane, die letztlich eine Aufhebung des Kollegialitätsprinzips und der Gruppenuniversität bedeutet. Dies birgt erhebliches Konfliktpotenzial zwischen den Verbandsgruppen, zumal die Wirtschaftsverbände explizit die Einschränkung akademischer Mitbestimmung und die Begrenzung der gruppenparitätisch besetzten Kollegialorgane fordern[794], während ver.di die Partizipation eher ausbauen will[795].

Dieser Gegensatz zeigt sich in den unterschiedlichen Funktionszuschreibungen der Hochschulräte, denen ver.di lediglich beratende Aufgaben, aber keine Aufsichtskompetenz zugestehen möchte. Besetzt werden sollen diese Hochschulräte mit externen Sachverständigen und Vertretern „aus dem Bereich gesellschaftlicher Organisationen, z.B. aus der Wirtschaft, der Berufspraxis und den Gewerkschaften“[796]. Diese Hochschulräte sollen Empfehlungs- und Beratungsaufgaben wahrnehmen, „nicht aber anstelle des Staates und/ oder der Hochschulen oder zwischen dem Staat und den Hochschulen Entscheidungsfunktionen ausüben.“[797] Bei derartig unterschiedlichen Funktionen, die den Hochschulräten durch Wirtschaftsverbände und Gewerkschaften zugedacht werden, kann nicht mehr von einer Übereinstimmung gesprochen werden. Im Allgemeinen ist die Diskrepanz zwischen den Verbandsgruppen in Fragen der Partizipation sehr groß.

Den ver.di-Forderungen liegt die Prämisse zugrunde, dass die Stärkung der Hochschulselbstverwaltung sowie die Sicherung und Erweiterung der Mitbestimmung und Partizipation in Hochschulen nicht allein aus normativen Gründen gegeben, sondern darüber hinaus ebenso notwendig ist, um die Leitungsstruktur und das Management der Hochschulen zu modernisieren und ihre Effektivität und Effizienz zu steigern.[798] Damit bilden diejenigen Faktoren, die von den Wirtschaftsverbänden als Effizienz- und Reformhemmnisse ausgemacht werden, bei ver.di die Voraussetzung für ein modernes Hochschulmanagement.

Trotzdem sehen ver.di und der DGB in einer Stärkung der Leitung auf der zentralen und auf der Fakultäts- oder Fachbereichsebene durchaus eine sinnvolle Erneuerungsperspektive, die mit der demokratischen Selbstverwaltung in eine vernünftige Balance gebracht werden müsse.[799] Deshalb müssten alle Leitungsorgane über ein klares Mandat der Selbstverwaltungsgremien verfügen, d.h. durch Wahlen der Selbstverwaltungsgremien eingesetzt, und ihnen rechenschaftspflichtig sein. Die Selbstverwaltungsgremien übernehmen damit eine Kontrollfunktion mit der Möglichkeit, den Leitungsorganen das Vertrauen durch ein konstruktives Misstrauensvotum entziehen zu können. Leitungsorgane sollten

---

792 Bundesvereinigung der deutschen Arbeitgeberverbände (BDA) (2000): Für eine neue Bildungsoffensive. Berlin. S. 29.

793 BDI, BDA, DIHT u. a. (1997): Autonomie, Wettbewerb, Profilbildung. S. 17.

794 BDA/ Hochschulrektorenkonferenz (HRK) (2003). Wegweiser in der Wissensgesellschaft. Zur Zukunfts- und Wettbewerbsfähigkeit unserer Hochschulen. Berlin. S. 29.

795 Vereinte Dienstleistungsgewerkschaft (ver.di) (2002): Selbstverwaltung, Mitbestimmung, Partizipation in modern organisierten Hochschulen. Berlin. S. 2.

796 Ebenda. S. 3.

797 Ebenda.

798 Ebenda. S. 1.

799 Ebenda.

prinzipiell als kollegiale Gremien begriffen werden, etwa auf der Ebene der Hochschulleitung in der Form eines Präsidialkollegiums, auf Fakultäts- oder Fachbereichsebene in Form eines kollegialen Dekanats. Leitungsorgane und Selbstverwaltungsgremien befassen sich mit operativen Funktionen und Grundsatzangelegenheiten streng arbeitsteilig.

Damit fordern DGB und ver.di eine ähnliche Arbeitsteilung wie die Wirtschaftsverbände. Der entscheidende Unterschied liegt in der Ausgestaltung der Kontroll,- Ernennungs- und strategischen Grundsatzkompetenz, welche die Wirtschaftsverbände Hochschulräten übertragen wollen, während die Gewerkschaften diese unbedingt in der Hochschule bei gestärkten Selbstverwaltungsgremien belassen wollen. Damit ist die Reformintention der Hochschulleitung der beiden Verbandsgruppen diametral entgegengesetzt. Ähnliche Differenzen bestehen in der Frage der Gruppenuniversität, welche die Gewerkschaften durch eine Erweiterung der Mitbestimmungsaufgaben der Gruppen des akademischen Mittelbaus, des technischen, Verwaltungs- und Bibliothekspersonals und insbesondere der Studierenden gegenüber der Gruppe der Professoren stärken wollen. Eine Majorität einer dieser Gruppen wird von dem DGB abgelehnt.[800] Alle Entscheidungen, für die die Rechtsprechung des Bundesverfassungsgerichtes keine Professorenmehrheit vorsieht, sollten in nach den an den Hochschulen vertretenen Gruppen paritätisch besetzen Beschlussgremien gefasst werden.[801] Die studentische Selbstverwaltung und die studentische Mitbestimmung soll derart gestärkt werden, dass Studierende auf alle Ebenen, auch als Mitglied des Leitungsorgans der Hochschule, der Selbstverwaltung gewählt werden können.[802] Ergänzend sollten die Personalvertretungen auf allen Ebenen in die Entscheidungsprozesse der Hochschule einbezogen werden.

Umfang und Qualität von Mitbestimmung und Selbstverwaltung sowie die Einhaltung der Tarifverträge müssten bei der Etablierung privatrechtlich organisierter Hochschuleinrichtungen, wie sie von der BDA gefordert wird[803], denen in öffentlich-rechtlichen Körperschaften vergleichbar sein. Diese Gewährleistung ist für ver.di eine notwendige Bedingung für den Aufbau privatrechtlich organisierter Hochschulen; prinzipiell favorisieren die Gewerkschaften die Rechtform einer rechtsfähigen Körperschaft des öffentlichen Rechts als institutionelles Modell zur Sicherung der Hochschulselbstverwaltung und zur Regelung der Beziehungen zwischen Staat und Hochschule.[804] Des Weiteren sollten Hochschulen in privater Trägerschaft ein regional ausgeglichenes Hochschulangebot, wie dies als Zielsetzung der Gemeinschaftsaufgabe Hochschulbau zugrunde liegt, gewährleisten.

Zusammenfassend liegt die einzige Übereinstimmung von Gewerkschaften und Wirtschaftsverbänden in diesem Feld in der Stärkung der operativen Leitung, die aber an unterschiedliche Kontrollgremien gebunden wird. Da ver.di vorsieht, einer in arbeits- und dienstrechtlicher Hinsicht gestärkten Leitung einen Ausbau der Mitbestimmung von Personalvertretung und Selbstverwaltungsgremien entgegenzusetzen, bleibt letztlich kaum Übereinstimmung und erhebliches Konfliktpotenzial, zumal es sich nicht nur um unterschiedliche organisatorische Modelle handelt, sondern vielmehr der normative Bezugsrahmen mit outputorientiertem Effizienzdenken einerseits und inputorientierten Legitimationsvorstellungen anderseits völlig gegensätzlich ist.

---

[800] DGB (2002): Beschluss des 17. Ordentlichen Bundeskongress des DGB. S. 204.

[801] Ebenda. S. 2.

[802] Ebenda. S. 3.

[803] BDA (2000): Für eine neue Bildungsoffensive. S. 28.

[804] Dienstleistungsgewerkschaft (ver.di) (2002): Selbstverwaltung, Mitbestimmung, Partizipation in modern organisierten Hochschulen. Berlin. S. 3.

4.3.4.4 Personal- und Dienstsrechtreform

Ihrem Leitbild des Wettbewerbs auf Bildungsmärkten entsprechend setzen alle Wirtschaftsverbände einvernehmlich und nachdrücklich auf eine leistungsbezogene Bezahlung, so dass die Vergütung von Professoren zum zentralen Führungs- und Steuerungssystem der Hochschulen ausgebaut werden sollte. Beide Verbandsgruppen begrüßen die Einführung variabler leistungsabhängiger Einkommensanteile durch das am 23.02.2002 in Kraft getretene und mit der fünften Novelle des HRG verklammerte Gesetz zur Reform der Professorenbesoldung (ProfBesReformG). § 33 Absatz 1 Satz 2 ProfBesReformG sieht vor, dass Leistungsbezüge in den Besoldungsgruppen W 2 und W 3 für besondere Leistungen in Forschung, Lehre, Kunst, Weiterbildung und Nachwuchsförderung befristet oder unbefristet sowie als Einmalzahlung vergeben werden können. Diese Möglichkeit der unbefristeten Vergabe der Leistungsbezüge wird von ver.di entschieden abgelehnt, weil sie die Reformintention konterkariere.[805]

Als Hauptmanko lehnen die beiden Verbandsgruppen einvernehmlich die Voraussetzung der Kostenneutralität bei der Einführung des neuen Systems ab. In einer gemeinsamen Erklärung der BDA und der Hochschulrektorenkonferenz heißt es:

> „Zentraler Kritikpunkt ist die von den Finanzministern der Länder gewollte strikte Kostenneutralität der Professorenbesoldung. […] Stattdessen muss die Vergütung der Professoren zum zentralen Führungs- und Steuerungsinstrument ausgebaut werden. Hier sind insbesondere die Länder gefordert, die erforderlichen Finanzmittel für die Professorenbesoldung bereitzustellen und sie in echten Globalhaushalten für die Hochschule zu berücksichtigen. Eine strikte Kostenneutralität der im Grundsatz richtigen Besoldungsreform verhindert die dringend notwendige Qualitätssicherung und Leistungssteigerung an deutschen Hochschulen.“[806]

4.3.4.4.1 Beamtenstatus und Wissenschaftstarifvertrag

Zwar begrüßt ver.di den durch das ProfBesReformG eingeleiteten Bruch mit den noch vorherrschenden Strukturprinzipien des Beamtenrechts, möchte diesen Paradigmenwechsel aber nicht nur auf Professorinnen und Professoren beschränkt sehen. Vielmehr sei mit dem (inzwischen durch das BVerfG für verfassungswidrig erklärten) Fünften Gesetz zur Änderung des Hochschulrahmengesetzes (5. HRGÄanG) trotz des anstehenden Generationenwechsels die Chancen vertan worden, den Beamtenstatus an Hochschulen generell abzuschaffen und durch Angestelltenverhältnisse zu ersetzen[807], was eine zentrale hochschulpolitische Forderung der ver.di-Gewerkschaft darstellt:

> „Engagierte, motivierte Beschäftigte sind unabdingbare Voraussetzung für die Modernisierung der Hochschulen. Dies bedeutet auch die konsequente Fortführung der Personal und Dienst-

[805] Ver.di (2001): Stellungnahme zum Gesetzentwurf der Bundesregierung Gesetz zur Reform der Professorenbesoldung (Professorenbesoldungsreformgesetz – ProfBesReformG) vom 30.05.2001. Berlin. S. 4.

[806] BDA/ HRK (2001): Qualitätssicherung und Leistungssteigerung an Hochschulen durch Wettbewerb. Gemeinsame Erklärung der Bundesvereinigung der Deutschen Arbeitgeberverbände und der Hochschulrektorenkonferenz. Berlin. S. 4.

[807] Ver.di (2001): Stellungnahme zum Gesetzesentwurf der Bundesregierung. Fünftes Gesetz zur Änderung des Hochschulrahmengesetzes und anderer Vorschriften (5. HRGÄanG). S. 4.

> rechtsreform inkl. der Abschaffung des Beamtenstatus für wissenschaftliches, technisches, Verwaltungs- und Bibliothekspersonal."[808]

Einseitige beamtenrechtliche Vorabregelungen mit präjudizierender Wirkung auf Nichtbeamte im Wissenschaftsbereich und in anderen Besoldungsbereichen werden durch die Gewerkschaften abgelehnt. Die Befristung von Arbeitsverhältnissen des wissenschaftlichen Personals in Hochschulen und Forschungseinrichtungen ist ebenfalls durch tarifvertragliche Vereinbarungen besser und passgenauer zu regeln als durch gesetzliche Vorgaben. Aus diesem Grund fordert ver.di die Aufhebung jeglicher Tarifsperren im HRG, um damit Tarifverhandlungen für einen Wissenschaftstarifvertrag für Hochschulen und andere Forschungseinrichtungen zu ermöglichen. Der DGB fordert darüber hinaus, dass wissenschaftsspezifische Reformen tarifvertraglicher Vereinbarungen alle Hochschulen und Forschungseinrichtungen erfassen und für alle Beschäftigten gelten. Für die bisher nicht tarifgebundenen Einrichtungen müsse ebenfalls Tarifbindung erreicht werden.[809] Für Arbeiter, Angestellte und Beamten an Hochschulen und Forschungseinrichtungen müsse ein einheitliches Beschäftigungsrecht gelten.[810]

Die Abschaffung des Beamtenstatus` und die Ablösung der tarifvertraglichen Regelungen des Öffentlichen Dienstes (BAT) sowie die damit verbundene Aufhebung des Grundsatzes der Einheitlichkeit der Besoldung sowie des Besserstellungsverbotes[811] stellen zugleich auch eine zentrale hochschulpolitische Forderung der Wirtschaftsverbände dar. Ebenfalls Übereinstimmung herrscht bezüglich der Stellung und Besoldung von Professoren, die Wirtschaftsverbände und Gewerkschaften prinzipiell wie leitende Angestellte außerhalb von Tarifverträgen stellen wollen. Zwar sollten nach den Vorstellungen der Wirtschaftsverbände möglichst große Teile der wissenschaftlichen Angestellten ihre Verträge individuell mit den Hochschulen aushandeln, dennoch stehen die Wirtschaftsverbände einem Wissenschaftstarifvertrag positiv gegenüber.

> „Die rasche Lösung der Hochschulen aus den beamtenrechtlichen Bestimmungen und den nicht weniger starren Regeln des Tarifrechts des öffentlichen Dienstes (BAT) ist zwingend notwendig. Wenigstens ein eigenständiger Wissenschaftstarifvertrag im öffentlichen Bereich muss geschaffen werden, um den Hochschulen den erforderlichen Freiraum im internationalen Wettbewerb zu sichern."[812]

Die Forderung nach vergleichbaren finanziellen Spielräumen für Hochschul- und Fachhochschulprofessoren wird ebenfalls aus beiden Verbandsgruppen erhoben.

Ferner fordert ver.di eine Abschaffung der Zuordnung wissenschaftlicher Mitarbeiter zu Hochschullehrern durch eine gesetzliche Regelung, so dass wissenschaftliche Mitarbeiter ihre Aufgaben überwiegend oder ausschließlich selbständig wahrnehmen können[813]. Für

---

808 Ver.di (2001): Hochschule: Zukunftsfähig durch wissenschaftliche Ausbildung. Berlin. S. 7.

809 DGB (2002): Beschluss des 17. Ordentlichen Bundeskongress des DGB. S. 205.

810 Ebenda.

811 Das Besserstellungsverbot ist in den Verwaltungsvorschriften des Bundes und der Länder zum Zuwendungsrecht geregelt. Es besagt, dass der Zuwendungsempfänger seine Beschäftigten nicht besserstellen darf als vergleichbare Beschäftigte im öffentlichen Dienst. Dies gilt bei der Projektförderung nur eingeschränkt.

812 Anz, Christoph (2001): Bildungspolitik: Chance verpasst – Situation an Hochschulen droht sich zu verschlechtern. In: KND Nr. 43/01 vom 09. November 2001. S. 2.

813 Ver.di (2001): Stellungnahme zum Gesetzesentwurf der Bundesregierung. Fünftes Gesetz zur Änderung des Hochschulrahmengesetzes und anderer Vorschriften (5. HRGÄanG). S. 2.

Doktoranden müssten Rentenversicherungsbeiträge und Arbeitslosenversicherungsschutz durch die Universitäten gewährt werden[814] und die generelle Beschränkung der Befristungsdauer für studentische Hilfskräfte auf maximal 4 Jahre (§57e HRG) sollte durch Orientierung an der Studiendauer ersetzt werden.[815]

Ein zukünftiges Angestelltenverhältnis des Hochschulpersonals dürfte das Gewicht in der Interessenvertretung zwischen den einzelnen Fraktionen (z.B. Beamtenbund, Hochschulverband, ver.di) wesentlich verändern und die ver.di deutlich stärken. Gleichzeitig stünde ver.di dann vor dem Problem, für eine sehr heterogene Basis eine branchenspezifische Strategie entwickeln zu müssen, was sich bisher in Bereichen außerhalb der Hochschule als schwierig erwiesen hat. Insgesamt ist aber bei einem Wissenschaftstarifvertrag für die ver.di nicht nur mit erheblichen Einfluss-, sondern angesichts der bisher eher marginalen Einflussmöglichkeiten im BAT auch mit großen Rekrutierungspotenzialen zu rechnen. Diese Perspektiven werden zweifelsohne auch die intergewerkschaftliche Konkurrenz an Hochschulen schüren.

4.3.4.4.2 Juniorprofessur

Ebenso befürwortet wurde von beiden Verbandsgruppen die Einführung von Juniorprofessuren als neuem Qualifikationsweg für den wissenschaftlichen Nachwuchs und die Neuregelung von befristeten Arbeitsverhältnissen von wissenschaftlichen Mitarbeitern durch die fünfte Novelle des Hochschulrahmengesetzes. Die fünfte Novelle des HRG sah vor, dass die Juniorprofessur die Regelvoraussetzung für den Professorenberuf wird. Die bisher geforderte zusätzliche wissenschaftliche Leistung, die durch eine Habilitation oder eine habilitationsadäquate Leistung zu erbringen war, sollte durch die Juniorprofessur ersetzt werden. Diese faktische Abschaffung der Habilitation durch den Wegfall der wissenschaftlichen Assistenten/ Oberassistenten (C1/ C2) stand insbesondere bei CDU/CSU, FDP und Teilen des Wissenschaftsbetriebes, z.B. dem Hochschullehrerverband, stark in der Kritik.

Im Juli 2004 entschied das Bundesverfassungsgericht, dass die bundeseinheitliche Regelung zur Juniorprofessur den Ländern keinen ausreichenden Raum von substanziellem Gewicht zur politischen Gestaltung ließe und zudem nicht ersichtlich sei, warum sich Mängel bei der Qualifizierung des wissenschaftlichen Nachwuchses nur durch eine bundesweite Einführung der Juniorprofessur beheben ließen. [816] Diese Entscheidung, mit der sich das Gericht dem eigenen Bekunden nach an der allgemeinen Föderalismusdebatte beteiligen wollte[817], ist insofern für die Reform des Bildungsföderalismus richtungsweisend, als dass

---

[814] Ebenda.

[815] Ebenda. S. 5.

[816] Als im Dezember 2001 die fünfte Novelle des Hochschulrahmengesetzes von Bundesrat und Bundestag gegen die Stimmen der CDU/CSU und der FDP-Fraktion beschlossen wurde, erklärten darauf die Länder Bayern, Sachsen und Thüringen gegenüber dem Bundespräsidenten, dass sie das Hochschulrahmengesetz in der fünften Novelle für verfassungswidrig hielten, da die Bundesregierung das Hochschulrahmengesetz als Einspruchsgesetz und nicht als Zustimmungsgesetz eingebracht hatte. Ferner sei es verfassungswidrig, dass ein Rahmengesetz des Bundes den Ländern vorschreibe, die Habilitation faktisch abzuschaffen. Als der Bundespräsident dennoch ausfertigte, strengten Thüringen, Bayern und Sachsen eine Normenkontrollklage beim Bundesverfassungsgericht an und bekamen im Juli 2004 Recht.

[817] Müller, Reinhard (2004): Föderalismus. Ein klares Signal. In: Frankfurter Allgemeine Zeitung Online (FAZ.net).http://www.faz.net/s/Rub61EAD5BEA1EE41CF8EC898B14B05D8D6/Doc~EDF5D419BD9AF45 15A2FE13D2A4DC62E0~ATpl~Ecommon~Scontent.html (29.07.2004).

die Kulturhoheit als Kernstück der Eigenstaatlichkeit der Länder ausdrücklich gestärkt und die Rahmenkompetenz des Bundes auf die Gewährung von ausreichendem politischen Spielraum der Länder verpflichtet wurde.

Die Reaktion der untersuchten Verbände auf die Bundesverfassungsgerichtsentscheidung unterscheidet sich in der verfassungspoltischen Bewertung entsprechend der bereits dargestellten unterschiedlichen Föderalismuspositionen. Bei der materiellen Bewertung der Juniorprofessur herrscht hingegen Einigkeit, dass die Länder durch eine neue HRG-Novelle rasch die Kompetenz zur Verankerung der Juniorprofessur in den Landeshochschulgesetzen erhalten und von dieser auch Gebrauch machen sollten.[818]

Innerhalb der Diskussion um die Abschaffung der Habilitation im Vorfeld der 5. HRG-Novelle hatte die BDA ursprünglich vorgeschlagen, es in die Freiheit der Hochschulen zu legen, welcher Weg zur Professur führen soll. Ver.di hingegen trat entschieden dafür ein, die Habilitation zukünftig nicht mehr zuzulassen.[819]

> „Wegen des bekannten Beharrungsvermögens einiger Fächer an einigen Hochschulen und weil alle Fächer die Juniorprofessur einführen sollen, darf die Habilitation zukünftig auch keine ausgewiesene Alternative darstellen. Auf jeden Fall muss ausgeschlossen werden, dass - auch nicht in einzelnen Fächern - zusätzlich zur Juniorprofessur oder in deren Rahmen die Habilitation durchgeführt oder auch nur erwünscht wird.“[820]

Überdies sollten die nach ver.di für die Berufung geforderten Leistungen neben der Juniorprofessur auch durch Tätigkeiten in anderen Einrichtungen des Wissenschaftssystems sowie in Wirtschaft und Verwaltung erbracht werden können.

Der bei der fünften Novelle ursprünglich nicht vorgesehene und erst auf Initiative des Wissenschaftsrates eingefügte § 45 Abs. 1 Satz 3 HRG räumt den Landesgesetzgebern die Möglichkeit der Schaffung inneruniversitärer Karrierewege, so genannter Tenure Tracks, für Juniorprofessoren ein. Tenure Tracks sehen unter anderem vor, dass von einer Ausschreibung einer Lebenszeitprofessur dann abgesehen werden kann, wenn ein Juniorprofessor in ein Beamtenverhältnis auf Lebenszeit oder in ein unbefristetes Beschäftigungsverhältnis berufen werden soll. Dieser Verzicht auf eine öffentliche Ausschreibung ist aus Wettbewerbsgründen sowie aufgrund des Leistungsprinzips und der Chancengerechtigkeit äußerst umstritten. Dennoch findet dieser Aspekt keine Beachtung der Wirtschaftsverbände, während ver.di die Landesgesetzgeber auffordert, in ihren Landeshochschulgesetzen von der durch das HRG eröffneten Möglichkeit der Schaffung von Tenure Tracks großzügig Gebrauch zu machen.[821]

Durch die Bundesverfassungsgerichtsentscheidung zur 5. Novelle des HRG ist zudem eine erhebliche Rechtsunsicherheit in Bezug auf die befristeten Arbeitsverträge entstanden. Da das Gericht auch die §§ 57 a – 57 f HRG in vollem Umfang für nichtig erklärt hat, ist

818 Durch die Verfassungswidrigkeit des 5. HRGÄndG ist das vorherige vierte Rahmengesetz wieder in Kraft getreten, das keine Juniorprofessur vorsieht. In der Zwischenzeit hat aber die Mehrzahl der Bundesländer (Berlin, Brandenburg, Bremen, Hamburg, Niedersachsen, Mecklenburg-Vorpommern, Rheinland-Pfalz, Sachsen-Anhalt und Schleswig-Holstein) die Juniorprofessur bereits im Landeshochschulrecht verankert.

819 Vereinte Dienstleistungsgewerkschaft (ver.di) (2002): Die Juniorprofessur – ein neuer Weg der Qualifizierung junger Wissenschaftlerinnen und Wissenschaftler. Berlin. S. 2.

820 Ebenda.

821 Ver.di/ Interdisziplinäres Netzwerk für Promovierende und Promovierte e.V. (THESIS)/ Promovierendeninitiative (PI)/ BuKoF/ BAM/ DGB (2001): Wissenschaftliche Qualifizierung für morgen und übermorgen. Die Dienstrechtsreform aus der Sicht des Wissenschaftlichen Nachwuchses. Berlin. S. 1.

für befristete Verträge, die auf der Grundlage der 5. Novelle des HRG abgeschlossen worden sind, die Rechtsgrundlage der Befristung entfallen. Damit findet rückwirkend das frühere wissenschaftsspezifische Befristungsrecht der §§ 57 a – 57 f HRG alter Fassung Anwendung, das einen Grund der Befristung im Arbeitsvertrag verlangt, so dass jene befristeten Arbeitsverhältnisse, die zwischen dem 23. Februar 2002 und dem 27. Juli 2004 geschlossen wurden und die keine Begründung für die Befristung aufweisen, zu unbefristeten Arbeitsverhältnissen würden.[822]

Die GEW und ver.di empfehlen in diesem Zusammenhang den Betroffenen, ihren Arbeitgebern mitzuteilen, dass durch die höchstrichterliche Rechtsprechung ein unbefristetes Arbeitsverhältnis zustande gekommen sei und weisen auf die Möglichkeit einer Entfristungsklage hin.[823] Verbunden werden diese Empfehlungen mit dem Verweis auf die Notwendigkeit eines Wissenschaftstarifvertrages sowie dem Hinweis einer kostenlosen Rechtsberatung für Gewerkschaftsmitglieder.[824]

4.3.4.5 Qualitätsmanagement

Die mit wachsender Autonomie der Hochschulen gleichsam steigende Notwendigkeit externer und interner Evaluationen der Strukturen, Prozesse und Ergebnisse der Bildungseinrichtung ist zwischen den Verbandsgruppen unumstritten, wobei Nennungen derartiger Forderung bei den Wirtschaftsverbänden deutlich häufiger als bei Gewerkschaften kodiert wurden. Die Wirtschaftsverbände sprechen sich für eine externe Evaluation durch ein Expertengremium aus. Denkbar wäre für sie, dass die Akkreditierungsagenturen als derartige Experten fungieren und zumindest die zu evaluierenden Benchmarks definieren. Der DGB fordert, um die Gleichwertigkeit der Ausbildungsbedingungen zu gewährleisten, dass der von der Kultusministerkonferenz (KMK) und der Hochschulrektorenkonferenz (HRK) eingesetzte Akkreditierungsrat gemeinsame und transparente Qualitätsstandards für die Arbeit aller Akkreditierungsagenturen beschließt.

Für das interne Qualitätsmanagement empfehlen BDA und ver.di die Übernahme von Instrumentarien und Managementformen aus der Wirtschaft, wobei ver.di eine vernünftige Balance mit den Regeln demokratischer Selbstverwaltung anmahnt[825], aber prinzipiell mit der BDA übereinstimmt, dass Hochschulen zusätzliches Know-how in Management, Finanzen, Controlling und Personalentwicklung aus privatwirtschaftlichen Unternehmen benötigten.[826]

---

822 Vgl. Waldeyer, Hans-Wolfgang (2004): BVerfG versus Wissenschaftsrecht? In: Neue Juristische Wochenschrift (NJW) Nr. 35/2004 Editorial.

823 GEW/ ver.di (2004): Befristung nach dem HRG im Lichte der Entscheidung des Bundesverfassungsgerichts (BVerfG) vom 27. Juli 2004. Berlin/ Frankfurt am Main.

824 „Auch hier gilt: Guter Rat ist teuer. Jedoch nicht für Gewerkschaftsmitglieder. Für sie ist die rechtliche Beratung im Rahmen der Arbeitsbeziehungen kostenlos.". Vgl. Ebenda.

825 ver.di (2002): Hochschule: Zukunftsfähig durch wissenschaftliche Ausbildung. Berlin. S. 6.

826 BDA (2000): Für eine neue Bildungsoffensive. S. 32.

4.3.4.6 Hochschulzugang

Durch das 7. HRGÄndG erfolgt die Studienplatzvergabe in bundesweit zulassungsbeschränkten Studiengängen bereits zum Wintersemester 2005/2006 aufgrund der als 20-20-60-Regelung bezeichneten Quotenverteilung[827]: 20 Prozent der Studienplätze vergibt die Zentralstelle für die Vergabe von Studienplätzen (ZVS) an die Abiturbesten, die sich ihre Wunschhochschule aussuchen können. 20 Prozent der Studienplätze werden nach Wartezeit durch die ZVS vergeben. Die verbleibenden 60 Prozent werden von den Hochschulen selbst vergeben.

In der Frage des Hochschulzugangs spricht sich jeder der untersuchten Wirtschaftsverbände für eine Direktauswahl der Hochschulen aus. Mit über 20 Erwähnungen bildet das Ansinnen, die Verantwortlichkeit für die Zulassung von Studienbewerbern allein den Hochschulen zu überlassen, aufgrund dessen Steuerungsfunktion für die Profilbildung einer Hochschule eine Kernforderung der Wirtschaftsverbände. Die auf den Empfehlungen des Wissenschaftsrates[828] basierende 20-20-60-Regelung stellt für die Wirtschaftsverbände nur eine Etappe bis zur endgültigen Abschaffung der Zentralstelle für die Vergabe von Studienplätzen (ZVS) dar, die explizit von BDA, BDI und DIHK gefordert wird.

Bis dahin sind sich BDA und ver.di einig, dass die Direktauswahl der Hochschulen das Hauptverfahren darstellen sollte, dem das ZVS-Vergabe-System für die Restplätze folgen müsse.

Die Gewerkschaften erhoffen sich durch Hochschulauswahlgespräche eine stärkere Berücksichtigung bereits bestehender beruflicher Hintergründe als Zulassungskriterium und fordern, dass ein Studium im Allgemeinen ohne Abitur, aber mit Berufsausbildung auch über die bereits bestehenden Sonderregelungen einzelner Studiengänge hinaus ermöglicht werden solle. Die Gleichwertigkeit von allgemeiner und beruflicher Bildung stellt eine gewerkschaftliche Grundposition innerhalb der Bildungspolitik dar, so dass der DGB fordert, eine Anerkennung von Weiterbildungsabschlüssen im Handwerk sowie anders erworbener Kenntnisse im Bereich Beruflicher Bildung prinzipiell, d.h. ohne Prüfung, als Studienzugangsberechtigung gesetzlich zu verankern. Diese Forderung machen sich auch GEW und ver.di zu eigen, allerdings ist für sie eine Überprüfung dieser beruflichen Bildungsabschlüsse im Rahmen der Auswahlverfahren der Hochschulen als Studienzugangberechtigung denkbar. Da auch die Wirtschaftsverbände für eine stärkere Berücksichtigung des beruflichen Hintergrundes beim Hochschulzugang eintreten, finden sich in dieser Frage große Übereinstimmungen zwischen den Verbandsgruppen. Beide Positionen, Hochschulauswahl und Gleichwertigkeit allgemeiner und beruflicher Bildung bei der Zugangsvoraussetzung, haben in den bildungspolitischen Programmen der beiden Verbandsgruppen einen sehr hohen Stellenwert und ihnen kommt jeweils eine Schlüsselfunktion für andere Forderungen zu. Im Fall der Wirtschaftsverbände ist die Selbstauswahl der Hochschulen eine notwendige Grundlage für Autonomie und Profilbildung. Für die Gewerkschaften ist der Hochschulzugang über berufsbildende Abschlüsse ein entscheidender Schritt bei der Verwirklichung ihres traditionellen Grundwertes der Gleichwertigkeit allgemeiner und berufli-

---

[827] Das im Juli von Bundestag und Bundesrat beschlossene 7. HRGÄndG ist inzwischen im Bundesgesetzblatt veröffentlicht und damit in Kraft getreten. Damit das neue Verfahren wie geplant schon zum Wintersemester 2005/06 angewandt werden kann, müssen bis Anfang nächsten Jahres noch eine ganze Reihe von Umsetzungsschritten in den Ländern geschafft werden. An den notwendigen Änderungen in Staatsvertrag, Vergabeverordnung, Landeshochschulgesetzen und Hochschulsatzungen wird zurzeit gearbeitet.

[828] Wissenschaftsrat (WR) (2004): Empfehlungen zur Reform des Hochschulzugangs. Berlin.

cher Bildung, so dass in dieser Frage mit einer starken Allianz der Verbände von Arbeit und Kapital zu rechnen ist. Die bei allen untersuchten Wirtschaftsverbänden und dem DGB in gleicher Quantität kodierte Forderung nach einer grundsätzlichen BAföG-Förderung auch nicht-konsekutiver Studiengänge sowie des Studiums nach einem anderen berufsqualifizierenden Examen kann als Indiz für die Übereinstimmung in diesem Feld gewertet werden.

4.3.4.7 Kostenbeteiligung

Anders verhält es sich in der Frage der Kostenbeteiligung der Studierenden. In dieser Frage sind die Positionen der Verbandsgruppen diametral und relativ kompromisslos entgegengesetzt. Vehement sprechen sich alle Wirtschaftsverbände für eine sozialverträgliche Beteiligung der Studierenden an den Kosten des Studiums aus[829], wobei diese für die Wirtschaftsverbände zentrale Position durch die Forderung ergänzt wird, dass die Einnahmen unbedingt direkt und ausschließlich den Hochschulen zukommen müssten. Prinzipiell solle es in die Entscheidung der Hochschule gestellt werden, ob sie Studiengebühren erhebt. Ein allgemeines Verbot von Studiengebühren im Hochschulrahmengesetz wird von den Wirtschaftsverbänden nachdrücklich abgelehnt. Neben einer besseren finanziellen Ausstattung der Hochschulen erhoffen sich die Wirtschaftsverbände durch die Kostenbeteilung der Studierenden Anreize für Wettbewerb um Studierende und marktgerechtes Verhalten der Hochschulen.[830] Jedoch müsse sichergestellt werden, dass Studienwünsche nicht allein aufgrund finanzieller Restriktionen unrealisierbar blieben, wozu es einer sozial ausgewogenen Studienförderung, eines differenzierten Stipendienwesens und eines Darlehensmodells bedürfe.[831] Derartige Konzepte zur Studienfinanzierung hätten ihre Realisierbarkeit und soziale Verträglichkeit im Ausland bereits unter Beweis gestellt.[832]

Im Herbst 2004 stellte die BDA ein eigenes Studienfinanzierungsmodell vor, das sich aus einem hochschuleinheitlichen Grundbeitrag und einer variablen Komponente zusammensetzt, die fachbereichsspezifisch ausgestaltet werden kann. Dieses Splittingmodell sieht vor, dass alle Studierenden einen hochschuleinheitlichen Grundbeitrag zur Finanzierung ihrer Hochschule leisten.[833] Hinzu kommt ein variabler Anteil, der sich an der Anzahl der „Credit Points" des jeweiligen Fachs orientiert. Für die Einführungszeit von drei Jahren sieht die BDA pro Semester einen Grundbeitrag von 500 Euro und von 25 Euro im Bachelor-Studium bzw. 50 Euro im Master-Studium pro angemeldetem „Credit Point" als maxi-

---

829 BDI/ BDA/ DIHT u. a. (1997): Autonomie, Wettbewerb, Profilbildung. S. 7.

830 Bossmeier, Carolin (2001): Bildungsbürgerland adé? – Sicherung des Bildungsstandorts Deutschland. In: Bundesverband der Deutschen Industrie e.V. (BDI) (Hrsg.): Info-Service Jg. 11/ Nr. 52 vom 14. Dezember 2001. S. 1.

831 BDA (2000): Für eine neue Bildungsoffensive. S. 28.

832 Anz, Christoph (2002): Kassen der Hochschulen bleiben leer. In: BDA (Hrsg.): Kurznachrichtendienst (KND) Nr. 10 vom 07. März 2002. S. 4.

833 Bei dem Grundbeitrag ist ausdrücklich keine Differenzierung zwischen Teilzeit- und Vollzeitstudierenden vorgesehen, da Teilzeitstudierende zumeist über ein reguläres Einkommen verfügten, so dass die höheren Gesamtkosten vertretbar seien. Vgl. BDA (2004): Studienbeiträge und die Reform der Studienfinanzierung. Ein Modellvorschlag. Berlin. S. 9.

male Obergrenze vor[834], wobei die tatsächliche Höhe des Grundbeitrags und der variablen Beiträge von jeder Hochschule innerhalb der Maximalgrenzen festzulegen ist.[835]

Studierenden soll die Finanzierung derartiger Beiträge durch die Einführung eines staatlichen Ausbildungsbudgets und eines Darlehensmodells ermöglicht werden. Finanziert durch den Wegfall des bisherigen BAföG und von Transferzahlungen (Kindergeld, Ausbildungsfreibeträge) an die Eltern der Studierenden stellt der Staat jedem Studierenden ein nicht rückzahlungspflichtiges Ausbildungsbudget in Höhe von 15.000 Euro zur Finanzierung des persönlichen Ausbildungsweges zur Verfügung. Überdies steht allen Studierenden zusätzlich zum Ausbildungsbudget ein staatlich finanziertes Darlehen ohne Risikoprüfung und zu einheitlichen Kreditkonditionen zur Verfügung.[836] Vorgesehen ist ein Kreditrahmen von maximal 17.600 Euro für die Studienbeiträge und höchstens 18.000 Euro für den Lebensunterhalt.[837]

Die GEW erwartet von diesem Splittingmodell eine Barrierewirkung für Kinder aus sozial schwächeren und Mittelschichtfamilien und kritisiert überdies, dass das Ausbildungsbudget unabhängig von dem Einkommen der Eltern bezahlt wird, was eine Benachteiligung sozial Schwächerer bedeute.[838] Auch der DGB befürchtet eine Verschärfung des „sozialen" Numerus Clausus` durch Studiengebühren[839] und lehnt jegliche Gebühren zumindest für das Erststudium und die konsekutiven Studiengänge ab.[840] Um die Gebührenfreiheit des Studiums abzusichern, befürwortet ver.di die Verankerung eines bundesweiten Verbotes von Studiengebühren im Hochschulrahmengesetz für das erste konsekutive berufsqualifizierende Studium.[841]

Als Alternative zu Studiengebührenmodellen hält die GEW das von dem rheinland-pfälzischen Wissenschaftsminister Jürgen Zöllner vorgeschlagene Studienkontenmodell für „eine diskutable Alternative".[842] Dieses Modell sieht vor, dass die Studierenden ein Studienkonto mit 200 Semesterwochenstunden erhalten, die sie in doppelter Regelstudienzeit belegen können, wobei auch Weiterbildungsangebote der Hochschulen über die Studien-

834 Für ein dreijähriges Bachelorstudium und ein zweijähriges Masterstudium würden sich die Maximalkosten auf 15.500 belaufen (10 Semester zu 500 Euro Grundbeitrag + 180 CP x 25 Euro + 120 CP x 50 Euro), für einen dreijährigen Bachelorstudiengang 7.500 Euro.

835 Gleichzeitig fungieren die variablen Beiträge im Splittingmodell als Instrumente nachfrageorientierter Mittelzuweisungen, indem ein Teil des Mittelzuflusses nach Anzahl der von den Studierenden angemeldeten Credit Points an der Hochschule erfolgt. Vgl. Ebenda. S. 12.

836 Einzige Voraussetzung für den Empfang eines Darlehens ist das Belegen von mindestens 15 Credit Points pro Semester.

837 Das Darlehen wird sowohl während des Studiums als auch während des Rückzahlungszeitraums mit einem Zinssatz von rund drei Prozent verzinst. Die Rückzahlung des Darlehens beginnt sechs Monate nach Studienabschluss, wenn bereits ein Bruttojahreseinkommen von 12.500 Euro bzw. bei verheirateten Absolventen ein Bruttohaushaltseinkommen von 25.000 € erreicht ist und muss spätestens zehn Jahre nach Hochschulabschluss getilgt sein.

838 GEW (2004): BDA-Studienfinanzierungsmodell nicht akzeptabel. GEW zum Modellvorschlag der BDA „Studienbeiträge und die Reform der Studienfinanzierung". Presseerklärung vom 30.09.2004. Frankfurt am Main.

839 Deutscher Gewerkschaftsbund (DGB) (1998): Bewegt Bildung – Ein Appell des DGB zum Handeln. Bildungspolitische Konferenz des DGB am 30.06. und 1.07.1998 in Bonn. In: einblick Nr. 13-14/98 (http://www.einblick.dgb.de/archiv/9813/tx981302.htm) (15.07.2004).

840 DGB (2002): Beschluss des 17. Ordentlichen Bundeskongress des DGB. S. 182.

841 Vereinte Dienstleistungsgewerkschaft (ver.di) (2002): Hochschule: Zukunftsfähig durch wissenschaftliche Ausbildung. S. 5.

842 Köhler, Gerd (2002): Besser den Spatz in der Hand…. In: Erziehung und Wissenschaft (E&W) Nr. 3/2002. S. 16.

konten finanzierbar wären. Dabei verweist Gert Köhler in seinem Plädoyer für das Zöllner-Modell auf die – ungeachtet der 6. HRG-Novelle – vielfältigen Gebühreninitiativen der Länder, denen ein Studienkontenmodell vorbeugen könnte. Dieser vom GEW-Vorstand akzeptierte Kompromiss, der von der impliziten Einschätzung zeugt, dass sich die Befürworter von Studiengebühren mittelfristig durchsetzen werden, ist innerhalb der GEW, insbesondere bei den Studierenden, umstritten[843]. Aus den gewerkschaftlichen Stellungnahmen zum Entwurf des „Landesgesetzes über die Hochschulen in Rheinland-Pfalz" ist ersichtlich, dass die Gewerkschaften durch die Mitgestaltung von Studienkontenmodellen eine generelle Einführung von Studiengebühren zu verhindern suchen.[844]

4.3.4.8 Konsekutive Studiengänge/ Fachhochschulen

Es ist bereits dargelegt worden, dass beiden Verbandsgruppen eine starke Betonung der Ausbildungsfunktion der Hochschulen gemein ist. Die Wirtschaftsverbände fordern diesem Selbstverständnis entsprechend eine bessere Verzahnung der Hochschulbildung mit der Arbeitswelt im Sinne eines „berufsqualifizierenden Studiums", dessen Profil sich an den Anforderungen des Arbeitsmarktes zu orientieren habe. Diesem Strukturwandel könne am besten durch ein System von Bachelor- und Masterstudiengängen (BMS) Rechnung getragen werden, für deren durchgängige Einführung sich die Wirtschaftsverbände, ver.di und der DGB in gleichem Maße einsetzen.

Der Impuls für die Einführung der angloamerikanischen Studienabschlüsse Bachelor und Master ging ursprünglich von zwei gemeinsamen Erklärungen europäischer Bildungsminister aus[845]. Die Sorbonne-Erklärung vom 25. Mai 1998 betont die Schaffung eines europäischen Hochschulraumes als Schlüssel zur Förderung der Mobilität und arbeits-

843 Loew, Max (2002): Es geht um mehr als um Gebührenstreit. 22. GEW-Sommerschule: Zielkonflikte bei der Bildungsfinanzierung. In: Erziehung und Wissenschaft (E & W) Nr. 10/2002. S. 24 f.

844 Vgl. Groß, Birgit (2003): „Das Prinzip der demokratischen Selbstverwaltung wahren". Zum Entwurf eines neuen Landesgesetzes über die Hochschulen in Rheinland-Pfalz (HochSchG)" In: http://www.gew-rheinland-pfalz.de/wissen/fachgruppen/hochschule_forschung/stellungnahme_pct21_dgb.htm. S. 9 und die im Wortlaut identische Einschätzung des GEW-Landesverbandes Rheinland-Pfalz: GEW-Landesverband Rheinland-Pfalz (2003): Stellungnahme der Landesfachgruppe Hochschule und Forschung zum Entwurf des „Landesgesetzes über die Hochschulen in Rheinland-Pfalz (HochSchG)". In: http://www.gew-rheinland-pfalz.de/wissen/fachgruppen/hochschule_forschung/stellungnahme_pct20_gew.htm. S. 8.

845 Ausgangspunkt einer Serie von Treffen der europäischen Bildungsminister war die „Lissabonner Konvention über die Anerkennung von Qualifikationen im Hochschulbereich in der europäischen Region" (1. Januar 1997), die sechs bestehende Vereinbarungen im Hochschulbereich in einer Konvention zusammenfasst. Die Absichtserklärung der „Erklärung der Sorbonne zur Harmonisierung der Architektur der europäischen Hochschulbildung" vom 25. Mai 1998 wird am 19. Juni 1999 in einer weiteren gemeinsamen Erklärung „Der Europäische Hochschulraum Gemeinsame Erklärung der Europäischen Bildungsminister" in Bologna durch die Einführung von zwei Studienzyklen, eines Leistungspunktesystems und eines Systems vergleichbarer und leicht verständlicher Abschlusszeugnisse konkretisiert. Die Folgetreffen in Salamanca, Prag und Berlin dienten im Wesentlichen der Klärung von Detailfragen und Umsetzungsberichterstattung. So wurde am 18./19. Mai 2001 in Prag entschieden, die Abschlüsse Bachelor und Master nicht an die Studiendauer, sondern an Kreditpunkte zu koppeln. Ferner soll die Qualität der Abschlüsse durch dezentrale, nationale Akkreditierungsstellen gewährleistet und die Fachhochschulen als fester Bestandteil der Hochschullandschaft Europa betrachtet werden.

marktbezogener Qualifizierung der EU-Bürger.[846] Ein Jahr später einigten sich die europäischen Bildungsminister in Bologna auf die Einführung eines Systems vergleichbarer Abschlüsse unter anderem mit dem Ziel, die arbeitsmarktrelevanten Qualifikationen der europäischen Bürger ebenso wie die internationale Wettbewerbsfähigkeit des europäischen Hochschulsystems zu fördern.[847] Die Schaffung eines einheitlichen europäischen Hochschulraums beinhaltete somit von Beginn an sowohl die Internationalisierung der Hochschulbildung, eine europäische Kompatibilität erworbener Abschlüsse als auch eine stärker arbeitsmarktbezogene Ausrichtung der Hochschulen. Damit ist die Einführung von BMS weit mehr als eine Anpassung im Zuge der europäischen Harmonisierung, denn die Absicht, eine Berufsqualifizierung durch den Bachelor-Abschluss zu gewährleisten, bedeutet eine Neujustierung der Ausbildungsziele, die gleichsam eine Neugestaltung der Curricula und Studienorganisation erforderlich macht. Damit käme eine erfolgreiche Einführung der BMS einer grundlegenden und nachhaltigen wirksamen Studienreform gleich. Mit der Einführung des Bachelors stünde der Regelstudienabschluss unter dem Paradigma der Employability und das universitäre Distinktionsmerkmal, „alle Studierenden zu wissenschaftlicher Arbeit zu befähigen" würde auf die Masterstudiengänge reduziert.

In der Bundesrepublik hat die Kultusministerkonferenz auf der Grundlage in § 19 HRG Strukturvorgaben[848] definiert und der Akkreditierungsrat hat auf Basis dieser Strukturvorgaben einen Referenzrahmen[849] für Akkreditierungsverfahren entwickelt. Die tatsächliche Einführung von BMS liegt im Ermessen der Länder, wobei sie an die Strukturvorgaben des § 19 HRG gebunden sind.

Der Regelabschluss solle nach Auffassung der Wirtschaftsverbände der Bachelor werden, wobei der entsprechende Bachelorstudiengang ein klares arbeitsmarktrelevantes Profil aufweisen müsse. Dieser Punkt sei entscheidend für die Umstellung des Studienangebots durch die Hochschulen, für das Studienwahlverhalten der Studierenden und das Einstellungsverhalten der Unternehmen.[850] Die Staatsexamina sollten ebenso auf BMA umgestellt werden. Die GEW dagegen plädiert für eine Ergänzung der bestehenden Abschlüsse durch BMA. Erst die mittelfristigen Erfahrungen würden zeigen, ob sie geeignet sind, die bisherige Struktur abzulösen.[851]

In diesem Zusammenhang fordern BDA, DIHK und ver.di eine Gleichbehandlung von Bachelor- und Masterabschlüssen bei Besoldung und Karriereoptionen im Öffentlichen Dienst wie auch eine grundsätzliche Gleichstellung von Hochschul- und Fachhochschulabschlüssen. Der Beschluss der KMK, die Bachelorabsolventen dem gehobenen Dienst und

846 Vgl. The Sorbonne Joint Declaration (1998): Joint declaration on harmonisation of the architecture of the European higher education system by the four Ministers in charge for France, Germany, Italy and the United Kingdom. Paris, the Sorbonne, 25. May 1998. In: www.bologna-berlin2003.de/pdf/Sorbonne_declaration.pdf.

847 Ebenda.

848 Vgl. KMK (2001): Strukturvorgaben für die Einführung von Bachelor-/Bakkalaureus- und Master-/Magisterstudiengängen. Beschluss der KMK vom 05.03.1999 in der Fassung vom 14.12.2001.

849 Akkreditierungsrat (2001): „Referenzrahmen für Bachelor-/Bakkalaureus- und Master-/Magister-Studiengänge". Verabschiedet im Rahmen der 18. Sitzung des Akkreditierungsrates am 20. Juni 2001.

850 BDA (2003): Auf dem Weg zu einem europäischen Hochschulraum. Bedeutung des Bologna-Prozesses für Unternehmen und Arbeitsmarkt. Berlin. S. 2.

851 GEW (1999): GEW verlangt für neue Studiengänge Differenzierung und Durchlässigkeit. Diskussionspapier zu Bachelor- und Masterstudiengängen. In: www.gew.de/standpunkt/positionen/hochschule/texte/bach.pdf. S. 7.

Masterabsolventen dem höheren Dienst zuzuordnen[852], wird dementsprechend entschieden zurückgewiesen. Ähnlich stark in der Kritik der Wirtschaftsverbände steht das durch die Innenministerkonferenz und die KMK entwickelte Verfahren, Masterabsolventen von Hochschulen vorbehaltlos, von Fachhochschulen nur unter dem Vorbehalt der Zustimmung der Vertreter der Innenministerien im Akkreditierungsverfahren zum höheren Dienst zuzulassen[853] [854].

In der Frage der Stärkung der Fachhochschulen sind sich beide Verbandsgruppen einig. Für die Gewerkschaften ist das Postulat der Durchlässigkeit der Studiengangsstrukturen von größter Bedeutung. Die GEW knüpft ihre Zustimmung zur Einführung von BMS an die Durchlässigkeit zwischen den Bachelor und Masterstudiengängen.[855] Die Übergänge zwischen einzelnen Stufen in BMS, der Wechsel in traditionelle Studiengänge, der Wechsel zwischen Hochschultypen und flexible Ausstiegsmöglichkeiten in Berufstätigkeit bzw. Einstiegsmöglichkeiten in Studiengänge müssten unbedingt dem Gebot der Durchlässigkeit gerecht werden.[856] Ferner dürfe es keine Regelung der hochschulartspezifischen Merkmale der Studieninhalte wie etwa Anwendungsbezug an Fachhochschulen versus Theoriebezug an Hochschulen geben. Ver.di fordert darüber hinaus ein Promotionsrecht an Fachhochschulen. Auch die Wirtschaftsverbände fordern eine größtmögliche Durchlässigkeit zwischen der beruflichen Praxis und der wissenschaftlichen Aus- und Weiterbildung, lehnen aber eine garantierte Durchlässigkeit beim inneruniversitären Übergang von einem Bachelor- in einen Masterstudiengang ab.[857]

Damit unterscheiden sich die Modelle der beiden Verbandsgruppen in ihren Schwerpunkten: Während die Gewerkschaften bestehende Studienstrukturen unter Beibehaltung eines generell freien Zugangs zu allen Studiengängen durch BMS ergänzen möchten, betonen die Wirtschaftsverbände den Bachelorstatus als berufsqualifizierenden Regelabschluss und stellen es in das Ermessen der Universität, durch welche Verfahren die Zulassung zu BMS erfolgt. Beide Positionen beziehen sich in ihrer Argumentation auf die Akzeptanz des Bachelors auf dem Arbeitsmarkt.

Trotz öffentlicher Bekenntnisse deutscher Unternehmen zu den Bachelorabschlüssen[858] herrschte in der Einführungsphase Unklarheit sowohl bei den Studienbewerbern als

---

852 KMK (2000): Laufbahnrechtliche Zuordnung von Bachelor-/Bakkalaureus- und Master-/Magisterabschlüssen gem. §19 HRG. Beschluss der KMK vom 14.04.2000.

853 Vgl. Innenministerkonferenz und KMK (2002): Zugang zu den Laufbahnen des höheren Dienstes durch Masterabschluss an Fachhochschulen. Beschluss der Innenministerkonferenz vom 06.06.2002 und der KMK vom 24.05.2002. Bisher haben sechs Bundesländer bekundet, dass sie auf dieses Vetorecht verzichten werden.

854 Anz, Christoph (2002): Innenminister blockieren europataugliche Hochschulen. In: KND Nr. 20/02 vom 30. Mai 2002. S. 2.

855 Stange, Eva-Maria (2003): Standpunkte. Eva-Maria Stange/ Dieter Hundt. In: Hochschulrektorenkonferenz (HRK) (Hrsg.) (2003): Von Bologna nach Berlin. Eine Vision gewinnt Kontur. Beilage zur DUZ – das unabhängige Hochschulmagazin vom 04. Juli 2003. Berlin. S. 30 f.

856 GEW (1999): GEW verlangt für neue Studiengänge Differenzierung und Durchlässigkeit. Diskussionspapier zu Bachelor- und Masterstudiengängen. In: http://www.gew.de/standpunkt/positionen/hochschule/texte/bach.pdf. S. 10.

857 Hundt, Dieter (2003): Standpunkte. Eva-Maria Stange/ Dieter Hundt. In: Hochschulrektorenkonferenz (HRK) (Hrsg.) (2003): Von Bologna nach Berlin. Eine Vision gewinnt Kontur. Beilage zur DUZ – das unabhängige Hochschulmagazin vom 04. Juli 2003. Berlin. S. 31.

858 So bekannten die Personalvorstände einer Reihe großer deutscher Unternehmen zu den BMS-Abschlüssen und verdeutlichten, dass sie BA-Absolventen gute berufliche Perspektiven aufzeigen könnten. Vgl. Bachelor welcome – Konzertierte Aktion führender deutscher Unternehmen. Memorandum vom 07.06.2004. In: http://www.stifterverband.de/site/php/medien.php?SID=&seite=Pressemitteilung&pmnr=125&detailansprechnr=396 (22.10.2004).

auch in den Unternehmen über die Inhalte der Studiengänge und die Chancen der Absolventen auf dem Arbeitsmarkt. Erste Untersuchungen des Verbleibs von Bachelorabsolventen zeigen nun positive Erfahrungen der Unternehmen[859] und durchaus positive Anstellungs – Aufstiegs- und Einkommensperspektiven am Arbeitsmarkt[860], so dass die Wirtschaftsverbände trotz der vereinzelten Kritik, dass viele Fachbereiche ihre alten Zwischenprüfungen lediglich umetikettiert hätten und die Berufsorientierung der Studiengänge bisher an Klarheit vermissen ließe[861], die Bacheloreinführung insgesamt als Erfolg bewerten. Aufgrund der Akzeptanz am Arbeitsmarkt werde der Bachelor zum Regelabschluss.

Während die Gewerkschaften leistungsselektive Zugangsbarrieren zu den Masterstudiengängen solange verhindern wollen, bis die Bachelorabschlüsse am Arbeitsmarkt vollends etabliert sind, befürchten die Wirtschaftsverbände, dass gerade ein automatischer Zugang zum Masterstudiengang einer Akzeptanz des Bachelors im Wege steht und dessen Degradierung zu einem „zertifizierten Vordiplom“ oder gar „zertifizierten Studienabbruch“ zur Folge haben könnte. Es ist nicht davon auszugehen, dass sich dieses Dilemma durch gute Arbeitsmarktchancen von Bacherlorabsolventen auflöst, denn insgesamt wird der Master weiterhin bessere berufliche Perspektiven eröffnen, so dass zu der gewerkschaftlichen Generalforderung der Gleichwertigkeit beruflicher und allgemeiner Bildung die Dimension der Gleichwertigkeit der beiden konsekutiven Abschlüsse hinzutreten wird.

4.3.4.8.1 Neue Interaktionspotenziale durch den Bologna-Prozess

Der Beschluss der Kultusministerkonferenz (KMK) vom 3. Dezember 1998 unter Bezugnahme auf den Beschluss der HRK vom 6. Juli 1998 sieht die Einrichtung eines nationalen Akkreditierungsrates vor, um die „Sicherung der Qualität in Lehre und Studium zu garantieren und um den Studierenden, den Arbeitgebern und den Hochschulen eine verlässliche Orientierung bei verbesserter Transparenz zu bieten.“[862] Dieser Akkreditierungsrat setzt sich aus Vertretern der Länder, der Hochschulen, der Studierenden und der Berufspraxis, zusammen.[863] Seine Aufgabe besteht in der Festlegung der notwendigen Rahmenbedingungen und Qualitätsstandards, unter denen die Akkreditierung von Studiengängen durchzuführen ist, indem er seinerseits Agenturen beglaubigt, die ihrerseits wiederum Bachelor- bzw. Masterstudiengänge akkreditieren. Das Verhältnis zwischen Akkreditierungsagentur und der Genehmigungsbehörde ist noch nicht gänzlich geklärt, aber in den meisten Ländern

---

859 Konegen-Grenier, Christiane (2004): Akzeptanz und Karrierechancen von Bachelor- und Masterabsolventen deutscher Hochschulen. Iw-trend Nr. 3/2004. Köln.

860 Briedis, Kolja (2004): Der Bachelor als Sprungbrett? Erste Ergebnisse zum Studienverlauf und Verbleib von Absolventinnen und Absolventen mit Bachelorabschluss. HIS Hochschul-Informations-System. HIS Hochschul-Informations-System GmbH. Hannover.

861 Vgl. Arndt Oetker, Vizepräsident des Bundesverbandes der deutschen Industrie. Oetker, Arndt (2004): Dramatische Versäumnisse. In: Junge Karriere Nr. 8/2003. S. 52.

862 Schade, Angelika (2001): Qualitätssicherung für Lehre und Studium durch Akkreditierung – Thesenpapier. In: http://www.die-frankfurt.de/esprid/dokumente/doc-2001/schade01_01.htm.

863 Als Vertreter der Berufspraxis gehören dem Akkreditierungsrat derzeit eine BDA-Vertreterin, ein Mitglied des geschäftsführenden Vorstands der Gewerkschaft Erziehung und Wissenschaft, ein Mitglied des geschäftsführenden Hauptvorstandes der IG Bergbau, Chemie, Energie und ein Mitglied des Bundesvorstandes Verband deutscher Unternehmerinnen (VdU) sowie ein Staatssekretär des Innenministeriums des Landes Schleswig-Holstein an.

wird die Akkreditierung als Voraussetzung der Genehmigung eines Studiengangs betrachtet.

Derzeit existieren sechs Akkreditierungsagenturen, darunter jeweils drei Länder- und Fachagenturen, die alle in unterschiedlicher Form Vertreter der Berufspraxis beim Akkreditierungsverfahren beteiligen, die aber nicht notwendigerweise Verbandsvertreter sind.[864]

Die Gewerkschaften haben bereits angekündigt, dass sie „ihren Einfluss im Akkreditierungsrat und in den Akkreditierungsagenturen verstärken und sich gezielt für Ziele der Studienreform einsetzen“[865] werden. Vor diesem Hintergrund sind einige Gewerkschaften Mitglieder in Akkreditierungsagenturen geworden, um sich zusätzlich zu den geringen Beteiligungsrechten über die Statuten des Akkreditierungsrates Beteiligungsrechte über ihre Mitgliedschaft erschließen zu können und so die in den Akkreditierungsverfahren angewandten Qualitätskriterien beeinflussen zu können.[866] Um dem von allen beteiligten Verbänden geteilten Grundsatz, Gremien nach Möglichkeit nicht mit Verbandsvertretern, sondern praxiserfahrenen Experten zu besetzen, gerecht zu werden, haben sich die Gewerkschaften IG Metall, IG BCE und ver.di auf die Gründung eines Expertennetzwerks mit Gutachterpool geeinigt.[867] Explizites gewerkschaftliches Ziel, insbesondere der IG Metall und IG BCE, ist es, die gewerkschaftliche Mitgestaltung der Hochschulausbildung auf die gleiche Ebene wie die der gewerkschaftlichen Beteiligung an der Aushandlung neuer Berufsbilder im klassischen gewerblichen Bereich zu heben.[868]

> „Es muss auch in der hochschulischen Ausbildung selbstverständlicher Standard werden, die Gewerkschaften als gleichberechtigten Partner neben der Wirtschaft an der Konzipierung und Mitgestaltung der Ausbildung zu beteiligen, so wie das in der beruflichen Ausbildung schon lange selbstverständlich ist.“[869]

Dieses Ansinnen ist die folgerichtige Schlussfolgerung aus einem Bildungsverständnis, das Hochschulen, Universitäten, Fachhochschulen und Berufsakademien als Orte der Ausbildung begreift und dementsprechend dort auf Mitbestimmung und Gestaltung der jeweiligen Berufsbilder pocht. Zusätzlich wächst durch die steigende Akademisierung der Arbeitswelt und die Annäherung des akademischen Bacherlorabschlusses an berufliche Abschlüsse die verbandsstrategische Bedeutung dieser universitären Zielgruppe für die Gewerkschaften. Mittelfristig streben die Gewerkschaften deswegen einen über die Beteiligung als Vertreter der Berufspraxis hinausgehenden Sitz in der Akkreditierungskommission an.[870]

---

864 Zur Besetzung der Entscheidungsgremien der Akkreditierungsagenturen vgl. www.akkreditierungsrat.de/agenturen-synopse.htm.

865 Vgl. Gewerkschaft Erziehung und Wissenschaft/ IG Metall (2002): Das 21. Jahrhundert muss ein Jahrhundert der Bildung werden. Antrag 82 auf 17. Ordentlichen Bundeskongress des DGB. Berlin.

866 Kassebaum, Bernd/ Kucharzewski, Irmgard/ Meyer, Gunter/ Neef, Wolfgang (2003): Qualität durch Akkreditierung? Zur Situation der neuen Studiengänge in den Ingenieurwissenschaften und in der Informatik. Düsseldorf. S. 8.

867 ver.di (2003): Gewerkschaften gründen Gutachter-Netzwerk für Akkreditierung neuer Ingenieur- und Informatikstudiengänge. ver.di-Presserklärung vom 07.10.2003. Berlin.

868 Vgl. Röder, Wolf Jürgen (IG Metall)/ Walter, Jürgen (IG BCE) (2003): Akkreditierung – eine neue gewerkschaftliche Aufgabe. In: Kassebaum, Bernd/ Kucharzewski, Irmgard/ Meyer, Gunter u. a. (2003): Qualität durch Akkreditierung? S. 5 – 9. S. 7.

869 Röder, Wolf Jürgen (2001): IG Metall beteiligt sich an Akkreditierung von Ingenieur- und Informationsstudiengängen. IG-Metall-Presseerklärung Nr. 152/2001 vom 20.12.2001. Frankfurt am Main.

870 Kassebaum, Bernd/ Kucharzewski, Irmgard/ Meyer, Gunter u. a. (2003): Qualität durch Akkreditierung? S. 30.

Inwieweit die Akkreditierungsagenturen den Verbänden gezielte Möglichkeiten, sich aktiv in die Hochschullandschaft und die Mitgestaltung der Studienbedingungen einzubringen, eröffnen wird, ist zurzeit offen. Erfahrungen aus dem Ausland zeigen, dass Berufsverbände durchaus Einfluss auf die Formulierung von Bachelorprogrammen ausüben können, wenn sie berufsfachspezifisches Wissen einbringen und einigermaßen verlässliche Prognosen über Anforderungen des Arbeitsmarktes einbringen können.[871] Das wiederum setzt ein gemeinsames Vorgehen beider Sozialpartner voraus, was aufgrund der gemeinsamen Betonung der Ausbildungsfunktion der Hochschulen wahrscheinlich ist. In der Fachakkreditierungsagentur für Studiengänge der Ingenieurwissenschaften, der Informatik, der Naturwissenschaften und der Mathematik e.V. (ASIIN) haben die Spitzenverbände der Sozialpartner regelmäßige Treffen und Abstimmungen verabredet. Es ist folglich anzunehmen, dass zwischen den Sozialpartnern in den Akkreditierungsagenturen große Übereinstimmungen herrschen, die sie in den Dialog mit den Hochschulen einbringen werden, so dass Konfliktlinien eher zwischen den Sozialpartnern auf der einen Seite und den Vertretern der Hochschule auf der anderen Seite zu erwarten sind.

> „Die Gegenspieler der Koalition aus Wirtschaft und IG Metall im Bereich der Ingenieurausbildung sind vorwiegend auf politischer und hochschulischer Seite zu suchen. Während es der IG Metall und der IG BCE allerdings relativ leicht fällt, eine eindeutige Position zu beziehen, hat die Dienstleistungsgewerkschaft ver.di das Spannungsverhältnis auch innerhalb der eigenen Organisation zu bewältigen: Schließlich sind hier auch Mitglieder der Hochschulen organisiert.“[872]

Deutliche Übereinstimmungen der untersuchten Verbände, die in einem gewissen Gegensatz zu den Vorstellungen der Hochschulen stehen, zeigen sich auch in den weitreichenden Forderungen nach Arbeitsweltkompatibilität.

4.3.4.8.2 Arbeitsweltkompatibilität

Die Ausrichtung der Hochschule auf die Arbeitswelt, die durch die Einführung von Bachelorstudiengängen konzeptionell etabliert wird, entspricht den Forderungen beider Verbandsgruppen nach dem Ausbau von Praxissemestern, Feldstudien in Kooperation mit der Hochschule und der Integration von Praktika.[873] Ferner müssten sich die Universitäten für einen erfolgreichen Übergang ihrer Absolventen in die Erwerbstätigkeit verantwortlich fühlen und diesen durch verschiedene „career service"-Einrichtungen auch institutionell

[871] Vgl. Witte, Johanna/ Rüde, Magnus/ Tavenas, François/ Hüning, Lars (2004): Ein Vergleich angelsächsischer Bachelormodelle: Lehren für die Gestaltung eines deutschen Bachelor? CHE-Arbeitspapier Nr. 55. Gütersloh. S. 30, 52, 64, 72.

[872] Kassebaum, Bernd/ Kucharzewski, Irmgard/ Meyer, Gunter/ Neef, Wolfgang (2003): Qualität durch Akkreditierung? S. 30.

[873] Unberücksichtig bleibt, dass die Einführung von Bachelorabschlüssen negative Auswirkungen auf das Praxisprofil der Fachhochschulen haben könnte, da international für einen Bachelor-Studiengang mindestens sechs Semester Theorie verlangt werden. Da zu dem anwendungsorientierten Profil der Fachhochschule mindestens ein Praxissemester gehört, müssten derartige Studiengänge sieben bis acht Semester dauern und wären damit länger als der sechssemestrige Bachelor an der Universität. Aus diesem Grund drohe das Profil der Fachhochschulen ersatzlos verloren zu gehen, so der HRK-Vizepräsident Andreas Geiger. Vgl. Schubert, Bärbel (2004): Ende eines „unaufgeräumten“ Verhältnisses? GEW debattiert über ein gemeinsames Dach von FHs und Unis [sic!]. In: Erziehung und Wissenschaft (E & W) Nr. 10/ 2004. S. 23.

unterstützen. Unterstützung in ihrer Forderung nach Förderung dualer Ausbildungsgänge erhalten die Wirtschaftsverbände vom DGB.

Lediglich die GEW unterstreicht den gesellschaftlichen Aspekt der Studienzielformulierung im HRG[874], demzufolge neben den fachlichen Kenntnissen für die Erwerbtätigkeit ein Studium darüber hinaus zu „verantwortlichem Handeln in einem freiheitlichen, demokratischen und sozialen Rechtsstaat" befähigen soll.[875]

Alle Wirtschaftsverbände, die IG Metall und ver.di fordern darüber hinaus auch für den Bereich der Lehre eine Ausdehnung der Kooperation durch anwendungsorientierte Zusammenarbeit mit Unternehmen, etwa im Bereich des Technologietransfers, des Personaltransfers, der Ausgründungen und der universitären Weiterbildung, mit Unternehmungen aus der Region. Hochschulen als Schlüsselakteure regionaler Cluster[876] und damit als wichtigen Standortfaktor zu betrachten ist beiden Verbandsgruppen gemein, wenn auch bei den Wirtschaftsverbänden deutlich ausgeprägter. Differenzen bestehen jedoch in der Frage, inwieweit diese Kooperationsformen kapitalisiert werden sollen. Während die Wirtschaftsverbände Einnahmen durch Technologie- und Personaltransfer und durch Vermarktung der eigenen Forschungsergebnisse als wichtige Einnahmepotenziale der Hochschulen und einen Wettbewerbsmechanismus betrachten, bestimmt ihre allgemeine Haltung zur Hochschulfinanzierung die gewerkschaftliche Position in dieser Frage, die eigenen Einnahmen der Hochschulen grundsätzlich sehr kritisch gegenübersteht. In der Frage markfähiger Dienstleistungsangebote über die Lehre hinaus finden ebenfalls die unterschiedlichen Autonomiekonzepte der beiden Verbandsgruppen ihren Ausdruck.

---

874 Vgl. § 7 HRG, Ziel des Studiums: „Lehre und Studium sollen die Studierenden auf ein berufliches Tätigkeitsfeld vorbereiten und ihnen die dafür erforderlichen fachlichen Kenntnisse, Fähigkeiten und Methoden dem jeweiligen Studiengang entsprechend so vermitteln, dass sie zu wissenschaftlicher oder künstlerischer Arbeit und zu verantwortlichem Handeln in einem freiheitlichen, demokratischen und sozialen Rechtsstaat befähigt werden."

875 GEW (1999): GEW verlangt für neue Studiengänge Differenzierung und Durchlässigkeit. Diskussionspapier zu Bachelor- und Masterstudiengängen. S. 15.

876 Als Cluster werden regionale Netzwerke von Unternehmen beschrieben, die als Cluster höhere Produktivität und mehr Innovationen erzeugen als räumlich weiter aufgefächerte Strukturen. In einem Cluster stehen sich auf relativ begrenztem Raum verschiedene Unternehmen und Institutionen aus den verschiedenen Gesellschaftsbereichen gegenüber, die eine enge strukturelle Kopplung verwirklichen. Zur Clusterdefinition vgl. Porter, Michael E. (1998): On Competition. Harvard.
Erkenntnisse der jüngeren Cluster-Forschung heben insbesondere die Einbindung der Universitäten für die Produktivitätsentwicklung und Innovationspotenziale als bestimmenden Erfolgsfaktor eines Clusters hervor. Allerdings müssen die Hochschulen zur Einbindung in Cluster notwendigerweise über bestimmte Strukturen verfügen, so dass die Forderung nach Hochschulen als Zentrum regionaler Cluster mehr beinhaltet als eine Kooperation mit der Wirtschaft und weitere Veränderungen in Hinblick auf eine Marktförmigkeit des Hochschulangebotes implizieren. Vgl. Röpke, Jochen (1998): The Entrepreneurial University, Innovation, academic knowledge creation and regional development in a globalized economy. Marburg.
Zur Wechselwirkung von Lern- und regionalwirtschaftlichen Prozesse vgl. Hagen, Kornelia (2004): Programm "Lernende Regionen" findet unterschiedliche Wirtschafts- und Arbeitsmarktsituationen vor. Wochenbericht des DIW Berlin Nr. 35/ 2004.
Die in der Clusterforschung ausgemachten notwenigen Strukturmerkmale einer Hochschule für eine erfolgreiche Clusterbildung werden diesen gewerkschaftlicherseits nur begrenzt zugestanden, so dass die Gemeinsamkeit mit den Wirtschaftsverbände in dieser Frage relativiert werden muss.

4.3.4.9 Innere HS-Reform

Eine zentrale Forderung der Wirtschaftsverbände im Bereich der inneren Hochschulreform ist die Einführung eines Systems regelmäßiger Leistungskontrollen, die einerseits als studienbegleitende standardisierte Selbstkontrolle die Grundlage für eine verlässliche Studienberatung bilden sollten, aus der andererseits aber auch institutionelle Konsequenzen für die Lernbiografie abgeleitet werden müssten.[877] Prinzipiell sollten Leistungsnachweise in dem European Credit Transfer System (ECTS) erbracht werden.

Als zweites großes Feld der inneren Hochschulreform sind die Verringerung der Studienzeiten und damit die Reduzierung des durchschnittlichen Abschlussalters sowie die Verringerung der Studienabbrecherquoten zu nennen, die seitens der Wirtschaftsverbände nachdrücklich gefordert werden.[878] Die Wirtschaftsverbände sehen in der Einführung von konsekutiven Abschlüssen ein geeignetes Instrument, sowohl die Studienzeiten als auch die Abbrecherquote deutlich zu senken. Die GEW weist in diesem Zusammenhang darauf hin, dass individuelle Ausbildungsprogramme, etwa durch Modularisierung oder ein ECTS-Baukastensystem, die Dauer des Studiums als Indikator zweitrangig machten.[879]

BDA uns DGB fordern eine curriculare Internationalisierung der Studiengänge und eine Erweiterung der Programme für Auslandssemester. Gleichzeitig solle die Attraktivität der deutschen Hochschulen für Ausländer gesteigert werden, so dass eine deutliche Erhöhung des Anteils ausländischer Studierender erreicht werden könne. Neben der Etablierung englischsprachiger Studiengänge fordern die Wirtschaftsverbände eine Beseitigung der aufenthalts- und arbeitsrechtlichen Hindernisse auch für Nicht-EU-Ausländer.[880]

4.3.4.10 Zielgruppenförderung

Im Bereich der Hochschule lässt sich im Gegensatz zur Schulpolitik keine besondere Zielgruppenförderung ausmachen. Allein die GEW fordert eine verbindliche Politik des Gender Mainstreamings durch die Besetzung jeder zweiten frei werdenden Professur mit einer Frau sowie die Schaffung eines durchgängigen Anreizsystems, welches „die Einstellung von Frauen im wissenschaftlichen Personal bei gleicher Qualifikation mit zusätzlichen Mitteln belohne."[881]

---

877 BDI/ BDA/ DIHT u. a. (1997): Autonomie, Wettbewerb, Profilbildung. S. 12.

878 Bundesverband der Deutschen Industrie (BDI) (2002): Statusbericht 2002. Die innovative Wissensgesellschaft. Berlin. S. 30.

879 GEW (1999): GEW verlangt für neue Studiengänge Differenzierung und Durchlässigkeit. S. 6.

880 Bundesvereinigung Deutschen Arbeitgeberverbände (BDA)/ Hochschulrektorenkonferenz (HRK) (2001): Qualitätssicherung und Leistungssteigerung an Hochschulen durch Wettbewerb. Gemeinsame Erklärung der Bundesvereinigung der Deutschen Arbeitgeberverbände und der Hochschulrektorenkonferenz. Berlin. S.7.

881 Gewerkschaft Erziehung und Wissenschaft (GEW) Hauptvorstand (2003): GEW fordert: Jede zweite Professur mit einer Frau besetzen. Zumeldung zur HRK-Jahreskonferenz zum Thema „Frauen und Wissenschaft". Frankfurt am Main. S.1.

4.3.4.11 Resümee – Hochschulen

Im Bereich der tertiären Bildungspolitik findet sich eine Reihe von Themenfeldern, in denen zwischen den beiden Verbandsgruppen Übereinstimmung erkennbar ist, aber auch einige Fragen mit schwach bis stark gegensätzlichen Positionen. Die verbandlichen Standpunkte in Fragen der Hochschulpolitik gründen sich auf bestimmten Grundannahmen, die in allen konkreten Fragen erkennbar sind. Stark vereinfacht können diese Annahmen für die Gewerkschaften mit Mitbestimmung, Durchlässigkeit, Gleichwertigkeit von allgemeiner und beruflicher Bildung sowie einer Funktionsbeschreibung der Hochschulen, in deren Mittelpunkt der Ausbildungscharakter steht, umrissen werden. Diese normative Funktionsbeschreibung teilen die Wirtschaftsverbände und ergänzen diese mit (pseudo-) wettbewerblichen Steuerungsprinzipen. Dementsprechend konzentrieren sich beide Verbandsgruppen stark auf die Lehre, ohne Fragen des Zusammenspiels von Forschung und Lehre eingehender zu problematisieren.

In Fragen der politischen Steuerung setzten sich die Wirtschaftsverbände – soweit die staatliche Finanzierung betroffen ist – für Profilbildung, Zielvereinbarungen und Evaluation sowie leistungsbezogene Mittelzuweisung ein – mithin keineswegs ein politischer Steuerungsverzicht, sondern vielmehr Formen staatlicher Anreizsteuerung, denen die Gewerkschaften grundsätzlich folgen können. Unterschiede bestehen in Fragen der nachfrageorientierten Finanzierung über Beiträge der Studierenden. Während die Wirtschaftsverbände Studienbeiträge zur Verbesserung der Finanzausstattung der Hochschulen und als Steuerungsinstrumentarium für Studierende und Hochschulen einführen wollen[882], lehnen alle Gewerkschaften jegliche Kostenbeteiligung der Studierenden kategorisch ab. In der Frage der Studiengebühren stehen sich die Verbandsgruppen kompromisslos gegenüber. Allerdings sind im Lager der Gewerkschaften etwa bezüglich der Auseinandersetzung mit dem Studienkontenmodell Vorbereitungen für den erwartbaren Fall der Nichtigkeit des Studiengebührenverbotes des HRG erkennbar. Vor diesem Hintergrund ist auch das Splittingmodell der BDA zu sehen, dessen Vorstellung von der Befürchtung begleitet war, dass die Landesregierungen die Studiengebühren in die Landeshaushalte fließen lassen, ohne dass diese den Hochschulen zugute kommt oder sie eine Steuerungsfunktion entfalten können.[883] Aufgrund der starken Bestrebungen der Länder zur Einführung von Studiengebühren ist dieser Aspekt zwar zwischen den Sozialpartnern kontrovers, birgt aber kein größeres Konfliktpotenzial, da sie in die politische Entscheidung nicht eingebunden sind.

In vielen Fragen bestehen jedoch deutliche Überschneidungen zwischen Wirtschaftsverbände und Gewerkschaften, die auf sehr ähnlichen normativen Positionen bezüglich der Funktion und des Zwecks der Hochschulen fußen. Alle untersuchten Verbände mit Ausnahme der GEW sehen in den Hochschulen Ausbildungsinstitutionen, weswegen sich ihre hochschulpolitischen Konzepte nahezu ausschließlich der Lehre widmen und Forschung weitgehend unberücksichtigt lassen. Durch die starke Fokussierung auf die Lehre lassen Gewerkschaften und Wirtschaftsverbände das seit Jahrzehnten ungelöste Strukturproblem deutscher Hochschulen, nämlich die Inkongruenz zwischen international wettbewerbsfähi-

[882] Das Splittingmodell der deutschen Arbeitgeber sieht vor, dass ein Teil der staatlichen Zuwendungen an die Hochschulen von der Anzahl der belegten Creditpoints abhängig ist, so dass die nachfragegesteuerten Einnahmen durch die Anzahl der Studierenden mit den staatlichen Zuwendung verknüpft würden.

[883] Gaethgens, Peter (2004): Studienbeiträge und die Reform der Studienfinanzierung. Statement von Prof. Dr. Peter Gaehtgens, Präsident der Hochschulrektorenkonferenz. Berlin. S. 3.

ger Forschung und berufsbefähigender Massenausbildung für eine wachsende Anzahl von Tätigkeiten mit immer unklareren Qualifizierungsanforderungen, in ihren hochschulpolitischen Forderungen außer Acht.

Welche Konsequenz aus der Erkenntnis resultiert, dass die Einheit von Forschung und Lehre derzeit höchstens (noch) in Randbereichen des Universitätssystems existiert und vielleicht schon immer eine Fiktion gewesen ist[884], bleibt zumindest für die Forschung unklar und auch für die Lehre bestehen gerade angesichts der durch den Bologna-Prozess institutionalisierten Berufsorientierung einige Unsicherheiten bezüglich des neuen wesentlichen Bezugspunktes der Universität. Die Veränderung der universitären Orientierung von einer Wissenschaftsvermittlung zwecks Befähigung zur wissenschaftlichen Tätigkeit zu einer Wissensvermittlung zwecks bestmöglicher Employability stellt die Universitäten (ungeachtet der Fiktionalität des bisherigen Ideals) dennoch vor große Herausforderungen, da kaum Klarheit über die zukünftigen Qualifizierungsprofile besteht, außer dass sie Wissenschaftlichkeit als Arbeitsweise integrieren und gleichzeitig von den Erwartungen des Arbeitsmarktes mitbestimmt werden sollen.

Die Figur der „praxisorientierten, wissenschaftlich fundierten Berufsausbildung“[885] setzt voraus, dass Inhalte der Lehre in der Forschung gewonnen werden, was große Ähnlichkeit zur humboldtschen Idee der „Lehre aus Forschung“ aufweist. Eben wegen der als Strukturproblem des deutschen Hochschulwesens ausgemachten Nichteinlösung dieses Ideals ist es fraglich, wie nach dem Scheitern von Bildung durch Wissenschaft im humboldtschen Sinne nun Ausbildung durch Wissenschaft realisiert werden soll. „Wissenschaftlich fundierte Qualifizierung“ für berufliche Tätigkeitsfelder als Kern der universitären Bachelorstudiengänge stellt außerdem die ursprüngliche Trennung von anwendungsorientierten Fachhochschulen und forschungs- wie theorieausgerichteten Universitäten in Frage. Damit rückt jeder Hochschulabschluss unterhalb des Diploms automatisch in die Nähe von Abschlüssen der beruflichen Bildung[886], was in Deutschland mit seinem differenzierten Berufsbildungssystem zu Abstimmungsproblemen führen kann.[887]

Durch die Annäherung an die berufliche Bildung erweitern Wirtschaftsverbände und Gewerkschaften ihren Einfluss bei der Gestaltung der Studiengänge. Die Gewerkschaften versprechen sich von einer stärkeren Präsenz in der Hochschulpolitik zudem neue Rekrutierungspotenziale.

Den institutionellen Ankerpunkt für das hochschulpolitische Engagement bilden die Akkreditierungsagenturen, in denen die Verbände ihre Arbeit intensivieren und versuchen

---

884 Vgl. Hohendahl, Uwe (2004): Humboldt in Amerika? In: Leviathan. Zeitschrift für Sozialwissenschaft. Nr. 2/ 2004. S. 225 – 249.

885 Wissenschaftsrat (WR) (2000): Thesen zur künftigen Entwicklung des Wissenschaftssystems in Deutschland. Berlin. S. 21 -28.

886 So warnt die IG BCE für die Ausbildungsberufe der chemischen Industrie, dass die Etablierung eines Bachelors mit vorhandenen betrieblichen Berufsabschlüssen wie etwa dem der Chemielaboranten oder Chemotechnikern kollidieren. Vgl. Kassebaum, Bernd/ Kucharzewski, Irmgard/ Meyer, Gunter/ Neef, Wolfgang (2003): Qualität durch Akkreditierung? S. 20.

887 So werden seitens der Vertreter der beruflichen Berufsbildung bereits akademische Titel beansprucht, etwa durch den DIHK, der den deutschen Meister oder den technischen Betriebswirt gerne als „Bachelor (CCI)“ und Fortbildungsabschlüsse wie den „Fachwirt“ als „Bachelor (professional)“ bezeichnen würde. CCI steht dabei für Chamber of Commerce and Industry. Vgl. Horstkotte, Hermann (2003): Bologna-Prozess. Einschneidende Umstellungsprobleme. In: Mitbestimmung Nr. 11/ 2003. S. 56 – 60. S. 59. Derartige Ansinnen werden seitens der KMK abgelehnt, finden aber in einigen Landeswirtschaftsministerien und dem Bundesministerium für Wirtschaft und Arbeit (BMWA) durchaus Unterstützung. Die BDA hingegen bezieht aufgrund der fehlenden Akkreditierung der Fortbildungsangebote eher eine ablehnende Haltung.

werden, diese zu ähnlichen Einflussmöglichkeiten wie in der beruflichen Bildung auszubauen. In den Akkreditierungsverfahren könnte die Beteiligung der Sozialpartner für das Hochschulsystem dann nützlich sein, wenn diese eine für die Lehre nutzbare Präzisierung der berufsfeldspezifischen Qualifikationsprofile leisten können.

Letztlich verbirgt sich hinter der starken ökonomischen Prägung des politischen Bedeutungszusammenhangs des Bologna-Prozesses die Frage nach der zentralen Ausbildungsinstanz in der Wissensgesellschaft. Die untersuchten Verbände wollen diese an den Hochschulen verankern und werden insofern mit ihren Einflusspotenzialen auf eine weitere Stärkung der Ausbildungsdimension hinwirken.[888] In diesem Bereich ist eine gemeinsame Positionierung der beiden Verbandsgruppen und Konflikte mit den Hochschulen wahrscheinlich.

Ob der Funktionswandel der Hochschulen zur zentralen Ausbildungsinstitution in der Wissensgesellschaft und damit der Wandel von Bildung zu Ausbildung den Interessen der beiden Verbandsgruppen tatsächlich entspricht oder ob nicht mit erheblichen Nebenwirkungen durch den Verlust der Wissenschaftlichkeit zu rechnen ist, soll am Ende dieser Arbeit in einer alle Bereiche des Bildungssystems umfassenden Gesamtschau erörtert werden.

4.3.5 Berufliche Bildung

Berufsbildung im Sinne des Berufsbildungsgesetzes (BBiG § 1 Abs. 1) umfasst die Berufsausbildung, die berufliche Fortbildung und die berufliche Umschulung. Die berufliche Umschulung soll zu anderen beruflichen Tätigkeiten befähigen, während die berufliche Fortbildung darauf abzielt, die in der Berufsausbildung erworbenen Kenntnisse und Fertigkeiten zu erhalten, zu erweitern, der technischen Entwicklung anzupassen (Anpassungsfortbildung) oder beruflich aufzusteigen (Aufstiegsfortbildung).

Somit sind Berufsbildung und Weiterbildung nicht eindeutig voneinander zu trennen. Diese Arbeit differenziert zwischen Berufsbildung als der Gesamtheit aller schulisch und außerschulisch organisierten Einrichtungen und Bildungsmaßnahmen der beruflichen Erstausbildung zur Vorbereitung auf den Beruf und zur Unterstützung der Berufswahl sowie Weiterbildung als „Fortsetzung oder Wiederaufnahme organisierten Lernens nach Abschluss einer unterschiedlich ausgedehnten ersten Bildungsphase“.[889]

Im Vergleich mit anderen Bereichen des Bildungssystems weist der Bereich der Berufsbildungspolitik eine Reihe von Unterschieden und Besonderheiten auf. Typisch für den Bereich der beruflichen Bildung in Deutschland ist das Berufskonzept, das sich nicht an konkreten Anforderungen der einzelnen Betriebe orientiert, sondern an marktfähigen beruflichen Qualifikationen, die im Betrieb und der Berufsschule erlernt werden.

Obschon immer noch 90 Prozent der Auszubildenden eine Ausbildung im dualen System absolvieren[890], darf diese terminologisch und systematisch nicht mit der Berufsausbil-

---

[888] In dem Zusammenhang mit Einflusspotenzialen ist auf die bemerkenswert enge Zusammenarbeit zwischen der BDA und HRK hinzuweisen, die in einer Reihe gemeinsamer Veranstaltungen und Veröffentlichungen ihren Ausdruck findet.

[889] Deutscher Bildungsrat (1970): Strukturplan für das Bildungswesen. Stuttgart. S. 197.

[890] Der Anteil betrieblicher Auszubildender variiert regional sehr stark. Im Jahr 2001 hatten im Bundesgebiet durchschnittlich 91 Prozent (ABL: 96, NBL: 73) der Auszubildenden einen betrieblichen Ausbildungsplatz.

dung nach dem Berufsbildungsgesetz (BBiG) gleichgesetzt werden, das auch vollschulzeitliche Ausbildungsgänge kennt, die stetig an Bedeutung gewinnen. Dennoch richtet sich das Hauptinteresse der untersuchten Verbände, genauso wie das der Parteien und das der Wissenschaft auf das duale System der Berufsausbildung. Dieses stellt mit der engen Kooperation zwischen dem Bildungssystem in der Gestalt der Berufsschule und dem Beschäftigungssystem in Gestalt der ausbildenden Betriebe ein Integrationskonzept von Bildungssystem und Beschäftigungssystem dar, wobei allerdings der Berufsbildungspolitik aufgrund dieses Dualismus` noch immer die vollständige Gleichwertigkeit mit allgemeiner Bildung verwehrt bleibt.[891]

> „Die Berufsschule als Teil des dualen Systems der Berufsausbildung hat eine vergleichsweise junge Geschichte und hat stets bei dem die Bildungspolitik bestimmenden Bildungsbürgertum um ihre Anerkennung, zumeist vergeblich, kämpfen müssen.“[892]

Es gehört somit zu den Schwierigkeiten der deutschen Schul- und Bildungstradition, dass sie es nie geschafft hat, den durch sie gepflegten Anspruch auf den Allgemeinheitsgehalt des Lernens in den Aushandlungsprozessen um die Form von Ausbildungsberufen selbst durchzusetzen.[893] Dieses ungeklärte Verhältnis zwischen allgemeiner Bildung und Ausbildung ist bei weitem nicht bildungstheoretisch, sondern – wie zu zeigen sein wird – auch politisch von großer Bedeutung, da grundsätzliche Fragen wie etwa die Geltung des Rechts auf Bildung oder der Berufswahlfreiheit für die Jugendlichen im dualen System unentschieden sind.

Aufgrund der gemischten Zuständigkeit zwischen Bundeskompetenz für die Ausbildung in den Betrieben und der Länderkompetenz für die Berufsschulen, der natürlichen sachlichen Nähe der Berufsbildungspolitik zur Wirtschafts- und Arbeitsmarktpolitik sowie einer ungewöhnlichen Vielzahl von korporatistischen Entscheidungsstrukturen und Regulierungsmustern[894] verlaufen berufsbildungspolitische Willensbildung und Entscheidungsprozesse im Allgemeinen noch komplizierter als solche der allgemeinen Bildungspolitik.[895] Diese besonders stark ausgeprägte Politikverflechtung in der Berufsbildungspolitik erfährt durch die unmittelbaren Interessen der Wirtschaftsverbände und der Gewerkschaften an diesem Politikfeld eine weitere Verstärkung. Während die Wirtschaftsverbände und Gewerkschaften in den anderen Bildungsbereichen zweifelsohne wichtige Akteure sind, die politische Arena aber mit einer Reihe anderer Akteure teilen und die Dominanz der Parteien akzeptieren müssen, ist ihr Einfluss in Fragen der Berufsbildungspolitik traditionell umso größer.

Vgl. BMBF (2003): Berufsbildungsbericht. Übersicht 32: Auszubildende mit betrieblichen und außerbetrieblichen Ausbildungsverträgen zum 31.12.2001.

891 Vgl. Münch, Joachim (2002): Bildungspolitik: Grundlagen, Entwicklungen. Hohengehren. S. 94.

892 Ebenda. S. 5.

893 Harney, Klaus/ Rahn, Sylvia (2003): Steuerungsprobleme im beruflichen Bildungswesen. In: Der berufliche Bildungsweg (bbw). Nr. 03-04/ 2003. S. 2 – 9. S. 6.

894 Streeck, Wolfgang/ Hilbert, Josef/ van Kevelar, Karl-Heinz/ Maier, Frederike/ Weber, Hajo (1987): Steuerung und Regulierung der beruflichen Bildung. Die Rolle der Sozialpartner in der Ausbildung und beruflichen Weiterbildung in der Bundesrepublik Deutschland. Berlin.

895 Münch, Joachim (1979): Politik und Reform der beruflichen Bildung. In: Müllges, Udo (Hrsg.): Handbuch der Berufs- und Wirtschaftspädagogik. Bd. 2. S. 433 – 464. S. 238.

Von gescheiterten Ansätzen in der Berufsbildungspolitik der 70er Jahre abgesehen[896], hat sich der Staat innerhalb der korporatistischen Politikverflechtung im Politikfeld Berufsbildung auf die in der soziologischen Steuerungsdiskussion der 90er Jahre als Aktivator, der nicht alle Aufgaben selbst erledigt, sondern ihre Erfüllung anregt und moderiert, bezeichnete Rolle beschränkt[897], der diese selbst im Konfliktfall der Sozialpartner nur sehr zurückhaltend wahrnimmt, was sich aus der Priorität seiner politischen Ziele erklärt: Solange das duale System passable Ergebnisse bei der Bekämpfung der Jugendarbeitslosigkeit erreicht, stehen Ausbildungsqualität und Zukunftsfähigkeit des Systems nicht in Frage und der Staat überlässt diesen Politikbereich weitestgehend den Sozialpartnern.[898] Folglich können politische Entscheidungen nur im Einklang beider Sozialpartner gefällt werden. Da aber jeder Akteur alleine verhindern kann, kommt es in strittigen Fragen immer wieder zu langen Phasen der Nicht-Entscheidung.[899]

Bedingt durch den relativ kurzen Zeitraum eines staatlichen Bildungsauftrags für die Berufsausbildung in den Betrieben, die „Lehrlingsausbildung", wie sie früher genannt wurde, ist die Berufsbildungspolitik durch eine Reihe etablierter Kooperationsformen der Sozialpartner, aber auch grundsätzlicher Konfliktlinien zwischen den beiden Verbandsgruppen gekennzeichnet.[900]

Derartige Grundkonflikte, die vielen Positionen in diesem Bereich zugrunde liegen, sind beispielsweise die Differenzierung der Ausbildungsgänge oder Art und Umfang einer gesetzlichen Regelung der Ausbildung. Während die Wirtschaftsverbände die Einführung theoriegeminderter Ausbildungsberufe fordern, werden diese von den Gewerkschaften strikt abgelehnt. Diese beiden Grundpositionen bestimmen eine Reihe weiterer Detailfragen bei beiden Verbandsgruppen. In der Frage des Berufsbildungsgesetzes drücken sich die jeweiligen Haltungen zu dem Ausmaß staatlicher Vorgaben für den Bereich der Berufsausbildung aus. Die Gewerkschaften haben schon in ihrer Nürnberger Erklärung „Zur Regelung des Lehrlingswesens" im Jahr 1919 für ein Berufsbildungsgesetz plädiert, wohingegen die Wirtschaftsverbände bis zu dessen Verabschiedung 1969 Widerstand geleistet und die Lehrlingsausbildung als Selbstverwaltungsaufgabe der Wirtschaft betrachtet haben[901].[902]

---

896 Siehe dazu: Stratmann, Karlwilhelm/ Schlosser, Manfred (1990): Das Duale System der Berufsbildung. Eine historische Analyse seiner Reformdebatten. Gutachten für die Enquete-Kommission Zukünftige Bildungspolitik – Bildung 2000" des Deutschen Bundestages. Frankfurt am Main. S. 175 ff.

897 Bandemer, Stephan von / Hilbert, Josef (2001): Vom expandierenden zum aktivierenden Staat. In: Blanke, Bernhard / Bandemer, Stephan von / Nullmeier, Frank / Wewer, Göttrik / Plaß, Stefan (Hrsg.): Handbuch zur Verwaltungsreform. 2., erw. und überarb. Aufl. Opladen. S. 17 – 25 und Heinze, Rolf G. (1998): Die blockierte Gesellschaft. Sozioökonomischer Wandel und die Krise des „Modell Deutschland". Opladen. S. 213.

898 Vgl. Peek, Helmut (2003): Berufsbildungsgesetz. Kartell für Mittelmäßigkeit. In: Wirtschaft und Erziehung. Nr. 4/ 2003. Wollenbüttel. S. 139 – 140. S. 139.

899 Insbesondere die Verbände der Berufsschullehrer beklagen diese Lähmung aufgrund der Konkurrenz der Verbände um Einfluss auf die berufliche Bildung bei gleichzeitiger Einflusslosigkeit der beruflichen Schulen – immerhin die mit einem öffentlichen Bildungsauftrag ausgestattete zweite Säule des dualen Ausbildungssystems – in berufsbildungspolitischen Entscheidungen.

900 Eine weitere Besonderheit dieses Politikfeldes ist die gemeinsame Vertretung und Koordination der Positionen und Interessen der Wirtschaftsverbände in der beruflichen Bildung durch das Kuratorium der Deutschen Wirtschaft für Berufsbildung (KWB).

901 Greinert, Wolf-Dietrich (1993): Das »deutsche System« der Berufsausbildung. Geschichte, Organisation, Perspektiven. Baden-Baden. S. 61 f.

902 Im historischen Kontext der Konzeption einer Dualität von betrieblicher und schulischer Ausbildung am Anfang des 20. Jahrhunderts stand allerdings nicht die Verbesserung der fachlichen Kenntnisse im Vordergrund, sondern die „Verbesserung der staatsbürgerlichen Erziehung" (Kerschensteiner) der Jugend, auf deren politischen Willensbildungsprozess der Staat in der Zeit zwischen der Erfüllung der Schulpflicht und dem

In der aktuellen Frage der Reform des Berufsbildungsgesetzes (BBiG) findet sich, wie später noch zu zeigen sein wird, diese Positionierung wieder, denn die Gewerkschaften sprechen sich offensiv für eine grundlegende Reform und Erweiterung des BBiG aus, was die Wirtschaftsverbände als unnötig erachten.

4.3.5.1 Berufskonzept und öffentlicher Bildungsauftrag

Eine Grundannahme mit ähnlicher Orientierungsfunktion für andere Aspekte der beruflichen Bildung ist deren Verortung innerhalb der Typologie der Modelle sozialer Ordnung. Die Gewerkschaften betonen die Zugehörigkeit des Berufbildungsbereichs zum staatlichen Bildungssystem (und nicht zum Beschäftigungssystem) und den daraus resultierenden öffentlichen Bildungsauftrag. Aufgrund eben dieser Zugehörigkeit habe das Prinzip des allgemeinen Rechts auf Bildung auch im berufsbildenden Bereich Geltung, woraus die Gewerkschaften die Forderung eines gesetzlich normierten Anspruchs auf einen Ausbildungsplatz ableiten.[903] Das gewerkschaftliche Postulat der Gleichwertigkeit von beruflicher und allgemeiner Bildung findet erwartungsgemäß insbesondere in Fragen der Berufsbildungspolitik seinen Niederschlag. Obwohl für die Wirtschaftsverbände von geringerer Bedeutung teilen diese das Gleichwertigkeitspostulat ausdrücklich, wobei sie indes stärker den intermediäre Charakter der beruflichen Bildung zwischen Staat und Markt betonen. Aus dieser Positionierung der beruflichen Bildung ergeben sich unterschiedliche Ableitungen für die berufsbildungspolitische Praxis, vor allem in Fragen des Ausbildungsplatzmangels oder des Stellenwertes von allgemeinen Bildungsinhalten. Wird beispielsweise die berufliche Bildung eher dem Beschäftigungssystem zugeordnet, folgt daraus, dass konjunkturelle Bewegungen nicht nur faktisch zu Schwankungen auf dem Ausbildungsmarkt führen, sondern diese in bestimmtem Maße normativ im Sinne der (Mit-) Verantwortung der Wirtschaft für die Berufsausbildung vertretbar sind. Aus einer stärkeren Betonung der Zugehörigkeit zum Bildungssystem hingegen resultieren bei dauerhaftem Ausbildungsplatzmangel Forderungen nach staatlicher Bereitstellung von Ausbildungskapazitäten.

Das deutsche System der Berufsausbildung mit seiner konzeptionellen Dualität der Lernorte und didaktischen Konzepte, der Trägerschaft und Finanzierung, der Ordnungskonzepte und Aufsicht und schließlich seiner grundsätzlich dualen Zielsetzung ist durchaus nicht alternativlos im internationalen Vergleich, wo zumeist entweder Systeme mit einer staatlich orientierten beruflichen Schulbildung oder eine fast systemfreie betriebliche Modulausbildung etabliert sind.[904] Freilich sind nahezu alle nationalen Berufsbildungssysteme

---

Eintritt der jungen Männer in den Militärdienst ohne Einflussmöglichkeit war. So war die Zunahme gewerkschaftlicher Organisation und sozialdemokratischer Wähler grundlegend für die Entstehung des dualen Systems. Vgl. Lipsmeier, Antonius (1994): Der historische Kontext des Berufsausbildungssystems: In: Reuling, Jochen (Hrsg.): Modernisierung, Regulierung und Anpassungsdruck des Berufsausbildungssystems der Bundesrepublik Deutschland. Bielefeld. S. 13 – 36. S. 14.

[903] Deutscher Gewerkschaftsbund (DGB) (2003): Kampagne BBiG-Reform. Die Bildungschancen der Mehrheit verbessern: Berufsausbildung reformieren. In: www.bbig-reform.de/documents/BBIG_Diskussionspapier _DGB.pdf. S. 3.

[904] Die Dualität als konstitutives Merkmal des Systems wird von einer Reihe von Autoren durch die Behauptung in Frage gestellt, es handele sich bei den Lernorten Betrieb und Schule um Institutionen, die ihren eigenen, konkurrierenden Logiken verpflichtet seien, so dass der Begriff duales System durchaus als politischer Begriff oder Markenname aufgefasst werden kann. Jürgen Zabeck spricht daher auch nicht von einem „dualen", sondern von einem „dualistischen System" und kennzeichnet dieses nicht über ein Miteinander, sondern über ein

Mischformen aus den verschiedenen Lernorten wie berufliche Schulen, Betriebe oder Bildungszentren. Eine idealtypische Differenzierung der Berufsbildungssysteme nach dem Schwerpunkt eines bestimmten Lernortes ergibt nachfolgende Klassifizierung:

- Dominanz vollzeitschulischer Berufsausbildung
- Dominanz dualer Berufsbildung
- Dominanz betrieblicher Ausbildung in Unternehmen oder Berufsbildungseinrichtungen

DGB, IG Metall, IG BCE und ver.di unterstreichen einvernehmlich, dass eine qualifizierende Berufsausbildung weiterhin die notwendige Voraussetzung für den Eintritt in das Beschäftigungssystem darstellen sollte und lehnen einen Systemwechsel zu vollschulzeitlicher Berufsausbildung oder zu einer Dominanz betrieblicher Ausbildung in Unternehmen oder Berufsbildungseinrichtungen strikt ab. Dieses Bekenntnis zum Berufskonzept wird von allen Verbänden geteilt und zumeist, allein die GEW stellt diesbezüglich eine Ausnahme dar, durch eine Bestätigung des dualen Systems ergänzt. Auch die Wirtschaftsverbände sehen den Systemkern aller beruflichen Ausbildungsformen in dem Berufskonzept, wobei das Prinzip der Berufsbezogenheit, die „Beruflichkeit" (DIHK), auch die Grundlage für vollschulzeitliche Berufsausbildungen darstellen sollte. Jede Berufsbildung müsse unbedingt zu voller Berufsfähigkeit führen, also zu der Befähigung, mit dem Abschluss der Ausbildung eine vollwertige Erwerbstätigkeit ohne zusätzliche stützende oder überleitende Qualifizierung aufnehmen zu können.

Dieses grundsätzliche Festhalten beider Verbandsgruppen an dem dualen System als die bestimmende Form der Berufsausbildung in Deutschland ist deshalb von Bedeutung, weil in den letzten Jahren sowohl seine Anpassungsfähigkeit an sich schneller wandelnde Anforderungen der Arbeitwelt als auch seine Ausbildungskapazitäten für die bestehende Nachfrage unzureichend gewesen sind. Katalysiert durch die faktisch fehlgeschlagene Systemtransformation der Berufsbildung auf Ostdeutschland, wo nach wie vor die öffentlich finanzierte Berufsbildung dominiert, und flankiert durch die sich immer stärker abzeichnende Abhängigkeit von konjunkturellen und demografischen Entwicklungen wird immer häufiger eine Systemkrise des dualen Systems konstatiert und dessen Zukunftsfähigkeit

---

Neben- bzw. Gegeneinander der Lernorte: „Deshalb ist auch das Attribut ‘dual’ in Verbindung mit dem Substantiv ‘System’ fehl am Platze, denn es rekurriert auf ‘Dualität’, also das Prinzip der Zweiheit innerhalb eines im Einklang mit sich selbst befindlichen Ganzen, während es sich in Wirklichkeit hier um einen ‘Dualismus’ im Sinne einer mehr oder minder schroff auseinanderfallenden Zweiheit handelt“. Vgl. Euler, Dieter (1999): Stand der Erkenntnisse zur Lernortkooperation. In: Bund-Länder-Kommission für Bildungsplanung und Forschungsförderung (BLK) (Hrsg.): Kooperation der Lernorte im dualen System der Berufsbildung. Bericht über eine Auswertung von Modellversuchen von Dieter Euler, Klaus Berger u.a.. Materialien zur Bildungsplanung und zur Forschungsförderung. Heft 73. Bonn. S. 44 – 95. S. 48 und Zabeck, Jürgen (1996): Die dualistische deutsche Berufsausbildung als wissenschaftliche Herausforderung. In: Seyd, Wolfgang/ Witt, Ralf (Hrsg.): Situation - Handlung - Persönlichkeit. Festschrift für Lothar Reetz. Hamburg. S. 71 – 86. S. 74.

Günter Kutscha sieht sogar in der „Preisgabe der Dualität [...] jenseits aller bildungspolitischen Beteuerungen geradezu die Voraussetzung dafür, dass sich das berufliche Ausbildungssystem unter sich verändernden Umweltbedingungen dynamisch entfalten kann. Das gilt sowohl für die Ebene der Steuerung dieses Systems wie auch für die Organisation und didaktische Gestaltung der Lernorte." Vgl. Kutscha, Günter (1992): Die Zukunft des Dualen Systems - eine Situationsanalyse: In: Kuratorium der deutschen Wirtschaft für Berufsbildung: Lernen am Arbeitsplatz – Veranstaltungsbericht. Bonn 1992. S. 9 – 15. S. 10.

insgesamt in Frage gestellt.[905] Als Ursachen für die vermeintliche Systemkrise werden unterschiedliche Phänomene – mangelnde Ausbildungskapazitäten, geringe Attraktivität bestimmter Ausbildungsgänge, unzureichende Integrationserfolge von gering qualifizierten Jugendlichen, Entberuflichung der Arbeitsstrukturen – ausgemacht, wobei die Reformvorstellungen der Wirtschaftsverbände und der Gewerkschaften jeweils diesen Aspekten Rechnung tragen wollen. Unterschiede ergeben sich diesbezüglich in den Strategien, wie auf die Anzeichen einer Entberuflichung der Arbeitswelt reagiert wird.

4.3.5.2 Krise und Reform des dualen Systems. Modernisierungsvorstellungen im Vergleich

Die berufliche Organisation der Arbeitsmärkte galt bis zum Anfang der 90er Jahre als zentraler Vorteil des Standorts Deutschland, das duale System als Erfolgsmodell mit Vorbildcharakter zur Modernisierung der beruflichen Bildung anderer Länder und nicht zuletzt das qualifikationsintensive deutsche Produktionsmodell der tayloristischen Massenproduktion amerikanischer Unternehmen als überlegen.[906] Jedoch mehren sich seit Anfang der 90er Jahre skeptische Stimmen, die nicht nur einzelne Probleme des dualen Systems kritisieren, sondern generell in Frage stellen, ob das Berufskonzept in einer von der Industrie- zur einer Wissensgesellschaft gewandelten Arbeitswelt noch ein geeignetes Konzept darstellt. Einige Autoren sehen nicht das duale System durch die Strukturprobleme der Wirtschaft gefährdet, sondern machen umgekehrt das berufliche Ausbildungssystem in Deutschland für die Krise des deutschen Produktionsmodells (mit-) verantwortlich.[907]

In der Forschung sowie der Bildungspolitik in Parteien und Verbänden werden verschiedene Aspekte, mit jeweils unterschiedlicher Gewichtung, teils auch kontrovers, als Krisensymptome ausgemacht. Thematisch zusammengefasst sind folgende Krisenphänomene des dualen Systems erkennbar.[908]

---

905 Vgl. Geißler, Karlheinz A. (1991): Das Duale System der industriellen Berufsausbildung hat keine Zukunft. In: Der Leviathan, 19. Jg., Nr. 1. S. 68-77. S. 69. Kritisch dazu: Greinert, Wolf-Dietrich (1994): Die Berufsschule am Ende ihrer Entwicklung. Über die Grenzen eines pädagogischen Konzeptes. In: Die berufsbildende Schule. Jg. 46, Heft 12. S. 389 – 395.

906 Vgl. Streeck, Wolfgang (1991): On the Social and Political Conditions of Diversified Quality Production. In: Matzner, Egon/ Streeck, Wolfgang (Hrsg.): Beyond Keynesianism: The Socio-Economics of Production and Full Employment. Aldershot. S. 21 – 61.

907 Vgl. Kern, Horst /Sabel, Charles F., (1994): Verblasste Tugenden. Zur Krise des deutschen Produktionsmodells. In: Beckenbach, Niels/ van Treeck, Werner (Hrsg.), Umbrüche gesellschaftlicher Arbeit. Göttingen. S. 605 – 624. S. 615; Jürgens, Ulrich/ Naschold, Frieder (1994): Arbeits- und industriepolitische Entwicklungspässe der deutschen Industrie in den 90er Jahren. In: Zapf, Wolfgang/Dierkes, Meinolf (Hrsg.): Institutionenvergleich und Institutionendynamik. Berlin. S. 239 – 270.

908 Einige Krisensymptome stellen sich empirisch anders als in der Problemwahrnehmung der Verbände dar. Vgl. Euler, Dieter (1998): Modernisierung des dualen Systems - Problembereiche, Reformvorschläge, Konsens- und Dissenslinien. In: Bund-Länder-Kommission für Bildungsplanung und Forschungsförderung (BLK) (Hrsg.): Materialien zur Bildungsplanung und zur Forschungsförderung Heft 62. Bonn.
Diese Aufzählung orientiert sich an der Problemartikulation der Verbände.

- Vor dem Hintergrund gravierender Umbrüche im Beschäftigungssystem erscheint das dem dualen System konstitutiv zugrunde liegende Berufsprinzip fragwürdig oder gar überflüssig.[909]
- Ferner deckt sich das qualitative und quantitative Angebot dualer Ausbildungsberufe nur noch begrenzt mit dem Bedarf des Beschäftigungssystems. Eine schnelle Anpassung der Ausbildungsinhalte an die betriebliche Praxis gefährdet wiederum das Berufskonzept.
- Der Rückgang der Zahl der Ausbildungsbetriebe und das Sinken der Ausbildungsquote der ausbildenden Betriebe stellt eine Dauerbelastung des dualen Systems dar.
- Während einige Betriebe über Bedarf ausbilden, betreiben andere eine Externalisierung der Kosten, indem sie unter Bedarf oder gar nicht ausbilden und sich als „Trittbrettfahrer" verhalten.
- Die Heterogenität der Auszubildenden wächst in sozialer, ethnischer und demografischer Hinsicht, ebenso die schulischen Voraussetzungen.
- Sowohl die Ausbildungsqualität der betrieblichen Ausbildung als zunehmend auch die der Berufsschule stehen in der Kritik.
- Die Qualitätsprobleme des allgemein bildenden Schulsystems wachsen in die berufliche Bildung hinein mit der Folge, dass die Berufsschulen zunehmend allgemeine Bildungs- und Sozialisationsdefizite kompensieren müssen, so dass die Berufsschulen mit immer mehr und teils widersprüchlichen Aufgaben betraut werden.
- In einigen Berufsbereichen steht das duale System zunehmend in Konkurrenz zu vollzeitschulischen Berufsausbildungsformen und zu (Fach-) Hochschulabsolventen (insbesondere mit einem Bachelor), so dass es seinen privilegierten Zugang zu den mittleren Positionen im Beschäftigungssystem verliert.

Zu diesen Krisensymptomen, die allesamt auf veränderte Umweltbedingungen zurückzuführen sind, treten Dysfunktionalitäten des Systems der beruflichen Bildung hinzu, die sich in unzureichender Problemlösungskapazität niederschlagen. Zahlreiche Krisensymptome verweisen „auf Diskrepanzen zwischen der industriegesellschaftlichen Prägung des dualen Berufsausbildungssystems und den Herausforderungen einer flexibler regulierten dienstleistungs- und innovationszentrierten Wissensgesellschaft".[910] Diese „Industrielastigkeit" der dualen Berufsausbildung hat dabei nicht nur für die Ausbildungs- und Berufskonzepte, sondern auch für die verbandlichen Regulationsstrukturen Geltung.[911] Diese Krise des Korporatismus im Bereich der beruflichen Bildung ist in erster Linie „nicht akteurspezifisch, sondern resultiert aus einem Strukturwandel, dem der in einen industriegesellschaftlichen Kontext eingebettete Korporatismus nur begrenzt Rechnung tragen kann."[912]

Die untersuchten Verbände lassen diese Dyfunktionalitäten des Systems beruflicher Bildung weitgehend unbeachtet und konzentrieren sich auf Anpassungsstrategien an sich verändernde Umwelteinflüsse, wobei sich diese Anpassungsstrategien erheblich unterscheiden.

---

909 Geißler, Karlheinz/ Geramais, Olaf (2001): Berufs- und Wirtschaftspädagogische Grundprobleme. In: Heinrich Schanz (Hrsg.): Berufsbildung konkret. Bd. 1. Baltmannsweiler. S. 39 – 53.

910 Heidenreich, Martin (1998): Die duale Berufsausbildung zwischen industrieller Prägung und wissensgesellschaftlichen Herausforderungen. In: Zeitschrift für Soziologie (ZfS). Jg. 27, Nr. 5. S. 321 – 340. S. 324.

911 Ebenda. S. 321.

912 Vgl. Baehtge, Martin (1999): Glanz und Elend des deutschen Korporatismus in der Berufsbildung. In: WSI Mitteilungen Nr. 8/ 1999. S. 489 – 497. S. 490.

4.3.5.2.1 Das Satellitenmodell des DIHK

Die Industrie- und Handelskammern und der DIHK haben mit den „Leitlinien Ausbildungsreform. Wege zu einer modernen Beruflichkeit" ein sog. Satellitenkonzept entwickelt, das nach eigenem Bekunden die Voraussetzung für eine moderne Beruflichkeit schaffen soll. Gefordert wird „eine Ausweitung des betrieblichen Ausbildungsanteils [...], um das Erfahrungslernen zu intensivieren und in direktem Zusammenhang mit der Praxis auch fachübergreifende Qualifikationen intensiver zu vermitteln."[913] Unter dem Oberbegriff der Einheit von Lernen und Arbeiten müsse sich die schulische Ausbildung im dualen System auf die Grundlagen konzentrieren, so dass die bisherige Arbeitsteilung zwischen Unternehmen und Berufsschule, welche die Ausbildung im Betrieb und den theoretischen Teil in der Schule vorsieht, in eine neue Partnerschaft überführt werden müsse. In dieser Partnerschaft solle die Schule „den fachlich-pädagogischen Unterricht in den Vordergrund stellen und insbesondere das Lernvermögen der Auszubildenden für den jeweiligen Beruf steigern helfen."[914] Eine „Neuorientierung am eigenen pädagogischen Auftrag" durch „eine Konzentration auf die Partnerschaft mit den Betrieben im Feld der berufsprofilgebenden Qualifikationen ermöglicht eine hohe Dichte schulischer Leistungen und eine verstärkte pädagogische Förderung der Lernfähigkeit bei den unterschiedlichen Zielgruppen." Obschon der DIHK an anderer Stelle Modelle eines „kooperativen Dualismus" ablehnt, die lediglich auf eine Übertragung betrieblich-fachlicher Ausbildungsleistungen auf die Berufsschule und in das Abschlusszeugnis abzielen, sieht das DIHK-Modell die originäre Funktion der Berufsschulen darin, „die künftig flexible betriebliche Ausbildungsarbeit zu stützen und abzufedern."[915] Eine derartige Funktionszuschreibung der Berufsschule bedeutet letztlich die Auflösung ihres eigenständigen Bildungsauftrags, der bezeichnenderweise in dem DIHK-Konzept keine Erwähnung findet.

Allerdings bildet die neue Funktionszuschreibung der Berufsschulen nur ein Element eines durch das Satellitenmodell beschriebenen grundlegend neuen Ordnungsmodells für das gesamte Feld der Berufsausbildung im dualen System. Ausgangspunkt dieses Modells ist die Disparität von Ausbildungsangebot und nachgefragten Arbeitsplatzqualifikationen des dynamischen Beschäftigungssystems, der mit einer Aufteilung der Ausbildungsgänge in einen Pflichtbereich und einen Wahlbereich begegnet werden solle. Das Satellitenmodell sieht für alle Berufe nach dem Berufsbildungsgesetz eine Abschaffung der festen Ausbildungszeit vor, an deren Stelle ein dem jeweiligen Ausbildungsbedarf des einzelnen Betriebes und dem individuellen Leistungsvermögen des Auszubildenden anzupassender Zeitkorridor treten solle, so dass künftig eine derzeit dreijährige Ausbildung in mindestens zwei, jedoch höchstens dreieinhalb Jahren absolvierbar sein sollte.[916] Die Ausbildungsinhalte müssten des Weiteren durch ein mehrschichtiges modulares System aus unverzichtbaren Grundqualifikationen und 8-10 profilgebenden Wahlpflichtbausteinen (= Satelliten[917]) –

913 DIHK (1999): Leitlinien Ausbildungsreform. Wege zu einer modernen Beruflichkeit. Deutscher Industrie- und Handelstag. Bonn. S. 6

914 Ebenda.

915 Ebenda. S. 10.

916 Ebenda. S. 28.

917 Um sprachlich zu verdeutlichen, dass die Klammer des Berufes als Erkennungsmerkmal für die ganzheitliche Berufsqualifikation erhalten bleibt, spricht der DIHK von Satelliten, welche die Grundqualifikationen des Berufs umkreisen und nicht von Bausteinen, die aufeinander gesetzt ein bestimmtes Qualifikationsprofil ergeben.

davon 3-4 Wahlbausteinen frei wählbar – eine größere Passgenauigkeit auf die Anforderungen der Betriebe erreichen. Die Zusammensetzung der einzelnen Module wird zusammen mit der Ausbildungsdauer im Ausbildungsvertrag festgelegt. Ein derartiges Modell benötigt eine Rücknahme der fachlichen Differenzierung in vielen Ausbildungsordnungen, so dass das Satellitenmodell die „Ausbildungsordnung" als Rechtsverordnung auf einen berufsprofilgebenden Mindestausbildungsinhalt beschränken und so die Vielzahl fachrichtungsspezifischer Qualifikationen innerhalb eines Berufsbildes deutlich reduzieren möchte.[918] Eine weitere Präzisierung außerhalb der Ausbildungsordnungen wird durch Rahmenstofflehrpläne von Berufsfachkommissionen vorgenommen.

Durch das Satellitenmodell würde der Einfluss des Staates auf die berufliche Bildung zwecks Optimierung der Anpassung von beruflichen Ausbildungen an das Beschäftigungssystem zugunsten der unmittelbaren Vertragspartner weitgehend entfallen und sowohl Auswahl als auch Vermittlung der Kompetenzen stärker an den betrieblichen Prozessen ausgerichtet.[919] Die Gewerkschaften sehen in einem derartigen Modell die Zerstörung der qualifizierten Fachausbildung, das letztlich unter dem Deckmantel der Flexibilisierung eine Spaltung der Facharbeiter- und Fachangestelltenausbildung und somit eine Etablierung unterwertiger Ausbildungsgänge intendiere.[920]

Eine Schwerpunktsetzung auf die Qualifikationsanforderungen der Betriebe zusammen mit der Aufgabe des allgemeinverbindlichen Rahmens der Berufsbilder des BBiG würde eine Eingrenzung des Berufsverständnisses zur Folge haben, so dass der durch den DIHK selbst gestellte Anspruch der Modernisierung des Berufskonzeptes nicht erfüllt, sondern im Gegenteil die Gewährleistung der Berufsfähigkeit unterminiert würde.[921] Ebensowenig könne bei der durch das Satellitenmodell vorgesehenen ausbildungsvertraglichen Einigung bezüglich der Dauer und Auswahl der Module von einer echten Vertragfreiheit zwischen Ausbildungsnehmer und Betrieb ausgegangen werden, so dass in der Praxis faktisch der Betrieb die wählbaren und optionalen Module bestimmen würde.[922]

Es ist anzunehmen, dass mit dem Satellitenkonzept innerhalb der Berufsausbildung eine Verlagerung des Schwerpunktes zu betrieblichen Anforderungen zu Lasten der Vermittlung von individueller, breit angelegter beruflicher Handlungskompetenz der Auszubildenden und der Stärkung deren lebenslanger beruflicher Biographie in einem Beschäftigungs-

---

Vgl. den seinerzeit beim DIHK für Berufsbildung zuständigen Woortmann, Gerd (1999): Wege zu einer modernen Beruflichkeit. In: Wirtschaft und Berufserziehung (W & B). Nr. 3/ 1999. S. 9.

Allerdings zeigen Beispiele aus den europäischen Nachbarländern, dass die Modularisierung der Ausbildung unausweichlich die Aufhebung des Berufsprinzips als Resultat hat: „Modularization in itself entails the abandonment of the principle of vocationalism. This has been seen to be the case in Germany's neighbouring countries." Vgl. Lauterbach, Uwe/ Grollman, Philipp (1998): The Dual System - A Static System? In: Thematic Network on Teachers Education in Europe (TNTEE) Publications Volume 1, Nr. 1. 1998. Umeå. S. 67 – 78. S. 69.

918 Ebenda. S. 9.

919 Diese durch das Satellitenmodell intendierte engere Ausrichtung an den betrieblichen Bedürfnissen würde allerdings bei weitgehend aufgelösten verbindlichen Ausbildungsinhalten erheblichen betrieblichen Abstimmungsbedarf zur Folge haben, da alle betrieblichen Ausbildungskonzepte, die nicht in Ausbildungsordnungen geregelten sind, unter das Mitbestimmungsrecht der Betriebsräte fallen.

920 IG Metall Vorstand (1999): So zerstören die Kammern die qualifizierte Fachausbildung, den zentralen Standortvorteil der deutschen Wirtschaft. Stellungnahme der IG Metall zu den Leitlinien Ausbildungsreform – Wege zu einer modernen Beruflichkeit des Deutschen Industrie- und Handelstages vom Mai 1999. Frankfurt am Main. S. 5 und 8.

921 Ebenda. S. 4.

922 Ebenda. S. 5.

system mit wachsender vertikaler und horizontaler Mobilität einhergehen würde. Deshalb stieß das Satellitenmodell nicht nur wie dargestellt bei Gewerkschaften, sondern auch in der Wissenschaft[923] und zum Teil bei anderen Wirtschaftsverbänden auf Kritik. Die BDA befürwortet zwar die ordnungspolitischen Vorstellungen des DIHK für die Berufsschulen, favorisiert aber als Instrument der Flexibilisierung von Ausbildungsordnungen anstelle von zahlreichen Berufsfachkommissionen regelmäßige Teilnovellierungen. Ebenso kritisch werden die Zeitkorridore und Wahloptionen gesehen.[924]

4.3.5.2.2 „Aus- und Weiterbildung nach Maß“ - Zentralverband des deutschen Handwerks

Auf Seiten der Wirtschaftsverbände hat sich der ZDH als ebenfalls gewichtiger Akteur an der Reformdebatte des dualen Systems beteiligt. Das Konzept des Handwerks zur Ausbildungsreform trägt den Namen „Aus- und Weiterbildung nach Maß“ und sieht ähnlich dem Satellitenmodell eine Differenzierung der Ausbildung vor. Auch dieses Konzept basiert auf einer Kombination von Kernqualifikationen und Wahlpflichtbausteinen, wobei allerdings im Gegensatz zu dem DIHK-Modell fakultative und obligatorische Ausbildungsinhalte- und Umfang bundeseinheitlich durch die Ausbildungsordnung geregelt bleiben. Weitere Wahlpflichtbausteine können freiwillig absolviert werden.[925] Dabei ist die Vermittlung von Wahlpflichtbausteinen vorrangig eine Aufgabe der Betriebe, die allerdings auch in Berufsbildungszentren des Handwerks erfolgen kann. Insgesamt müsse die Kooperation zwischen Betrieben, überbetrieblichen Berufsbildungszentren[926] und Berufsschulen ausgebaut werden.[927]

Gemeinsam ist beiden Reformkonzepten ein Bekenntnis zum Berufskonzept, eine verstärkte Orientierung an den Qualifikationsanforderungen der Betriebe, ein Rollenverständnis von Berufsschule, in dessen Vordergrund die Unterstützung betrieblicher Lernprozesse und nicht der allgemeine Bildungsauftrag steht. Die Positionen können für die anderen Wirtschaftsverbände verallgemeinert werden. Ferner besteht Einigkeit, die Differenzierungsformen über die bereits vorhandenen Möglichkeiten der Spezialisierungen nach Fachrichtungen oder Schwerpunkten in zahlreichen Ausbildungsberufen hinaus deutlich zu erweitern. Alle wirtschaftverbandlichen Positionspapiere sprechen sich, wenn auch mit einer anderen Terminologie, für spezifische Formen einer Modularisierung mit Pflicht- und Wahlbausteinen aus. Die genannten Elemente bilden gleichsam die essentiellen Eckpfeiler

---

923 Eine kritische Auseinandersetzung mit dem Satellitenmodell findet sich beispielsweise bei: Grundmann, Hilmar (2000): „Modell, Modelle... oder vom gemeinsamen Interesse an der Reform des dualen Ausbildungssystems." In: Die berufsbildende Schule (BbSch) Nr. 52. 2/2000. S. 42 – 48.

924 Dabei fußt die Argumentation der BDA, genau wie die der Gewerkschaften, auf der faktischen Ungleichheit beim Abschluss des Ausbildungsvertrages, versieht diese jedoch mit einem anderen Vorzeichen. Die BDA sieht eher die Gefahr, dass in Zeiten sinkender Ausbildungsnachfrage leistungsstarke Ausbildungsinteressenten Betriebe mit inhaltlichen Maximalforderungen innerhalb kürzestmöglicher Fristen konfrontieren werden. vgl. Dorn, Barbara (1999): Korridor-Idee des DIHK birgt Risiken. In: Wirtschaft und Berufserziehung. Heft 7. S. 24.

925 Zentralverband des Deutschen Handwerks (1999): Aus- und Weiterbildung nach Maß. Empfehlungen und Umsetzungshilfen für die Praxis. Berlin. S. 27.

926 Ein strukturell ähnlicher Umbau der berufsbildenen Schulen und Berufsschulen sieht die GEW mit dem Konzept der Regionalen Berufsbildungszentren vor (RBZ) vor. Vgl. 4.3.5.2.5.

927 Zentralverband des Deutschen Handwerks (1999): Aus- und Weiterbildung nach Maß. Empfehlungen und Umsetzungshilfen für die Praxis. Berlin. S. 29.

der Empfehlungen des KWB, werden dort aber nicht in ein geschlossenes Reformkonzept überführt.

Damit stehen die Positionen des KWB in wesentlichen Punkten in Opposition zu den berufsbildungspolitischen Vorstellungen der Gewerkschaften.

In der Frage der Anpassung der Ausbildungsinhalte halten die Gewerkschaften die bereits mögliche Flexibilisierung der Ausbildungsinhalte in den Fachausbildungen für ausreichend und stehen jeglicher Verkürzung von Ausbildungszeiten ablehnend sowie Konzepten der Modularisierung und größerer Wahlfreiheiten skeptisch gegenüber.

> „Das Risiko von Modularisierungskonzepten liegt denn auch in dem Missbrauch durch die Arbeitgeber, d. h. darin, dass diese die Modularisierung zu einem Einfallstor zur Einführung verkürzter Schmalspurausbildungen nutzen und nur einen Teil der Ausbildungsmodule zur Verfügung stellen. Dieses Risiko kann und muss durch das Festhalten am Berufskonzept und durch entsprechende eindeutige Regelungen ausgeschlossen werden. Modulkonzepte ohne verbindliche, bundesweit geltende Standards für die gesamte Ausbildung sind nicht akzeptabel.“[928]

Während die Wirtschaftsverbände eine offensive Einführung neuer Berufsbilder betreiben, sind die Gewerkschaften diesbezüglich sehr zurückhaltend und favorisieren eher ein schmales Spektrum von breit angelegten Grundberufen mit einer Absenkung des technischen Detailwissens und einer Erhöhung der Schlüsselkompetenzen. Die Grundberufe müssten in ihrer Breite so angelegt sein, dass die Ausgebildeten später vielfältige berufliche Einsatzorte wählen und bei Arbeitsplatzwechseln ohne große Umschulungen den beruflichen Anforderungen entsprechen können.

Qualifikationen für ganze Berufsfelder sollten in einer gemeinsamen Ausbildungsordnung verankert werden, die Differenzierungen nach unterschiedlichen Fachrichtungen zulässt. Eine Erhöhung der Differenzierung würde sich dann nur auf die Fachrichtungen und nicht auf die gesamten Ausbildungsgänge beziehen. Neben der Förderung der Employability-Potenziale der Auszubildenden erhoffen sich die Gewerkschaften den Nebeneffekt, dass durch die Basisberufe stärker spezialisierte Betriebe für die betriebliche Ausbildung gewonnen werden könnten. Folglich wäre mit dem gewerkschaftlichen Modell ebenfalls ein Systemwechsel beschritten, nämlich von Branchenberufen zu branchenübergreifenden, funktionsorientierten Basisberufen, der wiederum von den Wirtschaftsverbänden abgelehnt wird.

Als Zwischenergebnis kann festgehalten werden, dass Gewerkschaften und Wirtschaftsverbände konzeptionell entgegengesetzt auf die Entberuflichung reagieren.[929] Die

---

[928] GEW (2000): Weiterentwicklung des Berufsbildungssystems in Deutschland. Beschluss des GEW-Hauptvorstands vom 25. März 2000. Frankfurt am Main. S.19.

[929] Die Einschätzung der Zukunft des dualen Systems in der Fachöffentlichkeit hängt zumeist direkt von der Einschätzung der Entberuflichungsthese ab. Auch dem beschriebenen Szenario liegt die Entberuflichung quasi axiomatisch zugrunde. Obgleich eine Überprüfung der empirischen Validität der Entberuflichungsthese im Rahmen der vorliegenden Arbeit nicht geleistet werden kann, erscheint die Diagnose einer zunehmenden Differenz von Berufsbildern des BBiG und tatsächlichen Qualifikationsanforderungen kaum bestreitbar. Zur empirischen Validität der Entberuflichungsthese mit weiteren Verweisen vgl.: Severing, Eckart (2001): Entberuflichung der Erwerbsarbeit – Folgerungen für die betriebliche Bildung. In: Arbeitsgemeinschaft Betriebliche Weiterbildungsforschung (Hrsg.): Kompetenzentwicklung 2001. Münster. S. 247 – 280. S. 250.
Dennoch ist die Entberuflichungsthese nicht unstrittig: Lempert vertritt, allerdings im Jahre 1995, die These, dass das, was als Entberuflichung der Arbeitsstrukturen erscheine, nur eine Reintegration problematischer Spezialisierungen sei. Vgl. Lempert, Wolfgang (1995): Das Märchen vom unaufhaltsamen Niedergang des „dualen Systems“. In: Zeitschrift für Berufs- und Wirtschaftspädagogik. Heft 3/ 1995. S. 225 – 231.

Gewerkschaften setzen mit dem Modell der Basisberufe auf eine Verbreiterung der Querschnittsqualifikationen für bestimmte zusammengefasste Berufsfelder zulasten brachenspezifischer Qualifikationen, wodurch eine längerfristige Sicherung der Marktfähigkeit der in der Ausbildung erworbenen Qualifikationen bewirkt werden soll.[930] Dem entgegen steht die von den Wirtschaftsverbänden betriebene offensive Einführung neuer, nahezu maßgeschneiderter Berufsbilder, die aus der Skepsis herrührt, fachlich verkürzte Basis- oder Grundberufe gefährdeten auch bei breiter Anlage die unmittelbare Berufsfähigkeit, so dass in einem Basisberufsystem unverzichtbare fachliche Teile der Ausbildung in eine „Weiterbildung" verschoben würden.[931]

Losgelöst von der Ebene der Interessenvertretung mit dem wenig überraschenden Befund, dass Gewerkschaften die Interessen der Auszubildenden und Wirtschaftsverbände die der Betriebe vertreten, entwickelt sich ein neuer Grundkonflikt zwischen den Sozialpartnern in der Frage, wie dem Strukturwandel der Ökonomie und dem Phänomen der Entberuflichung berufsbildungspolitisch zu begegnen sei. Dieser Zielkonflikt zwischen einer grundständigen Berufsqualifikation, die Auszubildenden und Arbeitnehmern eine möglichst hohe Beschäftigungsfähigkeit bietet, und dem Primat der Berufsfähigkeit im Sinne eines direkten Übergangs von der Ausbildung in die volle Erwerbstätigkeit ist einerseits Ausdruck sich in der Interessenvertretungsfunktion begründender, entgegengesetzter Handlungsrationalitäten von Gewerkschaften und Wirtschaftsverbänden und verweist andererseits auf zwei konzeptionell unterschiedliche Systeme der beruflichen Bildung, die jedes für sich genommen einen Systemwechsel darstellen würden.

Die frühere symbiotische Win-Win-Situation einer Ausbildung im dualen System für den Auszubildenden und den ausbildenden Betrieb löst sich somit langfristig durch die Entberuflichung der Arbeitswelt zugunsten des oben beschriebenen Zielkonfliktes auf, was eine verstärkte Interessenkollision der beteiligten Sozialpartner zur Folge hat. Die Erosion des Berufsprinzips und des Facharbeiters/ Fachangestellten als Charakteristikum des deutschen Produktions- und Arbeitsmodells wirkt sich somit nicht nur auf das duale System aus, sondern untergräbt gleichzeitig das korporatistische System organisierter Interessen in der Berufsausbildung. Derzeit ist das prinzipielle Bekenntnis zum dualen System innerhalb der Reformvorschläge von Gewerkschaften und Wirtschaftsverbänden funktional zwar durchaus noch konsensstiftend, die jeweiligen Reformvorschläge mit ihren Referenzmodellen hingegen entfernen sich immer stärker, so dass die Reformkapazität innerhalb des bestehenden Systems an seine Grenzen stößt und ein integratives Modell, das die durchgängige multidimensionale Dualität gewährleisten kann, immer schwieriger realisierbar wird.[932]

---

930 Görner, Regina (1999): 10-Punkte-Modell zur Neuordnung der Ausbildung. Dr. Regina Görner, Mitglied des Geschäftsführenden DGB-Bundesvorstandes. Statement anlässlich der Pressekonferenz – Bonn, 13. Januar 1999. In: www.dgb.de/themen/themen_a_z/abisz_doks/1/10-punkte.pdf/file_view_raw (25.07.2003). S. 3.

931 Die Wirtschaftsverbände befürchten den gleichen Effekt, wenn - unabhängig von dem System der Basisberufe - Einheitsschemata für bestimmte „Arten von Qualifikationen" als pauschales Ordnungsmuster eingeführt würden. Entsprechende curriculare Einheitsschemata lehnen die Wirtschaftsverbände deshalb ebenso ab.

932 Zu einem ähnlichen Ergebnis kommt auch Martin Baethge aufgrund einer Analyse der Ausbildungsplatzkrise von 1975 bis 1985 und der 90er Jahre. Baethge interpretiert die unterschiedlichen Bewältigungsversuche als Risse im Korporatismus, der seiner ordnungspolitischen Funktion kaum mehr gerecht werden könne. Baehtge, Martin (1999): Glanz und Elend des deutschen Korporatismus in der Berufsbildung. In: WSI Mitteilungen Nr. 8/ 1999. S. 489 – 497. S. 489.

4.3.5.2.3 Exkurs: Theoriegeminderte Ausbildungsberufe

Ein Sonderproblem des Reformdisputes zwischen den Verbandsgruppen stellt die theoriegeminderte Differenzierung des Ausbildungssystems durch die Schaffung von Ausbildungsberufen in weniger komplexen Arbeitsfeldern dar. Die im KDW organisierten Verbände sprechen sich nachdrücklich für die Schaffung von theoriegeminderten Ausbildungsberufen aus, die dem Leistungspotenzial benachteiligter Jugendlicher, etwa der 10 Prozent ohne Schulabschluss[933], entsprächen und diesen adäquate Beschäftigungsperspektiven böten. Trotz rückläufiger Tendenz werde es auch in Zukunft eine beachtliche Anzahl von Berufen mit weniger komplexen Anforderungen geben, für die ausgebildet werden könne und müsse.[934]

Das KWB hat eine Reihe von entsprechenden Tätigkeitsfeldern identifiziert, für die es stärker praxisorientierte Ausbildungsberufe schaffen möchte. Diese Ausbildungsberufe sollten keineswegs per se zweijährig sein, sondern deren Dauer vielmehr von den Sozialpartnern gemeinsam entsprechend der Qualifikationsanforderungen festgelegt werden.[935] Die Aufforderungen an die Gewerkschaften, ihren Widerstand gegen derartige neue Ausbildungsgänge aufzugeben, finden sich in den berufsbildungspolitischen Positionierungen aller Wirtschaftsverbände. Überdies spricht sich das KWB für eine konsequente Dualisierung der Berufsvorbereitung in Anlehnung an die Regeln des BBiG aus, statt „diese Jugendlichen als Schulerversager erneut in schulähnliche Einrichtungen zu stecken."[936]

Die Gewerkschaften befürchten durch Ausbildungsgänge in weniger komplexen Berufsbereichen eine „Aufspaltung des Ausbildungsmarktes in Vollqualifikationen für Kernbelegschaften und Schmalspurqualifikationen für Beschäftigte, die nach aktuellem Bedarf eingestellt oder entlassen werden sollen"[937], und fordern für Benachteiligte einen gesicherten Zugang zu einer qualifizierten und grundsätzlich mindestens dreijährigen betrieblichen Berufsausbildung. Zum einen würden sich zweijährige Ausbildungen prinzipiell negativ auf die Beschäftigungsfähigkeit auswirken[938], zum anderen habe die Entwicklung in den neuen

---

933 Im Schuljahr 2000/2001 verließen insgesamt 88.500 Jugendliche, fast ein Zehntel aller Schulabsolventen, eine allgemein bildende Schule ohne Abschluss. Vgl. Darstellung des Institutes der deutschen Wirtschaft (IW) mit Daten des Statistischen Bundesamtes sowie des Hochschul-Informations-Systems. Institut der deutschen Wirtschaft (IW) (2003): Bildung & Ausbildung: Bildungsabbrecher: Viele Unvollendete. In: Informationsdienst des Instituts der deutschen Wirtschaft Köln. Nr. 30 vom 24. Juli 2003. S. 3.

934 Kuratorium der Deutschen Wirtschaft für Berufsbildung (KWB) (2000): Zukunft der Arbeit. Qualifikationen der Zukunft. Ausbildungsleitertagung 2000 am 25./ 26. Mai 2000 in Stuttgart. Bonn. S. 3.

935 Ebenda.
Differenziert man die Vorschläge des KWB für neue Berufe nach Berufen mit weniger komplexen Anforderungen, zeigt sich, dass von den 18 theoriegeminderten Berufsvorschlägen nur vier auf zwei Jahre ausgelegt sind, bei dreien variiert die Ausbildungszeit zwischen zwei und drei Jahren und bei dem Großteil von 11 vorgeschlagenen Berufen ist eine dreijährige Ausbildungszeit vorgesehen. Vgl. Kuratorium der deutschen Wirtschaft für Berufsbildung (KWB) (2003): Neue Berufe / Neuordnungen – Vorschläge der Wirtschaft 2003. Bonn In: www.kwb-berufsbildung.de/pdf/Dokumentation%20Neue%20Berufe%202003.doc.

936 Woortmann, Gerd (2002): Von Lehrstellenknappheit zu Fachkräftemangel. Herausforderungen für Wirtschaft und Bildung. In: KWB (Hrsg.): Neue Arbeitswelt, neues Lernen. Qualifizierungsziele und –strategien für morgen. Ausbildungsleitertagung 2001. Bonn. S. 4 – 7. S. 6.

937 Görner, Regina (1999): 10-Punkte-Modell zur Neuordnung der Ausbildung. Dr. Regina Görner, Mitglied des Geschäftsführenden DGB-Bundesvorstandes. Statement anlässlich der Pressekonferenz – Bonn, 13. Januar 1999. In: http://www.dgb.de/themen/themen_a_z/abisz_doks/1/10-punkte.pdf/file_view_raw (25.07.2003). S. 2.

938 IG Metall Vorstand (1999): Warum zweijährige Ausbildungsberufe eine falsche ausbildungs- und beschäftigungspolitische Weichenstellung sind - Acht Argumente der IG Metall. Frankfurt am Main. S. 3.

Bundesländern bewiesen, dass die öffentliche Förderung von Kurzausbildung ein beschäftigungspolitischer Misserfolg sei und deshalb eine Fehlinvestition darstelle.[939]

Im Grunde speisen sich alle Argumente für die Ablehnung verkürzter Ausbildungen aus der Einschätzung, dass theoriegeminderte Berufsausbildungen einen beschäftigungspolitischen Erfolg nur dann haben werden, wenn sie an eine Ausweitung des Niedriglohnsektors gekoppelt werden.[940] Somit liegt es im „existentiellen Interesse von Gewerkschaften und Arbeitnehmern, die Einführung zweijähriger Ausbildungsgänge abzulehnen und durch eine zielgruppengerechte, gesetzlich abgesicherte und mit arbeitsmarktpolitischen Maßnahmen verzahnte Förderpolitik zu ersetzen."[941] Natürlich ist die Frage theoriegeminderter Ausbildungsberufe keine ausschließlich bildungspolitische Materie, sondern gleichzeitig von sozial- und tarifpolitischer Bedeutung; die Positionierung der Gewerkschaften folgt jedoch ausschließlich der Logik des Primates der Sozial- über die Bildungspolitik.

Aufgrund dieses verhärteten Dissenses zwischen den Verbandsgruppen wurden in den vergangenen Jahren einerseits keine neuen Abschlussebenen unterhalb der anerkannten Ausbildungsberufe eingezogen und neue Ausbildungsberufe zumindest formal möglichst nahe an das Profil bestehender Ausbildungsabschlüsse herangeführt.

Durch eine deutliche Positionierung der Bundesregierung[942] und eine Forcierung durch den Bundesminister für Wirtschaft und Arbeit, Wolfgang Clement, ist in diese Situation jüngst neue Bewegung gekommen. Das Bundesministerium für Wirtschaft und Arbeit (BMWi) verfolgt, gestützt auf ein Gutachten, das ein jährliches Ausbildungsplatzpotential (unter verschiedenen Modellrechnungen) von 7.500 bis 22.000 Ausbildungsplätzen prognostiziert[943], die Einführung von Berufsausbildungen in einfachen Berufen. Die Schaffung weniger komplexer, auch zweijähriger und gestufter Ausbildungen bei Neuordnungsverfahren ist aktuell auch Gegenstand der Ausbildungsoffensive 2003 der Bundesregierung. Der Hauptausschuss des Bundesinstituts für Berufsbildung (BIBB) als beratendes Gremium der Bundesregierung in grundsätzlichen Fragen der Berufsbildung hat ebenfalls eine Empfeh-

939 Ebenda. S. 4.

940 Zu dieser Einschätzung kommt auch ein vom Bundesministerium für Wirtschaft und Arbeit in Auftrag gegebenes Gutachten (BMWA-Forschungsvorhaben 13/02). Vgl. Düll, Nicola/ Leitzke, Simone/ Letzner, Volker/ Vogler-Ludwig, Kurt (2003): Ausbildung für einfache Berufe. Identifizierung von Tätigkeitsfeldern mit weniger komplexen Anforderungen als Basis zur Schaffung neuer anerkannter Ausbildungsberufe mit abgesenktem Anforderungsniveau. Kurzfassung des Endberichts. Gutachten für das Bundesministerium für Wirtschaft und Arbeit. München. S. 9.

941 IG Metall Vorstand (1999): Warum zweijährige Ausbildungsberufe eine falsche ausbildungs- und beschäftigungspolitische Weichenstellung sind - Acht Argumente der IG Metall. Frankfurt am Main. S. 6.

942 Vgl. Koalitionsvertrag 2002 – 2006 der Sozialdemokratischen Partei Deutschlands (SPD) und der Bündnis90/ DIE GRÜNEN (2002): Erneuerung – Gerechtigkeit – Nachhaltigkeit. Für ein wirtschaftlich starkes, soziales und ökologisches Deutschland. Für eine lebendige Demokratie. S. 14. In: http://presse.spd.de/servlet/PB/s/guyf8jz0qb65y7vbq6vnlxlo1h49yip/show/1023294/Koalitionsvertrag.pdf. (15.08.2003).

943 Die niedrigere Schätzung würde ausreichen, die Quote der Ungelernten um etwa einen Prozentpunkt zu senken. Die höhere Schätzung würde zu einer Reduzierung um 2,4 Prozentpunkte führen. Die Untersuchung empfiehlt aufgrund einer Potenzialanalyse die Schaffung von 33 theoriegeminderten Berufen. Vgl. Düll, Nicola/ Leitzke, Simone/ Letzner, Volker/ Vogler-Ludwig, Kurt (2003): Ausbildung für einfache Berufe. Identifizierung von Tätigkeitsfeldern mit weniger komplexen Anforderungen als Basis zur Schaffung neuer anerkannter Ausbildungsberufe mit abgesenktem Anforderungsniveau. Kurzfassung des Endberichts. Gutachten für das Bundesministerium für Wirtschaft und Arbeit. München. S. 10.

lung zur Schaffung neuer anerkannter Ausbildungsberufe mit weniger komplexen Anforderungen für qualifizierte Fachkräfte beschlossen.[944]

Angesichts dieser breiten Interessenskoalition bleibt den Gewerkschaften kaum eine Interventionsmöglichkeit, so dass der Staat erstmals wieder den Rahmen für ein Ordnungsverfahren gegen den ausdrücklichen Willen eines Sozialpartners gesetzlich festlegt. Ob die Einführung einfacher Ausbildungsberufe einen Paradigmenwechsel korporatistischer Steuerung in der beruflichen Bildung einleitet, kann bezweifelt werden. Trotzdem zeigt dieser Vorgang die Bereitschaft staatlicher Regulierung auch gegen - zumindest einen - der beiden Sozialpartner, wenn weitreichende Probleme arbeitsmarkt- und sozialpolitischer Natur tangiert sind.[945]

Sinkende Bewerberzahlen und damit verbunden das Abfallen der Eingangsvoraussetzungen, kontinuierlich steigende Abbrecherquoten, der vermehrte Ausstieg aus dem erlernten Beruf nach Ende der Ausbildung und vor allem der Ausstieg der Betriebe aus dem System der Ausbildung müssen, selbst wenn sie teils gegenläufige Effekte haben, insgesamt als Krisensymptome des dualen Systems gewertet werden. Dennoch darf die Ausbildungssituation in Ostdeutschland nicht als Vorbote der gesamtdeutschen Zukunft des dualen Systems interpretieren werden, da in den neuen Bundesländern diese Effekte nicht kumulativ auftreten, sondern die dortige Krise vor allem durch fehlende betriebliche Ausbildungsplätze hervorgerufen ist.

Je nach Verband wird die Ausbildungssituation in Ostdeutschland entweder als zeitlich befristetes Kapazitätsproblem durch ein partielles Ungleichgewicht zwischen Angebot und Nachfrage nach Lehrstellen oder als grundsätzliche Systemkrise, die langfristig nicht zu beheben ist, interpretiert. Während die Wirtschaftsverbände allesamt der ersten Interpretation folgen und deshalb innerhalb des bestehenden Systems eine Verbesserung der Rahmenbedingungen zur Ausbildungsplatzkapazitätssteigerung fordern[946], sehen der DGB einen befristeten und auf Ostdeutschland beschränkten und die GEW einen grundlegenden Systemwechsel vor.

---

944 Der Hauptausschuss des Bundesinstituts für Berufsbildung (BIBB) hat die gesetzliche Aufgabe, den Bund in grundsätzlichen Fragen der Berufsbildung zu beraten. Das Gremium ist viertelparitätisch mit Beauftragten der Arbeitgeber, der Arbeitnehmer, der Länder und des Bundes besetzt. Der Beschluss wurde mehrheitlich, also nicht einstimmig, gefällt, was eine Ablehnung der Arbeitnehmer vermuten lässt. Vgl. Bundesinstitut für Berufsbildung (BIBB) (2003): BiBB-Presserklärung vom 15.07.2003: Ausbildung für einfache Berufe. Hauptausschuss des BIBB beschließt Empfehlung. Bonn.

945 Auch Kutscha weist darauf hin, dass staatliche Interventionspolitik im Bereich beruflicher Bildung vornehmlich dort einsetzt, wo als Folge bestimmter Problemlagen die Reputation des Staates und dessen Handlungsfähigkeit ernsthaft und nachhaltig in Frage gestellt wird. Vgl. Kutscha, Günter (1996): Berufsbildungssystem und Berufsbildungspolitik. In: Kutscha, Günter/ Kahsnitz, Dietmar/ Ropohl, Günter/ Schmid, Alfons (Hrsg.): Handbuch der Arbeitslehre. München. Zitiert nach: http://www.ub.uni-duisburg.de/ETD-db/theses/available/duett-11272001-152136/unrestricted/Berupol.zip. S. 1.

946 Sulk, Elmar (2003): Berufliche Bildung: Viele Gründe sprechen gegen Ausbildungsplatzabgabe. In: KND Nr. 20 vom 15. Mai 2003. S. 2 f.

4.3.5.2.4 Deutscher Gewerkschaftsbund: Trabi Plus

Angesicht des großen Anteils[947] der Berufsausbildung, der in Ostdeutschland in außer- und überbetrieblichen Maßnahmen stattfindet, spricht sich der DGB für ein neues Ordnungsverfahren der Berufsausbildung aus, das die Ausbildung in den neuen Bundesländern befristet von der dualen Ausbildung auf eine „triale" Ausbildung umstellt. Dieses unter dem Namen „Trabi Plus" eingeführte Modell sieht eine kurze Eingliederungsphase im Betrieb, gefolgt von dem ersten Ausbildungsjahr in einer außerbetrieblichen verbund- oder vollzeitschulischen Einrichtung und schließlich das zweite und dritte Ausbildungsjahr im Betrieb vor. Dabei übernimmt der dritte, also „triale" Partner die Akquisition der betrieblichen Ausbildungsstellen und bei Bedarf die organisatorischen Ausbildungsdienstleistungen als externes Ausbildungsmanagement. Gefördert werden sollen ausschließlich zusätzliche betriebliche Ausbildungsstellen; finanziert wird das Programm aus jenen Sondermitteln des Bundes, der Länder und Kommunen, aus denen bisher Prämienzahlungen an ausbildende Betriebe gezahlt wurden.

Das Trabi Plus-Modell ist eine weiterentwickelte Version einer Initiative, die bereits im Juli 1999 vom DGB an die Partner im Bündnis für Arbeit, Ausbildung und Wettbewerbsfähigkeit herangetragen worden war und dort seitens der Wirtschaftsverbände auf Ablehnung stieß, weil einem aus ihrer Sicht zeitlich begrenzten Problem mit der Etablierung einer Einheitsstruktur begegnet werde solle, die schwer rückholbar sei.[948] Zugleich verlören die Betriebe in maßgeblichen Punkten die Kontrolle über das Verfahren.

4.3.5.2.5 Gewerkschaft Erziehung und Wissenschaft: Regionale Zentren für berufliche Aus- und Weiterbildung (RBZ)

Ausgehend von der Einschätzung, dass das duale System des betrieblichen Ausbildungswesens dem Strukturwandel der Wirtschaft dauerhaft nicht Rechnung tragen kann, stellt die GEW als einziger der untersuchten Verbände die Zukunftsfähigkeit des dualen Systems grundsätzlich in Frage. Die bereits genannten anderen Probleme des dualen Systems werden als Symptome einer grundlegenden Krise interpretiert, und bezüglich der Ausbildungsplatzkapazitäten zeigt sich die GEW skeptisch, ob Appelle an die Ausbildungsverantwortung der Betriebe oder Umlageverfahren ein effektives Instrument zur Steigerung des Angebotes an betrieblichen Ausbildungsplätzen darstellen. Vielmehr sei ein Berufsausbildungssystem, dessen Funktionieren in hohem Maße von demografischen und konjunkturellen Entwicklungen sowie einzelbetrieblichen Entscheidungen abhängt, grundsätzlich reformbedürftig, weil eine solche Abhängigkeit im Gegensatz zu dem Anspruch des Einzelnen auf Bildung stünde. Dieser Grundsatz müsse auch für die berufliche Bildung Geltung behalten, was bei dauerhaft unzureichenden Ausbildungskapazitäten der Wirtschaft konsequenterweise ein ausgleichendes staatliches Engagement erforderlich mache.[949]

---

[947] Im Jahr 2001 lag der Anteil außerbetrieblicher Berufsausbildung in den neuen Bundesländern bei 26,9 Prozent. Vgl. BMBF (2003): Berufsbildungsbericht. Übersicht 32: Auszubildende mit betrieblichen und außerbetrieblichen Ausbildungsverträgen zum 31.12.2001.

[948] Vgl. Dorn, Barbara (2000): Berufsbildung: Ausbildung Ost: TRABI tri(vi)al? In: KND Nr. 21 vom 13. April 2000. S. 1.

[949] So Ursula Herdt, innerhalb des GEW-Vorstands verantwortlich für berufliche Bildung und Weiterbildung, während der Tagung „Reformbedarf in der beruflichen Bildung" der SPD-Bundestagsfraktion am 23. Juni

Neben dem Mangel an betrieblichen Ausbildungsplätzen stünden darüber hinaus auch die beruflichen Schulen als Teil des Berufsbildungssystems vor vielfältigen Problemen, die durch punktuelle Modernisierungsmaßnahmen nicht mehr zu bewältigen seien, sondern eine weitreichende Reform mit einer Ausweitung des allgemein bildenden Auftrags der Berufsschulen dringend erforderlich mache.[950] Die Einführung zusätzlicher Angebote der Berufsausbildung und Berufsvorbereitung zur Kompensation fehlender betrieblicher Ausbildungskapazitäten sowie die Einrichtung einer Vielzahl von Bildungsgängen, die ausschließlich zu allgemein bildenden Abschlüssen führen, um die Defizite des allgemein bildenden Schulwesens zu kompensieren, seien ohne ein bildungspolitisches Gesamtkonzept vollzogen worden und deshalb auf Dauer durch die Berufsschulen nicht leistbar.[951]

Aufgrund der Probleme des Ausbildungsplatzmangels und in den Berufsschulen müsse das duale betriebliche Ausbildungssystem systematisch durch eine Ergänzung und Stärkung vollzeitschulischer und außerbetrieblicher Ausbildungsgänge sowie die Weiterentwicklung überbetrieblicher Ausbildungsverbünde forciert werden. Diese Ausbildungsverbünde müssten gleichwertige und untereinander anschlussfähige Bestandteile eines pluralen Berufsbildungssystems werden.[952] Die staatliche Verantwortung läge jedoch nicht in der Einrichtung derartiger Ausbildungsgänge, sondern in der Gewährleistung eines auswahlfähigen Ausbildungsangebots, dessen Qualitätsüberwachung sowie der Garantie des freien Zugangs und der Finanzierung[953].[954]

Strukturell setzt die GEW auf die Bündelung der verschiedenen außerbetrieblichen Ausbildungsgänge in regionalen Zentren für berufliche Aus- und Weiterbildung (RBZ), in deren Mittelpunkt eine in ihrer Eigenständigkeit um Budgetierung und die Gestaltung des Bildungsangebots gestärkte berufsbildende Schule steht, deren erweitertes Aufgabenspektrum durch die Verzahnung mit der beruflichen Weiterbildung und verstärkte Kooperation mit anderen Bildungseinrichtungen in der Region erfüllt wird.

> „Die Berufsschule und die berufsbildenden Schulen im Allgemeinen sollen gleichrangiger Lernort und Ausbildungspartner in einem pluralen Berufsbildungssystem werden: Sie sollen sich zu regionalen Zentren der beruflichen Aus- und Weiterbildung entwickeln und dabei ihre Fähigkeiten und Ressourcen nutzen, um eigenständig größere Phasen der Ausbildung bis hin zu vollzeitschulischen Ausbildungsgängen, die Koordination in Ausbildungsverbünden und ggf. auch Aufgaben der beruflichen Weiterbildung zu übernehmen. [...] Sie [die vollzeitschulischen Ausbildungsgänge; JK] müssen im Rahmen eines pluralen Berufsbildungssystems zu gleichberechtigten und anerkannten Alternativen werden."[955]

2003 in Berlin. Vgl. GEW (2003): „Der Staat muss sich mehr engagieren." Presseerklärung vom 24. Juni 2003. Frankfurt am Main.

950 Diese Forderung zielt auf eine Revision des § 35 BBiG. Zur Reform des BBiG vgl. Kapitel 4.3.5.4.

951 Gewerkschaft Erziehung und Wissenschaft (GEW) Hauptvorstand (2002): Weiterentwicklung der beruflichen Schulen zu Regionalen Berufsbildungszentren. Ein Diskussionspapier der GEW. Beschluss des GEW-Hauptvorstandes vom 2. März 2002. Frankfurt am Main. S. 7 f.

952 Ebenda.

953 Das Finanzierungskonzept dieses Modells sieht die Beteiligung der Unternehmen an den Ausbildungskosten in Form einer Bildungsabgabe vor. Zu Finanzierungsformen der Ausbildung vgl. Kapitel 4.3.5.3.1.

954 Herdt, Ursula (2002): Hat das duale System noch Zukunft? Berufsausbildung in der Dauerkrise. In: Erziehung und Wissenschaft (E & W) Nr. 11/2002. S. 30 – 31. S. 32.

955 Gewerkschaft Erziehung und Wissenschaft Hauptvorstand (GEW) (2000): Perspektiven für die Weiterentwicklung des Berufsbildungssystems in Deutschland. Beschluss des GEW-Hauptvorstands vom 25. März 2000. Kurzfassung. Frankfurt am Main. S. 21.

Für die beruflichen Schulen und für künftige regionale Berufsbildungszentren solle die berufliche Weiterbildung an Bedeutung zunehmen, aber nicht zu ihrem zentralen Betätigungsfeld werden, das weiterhin in der beruflichen Ausbildung und den verschiedenen vollzeitschulischen Bildungsgängen liegen sollte. Dennoch kommt den regionalen Berufsbildungszentren eine Klammerfunktion zwischen beruflicher Erstausbildung und beruflicher Weiterbildung zu, die auch andere Verbände befürworten.

Der Zentralverband des Deutschen Handwerks spricht sich ebenfalls für eine Entwicklung der Berufsbildungszentren zu Kompetenzzentren mit dem Schwerpunkt Weiterbildung aus, die aber auch als überbetriebliche Ausbildungsstätte fungieren sollen.

Die Forderung nach der Weiterentwicklung der beruflichen Schulen zu regionalen Kompetenz- oder Berufsbildungszentren ist zwischen den Gewerkschaften unstrittig und könnte auch zwischen Gewerkschaften und Wirtschaftsverbänden eine weitgehend konsensfähige und zukunftsweisende Lösung sein, die in unterschiedlichem Maße bereits in einigen Bundesländern in der Umsetzung befindlich ist.

Uneinigkeit besteht allerdings hinsichtlich der Frage, inwieweit derartige Zentren parallel zum oder gar anstelle des dualen Systems Berufsausbildung übernehmen sollen. Das erkennbare Gefälle bei der Umsetzung, so gehen vor allem norddeutsche Bundesländer wie Schleswig-Holstein, Niedersachsen und Bremen konzeptionell und in konkreter Umsetzung recht weit[956], kann als Indiz gewertet werden, dass RBZ sich insbesondere dort entwickeln werden, wo die Ausbildungsplatzkapazität besonders gering ist. Umgekehrt halten Unternehmen und ihre Interessenvertretung in prosperieren Regionen mit einem ausreichenden Ausbildungsplatzangebot am dualen System fest. Insofern ist vor allem anderen der Aspekt der Ausbildungsplatzkapazität entscheidend für die Zukunft des dualen Systems.

4.3.5.3 Ausbildungsplatzsituation

Die Frage der von den Unternehmen zur Verfügung gestellten Ausbildungsplätze dominiert in der öffentlichen Wahrnehmung alle anderen Aspekte der Berufsbildung, wobei für die letzten Jahre ein konstanter Rückgang der angebotenen Ausbildungsplätze zu verzeichnen ist. Innerhalb der Berufsbildungsforschung ist kontrovers, ob das andauernde Ausbildungsplatzdefizit Folge von konjunkturellen Schwächen ist und sich mit einer wirtschaftlichen Erholung ebenfalls abschwächen wird[957] oder ob vielmehr Strukturveränderungen der Wirtschaft ausschlaggebend sind, so dass das duale System der Berufsausbildung auf lange Sicht ernsthaft bedroht ist.[958] Innerhalb der untersuchten Verbände vertritt allein die GEW die letztgenannte grundsätzliche Position, während alle anderen Verbände die Zukunftsfestigkeit des dualen Systems beschwören, sich aber gegenseitig vorhalten, diese zu gefährden.

[956] Ein nach Ländern gegliederter Überblick über die Entwicklung Berufsbildender Schulen zu regionalen Berufsbildungszentren findet sich bei: Fust, Torsten/ Herdt, Ursula (2004): Entwicklung Berufsbildender Schulen zu Regionalen Berufsbildungszentren (RBZ) bzw. Selbstständigen Schulen: Position der Bund-Länder-Kommission (BLK); Entwicklung in den einzelnen Ländern. In: http://www.hamburger-illustrierte.de/content/htm/tic/2004/06/10/AutonomieBBSzu10-06-04.pdf (30.10.2004).

[957] Stellvertretend für diese Position vgl. Wößmann, Ludger (2004): Entwicklung betrieblicher Kosten und Nutzen der Berufsausbildung – Einige Anmerkungen zu den Ursachen des Ausbildungsplatzmangels. In: ifo Schnelldienst Nr. 6/2004. S. 21 – 24.

[958] So der Präsident des Bundesinstituts für Berufsbildung (BIBB). Vgl. Pütz, Helmut (2004): Ausbildungsjahr 2004 wird wieder kritisch – „Gerechtigkeitslücke" muss geschlossen werden. In: Berufsbildung in Wissenschaft und Praxis (BWP) Nr. 1/2004. S. 3 – 4.

Jedes Jahr, wenn die gesetzlichen Stichtage für die Lehrstellenbilanz nahen, findet das gleiche Ritual aus Appellen an die Verpflichtung und Verantwortung der Unternehmen statt, die ihrerseits mit Relativierungen des Ausbildungsplatzdefizits und Forderungen zur Steigerung der Ausbildungsbereitschaft kontern. Fester Bestandteil dieses Disputes ist der Streit um das tatsächliche Defizit, da die übliche Darstellung, welche die Differenz zwischen gemeldeten betrieblichen Ausbildungsstellen und Bewerbern ausdrückt, nur begrenzt etwas über die betriebliche Ausbildungsrealität aussagt.[959] Dennoch wird selbst seitens der Wirtschaftsverbände nicht in Abrede gestellt, dass seit einigen Jahren die Nachfrage kontinuierlich das Angebot an Ausbildungsplätzen übertrifft.

Das Ausbildungsplatzdefizit wird von beiden Verbänden jeweils mit anderen berufsbildungspolitischen, aber auch sozial- und tarifpolitischen Fragen verknüpft, indem diese zu notwendigen Bedingungen für die Schaffung von weiteren Ausbildungsplätzen erklärt werden, so dass die Ausbildungsplatzproblematik als Verhandlungsmasse zwischen den Sozialpartnern benutzt und damit missbraucht wird.[960]

Es wurden überdurchschnittlich viele Aussagen kodiert, in denen die Gewerkschaften die Arbeitgeberverpflichtung zur Bereitstellung von Ausbildungsplätzen ohne betriebswirtschaftliche Abwägung betonen, die immer durch die Forderung einer Beteiligung aller Betriebe an den Ausbildungskosten, etwa in Form einer Ausbildungsfinanzierung durch zentrale Umlagen bzw. durch eine Ausbildungsabgabe oder durch Steuern der Unternehmen, ergänzt wird. Diese miteinander verklammerten Aspekte stellen innerhalb der bildungspolitischen Positionen eine zentrale Forderung aller Gewerkschaften dar, die auch in dem gesamten Themenportfolio der Gewerkschaft von größter Bedeutung ist.

Die Wirtschaftsverbände sperren sich vehement gegen ein umlagenfinanziertes System und wollen unbedingt an dem Prinzip der einzelbetrieblichen Finanzierung der Berufsaus-

[959] Die einzige Quelle über die Lage auf dem Ausbildungsstellenmarkt ist die Berufsberatungsstatistik. Diese erfasst jeweils von Anfang Oktober des vorangehenden bis Ende September des laufenden Jahres alle von den Betrieben bei den Arbeitsämtern gemeldeten Ausbildungsstellen und die Interessenten, die via Arbeitsamt eine Lehrstelle suchen. Tatsächlich sind die realen Ausbildungsplatzzahlen aufgrund des zögerlichen Meldeverhaltens der Unternehmen und die häufige Umgehung des Arbeitsamtes etwas höher und die reale Nachfrage aufgrund von Mehrfachoptionen etwas geringer, so dass das faktische Ausbildungsplatzdefizit geringer ist. Nach dem Stichtag Ende September fallen allerdings alle noch schulpflichtigen Ausbildungsplatzsuchenden aus der Statistik, weil sie – auch ohne Ausbildungsplatz – eine Berufsschule besuchen, was das Defizit wiederum in die andere Richtung beschönigt. Welche Summe sich beim Gegenrechnen dieser Effekte ergibt, ist strittig. Empirisch belegbar ist hingegen, dass die Berufsberatungsstatistik in den letzten Jahren keine verlässlichen Rückschlüsse auf die Anzahl der tatsächlichen Ausbildungsverträge zuließ. Diese, erst gegen Ende des Jahres endgültig feststehende Zahl, ist, zumal in Relation mit der Zahl der nicht besetzten Ausbildungsplätze, ein wesentlich aussagekräftigerer Indikator für die Ausbildungsplatzsituation, dem in der Öffentlichkeit weniger Aufmerksamkeit beigemessen wird, weil das Thema Ausbildung, nicht zuletzt durch das Verhalten der Verbandsgruppen, immer im Vorfeld des Stichtages auf die politische Agenda gerät. Zu den vielfältigen statistischen Effekten vgl. Judith, Lothar (2002): Ausbildung in den Betrieben – Konjunkturunabhängige Schaffung eines ausreichenden Angebots an qualifizierten Ausbildungsplätzen. Ausbildungssituation August 2002 – Kurzanalyse. In: Arbeitsrecht im Betrieb Nr. 11/2002. S. 661 – 666 und Institut der deutschen Wirtschaft (IW) (2003): Lehrstellenstatistik. Nicht die ganze Wahrheit. In: IW – Informationsdienst des Instituts der deutschen Wirtschaft Köln Nr. 34 vom 22. August 2002. S. 8.

[960] Dieser Befund entspricht nicht (mehr) den Erkenntnissen von Streeck u.a. aus dem Jahr 1987, die nahezu keine Vermischung mit anderen Themen bzw. Tauschgeschäfte im Bereich der beruflichen Bildung erkennen konnten und daraus schlossen, dass Gewerkschaften und Wirtschaftsverbände bestrebt seien, die Regulierung der beruflichen Bildung vor den Auswirkungen von Verteilungskonflikten zu schützen. Vgl. Streeck, Wolfgang/ Hilbert, Josef/ van Kevelar, Karl-Heinz u.a. (1987): Steuerung und Regulierung der beruflichen Bildung. Die Rolle der Sozialpartner in der Ausbildung und beruflichen Weiterbildung in der Bundesrepublik Deutschland. S. 11.

bildung festhalten. Sie verweisen stattdessen auf eine Reihe von arbeitsmarktpolitischen Reformen, welche zu weiteren Ausbildungsinitiativen der Unternehmen führen könnten.[961]

Von den nicht ausbildenden Betrieben[962] erfüllen etwa 60 Prozent nicht die Voraussetzungen[963], um Nachwuchs zu qualifizieren. Die restlichen Unternehmen nennen in einer Befragung die zu geringe Anwesenheit der Auszubildenden im Betrieb, zu hohe Kosten, eine zu hohe Regelungsdichte oder halten sich für zu spezialisiert. Weit über die Hälfte der Betriebe hat Probleme, geeignete Bewerber zu finden, worauf im Folgenden noch gesondert einzugehen sein wird. Dementsprechend fordern die Wirtschaftsverbände die Möglichkeit einer einzelvertraglichen Absenkung der Ausbildungsvergütung unter Zustimmung des Betriebsrates sowie eine Erhöhung der Anwesenheitszeit im Ausbildungsbetrieb durch die verstärkte Nutzung von Blockunterricht und Kurssystemen. Außerdem müsse der betriebliche Ausbildungsanteil innerhalb der dualen Ausbildung stärker gewichtet werden. Letzteres sowie eine Reduzierung des Berufsschulunterrichts lehnen IG Metall und DGB hingegen ab und fordern ihrerseits gegenteilig auch bei volljährigen Auszubildenden analog § 9 Jugendarbeitsschutzgesetz (JArbSchG) eine Anrechung der Berufsschulzeit auf die Ausbildungszeit.[964] Eine ganze Reihe von derartigen Details bleibt unentschieden, da die Forderungen jeweils gegenseitig mit den Hinweisen zurückgewiesen werden, zuerst der Ausbildungsverantwortung nachzukommen bzw. die Rahmenbedingungen für Ausbildung zu verbessern.

Ein wesentlicher Streitpunkt innerhalb der Berufsausbildung zwischen den Sozialpartnern ist die Übernahmepflicht.[965] Unter dem Slogan „Ausbildung geht vor Übernahme" fordern die Wirtschaftsverbände eine Reduzierung tariflich vereinbarter Übernahmepflichten, die dazu führe, dass gerade unter den Vorzeichen einer schwachen wirtschaftlichen Entwicklung Unternehmen Ausbildungsplätze höchstens in der Größenordnung ihres für die Zukunft prognostizierten Arbeitskräftebedarfs zur Verfügung stellten. Die Wirtschaftsverbände befürworten deshalb eine Aussetzung dieser Regel auf unbestimmte Zeit und versprechen sich ohne Übernahmepflicht die Schaffung von bis zu einem Viertel zusätzli-

---

961 Vgl. Sulk, Elmar (2003): Berufliche Bildung: Viele Gründe sprechen gegen Ausbildungsplatzabgabe. In: KND Nr. 20 vom 15. Mai 2003. S. 2 f.

962 Lediglich 23 Prozent aller Betriebe bilden aus, gleichwohl mit großen Branchenschwankungen von 37 Prozent im verarbeitenden Gewerbe bis zu unter 20 Prozent im Dienstleistungssektor. Vgl. BMBF (2002): Berufsbildungsbericht 2002, Übersicht 44. S. 113.

963 Ebenda.

964 Durch eine Gesetzesnovelle im Jahr 1998 wurden mittels Streichung von § 9 (4) Jugendarbeitsschutzgesetz (JArbSchG) u.a. die Frage, inwieweit die Auszubildenden nach dem Berufsschulunterricht wieder in den Betrieb kommen müssen, neu geregelt, so dass volljährige Auszubildende nach jedem Berufsschultag nunmehr in den Betrieb zurückkehren. Der entfallende Absatz 4 des § 9 JArbSchG hatte eine Geltung der Absätze 1 bis 3 auch für die Beschäftigung von Personen normiert, die über 18 Jahre alt und noch berufsschulpflichtig sind. Da es seit der Aufhebung des § 9 Abs. 4 Jugendarbeitsschutzgesetz an einer gesetzlichen Anrechnungsvorschrift für volljährige Auszubildende fehlt, kann es, wenn Berufsschulunterricht und betriebliche Ausbildung nicht zeitgleich stattfinden, was insbesondere in Berufen des Hotel- und Gaststättengewerbes sowie im Einzelhandel vorkommt, passieren, dass die Summe der Berufsschul- und der betrieblichen Ausbildungszeiten die betriebsübliche Ausbildungszeit übersteigt. In vielen, aber durchaus nicht allen Fällen ist freilich an die Stelle der entfallenden gesetzlichen Regelung eine tarifvertragliche getreten.

965 Dieser Streitpunkt ist nicht nur von arbeitsmarktpolitischer Bedeutung, weil durch tarifvertragliche Übernahmepflichten die hohen Einstellungshürden des Arbeitsmarktes auch für den Ausbildungsmarkt wirksam werden, sondern darüber hinaus auch von großer Relevanz für die betriebliche Tarifpolitik und für den Umfang der Überbedarfausbildung. So ist beispielsweise bei Volkswagen die Erhöhung der Ausbildungskapazität an der Forderung nach Aufgabe der Übernahmeverpflichtung in ein unbefristetes Arbeitsverhältnis nach bestandener Prüfung gescheitert, der die IG Metall nicht zustimmen wollte.

che Ausbildungsplätze.[966] Zugleich begrüßen die Wirtschaftsverbände die probeweise Aussetzung von Teilen der Ausbildereignungsverordnung (AEVO)[967], die durch die Gewerkschaften nur verhalten kritisiert wird[968], lediglich die GEW weist deutlicher auf die Implikationen der Teilaussetzung für die Qualität der betrieblichen Ausbildung hin. Diese Zurückhaltung des sonst bei Deregulierungsmaßnahmen im berufsbildenden System kritisch bis ablehnenden DGB steht in der Tradition früherer Positionen, die prinzipiell die Qualitätsperspektive der betrieblichen Ausbildung eher den Bemühungen um die Sicherung eines (quantitativ) hinreichenden Ausbildungsstellenangebots unterordnen.[969]

Eine Studie des Bundesinstituts für Berufsbildung (BBiB) aus dem Jahr 2001, welche die Ausbildungsmotive der Unternehmen bzw. die Gründe für eine Ausbildungsabstinenz untersucht, zeigt, dass viele der ausbildungsabstinenten Unternehmen den Aufwand der Ausbildung höher als den Nutzen einschätzen, den sie davon erwarten können.[970] Dabei ist es in der Betriebswirtschaftslehre mittlerweile relativ unstrittig, dass eigene Ausbildungsaktivitäten angesichts der Struktur des zukünftigen Personalbedarfs für den Großteil der ausbildungsabstinenten Betriebe betriebswirtschaftlich schon heute eine positive Kosten-Nutzen-Relation bewirkt.[971] Allerdings ist die Kostenstruktur je nach Ausbildungsberuf und Größe des Betriebs sehr unterschiedlich: Ausbildung in Großbetrieben ist deutlich teurer, während manche Kleinbetriebe bereits während der Ausbildung Nettoerträge erzielen.[972]

---

966 Institut der Deutschen Wirtschaft (IW) (2003): Auszubildende: Viele bleiben im Betrieb. In: Informationsdienst des Institutes der Deutschen Wirtschaft Nr. 16/2003. S. 8.

967 Für die Ausbildung sind nach dem Berufsbildungsgesetz zwei Voraussetzungen zu erfüllen: zum einen die Eignung der Ausbildungsstätte (§22 BBiG), zum anderen die persönliche und fachliche Eignung des Ausbildenden (§20 BBiG). Nach §23 BBiG hat die zuständige Stelle (Kammer) darüber zu wachen, dass beide vorliegen. Zusätzlich zu den Voraussetzungen des §20 BBiG war durch Rechtsverordnung – Ausbildereignungsverordnung (AEVO) – bestimmt worden, dass der Erwerb berufs- und arbeitspädagogischer Eignung nachzuweisen ist. Grundsätzlich war dafür eine entsprechende Prüfung abzuleisten. Allerdings ließ die AEVO auch andere Nachweise zu (z.B. die Meisterprüfung), die die spezielle Prüfung ersetzen. Durch die beschlossene Aussetzung der AEVO für fünf Jahre mit Beginn des Ausbildungsjahres 2003/2004 ändert sich nichts hinsichtlich der erforderlichen Eignung der Ausbildungsstätte sowie der persönlichen und fachlichen Eignung nach §§ 20, 22 BBiG, die von der Kammer zu überprüfen sind (§23 BBiG). Verzichtet wird für fünf Jahre auf den besonderen Nachweis über die berufs- und arbeitspädagogische Eignung.

968 Vgl. ohne Autor (2003): Nachrichten. In: Die berufsbildende Schule (BbSch) Nr. 55. 6/2003. S. 196.

969 Vgl. Euler, Dieter (1998): Modernisierung des dualen Systems - Problembereiche, Reformvorschläge, Konsens- und Dissenslinien. In: Bund-Länder-Kommission für Bildungsplanung und Forschungsförderung (BLK) (Hrsg.): Materialien zur Bildungsplanung und zur Forschungsförderung Heft 62. Bonn. S. 129.

970 vgl. Walden, Günter/ Beicht, Ursula/ Herget, Hermann (2002): Warum Betriebe (nicht) ausbilden. In: Berufsbildung in Wissenschaft und Praxis (BWP) Nr. 2/2002. S. 35 – 39.

971 Regelmäßig identifiziert der BMBF-Bericht zur technologischen Leistungsfähigkeit Deutschlands die duale Berufsausbildung als einen zentralen Faktor für die technologische Leistungsfähigkeit. Vgl. Bundesministerium für Bildung und Forschung (BMBF) (Hrsg.) (2002): Zur technologischen Leistungsfähigkeit Deutschlands. Bonn. Neben dieser eher volkswirtschaftlichen Perspektive des BMBF-Berichtes wird auch in der Betriebswirtschaftslehre der Nutzen für die einzelbetriebliche Ebene konstatiert und durch empirische Befunde untermauert. Vgl. Walden, Günter/ Herget, Hermann (2002): Nutzen der betrieblichen Ausbildung für Betriebe – erste Ergebnisse einer empirischen Erhebung. In: Berufsbildung in Wissenschaft und Praxis (BWP) Nr. 6/2002. S. 32 – 37 und Institut der Deutschen Wirtschaft (IW) (2003): Berufsausbildung: Noch ungenutzte Potenziale. In: Informationsdienst des Institutes der Deutschen Wirtschaft Nr. 29 vom 18.07.2002. S. 6 f.

972 Deswegen weisen große Ausbildungsbetriebe in Deutschland in der Regel niedrigere Ausbildungsquoten auf als Kleinbetriebe. Im Jahr 2000 betrug beispielsweise die Ausbildungsquote von ausbildenden Betrieben über 1.000 Beschäftigten 4,8 %, die von mittelgroßen ausbildenden Betrieben zwischen 200 und 499 Beschäftigten 6,4 %, die von ausbildenden Betrieben zwischen 20 und 49 Beschäftigten 11,4 %. Vgl. Walden, Günter/ Behringer, Friederike/ Beicht, Ursula u. a. (2004): Zur Kontroverse um das Berufsausbildungssicherungsgesetz

Ausschlaggebend für die Ausbildungszurückhaltung könnten neben mangelnden Informationen auch Formen von Unternehmensstrategien sein, die auf kurzfristige, an Bilanzzeiträumen orientierten Betriebsergebnissen ausgerichtet sind. Insofern ist es nicht unüblich, dass bei wirtschaftlichen Problemen eines Unternehmens mittel- und langfristig durchaus wertvernichtende Kostenreduzierung Priorität hat, worunter vornehmlich Bereiche fallen, deren Ertragsanteile nur mittelbar oder langfristig ausweisbar sind und deren Leistungen auch extern bezogen werden können.[973] Was aus Unternehmenssicht rational erscheint, ist folglich von dem zugrunde gelegten Zeitraum abhängig.

Somit unterscheiden sich die Handlungsrationalitäten der Wirtschaftsverbände und der in ihnen organisierten Unternehmen, wobei die negative Einschätzung des Ausbildungsnutzens letzterer seitens der Wirtschaftsverbände nicht geteilt wird.[974]

> „Auch dem schärfsten Kostenrechner im Unternehmen kann ich leicht nachweisen, dass sich Ausbildung im eigenen Betrieb lohnt. Schon bei einem Vergleichszeitraum von fünf Jahren überwiegen eindeutig die finanziellen und personalpolitischen Vorteile des Betriebes, der sich selbst um seinen Fachkräftenachwuchs durch Ausbildung kümmert, gegenüber denjenigen Firmen, die versuchen, auf dem Arbeitsmarkt passendes Personal zu finden. Bei geburtenbedingt rückläufigen Fachkräftenachwuchszahlen wird in Zukunft der Wettbewerb um Fachkräfte zunehmen. Dann werden Ausbildungsbetriebe noch größere Vorteile haben. Wie immer man es auch betrachtet: Wer realen Zukunftsbedarf an Fachkräften im Unternehmen hat, tut gut daran, selbst auszubilden."[975]

Dementsprechend betreibt das Kuratorium der deutschen Wirtschaft zur Berufsbildung (KWB) eine offensive Öffentlichkeits- und Aufklärungsarbeit mit dem Ziel, die Ausbildungsressentiments der Unternehmen zu zerstreuen, indem die betriebswirtschaftlichen Vorteile für die Betriebe dargestellt werden. Dabei ist die Argumentation derartiger Initiativen ausschließlich betriebswirtschaftlich; Appelle an die Verantwortung der Betriebe für die berufliche Zukunft der Jugendlichen finden sich kaum. Darüber hinaus bieten die Wirt-

(BerASichG). Eine Diskussion des ersten Entwurfs vom 30.03.2004. In: http://www.bibb.de/de/11693.htm (30.10.2004).
Dieser Aspekt ist für die Steuerung- bzw. Verteilungswirkung einer Ausbildungsplatzumlage von großer Bedeutung.

973 Beides ist im Fall eigener betrieblicher Ausbildungsleitung gegeben. Allerdings greift die Erklärung, Ausbildungsabstinenz ausschließlich mit einer Shareholder-Value-Orientierung der Unternehmen zu begründen - wie es seitens der Gewerkschaften getan wird (vgl. stellvertretend für das Argumentationsmuster Herdt, Ursula (2002): Hat das duale System noch Zukunft? Berufsausbildung in der Dauerkrise. In: Erziehung und Wissenschaft (E & W) Nr. 11/2002. S. 32) - deutlich zu kurz, denn diese kann, zumindest für den deutschen Mittelstand, empirisch kaum als dominierende Unternehmensstrategie angenommen werden. Es wäre somit von großem Erkenntniswert, innerhalb dieser Arbeit aber nicht leistbar, die Ausbildungstätigkeiten der Unternehmen nach den jeweiligen strategischen Ausrichtungen zu differenzieren.

974 Vgl. Dokumentation der Tagung „Betriebliche Ausbildung als Kernelement einer zukunftsorientierten Personalpolitik" Anfang Juni 2003 im BDA-Kurznachrichtendienst Nr. 30/2003. BDA (2003): Berufliche Bildung. Ausbildung als Element der Personalpolitik. In: BDA-Kurznachrichtendienst (KND) Nr. 30 vom 23. 07.2003. S. 3.

975 Hundt Dieter (2000): Betriebliche Berufsausbildung: Investition in die Zukunft. In: Argumente zu Unternehmensfragen aus dem Institut der deutschen Wirtschaft (IW) Köln Nr. 12/2000. Köln. S. 1.

schaftsverbände ausbildungsunterstützende Dienstleistungen für die Unternehmen an, und die Industrie- und Handelskammern betreiben selber Ausbildungsplatzakquisition.[976]

Diese Akquisitionsinitiative verweist auf das Grundproblem der Wirtschaftsverbände, deren Einwirkungsmöglichkeit auf die Unternehmen begrenzt ist, so dass jegliche korporatistische Vereinbarungen zur Schaffung von Ausbildungsplätzen, etwa im Bündnis für Arbeit, aber auch zwischen den Sozialpartnern, etwa in Tarifverhandlungen, immer unter dem Vorbehalt der Durchsetzungsfähigkeit der Wirtschaftsverbände stehen.[977] Das Bündnis für Arbeit ist in den letzten Jahren unter anderem deshalb belastet, weil die Wirtschaftsverbände ihren Versprechungen der Schaffung zusätzlicher betrieblicher Ausbildungskapazitäten nicht in vollem Maße nachkommen konnten. Da die Verpflichtungsfähigkeit und damit die Bindung an die Verhandlungsergebnisse selbst im theoretischen Maximalfall nur die Mitglieder umfasst, verweist der abnehmende Organisationsgrad von Arbeitnehmer- und Arbeitgeberverbänden auf die Grenzen dieses Steuerungsmodells. Das berufsfachliche Verhandlungssystem setzt noch immer ausreichend legitimierte und verpflichtungsfähige Verbände für eine weitgehend eigenständige Regulierung der beruflichen Bildung voraus.

Ohne Durchsetzungsfähigkeit der Wirtschaftsverbände bzw. unterhalb eines kritischen Organisationsgrades unterliegt die Bereitstellung von betrieblichen Ausbildungsplätzen letztlich einzig dem betriebswirtschaftlichen Kalkül einzelner Unternehmen und folgt nicht den Prämissen eines korporatistisch regulierten Ordnungsrahmens.

In der für das duale System wesentlichen Frage der Ausbildungsplätze ergibt sich somit folgende Konstellation:

Erstens favorisieren alle Wirtschaftsverbände das duale System als Ordnungsrahmen für die Berufsausbildung, die Unternehmen bewerten es als positiven Standortfaktor, der entscheidende Wettbewerbsvorteile verschaffe und stehen einer vollzeitschulischen Berufsausbildung ablehnend gegenüber.[978] Gleichzeitig halten die Unternehmen trotz dieser Einschätzung die Kosten-Nutzen-Relation eigener Ausbildungstätigkeiten für negativ. Unabhängig davon, ob das Unterangebot an Ausbildungsplätzen als vorübergehendes Problem oder als grundsätzliches Indiz für eine Systemkrise gewertet wird, ist es evident, dass es zumindest einem Systemwechsel in Richtung vollzeitschulische Berufsausbildung Vorschub leistet. Diese – ihr präferiertes System gefährdende – Zurückhaltung der Unternehmen bei der Bereitstellung von Ausbildungsplatzkapazitäten resultiert aus der Logik kollektiven Handelns, da das Gruppeninteresse an im dualen System ausgebildeten Fachkräften zwar geteilt wird, auf der Ebene des einzelnen Betriebes aber notwendige Schritte zum Erhalt des Systems anderen überlassen werden.

Zweitens stimmen Gewerkschaften und Wirtschaftsverbände im Gegensatz zu der Mehrheit der Unternehmen in der Bewertung überein, dass eigene Ausbildungsaktivitäten der Unternehmen eine positive Kosten-Nutzen-Relation in volkswirtschaftlicher und vor allem in betriebswirtschaftlicher Hinsicht haben. Für diese Einschätzung gibt es empirische Evidenz, so dass diese Beurteilung darauf gründend in den entsprechenden Wissenschafts-

[976] Zu der Zwischenbilanz der IHK-Lehrstellenoffensive vgl. Deutscher Industrie- und Handelskammertag (DIHK) (2003): Heute das Kapital von morgen bilden. Zwischenbilanz der IHK-Lehrstellenoffensive 2003. Ergebnisse einer Umfrage. Berlin. S. 1 – 3.

[977] Wessels, Bernhard (2000): Die Entwicklung des deutschen Korporatismus. In: APuZ B 26 – 27. S. 16 – 21. S. 20.

[978] Vgl. Institut der Deutschen Wirtschaft (IW) (2003): Dokumentation: Arbeitsmarkt und Bildung am Standort Deutschland: Bewertung und Reformbedarf im Spiegel einer Unternehmensbefragung. In: iw-trends Nr. 3/2002. Köln. S. 8 f.

disziplinen herrschende Meinung ist. Während die Wirtschaftsverbände auf eine Vermittlung dieser Erkenntnisse, also auf eine Lösung innerhalb der betriebswirtschaftlichen Rationalität setzen, wird gewerkschaftlicherseits mit Rekurs auf die Zugehörigkeit des berufsbildenden Bereichs zum Bildungssystem und den daraus abgeleiteten Rechten auch eine Ausbildungsverantwortlichkeit jenseits dieser betriebswirtschaftlichen Abwägungen gefordert, woraus – bei entsprechender Nicht-Erfüllung der Unternehmen – die Forderung eines Umlageverfahrens abgeleitet wird.[979] Dieses wollen die Wirtschaftsverbände verhindern, verfügen aber über eingeschränkte Möglichkeiten zur Schaffung von Ausbildungsplätzen, so dass eine kooperative Lösung nicht in Sicht ist. Erschwerend kommt hinzu, dass dieses Thema wechselseitig mit Forderungen aus anderen Politikbereichen verknüpft und dort zur Verhandlungsmasse wird.

4.3.5.3.1 Berufsausbildungssicherungsgesetz und Ausbildungspakt

Trotz großer Kraftanstrengungen der Wirtschaftsverbände und rund 60.000 außerbetrieblichen Lehrstellen, die durch Bund, Länder und Gemeinden bereitgestellt wurden, verzeichnete das Jahr 2003 den niedrigsten Stand an Ausbildungsangeboten seit der Wiedervereinigung und für das Folgejahr wurde aufgrund demografischer Effekte eine weitere Öffnung der Schere zwischen Lehrstellenangebot und -nachfrage prognostiziert. Infolgedessen mehrten sich die Forderungen in den Regierungsfraktionen nach einer gesetzlichen Ausbildungsplatzumlage, bis schließlich am 30. März 2003 das Berufsausbildungssicherungsgesetz – BerASichG zur Beratung in den Bundestag eingebracht wurde.[980] Dieses Gesetzesvorhaben fand großen Beifall der Gewerkschaften und scharfe Ablehnung bei den Wirtschaftsverbänden. Auch innerhalb der innerhalb der Regierung, der Fraktionen und der SPD war es äußerst umstritten.[981] Das BIBB wies auf eine Reihe von Kritikpunkten hin[982]

---

[979] Die IG Bergbau, Chemie, Energie und die IG Metall befürworten Systeme, bei denen ausbildende Unternehmen aus Branchenfonds unterstützt werden, wobei die Höhe der Abgabe der nichtausbildenen Betriebe in Tarifverträgen festgelegt wird. Der DGB hingegen fordert eine nach der Bruttolohnsumme differenzierte Kostenübernahme eines auswahlfähigen Angebotes (112,5 Prozent) an Ausbildungsplätzen durch die nichtausbildenden Betriebe. Tariflichen oder branchenbezogenen Lösungen wird Vorrang eingeräumt. Deutscher Gewerkschaftsbund (DGB) (2003): Eckpunkte des DGB zur Finanzierung einer Ausbildungsumlage. Ausbildungsengagement unterstützen und krisenfest finanzieren. Beschlossen vom DGB-Bundesvorstand am 07.10.03. Berlin.

[980] Überdies versuchte der neue Parteivorsitzende der SPD, Franz Müntefering, über die Einführung einer gesetzlichen Ausbildungsplatzabgabe angesichts der Ablehnung der Arbeitsmarktreformen in Teilen der SPD eine innerparteiliche Beruhigung zu erreichen. Außerdem hatten die Gewerkschaften in der Auseinandersetzung um die Arbeitsmarktreformen massiv eine Ausbildungsplatzabgabe gefordert.

[981] Der Bundeswirtschaftsminister, der Bundesminister der Finanzen und die sozialdemokratischen Ministerpräsidenten der Länder Nordrhein-Westfalen, Rheinland-Pfalz und Schleswig-Holstein sprachen sich ausdrücklich gegen eine Ausbildungsplatzumlage aus. Bei Probeabstimmungen in den Fraktionen wurde von 25 Gegenstimmen in der SPD-Fraktion und 13 bei den Grünen berichtet. Vgl. Zweiwochendienst (ZWD) Bildung & Politik (2004): Ausbildungsplatzbilanz. So wenig (sic!) Lehrstellen gab es noch nie. ZWD vom 07.01.2004. S. 2.

[982] Walden, Günter/ Behringer, Friederike/ Beicht, Ursula u. a. (2004): Zur Kontroverse um das Berufsausbildungssicherungsgesetz (BerASichG). Eine Diskussion des ersten Entwurfs vom 30.03.2004. In: http://www.bibb.de/de/11693.htm (30.10.2004).

und die Mehrheit der Sachverständigen lehnten mehrheitlich die Abgabe in der von der Regierung eingebrachten Form ab.[983]

Da das BerASichG ausdrücklich den Vorrang von freiwilligen Lösungen vorsieht, wirkten die Wirtschaftsverbände zur Verhinderung der Ausbildungsplatzumlage auf einen verbindlichen Ausbildungspakt hin, der schließlich am 16. Juni 2004 unterzeichnet wurde. In diesem „Nationalen Pakt für Ausbildung und Fachkräftenachwuchs in Deutschland" setzen sich die Wirtschaftsverbände das verbindliche Ziel, während der dreijährigen Dauer des Paktes im Jahresdurchschnitt 30.000 neue Ausbildungsplätze zu schaffen. Zudem sind zusätzlich zu dem Lehrstellenangebot insgesamt 25.000 Plätze für betriebliche Einstiegsqualifikationen vorgesehen. Damit ruht das Gesetzgebungsverfahren und ab Herbst 2005 wird auf der Basis der ab November 2004 vorliegenden Zwischenbilanz entschieden, ob es ergänzender gesetzlicher oder sonstiger Initiativen bedarf und ob der Pakt weitergeführt wird.[984]

Der Ausbildungspakt wird somit zur Nagelprobe für die Verpflichtungsfähigkeit der Wirtschaftsverbände.

Welche Auswirkungen monetäre Sanktionsmechanismen auf das System der dualen Berufsausbildung hätten, ist derzeit noch nicht abzusehen, wobei die Szenarien maßgeblich von der tatsächlichen Kosten-Nutzen-Relation für die Betriebe abhängig sind:

Bewahrheitet sich die von beiden Verbandsgruppen geteilte Einschätzung der betriebswirtschaftlichen Rationalität eigener Ausbildungsaktivitäten (für den Großteil der Betriebe) löst sich das Kapazitätsproblem durch den prognostizierten demografischen Wandel[985] durch Lernen der Betriebe mittelfristig von alleine.[986]

Sollte das duale System dennoch um eine Ausbildungsplatzabgabe ergänzt werden, könnten diese Mechanismen zwar den Lernprozess der Unternehmen beschleunigen, aber aufgrund der Vielfältigkeit der betrieblichen Realitäten ist mit erheblichen Fehlsteuerungen zu rechnen.[987] Der Erfolg des zu implementierenden Systems ist in erheblichem Maße davon abhängig, inwieweit es gelingt, die „Gerechtigkeitslücke zwischen ausbildenden und nicht ausbildenden Betrieben"[988] zu schließen. Da aber die Kosten-Nutzen-Relation für die

---

983 Deutscher Bundestag – Stenografischer Dienst (2004): Deutscher Bundestag Protokoll 15/36. 15. Wahlperiode. Ausschuss für Bildung, Forschung und Technikfolgenabschätzung. Stenografisches Wortprotokoll. Öffentliche Anhörung „Berufsausbildungssicherungsgesetz". Berlin, 23. April 2004, 11.00 Uhr. Berlin. Zusammenfassend: Heute im Bundestag (hib) (Hrsg.) (2004): Experten sind mehrheitlich gegen geplante Ausbildungsplatzabgabe. In: hib-Meldung Nr. 104/2004 vom 23.04.2004. Berlin.

984 Vgl. http://www.bundesregierung.de/artikel-,413.669075/Nationaler-Pakt-fuer-Ausbildung.htm.

985 Vgl. Anhang 4.5.

986 Es gibt bereits Indizien, dass insbesondere Unternehmen, die den Strukturwandel bereits stärker vollziehen und als „lernende Organisationen" organisiert sind, den Wert der Berufsbildung erkennen und in größerem Maße bereit sind, dafür zu investieren, um die Wettbewerbsfähigkeit des Unternehmens zu gewährleisten. Vgl. Bellmann, Lutz/ Theuer, Stefan (2003): Innovative Betriebe bilden mehr aus! In: Arbeit und Beruf. Heft 2/2003. S. 42 – 44 und Cheallaigh, Martina Ní (1999): Förderung der Lehrlingsausbildung und anderer Formen der alternierenden Berufsausbildung in den Mitgliedstaaten. In: CEDEFOP www.minedu.fi/eupresidency/eng/meetings/18-19November/kokousmateriaalia/2%20cedefop%20sa.pdf. S. 13.

987 Zu den erwartbaren Fehlsteuerungen vgl. Feuchthofen, Jörg E. (2004): Mit Planwirtschaft zum Ablasshandel? In: Berufsbildung in Wissenschaft und Praxis (BWP) Nr. 3/2004. S. 3 – 4 und Siebert, Horst (2004): Zwang bringt nichts in Gang. In: Handelsblatt (HB) Online vom 27.02.2004. In: http://www2.handelsblatt.com/pshb/fn/relhbi/sfn/buildhbi/cn/GoArt!200013,203352,716253/SH/0/depot/0/.

988 Pütz, Helmut (2004): Ausbildungsjahr 2004 wird wieder kritisch – „Gerechtigkeitslücke" muss geschlossen werden. S. 3.

Unternehmen je nach Größe und Betriebsstruktur sehr unterschiedlich ist[989], entfaltet die Ausbildungsplatzabgabe in letzter Konsequenz eine Umverteilungswirkung zwischen den Unternehmen. Dieser Effekt ist durch das Gesetz durchaus intendiert, indem durch die Einnahmen aus der Ausbildungsplatzabgabe an erster Stelle jene Arbeitgeber gefördert werden, welche eine Ausbildungsquote von sieben Prozent erfüllen. Da aber bei dem geplanten Berufsausbildungssicherungsgesetz ausschließlich dieser relative Anteil an Auszubildenden und nicht die Kosten der Ausbildungsleistung relevant sind, wird dieses Gesetz zu einer Verlagerung von bisher großbetrieblicher Ausbildung in eine Ausbildung in Kleinbetrieben führen. Die höheren Ausbildungskosten in großbetrieblichen Ausbildungsstrukturen haben zur Folge, dass vor allem diese Großunternehmen zahlen müssen, obwohl sie bereits jetzt besonders hohe Ausbildungskosten zu tragen haben. Liegt aber die Höhe der zu leistenden Abgabe für einen nicht realisierten Ausbildungsplatz niedriger als die tatsächlichen Ausbildungsnettokosten, können die Unternehmen die zusätzliche finanzielle Belastung vermeiden, indem sie die Zahl ihrer Ausbildungsplätze (insbesondere die der Überbedarfsausbildung) und in besonders kostenintensiven Ausbildungsgängen reduzieren und stattdessen die Umlage zahlen. Gleichzeitig werden für kleinere Betriebe mit einem hohen Anteil an Auszubildenden, die bereits positive Einnahmen generieren, Anreize geschaffen, zusätzliche Ausbildungsplätze anzubieten. Ob dabei die Ausbildungsqualität gewährleistet werden kann, wird von den Sachverständigen bezweifelt.[990] Folglich würde als Konsequenz der Ausbildungsplatzumlage Ausbildung dort abgebaut, wo sie aus Sicht der Jugendlichen und vieler Arbeitgeber qualitativ besonders hochwertig ist, und damit bildungspolitische Qualitätsaspekte sozialpolitischen Zielen untergeordnet. Natürlich ist niedrige Jugendarbeitslosigkeit politisch ein unbedingt erstrebendwertes Ziel, das aber, wenn es auf Kosten der Ausbildungsqualität erreicht wird, letztlich die Funktion und Berechtigung des dualen Systems untergräbt und damit dem Systemwandel Vorschub gewährt.

Damit wäre auch den Gewerkschaften nicht gedient, die sich von dem Gesetz eine Stabilisierung und Förderung des dualen Ausbildungssystems und ihrer institutionellen Rolle in diesem System erhoffen und der schleichenden Verstaatlichung der Berufsausbildung entgegenwirken wollen.[991] Anscheinend dominiert gewerkschaftlicherseits dieses

---

989 Im Jahr 2002 lagen die durchschnittlichen Nettokosten (Teilkostenrechnung) für Betriebe mit 10 bis 49 Beschäftigten bei 1.423 €, für Betriebe mit 50 bis 499 Beschäftigten bei 3.403 € und für Betriebe mit 500 und mehr Beschäftigten bei 8.176 €. Vgl. Beicht, Ursula/ Walden, Günter (2004): Kosten der Ausbildung. In: Beicht, Ursula, Walden, Günter, Herget, Hermann (Hrsg.): Kosten und Nutzen der betrieblichen Berufsausbildung in Deutschland. Bielefeld. S. 21 – 168.

Zudem unterscheiden sich die Kosten und Erträge in Handelsberufen, technischen Berufen und dem Handwerk sehr stark. Vgl. Beicht, Ursula/ Troltsch, Klaus/ Walden, Günter/ Werner, Rudolf (2003): Technische Berufe im dualen System der Berufsausbildung - Stellenwert und Entwicklungstendenzen. Gutachten im Rahmen der Berichterstattung zur technologischen Leistungsfähigkeit Deutschlands. Studien zum deutschen Innovationssystem Nr. 3-2003. Bonn. S. 43, Abb. 4-2; 49, Abb. 4-3, 50; Abb. 4-4.

990 Gerhard Bosch vom Institut für Arbeit und Technik hat in der Bundestagsanhörung nachdrücklich auf dieses Problem hingewiesen und spricht von „Billigausbildung". Vgl. Deutscher Bundestag – Stenografischer Dienst (2004): Öffentliche Anhörung „Berufsausbildungssicherungsgesetz". Berlin, 23. April 2004, 11.00 Uhr. Berlin. S. 32.

Das BIBB sieht in der Stellungnahme zum Gesetzesvorhaben sogar die Gefahr, dass kleine Betriebe versucht sein könnten, einen Teil ihrer Beschäftigten (zum Beispiel 400 Euro-Kräfte) durch Auszubildende zu ersetzen. Vgl. Walden, Günter/ Behringer, Friederike/ Beicht, Ursula u. a. (2004): Zur Kontroverse um das Berufsausbildungssicherungsgesetz (BerASichG). Eine Diskussion des ersten Entwurfs vom 30.03.2004. In: http://www.bibb.de/de/11693.htm (30.10.2004).

991 Deutscher Bundestag – Stenografischer Dienst (2004): Öffentliche Anhörung „Berufsausbildungssicherungsgesetz". S. 43.

Motiv die Qualitätsaspekte der dualen Berufsausbildung, so dass Jutta Roitsch unbedingt zuzustimmen ist, dass es

> „den Gewerkschaften weniger um die Fachkräfte oder um die Berufschancen der Jugendlichen geht, als um die Verteidigung eines Systems, in dem die Gewerkschaften noch eine Rolle spielen und mit Hilfe des Gesetzgebers verstärkt spielen sollen."[992]

Zudem räumt das Gesetz freiwilligen tarifvertraglichen und sonstigen vertraglichen Lösungen wie etwa dem Ausbildungspakt Vorrang ein, was angesichts der stark nach Größe, Art des Betriebes und Branchen differierenden Kosten-Nutzen-Relation weniger Fehlsteuerung erwarten lässt. Dass es entgegen der Begründung der IG Metall[993] keiner gesetzlichen Regelung bedarf, um eine tarifvertragliche Regelung der Ausbildungskapazitäten zu erreichen, belegt eindrucksvoll das Beispiel der chemischen Industrie.

Auch wenn diese aus Handlungsrationalitäten abgeleiteten Annahmen einer starken Vereinfachung unterliegen, liefern sie dennoch Hinweise auf die wesentliche Variable für die Zukunftsfähigkeit des dualen Systems, die nicht in der Frage eines Sanktionsmechanismus`, sondern langfristig im betriebswirtschaftlichen Nutzen zu sehen ist.[994] Ohne einen entsprechenden Qualitätsvorteil gegenüber anderen Ausbildungsformen wird sich die duale Berufsausbildung rein jugendarbeitsmarktpolitisch nicht aufrechterhalten lassen. Jetzt erweist sich als problematisch, dass in Zeiten wirtschaftlicher Prosperität keine theoretische Ziel- und Zwecksbestimmung der beruflichen Ausbildung normiert wurde, so dass die Frage, inwieweit das duale Ausbildungssystem vom allgemeinen Beschäftigungssystem abgekoppelt sein soll, heute zwischen den Sozialpartner, innerhalb der Politik und auch der Wissenschaft ungeklärt ist.

Appelle an die verfassungsrechtlich gegebene Verantwortung der Arbeitgeber oder ein durch gesetzliche Regelungen erzwungenes Erfüllen dieser Verpflichtung können langfristig nicht als stabile Grundlage der beruflichen Bildung angesehen werden. Die Folgen eines dauerhaften Nachfrageüberhangs sind bei fehlenden adäquaten Alternativen sozial- und demokratie- sowie gerechtigkeitstheoretisch, gleichgültig, welcher Gerechtigkeitstheorie man folgt, nicht hinnehmbar, so dass eine längere Krise politisches Handeln dringend gebietet. Der Auffassung der Berufsausbildung als „öffentliche Aufgabe", die in Selbstverwaltung der Wirtschaft wahrgenommen wird, folgt auch die Rechtsprechung des Bundesverfassungsgerichts, das gleichsam die Verantwortung des Staates für die Kompensation mangelnder Ausbildungsplätze unterstreicht.

> „Wenn der Staat in Anerkennung dieser Aufgabenteilung den Arbeitgebern die praxisbezogene Berufsausbildung der Jugendlichen überlässt, so muss er erwarten, dass die gesellschaftliche Gruppe der Arbeitgeber diese Aufgabe nach Maßgabe ihrer objektiven Möglichkeiten und damit so erfüllt, dass grundsätzlich alle ausbildungswilligen Jugendlichen die Chance erhalten, einen

992 Roitsch, Jutta (2004): Lehrstück Ausbildungsplatzabgabe. In: Blätter für deutsche und internationale Politik Nr. 7/2004. S. 862 – 870. S. 869.

993 Deutscher Bundestag – Stenografischer Dienst (2004): Öffentliche Anhörung „Berufsausbildungssicherungsgesetz". S. 8.

994 Munz, Sonja/ Vogler-Ludwig, Kurt (2000): Berufliche Bildung für die post-industrielle Wirtschaft. Thesen und Prognosen zum Ausbildungsbedarf in Sachsen. In: Ifo Dresden berichtet, Heft 2/2000. S. 25 – 41. S. 8 f.

> Ausbildungsplatz zu bekommen. Das gilt auch dann, wenn das freie Spiel der Kräfte zur Erfüllung der übernommenen Aufgaben nicht mehr ausreichen sollte."[995]

Gleichwohl wird dieses Gebot eher im Sinne einer moralischen Verantwortung gedeutet[996], auf die sich auch die Gewerkschaften mit der Forderung nach staatlicher Kompensation fehlender betrieblicher Ausbildungsmöglichkeiten berufen.[997] Aufgabe des Staates sei die Bereitstellung eines qualifizierten und auswahlfähigen Ausbildungsangebotes durch die Ergänzung der dualen Ausbildung mittels vollschulzeitlicher Ausbildung in Kombination mit verschiedenen Lernorten. Durch eine derartige Ergänzung des dualen Systems oder einen langfristigen Systemwechsel würde freilich die Forderung nach einer Umlagefinanzierung nicht obsolet, denn der Aufbau vollzeitschulischer Ausbildungsinstitutionen fordert erhebliche finanzielle Mittel, welche die Landeshaushalte zweifelsohne nicht aufbringen können. Außerdem dürfte seitens der Landesregierungen kaum Bereitschaft bestehen, das System der Berufsbildung komplett zu finanzieren.

Wegen der zu erwartenden Fehlsteuerungen einer Ausbildungsplatzumlage und weil Ausbildungspakte und Selbstverpflichtungen aufgrund der sinkenden Verpflichtungsfähigkeit der Verbände immer weniger Erfolg versprechen, bieten sich tarifvertragliche Lösungen an. Damit bieten sich die Chancen einer qualitativen und um Bildungsfragen erweiterten Tarifpolitik im Sinne der im Kapitel zwei dargestellten Zukunftsempfehlungen.

Überdies lassen positive Erfahrungen aus der chemischen Industrie vermuten, dass Tarifvereinbarungen in weit größerem Maße als staatliche Anreiz- oder Sanktionsinstrumente geeignet sind, die Lehrstellensituation nachhaltig zu verbessern. So besteht zwischen den Sozialpartnern in der chemischen Industrie die übereinstimmende Auffassung, dass der jeweils aktuelle Bedarf aus ökonomischen und sozialen Gründen nicht die einzige Bezugsgröße für die Zahl der Ausbildungsplätze sein könne.[998] Ausdrücklich heben die Sozialpartner der chemischen Industrie hervor, dass

> „es keiner gesetzlichen Regelungen bedarf, um die Ausbildungsfrage vernünftig und zukunftsorientiert zu lösen. IG BCE und BAVC hoffen, dass dies auch in anderen Branchen gelingen möge."[999]

Das Bundesinstitut für Berufsbildung (BIBB) kommt in einer gemeinsam mit dem Wirtschafts- und Sozialwissenschaftlichen Institut in der Hans-Böckler-Stiftung (WSI) durchgeführten Studie zu dem Ergebnis, dass Tarifvereinbarungen unter bestimmten Voraussetzungen[1000] ein wirksames Instrument zur Erhöhung des Lehrstellenangebots sind.[1001] Vor die-

---

995 Vgl. BVerfGE 55, 274 – Berufsausbildungsabgabe - 2 BvF 3/77 – Rn. 101.

996 Feuchthofen, Jörg E. (1997): Berufsausbildung durch die Wirtschaft: Zwischen Rechtspflicht und sozialethischer Verantwortung. In: Wirtschaft und Berufserziehung, Heft 4 / 1997. S. 122 - 125. 124 f.

997 DGB (2002): Beschluss des 17. Ordentlicher Bundeskongress des DGB. S. 189.

998 Deshalb sieht der im Jahr 2003 zwischen BAVC und IG BCE geschlossene Tarifvertrag „Zukunft durch Ausbildung" eine Anhebung der Zahl der Ausbildungsplätze in der Größenordnung (etwa sieben Prozent) der prognostizierten Entwicklung der Schulabgänger vor.

999 Medieninfo der IG BCE (2004): Spitzengespräche IG BCE und BAVC/ Gemeinsames Kommuniqué. IG BCE Medieninformationen VIII/ 33 vom 08.10.2004.

1000 Als notwendige Voraussetzungen macht die Untersuchung aus, dass beide Tarifparteien die Ausbildungs- und Übernahmepraxis der Betriebe als problematisch ansehen und sie den Tarifvereinbarungen hohe Verbindlichkeit einräumen. Zudem muss die Vereinbarung präzise definierte Ziele enthalten, deren Erreichung überprüfbar bzw. von Arbeitnehmerseite einklagbar ist. Beide Tarifparteien müssen bei den Betrieben Überzeugungs-

sem Hintergrund sind die Sozialpartner in der Pflicht, denn das Beispiel chemische Industrie zeigt, dass die „gesellschaftliche Gruppe der Arbeitgeber diese Aufgabe nach Maßgabe ihrer objektiven Möglichkeiten“[1002] erfüllen kann, aber offensichtlich nur unter bestimmten institutionellen Bedingungen industrieller Kooperation. Die Zugehörigkeit des berufsbildenden Systems zum Bildungssystem bliebe davon unberührt, aber Gewerkschaften und Wirtschaftsverbände wären in einem wichtigen bildungs- und sozialpolitischen Feld, das gleichzeitig von großer ökonomischer Bedeutung ist, durch gemeinsame Verantwortlichkeit miteinander verklammert.

4.3.5.3.2 Unzureichende Qualität der Schulabgänger

Als Gründe für die Ausbildungsabstinenz sind bisher die negative Einschätzung der Kosten-Nutzen-Relation, die Ausbildungsleistungen für Unternehmen nicht rational erscheinen lassen, sowie kollektive Handlungslogiken, die Handeln im Gruppeninteresse hemmen, ausgemacht worden. Die Parallelität von Ausbildungsplatzdefiziten und betrieblichen Ausbildungsvakanzen verweist auf einen weiteren Problemaspekt der beruflichen Bildung im Allgemeinen und des dualen Systems im Besonderen.

Selbst während der Jahre großer Ausbildungsplatzdefizite 1996 – 1999 und 2002 – 2004 blieb eine Reihe von Plätzen vakant. Die wichtigste Ursache der Vakanzen ist die qualifikatorische Eignung der Bewerber. Bei Dreiviertel der Ausbildungsbetriebe, die Vakanzen gemeldet haben, blieben die Lehrstellen unbesetzt, weil die Bewerber den Anforderungen des Ausbildungsplatzes nicht genügten. In den gewerblich-technischen Berufen melden fast 81 Prozent der Betriebe derartige Bewerberdefizite.[1003]

Dementsprechend finden sich bei den Wirtschaftsverbänden überdurchschnittlich viele Aussagen zur fehlenden Ausbildungsfähigkeit aufgrund mangelnder Grundkompetenzen von Schulabgängern. Dabei verweisen die Wirtschaftsverbände auf die Gegenläufigkeit der Entwicklung. Einerseits würden die Anforderungen der Arbeitswelt steigen, während andererseits gleichzeitig das Wissen und Können der Schulabgänger kontinuierlich sinke. In der Gewichtung beider Effekte wird die ungenügend trag- und ausbaufähige Schulbildung als das Hauptproblem gesehen, das durch steigende Anforderungen zusätzlich verschärft werde.

Gefragt nach Gründen für das rückläufige Ausbildungsstellenangebot geben Ausbildungsbetriebe unter Mehrfachnennungen in erster Linie ihre konjunkturelle Situation[1004],

---

arbeit leisten, um diese für die Erreichung der angestrebten Ziele zu gewinnen. Die Gewerkschaft muss Sanktionen durchsetzen können, falls die vereinbarten Ziele nicht erreicht bzw. Zusagen nicht eingehalten werden. Vgl. BIBB - Bundesinstitut für Berufsbildung (2004): Tarifvereinbarungen bieten Chancen zur Verbesserung der Lehrstellensituation. BIBB-Pressemitteilung 12/2004 vom 06.04.2004. Bonn.
Allesamt Voraussetzungen funktionierender industrieller Beziehungen.

1001 Beicht, Ursula/ Berger, Klaus/ Bispinck, Reinhard/ Kirsch, Johannes (2004): Tarifliche Ausbildungsförderung - Entwicklung der Regelungen von 1996 bis 2001 und Einschätzung ihrer Wirksamkeit“. Berichte zur beruflichen Bildung Nr. 263. Bielefeld.

1002 Vgl. BVerfGE 55, 274 – Berufsausbildungsabgabe - 2 BvF 3/77 – Rn. 101.

1003 Vgl. Institut der Deutschen Wirtschaft (IW) (2003): Dokumentation: Arbeitsmarkt und Bildung am Standort Deutschland: Bewertung und Reformbedarf im Spiegel einer Unternehmensbefragung. In: iw-trends Nr 3/2002. Köln. S. 5 f.

1004 Im Trend stieg das Angebot neuer Ausbildungsverträge in Deutschland seit 1993 in Abhängigkeit des BIP erst ab einem Wachstum von etwa 2 Prozent. Vgl. Plünnecke, Axel (2003): Bildungsreform in Deutschland. Eine

hohe Arbeitskosten und die ungünstigen Rahmenbedingungen am Arbeitsmarkt an.[1005] Aber noch vor der Höhe der Ausbildungskosten sehen 82 Prozent der Betriebe in der mangelnden Qualifikation von Schulabgängern ein Ausbildungshemmnis, so dass auf die Frage nach geeigneten Maßnahmen zur Steigerung des Ausbildungsplatzangebotes die Unternehmen an erster Stelle eine verbesserte schulische Vorbildung der Bewerber fordern.[1006] Erst danach werden eine steuerliche Entlastung für Ausbildungsengagement, die Abschaffung tarifvertraglich vereinbarter Übernahmeverpflichtungen und eine generelle Senkung der Ausbildungsvergütungen genannt.[1007]

Um Jugendliche ausbildungsfähig zu machen, sind vielfältige Ausbildungs- und Berufsvorbereitungsprogramme entstanden, die auf die schulischen und sozialen Defizite der Jugendlichen eingehen und Schulunterricht sowie sozialpädagogische Maßnahmen in Kooperation mit Praxiseinsätzen in Betrieben beinhalten. Diese Programme werden zumeist von Wirtschafts- und Branchenverbänden, teils in Zusammenarbeit mit den Gewerkschaften, getragen und in Kooperation mit Betrieben von regionalen Bildungsträgern angeboten. Größere Unternehmen bieten aber zunehmend auch eigene Vorbereitungs- und Kompensationsmaßnahmen zum Erreichen der Ausbildungsfähigkeit an.[1008] Für Jugendliche mit ungenügenden schulischen Vorkenntnissen, die sich bereits in der Ausbildung befinden, gibt es ausbildungsbegleitende Hilfen in Form von Stützunterricht und sozialpädagogischer Begleitung im Rahmen eines betrieblichen Ausbildungsverhältnisses nach den Richtlinien des Sozialgesetzbuches, Drittes Buch (Arbeitsförderung).

Die vielfältigen Förderprogramme beim Übergang von der Schule in die Ausbildung, die durch einzelne Betriebe, Wirtschaftsverbände oder gemeinsam durch die Sozialpartner getragen werden, reagieren folglich auf das Problem des allgemein bildenden Schulsystems, das für einen großen Teil seiner Absolventen einen Übergang in die Erwerbstätigkeit nicht mehr gewährleisten kann. Somit werden die allgemeinen Bildungsmängel an der Schnittstelle zwischen Schule und Betrieb, also dort, wo sie erstmals marktförmig werden, durch nichtstaatliche Akteure zu kompensieren versucht.[1009]

Positionsbestimmung aus bildungsökonomischer Sicht. S. 34 Abbildung 4. Dementsprechend würde sich bei Nullwachstum wie im Jahr 2003 ein Defizit von 33.400 Ausbildungsplätzen ergeben, was der tatsächlichen Differenz sehr nahe kommt.

[1005] Vgl. Ergebnisse der Frühjahrsumfrage zu Ausbildung und Beschäftigung des Institutes der Deutschen Wirtschaft Köln (IW). In: BDA (2003): Berufliche Bildung. Wachstumskrise hemmt die Ausbildungsbereitschaft. Kurznachrichtendienst (KND) Nr. 27 vom 4 Juli 2003. S. 2. Ein ähnliches Bild bietet eine IHK-Befragung aus dem Jahr 2003: Fehlende geeignete Bewerber sind hinter der unsicheren wirtschaftlichen Perspektive der zweitwichtigste Grund - mit großem Abstand zum dritten - für Ausbildungsabstinenz. Vgl. Deutscher Industrie- und Handelskammertag (DIHK) (2003): Heute das Kapital von morgen bilden. Zwischenbilanz der IHK-Lehrstellenoffensive 2003. Ergebnisse einer Umfrage. Berlin. S. 4.

[1006] 93 Prozent der Ausbildungsbetriebe und insgesamt 86 Prozent aller Betriebe sprechen sich an erster Stelle für eine Verbesserung der schulischen Vorbildung aus. Vgl. Ergebnisse der Frühjahrsumfrage zu Ausbildung und Beschäftigung des Institutes der Deutschen Wirtschaft Köln (IW). In: BDA (2003): Berufliche Bildung. Wachstumskrise hemmt die Ausbildungsbereitschaft. Kurznachrichtendienst (KND) Nr. 27 vom 4 Juli 2003. S. 3. Tabelle 2.

[1007] Ebenda.

[1008] Eine Übersicht über unterschiedliche Initiativen finden sich in: Bundesvereinigung deutscher Arbeitgeberverbände (BDA) (2003): Option für die Jugend. Schulbildung verbessern, Ausbildungsfähigkeit fördern Berufsorientierung intensivieren. Berlin. S. 26 – 30.

[1009] In den Diskursen zu Bildung und Chancengerechtigkeit der 70er Jahre ist darauf hingewiesen worden, dass der durch ein Zertifikat erworbene Statusanspruch materiell erst durch seine Umsetzung auf dem Markt wirksam werde, so dass die versprochene Herstellung von Chancengleichheit niemals außerhalb der Marktprozesse wirksam werde könne, womit Chancengleichheit nur in dem Rahmen der ökonomischen Verwertungsinte-

Die schulischen Bildungsmängel wirken sich also erkennbar auf die Besetzung der vorhandenen Ausbildungsstellen aus. Zwar sind Brüche in der Ausbildungsbiografie junger Menschen kein neues Problem, wohl aber haben sich die Dimensionen verschärft: Bisher galten zehn Prozent eines Jahrgangs, die entweder keinen Ausbildungsplatz erhalten, ihn nicht antreten oder keinen Abschluss erwerben, als Risikogruppe. Inzwischen veranschlagen Betriebe etwa 25 Prozent für diese Gruppe.[1010] Diese Einschätzung korrespondiert mit den Ergebnissen der PISA-Studie, die fast zehn Prozent unter und weitere 12,7 Prozent auf Kompetenzstufe eins identifiziert hat. Die Autoren der Studie prognostizieren für Jugendliche dieser Kompetenzstufen erhebliche Schwierigkeiten beim Übergang in das Berufsleben[1011] und schließen für die Risikogruppe bei der Lesekompetenz eine Integration in die berufsbezogene Erwerbstätigkeit nahezu aus.[1012] Vergegenwärtigt man sich den engen empirischen Zusammenhang zwischen Arbeitslosigkeit und fehlender Berufsausbildung – von allen Variablen, die Einfluss auf die Jugendarbeitslosigkeit haben, ist Bildung das einflussreichste individuelle Merkmal, das den Erfolg auf dem Arbeitsmarkt fördert oder hemmt[1013] – steht ein Viertel bis ein Fünftel der Jugendlichen vor einer äußerst unsicheren beruflichen Zukunft. Dieser Befund erhält zusätzliche Brisanz, da der Zusammenhang zwischen fehlender Berufsausbildung und Erwerbslosigkeit in Deutschland auch mit biografischer Entfernung von dem Alter der Erstausbildung signifikant bleibt.[1014] Jugendliche, die

---

ressen möglich sei. Vgl. Offe, Claus (1975): Bildungssystem, Beschäftigungssystem und Bildungspolitik – Ansätze zu einer gesamtgesellschaftlichen Funktionsbestimmung des Bildungssystems. In : Deutscher Bildungsrat. Gutachten und Studien der Bildungskommission 50. Bonn.

Ähnlich wie Bourdieu verweist Offe auf die legitimatorische und die die sozialen Verhältnisse reproduzierende Funktion des Bildungssystems, das der Aufrechterhaltung der Fiktion staatsbürgerlicher Gleichheit gegenüber den allgegenwärtigen Erfahrungen der Ausbeutung und Unterprivilegierung diene. Diese - vor dem Hintergrund der Vollbeschäftigung entwickelten – Thesen machen einerseits deutlich, wie sich nicht nur der wissenschaftliche Referenzrahmen, sondern auch die Probleme des Bildungssystems bei einer relativen Konstanz der Chancenungleichheit (und damit der von Offe und Bourdieu konstatierten Wirkungsweise) verschoben haben: Während in den 70er Jahren Chancengleichheit, die innerhalb von Marktprozessen wirksam wird, faktisch und konzeptionell als unzureichend angesehen wurde, liegen die dringlichsten Probleme des Bildungssystems heute darin, jedem die Möglichkeit zu bieten, an diesen Marktprozessen teilzunehmen. Ohne auf Offes These der Aufrechterhaltung der Fiktion staatsbürgerlicher Gleichheit durch das Bildungssystem an dieser Stelle einzugehen, sei angemerkt, dass ohne materielle, marktförmige Umsetzungsmöglichkeiten ein noch geringeres Maß an Chancengleichheit und an Teilhabe an der Gesellschaft vorliegt. Verwehrter Zugang zur Arbeitswelt aufgrund mangelnder im öffentlichen Bildungssystem erworbener Qualifikation ist somit ein geeigneter Indikator für das Versagen des Bildungssystems und der Idee der Chancengerechtigkeit, wodurch wiederum durchaus die staatsbürgerliche Gleichheit tangiert wird. Diesem Aspekt wird freilich in der aktuellen Diskussion wenig Aufmerksamkeit zuteil.

1010 Vgl. Bundesvereinigung Deutscher Arbeitgeberverbände (BDA) (2003): Option für die Jugend. Schulbildung verbessern, Ausbildungsfähigkeit fördern, Berufsorientierung intensivieren. Berlin. S. 7.

1011 OECD (Hrsg.) (2001): Lernen für das Leben: Erste Ergebnisse von PISA 2000. S. 135.

1012 Vgl. Jürgen Baumert im ZEIT-Gespräch: Spiewak, Martin (2001): Wieso, weshalb, warum? Über die Ursachen der Bildungsmisere und wie man Schule besser machen kann. Jürgen Baumert, verantwortlich für die Timss-Studie, und Hermann Lange, Pisa-Beauftragter der Kultusministerkonferenz, im ZEIT-Gespräch. In: Die Zeit Nr. 50/2001. S. 45. Diese Einschätzung wird durch eine zehnprozentige Arbeitslosenquote junger Menschen unter 25 Jahren bestärkt. Ein ähnlich großer Anteil nimmt an arbeitsmarktpolitischen Maßnahmen teil.

1013 Vgl. Bundesanstalt für Arbeit (o.J.): Auszüge aus der Strukturanalyse September 1999. Tabelle JUE7: Arbeitslose unter 25 Jahren nach bisheriger Dauer der Arbeitslosigkeit, Berufsausbildung und Schulbildung, Tabelle JUEB: Arbeitslose unter 25 Jahren mit abgeschlossener Berufsausbildung nach Ausbildungsberuf. In: http://www.arbeitsamt.de/hst/services/archiv/199909/iiia4/struktur/.

1014 Vgl. Ebenda.: Tabelle AELT2: Ältere Arbeitslose (45 Jahre und älter) nach der Berufsausbildung sowie Statistisches Bundesamt/ Wissenschaftszentrum Berlin für Sozialforschung (WZB)/ Zentrum für Umfragen,

diese erste Stufe der Erwerbstätigkeit nicht erreichen und deshalb keine abgeschlossene Berufsausbildung aufweisen können, werden marginalisiert.

Zu einem ähnlichen Ergebnis kommt eine Betriebs- und Verbandsbefragung der BDA über die Folgeneinschätzung der durch die PISA-Studie festgestellten Bildungsdefizite auf die Berufsbildung, die bestätigt, dass mangelnde schulische Vorbildung nicht nur ein Problem einer Risikogruppe ist, die deswegen keinen Ausbildungsplatz erhält, sondern durchaus bei in der Ausbildung befindlichen Jugendlichen auftritt. In der Hälfte der Fälle konstatieren die befragten Betriebe partielle und in 40 Prozent gravierende Auswirkungen. Dabei erstrecken sich die Mängel über die gesamte Bandbreite der Kulturtechniken.[1015] Mehr als die Hälfte der Unternehmen muss über die Ausbildung hinaus den Auszubildenden vielfältige Hilfen und Kompensationsmaßnahmen anbieten. Klagen über mangelnde Vorkenntnisse der Schulabgänger finden sich in den Publikationen der Wirtschaftsverbände und auf Ausbildungsleitertagungen nicht erst seit der PISA-Studie. Im Gegenteil hatten viele Ausbildungsverantwortliche in den Unternehmen das unterdurchschnittliche Abschneiden deutscher Schüler prophezeit. Dass neben der Bildungsforschung ausgerechnet betriebliche Ausbilder das Ausmaß der Probleme richtig eingeschätzt hatten, mag damit zusammen hängen, dass in vielen Unternehmen die Auswahlverfahren standardisierte Tests beinhalten, die eine Längsschnittbetrachtung erlauben.[1016]

Sicherlich dient die mangelnde Qualifikation der Bewerber teilweise als Rechtfertigung unterlassender Ausbildungsaktivitäten. Dennoch ist es anhand vieler Indikatoren empirisch offensichtlich und überdies schlüssig, dass die kaum bestrittenen Probleme des allgemein bildenden Schulsystems in die berufliche Bildung hineinwachsen.[1017]

4.3.5.4 Reform des Berufsbildungsgesetzes (BBiG)

Berufsbildungspolitische Entscheidungen werden in Deutschland weitgehend korporatistisch verantwortet, wobei der Staat seine Steuerung größtenteils über das Berufsbil-

---

Methoden und Analyse, Mannheim (ZUMA) (Hrsg.) (1999): Datenreport 1999. Zahlen und Fakten über die Bundesrepublik Deutschland. Bonn. S. 472 – 476.

1015 Fast 85 Prozent beklagen schlechte Rechtschreib- und Grammatikkenntnisse. Mehr als zwei Drittel aller Befragten sind mit den Rechenkenntnissen und -fähigkeiten der Jugendlichen unzufrieden. Von über 65 Prozent der Befragten wird die mangelnde Schreibfähigkeit kritisiert. Insgesamt beklagen 48 Prozent der Betriebe und Verbände Defizite in der Allgemeinbildung. Mehr als ein Drittel kritisieren die mangelnden kognitiven und methodischen Fähigkeiten. Ebenso, wenn auch mit 40 Prozent weniger dringlich, werden Schlüsselqualifikationen wie Selbstständigkeit, Verantwortungsbewusstsein und Zuverlässlichkeit vermisst. Mehr als ein Drittel kritisiert einen Mangel an kognitiven und methodischen Fähigkeiten, Selbstmanagement und Lernwilligkeit. Vgl. Keim, Helmut (2003): Berufliche Bildung. BDA-Umfrage bestätigt Bildungsmängel. In: BDA-Kurznachrichtendienst Nr. 8 vom 24. Februar 2003. S. 2 f.

1016 Vgl. NN (2003): Pisa-Studie hat die Praktiker nicht überrascht. Ausbildungsleiter der SMS Demag AG beklagen Defizite der Schulabgänger. Achillesferse ist die Mathematik. In: Siegener Zeitung vom 12. April 2003 unter http://data.siegener-zeitung.de/sz-neu/lokales/artikel/200304127086877.

1017 Innerhalb der Diskussion um eine Ausbildungsplatzabgabe in Dänemark haben die dänischen Arbeitgeber ebenfalls die mangelnde Ausbildungseignung angeführt. Dieser Aspekt wurde seitens der Gewerkschaften und des Staates aufgenommen und als Konsequenz ein System der Vorqualifizierung eingeführt, das jeden Jugendlichen testet und je nach Ausgangsvoraussetzung aus staatlichen Mitteln eine Vorqualifizierung zwischen null und 60 Wochen vorsieht. Das Ernstnehmen der diesbezüglichen Bedenken der Arbeitgeber wird als wesentlicher Faktor für den Erfolg der Reform des dänischen Berufsbildungssystems und der Stabilisierung der Ausbildungsquote angesehen. Vgl. Deutscher Bundestag – Stenografischer Dienst (2004): Öffentliche Anhörung „Berufsausbildungssicherungsgesetz". S. 31.

dungsgesetz vollzieht. Damit ist das BBiG als Rahmengesetz für den berufsbildungspolitischen Bereich von zentraler Bedeutung. Eine gesetzliche Regelung der „Lehrlingsausbildung“ gehörte immer zu den gewerkschaftlichen Grundforderungen und wurde 1969 in der Spätphase der großen Regierungskoalition aus CDU/CSU und SPD gegen den Widerstand der Wirtschaftsverbände, welche den zu regelnden Gegenstand eher als Selbstverwaltungsaufgabe betrachtet hatten, mit der Verabschiedung des BBiG realisiert. Derzeit befindet sich die Novellierung des BBiG im Gesetzgebungsverfahren[1018], was aufgrund seiner Funktion, den Ordnungsrahmen für die Berufsbildung und damit den Interaktionsraum der Verbände zu definieren, für diese von großer Bedeutung ist. Zum ersten Januar 2005 soll das neue Gesetz in Kraft treten.

Dabei spricht sich der DGB gegen Einzelreformen bestimmter Bestimmungen und für eine grundlegende Reform des BBIG aus, während die Wirtschaftsverbände eine generelle Reform des BBiG als überflüssig erachten, da sich dieses in der Praxis bewährt habe.[1019]

Der Koalitionsvertrag erklärt explizit die Erweiterung des Geltungsbereichs des Gesetzes[1020] zu einem Ziel der Novellierung, was seitens des DGB begrüßt und durch die Forderung ergänzt wird, das neue BBiG solle für alle vollzeitschulische Ausbildungsgänge, also auch für Ausbildungsgänge des Gesundheitswesens und privatschulische Ausbildungsgänge, Geltung haben. Entsprechende Länderregelungen sollten im reformierten BBiG zusammengeführt werden.[1021]

Zwar nicht im BBiG geregelt, aber durch dessen Reform dennoch tangiert, werden die Vorordnungen über die Anrechnung der Berufsausbildungsvorbereitungen.[1022] Während die im KWB zusammengefassten Wirtschaftsverbände eine Aufhebung der generellen Anrechenbarkeit des Berufsgrundbildungsjahres fordern und diese durch eine freiwillige Anerkennung ersetzen möchten, wollen die Gewerkschaften das Berufsgrundbildungsjahr grundsätzlich in vollem Umfang auf die betriebliche Ausbildungszeit anrechnen und diesen Rechtsanspruch im neuen BBiG verankern.[1023]

1018 Aktuell sind die zweite und dritte Lesung im Bundesrat für den 22.11. und 3.12.2004 terminiert. Vgl. Deutscher Bundestag/ Bundesrat (o. J.) (Hrsg.): Stand der Gesetzgebung des Bundes. 15. Wahlperiode. In: GESTA-online – 15. Wahlperiode (Berichtsstand: 29.10.2004). http://dip.bundestag.de/gesta/15/K005.pdf.

1019 Vgl. Ebrahimi, Nava (2003): Berufliche Bildung. Wirtschaft gegen grundlegende Novellierung. In: KND Nr. 16 vom 24. April 2003. S. 3.

1020 Diese Ausweitung des Geltungsbereichs wird durch andere Verordnungen sukzessiv bereits betrieben. So trat beispielsweise mit Wirkung zum 01.08.03 die „Verordnung über die Bescheinigung von Grundlagen beruflicher Handlungsfähigkeit im Rahmen der Berufsausbildungsvorbereitung (Berufsausbildungsvorbereitungs-Bescheinigungsverordnung - BAVBVO)" in Kraft. Damit wurde der Geltungsbereich des Berufsbildungsgesetzes auch auf die Ausbildungsvorbereitung ausgedehnt.

1021 IG Metall/ ver.di (Hrsg.) (2002): Hannoveraner Erklärung. Für mutige Reformen in der Aus- und Weiterbildung Erklärung der Teilnehmer der Betriebs- und Personalrätekonferenz der Gewerkschaften IG Metall und ver.di am 29. Juni 2002. In: www.igmetall.de/berufsausbildung/kammerjaeger/hannoveraner_erklaerung020629.pdf. S. 2.

1022 Die Berufsgrundbildungsjahr-Anrechnungsverordnung gilt für Ausbildungsberufe der gewerblichen Wirtschaft und muss mit einem Jahr auf die Ausbildungszeit angerechnet werden, wenn der gewählte Ausbildungsberuf einem in der Anlage der Verordnung aufgestellten Berufsfeld zugeordnet werden kann. Gleichzusetzen mit dem schulischen Berufsgrundbildungsjahr ist der Besuch einer einjährigen Berufsfachschule, die auf einen oder mehrere Ausbildungsberufe vorbereitet. Die Berufsfachschul-Anrechnungsverordnung sieht vor, dass der erfolgreiche Besuch einer öffentlichen oder als gleichwertig geltenden privaten, mindestens zweijährigen Berufsfachschule, der zu einem dem Realschulabschluss entsprechenden Abschluss führt, ebenfalls als erstes Jahr der Berufsausbildung anzurechnen ist. Auch hier gilt die Zuordnung zu bestimmten in der Verordnung erwähnten Berufsfeldern.

1023 Derzeit sind viele Auszubildende trotz erfolgreichen Absolvierens eines Berufsgrundbildungsjahres mit dem direkten Einstieg in das zweite Ausbildungsjahr überfordert, so dass in praxi von der Anrechnung der absol-

Mit der in der politischen Diskussion – bis auf den eben genannten Aspekt – im Prinzip unkontroversen Erweiterung des gesetzlichen Geltungsbereichs soll der veränderten Situation in der Berufsausbildung Rechnung getragen werden, da vollzeitschulische Ausbildungsgänge in der Zeit des In-Kraft-Tretens des BBiG eine zu vernachlässigende Größe gewesen sind. Durch deren stetigen Bedeutungszuwachs in den letzten Dekaden fand eine Etablierung dieser Berufsausbildungsform parallel zum dualen System statt, die u. a. als Nebeneffekt negative Auswirkungen auf den gewerkschaftlichen Organisationsgrad hat, da in vollzeitschulischen Einrichtungen keine rechtliche Grundlage für gewerkschaftliche Interessenvertretung besteht. Deswegen fordert der DGB die Sicherstellung der Mitbestimmungsrechte der Arbeitnehmer auf allen Ebenen der Berufsbildung[1024] im neuen BBiG und ergänzend eine Normierung entsprechender Rechte der Interessenvertretungen in außerbetrieblichen Ausbildungseinrichtungen im Betriebsverfassungsgesetz.

Wie bereits erwähnt stellen die unterschiedlichen Ordnungssysteme und Aufsichten eine Dimension der konzeptionellen Dualität des Systems dar.[1025] Insbesondere die alleinige Aufsichtsfunktion der Kammern für den betrieblichen Teil der Berufsausbildung möchten die Gewerkschaften durch die Novellierung des BBiG abschaffen.[1026] Sie fordern deshalb unter dem Oberbegriff der „Demokratisierung der Durchführung der Ausbildung und der Prüfung“ für die betriebliche Berufsausbildung die Ablösung der Kammerfunktionen durch drittelparitätisch besetzte Beratungs- und Beschlussorgane, die mit Vertretern der Arbeitgeber und Arbeitnehmer sowie der öffentlichen Hand besetzt werden.[1027] Des Weiteren sollen die Ausbildungsrahmenpläne und Berufsschulrahmenpläne in beruflichen Bil-

vierten Schulen durch Vorlage einer entsprechenden Verzichtserklärung des Auszubildenden abgesehen wird. Darin zeigt sich, dass die BAV ihrem Ziel, leistungsschwächere Jugendliche an die Berufsausbildung heranzuführen, zumindest in Teilen nicht gerecht wird und die entsprechenden Anrechnungsverordnungen nicht der tatsächlichen Qualifikation der BAV-Absolventen entsprechen. Sicherlich besteht ohne Anrechnung auf die Berufsausbildung die Gefahr der Entfernung der BAV-Maßnahmen vom Arbeitsmarkt, so dass diese zu reinen Warteschleifen werden würde. Eine grundsätzliche, gesetzlich verankerte Anrechenbarkeit ist dennoch ein weiteres Indiz für die Nicht-Lösung bildungspolitischer Probleme, die stattdessen in die nächste Ebene des Bildungssystems durchwachsen. Sein Ende findet dieser Mechanismus, wenn die erworbenen Qualifikationen markförmig werden, denn für BAV-Absolventen, die trotzdem nicht ausbildungsfähig sind bzw. den Stand des zweiten Jahres nicht erreicht haben, verschlechtern sich durch einen Rechtsanspruch auf Anrechnung des Berufsgrundbildungsjahres dementsprechend die Chancen auf einen Ausbildungsplatz.

1024 Deutscher Gewerkschaftsbund (DGB) (2003): Kampagne BBiG-Reform. Die Bildungschancen der Mehrheit verbessern: Berufsausbildung reformieren. In: http://www.bbig-reform.de/documents/BBIG_Diskussionspapier_DGB.pdf. S. 7 und 9.

1025 Die Ordnungssysteme und Aufsicht betreffenden Elemente des dualen Systems sind (Element: Betrieb – Schule): Ausbildungsvorschrift: Ausbildungsordnung – Rahmenlehrplan, Aufsicht: Kammer – Staatliche Behörden, Finanzierung: Unternehmungen – Öffentliche Hand, Ordnungskompetenz: Bund – Land.

1026 Die Kammern sind Körperschaften Öffentlichen Rechtes und sind gemäß BBiG zuständige Stellen für die betriebliche Berufsausbildung mit Kontroll- und Regulierungskompetenz. Im Einzelnen weist ihnen das BBiG folgende Aufgaben zu: die Eignungsfeststellung der Ausbildungsbetriebe gemäß § 23, die Verkürzung der Ausbildungszeit gemäß § 29 Abs. 2, die Verlängerung der Ausbildungszeit gemäß § 29 Abs. 3, das Einrichten und Führen des Verzeichnisses der Berufsausbildungsverhältnisse gemäß § 31 - § 33, die Zulassung zur Abschlussprüfung gemäß § 30 - § 40, die Durchführung der Abschlussprüfungen gemäß §34, die Errichtung der Prüfungsausschüsse für die Abnahme der Abschlussprüfung gemäß § 36, den Erlass der Prüfungsordnungen gemäß § 41, die Durchführung von Zwischenprüfungen gemäß § 42, die Überwachung der Durchführung der Berufsausbildung gemäß § 45, die Förderung der Berufsausbildung durch Beratung der Ausbildenden und der Auszubildenden gemäß § 45, die Bildung einer Gütestelle zur Beilegung von Streitigkeiten zwischen Ausbildenden und Auszubildenden gemäß § 102 BBiG in Verbindung mit § 111 Abs. 2 Arbeitsgerichtsgesetz.

1027 Deutscher Gewerkschaftsbund (DGB) (2003): Kampagne BBiG-Reform. Die Bildungschancen der Mehrheit verbessern: Berufsausbildung reformieren. In: http://www.bbig-reform.de/documents/BBIG_Diskussionspapier_DGB.pdf. S. 7.

dungsplänen zusammengefasst werden und die Berufsschulen in das BBiG integriert und damit aus dem Hoheitsbereich der Länder gelöst werden.[1028] Im Gegensatz zu den Gewerkschaften lehnen DIHK und ZDH die geplante Stärkung der Berufsbildungsausschüsse samt Stimmrecht für Berufsschullehrer ab.

Entsprechend der bereits dargestellten Position in der Frage verkürzter Ausbildungen kritisieren die Gewerkschaften die seitens der Wirtschaftsverbände begrüßten Modularisierungsansätze in der BMBF-Konzeption wie Teilausbildung, Stufenausbildung und Kurzausbildung, welche die Gefahr einer Auflösung des Berufsprinzips und einer allgemeinen Dequalifizierung in sich bärgen.[1029]

Als einige Ministerpräsidenten der Länder im Sommer 2004 in der Föderalismuskommission die alleinige Zuständigkeit für die außerschulische Berufsbildung reklamierten, widersprachen DGB und DIHK scharf und setzen sich dezidiert für die Beibehaltung der Bundeszuständigkeit in der beruflichen Bildung ein, weil sie befürchteten, dass die Länderzuständigkeit die Einheitlichkeit und Vergleichbarkeit der Ausbildung bedrohe und die berufliche Mobilität einschränke.

Ebenfalls von Gewerkschaften und Wirtschaftsverbänden wird die Neuerung abgelehnt, auch Absolventen von schulischen Berufsausbildungen zur Kammerprüfung zuzulassen.[1030] Der DIHK kritisiert, dies würde zur „Aushöhlung des dualen Systems" führen, der Zentralverband des Handwerks (ZDH) warnt vor einer drohenden „Fehlsteuerung am Ausbildungsmarkt".[1031] Als deutlich wurde, dass ein Verhindern dieser Regelung aussichtslos ist, haben die im Kuratorium der Deutschen Wirtschaft für Berufsbildung zusammengeschlossenen Spitzenverbände der Wirtschaft Mindestkriterien für die Einrichtung vollzeitschulischer Bildungsgänge und die Öffnung zur Kammerprüfung vereinbart.[1032] Zu diesen Kriterien gehören vor allem eine enge Abstimmung mit der regionalen Wirtschaft, Bedarfsorientierung, Sicherstellung der Ausbildungsreife der Bewerber, eine praxisnahe Gestaltung sowie eine zeitliche Befristung.[1033]

Durch die Novellierung des BBiG gewinnen Dauerkonflikte zwischen den Verbandsgruppen wie die Frage der Gewichtung allgemeiner Bildungsinhalte in der Berufsschule sowie deren Stellenwert insgesamt wieder an Aktualität. Neben der an anderer Stelle bereits dargestellten Frage des Umfangs des Berufsschulunterrichts divergieren die Ansichten der Verbände, welchen Stellenwert allgemeine Bildungsinhalte in der Berufsschule einnehmen sollen. BDA und ZDH sprechen sich gegen eine Ausweitung allgemeiner Bildungsinhalte in der Berufsschule und für eine Beschränkung auf Grundkenntnisse im Sinne der Vermittlung des für die Berufsausbildung wesentlichen Lehrstoffs aus.[1034] Diese Positionierung ist

---

1028 Ebenda.

1029 Deutscher Gewerkschaftsbund (2004): DGB Stellungnahme zum Referentenentwurf zur Reform der beruflichen Bildung (Berufsbildungsreformgesetz – BerBiRefg) vom 19. Mai 2004. Berlin. S. 3.

1030 So sollen Schulabgängerinnen und Schulabgänger einer vollzeitschulischen Ausbildung einen Rechtsanspruch auf die Zulassung zur Kammerabschlussprüfung erhalten, soweit die zuständige Landesbehörde bestätigt, dass dieser Ausbildungsgang der Berufsausbildung in einem anerkannten Ausbildungsberuf entspricht.

1031 Vgl. Handelsblatt (2004): DIHK: Bulmahn will duales System aushöhlen. Ministerin legt Eckpunkte für Berufsbildungsgesetz vor. In: Handelblatt (HB) vom 13.02.2004. S. 4.

1032 Vgl. Zedler, Reinhard (2004): Neue Wege der Berufsausbildung. In: APuZ Bd. 28/2004. S. 24 – 30. S. 30.

1033 Kuratorium der Deutschen Wirtschaft für Berufsbildung (KWB) (Hrsg.) (2004): Maßnahmen zur Entlastung der Ausbildungssituation – Öffnung vollzeitschulischer Bildungsgänge – Kriterien. Bonn.

1034 Vgl. § 35 BBiG (Prüfungsgegenstand): Durch die Abschlussprüfung ist festzustellen, ob der Prüfling die erforderlichen Fertigkeiten beherrscht, die notwendigen praktischen und theoretischen Kenntnisse besitzt und

auf den ersten Blick angesichts der durch die Unternehmen beklagten schulischen Defizite der Jugendlichen überraschend. Die Haltung resultiert aus dem Interesse der Unternehmen, die Funktion der Berufsschule innerhalb des dualen Systems im Sinne des § 35 BBiG, der den Berufsschulen eine Rolle zuweist, die sich auf die Aufgabe der Vermittlung „für die Berufsausbildung wesentlichen Lehrstoffs" und auf die Prüfungsvorbereitung beschränkt und allgemeine Bildungsinhalte von der Abschlussprüfung ausschließt, zu erhalten und einer bereits erkennbaren Funktionserweiterung in Richtung Kompensationsmaßnahmen des allgemeinen Schulsystems keinen Vorschub zu leisten. Trotz der qualifikatorischen Mängel der Absolventen des allgemeinen Schulsystems und der daraus resultierenden Probleme wollen die Wirtschaftsverbände einen Funktionswandel der Berufsausbildung hin zu einer Reparaturwerkstatt des allgemeinen Schulsystems auf Kosten der beruflichen Ausbildung verhindern und verweisen nachdrücklich auf die Verantwortung des allgemeinen Schulsystems. GEW und DGB hingegen beziehen durch Forderungen nach Ausweitung allgemeiner Bildungsinhalte diesbezüglich eine Gegenposition. Dennoch ist in der Frage allgemeiner Bildungsinhalte die Zuordnung einer Ablehnung bzw. Befürwortung zu den Wirtschaftsverbänden bzw. den Gewerkschaften nicht gänzlich trennscharf, denn auch der ZDH und die BDA unterstreichen an mehreren Stellen die Bedeutung der Berufsschule als Instanz der Vermittelung sozialer Kompetenzen und Werte.[1035]

Folglich wird zwar durch die Wirtschaftsverbände die deutsche Bildungstradition der Fortführung des allgemein bildenden Unterrichts in der Berufsschule nicht grundsätzlich, sondern lediglich deren Ausweitung in Frage gestellt, aber die Skepsis der Wirtschaftsverbände, ob die in der Berufsschule vermittelten Allgemeinbildungsanteile geeignet sind, die bei vielen Auszubildenden festgestellten Defizite auszugleichen, ist offensichtlich.[1036]

Da die unterschiedlichen betrieblichen Strukturen und Ausbildungsorganisationsformen trotz bundesweit einheitlicher Ausbildungsrahmenpläne und Prüfungsanforderungen für alle Branchen und Berufe die Gefahr unterschiedlicher Qualifikationsstandards bergen, haben die Prüfungen im Rahmen des dualen Systems in weit stärkerem Maße als die Prüfungen von Schulen und Hochschulen eine Steuerungs- und Kontrollfunktion, wobei die Prüfungsausschüsse aus Vertretern der Arbeitgeber, der Arbeitnehmer und der Lehrer beruflicher Schulen zusammengesetzt sind.[1037] Diese von den Prüfungen ausgehende Steuerungs- und Kontrollfunktion hat Auswirkungen auf beide Lernorte des dualen Systems, so dass die Definition der Prüfungsinhalte großen Einfluss auf die Ausbildungsinhalte hat.[1038]

---

mit dem ihm im Berufsschulunterricht vermittelten, für die Berufsausbildung wesentlichen Lehrstoff vertraut ist. Die Ausbildungsordnung ist zugrunde zu legen.

1035 Vgl. Bundesvereinigung der Deutschen Arbeitgeberverbände (BDA) (2003): Bildungsauftrag Werteerziehung. Selbstständig denken, verantwortlich handeln. Berlin.

1036 Fuchs, Hans-Werner/ Reuter, Lutz R. (2000): Bildungspolitik in Deutschland. Entwicklungen, Probleme, Reformbedarf. Opladen. S. 83.

1037 Vgl. § 37 BBiG (Zusammensetzung, Berufung): (1) Der Prüfungsausschuss besteht aus mindestens drei Mitgliedern. Die Mitglieder müssen für die Prüfungsgebiete sachkundig und für die Mitwirkung im Prüfungswesen geeignet sein. (2) Dem Prüfungsausschuss müssen als Mitglieder Beauftragte der Arbeitgeber und der Arbeitnehmer in gleicher Zahl sowie mindestens ein Lehrer einer berufsbildenden Schule angehören. Mindestens zwei Drittel der Gesamtzahl der Mitglieder müssen Beauftragte der Arbeitgeber und der Arbeitnehmer sein.

1038 § 35 BBiG, der eine Aussparung allgemeiner Bildungsinhalte aus den Prüfungen normiert, wirkt sich deshalb in der Realität über die Prüfungen hinaus auch auf den Berufsschulunterricht aus, da die Anstrengungsbereitschaft der Schüler bei nicht prüfungsrelevanten Teilen erfahrungsgemäß geringer ist. Darüber hinaus drohen aufgrund des begrenzten Unterrichtsvolumens der Berufsschule allgemeinbildende Anteile neben den obligatorischen und prüfungsrelevanten Inhalten marginalisiert zu werden.

Deshalb kristallisiert sich die Differenz zwischen den Verbandsgruppen in der Frage des Umfangs allgemeiner Bildungsinhalte speziell in der Ausgestaltung des Paragraphen 35 BBiG (Prüfungsgegenstand) heraus. Bestrebungen der Vertreter der Berufsschulen und der Länder, gemeinsame Prüfungen der Kammern und Berufsschulen einzuführen, sind bisher stets am Widerstand der ausbildenden Betriebe unter Verweis auf die Zuständigkeit des Bundes für die betriebliche Berufsausbildung und auf die alleinige Verantwortlichkeit der Kammern für die Berufsausbildung gescheitert. Dies gilt auch für Versuche, die Leistungsbewertungen an den Berufsschulen als theoretischen Teil der Abschlussprüfung im dualen System anzurechnen. Diesen Widerstand halten die Wirtschaftsverbände innerhalb der Konsultationen zur BBiG-Novellierung aufrecht.

Insgesamt dürfte die faktische Selbstverwaltung von Wirtschaftsverbänden und Gewerkschaften in der Berufsausbildung nach der Novellierung des BBiG durch stärkere Eingriffe des Bundes auf Kosten des Konsensprinzips von Gewerkschaften und Wirtschaftsverbänden gekennzeichnet sein. Um die Modernisierung der Ausbildungsordnungen zu beschleunigen, sind die Einführung von Fristen und explizit auch die Wahrnehmung der dem Bund rechtlich bereits zustehenden „Letztentscheidungskompetenz" vorgesehen. Die Wirtschaftsverbände betrachten diese Schwächung des Korporatismus deutlich wohlwollender, weil sie den Bund in der Frage zweijähriger Ausbildungsgänge auf ihrer Seite wissen. Ob in Zukunft allein die Drohung in Kombination mit Fristsetzung die Selbstblockade der Sozialpartner ohne den Gebrauch der Letztentscheidungskompetenz des Bundes behebt, bleibt abzuwarten.

4.3.5.5 Berufsschule

Die Reformforderungen der Wirtschaftsverbände bezüglich des berufsschulischen Teils der Ausbildung sind im Zusammenhang mit dem DIHK-Satellitenmodell bereits dargestellt worden. Ebenso die Kritik der Gewerkschaften. Die ordnungspolitischen und schulorganisatorischen Forderungen für den berufsschulischen Bereich sind denen des allgemein bildenden Schulsystems ähnlich. BDA und DIHK fordern statt Schulaufsicht Evaluation aufgrund bundeseinheitlicher Standards zur Qualitätssicherung. Unterhalb des Satellitenmodells, das sowohl eine Funktionsumdeutung als auch eine neues Ordnungsverfahren vorsieht, sind auf der Ebene der Binnenoptimierung der Berufsschulen finanzielle Autonomie durch Budgetierung, größere Entscheidungsspielräume der Berufsschulen, insbesondere in Fragen der curricularen und organisatorischen Einrichtung von Bildungsgängen und eventuell Weiterbildungsangeboten sowie die Schärfung der Berufsschulprofile zwischen den Verbandsgruppen weitgehend konsensual. Insbesondere GEW und IG Metall setzen auf Berufsschulen, die sich durch Kooperation und Abstimmung mit anderen Bildungsträgern zu regionalen Zentren der Berufsausbildung und Weiterbildung entwickeln. Die Wirtschaftsverbände fordern überdies die Selbstauswahl des Lehrpersonals durch die Berufsschule, während die IG Metall die Personalverwaltung beim Land belassen will, um die Einhaltung der tariflichen bzw. gesetzlichen Regelungen zu gewährleisten.

Aufgrund des derzeitigen und sich für die Zukunft abzeichnenden Mangels an Berufsschullehrern fordern alle Verbände die Länder auf, die Förderung des Berufsschullehrernachwuchses als besondere Priorität der Bildungspolitik zu begreifen. Die BDA hält obligatorische Betriebspraktika und Weiterbildungsmaßnahmen der Berufsschullehrer für notwendig und empfiehlt im Einklang mit dem DIHK bei fachtheoretischen Inhalten einen verstärkten Rückgriff auf Praktiker, was die GEW ablehnt.[1039] Allerdings geht keiner der Wirtschaftsverbände so weit, das Konzept der Berufsfeldwissenschaft[1040] zur Leitidee der beruflichen Schulen zu machen, das auch gewerkschaftlicherseits abgelehnt wird.[1041] Einigkeit besteht ebenso in der Überführung der Staatsexamensstudiengänge in Studiengänge mit universitären Abschlüssen.

4.3.5.6 Zielgruppenförderung

Auffällig in der Frage der Zielgruppenförderung ist die überaus häufige Nennung von Maßnahmen zur gezielten Förderung von Schülern mit schwierigen Leistungs- und Sozialisationsvoraussetzungen sowie ausländischen Schülern durch die Wirtschaftsverbände. Zwar werden, wie auch im allgemeinschulischen Bereich, besonders begabte Schüler als Zielgruppe ausgemacht, doch der Schwerpunkt liegt eindeutig auf Leistungsschwächeren, gefolgt von Mädchen bzw. jungen Frauen, deren Berufswahlspektrum es durch gezielte Maßnahmen zu erweitern gelte. Zielgruppenförderung in der beruflichen Bildung ist zumindest quantitativ für Gewerkschaften eher ein Nebenthema.

4.3.5.7 Resümee - Berufliche Bildung

Der Bereich der Berufsbildung in der Bundesrepublik unterscheidet sich bezüglich der verbandlichen Interaktionspotenziale von anderen Bildungspolitikfeldern unter anderem dadurch, dass die Arbeitgeber- und Arbeitnehmervertreter neben dem Bund und den Ländern zu den zentralen Akteuren zählen und in die politischen Entscheidungsprozesse entweder inkorporiert oder im Falle der Kammern sogar mit öffentlichen Aufgaben beliehen sind. Gleichzeitig sind Bund und Länder Adressaten der verbandlichen Einwirkungsversuche.

Die Einbindung verpflichtungsfähiger Verbände auf der Arbeitnehmer- und Arbeitgeberseite, die unter Beteiligung staatlicher Stellen die für die Berufsausbildung geltenden Regeln aushandeln, ist historisch die zentrale Voraussetzung für die Entwicklung und Durchsetzung hochgradig vereinheitlichter und formalisierter Berufs- und Ausbildungskonzepte gewesen.

Diese überbetriebliche Vereinheitlichung und Standardisierung war eine zentrale Erfolgsvoraussetzung für die Anpassung des zünftigen Ausbildungssystems an die Bedingungen der entstehenden Industriegesellschaft. Gesellschaftlich trug der Facharbeiterstatus zu einer selbstbewussten Industriearbeiterschaft bei und verringerte die Unterschiede zwischen Facharbeitern und Angestellten oder Angehörigen der selbstständigen Mittelschichten.

[1039] GEW (2002): Die Ausbildung von Berufsschullehrern und –lehrerinnen. Ein Diskussionspapier der GEW. Frankfurt am Main. S. 34.

[1040] Das Konzept der Berufsfeldwissenschaft sieht keine fachwissenschaftliche Verankerung der universitären Berufsschullehrerausbildung vor, sondern Studiengänge, deren primäres Erkenntnisinteresse auf die berufsfeldspezifischen Anforderungsstrukturen auf Facharbeiterniveau gerichtet ist und auf diese Weise eine direkte Kopplung von Facharbeiterpraxis, Unterrichtspraxis und universitärer Lehrerausbildung leisten soll.

[1041] GEW (2002): Die Ausbildung von Berufsschullehrern und –lehrerinnen. Ein Diskussionspapier der GEW. Frankfurt am Main. S. 20 f.

Gleichzeitig bilden das duale System der Berufsausbildung, Facharbeitertum und Meistersystem die funktional-sachliche wie auch legitimatorische Grundlage der Hochlohnpolitik.[1042]

Diese Kombination von Berufskonzept mit frühzeitiger Festlegung auf ein relativ eng definiertes Bündel an Kompetenzen und damit verbundenen Einkommens- und Statusansprüchen erweckt Widerstände gegen den notwendigen technologischen Wandel, da dieser mit einer zumindest partiellen Entwertung der beruflichen Erstqualifikation einhergeht.[1043]

> „Es ist nicht auszuschließen, dass das Ausbildungssystem eine wesentliche Ursache für die technologische „Nischenstrategie" deutscher Unternehmen darstellt. Dies äußert sich in der starken Betonung kleiner Innovationen auf der Grundlage traditioneller Basistechnologie und in einer relativen Schwäche im Bereich der Hochtechnologie, in dem zuweilen größere Sprünge notwendig sind."[1044]

Heute erschwert das Berufskonzept zwar eine dynamische Anpassung an postfordistische Produktionsprozesse, stellt aber gleichzeitig die notwendige Voraussetzung für die Sicherung des Einflusses der Arbeitgeber- und Arbeitnehmerverbände in der Berufsbildung sicher, so dass beide Verbandsgruppen in dieser für die Struktur der beruflichen Bildung grundsätzlichen Frage gemeinsam unbedingt an dem Berufsprinzip festhalten. Freilich ist dieses Festhalten weniger berufs- bzw. wissenssoziologisch als vielmehr verbandsstrategisch motiviert. Die Reformkonzepte der Wirtschaftsverbände sind trotz gegenteiliger Bekundungen nur noch begrenzt mit dem Berufsprinzip in Einklang zu bringen, so dass den Wirtschaftsverbänden ein distanzierteres Verhältnis als den Gewerkschaften zum dualen System attestiert werden muss.

Konsens besteht in dem Postulat der Gleichwertigkeit von allgemeiner und beruflicher Bildung mit leicht unterschiedlichen Umsetzungsvorstellungen. In Fragen der Modernisierung und Anpassung der Berufsbilder herrscht ein Teilkonsens, dass das duale System modernisierungsbedürftig ist. Gewerkschaftliche Vorbehalte bestehen im Hinblick des Ausmaßes der Modularisierung – Strukturprinzip der Ausbildung (Wirtschaftsverbände) versus optionale Zusatzmodule (Gewerkschaften) – in der Frage einer offensiven Schaffung neuer Berufsbilder, wobei die Gewerkschaften breite Basisberufe favorisieren, sowie bezüglich jeglicher Deregulierungen. Verhärteter Dissens besteht bei der Forderung nach theoriegeminderten Ausbildungsberufen, der Ablösung der Kammer-(Allein-) Verantwortlichkeit und der Umlagefinanzierung der Ausbildung. In den strittigen Fragen ist eine Verschärfung des Tons zu verzeichnen, der als Indiz für die sich immer schwieriger gestaltende Konsensfindung in der Berufsbildungspolitik gewertet werden kann.[1045] Konsequenz dieser Selbst-

1042 Wiesenthal, Helmut/ Clasen, Ralf (2003): Gewerkschaften in Politik und Gesellschaft: Von der Gestaltungsmacht zum Traditionswächter? In: Schroeder, Wolfgang/ Weßels, Bernhard (Hrsg.): Die Gewerkschaften in Politik und Gesellschaft der Bundesrepublik Deutschland. Wiesbaden. S. 296 – 322. S. 299.

1043 Foders, Federico (2001): Bildungspolitik für den Standort D. S. 84.

1044 Ebenda.

1045 Zu dieser Einschätzung kommt auch Euler aufgrund der sich seit 1993 häufenden Minderheitenvoten der Arbeitgeber- bzw. Arbeitnehmervertreter in dem Berufsbildungsbericht. Vgl. Euler, Dieter (1998): Modernisierung des dualen Systems - Problembereiche, Reformvorschläge, Konsens- und Dissenslinien. S. 118.
Vor diesem Hintergrund ist sicherlich auch die Kritik der Gewerkschaften an der wissenschaftlichen Forschung im Bereich beruflicher Bildung zu interpretieren. Vgl. DGB (2003): Qualifizierte Ausbildung für alle. DGB-Bundesvorstand beschließt Eckpunkte zur Novellierung des Berufsbildungsgesetzes. In: Gewerkschaftliche Bildungspolitik 9-10/2003. Berlin. S. 5.

blockade ist die zu erwartende Entscheidung des Bundes in der Frage der zweijährigen Ausbildung, die einen Paradigmenwechsel innerhalb des tripartistischen Berufsbildungskorporatismus einläuten könnte.

Allen Positionen liegt das Bekenntnis zum Berufskonzept zugrunde, obwohl Skepsis angebracht sein muss, ob sowohl Modularisierung als Strukturprinzip der Berufsausbildung als auch das Konzept breiter Basisberufe eine eigenständige berufsfachliche Perspektive mit Verallgemeinerung im Sinne von employability einerseits und eine sofortige Berufsfähigkeit ohne Weiterbildung andererseits weiterhin gewährleisten können. Folglich muss nicht – wie üblich – die Ausbildungsbereitschaft, sondern das Berufskonzept als die Achillesferse des dualen Systems angesehen werden.[1046]

Alles in allem verhalten sich Wirtschaftsverbände und Gewerkschaften gegenüber den zukünftigen Erfordernissen der Wissensgesellschaft eher reaktiv, obwohl sich die postindustriellen Herausforderungen an die Berufsausbildung im dualen System schon relativ klar konturiert abzeichnen: Ein durch schnelleren technischen und arbeitsorganisatorischen Wandel gekennzeichnetes Wirtschaftssystem erfordert Differenzierung und Pluralisierung von Ausbildungsformen und – anforderungen, bereichsübergreifendes Denken und Handeln sowie die individuelle und institutionelle Integration von Lernprozessen in die Arbeitswelt. Bei aller Prognoseunsicherheit kann dennoch als gesichert angenommen werden, dass wissensgesellschaftliche Arbeitsorganisation „neben den unabdingbar notwendigen Kenntnissen und Fertigkeiten viel stärker persönlichkeitsbildende Qualifikationen wie selbständiges Planen und Handeln, Teamfähigkeit, Systemkenntnis, analytisches Vermögen und Lernfähigkeit verlangt – alles eher Kennzeichen allgemeiner Bildungsabschlüsse".[1047]

Aufgrund dieser Verschiebung der Qualifikationsanforderungen und nicht nur, um die begrenzten betrieblichen Ausbildungskapazitäten für eine Übergangszeit zu kompensieren, muss das duale System dringend um Formen der vollzeitschulischen beruflichen Qualifizierung erweitert werden. Einige vollschulzeitliche Berufsausbildungssysteme anderer OECD-Staaten ermöglichen im Gegensatz zu deutschen Berufsfachschulen[1048] große berufliche Mobilität zwischen unterschiedlichen Berufsfeldern und eine sehr hohe Beschäftigungsfähigkeit der Absolventen, was mit der Vermittlung allgemein verwendbarer Fertigkeiten

Auch sprachlich nimmt die Schärfe der Auseinandersetzung nicht nur in Redebeiträgen, sondern auch in Positionspapieren deutlich zu. Ein eindrucksvolles Beispiel ist die IG-Metall-Reaktion auf das Satellitenmodell des DIHK, in der diesem vorgeworfen wird, ihm ginge es nicht um qualifizierte Fachkräfte, sondern um „dressierte Affen". Vgl. IG Metall Vorstand (1999): So zerstören die Kammern die qualifizierte Fachausbildung, den zentralen Standortvorteil der deutschen Wirtschaft. Stellungnahme der IG Metall zu den Leitlinien Ausbildungsreform – Wege zu einer modernen Beruflichkeit des Deutschen Industrie- und Handelstages vom Mai 1999. Frankfurt am Main. S. 1.

1046 Obwohl darüber hinaus angesichts der vielfältigen Probleme des dualen Systems in Frage zu stellen ist, ob diese metaphorische Beschreibung noch Geltung hat, denn die Achillesferse bezeichnet schließlich die (einzig!) schwache, verwundbare Stelle eines sonst tüchtigen Menschen.

1047 Geißler, Karlheinz A./Schmidt, Hermann (1996): Ungleiche Ausbildung? Diskussion zum System der Berufsausbildung in Deutschland. In: Bolder, Alex/ Heinz, Walter R./ Rodax, Klaus (Hrsg.): Die Wiederentdeckung der Ungleichheit. Aktuelle Tendenzen in Bildung für Arbeit. Jahrbuch 1996. Bildung und Arbeit. Opladen. S. 288 – 311. S. 289. Zitiert nach: Heidenreich, Martin (1998): Die duale Berufsausbildung zwischen industrieller Prägung und wissensgesellschaftlichen Herausforderungen. S. 22.

1048 Analysen von Berufsforschern zeigen, dass lediglich 12 Prozent der Absolventen von Berufsfachschulen in den Arbeitsmarkt integriert werden, für über 80 Prozent handelt es sich um eine Teilphase in der beruflichen Qualifizierung. Vgl. Werner Dostal (2004): Die arbeitsmarktpolitische Rolle der Berufsfachschule. In: Bundesministerium für Bildung und Forschung (Hrsg.): Berufsausbildungskonferenz „Ausbilden jetzt – Erfolg braucht alle". Bonn. S. 12.

erklärt wird.[1049] Entscheidend für das Schritthalten der Berufsausbildung mit den wissensgesellschaftlichen Veränderungen ist offenbar die Verzahnung von beruflichen und allgemein bildenden Inhalten, so dass europaweit Anzeichen einer Konvergenz vollschulzeitlicher und dualisierter Bildungssysteme erkennbar sind.[1050] Innerhalb der untersuchten Verbände ist ausschließlich bei der GEW der Wille zu einem grundsätzlichen Strukturwandel wahrnehmbar. Vor dem Hintergrund des technologischen Strukturwandels kommt dieser Frage besondere Bedeutung zu, da ein Zusammenhang zwischen der durch das Berufsbildungssystem hervorgebrachten Qualifikation und der Gestaltung von Arbeitsprozessen besteht.[1051]

Der kontinuierlich sinkende Verbleibsanteil von Absolventen[1052] des dualen Systems in ihrem erlernten Beruf verweist darauf, dass eine Berufsausbildung in wachsendem Maße als notwendige formale und weniger als qualifikatorische Zugangsvoraussetzung zur Erwerbstätigkeit fungiert.[1053] Angesichts der Perspektivlosigkeit auf dem Arbeitsmarkt ohne Berufsausbildung nimmt folglich deren Bedeutung formal zu, während gleichzeitig die durch einen Beruf zertifizierten Kenntnisse und Fähigkeiten und damit die Berufsausbildung insgesamt materiell an Bedeutung verlieren, was ebenso eine Tertiärisierung bzw. Verschulung der beruflichen Bildung andeutet.[1054] Aufgrund des Fehlens von flächendeckenden vollschulzeitlichen Alternativen zum dualen System zeichnen sich bereits aus den USA bekannte Strukturen ab, in denen anspruchsvollere Berufe im auf die Berufstätigkeit

---

[1049] Korpi, Tomas/ Mertens, Antje (2003): Training systems and labor mobility - A comparison between Germany and Sweden. Scandinavian Journal of Economics No. 4/2003. S. 597 – 617.

[1050] Dieser Annäherungsprozess wird durch einen deutsch-französischen Vergleich der stark gegensätzlichen Ausbildungssysteme deutlich: Während die durch schulische Ausbildung mit ergänzenden betrieblichen Ausbildungsphasen gekennzeichnete, stark allgemeinbildungsorientierte französische Berufsausbildung durch die Einführung des Bac Pro stärker mit der Arbeitswelt verzahnt werden soll, gibt es in Deutschland erste Beispiele für die Verbindung von Berufsfachschulen mit einer dualen Ausbildung. In Baden-Württemberg besuchen angehende Energieelektroniker ein Jahr die Berufsfachschule und setzen ihre Ausbildung danach in einer zweijährigen dualen Ausbildung fort.

[1051] Vgl. Koch, Richard (1998): Duale und schulische Berufsausbildung zwischen Bildungsnachfrage und Qualifikationsbedarf. Ein deutsch-französischer Vergleich. Bielefeld. S. 95 f.

[1052] Zu Beginn der 90er Jahre des 20. Jahrhunderts waren von den betrieblich ausgebildeten Fachkräften nur 55% im erlernten oder in einem diesem verwandten Beruf beschäftigt, von den übrigen, die in anderen Tätigkeiten ihrer Arbeit nachgegangen sind, konnte nur jeder Dritte das Wissen, Können und die Erfahrung aus dem erlernten Beruf nutzen, so dass 30 Prozent aller Absolventen einer Berufsausbildung auf BBiG-Niveau einen Erwerbsweg hinter sich haben, in dem ihre in der Ausbildung erworbenen Qualifikationen weitgehend oder völlig entwertet worden sind. Vgl. Dostal, Werner/ Stooß, Friedemann/ Troll, Lothar (1998): Beruf – Auflösungstendenzen und erneute Konsolidierung. In: Mitteilungen aus der Arbeitsmarkt- und Berufsforschung (MittAB). Heft 3/1998. S. 438 – 460. S. 450.
Der Berufsbildungsbericht 1998 weist aus, dass weniger als die Hälfte (45 %) der befragten jungen Erwachsenen in einem Beruf arbeiten, für den sie in den Vorjahren ausgebildet wurden. Vgl. BMBF (1998): Berufsbildungsbericht 1998. Übersicht 74: Beruflicher Verbleib von Ausbildungsabsolventen der Jahre 1992 bis 1996 aus den neuen Ländern in Prozent.

[1053] Blechinger/ Pfeiffer (2000) zeigen in ihrer Studie über die duale Ausbildung in Deutschland, dass mit zunehmender Berufserfahrung die in der Ausbildung erlernten Kompetenzen entwertet werden. Vgl. Blechinger, Doris/ Pfeiffer, Friedhelm (2000): Technological change and skill obsolescence: the case of German apprenticeship training. In: Heijke, Hans/ Muyksen, Joan (Hrsg.): Education and Training in a Knowledge-Based Economy. London.

[1054] Es ergibt sich somit in der beruflichen Bildung ein ähnliches Bild wie in Bereichen der Hochschule, wo zwar die in einigen Studiengängen erworbenen Fachkenntnisse und Fertigkeiten durch den Arbeitsmarkt nicht explizit nachgefragt werden, der zertifizierte Abschluss aber dennoch eine notwendige Zugangsvoraussetzung darstellt.

hin differenzierten Hochschulsystem ausgebildet werden, während für die anderen Tätigkeiten nur noch in den Betrieben angelernt wird.[1055]

Durch eine derartige Systemveränderung würden sowohl die Grenzen zwischen dem allgemein- und berufsbildenden Bereich als auch zwischen dem Sekundar-II- und dem Tertiär-Bereich fließend, was wiederum das korporatistische Verhandlungssystem obsolet machen würde. [1056] Das Festhalten am Berufskonzept und dem dualen System dient somit zugleich der Einflusswahrung der Verbände in diesem Bereich. Damit stößt dieses Steuerungsmodell an seine Grenzen, da sich derzeit Veränderungen der beruflichen Bildung in erster Linie durch die Expansion rein betrieblicher Aus- und Weiterbildungsmaßnahmen vollziehen, so dass Heidenreichs These zu folgen ist, dass die Diversifizierung der Ausbildungsformen stillschweigend und ungeplant vornehmlich durch den Verzicht der Regulierung neuer Beschäftigungsfelder[1057] und überbetrieblich regulierter Vermittlung neuer Qualifikationselemente stattfinde, was zu einer schleichenden Erosion der Berufsausbildung führe.[1058]

Diese längerfristigen und unter dem Begriff der Wissensgesellschaft zusammengefassten Strukturveränderungen sowie die aktuellen Krisensymptome des dualen Systems in Rechnung gestellt, müssten die beruflichen Schulen als Träger eines quantitativ ausreichenden und qualitativ hochwertigen, den Ansprüchen der Wissensgesellschaft genügenden Angebots an Ausbildungsplätzen im Mittelpunkt der Modernisierung stehen.[1059] Zumindest in der Kontroverse der Gewerkschaften und Wirtschaftsverbände ist dies jedoch nicht erkennbar. Der skizzierte Bedeutungszuwachs von Qualifikationen, die eher dem allgemein- als berufsbildenden System zuzuordnen sind, muss den öffentlichen Bildungsauftrag in Hinblick auf berufliche Qualifikation stärker in die Verantwortung nehmen. Die vielfältigen staatlich finanzierten Auffang- und Ausweichmaßnahmen, die mit hohen Kosten verbunden sind und den Ausbildungsmarkt mittelfristig kaum entlasten, böten einen institutionellen Ansatzpunkt.

Allerdings sind angesichts der Erfahrungen aus dem allgemeinschulischen Bereich zumindest Zweifel angebracht, inwieweit eine entstehende vollzeitschulische Berufsausbildung tatsächlich den Qualitätsansprüchen der Wissensgesellschaft gerecht werden kann.

1055 So erkennen Kern und Schumann „einen Pfadwechsel aufs amerikanische Modell". Kern, Horst/ Schumann, Michael (1996): Vorwärts in die Vergangenheit? Zustand der Arbeit – Zukunft der Arbeit. In: Gewerkschaftliche Monatshefte Nr. 11-12/ 1996. S. 720.

1056 Die gewerkschaftliche Forderung nach Ausdehnung der Rechte der Interessenvertretungen auf außerbetriebliche Ausbildungseinrichtungen durch das BBiG und das BetrVG kann als Reaktion auf das beschriebene Szenario bewertet werden.

1057 Mit etwa 360 Ausbildungsberufen ist das duale System zwar stark differenziert, aber der überwiegende Teil dieser Ausbildungsberufe bezieht sich auf Fertigungsberufe für Industrie- und Handwerk, während Spezialisierungsgrad und Regulierungsdichte im Bereich der Dienstleistungsberufe deutlich geringer sind.

1058 Heidenreich, Martin (1998): Die duale Berufsausbildung zwischen industrieller Prägung und wissensgesellschaftlichen Herausforderungen. S. 321 – 340.

1059 Euler, Dieter (1998): Modernisierung des dualen Systems – Problembereiche, Reformvorschläge, Konsens- und Dissenslinien. In: Bund-Länder-Kommission für Bildungsplanung und Forschungsförderung (BLK) (Hrsg.): Materialien zur Bildungsplanung und zur Forschungsförderung Heft 62. Bonn. S. 108. Von den untersuchten Verbänden trägt allein das Konzept der GEW dieser Entwicklung Rechnung.

4.3.6 *Quartärer Sektor*

4.3.6.1 Struktur und Dimensionen des quartären Sektors

Der Begriff Weiterbildung hat sich entsprechend der Definition des Deutschen Bildungsrates als Oberbegriff für alle Formen der „Fortsetzung oder Wiederaufnahme organisierten Lernens nach Abschluss einer unterschiedlich ausgedehnten ersten Bildungsphase"[1060] durchgesetzt und den stärker an allgemeiner, insbesondere kultureller und politischer Persönlichkeitsbildung in der Tradition der Volksbildung der Weimarer Republik orientierten Begriff der Erwachsenenbildung verdrängt.[1061] Trotzdem und obschon die Definition der Kultusministerkonferenz (KMK) ausdrücklich „allgemeine, berufliche, politische, kulturelle und wissenschaftliche Weiterbildung" umfasst, wird Weiterbildung oftmals ausschließlich mit beruflich-qualifikatorischen und Erwachsenenbildung mit individuellen Interessen assoziiert. Weiterbildung ist jedoch ein integrierter Bestandteil des gesamten Bildungssystems.

Selbstorganisiertes Lernen in Form tätigkeitsintegrierter Lernformen wird als informelle Weiterbildung nicht durch die KMK-Definition gedeckt, so dass innerbetriebliche Weiterbildung bei der vorliegenden Auswertung nur insoweit berücksichtig wird, als es sich um organisiertes Lernen im Rahmen der Personalentwicklung handelt. Auf der Seite der beruflichen Weiterbildung muss ferner zwischen Weiterbildung, die nach Bestimmungen des Sozialgesetzbuches (SGB) Drittes Buch (III) organisiert und aus Mitteln der Bundesanstalt für Arbeit finanziert wird[1062], steuerfinanzierter Aufstiegsförderung und durch die Weiterbildungsnehmer persönlich bezahlter Weiterbildung differenziert werden. Aufgrund der wachsenden Bedeutung von Schlüsselqualifikationen für die Arbeitswelt verliert die inhaltliche Trennung zwischen allgemeiner und beruflicher Fortbildung an Schärfe[1063], so dass eine Unterscheidung anhand von Finanzierungsmerkmalen sinnvoll erscheint, zumal die Bereitstellung der Mittel in der Regel mit einem eindeutig bestimmbaren Ziel begründet wird.

Legt man die Weiterbildungsbeteiligung zugrunde, macht den größten Anteil an Weiterbildungsmaßnahmen die SGB III geförderte berufliche Fortbildung aus, die das Kernstück des im Jahre 1969 in Kraft getretenen Arbeitsförderungsgesetzes bildet. Vor dem Hintergrund der Vollbeschäftigung sollte „aktive Arbeitsmarktpolitik" das Entstehen von Erwerbslosigkeit präventiv verhindern, so dass Weiterbildung in der Regel als Aufstiegfortbildung vollzogen wurde, die sich an im BBiG/HwO vorgesehenen öffentlich-rechtlichen Abschlüssen und an staatlich anerkannten Prüfungen orientierte.

Mit wachsender Arbeitslosigkeit wurde die Aufstiegförderung schließlich durch das Aufstiegsförderungsgesetz (AFBG) aus der Arbeitsmarktförderung herausgelöst und steuerfinanziert. Angesichts der entstehenden Massenarbeitslosigkeit wandelte sich die ursprünglich präventive Ausrichtung der Weiterbildung zu einem primär kurativen arbeitsmarktpolitischen Instrument mit kurzfristiger Anpassungsfortbildung an den Arbeitsmarkt, die in der

[1060] Deutscher Bildungsrat (1970): Strukturplan für das Bildungswesen. S. 197.

[1061] Fuchs, Hans-Werner/ Reuter, Lutz R. (2000): Bildungspolitik in Deutschland. Entwicklungen, Probleme, Reformbedarf. Opladen. S. 125.

[1062] Die Bundeszuschüsse für die Bundesanstalt für Arbeit sowie Mittel des Europäischen Sozialfonds bleiben bei dieser Differenzierung unberücksichtigt.

[1063] Jach, Frank-Rüdiger (1999): Erwachsenenbildung in einer veränderten Bildungslandschaft. In: Recht und Schule. Heft 3/1999. S. 1 - 12. S. 3.

Regel zu keinem staatlichen oder öffentlich-rechtlichen Abschluss führt. Diese Zielverschiebung hatte eine Auflösung der Orientierung des Weiterbildungssystems an dem Berufskonzept zur Folge, wodurch nicht nur eine starke Fragmentierung der Weiterbildungsangebote, sondern gleichzeitig Probleme der Qualitätssicherung entstanden, da diese bisher durch Erreichen der standardisierten Abschlüsse erfolgt war.

4.3.6.2 Probleme des quartären Sektors

Diese im Sozialgesetzbuch III angelegte Parallelität von weiterbildungs- und arbeitsmarktpolitischen Zielen führt zu einem Zielkonflikt, denn bei Konzentration auf die an Abschlüssen orientierte weiterbildungspolitische Dimension droht die Eingliederung in den Arbeitsmarkt aus dem Blick zu geraten, während die Vorrangigkeit arbeitsmarktpolitischer Ziele zwangsläufig eine Bestenauslese innerhalb der Arbeitslosen zur Folge hat.

Ferner weist die Weiterbildung, speziell die SGB III geförderte, erhebliche Qualitätsmängel auf, die an einigen Indikatoren ablesbar sind: Die Mehrzahl der Langzeitarbeitslosen hat keine Ausbildung, der Wiedereingliederungserfolg der Weiterbildungsmaßnahmen ist äußerst begrenzt, die Abbrecherquote ist hoch, die Prüfungsergebnisse nach Abschluss sind oft schlecht, es gibt dominante Markführer und verbandsgebundene Trägerstrukturen, es fehlen hinreichende Qualitätssicherungs- und Kontrollmechanismen. Im internationalen OECD-Vergleich ist der Beschäftigtenanteil, der an beruflicher Weiterbildung teilnimmt, mit 20 Prozent ausgesprochen gering, wobei geringer Qualifizierte und ältere Beschäftigte am wenigsten an Weiterbildungsmaßnahmen teilhaben.[1064]

Für eine zukunftsweisende Weiterbildung, die den steigenden quantitativen und qualitativen Ansprüchen an Weiterbildung in der Wissensgesellschaft gerecht werden, fehlen derzeit institutionelle, finanzielle und organisatorische Voraussetzungen. Auch wenn es nicht der Anspruch des Weiterbildungssystems ist und weniger für dieses als vielmehr für das primäre Bildungssystem von Relevanz ist, sei an dieser Stelle dennoch darauf hingewiesen, dass die vorgehaltenen Weiterbildungsangebote in keiner Weise geeignet sind, die Defizite des allgemein bildenden Bildungssystems zu verringern oder gar zu kompensieren.

Für die untersuchten Verbände steht innerhalb der Weiterbildungsdimensionen die beschäftigungsfördernde Wirkung von Weiterbildung im Vordergrund. Der Erhalt und die Verbesserung der Beschäftigungsfähigkeit als funktionales Ziel müssten im Mittelpunkt der Weiterbildung stehen, die dementsprechend marktgerecht und an den Bedürfnissen der Arbeitswelt bedarfsorientiert sein müsse. Wenngleich die Gewerkschaften mit bildungssoziologischen Argumenten auf die Gefahr kurzfristiger und theorieloser Weiterbildungs-

---

[1064] Bei einer Reihung von 17 Ländern, die auf einer Kombination verschiedener Erhebungen der OECD und der EU basiert, kommt Deutschland nur auf den 14. Platz. So gibt der „International Adult Literacy Survey" (I-ALS) der OECD für Mitte der neunziger Jahre für Deutschland eine Teilnahmequote an beruflicher Weiterbildung von 20 Prozent der Beschäftigten zwischen 25 und 54 Jahren an. Damit liegt Deutschland am unteren Ende des Länderspektrums, das von Großbritannien und Schweden mit Teilnahmequoten von über 50 Prozent angeführt wird. Die skandinavischen und angelsächsischen Staaten schneiden auch in den anderen Erhebungen überdurchschnittlich ab. Es zeigt sich ferner, dass in Deutschland zwar relativ wenige Beschäftigte an beruflicher Weiterbildung partizipieren, diese dann aber vergleichsweise zeitintensiv weiterqualifiziert werden. Vgl. Fels, Gerhard/ Heinze, Rolf G./ Pfarr, Heide/ Schmid, Günther/ Streeck, Wolfgang (2001): Gute Praxis in der betrieblichen Weiterbildung. Bericht der Benchmarking-Gruppe des Bündnisses für Arbeit, Ausbildung und Wettbewerbsfähigkeit. In: www.bundesregierung.de/static/pdf/Bericht_der_Benchmarking_Gruppe.pdf. S. 1 f.

maßnahmen ohne arbeitsplatzübergreifendes und damit der Beschäftigungsfähigkeit abträgliches Verstehen und Können hinweisen, bildet dennoch die auf die konkrete Arbeitswelt gerichtete Weiterbildungsdimension eine unkontroverse Schnittmenge zwischen allen untersuchten Verbänden. Der gewerkschaftliche Weiterbildungsbegriff geht jedoch mit dem Postulat, dass Weiterbildung „auf den Ausgleich sozialer, thematischer, regionaler und lebenslagenspezifischer Defizite zielen“[1065] müsse, wesentlich weiter. IG Metall und der DGB heben ferner politische Bildung als wichtiges Element der Weiterbildung hervor.

Jenseits der schlagwortartigen Betonung der Wichtigkeit lebenslangen Lernens zeigt sich, dass Wirtschaftsverbände einen eher engen, auf den Erhalt und Ausbau der Qualifikation ausgerichteten und die Gewerkschaften einen weiten, mehrdimensionalen Weiterbildungsbegriff zugrunde legen. Diese unterschiedliche Basis ist von Bedeutung, weil von ihr ausgehend ordnungspolitische Ableitungen gebildet werden, die sich dann erheblich unterscheiden. Es muss ebenso berücksichtigt werden, dass einige Positionen lediglich aufgrund der unterschiedlichen zugrunde gelegten Weiterbildungsbegriffe kontrovers erscheinen.

4.3.6.3 Ordnungspolitischer Rahmen

Dem quartären Sektor liegt ein subsidiäres Ordnungsmodell zugrunde, nach dem die berufliche Weiterbildung über Steuerungsprozesse des Marktes reguliert werden soll und staatliche Intervention nur dort stattfindet, wo diese Instrumente versagen.[1066] Der Bereich der betrieblichen Weiterbildung ist trotz einiger tarifvertraglicher Übereinkünfte überwiegend unreguliert, so dass sich ein gegenüber betrieblichen Anforderungen relativ autonomes (Berufs-) Bildungsverständnis für die Weiterbildung kaum durchsetzen konnte. Anders als im Bereich der beruflichen Erstausbildung, der zurzeit durch Systemflexibilisierung und Öffnung etablierter Regulationsstrukturen gekennzeichnet ist, steht in der beruflichen Weiterbildung die Entwicklung ordnungspolitischer Regulierungsformen noch bevor. Eine entsprechende Einigung über inhaltliche Konzepte und Finanzierungsfragen wird seit 1969 durch Dissens der Sozialpartner erschwert[1067], so dass diesbezüglich nur sehr wenig Übereinkunft der Sozialpartner, wie etwa die Fortbildungsverordnungen im Jahr 1996, erzielt wurde. Die unterschiedlichen Ordnungsmodelle Berufsbildung und Weiterbildung haben eine der Sache nach nahe liegende Verzahnung dieser beiden Bereiche verhindert und stattdessen eine „strenge Segmentation zwischen Aus- und Weiterbildung herausgebildet.“[1068]

Ähnlich der Hochschulfinanzierung existiert auch für den Bereich der Weiterbildung eine grundsätzliche Kontroverse, ob Weiterbildung als öffentliches Gut anzusehen ist, für dessen unentgeltliche Bereitstellung der Staat verantwortlich ist, in der die beiden Verbandsgruppen unterschiedliche Positionen vertreten.

[1065] Deutscher Gewerkschaftsbunf (DGB) (2000): Weiterbildung für alle ermöglichen. Positionspapier des Deutschen Gewerkschaftsbundes. http://www.dgb.de/themen/themen_a_z/abisz_doks/w/weiterb-00.pdf. S. 1.

[1066] Block, Rainer (1995): Weiterbildung. In: Böttcher, Wolfgang/ Klemm, Klaus (Hrsg.): Bildung in Zahlen. München. S. 131 – 156. S. 131.

[1067] Streeck, Wolfgang/ Hilbert, Josef/ Kevelaer, Karl-Heinz van/ Maier, Frederike/ Weber. Hajo (1987): Steuerung und Regulierung der beruflichen Bildung. Die Rolle der Sozialpartner in der Ausbildung und beruflichen Weiterbildung in Deutschland. Berlin.

[1068] Haak, Carroll (2003): Weiterbildung in kleinen und mittleren Betrieben: Ein deutschdänischer Vergleich. Wissenschaftszentrum Berlin für Sozialforschung (WZB). Berlin. S. 12.

Die Wirtschaftsverbände wollen dieses niedrige Regulierungsniveau im Weiterbildungsbereich erhalten und setzen demgemäß in Analogie zum Berufsbildungsbereich auf eine Modularisierung der Weiterbildung mit einzeln zertifizierten Angeboten, wobei Zertifikate als Zeugnisse von Bildungsanbietern und betriebliche Nachweise gleichrangig und öffentlich-rechtliche Prüfungen nicht zwingend sein sollen[1069]. Die Tertiarisierung der Berufsausbildung mit Möglichkeiten des Aus- und Wiedereinstiegs sowie die Verknüpfung der betrieblichen Aus- und Weiterbildungsträger sind beiden Verbandsgruppen gemein.

Erhebliche Unterschiede bestehen jedoch in der Frage der Regulierung. Alle Wirtschaftsverbände lehnen einvernehmlich gesetzlich oder anderweitig regulierte Vorgaben für die betriebliche Weiterbildung ab und setzen auf eine Selbstregulierung des Weiterbildungsmarktes durch freie Konkurrenz.[1070] Die Instandsetzung des Weiterbildungsmarktes erfordere Rahmenbedingungen, die Transparenz, Qualität, Pluralität und Vergleichbarkeit gewährleisten. Ohne regulativen Zwang staatlicherseits könnten diese Marktvoraussetzungen durch eine freiwillige Zertifizierung erreicht werden. Das Instrument der Zertifizierung nach DIN Normen, etwa durch die CERTQUA[1071], habe sich bereits auf dem Weiterbildungsmarkt für Führungskräfte als tauglich erwiesen und könne Transparenz für die Vielzahl der Angebote zur beruflichen Weiterbildung insgesamt schaffen.

Die Weiterbildungspositionen der Wirtschaftsverbände sehen keine staatliche Förderung von Weiterbildungsmaßnahmen vor und fordern stattdessen eine Konzentration jeglicher staatlicher Weiterbildungspolitik auf die arbeitsmarktbezogene Förderung von Arbeitslosen.[1072] Erwerbslosen müssten obligatorische und durch die Arbeitsämter finanzierte Weiterbildungsangebote zur Verfügung gestellt werden, deren verwertbarer Praxisbezug durch eine Kooperation zwischen Arbeitsämtern und Weiterbildungsträgern gewährleistet werden müsse.[1073] Die Inhalte der Weiterbildungsangebote würden durch die Nachfrage geregelt.

Die Vorstellungen der Gewerkschaften sind dem marktregulierten Konzept der Wirtschaftsverbände diametral entgegengesetzt. Alle untersuchten Gewerkschaften sprechen sich für eine staatliche Lenkung des Weiterbildungsmarktes aus, die sich sowohl auf gesetzliche Vorgaben für die Weiterbildungsangebote als auch auf Fragen des Zugangs, der Finanzierung und eines Rechtsanspruches bezieht. Die Gewerkschaften fordern dafür ein Bundesgesetz für Weiterbildung zum Ausbau eines solidarischen Systems lebenslangen Lernens, das die öffentliche Finanzierung von Weiterbildungsangeboten sicherstellt und einen Rechtsanspruch sowohl auf Qualifizierungsmaßnahmen als auch auf politische und allgemeine Weiterbildung festschreibt.[1074]

1069 Deutscher Industrie- und Handelskammertag (2001): Leitlinien Berufliche Weiterbildung. Wege zur Kompetenzentwicklung. 3. erweiterte Auflage. Bonn. S. 9.

1070 Kuratorium der Deutschen Wirtschaft für Berufsbildung (KWB) (1999): Flexibilität und Wettbewerbsfähigkeit – Zukunftsorientierte Weiterentwicklung des Berufsbildungssystems. Bonn. S. 8.

1071 Aufgabe der akkreditierten Zertifizierungsgesellschaft CERTQUA ist es, Qualitätsmanagementsysteme nach den Anforderungen der internationalen Norm DIN EN ISO 9001 zu zertifizieren. Der Wuppertaler Kreis ist gemeinsam mit BDA, DIHK, BDI und ZDH Gesellschafter der CERTQUA - Gesellschaft der Deutschen Wirtschaft zur Förderung und Zertifizierung von Qualitätssicherungssystemen in der Beruflichen Bildung mbH.

1072 Deutscher Industrie- und Handelskammertag (2001): Bildungsstandort Deutschland. Leistungspotenziale erschließen. Berlin. S. 11.

1073 Ebenda.

1074 Deutscher Gewerkschaftsbund (DGB) (2000): Weiterbildung für alle ermöglichen. Positionspapier des Deutschen Gewerkschaftsbundes. In: http://www.dgb.de/themen/themen_a_z/abisz_doks/w/weiterb-00.pdf. S. 6;

Darüber hinaus müsse der Staat durch eigene Trägerschaft ein Grundangebot an Weiterbildung sicherstellen und dessen Offenheit gewährleisten.[1075] Neben der Gewährleistung eines grundsätzlich offenen Zuganges müsse das Weiterbildungsgesetz auch individuelle Lernzeitansprüche festlegen.[1076] Ergänzend fordert der DGB, erweiterte Regelungen zum Bildungsurlaub in allen Bundesländern einzuführen.[1077]

In der Frage der Weiterbildungsinhalte lehnen die Gewerkschaften eine Nachfragesteuerung ab und setzen sich stattdessen für gesetzliche (Rahmen-) Lehrplanvorgaben für die Weiterbildung ein. Institutionell verantwortlich für die Festlegung der Weiterbildungsinhalte wären das Institut für Arbeitsmarkt- und Berufsforschung sowie das Bundesinstitut für Berufsbildung.[1078] In Punkto Zulassung und Qualitätssicherung sehen Gewerkschaften ebenso eine an ISO-Normen angelehnte Art der Zertifizierung vor, die jedoch unbedingt staatlicher bzw. korporatistischer Kontrolle, etwa durch (zu schaffende) Landesweiterbildungsräte oder durch Ausschüsse bei den Selbstverwaltungsorganen der Bundesanstalt für Arbeit, unterliegt. Die GEW fordert Zertifizierungs- und Qualitätsnormen auch für die nicht formale Weiterbildung. Die Angebotsentwicklung müsse durch regionale Weiterbildungsplanung unterhalb einer bundesweiten Rahmenplanung erfolgen.[1079]

Diskrepanzen zwischen den Verbandsgruppen bestehen ebenso hinsichtlich der Kostenverteilung. Während sich BDA und DIHK zumindest für eine Beteiligung der Arbeitnehmer an den Kosten formaler Weiterbildung aussprechen[1080], fordert der DGG eine grundsätzliche Kostenübernahme durch die Arbeitgeber bzw. bei Erwerbslosen eine Finanzierung aus Steuermitteln.[1081] Ebenfalls unter Kostengesichtspunkten ist die Frage zu sehen, ob berufliche Weiterbildung, wie von der BDA gefordert[1082], vornehmlich in der Freizeit oder dem Verlangen von IG Metall und ver.di folgend vornehmlich in der Arbeitszeit stattfindet[1083].

Herdt, Ursula (2001): Eine Säule ohne Fundament. Lebenslanges Lernen – Anspruch und Wirklichkeit in der Weiterbildung. In: Erziehung und Wissenschaft (E & W) Nr 4/2001. S. 24 – 25. S. 25; IG Metall/ ver.di (Hrsg.) (2002): Hannoveraner Erklärung. Für mutige Reformen in der Aus- und Weiterbildung Erklärung der Teilnehmer der Betriebs- und Personalrätekonferenz der Gewerkschaften IG Metall und ver.di am 29. Juni 2002. In: http://www.igmetall.de/berufsausbildung/kammerjaeger/ hannoveraner_erklaerung020629.pdf (31.03.2003). S. 1.

1075 Gewerkschaft Erziehung und Wissenschaft (2000): "Wir brauchen Weiterbildungsgesetze". GEW-Kriterien für die Weiterbildungsgesetze der Bundesländer. In: http://www.gew.de/standpunkt/positionen/a_w_bildung/kritakt.htm.

1076 Gewerkschaft Erziehung und Wissenschaft (1999): Wider die Diskrepanz zwischen Bedeutungszuwachs und Realität in der Weiterbildung. Experten und GEW legen "Vorschläge für Bundesregelungen in der Weiterbildung" vor. In: http://www.gew.de/standpunkt/positionen/a_w_bildung/texte/d_kritakt.htm (15.09.2003).

1077 Deutscher Gewerkschaftsbund (DGB) (2000): Weiterbildung für alle ermöglichen. S. 6.

1078 Ebenda. S. 5 f.

1079 Gewerkschaft Erziehung und Wissenschaft (2000): "Wir brauchen Weiterbildungsgesetze". GEW-Kriterien für die Weiterbildungsgesetze der Bundesländer. In: http://www.gew.de/standpunkt/positionen/a_w_bildung/kritakt.htm.

1080 Bundesvereinigung der Deutschen Arbeitgeberverbände (2001): Memorandum der Europäischen Kommission über Lebenslanges Lernen. Positionspapier. In: http://www.bda-online.de/www/bdaonline.nsf/0/af6a80e1246d401dc1256b48005965b0/$FILE/_eadq6snqdclmmusj1dpi7ar90chin48259cg82oj5e8g4oj2c5l86usr9ehkmurjje1gn0qb5e8_.doc. S. 3.

1081 Deutscher Gewerkschaftsbund (DGB) (2000): Weiterbildung für alle ermöglichen. S. 5.

1082 Bundesvereinigung der Deutschen Arbeitgeberverbände (2001): Memorandum der Europäischen Kommission über Lebenslanges Lernen. S. 3.

1083 Vereinte Dienstleistungsgesellschaft (ver.di) (o. J.): Weiterbildung: Zukunftsfähigkeit durch lebenslanges Lernen. Berlin. S. 4.

Die Gewerkschaften fordern eine Bündelung aller geforderten und bereits bestehenden gesetzlichen Grundlagen, indem der Bund gemäß Art. 74 (1) Nr. 11 GG[1084] von seiner konkurrierenden Gesetzgebungszuständigkeit Gebrauch macht. Ferner fordern sie eine Wiederaufnahme einer gemeinsamen Bildungsplanung von Bund und Ländern als Gemeinschaftsaufgabe nach Art. 91b GG.

Die wirtschaftsverbandliche Ablehnung einer gesetzlichen Regulierung des Weiterbildungssystems ist bereits dargestellt worden. Stattdessen plädieren diese prinzipiell für eine korporatistische Entscheidungsfindung im Bündnis für Arbeit. Die BDA steht ferner einer tarifvertraglichen Regelung positiv gegenüber. Auch die Gewerkschaften befürworten eine tarifvertragliche Regelung von Weiterbildung im Zusammenhang mit der Flexibilisierung der Arbeitszeit durch eine „investive Arbeitszeitpolitik" in Form von Lebensarbeitszeitkonten. Die Regelung der Teilnahme und der Inhalte solle ebenfalls tarifvertraglich geregelt werden. Der Aufbau von betrieblichen Zeitguthaben - ähnlich der arbeitszeitpolitischen Langzeitkonten – könnte ein für beide Sozialpartner gangbarer Weg sein. Dennoch bedienen sich die Gewerkschaften mit dem Drängen auf ein Weiterbildungsrahmengesetz und tarifvertragliche Regelung einer Doppelstrategie.

4.3.6.4 Hartz-Reform

Mit In-Kraft-Treten des „Gesetzes über moderne Dienstleistungen am Arbeitsmarkt" und den damit verbundenen Änderungen des Sozialgesetzbuches III als Umsetzung der Empfehlungen der Hartz-Kommission haben sich einige Veränderungen für die nach SGB III geförderte berufliche Weitebildung ergeben, die durchaus als Neuausrichtung der beruflichen Weiterbildung aufgefasst werden können. Für die berufliche Weiterbildung sind vor allem zwei Punkte von Bedeutung: Zum einen werden zu qualifizierende Arbeitslose nicht mehr vom Arbeitsamt einer Maßnahme zugewiesen, sondern jeder Arbeitslose, dem eine Qualifizierungsmaßnahme empfohlen wird, erhält jetzt einen Bildungsgutschein, auf dem das Qualifizierungsziel, Region, Qualifizierungs- und Geltungsdauer sowie der Kostensatz angegeben sind und der bei zugelassenen Bildungsmaßnahmen und Trägern frei einlösbar ist. Ferner werden durch die Bundesanstalt für Arbeit nur noch Weiterbildungsmaßnahmen anerkannt, wenn sie eine Verbleibquote[1085] von mindest 70 Prozent vorweisen können.[1086] Ver.di und die GEW lehnen sowohl das Gutscheinsystem als auch die Verbleibquote ab.

[1084] Art. 74 [Gegenstände konkurrierender Gesetzgebung] (1) Die konkurrierende Gesetzgebung erstreckt sich auf folgende Gebiete: 11. das Recht der Wirtschaft (Bergbau, Industrie, Energiewirtschaft, Handwerk, Gewerbe, Handel, Bank- und Börsenwesen, privatrechtliches Versicherungswesen). Im Rahmen der konkurrierenden Gesetzgebung ist der Bund für das Berufsrecht und das Berufsausbildungsrecht zuständig. Das schließt gemäß der BVerfGE zur Berufsausbildungsabgabe das Recht der beruflichen Weiterbildung ein. Vgl. BVerfGE 55, S. 274 – 348.
Aus der Bundeszuständigkeit für das Arbeitsrecht qua Art. 74 Nr. 12 resultieren weitere Kompetenzen im Bereich der Weiterbildung. Der Bereich der nicht-beruflichen Weiterbildung ist Ländersache.

[1085] Die Verbleibquote erfasst die Zahl der Teilnehmer an Qualifizierungs- oder Beschäftigungsmaßnahmen, die sechs Monate nach der Maßnahme nicht mehr arbeitslos gemeldet sind und nicht im Leistungsbezug des Arbeitsamtes stehen.

[1086] Rundbrief der Bundesanstalt für Arbeit Nr. 102/2002 vom 23.12.2002. S. 2. Inzwischen gibt es Anzeichen, dass die Vermittlungsquote seitens der Bundesanstalt für Arbeit themen- regional- und adressatenspezifisch leicht angepasst werden kann.

Beide Maßnahmen haben sowohl die Zahl der Teilnehmer an Weiterbildungsmaßnahmen reduziert[1087], da längst nicht alle Gutscheine für Weiterbildung tatsächlich eingelöst werden, als auch aufgrund sinkender Nachfrage und der Zulassungseinschränkung durch die geforderte Verbleibquote das Angebot an Weiterbildungsträgern verringert, was zu Entlassungen beim Personal und Konkursen einiger Weiterbildungsträger geführt hat. Diese durch die Einführung eines Gutscheinmodells hervorgerufenen Probleme der Weiterbildungsträger sind tatsächlich keine Fehlsteuerungen, sondern vielmehr bewusst in Kauf genommenes Ergebnis einer intendierten Marktbereinigung.[1088] GEW und ver.di üben als Interessenvertreter der betroffenen Arbeitnehmer Kritik an den Entlassungen bzw. an der Veränderung vieler Stellen in Richtung prekäre Arbeitsverhältnisse.[1089]

Gleichzeitig weisen sie auf die Auswirkungen eines Akkreditierungsmodus` über eine Verbleibquote auf den Bereich der Weiterbildung hin, die in erster Linie eine Ausgrenzung von Langzeitarbeitslosen zur Folge habe, da die Arbeitsämter angehalten seien, sich vorzugsweise um die erwerbsbiografisch und qualifikatorisch am besten geeigneten und damit leichter vermittelbaren Arbeitslosen zu kümmern, was sowohl sozialstrukturell als auch regional Selektion und Exklusion zur Folge habe.

> „Dieser 'Creaming-Effekt' sorgt nicht nur für bessere Vermittlungsstatistiken und Eingliederungsquoten, sondern wirkt sich auch kostensenkend aus, denn die schneller zu vermittelnden Arbeitslosen sind meist diejenigen, die auf Grund des früheren höheren beruflichen Status` und Einkommens auch höhere Arbeitslosengeldbeträge beziehen. Ein weiterer Spareffekt tritt dadurch ein, dass für diese Zielgruppe die jetzt bevorzugt geförderten kürzeren und stark an betrieblichen Bedürfnissen orientierten Maßnahmen eher geeignet sind.“[1090]

Das Gesetz für moderne Dienstleistungen am Arbeitsmarkt macht ferner durch die Bestimmungen der Paragraphen 84 - 86 Vorgaben für die Akkreditierungs- und Zertifizierungsverfahren und die Qualitätsentwicklung. Entscheidend ist die Übertragung der Zulassungskompetenz von den Arbeitsämtern auf externe (bisher noch nicht bestehende) „fachkundige Stellen“. Diese Auslagerung der Akkreditierungs- und Zertifizierungsverfahren wird jedoch durch § 86 ein Stück weit zurückgeholt, der den Arbeitsämtern weiterhin die Aufgabe zuweist, „durch geeignete Maßnahmen die Durchführung der (Bildungs-) Maßnahme [zu] überwachen sowie den Erfolg [zu] beobachten". Die Eigenständigkeit von Zertifizierungs- und Akkreditierungsverfahren wird von der GEW, IG Metall und ver.di grundsätzlich begrüßt.[1091]

Zur Ausgestaltung der Durchführung des in den Paragraphen 84 „Anforderungen an Träger“ und 85 „Anforderungen an Maßnahmen“ vorgesehenen zweistufigen Verfahrens sieht das Gesetz für moderne Dienstleistungen am Arbeitsmarkt den Erlass einer Rechtsverordnung vor. Da diese Rechtsverordnung für die Strukturen der Angebotsseite des Wei-

---

1087 DGB (2003): Berufliche Weiterbildung. Weniger Chancen für Problemgruppen. In: einblick 19/2003. S. 5.

1088 Bundesanstalt für Arbeit (Hrsg.) (2003): Keine Alternative zur BA-Politik. Presse-Info Nr. 16/2003 vom 11.03.03. In: http://www.arbeitsamt.de/hst/services/pressearchiv/16_03.html (15.09.2003).

1089 Besondere Brisanz erfährt diese Situation dadurch, dass viele Gewerkschaften Träger von Bildungswerken sind und sie damit als Arbeitgeber Kürzungen und Entlassungen durchsetzen mussten.

1090 Herdt, Ursula (2003): Qualität bleibt auf der Strecke. In: Gewerkschaft Erziehung und Wissenschaft (GEW) (Hrsg.): prekär. Zeitung für die Beschäftigten in der Weiterbildung. Nr. 9/ 2003. S. 3.

1091 Faulstich, Peter/ Gnahs, Dieter/ Sauter, Edgar (2003): Qualitätsmanagement in der beruflichen Weiterbildung: ein Gestaltungsvorschlag. Gutachten im Auftrag der gewerkschaftlichen Initiative von ver.di, IG Metall und GEW für Bundesregelungen in der beruflichen Weiterbildung. Berlin. S. 5.

terbildungsmarktes nach SGB III von größter Bedeutung ist und von einer weitreichenden Prägewirkung für die Weiterbildung insgesamt auszugehen ist, stellt die Einflussnahme auf den Konsultationsprozess für Gewerkschaften und Wirtschaftsverbände eine zentrale Aufgabe ihres weiterbildungspolitischen Handelns dar. Für die Gewerkschaften ergibt sich aus der Gestaltung dieser Rechtsverordnung die Möglichkeit, auf die Umsetzung der „Hartz-Gesetze" in einem für die SGB III-Weiterbildung wichtigen Punkt, dem entscheidende Steuerungswirkung zukommt, Einfluss zu nehmen. Ausgehend von einem Gutachten[1092] schlagen IG Metall, GEW und ver.di eine öffentlich-rechtliche Steuerung über ein dreistufiges Modell der Akkreditierung, Zertifizierung und Qualitätsentwicklung vor. Demzufolge werden durch einen bundesweiten Akkreditierungsrat, der als öffentlich-rechtliches Gremium mit Vertretern der Tarifparteien, der Regierungen und der Weiterbildungsträger besetzt ist, Zertifizierungsagenturen (neu) zugelassen, die als „fachkundige Stellen" gemäß § 84 SGB die Zulassung der Träger und Programme vornehmen. Die Zertifizierung erfolgt aufgrund der Evaluation ausgewiesener, regionaler Gutachter, der Qualitätsprüfung gemäß § 86 SGB III und der Erhebung der Stiftung Bildungstest. Ein wesentliches Prüfkriterium ist das Vorhandensein eines internen Qualitätsmanagementsystems nach § 84 Nr. 4, wobei die Auswahl des benutzen Qualitätsmanagementsystems den Institutionen überlassen ist. Die dritte Stufe des Modells sieht für die Bildungsanbieter die Entwicklung und Implementation von Qualitätsmanagementsystemen für die entsprechenden Angebote, differenziert nach Durchführungsqualität, Ergebnisqualität, Erfolgsqualität, vor. Dieses Modell ähnelt stark dem Akkreditierungsverfahren für MA/BA-Studiengänge im Hochschulbereich und lässt die Möglichkeit der Kombination verschiedener, bereits etablierter Qualitätsmanagementsysteme (QMS) zu.

Einige Autoren weisen auf die unabhängig von den Strukturveränderungen seit langem bestehenden Qualitätsprobleme des Weiterbildungssystems hin, so dass die vorherige Realität der Fortbildung und Umschulung keineswegs den Anforderungen zukunftsfähiger Weiterbildung entsprach.[1093] Diese Einschätzung wird von den Gewerkschaften geteilt.[1094]

Als Inhaber und Betreiber eigener Weiterbildungsinstitute[1095] stehen die Verbände angesichts wachsender Kritik an der Effektivität der SGB III geförderten beruflichen Weiterbildung unter wachsendem Legitimationsdruck, zumal in der Medienöffentlichkeit zuneh-

---

1092 Ebenda.

1093 Faulstich, Peter (2003): Hartz-Gesetze – Konsequenzen und Alternativen. Vortrag auf der Fachtagung „Zukunft der beruflichen Weiterbildung?" der Arbeitnehmerkammer Bremen am 2.04.2003. In: http://www.erzwiss.uni-hamburg.de/personal/Faulstich/HartzBremen.pdf . S. 10.

1094 Vgl. Kohsiek, Roland, ver.di in: Kröger, Michael (2002): Fortbildungsmisere. „Einladung für unseriöse Anbieter." In: SPIEGEL-Online vom 8.11.2004. http://www.spiegel.de/wirtschaft/0,1518,221834,00.html. (15.11.2004).

1095 So erreichen der Marktführer im Weiterbildungsgeschäft, die Deutsche Angestellten-Akademie (DAA) der Gewerkschaft verdi und das größte Institut der Arbeitgeber, das Bildungswerk der Bayerischen Wirtschaft, einen Jahresumsatz 362 bzw. 190 Millionen Euro – jeweils einen Großteil durch BA-Maßnahmen, weshalb die Vergabepraxis oftmals – mit dem Tenor Vorteilsnahme – in der Kritik steht. So beispielsweise der Bildungsökonom beim Institut der deutschen Wirtschaft (IW) in Köln, Reinhold Weiß. Zitiert nach Kamp, Matthias (2003): Arbeitsämter: Gesetze des Marktes. In: WirtschaftsWoche Nr. 32/2003 http://www.wiwo.de/pswiwo/fn/ww2/sfn/buildww/id/125/id/29930/bt/2/fl/0/fm/0/cn/cn_artikel/cn/bm_morecontent/artpage/0/artprint/0/SH/0/depot/0/index.html (15.09.2003).
Zu Umsätzen vgl. Niehaus, Lisa/ Reinke-Nobbe, Herbert/ Sammet, Stefanie u. a. (2004): Bildungsmarkt. Schlussverkauf bei B & A. Die Bundesagentur für Arbeit (BA) will Jobsucher für möglichst wenig Geld weiterbilden. Der Preiskrieg der Billiganbieter geht zu Lasten der Arbeitlosen. In: Focus Nr. 9/2004. S. 176 – 180. S. 177.

mend der Verschränkung verbandsnaher Weiterbildungsträger mit deren Vertretern im Verwaltungsrat der Bundesanstalt für Arbeit sowie in jedem Arbeitsamt Aufmerksamkeit geschenkt wird.[1096]

In ihrer Auswirkung verschiebt das Gesetz für moderne Dienstleistungen am Arbeitmarkt durch die Einführung der Bildungsgutscheine und der Verbleibquote die Prioritäten in der beruflichen Weiterbildung von langfristig angelegter Kompetenzentwicklung hin zu kurzfristigen Wiedereingliederungseffekten, so dass Faulstich eine grundlegende Veränderung des Sozialstaats zu einem Workfare-Staat[1097] konstatiert, der nur noch das fördert, was Arbeitsplätze im „Ersten Arbeitsmarkt" schafft oder auf langfristig verwertbare Erwerbsarbeit zentriert ist.[1098] Unabhängig von der Stimmigkeit dieser Verallgemeinerung muss dieser Einschätzung für den Bereich der SGB III geförderten Weiterbildung zugestimmt werden, zumal die Bundesanstalt für Arbeit die Priorität dieses Ziels explizit zum Programm erklärt.

> „Berufliche Qualifizierung kann von den Arbeitsämtern nur finanziert werden, wenn dadurch Beschäftigungschancen eröffnet werden [...]. Maßstab ist die Eingliederung in Arbeit, nicht die Auslastung der Bildungsinstitute. [...] Der Gesetzgeber will auf diese Art mehr Wettbewerb auf dem Weiterbildungsmarkt erreichen und nimmt eine damit verbundene Marktbereinigung in Kauf. Nach Ansicht der BA werden sich qualitativ hochwertige Angebote durchsetzen."[1099]

Von tatsächlichem Wettbewerb auf dem Weiterbildungsmarkt kann jedoch nicht gesprochen werden, denn der Preis für die Maßnahmen bleibt in einer bundesweit gültigen Preistabelle der Bundesanstalt für Arbeit festgelegt und beruht auf gemittelten Preisen der Vergangenheit. Regionale oder fachliche Kostenunterschiede werden bei der Preisfindung nicht berücksichtigt. Es ist zu erwarten, dass diese staatliche Preisvorgabe auf ordnungspolitische Kritik der Wirtschaftsverbände stoßen wird.

Seitens der Gewerkschaften wird an der Konzentration der aktiven Arbeitsmarktpolitik auf die Integration in den ersten Arbeitsmarkt Kritik geübt, weil diese bei knappen Ressourcen eine Auslese innerhalb der Erwerbslosen und damit eine Aufgabe der Integrationsbemühungen schwerer zu vermittelnder Arbeitloser bedeute. Zwar ist dieser Creaming-Effekt nicht nur offensichtlich, sondern wahrscheinlich politisch intendiert, gleichzeitig stellt sich aber die Frage nach dem Erfolg bisheriger Maßnahmen, die aufgrund weniger Einzeluntersuchungen und schmaler Erfahrungswerte für den Bereich der SGB III geförder-

---

[1096] Als sich seit Mitte der 70er Jahre die BfA-Weiterbildung angesichts aufkommender Massenarbeitslosigkeit auf Arbeitslosen zu konzentrieren begann, reagierten die Weiterbildungsträger der Verbandsgruppen entsprechend: Die gewerkschaftlichen Träger richteten ihre Weiterbildungsangebote auf Arbeitslose aus, wobei die Angebote größtenteils aus Mitteln der BfA bestritten werden. Die Einrichtungen der Wirtschaftsverbände konzentrierten sich stärker auf Weiterbildung für Erwerbstätige, die durch Gebühren der Teilnehmer finanziert wird. Vgl. Streeck, Wolfgang/ Hilbert, Josef/ van Kevelar, Karl-Heinz u.a. (1987): Steuerung und Regulierung der beruflichen Bildung. Die Rolle der Sozialpartner in der Ausbildung und beruflichen Weiterbildung in der Bundesrepublik Deutschland. Berlin. S. 47.

[1097] In der Diskussion um soziale Sicherung wird der Begriff Workfare allerdings etwas anders akzentuiert. Workfare beschreibt Ansätze, welche die Arbeitsanreize arbeitsloser Transferempfänger dadurch zu verbessern suchen, dass das – unveränderte – soziale Mindesteinkommen nur als Gegenleistung für Beschäftigung gewährt wird, falls der Betroffene erwerbsfähig ist.

[1098] Faulstich, Peter (2003): Hartz-Gesetze – Konsequenzen und Alternativen. S. 2.

[1099] Bundesanstalt für Arbeit (Hrsg.) (2003): Keine Alternative zur BA-Politik. Presse-Info Nr. 16/2003 vom 11.03.03. In: http://www.arbeitsamt.de/hst/services/pressearchiv/16_03.html (15.09.2003).

ten Weiterbildung abschließend nicht beantwortet werden kann.[1100] Schließlich ist eine Bewertung des Erfolges in diesem Bereich stark von der Einschätzung der Kosten-Nutzen-Relation abhängig. Betrachtet man entsprechend der Verbleibquote den Anteil an eingesetzten Mitteln, der zu keinem Eingliederungserfolg in den ersten Arbeitsmarkt führt, liegt der Schluss nahe, Weiterbildung sei als arbeitsmarktpolitisches Instrument weitgehend wirkungslos, weil erhebliche finanzielle Mittel in keinem Verhältnis zu den arbeitsmarktpolitischen Effekten stehen.[1101] Eine derartige Argumentation birgt leicht die Gefahr einer Überbewertung des Integrationspotenzials von Weiterbildung, insbesondere vor dem Hintergrund eines Arbeitsmarktes mit konjunkturbedingt geringer Aufnahmekapazität und strukturell hohen Einstiegshürden. Ausgehend von den persönlich Betroffenen wird für bestimmte Risikogruppen schon eine Eingliederungsquote von 30 Prozent als Erfolg angesehen.[1102] Wer jedenfalls die Konzentration der SGB III geförderten Weiterbildung auf die Integration in den Arbeitsmarkt kritisiert, darf in Fragen der Eingliederung funktionale und bezüglich der beträchtlichen Mittel legitimatorische Alternativen nicht schuldig bleiben. Die in Wissenschaft und Verbänden weitgehend unbestrittenen Qualitätsmängel in der Weiterbildung finden nicht nur in unbefriedigenden Integrationserfolgen ihren Ausdruck, sondern erschweren auch den Bereich des Erwerbs langfristiger und allseitiger Kompetenzen, so dass die derzeitigen Weiterbildungsstrukturen keinesfalls als institutionalisierte Form lebenslangen Lernens fungieren könnten. Der Ausschluss „nicht berufsbezogener Inhalte" aus der SGB III geförderten Weiterbildung übersieht, „dass eine solche Engführung angesichts der Diskussion um 'Schlüsselqualifikationen' und 'berufliche Kompetenzentwicklung' inhaltlich kaum möglich ist."[1103]

> „Die Sorge ist berechtigt, dass Angebotsstrukturen zusammenbrechen, die, wenn keine alternativen politischen und finanziellen Absicherungen greifen, für die Möglichkeiten „lebenslangen Lernens" auf dem Weg zur „Wissensgesellschaft" unersetzbar sind. Wenn also das Spektrum der Qualifikationschancen im SGB III eingeschränkt wird, muss alternativ eine Finanzierung über Steuern greifen, wenn langfristige Kompetenzentwicklung gesichert werden soll."[1104]

Eine derartige Steuerfinanzierung ist ein Kernelement des gewerkschaftlichen Konzeptes zur Regulierung des Weiterbildungsbereichs.

Weitgehend konfliktfrei stellt sich der Bereich der Internationalisierung der Weiterbildung im Sinne einer Anrechenbarkeit von im Ausland erworbenen Qualifikationen dar: Die Wirtschaftsverbände wollen EU-Austauschprogramme, und ihre Vorstellungen bezüglich eines Dokumentationssystems der absolvierten Weiterbildungsmodule (EUROPASS) sind dem gewerkschaftlichen Kompetenz-Pass recht ähnlich. Gleiches gilt für die Förderung von Telelearning und den Aufbau effizienter Online-Informationssysteme.

[1100] Roland Kohsiek (2003): Weiterbildung vor dem Zusammenbruch? In: www.fuxonline.de/Zusammenbruch1.PDF. (15.10.2003) S. 3.

[1101] Vgl. Staudt, Erich/ Kriegesmann, Bernd (1999): Weiterbildung: Ein Mythos zerbricht. Der Widerspruch zwischen überzogenen Erwartungen und Misserfolgen der Weiterbildung. Berichte aus der angewandten Innovationsforschung. Bochum.

[1102] Alexander, Uta / Fischer, Katja (2003): Hartz und die Konsequenzen in den neuen Bundesländern. An der Realität vorbei. In: prekär. Zeitung für die Beschäftigten in der Weiterbildung. Nr. 9/ 2003. S. 5.

[1103] Faulstich, Peter/ Gnahs, Dieter/ Sauter, Edgar (2003): Qualitätsmanagement in der beruflichen Weiterbildung: ein Gestaltungsvorschlag. S. 33.

[1104] Faulstich, Peter (2003): Zukunftsperspektiven aus der Weiterbildungsmisere. In: http://www.erzwiss.uni-hamburg.de/personal/Faulstich/Zukunftsperspektiven.pdf. S. 4 (15.11.2004).

DGB und ZDH fordern staatliche Förderprogramme zur Einführung und Finanzierung skandinavischer Jobrotationsmodelle, die einen Stellvertreter in den Betrieb holen. Entstehende Job-Rotationen seien durch das SGB III abzusichern.
Der Zentralverband des deutschen Handwerks fordert speziell für das Handwerk eine Fortbildungsebene zwischen Gesellen- und Meisterprüfung mit entsprechender Anrechenbarkeit auf die Meisterprüfung sowie Weiterbildungsabschlüsse oberhalb der Meisterebene.

Insbesondere die Gewerkschaften betonen, dass bei allen Weiterbildungsmaßnahmen die Durchlässigkeit sichergestellt werden müsse. Dafür sollten bestimmte Qualifikationen aus der beruflichen Ausbildung bzw. der Erwerbstätigkeit im Hochschulbereich anrechenbar sein. Diese Forderung wird gleichsam auch seitens des ZDH erhoben, dessen Klientel aufgrund berufsbiografischer Entscheidungen für eine Tätigkeit im Handwerk der Zugang zu Hochschulen erschwert ist. Für die im Folgenden zu behandelnde wissenschaftliche Weiterbildung an Hochschulen fordern BDA und DIHK eine „praxisnahe Gestaltung des Hochschulzugangs, der auch solche Interessenten berücksichtigt, die zwar keine formale Hochschulzugangsberechtigung erworben haben, aber anderweitig qualifiziert sind, Studienangebote der Hochschulen wahrzunehmen.“ Insofern besteht - wie auch in anderen Bildungsbreichen - im Bereich der Weiterbildung in Fragen der Durchlässigkeit und Gleichwertigkeit Konsens zwischen den Verbandsgruppen.

4.3.6.5 Weiterbildung an Hochschulen

Es ist bereits erwähnt worden, dass die Tertiärisierung der Weiterbildung von beiden Verbandsgruppen als notwendig erachtet wird, wobei sich speziell die Wirtschaftsverbände diesem Thema widmen.

Da in der Wissensgesellschaft der Bedarf höherer und akademischer Qualifizierung mit wachsender Geschwindigkeit zunimmt, stehen die Unternehmen vor der Aufgabe, ihre Mitarbeiter in zunehmendem Maße auf Hochschulniveau weiter zu qualifizieren. Dementsprechend richten die Wirtschaftsverbände ihr Hauptaugenmerk innerhalb der Weiterbildung auf die Hochschulen und weisen darauf hin, dass Weiterbildung gemäß § 2 Abs. 1 HRG neben Forschung, Lehre und Studium zu den Kernaufgaben der Hochschulen gehört[1105].[1106] In einer gemeinsamen Schrift der BDA, des DIHK und der Hochschulrektorenkonferenz fordern die Wirtschaftsverbände die Hochschulen auf, in stärkerem Maße wissenschaftliche Weiterbildungsangebote bereit zu halten.[1107] In den Akkreditierungsverfahren der Master-Studiengänge sollten in nahe liegenden Fällen der Aspekt der zusätzlichen Tauglichkeit als Weiterbildungsangebot berücksichtigt werden.[1108] Ungeachtet des öffentli-

[1105] Bundesvereinigung der Deutschen Arbeitgeberverbände (BDA)/ Hochschulrektorenkonferenz (HRK)/ Deutscher Industrie- und Handelskammertag (DIHK) (2003): Weiterbildung durch Hochschulen. Gemeinsame Empfehlungen. Berlin. S. 6.

[1106] In § 2 Abs. 1 HRG heißt es: „Die Hochschulen dienen entsprechend ihrer Aufgabenstellung der Pflege und der Entwicklung der Wissenschaften und der Künste durch Forschung, Lehre, Studium und Weiterbildung in einem freiheitlichen, demokratischen und sozialen Rechtsstaat. Sie bereiten auf berufliche Tätigkeiten vor, die die Anwendung wissenschaftlicher Erkenntnisse und wissenschaftlicher Methoden oder die Fähigkeit zu künstlerischer Gestaltung erfordern.“

[1107] Bundesvereinigung der Deutschen Arbeitgeberverbände (BDA)/ Hochschulrektorenkonferenz (HRK)/ Deutscher Industrie- und Handelskammertag (DIHK): Weiterbildung durch Hochschulen. Gemeinsame Empfehlungen. Berlin.

[1108] Ebenda. S. 6.

chen Auftrags der Hochschulen zur Weiterbildung müssten die Hochschulen ihre Angebote wissenschaftlicher Weiterbildung unbedingt unter Wettbewerbsbedingungen in unternehmerischer Verantwortung am Markt platzieren.[1109]

Wissenschaftliche Weiterbildung verstehen BDA, DIHK und HRK als Oberbegriff für Hochschulangebote, die „die Fortsetzung oder Wiederaufnahme organisierten Lernens zusammenfassen und damit der Erweiterung, Vertiefung oder Spezialisierung von früher erworbenem Wissen und Fähigkeiten dienen. In Anlehnung an § 12 HRG umfasst wissenschaftliche Weiterbildung solche Studienangebote, die nach einem ersten berufsqualifizierenden Abschluss [...] und nach einer Phase beruflicher Tätigkeit durchgeführt werden und im Hinblick auf die Adressatengruppen inhaltlich und didaktisch-methodisch auf Hochschulniveau entsprechend aufbereitet sind sowie das spezifische Zeitbudget Berufstätiger berücksichtigen."[1110]

Zur Steigerung der Attraktivität wissenschaftlicher Weiterbildung für die Hochschulen fordern die Wirtschaftsverbände und die Hochschulrektoren die Entfernung sämtlicher Restriktionen der Rahmengesetzgebungen. Lehrveranstaltungen im Bereich der wissenschaftlichen Weiterbildung sollten ergänzend in die allgemeine Lehrverpflichtung eines Hochschullehrers aufgenommen werden und die aus der wissenschaftlichen Weiterbildung erzielten Einnahmen müssten den Hochschulen zur freien Verfügung stehen. Möglichen Wettbewerbsverzerrungen auf dem Weiterbildungsmarkt müsste durch eine marktkonforme, kostendeckende Gestaltung der von den Hochschulen erhobenen Kursgebühren begegnet werden.

Die Strategie der Anpassung bestehender Bildungsinstitutionen an die Weiterbildungserfordernisse der Wissensgesellschaft durch Strukturveränderungen und Auftragserweiterung findet sich auch an anderer Stelle. So spricht sich die GEW für eine zunehmende Wahrnehmung von beruflicher Weiterbildung durch die beruflichen Schulen aus und fordert, dass die regionalen Berufsbildungszentren auch an SGB III geförderter Weiterbildung partizipieren können.[1111]

Es sollte nicht aus dem Blick verloren werden, dass der Entberuflichung mehr zugrunde liegt als nur eine Beschleunigung des Wissenswandels, denn mit diesem geht eine Individualisierung der Bildungsplanung und Bildungsverantwortung einher, so dass Weiterbildung zum integralen Bestandteil einer umfassenden Biografie- und Karriereplanung im Sinne von Beschäftigungssicherung, Statuserhalt und autonomer Lebensgestaltung wird.[1112] Überdies vollzieht sich durch diese Entwicklung ein Subjektwandel bei der Steuerung des Lernens.[1113] Somit blendet eine perspektivisch auf Institutionen angelegte Weiterbildungs-

---

[1109] Ebenda. S.11.

[1110] Ebenda. S. 6.

[1111] Gewerkschaft Erziehung und Wissenschaft (GEW) Hauptvorstand (2002): Weiterentwicklung der beruflichen Schulen zu Regionalen Berufsbildungszentren. Ein Diskussionspapier der GEW. Beschluss des GEW-Hauptvorstandes vom 2. März 2002. Frankfurt am Main. S. 29.
Kritisch dazu: Harney, Klaus (1997): Der Sektor der Weiterbildung als Ausdehnungsraum der Berufsschule. Eine Rekonstruktion der Regionalisierungsproblematik beruflicher Bildung. In: Dobischat, Rolf / Husemann, Rudolf (Hrsg.): Berufliche Bildung in der Region: Zur Neubewertung einer bildungspolitischen Gestaltungsdimension. Berlin. S. 105 – 120. S. 118.

[1112] Baethge, Martin/ Baethge-Kinsky, Volker (2003): Weiterbildung im gesellschaftlichen Wandel. Endbericht (QUEM = Qualifikations-Entwicklungs-Management). Göttingen.

[1113] Tröger, Beate: Die eierlegende Wollmilchsau? Neue Wege für die Fachinformation Bildung. Vortrag gehalten anlässlich des Jubiläums "50 Jahre DIPF" - Symposien im Frankfurter Römer 24./25.09.2001, Symposion II:

politik alles aus, was unterhalb dieser institutionalisierten beruflichen Bildung stattfindet, obwohl gerade dem Erfahrungslernen, dem Lernen am Arbeitsplatz und allen Formen selbstorganisierten Lernens in der Wissensgesellschaft eine Schlüsselbedeutung zukommt.[1114] Gleichzeitig sind die Unterschiede zwischen denen, die die Anforderungen und Möglichkeiten lebenslangen Lernens für sich nutzbar machen können und denen, die ein derartiger Subjektwechsel überfordert, innerhalb der Formen funktionalen Lernens schwerwiegend, weil sie zu einem Ausschluss bestimmter Gruppen aus der Wissensgesellschaft führen. Die Verstärkung dieses Problems der Exklusion mit zunehmendem Anteil funktionalen bzw. nicht-institutionellen Lernens wird von beiden Verbandsgruppen anerkannt, wobei sich die geforderten Konsequenzen unterscheiden: Während die Wirtschaftsverbände auf den allgemeinschulischen Bereich verweisen, der unbedingt eine Grundqualifikation sicherstellen müsse, die lebenslanges Lernen ermöglicht, tendieren die Gewerkschaften eher zu einer Stärkung des Primats der institutionellen Steuerung beruflichen Lernens und interpretieren Individualisierungstendenzen in der Weiterbildung als „neoliberale Konzeption des selbst organisierten Lernens“, dem das Leitbild eines neuen Sozialdarwinismus zugrunde läge.[1115]

4.3.6.6 Resümee - Quartärer Sektor

Weiterbildungspolitik der Verbände findet nicht ausschließlich in den dafür geschaffenen Institutionen statt, sondern tangiert eine Reihe anderer Arenen. Zusammenfassend kann festgehalten werden, dass Erstausbildung und Weiterbildung durch den Wandel in der Arbeitswelt immer näher zusammenrücken und in beiden Bereichen die Orientierung an einem Berufskonzept nachlässt. Die Gewerkschaften interpretieren den verlorenen Bezug auf Beruflichkeit als Strukturierungsdefizit und fordern deshalb staatliche Regulierung der Weiterbildung.

Die äußerst unterschiedliche Regelungsdichte der beiden Bereiche erschwert eine institutionell verankerte und systematisch vollzogene Integration der beiden Bildungsbereiche, so dass die unzureichende Regulierung der Weiterbildung und die detaillierte Regulierung der Erstausbildungen letztlich die gleiche Entwicklung katalysieren: Beide Regulierungsformen bewirken eine Verschiebung des Verhältnisses zwischen überbetrieblich und betrieblich geregelten Ausbildungselementen, so dass die Gefahr besteht, dass die Reichweite überbetrieblich geregelter Ausbildungsinhalte immer geringer wird.[1116]

In der beruflichen Weiterbildung zeichnet sich schon heute eine Selektion in qualitativ hochwertige tätigkeitsübergreifende und dem beruflichen Fortkommen förderliche Angebote für Erwerbstätige einerseits und kurzfristige, auf eine sehr konkrete Tätigkeit sowie dem

---

Lebenslanges Lernen - Herausforderungen an Informationsmanagement und Informationstechnologie. In: DIPF informiert Nr. 2/2002. S. 2 – 7. S. 3.

1114 Brussig, Martin/ Leber, Ute (2004): Verringert informelle Weiterbildung bestehende Qualifikationsunterschiede? Aktuelle Ergebnisse einer Betriebsbefragung. In: WSI Mitteilungen Nr. 1/2004. S. 49 – 57.

1115 Mechthild Bayer (2000):Weiterbildungspolitik heute - Modernisierung wohin? Beitrag zur Konferenz „Die Privatisierung des Bildungsbereichs. Eigentum und Wertschöpfung in der Wissensgesellschaft“, 15. – 17. Juni 2000 an der Universität Hamburg. In: http://www.erzwiss.uni-hamburg.de/Personal/Lohmann/Materialien/bayer.htm (15.11.2004).

1116 Heidenreich, Martin (1998): Die duale Berufsausbildung zwischen industrieller Prägung und wissensgesellschaftlichen Herausforderungen. S. 332.

Primat schnellstmöglicher Arbeitsmarktintegration untergeordnete Maßnahmen anderseits ab.

Eine derartige Entwicklung könnte eine Zweiteilung jeglicher beruflicher Bildung zur Folge haben. Die beiden Ausprägungen beruflicher Bildung wären dann Minimalausbildungen, die jeweils in Phasen der Arbeitslosigkeit durch Anlernqualifikationen ergänzt werden und auf der anderen Seite hochwertige Ausbildungen, die laufend durch innerbetriebliche bzw. durch unternehmensfinanzierte außerbetriebliche Qualifikationsmaßnahmen ergänzt werden.[1117]

Eine solche Entwicklung würde die Zugangschancen zum Arbeitsmarkt durch Weiterbildung senken, weil Unternehmen ihren Qualifikationsbedarf zunehmend durch eigene Weiterbildungsmaßnahmen decken, so dass die Zugehörigkeit zu einer bestimmten Branche oder einem bestimmten Unternehmen zur wichtigsten Voraussetzung für Erhalt und Ausbau der Beschäftigungsfähigkeit würde.

Die gewerkschaftliche Strategie, dieser skizzierten Entwicklung durch eine öffentlich-rechtliche Weiterbildungspolitik zu begegnen, die Zugang, Durchlässigkeit und Übergänge, Qualitätssicherung, Personal, Zertifizierung, Lernzeitansprüche, Finanzierung, Berichterstattung und andragogische Forschung regelt, erscheint angesichts des Politikverzichts der Bundes- und Landesregierung im Bereich der Weiterbildung und der Favorisierung deregulierter und marktgesteuerter Weiterbildungsmärkte seitens der Wirtschaftsverbände nicht nur schwer durchsetzbar, sondern läuft gleichzeitig Gefahr, das Potenzial der Humankapitalakkumulation in Betrieben als Instrument prophylaktischer Arbeitsmarktpolitik außer Acht zu lassen.

So konnte Christensen nachweisen, dass die Teilnahme an betrieblicher Weiterbildung signifikant negative Effekte auf die Wahrscheinlichkeit des Arbeitsplatzverlustes aufweist, was die theoretischen Überlegungen der Humankapitaltheorie bestätigt, dass tätigkeitsbegleitende berufliche Weiterbildung die Entlassungswahrscheinlichkeit senkt.[1118] Ebenso sinkt die Wahrscheinlichkeit einer eigenmotivierten Kündigung mit jedem Monat zusätzlicher Weiterbildung. Auf die Erhöhung der Beschäftigungsstabilität durch berufliche Weiterbildung[1119] bezieht sich auch der Bericht der Benchmarking-Gruppe des Bündnisses für Arbeit, Ausbildung und Wettbewerbsfähigkeit mit der Empfehlung einer intensiveren, in Einzelfällen öffentlich finanzierten Nutzung betrieblicher Weiterbildungsmöglichkeiten.[1120]

> „In dem Maße, wie die betriebliche Weiterbildung auch zur Marktfähigkeit („employability") der Arbeitnehmer in einem flexibleren Arbeitsmarkt beitragen soll, kommt ihr Ertrag nicht nur dem Betrieb zugute, sondern auch dem einzelnen Arbeitnehmer und der staatlichen Arbeits-

---

[1117] Solche Verbetrieblichung ohne Rückbindung an überbetrieblich regulierte und anerkannte Berufsbilder der Aus- bzw. Weiterbildung ist bereits in vielen Bereichen - etwa in stark multidisziplinären, wissensbasierten Bereichen wie der Finanzbranche, dem Investmentbereich oder der Unternehmensberatung, durchaus aber auch in der Konsumgüterindustrie - seit längerem erkennbar. Das Anbieten der innerbetrieblichen Ausbildungsdienste für Unternehmensfremde und die daraus resultierende Etablierung vieler Firmen als Weiterbildungsträger ist hingegen eine jüngere Entwicklung.

[1118] Christensen, Björn (2001): Berufliche Weiterbildung und Arbeitsplatzrisiko: Ein Matching-Ansatz. Kieler Arbeitspapier Nr. 1033. Kiel. In: http://www.uni-kiel.de/ifw/pub/kap/2001/kap1033.pdf. S. 38.

[1119] Vgl. mit weiteren Verweisen: Ebenda.

[1120] Auf diesen Erkenntnissen beruhen unter anderem die erfolgreichen dänischen Modelle der Jobrotation. Vgl. Schmid, Günther (1999): Jobrotation - Ein Modell für investive Arbeitszeitverkürzung. In: Schmid, Günther/ Schömann, Klaus (Hrsg.): Von Dänemark lernen. Discussion Paper FS I 99 – 201. Wissenschaftszentrum Berlin für Sozialforschung WZB) . Berlin. S. 21 – 36.

> marktpolitik. Dies legt es nah, in bestimmten Bereichen außerhalb der vom arbeitgeberinitiierten, reinen Anpassungsfortbildung nicht nur von den Arbeitnehmern einen Eigenbeitrag zu ihrer Weiterbildung zu erheben, sondern auch in genau zu bestimmenden Grenzen die öffentliche Hand an der Finanzierung der beruflichen Weiterbildung am "Lernort Betrieb" zu beteiligen."[1121]

Öffentlich-rechtliche Weiterbildungspolitik gerät jedoch an ihre Grenzen, wenn staatlicherseits nicht über die für Beschäftigungsstabilität hinreichenden Strukturen verfügt werden kann. Die Situation ist somit der Problemlage des Ausbildungsplatzdefizits ähnlich, wobei hingegen in der beruflichen Weiterbildung die Möglichkeiten staatlicher Intervention deutlich geringer sein dürften. Inwieweit die Befunde der Erhöhung der Beschäftigungsstabilität durch berufliche Weiterbildung von Erwerbstätigen auf den Bereich der SGB III geförderten Weiterbildung für Erwerbslose extrapoliert werden können, ist aufgrund mangelnder empirischer Forschung unklar. Die bildungssoziologisch begründete Argumentation der Gewerkschaften, theorielose Weiterbildungsmaßnahmen ohne ein relativ autonomes (Berufs-) Bildungsverständnis schränke die Mobilität der Beschäftigten ein, stellt zumindest einen konkurrierenden Erklärungsansatz dar. Es zeichnet sich jedoch ab, dass Weiterbildung als kuratives arbeitsmarktpolitisches Instrument mit dem Ziel der Integration in den Arbeitsmarkt und als präventives Instrument mit dem Ziel der Erhöhung der Beschäftigungsstabilität deutlich anderen Gesetzmäßigkeiten unterliegen.

4.3.6.6.1 Tarifverträge

Der präventive Aspekt der Weiterbildung wird nur begrenzt außerhalb der Betriebe institutionell organisierbar sein, was direkt auf die Ebene der Tarifverträge verweist. Mitbestimmungsrechte bei der beruflichen Bildung werden im deutschen Arbeitsrecht zwar im Betriebsverfassungsgesetz formuliert, „sie sind aber abhängig von der Existenz und der Dynamik der betrieblichen Arbeitnehmervertretung"[1122]. Durch die Novellierung des Betriebsverfassungsgesetzes, welche die Mitbestimmungsrechte in Fragen der Berufsbildung deutlich stärkt[1123], ist der rechtliche Rahmen für einen Ausbau der betrieblichen Berufsbildungspolitik als gewerkschaftliches bzw. als Betätigungsfeld für den Betriebsrat deutlich erweitert worden.

Tarifpolitisch sind Fragen der Qualifikation ein relativ neues, aber zunehmend an Bedeutung gewinnendes Regelungsfeld, welches bisher nur phasenweise, insbesondere beim Abbau tayloristischer Arbeitsorganisation und der Aufwertung von Produktions- bzw. Gruppenarbeitsplätzen, das Interesse der Sozialpartner erweckt hat. Für die Gewerkschaften ist die Etablierung der betrieblichen Berufsbildung als tarifpolitisches Element erklärtes

1121 Fels, Gerhard/ Heinze, Rolf G./ Pfarr, Heide/ Schmid, Günther/ Streeck, Wolfgang (2001): Gute Praxis in der betrieblichen Weiterbildung. Bericht der Benchmarking-Gruppe des Bündnisses für Arbeit, Ausbildung und Wettbewerbsfähigkeit. In: http://www.bundesregierung.de/static/pdf/Bericht_der_Benchmarking_Gruppe.pdf. S. 11.

1122 Schömann, Isabelle (2001): Berufliche Bildung antizipativ gestalten: die Rolle der Belegschaftsvertretungen. Ein europäischer Vergleich. WZB-Discussion Paper. Berlin. S. 17.

1123 So hat der Betriebsrat zur Sicherung von Beschäftigung und zur Qualifizierung der Belegschaft ein Initiativrecht für die Qualifikationsbedarfsermittlung erhalten, die als verpflichtendes Beratungsfeld für den Arbeitgeber eingeführt wurden. Mitbestimmungspflichtig werden zudem Änderungen der Arbeitsverfahren und Arbeitsabläufe, wenn diese Zusatzqualifikationen erfordern.

Ziel, das auf Seiten der Arbeitgeber eher zurückhaltend und stärker in Hinblick auf die Wettbewerbsfähigkeit der Unternehmen verfolgt wird. Deswegen stehen die Verbände der Wirtschaft einer detaillierten tarifvertraglichen Festschreibung von Weiterbildungsansprüchen ablehnend gegenüber und favorisieren Modelle der betrieblichen Verabredung:

> „Für erfolgreiche Qualifizierungsstrategien der Unternehmen ist von entscheidender Bedeutung, dass die Weiterbildung von staatlichen Eingriffen wie auch von tarifvertraglichen Vereinbarungen frei bleibt. Insbesondere Teilnahme und Inhalte von Weiterbildungsmaßnahmen sollten nicht in Tarifverträgen geregelt werden müssen. Die für Investitionen in Humanressourcen zur Verfügung stehenden Mittel müssen im Interesse des Unternehmens insgesamt optimal zu seiner Leistungssteigerung und damit zur Sicherung der Arbeitsplätze eingesetzt werden."[1124]

Allerdings sind den Tarifpartnern in den letzten Jahren häufiger Kompromisse zwischen den gegensätzlichen Interessen von beschäftigungspolitischen Weiterbildungsansprüchen der Arbeitnehmer und den unternehmensstrategischen Qualifikationsinteressen der Betriebe in den ausgehandelten Tarifverträge gelungen. Zwar hat qualitative Tarifpolitik, insbesondere betriebliche Weiterbildung, für die Tarifpolitik neben anderen Regelungsmaterien wie Lohn oder Arbeitszeit derzeit immer noch eher ergänzenden Charakter und ist als tarifpolitisches Feld kaum systematisch erschlossen, dennoch liegen einige Beispiel für Vereinbarungen über Qualifizierung und Weiterbildung in Tarifverträgen vor.[1125]

Die Bereitschaft auf Arbeitgeberseite, Qualifikationsansprüche- und Maßnahmen tarifvertraglich verbindlich zu regeln, scheint vor allem dann gegeben, wenn diese mit anderen tarifpolitischen Fragen verknüpft sind, weil in dem Fall nicht eine weitere Regelungsmaterie mit entsprechenden Kosten additiv hinzukommt, sondern mit anderen betrieblichen Fragen kombiniert werden kann. Als Kombinationsfeld bieten sich vor allem Fragen der Flexibilisierung der Arbeitszeitgestaltung an, so dass Modelle betrieblicher Arbeitszeitkonten mit Lern- oder Weiterbildungszeitanteilen Weiterbildungsmöglichkeiten eröffnen, die insbesondere im Hinblick auf solche Lerninhalte, die nicht unmittelbar betrieblichen Interessen, sondern eher der Erweiterung individueller Handlungskompetenz dienen, förderlich sind.[1126]

Weitere erfolgsbestimmende Faktoren sind ausreichend große Spielräume für eine Ausfüllung durch betriebliche Verhandlungen sowie eine betriebliche Auslagerung der Entwicklung, Beobachtung und Organisation der Weiterbildung durch eine von den Sozial-

---

1124 Kuratorium der deutschen Wirtschaft für Berufsbildung (KWB) (1999): Flexibilität und Wettbewerbsfähigkeit. Zukunftsorientierte Weiterentwicklung des Berufsbildungssystems. Grundposition der Wirtschaft. Bonn. S. 8.

1125 Neben einigen Firmentarifverträgen liegen mittlerweile auch Flächentarifverträge vor, die Qualifizierung zu einem eigenständigen und mit neuen Instrumenten versehenen Regelungsbereich machen.
Eine Darstellung der Tarifverträge mit Weiterbildungs- und Qualifikationselementen findet sich bei: Fels, Gerhard/ Heinze, Rolf G./ Pfarr, Heide u. a. (2001): Gute Praxis in der betrieblichen Weiterbildung. S. 28.
Besonders der Qualifizierungs-Tarifvertrag, der im Sommer 2001 von der IG-Metall und Südwestmetall in Baden-Württemberg abgeschlossen wurde, wird oftmals als paradigmatischer Neubeginn tarifvertraglicher Vereinbarungen zur betrieblichen Weiterbildung gewertet, der eine Renaissance qualitativer Tarifpolitik einleiten könnte. Vgl. Röder, Wolf Jürgen (2001): Welche Bildung braucht Arbeit? In: Gewerkschaftliche Monatshefte (GMH) Nr. 8-9/2001. S. 499 – 508. S. 505.

1126 Baethge-Kinsky, Volker/ Holm, Ruth/ Tullius, Knut (2004): Berufliche Weiterbildung am Scheideweg. Chancen und Risiken eines neuen Typs. In: APuZ Bd 28/2004. S. 11 – 16. S. 16.

partnern getragene Agentur.[1127] Derartige tarifvertragliche Übereinkünfte ermöglichen eine Berücksichtigung von bisher in der betrieblichen Praxis eher benachteiligten Arbeitnehmergruppen, so dass in Zusammenarbeit mit dem Arbeitgeber erarbeitete individuelle Qualifizierungspläne besonders geeignete sind, die Beschäftigungsfähigkeit insbesondere jener Arbeitnehmer zu stabilisieren, die aufgrund der technologischen und arbeitsorganisatorischen Änderungen im Betrieb am ehesten von einem Verlust ihres Arbeitsplatzes bedroht wären. Damit wird die ursprüngliche Funktion des Arbeitsförderungsgesetzes in steigendem Maße von Betrieben erfüllt. Folglich liegt ein großes Potenzial präventiver Arbeitsmarktpolitik in der betrieblichen Weiterbildung und somit in der Regelungskompetenz der Sozialpartner.

Obschon die jüngsten Tarifverhandlungen kein eindeutiges Bild bezüglich eines Bedeutungszuwachses qualitativer Tarifpolitik erkennen lassen, ist mittelfristig, vor allem, wenn eine bundesgesetzliche Regelung aus- oder hinter den Erwartungen der Gewerkschaften zurückbleibt, zunehmend mit tarifvertraglicher Regelung von betrieblicher Weiterbildung zu rechnen.[1128]

> „Während gesetzliche Lösungen bei vielen Beteiligten auf Widerstand oder Skepsis stoßen, scheinen tarifliche Vereinbarungen, insbesondere wenn sie genügend Spielraum für betriebsspezifische Regelungen lassen, heute aussichtsreicher zu sein als in der Vergangenheit."[1129]

Allerdings sind Betriebe unterhalb einer bestimmten Größe kaum in der Lage, eine für den Erfolg der Weiterbildung notwenige Auslagerung der Weiterbildungskonzeption vorzunehmen[1130], so dass die Etablierung einer in deutschen Betrieben bisher wenig ausgeprägten Weiterbildungskultur in der stark mittelständischen deutschen Wirtschaft schwierig sein dürfte. Vergleiche mit anderen Ländern zeigen, dass Unterschiede bezüglich der Weiterbildungsaktivitäten nicht zwangsläufig mit den Betriebsgrößenklassen korrespondieren müssen, so dass es sich bei den Schwierigkeiten der Implementation betrieblicher Weiterbildung in deutschen Unternehmen nicht nur originär um ein betriebsgrößenspezifisches Problem handelt.[1131] Haak führt die Unterschiede auf die institutionellen Arrangements zurück, in die die Organisation und Durchführung der betrieblichen Weiterbildung eingebettet ist,

[1127] Fels, Gerhard/ Heinze, Rolf G./ Pfarr, Heide u. a. (2001): Gute Praxis in der betrieblichen Weiterbildung. S. 30.

[1128] Einer ländervergleichenden WZB-Analyse aus dem Jahr 2003 zufolge gewinnt die berufliche Bildung als tarifliches und betriebliches Aktions- und Verhandlungsfeld in fast allen untersuchten Ländern (Finnland, Frankreich, Großbritannien, Niederlande, Schweden) immer mehr an Bedeutung. Für Deutschland weisen die Tarifverträge diesbezüglich zwar viel Spielraum für betriebliche Regelungsmöglichkeiten auf, der aber in Deutschland wenig genutzt wird. Vgl. Schömann, Isabelle (2001): Berufliche Bildung antizipativ gestalten: die Rolle der Belegschaftsvertretungen. S. 22 und 24.

[1129] Fels, Gerhard/ Heinze, Rolf G./ Pfarr, Heide/ Schmid, Günther/ Streeck, Wolfgang (2001): Gute Praxis in der betrieblichen Weiterbildung. S. 12.

[1130] Beispielsweise waren die Umsetzungsergebnisse des Lohn- und Gehaltsrahmentarifvertrags I für die Metallindustrie in Nordwürttemberg-Nordbaden von 1988, der als der große Durchbruch für eine Qualifizierungstarifpolitik galt, äußerst ernüchternd. Es zeigt sich, dass sowohl Management als auch Betriebsräte überfordert waren; es fehlte an Zeit und fachlicher Kompetenz, um den Vorgaben des Tarifvertrages zu entsprechen. Fels, Gerhard/ Heinze, Rolf G./ Pfarr, Heide/ Schmid, Günther/ Streeck, Wolfgang (2001): Gute Praxis in der betrieblichen Weiterbildung. Bericht der Benchmarking-Gruppe des Bündnisses für Arbeit, Ausbildung und Wettbewerbsfähigkeit. In: http://www.bundesregierung.de/static/pdf/Bericht_der_Benchmarking_Gruppe.pdf. S. 29.

[1131] Haak, Carroll (2003): Weiterbildung in kleinen und mittleren Betrieben - Ein deutsch-dänischer Vergleich. WZB Discussion Paper FS I 03-201. Berlin. S. 33.

die im aus beschäftigungspolitischer Perspektive sehr erfolgreichen Dänemark durch eine starke Rolle der Sozialpartner bei gleichzeitiger Übernahme von Verantwortung des Staates gekennzeichnet ist. Dieses institutionelle Arrangement führt in Dänemark zu einer breiteren Beteiligung der kleinen und mittleren Unternehmen an der betrieblichen Weiterbildung als in Deutschland und zeigt, dass die im Bereich der antizipativen Bildungsplanung stattfindenden betrieblichen Verhandlungen für die Anpassung und Aktualisierung von Qualifikationsprozessen einflussreich sind.[1132]

Folglich kommt den Sozialpartnern auf Verbands- und Betriebsebene eine zentrale Rolle in einem Politikfeld zu, das in der Wissensgesellschaft wie kaum ein anderes für gesamtwirtschaftlichen Wohlstand, individuelle Beschäftigungsfähigkeit und damit Teilhabe sowie Chancengerechtigkeit im Allgemeinen wesentlich ist. Zugleich birgt der neue Typus von arbeitsintegriertem und tätigkeitsbezogenem Lernen für die Gewerkschaften die Gefahr einer fortschreitenden Verbetrieblichung der Vertretungsstrukturen. Verbandsstrategisch kommt folglich dem Aufbau einer überbetrieblichen Infrastruktur zur Unterstützung, Begleitung und Konzeption von betrieblicher Weiterbildung große Bedeutung zu[1133] – auch, um die Interessen derer, die wie Arbeitslose oder prekär Beschäftigte nicht durch betriebliche oder tarifvertragliche Weiterbildungsregelungen erfasst sind, nicht aus den Augen zu verlieren.

4.3.7 Elementar- und Primarbereich

Im Gegensatz zu den anderen Auswertungsteilen, die anhand der unterschiedlichen Bereiche des Bildungssystems strukturiert sind, werden Elementar- und Primarpädagogik als Bereiche frühkindlicher Bildung zusammengefasst betrachtet, obwohl diese beiden Bereiche in Deutschland organisatorisch und institutionell bisher getrennt waren und der Elementarbereich über keinen staatlichen Bildungsauftrag verfügte.[1134] Diese Zusammenfassung erscheint gerechtfertigt, weil sich alle untersuchten Verbände mit ihren Forderungen auf frühkindliche Bildung insgesamt beziehen und in der Regel die noch bestehende institutionelle und organisatorische Trennung in Frage stellen.

Ausgelöst durch die PISA-Studie und forciert durch die Empfehlung des Forum Bildung ist die Entwicklung eines Bildungsauftrages für die vorschulische Betreuung, die bereits in den 70er Jahren von dem damaligen Deutschen Bildungsrat gefordert, aber nicht umgesetzt wurde, quasi als zwischen den Ländern unkontroverse Konsequenz aus den internationalen Schulvergleichen wieder auf die politische Agenda gelangt. Inzwischen markiert die am 4. Juni 2004 durch die Kultusministerkonferenz gemeinsam mit den Jugend-

1132 Schömann, Isabelle (2001): Berufliche Bildung antizipativ gestalten: die Rolle der Belegschaftsvertretungen. S. 24.

1133 Positives Beispiel für eine derartige Infrastruktur ist die in der chemischen Industrie von den Sozialpartnern eingerichtete paritätisch verwaltetet Stiftung, die Analysen des Qualifikations- und Weiterbildungsbedarfs und die Planung und Entwicklung von entsprechenden Maßnahmen durchführt sowie die Unternehmen in deren Weiterbildungsplanung berät. Vgl. Bahnmüller, Reinhard (2002): Tarifpolitik in Europa. Aus- und Weiterbildung – neue Entwicklungen und alte Fragen. In: WSI Mitteilungen Nr. 1/2002. S. 38 – 44. S. 39. f.

1134 Für die Tätigkeit der Pädagogen im Elementarbereich mit seinen Einrichtungen unterhalb der Grundschule werden – so auch in der vorliegenden Arbeit – die Begriffe Vorschulerziehung bzw. frühkindliche Erziehung verwendet. Im Kontext dieser Auswertung wird diese Terminologie dahingehend präzisiert, dass sich beide Begriffe ausschließlich auf den öffentlichen Erziehungsauftrag der Betreuungsinstitutionen beziehen und private Erziehungsarbeit durch die Eltern oder andere begrifflich ausgeschlossen ist.

ministern der Länder getroffene Vereinbarung zu Richtlinien für „frühe Bildung in Kindertageseinrichtungen" sowie zur „Stärkung und Weiterentwicklung des Gesamtzusammenhangs von Bildung, Erziehung und Betreuung" einen Wechsel der Politikkonzeption im Elementarbereich, da erstmals explizit ein Bildungsauftrag für den frühkindlichen Bereich formuliert und mit einem verbindlichen Rahmen versehen wird.[1135] Die Ausgestaltung des Bildungsauftrags des Elementarbereichs sowie dessen Verknüpfung mit dem Primarbereich erfolgt derzeit auf Länderebene, was angesichts der fehlenden Tradition frühkindlicher Bildung mit entsprechenden Konsequenzen für die Qualifikation des Personals, das Bestehen von Konzepten etc. und aufgrund der überwiegend privaten Trägerschaft der Einrichtungen mit geringen Steuerungsmöglichkeiten erhebliche Zeit in Anspruch nehmen dürfte. Aus diesem Grund berufen sich die folgenden Ausführungen – genau wie die Positionen der untersuchten Verbände – auf die aktuelle Situation, wobei die Absichtserklärung von KMK und Jugendministerkonferenz im Hinterkopf behalten werden muss.

4.3.7.1 Bildungsauftrag

Da für den vorschulischen Bereich kein ausdrückliches Bildungskonzept besteht, fällt dieser nicht in die Zuständigkeit der Schul- bzw. Kultusministerien der Länder, sondern der Familien- bzw. Sozialministerien. Vorschulerziehung wird in Deutschland vornehmlich als soziale Gemeinschaftsaufgabe und Dienstleistungsangebot für die Eltern und weniger als frühkindliche Bildungsaufgabe verstanden, obwohl deren ausgesprochen große Bedeutung für die schulische und soziale Entwicklung in Neurobiologie[1136] und Kognitionswissenschaften unbestritten und durch zahlreiche empirische Befunde belegt ist.[1137] Außer in Spanien und Deutschland umfasst der frühkindliche Erziehungsauftrag in allen OECD-Ländern immer gleichzeitig einen allgemeinen Bildungsauftrag, der soziale Lernziele der Persönlichkeitsentwicklung wie Selbstbewusstsein, Verantwortung, Selbständigkeit etc. umfasst. Nur weil derartige Inhalte in Deutschland nicht explizit formuliert werden, sind diese natürlich nicht gänzlich aus der vorschulischen Erziehung ausgenommen, aber sie bleiben beliebig, ihre Umsetzung dem jeweiligen Konzept der Betreuungseinrichtung bzw. em Engagement der Pädagogen überlassen, was die Entwicklung einheitlicher Standards erheblich erschwert. In den meisten anderen OECD-Ländern gehört neben diesen psycho-sozialen Lernzielen konkreter Wissenserwerb in Bereichen wie Schreiben, Lesen, Technik oder Naturwissenschaften zu dem Bildungsauftrag der frühkindlichen Erziehung. Einige Länder definieren Fertigkeiten, welche die Kinder beim Übergang in die Schule beherrschen sollen. Neben der Förderung von Kindern, die nicht mehr überwiegend in Familien eine persönlichkeitsfördernde Sozialisation durchlaufen, und der Minderung sozialer Ungleichheiten ist allen Bildungskonzepten, gleichgültig, ob ganzheitlich-spielerische Ansätze oder schul-

---

[1135] Vgl. Kultusministerkonferenz (KMK) (2004): Gemeinsamer Rahmen der Länder für die frühe Bildung in Kindertageseinrichtungen. Beschluss der Jugendministerkonferenz vom 13./14.05.2004 und zugleich Beschluss der Kultusministerkonferenz vom 03./04.06.2004. In: http://www.kmk.org/aktuell/Gemeinsamer_Rahmen_Kindertageseinrich_BSJMK_KMK.pdf.

[1136] Singer, Wolf (2002): Was kann ein Mensch wann lernen? In: Killius, Nelson/ Kluge, Jürgen/ Reisch, Linda (Hrsg.): Die Zukunft der Bildung. Frankfurt am Main. S. 78 – 99.

[1137] Vgl. mit weiteren Verweisen: List, Juliane (2003): Elementar- und Primarbereich: Erziehung und Bildung in der frühen Kindheit. In: Klös, Hans-Peter/ Weiß, Reinhold (Hrsg.): Bildungs-Benchmarking Deutschland. Was macht ein effizientes Bildungssystem aus? Köln. S. 43 – 86. S. 46.

ähnlicher Unterricht als didaktische Prinzipien vorherrschen, eine Vorbereitungsfunktion auf die Schule gemein.

Eine Diskussion über Ziele, Didaktik und Curriculum in der vorschulischen Erziehung entspricht nicht der Schultradition in Deutschland[1138], wo die öffentliche Diskussion eher durch sozial- und familienpolitische Aspekte wie das knappe Angebot und die Finanzierung als durch originär bildungspolitische Problemfelder geprägt ist.

Gewerkschaften und Wirtschaftsverbände sprechen sich einhellig für einen Bildungsauftrag der frühkindlichen Erziehungsinstitutionen aus, so dass der Elementarbereich in das Bildungssystem integriert und dementsprechend den Landesbildungsministerien zugeordnet werden solle. Diese Aufgabenerweiterung des Elementarbereichs könne nur durch eine deutliche Ressourcenexpansion gewährleistet werden, wobei die GEW einen Richtwert von einem Prozent des Bruttoinlandsproduktes nennt.[1139] Ferner halten BDA, ZDH, IG Metall, GEW und der DGB eine Priorisierung des vorschulischen Bereichs sowie der Primarstufe innerhalb der gesamten öffentlichen Bildungsausgaben für angezeigt.[1140]

Ein von den Verbänden geforderter Ausbau des frühkindlichen Erziehungsbereichs benötigt erhebliche finanzielle Mittel, die allerdings investiven Charakter hätten, denn mittelfristig würde der volkswirtschaftliche Nutzen deutlich über den Kosten des Betreuungsausbaus liegen. Einer Studie des Deutschen Institutes für Wirtschaftsforschung (DIW) zufolge sei für Bund, Länder und Gemeinden sowie die Sozialkassen mit zusätzlichen Einnahmen und Ersparnissen in Milliardenhöhe zu rechnen. In unterschiedlichen Szenarien in Anhängigkeit vom Arbeitsmarkt berechnet die DIW-Studie Einkommensteuer- und Sozialversicherungszahlungen der Mütter mit Erwerbswunsch bei entsprechenden Betreuungsangeboten; Effekte für die Sozialhilfeleistungen, die von allein erziehenden Müttern überdurchschnittlich in Anspruch genommen werden müssen sowie fiskalische Erträge durch den mehr Personal erforderlich machenden Ausbau der Betreuungsangebote werden ebenso berücksichtigt.[1141] Die Veröffentlichung dieser Studie nahmen DIHK und DGB zum An-

---

[1138] Sturzbecher, Dietmar (Hrsg.) (1998): Kindertagesbetreuung in Deutschland. Bilanzen und Perspektiven. Freiburg im Breisgau.

[1139] Dieser Wert entspricht der Forderung des Kinderbetreuungsnetzes (ECCN), das für die Betreuung von Kindern unter fünf Jahren öffentliche Ausgaben von mindestens einem Prozent des BIP fordert und Elternbeiträge von maximal 15 Prozent des monatlichen Haushaltsnettoeinkommens für angemessen hält.

[1140] In der aktuellen Diskussion um die finanzielle Ausstattung des frühkindlichen Bildungsbereichs wird häufig – auch durch die Verbände – nicht zwischen dem Elementar- und dem Primarbereich differenziert, obwohl sich für diese beiden Bereiche ein unterschiedliches Bild ergibt. Eine Unterfinanzierung des Elementarbereichs kann im OECD-Vergleich nicht konstatiert werden: Während im Jahr 1999 die deutschen Bildungsausgaben pro Kopf im Elementarbereich etwa 30 Prozent über dem OECD-Durchschnitt lagen, war der gleiche Wert für den Primarbereich etwa acht Prozent unterdurchschnittlich. Vgl. List, Juliane (2003): Elementar- und Primarbereich: Erziehung und Bildung in der frühen Kindheit. S. 53.
Allerdings werden 37 Prozent (OECD-Schnitt 17,3 Prozent) durch Gebühren der Eltern finanziert. Vgl. GEW Hauptvorstand (2003): Kindertagesstätten stärken! Zumeldung zum OECD-Bericht „Bildung auf einen Blick". Frankfurt am Main. S. 1.
Deutlich wird der Stellenwert des Primarbereichs, wenn man die Ausgaben in ein Verhältnis zum Sekundarbereich setzt. Für einen Grundschüler gibt Deutschland pro Jahr die Hälfte (56,87%) des Geldes aus, das es für einen Sekundarschüler zahlt; das Ländermittel dieses Indikators betrug 1998 74 Prozent. Vgl. Hovestadt, Gertrud (2001): Was ist in Deutschlands Schulen anders? Inputindikatoren im internationalen Vergleich. In: http://www.gew.de/standpunkt/aschlagzeilen/schule/pisa/artikel/texte/pisainfo.pdf . S. 10.

[1141] Die Autoren der Studie legen unterschiedliche Szenarien in Abhängigkeit der Aufnahmefähigkeit des Arbeitsmarktes zugrunde. Der Maximalwert beschreibt eine Berufstätigkeit aller erwerbswilligen Mütter. In dem Fall wäre mit 6 Mrd. Euro zusätzlicher Einkommensteuer und 8,9 Mrd. Euro an zusätzlichen Sozialabgaben pro Jahr zu rechnen. Selbst bei der Minimalrechnung, die davon ausgeht, dass nur die erwerbswilligen Aka-

lass, die Landesregierungen zum expansiven Aufbau von frühkindlichen Betreuungseinrichtungen aufzufordern.

Neben der Knappheit an Betreuungsplätzen ist zusätzlich problematisch, dass Kinder aus finanziell und sozial schwachen Elternhäusern in Deutschland signifikant seltener institutionell betreut werden. Offensichtlich können sozioökonomisch privilegierte Eltern im Wettbewerb um die knappen (westdeutschen) Ganztagesplätze besser bestehen. Ferner werden Kinder ausländischer Herkunft im Vorschulalter häufig ausschließlich durch die Eltern betreut, was sich hinsichtlich der Sprachentwicklung, dem späteren Schulerfolg und der allgemeinen Integration dieser Kinder nachteilig auswirkt. Da Kinder bereits in der Krippe die deutsche Sprache und kulturell geprägte Regeln des Zusammenlebens erlernen und sich kognitive Fertigkeiten entwickeln, werden wichtige Chancen einer besseren Integration vergeben, wenn insbesondere einkommensschwache Familien und Kinder ausländischer Eltern unterproportional von den Betreuungsangeboten Gebrauch machen.[1142]

Um dieser Folge entgegenzuwirken fordern GEW und DGB die Bereitstellung einer kostenfreien, ganztägigen Kindertagesstätte ab dem ersten Lebensjahr als Ganztags-Betreuungseinrichtung. Diese Forderung ist auch bei DIHK und ZDH zu finden, wobei diese beiden Verbände eine Kostenbeteiligung der Eltern zumindest nicht ausschließen. Für Kinder ab dem fünften Lebensjahr fordert das Handwerk eine generelle Besuchspflicht einer (dann kostenlosen) Betreuungseinrichtung bzw. ein obligatorisches Vorschuljahr.[1143] Im Mittelpunkt des frühkindlichen Bildungsauftrages müsse die Vermittlung von ausreichenden Sprachkenntnissen für die Grundschule stehen. Schülern ausländischer Herkunft sollten unbedingt Sprachförderkurse angeboten werden.

Sprachförderung als Hauptaufgabe der frühkindlichen Bildung stellt somit eine gemeinsame Forderung der Verbandsgruppen dar, wobei jedoch strittig ist, inwieweit unzureichende Sprachkenntnisse eine Rückstellung von der Einschulung bewirken sollen. Der Zentralverband des Deutschen Handwerks fordert entsprechende Sprachtests vor der Einschulung[1144], während die GEW derartige Tests beim Übergang zur Grundschule ablehnt[1145].

Der GEW zufolge solle die vorschulische Bildung durch den Einsatz von interdisziplinären Teams aus Psychologen, Pädagogen, Ernährungswissenschaftlern, Logothera-

---

demikerinnen wieder berufstätig würden, kämen pro Jahr zusätzlich 1,1 Mrd. Euro Steuereinnahmen und 1,4 Mrd. Euro Sozialabgaben zusammen. Die Einsparungen bei der Sozialhilfe würden für die Kommunen zwischen 790 Mio. und 1,5 Mrd. Euro liegen. Durch die zusätzlichen Einstellungen könnten bis zu 430.000 neue Stellen geschaffen werden, die rund 1,3 Mrd. Euro zusätzliche Einkommensteuer und 4,4 Mrd. Euro zusätzliche Beiträge für die Sozialkassen brächten. Vgl. Spieß, Katharina/ Schupp, Jürgen/ Grabka, Markus/ u.a. (Hrsg.) (2002): Abschätzung der (Brutto-) Einnahmeneffekte öffentlicher Haushalte und der Sozialversicherungsträger bei einem Ausbau von Kindertageseinrichtungen. Gutachten des DIW Berlin im Auftrag des Bundesministeriums für Familie, Senioren, Frauen und Jugend, Bonn. Deutsches Institut für Wirtschaftsforschung (DIW). Berlin.

1142 Auf Basis der Daten des sozioökonomischen Panels zeigen Spieß u.a., dass Migranten-Kinder durch den Besuch eines Kindergartens einen signifikant höheren Bildungserfolg aufweisen. Bei deutschen Kindern ist dieser Effekt nicht signifikant. Vgl. Spieß, Katharina / Büchel, Felix/ Wagner, Gert G. (2003): Children's School Placement in Germany: Does Kindergarten Attendance Matter? In: Early Childhood Research Quarterly Nr. 18/2. S. 255 – 270.

1143 Baden-Württembergischer Handwerksstag (BWHT) (Hrsg.) (2002): Konsequenzen aus PISA. Positionen des Handwerks. Stuttgart. S. 26.

1144 Ebenda. S. 18.

1145 Gewerkschaft Erziehung und Wissenschaft (GEW) (2002): Diskussionsentwurf der GEW für einen Rahmenplan frühkindlicher Bildung. S. 19.

peuten, Ergotherapeuten etc. eine Früherkennung und Beseitigung von Entwicklungsdefiziten leisten und damit sozial bedingte Startbedingungen mindern. Eine solche Aufgabenerweiterung mache eine Akademisierung der Erzieherausbildung unbedingt nötig.[1146]

4.3.7.2 Personal in der vorschulischen Betreuung

Die Qualität frühkindlicher Betreuung hängt maßgeblich von der Kompetenz des pädagogischen Personals ab. Internationale Studien belegen einen positiven Zusammenhang zwischen der Ausbildung der Betreuer und der sprachlichen, sozialen und intellektuellen Entwicklung der Kinder.[1147] Das pädagogische Personal im vorschulischen Bereich verfügt im internationalen Vergleich über einen formal niedrigen Qualifikationsgrad. Während in Deutschland ein Abschluss der Sekundarstufe I als Voraussetzung für eine Qualifizierung im Bereich der Vorschule ausreicht, ist in den meisten anderen OECD-Ländern ein Abschluss der Sekundarstufe II erforderlich, da dort für Fachkräfte der Früherziehung mindestens eine dreijährige Ausbildung an Hochschulen bzw. an Fachhochschulen notwendig ist. Nur in sehr wenigen Ländern erfolgt die Ausbildung auf einem darunter liegendem Niveau, wobei dies in Deutschland mit einer zweijährigen Fachschulausbildung und einem einjährigen Berufspraktikum der Fall ist.[1148] Damit ist die Ausbildungsdauer für Betreuungs- und Lehrkräfte im vorschulischen Bereich in Deutschland die kürzeste unter den OECD-Staaten, die hierzu Angaben machen.[1149]

Dementsprechend fordern alle Verbände einvernehmlich eine Angleichung der Aus- und Weiterbildung von Erziehern an die Ausbildung der Grundschullehrer, die dringend durch den Aufbau von Forschungskapazitäten im frühpädagogischen Bereich flankiert werden müsse.

In ihrem Entwurf eines Rahmenplans frühkindlicher Bildung fordert die GEW eine generelle Freistellung der Leitung einer Betreuungseinrichtung vom Gruppendienst, so dass 38,5 Wochenarbeitsstunden für jeweils vier Gruppen veranschlagt werden[1150]. Als Betreuungsschlüssel empfiehlt der GEW-Rahmenplan zwei Erzieher pro Gruppe von 15 Kindern, wobei die Vor- und Nachbereitungszeit mit 30 Prozent anzurechnen sei[1151].[1152] Weiter lehnt

---

1146 Vgl. Eibeck, Bernhard (2002): Von der Kindergartentante zur „women economy". In: http://www.gew.de/Binaries/Binary3050/women.pdf. S. 5. und GEW (2004): „Ein kleiner, ganz großer Schritt". Bachelor-Studiengang für Erzieherinnen und Erzieher an der FH Berlin: erste Hochschulausbildung in Deutschland. Presseerklärung vom 31.03.2004. Frankfurt am Main.

1147 Sturzbecher, Dietmar (Hrsg.) (1998): Kindestagesbetreuung in Deutschland. Bilanzen und Perspektiven.

1148 Vgl. List, Juliane (2003): Elementar- und Primarbereich: Erziehung und Bildung in der frühen Kindheit. S. 57 Tabelle II-4.

1149 Bundesministerium für Bildung und Forschung (BMBF)/ Kultusministerkonferenz (KMK) (2003): OECD-Veröffentlichung „Bildung auf einen Blick 2003". Wesentliche Aussagen der OECD zur Ausgabe 2003. Berlin. S. 19.

1150 Gewerkschaft Erziehung und Wissenschaft (GEW) (2002): Diskussionsentwurf der GEW für einen Rahmenplan frühkindlicher Bildung. In: Beschlossen vom GEW-Bundesfachgruppenausschuss „Sozialpädagogische Berufe" am 21. September 2002. In: http://www.gew.de/standpunkt/aschlagzeilen/kita/texte/rahmenplan.pdf . S. 14.

1151 Ebenda.

1152 Eine exakte Bezifferung der Mehrkosten durch die Umsetzung dieser Forderungen ist schwierig, da die Förderrichtlinien jedes Bundeslandes unterschiedliche Gruppengrößen und Betreuungsschlüssel vorsehen. Legt man die Zahlen der GEW von durchschnittlich 25 Kindern bei einem Personalschlüssel von 1,5 Kräften (wobei nur eine Kraft Erzieher sein muss) zugrunde und setzt diese in Relation zu den GEW-Forderungen (15

die GEW den Einsatz von Langzeitarbeitslosen in Kindergärten, Schulen und Heimen in Form von Minijobs entschieden ab und warnt vor einem Verdrängungseffekt auf dem ersten Arbeitsmarkt.[1153]

Die vor allem in den alten Bundesländern vorherrschende freie Trägerschaft der Wohlfahrtsverbände und Kirchen hat zur Folge, dass in deren Einrichtungen keine Tarifverträge, sondern ohne Mitwirkung der Gewerkschaften zustande gekommene Arbeitsvertragsrichtlinien gelten. Die GEW fordert eine Aufhebung des kirchlichen Sonderrechts zugunsten von tarifvertraglichen Regelungen, die darüber hinaus auch in bisher nicht tarifgebundenen, kleineren Trägern Geltung haben müssten.[1154]

Genauso wie die Wirtschaftsverbände sieht die GEW kontinuierliche Qualitätsentwicklungsprozesse in jeder Einrichtung und regelmäßige Überprüfung der Standards durch überörtliche Qualitätssicherungspläne vor.

4.3.7.3 Internationale Grundschul-Lese-Untersuchung (IGLU)[1155]

Nach der Veröffentlichung der Ergebnisse der PISA-Studie geriet unter anderem zunächst die Grundschule in den Verdacht, aufgrund mangelhafter Vorbereitung auf die weitere schulische Laufbahn und unzureichender Leistungsorientierung für die schlechten Ergebnisse mitverantwortlich zu sein.[1156] Die internationale Grundschulvergleichsstudie konnte diese Vermutung zumindest entkräften[1157], da die deutschen Grundschüler im internationalen Vergleich besser abschneiden als die PISA-Testgruppe der 15-jährige Schüler. Überraschend war sowohl das relativ gute Leseverständnisniveau als vor allem auch das geringe Leistungsgefälle. Die Hypothese der Grundschule als Hauptverursacher der deutschen Schulmisere ist somit zwar falsifiziert, dennoch attestieren die Autoren der Studie der Grundschule ein Problem mit der Leistungsspitze und weisen auf die hohe Wahrscheinlichkeit hin, dass Schüler der unteren Leistungsgruppe auch in der Sekundarstufe I und gegen

---

Kinder Gruppengröße, zwei Erzieher, Freistellung einer Kraft je vier Gruppen, 30-prozentige Anrechnung der Vor- und Nachbereitung) ergibt sich etwa eine Verdreifachung des Personalaufwandes. Hinzu kämen höhere Personalkosten pro Fachkraft durch die Tertiärisierung der Ausbildung und der ausschließlichen Besetzung der Gruppen mit pädagogischem Personal.

[1153] GEW (2004): „Kein Arbeitsmarktdeal zu Lasten der Kinder". Qualifizierte Betreuungsangebote für Kinder unter drei Jahren müssen ausgebaut werden. Presseerklärung vom 08.07.2004. Frankfurt am Main.

[1154] Gewerkschaft Erziehung und Wissenschaft (GEW) (2002): Diskussionsentwurf der GEW für einen Rahmenplan frühkindlicher Bildung. S. 17.

[1155] Mit der Internationalen Grundschul-Lese-Untersuchung (IGLU) wird international vergleichend das Leseverständnis von Schülerinnen und Schülern der vierten Jahrgangsstufe getestet. IGLU ist eine Studie der International Association for the Evaluation of Educational Achievement (IEA).

[1156] Hundt, Dieter (2002): „Standortfaktor Schule". Nach PISA – 5-Punkte-Programm der deutschen Arbeitgeber. Statement von Dr. Dieter Hundt, Präsident der Bundesvereinigung der Deutschen Arbeitgeberverbände e.V.. Berlin.

[1157] Teils wird die Vergleichbarkeit der beiden Studien angezweifelt, da erstens ein Großteil der Staaten, die bei PISA erfolgreicher als Deutschland abschnitten, an IGLU nicht teilnehmen; dafür aber eine Reihe weniger entwickelter Länder, was den deutschen Rang im oberen Mittelfeld relativiert. Zweitens wurden bei IGLU Jahrgangstufen getestet, so dass aufgrund der unterschiedlichen Einschulungsalter das Durchschnittsalter der Teilnehmer variiert. Diese Relativierung ist für das internationale Ranking in Betracht zu ziehen, die qualitativen Aussagen bleiben davon jedoch unberührt.

Ende ihrer Pflichtschulzeit zur Risikogruppe zählen werden.[1158] Die PISA-Befunde zeigen, dass sich die auf der Ebene der Grundschule nicht befriedigend gelösten Probleme auf der Ebene der Sekundarstufe I nicht kompensieren lassen, sondern sich noch weiter verschärfen. Somit hat das Leistungsniveau, das auf der Ebene der Grundschule erreicht wird, wesentlichen Einfluss auf den weiteren Verlauf von Bildungskarrieren.

Jenseits der Kontroverse um die Vergleichbarkeit der IGLU- und PISA-Ergebnisse herrscht innerhalb der Bildungsforschung Konsens, dass die „Grundschule als diejenige Einrichtung, die als einzige für die Förderung aller Schülerinnen und Schüler unabhängig von sozialer Herkunft und Vorleistungen zuständig ist, [...] eine Funktion [hat], die gerade im Rahmen der derzeitigen Gesamtarchitektur des deutschen Schulsystems von herausragender Bedeutung ist."[1159] In diesem Zusammenhang untermauert die IGLU-Studie die PISA-Befunde einer mangelhaften Diagnosefähigkeit des Lehrpersonals. So macht eine in der folgenden Abbildung dargestellte Betrachtung des Zusammenhangs der von den Lehrpersonen erteilten Grundschulempfehlung bzw. der Schulentscheidung der Eltern mit den Kompetenzen der Schüler in der Schlüsselkompetenz Lesen eine große, über drei Kompetenzstufen streuende Überlappung der Leistungen deutlich.

Abbildung 4.4: Kompetenzstufenzugehörigkeit der Schülerinnen und Schüler, differenziert nach der Übergangsempfehlung.[1160]

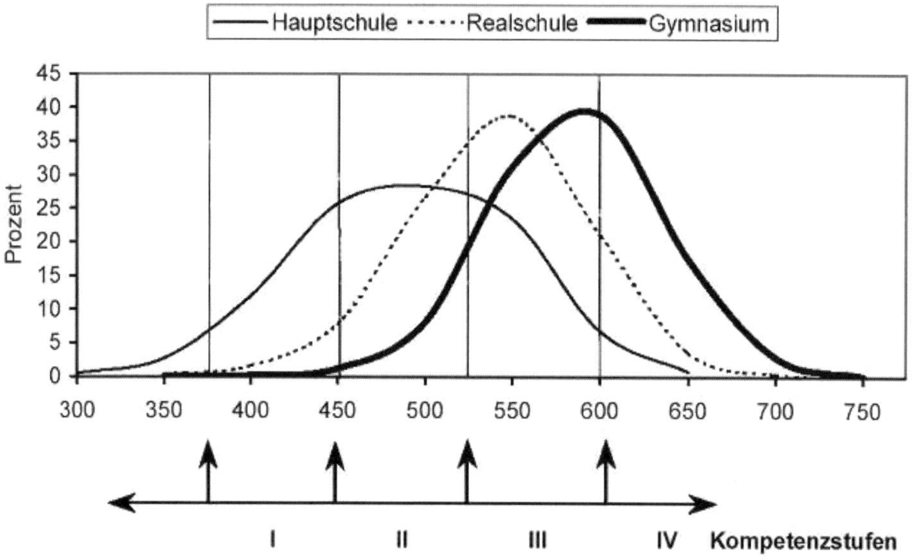

Die große Kompetenzstreuung beim Übergang zur weiterführenden Schule muss als Beleg dafür gewertet werden, dass die dem gegliederten Schulsystem zugrunde liegende Form der

[1158] Vgl. Bos, Wilfried/ Lankes, Eva-Maria/ Prenzel, Manfred/ u.a. (Hrsg.) (2003): Erste Ergebnisse aus IGLU. Schülerleistungen am Ende der vierten Jahrgangsstufe im internationalen Vergleich Zusammenfassung ausgewählter Ergebnisse. In: http://www.erzwiss.uni-hamburg.de/IGLU/kurz-end.pdf. S. 38.

[1159] Ebenda.

[1160] Ebenda. S. 18, Abb. 14.

Leistungsauslese nicht befriedigt gelingt.[1161] Genau dieser Leistungsselektion kommt in einem stark selektiven Schulsystem, das zudem die Auswahl besonders früh vollzieht, eine Schlüsselfunktion zu, so dass sich, wenn diese Leistungsselektion nicht erheblich optimiert wird, das mehrgliedrige System selbst in Frage stellt.[1162]

Die Verbandsgruppen reagieren entsprechend ihrer Haltung gegenüber dem gegliederten Schulsystem auf die IGLU-Studie. Während die Gewerkschaften die Befunde als weiteren Beleg für die prinzipielle Leistungsunterlegenheit und Ungerechtigkeit des gegliederten Schulsystems insgesamt interpretieren[1163], sprechen sich die Arbeitgeber für eine generelle Standardisierung des Leistungsniveaus und eine Sicherstellung der Beherrschung grundlegender Kulturtechniken aus.[1164]

Beide Standpunkte sind mit den Ergebnissen der IGLU-Untersuchung begründbar, die das Fehlen verbindlicher einheitlicher Bildungsstandards in den ausleserelevanten Kernfächern neben der ungenügenden diagnostischen Kompetenz des Lehrpersonals für die Unschärfe der Schulempfehlung verantwortlich macht.[1165]

[1161] Dieser Befund hat auch für andere Selektionsentscheidungen Gültigkeit. So stellt Kroning einen „irritierend lockere[n] Zusammenhang zwischen der individuellen Leistungsfähigkeit und der Zuweisung in eine Sonderklasse“ fest. Vgl. Kroning, Winfried (2003): Das Konstrukt des leistungsschwachen Immigrantenkindes. In: Zeitschrift für Erziehungswissenschaften (ZfE). Heft 1/2003. S. 126 – 141. S. 127.

[1162] Das aus der sozialen Disparität entstehende unterschiedliche Entscheidungsverhalten der Eltern (sekundäre Ungleichheit) stellt ein zusätzliches Problem dar. So konnte im Rahmen der BIJU-Studie gezeigt werden, dass die Freigabe des Elternwillens bei der Schullaufbahnentscheidung nach der Grundsschule zu einer Stabilisierung der sozialen Disparitäten bei der Bildungsbeteiligung führt, weil die Bildungsaspirationen der Eltern aus niedrigeren sozialen Schichten zumeist deutlich niedriger sind, so dass sie sich nur sehr selten entgegen der Empfehlung für eine höhere Schullaufbahn entscheiden und oftmals sogar eine niedriger als die empfohlene für ihr Kind wählen. Vgl. Baumert, Jürgen/ Roeder, Peter Martin/ Gruehn, Sabine u. a. (1996): Bildungsverläufe und psychosoziale Entwicklung im Jugend- und jungen Erwachsenenalter (BIJU). In: Methoden und Anwendungen empirischer pädagogischer Forschung. Münster. S. 170 – 180.

[1163] Gewerkschaft Erziehung und Wissenschaft (GEW) Hauptvorstand (2003): GEW: Auslesesystem ist Auslaufmodell. Pressemitteilung vom 8.04.2003. Frankfurt am Main. S. 1 f.

[1164] Bundesvereinigung Deutscher Arbeitgeberverbände (BDA) (2002): "Standortfaktor Schule". Begabung fördern, Lernen differenzieren. Berlin. S. 13.

[1165] Bos, Wilfried/ Lankes, Eva-Maria/ Prenzel, Manfred/ u.a. (Hrsg.) (2003): Erste Ergebnisse aus IGLU. S. 18.

4 Resümee

Gewerkschaften und Spitzenverbände der Wirtschaft werden in der Wissenschaft und der öffentlichen Debatte bisher kaum als bildungspolitische Akteure wahrgenommen, obwohl sie den Bereich der beruflichen Erstausbildung korporatistisch mitverantworten sowie ihn regulativ und inhaltlich wesentlich bestimmen. Durch ihre Stellung in der drittelparitätisch besetzten Selbstverwaltung der Arbeitsverwaltung, wegen ihrer eigenen Weiterbildungsträger und aufgrund ihrer Position als Tarifpartner sind Gewerkschaften und Wirtschaftsverbände zugleich auch in dem weitgehend unregulierten Bereich der Weiterbildung gewichtige Akteure.

Trotz der unterschiedlichen ordnungspolitischen Rahmen werden sich die Systeme der beruflichen Erstausbildung und der berufliche Weiterbildung angesichts des Strukturwandels der Wirtschaft zunehmend miteinander verschränken. Da dem System der beruflichen Weiterbildung in der Wissensgesellschaft und vor dem Hintergrund des demographischen Wandels eine herausragende Bedeutung für den Erhalt des volkswirtschaftlichen Humankapitals und der individuellen Beschäftigungsfähigkeit zukommt, ist es umso problematischer, dass diesem in Deutschland – vor allem im Vergleich mit anderen OECD-Staaten – erhebliche qualitative Mängel und Ineffektivität als arbeitsmarktpolisches Instrument attestiert werden. In einer ökonomischen Struktur, die durch eine starke Ausrichtung des Systems beruflicher Bildung auf das Produktionssystem gekennzeichnet ist, kommt dem System industrieller Beziehungen gewichtiger Einfluss auf die wirtschaftliche Entwicklung zu. Die untersuchten Verbände tragen als Sozialpartner somit in erheblichem Umfang Verantwortung für einen Bereich, von dem großer Einfluss sowohl auf die wirtschaftliche Entwicklung insgesamt als auch auf individuelle Beschäftigungschancen ausgeht.

Über die berufliche Bildung hinaus kommt in der Wissensgesellschaft dem gesamten Bildungssystem als der zentralen Institution zur Bereitstellung grundlegender Produktionsmittel – Wissen als infrastrukturelle Voraussetzung und Humankapital – eine herausragende wirtschafts- und sozialpolitische Bedeutung zu. Diese in institutionellen Bildungsprozessen angelegte Gleichzeitigkeit von volkswirtschaftlicher Bedeutung als Produktionsmittel und maßgeblichem Einfluss auf die Verteilung von Lebenschancen macht Bildungspolitik zu einer Querschnittspolitik zwischen Wirtschafts-, Arbeitsmarkt- und Sozialpolitik. Damit ist Bildungspolitik für beide Verbandsgruppen von herausragender Bedeutung, wobei grundsätzlich eine Reihe von gemeinsamen Zielen erkennbar ist, die teilweise aus unterschiedlichen Interessen im Sinne der beschriebenen Gleichzeitigkeit abgeleitet werden.

Zudem konnte zum einen gezeigt werden, dass sich das System industrieller Beziehungen und mit ihm die untersuchten Verbände in einer strukturellen Krise befinden. Zum anderen erscheint es vor dem Hintergrund der Erosionsursachen und dem Übergang in die Wissensgesellschaft plausibel, dass das Politikfeld Bildung für die Zukunft der untersuchten Verbandsgruppen und für das System industrieller Beziehungen von zentraler Bedeutung ist.

Zwischen den Gewerkschaften und den Wirtschaftsverbänden erwachsen vor allem aus dem universitären und quartären Leitbild eines grundsätzlich auf die Erwerbstätigkeit gerichteten Bildungssystems viele grundsätzliche Übereinstimmungen. Lediglich bei der GEW ist die Ausbildungsdimension sowohl in dem zugrunde gelegten Bildungsbegriff als auch in den vorliegenden Konzepten für die einzelnen Bildungsbereiche deutlich geringer ausgeprägt, woraus jedoch auf der Ebene der Konzepte und Reformmodelle nur in Detailfragen Differenzen erwachsen. Allein in der Frage der Zukunft der nicht tertiären Berufsausbildung bestehen unterschiedliche Einschätzungen und Reformvorstellungen.

So herrscht etwa in Fragen der Reform der Berufsausbildung innerhalb der GEW generelle Skepsis bezüglich der Zukunftsfähigkeit des dualen Systems. Die GEW setzt in ihren Ausführungen zur beruflichen Bildung deutlich stärker als alle anderen Verbände auf vollschulzeitliche Ausbildungsgänge, die sich wesentlich stärker an berufsfeldübergreifenden Querschnittskompetenzen als an dem Berufskonzept orientieren, und ist damit der einzige Akteur, der für einen grundsätzlichen Strukturwandel des Systems beruflicher Bildung eintritt. Argumentativ verweist die GEW einerseits sozialpolitisch auf die prekäre Ausbildungsplatzsituation und andererseits wissenssoziologisch auf veränderte Anforderungen in der Wissensgesellschaft, die Kompetenzen in der Erwerbswelt erforderten, welche eher im allgemeinschulischen Bereich vermittelbar seien.

Was wie eine Diskrepanz in der Frage nach der besten Ausbildungsform angesichts des technologischen und gesellschaftlichen Strukturwandels anmutet, birgt in dem Kontext industrieller Beziehungen erhebliche Sprengkraft, denn das duale System stellt die notwenige Voraussetzung für die Sicherung des Einflusses der Arbeitgeber- und Arbeitnehmerverbände in der Berufsbildung dar. Offensichtlich ermöglicht die Nicht-Eingebundenheit der GEW in die Regulationsstruktur der beruflichen Ausbildung eine stärker wissens- bzw. bildungssoziologische und über das duale System hinausgehende Perspektive, die in der eigenen Reformkonzeption den makroökonomischen Zusammenhang zwischen den durch das Berufsbildungssystem hervorgebrachten Qualifikationen und der Gestaltung von Arbeitsprozessen berücksichtigt. Damit bringt einzig der Verband mit dem am wenigsten auf die Erwerbswelt bezogenen Selbstverständnis ein Reformprogramm für die Berufsbildung hervor, das zudem mikroökonomisch die mittel- und längerfristig vorteilhaftere Arbeitsmarktposition von stärker allgemeinbildenden Ausbildungsgängen berücksichtigt und damit bildungssoziologische Fragen der Humankapitalausstattung in der Wissensgesellschaft reflektiert.

Dass derartige Impulse ausgerechnet von der nicht in die Regulationsstruktur eingebundenen GEW stammen, muss als Beleg dafür gewertet werden, dass die Verfestigung überkommener Regulationsstrukturen großen Anteil an der Krise des Berufsausbildungssystems hat.[1166] Derzeit hat es den Anschein, als würden verbandsstrategische Interessen der großen Gewerkschaften und der Arbeitgeberverbände, die durch das System der beruflichen Bildung vielfach miteinander verbunden sind, was eine Stabilisierung ihres korporatistischen Interaktionscharakters bewirkt, eine Differenzierung und Weiterentwicklung des dualen Systems in Richtung einer Konvergenz vollzeitschulischen und dualisierter Bil-

---

[1166] Auch Heidenreich verweist in diesem Zusammenhang auf Mancur Olsons Erklärung der abnehmenden Innovationsfähigkeit langfristig stabiler Gesellschaften mit der Entstehung und allmählichen Verfestigung von „Verteilungskoalitionen“, die die spezifischen Interessen ihrer Mitglieder verfolgen. Vgl. Heidenreich, Martin (1998): Die duale Berufsausbildung zwischen industrieller Prägung und wissensgesellschaftlichen Herausforderungen. S. 326.

dungssysteme behindern, die in anderen OECD-Ländern erfolgreich berufsübergreifende Mobilität und damit individuelle Beschäftigungsfähigkeit fördern.

Es zeigt sich somit, dass verbandsstrategische Erwägungen und bildungspolitische Positionen eng miteinander verwoben und innerhalb der Verbandsgruppen nicht frei von Konkurrenz sind. Die Gewerkschaftsfusionen der letzten Jahre mit dem Trend zu Multibranchengewerkschaften führen zu erheblichen Überschneidungen der Rekrutierungspotenziale, die sich aufgrund der von den Gewerkschaften besonders umworbenen Klientel der Jüngeren mit formal höherem Bildungsabschluss vor allem in Bildungs- und Erziehungsinstitutionen zeigt.

Als Folge des Ausstiegs aus der ver.di-Fusion besteht besonders zwischen der kleinen GEW und ver.di eine Konkurrenzsituation in einer Reihe von Arbeitsfeldern. Im Rahmen des gewerkschaftlichen Fusionsprozesses zu der Dienstleistungsgewerkschaft im Jahr 1999 sah der interne Zuordnungsplan der noch strittigen Mitgliedschaften eine arbeitgeberbezogene Zuordnung der Erzieherinnen zu den Fachbereichen Gemeinden bzw. Soziale Dienste, Wohlfahrt, Kirchen statt zum Fachbereich Bildung vor, was maßgeblich innerhalb der GEW die Ablehnung einer Fusionsteilnahme beförderte. Denn anders als der geschäftsführende Vorstand begegnete ein Großteil der GEW-Funktionäre den Fusionsbestrebungen mit großer Skepsis. Nachdem einige Landesverbände offen mit Spaltung des Verbandes gedroht hatten, wurde die Beteiligung der GEW an den Fusionsgesprächen ausgesetzt.[1167] Von den anderen Gewerkschaften wurde der Ausstieg der GEW offiziell zwar bedauert, intern aber als Vereinfachung des Fusionsprozesses begrüßt, weil GEW-Vertreter mehrmals in den Lenkungsausschüssen Beschlüsse mitgetragen hatten, die sie in ihren eigenen Gremien nicht durchzusetzen vermochten.[1168] So wurde seitens DPG, DAG, ÖTV, IG Medien und HBV ausdrücklich klargestellt, dass man der GEW das Bildungsfeld nicht allein überlassen wolle und betonte, dass Bildung, Erziehung und Forschung wichtige Aktionsfelder der neuen Gewerkschaft sein würden.[1169]

Anstelle der Beteiligung an ver.di leitete die GEW einen umfassenden Reformprozess mit dem Ziel ein, sich als eigenständige tariffähige Bildungsgewerkschaft aller Bildungsbereiche zu etablieren, was Maßnahmen zur strukturellen Erweiterung der Mitgliederbasis in außerschulischen Bereichen wie Hochschulen und Forschung, der Kinder- und Jugendhilfe und Weiterbildung erforderlich macht.[1170] Da bisher der gewerkschaftliche Organisationsgrad in außerschulischen Bildungseinrichtungen und der Jugendhilfe sehr gering ist, bergen diese Bereiche große Rekrutierungspotenziale, jedoch gleichzeitig auch Konkurrenz- und Konfliktpotenziale zwischen GEW und ver.di, die sich mit einer Etablierung der GEW als Tarifpartner verstärken dürften.

Neben dieser sich überschneidenden potenziellen Mitgliederbasis von GEW und ver.di versuchen auch die industriellen Gewerkschaften, durch spezifische Dienstleistungen für

---

[1167] Auf dem außerordentlichen Gewerkschaftskongress der GEW am 18./ 19. Mai 1999 in Würzburg stimmten 58 Prozent der Delegierten für die Beibehaltung der Eigenständigkeit der GEW.

[1168] Müller, Hans-Peter/ Niedenhoff, Horst-Udo/ Wilke, Manfred (2003): ver.di. Portrait und Positionen. S. 48.

[1169] Zur Profilgewinnung gegenüber der GEW diente auch der Antrag 07 auf dem ver.di-Bildungskongress, der eine Reihe bildungspolitischer Positionen und Forderungen wie ein europäisches Berufsbildungsrecht, die gesetzliche Umlagefinanzierung, mindestens dreijährige Ausbildungsdauer, ein Bekenntnis zum dualen System sowie das umfassende Recht auf Bildung und den kostenfreien Zugang zu allen Bildungseinrichtungen enthielt.

[1170] Derzeit sind nach Angaben der GEW von den zirka 260.000 Mitgliedern etwa 70 Prozent der Mitglieder in Schulen beschäftigt (10 Prozent in der beruflichen Bildung/ Weiterbildung, 5 Prozent an Hochschulen/ Forschung, 13 Prozent in der Jugendhilfe/ Sozialarbeit).

Studierende Mitglieder an den Universitäten zu rekrutieren. Vor dem Hintergrund des wachsenden Teils an Akademikern ist es eine strategische Zukunftsfrage für die Gewerkschaften, ob und inwieweit es ihnen gelingt, akademisch geprägte Berufsbilder und Ausbildungsgänge mitzugestalten. Dafür beteiligt sich die IG Metall insbesondere in den Ingenieurwissenschaften und in der Informatik stärker an der Hochschulpolitik und setzt sich dabei nach eigenem Bekunden für eine Verstärkung der Kooperation zwischen Arbeitswelt und Hochschulen ein.[1171]

Bei den Wirtschaftsverbänden stellt zweifelsohne das Eintreten zweier großer Handwerksverbände für ein integriertes Schulsystem die bildungs- und verbandspolitisch brisanteste abweichende Meinung innerhalb einer Verbandsgruppe dar. Durch diese beiden neuen Akteure wird die Schulstrukturdebatte um einen Argumentationsansatz ergänzt, der weniger aus einer pädagogisch-konzeptionellen oder gerechtigkeitstheoretischen Perspektive argumentiert, sondern die bestehende Dreigliedrigkeit an ihren funktionalen Ergebnissen für das Beschäftigungssystem misst. Der Post-PISA-Prozess zeigt, dass Bildungsberichterstattung in Form von empirischen Vergleichsstudien unverzichtbare Grundlage für die Bewertung eines Schulsystems ist, weil sie pädagogische oder normative Behauptungen über die Wirkung von Schule überhaupt erst operationalisierbar macht. Eine derartige Positionierung des Handwerks wäre ohne internationale Schulvergleichsstudie sicherlich nicht zustande gekommen, so dass den Schulvergleichsstudien kritisch gegenüber stehenden Gesamtschulbefürwortern eben durch PISA in dieser Kontroverse ein neuer gewichtiger Bündnispartner beschert wurde. Ohne die Plausibilität der Schlussfolgerung des baden-württembergischen Handwerkskammertages in Gänze zu teilen, stellt dessen Position aufgrund der ideologiefreien Unvoreingekommenheit, analytischen Schärfe und der internationalen Perspektivität ein herausragendes Beispiel für problemorientierte und wissenschaftlich fundierte Rationalität in Bildungsfragen dar.

Bildungspolitisch ist diese Position des Handwerks von großer Bedeutung, weil dem Handwerk als dem wesentlichen Abnehmer der leistungsschwächeren Schüler (und der Risikogruppe) sowie seiner Funktion der Integration dieser Jugendlichen in die Erwerbswelt beträchtliches Gewicht zufallen dürfte. Zudem wird dadurch das gemeinsame bedingungslose Eintreten der Wirtschaftsverbände für ein mehrgliedriges Schulsystem relativiert und ein interverbandlicher Diskussionsprozess ausgelöst. Dieser ist dringend notwendig, da angesichts der vielfältigen Probleme aller deutschen Schulsysteme trotz der Zurückhaltung der Parteien mittelfristig Reformen der Schulstruktur unausweichlich sind, welche – gesetzt den Fall, den Erkenntnissen der empirischen Vergleichsstudien und der Bildungsforschung kommt eine gewisse Orientierungswirkung zu – in unterschiedlicher Form integrierende Momente stärken werden. Das BWHT-Modell ist umso zukunftsweisender, als dass es bewusst auch auf die bestehenden erheblichen Probleme deutscher Gesamtschulen sowohl in Qualität als auch in Fragen der Selektivität eingeht und diese in den schulstrukturellen Vorschlägen berücksichtigt, so dass das BWHT-Modell den skandinavischen Schultypen deutlich ähnlicher ist als die bestehende integrierte Gesamtschule. Einzelne wirtschaftsnahe Initiativen, vor allem aber das vorgelegte Konzept des BWHT, könnten, nicht zuletzt aufgrund der Verträglichkeit dieses Modells mit dem Konzept der „Einen Schule für alle“ der

[1171] IG Metall (2003) (Hrsg.): Vielfalt solidarisch gestalten. 20. Ordentlicher Gewerkschaftstag in Hannover. Themen und Thesen für die Entschließungen. Frankfurt am Main. In: http://www2.igmetall.de/homepages/leer-papenburg/file_uploads/entschliessung8.pdf. S. 2.

GEW, den Weg für eine Schulreform ebnen, an deren Ende keines der in Deutschland bestehenden Systeme in seiner jetzigen Form mehr existieren wird.

Aus der Beobachtung, dass bildungspolitische Programmatiken einzelner Verbände unter Umständen in Widerspruch zu den in ihnen organisierten Mitgliederinteressen stehen, wurde die Hypothese abgeleitet, dass die Mitgliederinteressen vor allem der GEW und der ver.di, deren Klientel größtenteils bzw. teilweise im Bildungssystem beschäftigt ist, die bildungspolitische Programmatik des jeweiligen Verbandes bestimmen und deshalb eine Reihe von gebotenen Reformen unterbleiben, wenn diese Auswirkungen auf die Gestaltung der Arbeitsbedingungen haben. Tatsächlich sind die Positionen der GEW in den Fragenkomplexen, die aus Sicht der Beschäftigten eventuell als Verschlechterung der Arbeitsbedingungen aufgefasst werden könnten, eher auf den Erhalt des Status Quo und der individuellen Autonomie der Lehrenden gerichtet. Eine ähnliche Ausrichtung findet sich bei den ver.di-Forderungen zur Stärkung der Hochschulselbstverwaltung sowie zur Erweiterung der Mitbestimmung und Partizipation. Gleichzeitig werden etwa mit der Einführung der Ganztagsschule oder den Erhalt des Beamtenstatuses durchaus auch Themen vertreten, bei denen die bildungspolitische Positionierung nicht unbedingt deckungsgleich mit den mehrheitlichen Mitgliederinteressen ist. Insgesamt ist zumindest auf der Grundlage der Programmatiken keine ausreichende Evidenz für die Annahme einer Prinzipal-Agenten-Konstellation zu finden, bei der GEW oder ver.di ausschließlich die (von denen des Prinzipals abweichenden) Interessen des Agenten vertreten. Aussagen über eine eventuelle Diskrepanz zwischen gewerkschaftlicher Programmatik und tatsächlichem Handeln kann die inhaltsanalytische Untersuchung der Verbandspositionen nicht leisten.

Bildungspolitische Fragen werden von den untersuchten Verbänden oftmals mit Reformaspekten des Wohlfahrtstaates verknüpft. Derzeit befinden sich liberale, konservative und sozialdemokratische Formen der Wohlfahrtsstaaten in Reformphasen, die trotz der unterschiedlichen Ausrichtungen des Umbaus des Wohlfahrtstaats jedoch alle einen Ausbau der Strukturen der beruflichen Weiterbildung als zentrales Reformmoment beinhalten. Auf diesen Aspekt verweisen von den untersuchten Verbänden vor allem die Gewerkschaften mit Hinweisen auf die nordeuropäischen Länder, aber durchaus auch die Wirtschaftsverbände, die sich ebenfalls stärker auf die skandinavischen Reformerfolge als auf liberale Typen im Sinne Esping-Andersens beziehen.

Bei aller Vorsicht aufgrund der Unterschiedlichkeit der politisch-institutionellen Handlungsbedingungen und der Verschiedenartigkeit der Strukturen der etablierten Wohlfahrtsstaaten sowie deren großes Maß an Persistenz erscheint gerade im Bereich der beruflichen Qualifikationstrukturen eine Politikdiffusion zwischen unterschiedlichen Wohlfahrtsstaattypen möglich, da die Sozialpartner durch das System der Tarifverträge über institutionalisierte Möglichkeit verfügen, Qualifikationsaspekte in den Aushandlungsprozessen der Arbeitsbedingungen als zentrales Moment der präventiven Beschäftigungspolitik zu verankern. Überdies verfügen nur die Tarifpartner über die betrieblichen Strukturen, die auch kurative tätigkeitsbezogene Qualifikationsmaßnahmen ermöglichen, von denen eine höhere Beschäftigungsstabilität ausgeht als von formalen Lernarrangements. Ein Ausbau der Weiterbildungsstrukturen des „Lernortes Betrieb“, wie er seitens der Benchmarkinggruppe des Bündnisses für Arbeit empfohlen wird[1172], würde nicht nur die bestehenden

[1172] Fels, Gerhard/ Heinze, Rolf G./ Pfarr, Heide/ Schmid, Günther/ Streeck, Wolfgang (2001): Gute Praxis in der betrieblichen Weiterbildung. Bericht der Benchmarking-Gruppe des Bündnisses für Arbeit, Ausbildung und Wettbewerbsfähigkeit. S. 11.

arbeitsmarktpolitischen Maßnahmen und Institutionen um im Ausland erfolgreiche Elemente ergänzen, sondern überdies die Tarifpartner zu den bestimmenden Akteuren einer regionalen oder branchenspezifischen Weiterbildungsstruktur und damit zu Trägern einer wesentlichen Institution lebenslangen Lernens machen. Gleichzeitig könnte das System der industriellen Beziehungen damit zum Instrument der Politikdiffusion in der Wohlfahrtsstaatsreform werden. Betriebliche Weiterbildungsangebote für Erwerbslose – finanziert durch die öffentliche Hand in Form von Direktzahlungen oder Lohnbeihilfen – könnten den Aktivierungsversuchen der aktuellen Arbeitsmarktreformen eine Schnittstelle zur Arbeitswelt bieten.

Von derartigen Strukturen würde nicht nur eine selektive Anreizwirkung für eine Gewerkschaftsmitgliedschaft ausgehen, sondern auch die Regulierungsstrukturen der beruflichen Bildung insgesamt in Richtung der nordeuropäischen Länder verändern, in denen im Zuge der Sozialstaatsreformen nicht der Einfluss des Staates, sondern der Sozialpartner gestärkt wurde.[1173] Durch die dadurch erfolgende Stärkung korporatistischer Strukturen und der sie tragenden Sozialpartner würde soziales Kapital und Vertrauen erzeugt werden, was den Sozialpartnern eine aktive Rolle in der Reformpolitik ermöglichen könnte und die Chance einer Erleichterung der anstehenden Sozialstaatreformen eröffnet. Zudem würden Arbeitsmarktreformen, in deren Mittelpunkt Qualifizierungs- und Weiterbildungsmaßnahmen stehen, Rekommodifizierungseffekte abschwächen, die üblicherweise – wenn auch je nach Wohlfahrtstaatstypus in unterschiedlichem Maße – mit arbeitsmarktpolitischen Aktivierungsstrategien einhergehen.

Wenn ein berufliches Qualifizierungssystem ausreichend Möglichkeiten zum Aufbau allgemeinen und zur regelmäßigen Anpassung des speziellen Humankapitals bietet und auf diese Weise eine erfolgreiche Inklusion in den Arbeitsmarkt erreicht wird, kommt diesem System eine integrierende gerechtigkeitsschaffende Funktion zu, die für die Betroffenen weit bedeutender sein dürfte als die ideelle Forderung nach gleicher sozialer Teilhabe.

Einige Autoren in der Gerechtigkeitsdebatte konstatieren für die Forderung nach Angleichung der Vermögen und Einkommen den Verlust des gerechtigkeitstheoretischen Geltungsgrundes, wenn über die Vermeidung von Armut, die Herstellung gleicher Startchancen durch Bildung und Ausbildung eine erfolgreiche Inklusion in den Arbeitsmarkt erreicht wird.[1174]

Damit gewänne ein in geringerem Ausmaß an Ergebnissteuerung orientierter dynamischer Gerechtigkeitsbegriff an Bedeutung, in dessen Mittelpunkt die Betonung der Gestaltung von Übergängen steht, die mehr biografische Selbstverantwortung und Handlungsfähigkeit fördert.[1175] Würden die Gewerkschaften diesen Wandel mit vollziehen, stünden sie vor der Herausforderung, zu einem einflussreichen Akteur der Gestaltung dieser Übergänge zu werden, ohne gleichzeitig das Zentrum ihres Bildungsbegriffs von der sozialen Emanzipation (einer Klasse) hin zur individuellen Wettbewerbsfähigkeit zu verschieben.

[1173] In Dänemark geht diese Stärkung soweit, dass die Berufsschuldirektoren von Kommunen und Sozialpartnern gemeinsam ernannt werden. Auch die Reform der französischen Erst- und vor allem der in Frankreich bedeutenderen Weiterbildung beinhaltete eine Stärkung der Tarifparteien. Vgl. Deutscher Bundestag – Stenografischer Dienst (2004): Deutscher Bundestag Protokoll 15/36. 15. Wahlperiode. Ausschuss für Bildung, Forschung und Technikfolgenabschätzung. S. 31.

[1174] Merkel, Wolfgang (2001): Soziale Gerechtigkeit und die drei Welten des Wohlfahrtskapitalismus. In: Berliner Journal für Soziologie Nr. 2/2001. S. 135-157. S. 9.

[1175] Vgl. Schöning, Werner/ Theisen, Heinz (2002): Arbeitsmarkt- und Sozialpolitik in Deutschland und Europa zwischen neuer Mitte und neuem Populismus. S. 40.

Gewerkschaftlicherseits wird an dem oben skizzierten Gerechtigkeitsbegriff vielfach kritisiert, dass eine Betonung der biografischen Selbstverantwortung und Handlungsfähigkeit in Bildungsfragen letztlich eine Individualisierung der Risiken bedeute. Dieser Effekt ist nicht zu leugnen, zumal das gesamte Bildungssystem an unterschiedlichen Gelenkstellen eine Reihe struktureller Bildungsdiskriminierung bestimmter Gruppen enthält, die sich über Jahrzehnte und Bildungsreformen hinweg als ausgesprochen persistent erwiesen haben. Insbesondere unter wissensgesellschaftlichen Bedingungen können eine Konzeption von Chancengerechtigkeit, die auf Betonung individueller Handlungsfähigkeit und biografischer Selbstverantwortung zielt, oder andere meritokratische Gerechtigkeitsbegriffe aus gerechtigkeitstheoretischer Perspektive nur dann legitim sein, wenn zuvor ein gewisses Grundmaß an egalitärer Ergebnisgerechtigkeit beim Erwerb basaler, für die Bewältigung späterer (berufs-) biografischer Übergange dringend benötigter Fähigkeiten und Fertigkeiten sichergestellt ist.

Wie die Verhinderung von Armut muss auch die Sicherstellung einer belastbaren Grundbildung jedes Bürgers als Verhinderung von Bildungsarmut gewährleistet sein. In dieser Forderung sind sich Gewerkschaften und Wirtschaftsverbände sowohl in ihren Gerechtigkeitskonzeptionen als auch in den von ihnen vorgeschlagenen Maßnahmen einig. Empirisch betrachtet ist das deutsche Bildungssystem zum aktuellen Zeitpunkt nicht in der Lage, die den dynamischen Gerechtigkeitstheorien zugrunde gelegten Prämissen einer Grundsicherung von Bildung und Ausbildung als Voraussetzung einer erfolgreichen Inklusion in den Arbeitsmarkt zu gewährleisten. Im Gegenteil hat es eher den Anschein, als würden soziale Bildungsexpansion sowie durchschnittliche Bildungs- und Qualifikationsniveaus immer deutlicher hinter dem für die Inklusion in den Arbeitsmarkt erforderlichen Bildungsniveau zurückbleiben.[1176] Zudem hat die Öffnung des Bildungssystems als Grundlage einer dem Selbstverständnis nach meritokratischen Gesellschaft vor allem eine Illusion der Chancengleichheit und damit eine Legitimation des gesellschaftlichen Selbstanspruchs bewirkt, indem die durch erreichte Abschlüsse zertifizierten Leistungen als Legitimation für real existierende soziale Ungleichheit herangezogen werden können.

Gerechtigkeitskonzeptionell und aufgrund ihrer advokatischen Interessenvertretungsfunktion wird unter tatsächlich meritokratischen Zugangs- und Aufstiegsmechanismen für die Gewerkschaften von Bedeutung sein, wie sie den unterschiedlichen Ergebnissen individueller Bildungsanstrengungen begegnen, wenn diese immer stärker für die Beschäftigungsfähigkeit und die Inklusion in die Gesellschaft verantwortlich sind. Längerfristig greift es zu kurz, den herrschenden meritokratischen Selbstanspruch des Bildungs- und Erwerbssystems mit dem Verweis auf die soziostrukturelle Diskrimminierung zu kritisieren, sondern die Gewerkschaften müssen sich vielmehr mit dem allen individuellen Bildungsprozessen – selbst unter Bedingungen größtmöglicher struktureller Chancengleichheit – immanenten Ungleichheit schaffenden Moment von Bildung auseinandersetzen. Für die Gewerkschaften entsteht dadurch ein Strategiedilemma zwischen der Förderung von Weiterbildung als Querschnittsthema der industriellen Beziehungen und dem Schutz derjeni-

[1176] Trotz dieses schwerwiegenden Problems lässt sich die These unverändert fortbestehender sozialer Ungleichheit in der Bildungsbeteiligung in dieser Schärfe nicht aufrechterhalten, denn trotz hoher Stabilität des Grundmusters sozialer Disparitäten lassen sich für bestimmte Segmente der Sozialstruktur durchaus Verminderungen der sozialen Ungleichheit nachweisen.

gen, die dem Leistungsdruck beruflicher Weiterbildung nicht mehr gewachsen scheinen.[1177] Wegen dieses Ungleichheit produzierenden Effektes von Bildungsprozessen ist in einem Produktionssystem, das Bildung als Hauptdeterminante von Beschäftigungsfähigkeit und Erfolg beinhaltet, eher nicht mit positiven Struktureffekte im Sinne einer Nivellierung sozialer Ungleichheit zu rechnen. Niveaueffekte sind jedoch aufgrund der unbedingten Notwendigkeit einer Erhöhung des durchschnittlichen Bildungs- und Qualifikationsniveaus, für deren Erreichen das wesentliche Potenzial in bildungsfernen und niedrigeren sozioökonomischen Schichten liegt, wahrscheinlich. Bleiben diese aus, ist mit erheblichen gesamtwirtschaftlichen Wohlstandsverlusten zu rechnen.

Aufgrund der Parallelität von mikro- und makroökonomischen Bildungserträgen stellt eine deutliche Erhöhung des durchschnittlichen Bildungs- und Qualifikationsniveaus nachwachsender Generationen ein zentrales Anliegen der Gewerkschaften und Wirtschaftsverbände dar. Vor dem Hintergrund des Strukturwandels, der demographischen Entwicklung und der sich verschlechternden Wettbewerbsposition bei arbeitsintensiven Tätigkeiten stellt sich somit die Frage nach der zentralen Ausbildungsinstitution in der Wissensgesellschaft. Wird zudem eine gleichmäßigere Verteilung der Bildungsphasen über die Lebenszeit angestrebt, lässt sich diese Frage um die Dimension der Suche nach der zentralen Institution für lebenslanges Lernen erweitern.

Die Spitzenverbände der Wirtschaft und die Gewerkschaften setzen auf eine stärkere Ausrichtung aller Bildungsgänge auf Arbeitsmarktanforderungen, was sich vor allem in der Betonung des Bachelors als dem berufsqualifizierenden Standardabschluss und der geforderten Weiterbildungsfunktion der Hochschulen widerspiegelt. In diesem Bereich ist eine gemeinsame Positionierung der beiden Verbandsgruppen wahrscheinlich, die in der Tradition der Forderung nach Gleichwertigkeit von allgemeiner und beruflicher Bildung steht.

Mit der Figur der praxisorientierten, wissenschaftlich fundierten Berufsausbildung als Zentrum der Universität wird jedoch die „epistemologische Wahrheitsorientierung und die allein darauf basierende Reputation"[1178] als normativer Kern der Hochschulen zugunsten von Relevanzkriterien außerhalb der Wissenschaft zurückgedrängt, so dass die „Universität ihr wissenschaftliches Wesen"[1179] verlöre. Das wiederum wirft die Frage nach der institutionellen Stätte für Forschung und Nachwuchs im Wissenschaftssystem auf. Es ist nicht ersichtlich, wie die Hochschulen, zumal angesichts der dramatischen materiellen Krise, auf einmal in die Lage versetzt werden können, den seit Jahrzehnten ungelösten strukturellen Zielkonflikt zwischen international wettbewerbsfähiger Forschung und berufsbefähigender Massenausbildung für eine wachsende Anzahl von Tätigkeiten und Teilnehmern mit immer unklareren Qualifizierungsanforderungen zu lösen.

Wenn Berufsausbildung zur zentralen Aufgabe der Hochschulen wird, stellt sich überdies die Frage, aus welchem System die Inhalte für diese Studiengänge hergeleitet werden sollen. Stellt die universitäre Forschung, also die Wissenschaft, den maßgeblichen Referenzrahmen für die Bachelorstudiengänge dar oder die Vermutungen über die Anforderun-

[1177] IG Metall (2001): Zukunft der Arbeit. Zukunft der Bildung. Dokumentation. Forum Gewerkschaft/Wissenschaft. Gemeinsame Tagung der Industriegewerkschaft Metall und der arbeitsorientierten Forschungsinstitute in NRW. Bochum. S. 6.

[1178] Greven, Michael Th. (2000): Universitätskrise und Universitätspolitik in Zeiten populistischer Demokratie. In: Leidhold, Wolfgang (Hrsg.): Politik und Politeia. Formen und Probleme politischer Ordnung. Würzburg. S. 259 – 277. 260 f.

[1179] Mittelstraß, Jürgen (2004): Universität und Universalität. In: Frankfurter Allgemeine Zeitung (FAZ) vom 13.01.2004. S. 8.

gen der Arbeitswelt? In dem zweiten Fall wäre die Abstimmung zwischen Ausbildungs- und Beschäftigungssystem von essentieller Bedeutung. Das Konzept der MBA-Schools belegt, dass aus der Forschung abgeleitete „wissenschaftlich fundierte praxisorientierte Ausbildungs- und Qualifikationsprofile" durchaus erfolgreich mit Anforderungen des Arbeitsmarktes verknüpft werden können. Jedoch ist die Betriebswirtschaftslehre durch eine Parallelität vieler Studiengänge sowohl an Fachhochschulen als auch an Hochschulen gekennzeichnet, so dass der Erfolg derartig berufsorientierter Bildungsgänge in deren Einbindung in ein Gesamtsystem universitärer Forschung liegt, das weiterhin als Referenzrahmen dient. Die Übertragung dieses Konzeptes auf weniger professionalisierte Wissenschaften dürfte ungleich schwieriger sein, so dass aus der Interessenperspektive der Wirtschaft eine der Nachfrage entsprechende Verteilung der Ressourcen zwischen Fachhochschulen und Hochschulen konsequenter wäre, wobei die institutionelle Trennung von akademisch-forschungsorientierten und ausbildungs-professionsorientierten Studiengängen nicht notwendigerweise aufrechterhalten werden müsste. In der bis heute uneingelösten Forderung des Wissenschaftsrates einer Neuaufteilung der Anteile von Universitäten und Fachhochschulen am gesamten Studentenaufkommen[1180], läge eine große Chance, deren inhaltliche Ausrichtung und Vernetzung mit den Abnehmern zu nutzen und die Fachhochschulen zu der zentralen beruflichen Bildungsinstanz zu machen. Da, wie gezeigt wurde, in erster Linie Fachhochschulen innerhalb des deutschen Hochschulsystems als Einstiegsbildungsstätte für die Aufsteiger aus hochschulferneren Schichten fungieren, liegen in dem Ausbau des Fachhochschulsystems zudem große Potenziale für die dringend erforderliche Steigerung des Bevölkerungsanteils mit tertiärer Ausbildung.

Das Kernproblem der Berufsqualifizierung von Studiengängen besteht in der Regulierung und Abstimmung von Bildungs- und Beschäftigungssystem. Beide Systeme stehen in einem komplexen Wechselverhältnis, in dem das Bildungssystem über die jeweils produzierten Qualifikationen das ökonomische System beeinflusst, das durch eine bestimmte Nachfragestruktur rückgekoppelt ist. Diese Rückkopplung liefert den Universitäten jedoch kaum Erkenntnisse über die benötigten berufsbezogenen Qualifikationen, an denen sich die Studieninhalte ausrichten ließen. Vor dem Hintergrund der Berufsorientierung von Studiengängen muss zu denken geben, dass vor allem in professionalisierten Studiengängen mit eindeutigen Berufsfeldern und teilweise sogar klar konturierten Tätigkeiten in der Vergangenheit keine arbeitsmarktangepassten Studien- und Ausbildungszyklen erreicht werden konnten. Beispielsweise ist der ingenieurwissenschaftliche Bereich, der eine überaus starke Berufsorientierung aufweist, durch alternierende Angebots- und Nachfrageüberschüsse in beträchtlichem Ausmaß gekennzeichnet, wobei der aktuelle Fachkräftemangel parallel zu einer großen Mismatcharbeitslosigkeit in diesem Bereich auftritt. Offensichtlich hat gerade die starke Berufsorientierung zu einer Spezialisierung des Humankapitals geführt, die auf lange Sicht der Beschäftigungsfähigkeit eher abträglich und damit ursächlich für die Mismatcharbeitslosigkeit in diesem Bereich ist.

Mismatcharbeitslosigkeit und Fachkräftemangel treten auch in Bereichen auf, die aufgrund staatlicher Regulierung über festgelegte Anforderungsprofile verfügen. Historisch gesehen, ist in Deutschland vor allem für die Lehrämter, aber auch für andere Staatsexamina wie Juristen oder Mediziner sowie für kirchliche Examina seit Beginn des 19. Jahrhunderts ein zyklischer Wechsel von Bewerbermangel und Bewerberüberschuss zu beobach-

[1180] Wissenschaftsrat (WR) (2000): Thesen zur künftigen Entwicklung des Wissenschaftssystems in Deutschland. Berlin. S. 21 -28.

ten.[1181] In jüngerer Zeit gilt dies auch für andere Bereiche unter staatlichem Einfluss wie etwa dem Gesundheitsbereich. Selbst in Bereichen, in denen zumindest der Bedarfsumfang relativ genau prognostizierbar ist, können Angebots- und Nachfrageüberschüsse also nicht verhindert werden.

Angesicht dieser Probleme der mangelnden Steuerbarkeit von Angebot und Nachfrage und der erheblichen Mismatcharbeitslosigkeit, die vor allem auch bei Fachkräften auftritt, deren Bildungsgänge ein ausgesprochen hohes Maß an Berufsorientierung aufweisen, ist erhebliche Skepsis bezüglich der Effektivität von Abstimmungs- und Rückkopplungsprozessen zwischen Bildungs- und Beschäftigungssystem in Fragen der Umsetzung qualifikatorischer Anforderungen der Arbeitswelt in „wissenschaftsfundierte Qualifikationen“ angebracht. Berücksichtigt man außerdem die schnellere Entwertung von speziellem Humankapital und den Effekt, dass allgemeines Humankapital den Aufbau spezifischen Kapitals erleichtert, liegt in Zeiten beschleunigten technologischen Fortschritts und der damit einhergehenden Unsicherheit bezüglich der zukünftig benötigten Qualifikationsprofile sowohl für die individuelle Beschäftigungsfähigkeit als auch für die Versorgung der Volkswirtschaft mit Humankapital insgesamt eher der Aufbau allgemeinen Humankapitals als die Ausweitung des Berufskonzeptes auf den tertiären Bildungsbereich nahe.

Folglich bewirkt die wachsende Konvergenz von allgemeiner und beruflicher Bildung zunehmend deren statusbezogene Gleichwertigkeit, ohne dass auf der Ebene der formalen Bildungsabschlüsse eine Stärkung der Berufsorientierung notwendig wäre. Diese könnte im Gegenteil sogar eine weitere Aufwertung von Bildungsgängen– und Abschlüssen zur Folge haben, die stärker dem Aufbau von allgemeinem Humankapital dienen. Auf den ersten Blick mag es überraschen, dass somit ausgerechnet die wachsende Bedeutung von Bildung für die ökonomische Entwicklung zu einer Abschwächung der zentralen Konfliktlinie der deutschen Bildungspolitik des vergangenen Jahrhunderts zwischen anwendungsoffener Bildung und instrumenteller Anwendungsorientierung führt, aber angesichts der drastischen Verkürzung der Amortisationsperioden des erworbenen Wissens ist für die Erstausbildung der Aufbau allgemeinen Humankapitals eine folgerichtige Konsequenz. Vor diesem Hintergrund ist es überaus fraglich, ob die gesellschaftlich kaum kritisierte Funktionalisierung von Bildungsprozessen, zu deren Protagonisten auch die untersuchten Verbandsgruppen zählen, einen Beitrag zur Wettbewerbsfähigkeit leisten kann.

Auch für den Bereich der beruflichen Abschlüsse und der Weiterbildung ist eine ähnliche Entwicklung auszumachen. Die Gewerkschaften interpretieren den nachlassenden Bezug auf die Beruflichkeit nicht als Indiz einer sich vollziehenden Strukturanpassung, sondern als Strukturierungsdefizit, dem sie für den Bereich der Weiterbildung durch eine staatliche Regulierung von Ansprüchen, Kompetenzfeststellungsverfahren, Abschlüssen und Bildungsinhalten begegnen wollen, während die Wirtschaftsverbände durch die offensive Schaffung neuer Ausbildungsgänge eine Spezialisierung des Humankapitals bewirken wollen. Trotz offenkundiger Probleme des dualen Systems ist beiden Verbandsgruppen eine große Skepsis gegenüber vollschulzeitlichen Ausbildungsgängen gemein, was eine strukturbewahrende Wirkung industriegesellschaftlicher Ausbildungs- und Qualifikationsinstitutionen entfaltet, welche vor allem auf die Kernbereiche des deutschen Produktionsmodells ausgerichtet sind. Zur Deckung des langfristig steigenden Bedarfs an theoretisch fundierter beruflicher Ausbildung erscheint jedoch bildungstheoretisch eher der Ausbau der

[1181] Titze, Hartmut (1990): Der Akademikerzyklus. Historische Untersuchungen über die Wiederkehr von Überfüllung und Mangel in akademischen Karrieren. Göttingen.

schulischen Berufsausbildung durch eine inhaltliche Erweiterung und Aufwertung der Berufsfachschulen sowie die Weiterentwicklung von berufsbildenden Gymnasien geeignet. Ein Ausbau der vollzeitschulischen Berufsausbildung bedeutet nicht zwangsläufig deren Loslösung aus dem System industrieller Beziehungen. Vielmehr stellt eine gemeinsame Verantwortung und Beteiligung der Sozialpartner an überbetrieblichen schulischen Berufsausbildungsgängen und deren Kooperation mit den Betrieben einen kritischen Erfolgsfaktor bei der Modernisierung der beruflichen Bildung dar.[1182]

Ein derartiges auf die Vermittlung von allgemeinem Humankapital ausgerichtetes und damit bildungsorientiertes Ausbildungssystem stellt bildungstheoretisch die notwendige Grundlage für eine lebenslange Aktualisierung spezifischer Qualifikationen und die Erweiterung um spezifisches Humankapital dar. Dafür bedarf es der Ergänzung durch ein auf die konkrete betriebliche Arbeitswelt bezogenes und von den Tarifpartnern getragenes System der Weiterbildung, das zu dem institutionellen Ort der Qualifikationsanpassung und damit zu einem neuen Betätigungsfeld sozialpartnerschaftlicher Kooperation innerhalb eines dadurch stabilisierten Systems industrieller Beziehungen werden könnte. Dieses System der beruflichen Weiterbildung würde sich weniger am Leitbild arbeitsferner Bildung mit formalen, funktionalistischen Lernarrangements orientieren, sondern stärker auf individuelle Maßnahmen zum Erhalt und Ausbau der Employability fokussieren. Qualifikationsansprüche, die Gestaltung der Qualifikationsfeststellungsverfahren, die Beratung in Weiterbildungsfragen, deren tarif- oder einzelvertragliche Regelung und Finanzierungsmodalitäten wären zentraler Aushandlungsgegenstand zwischen den Sozialpartnern und gleichzeitig Serviceleistungen der Gewerkschaften für den einzelnen Arbeitnehmer.[1183]

> „Anstelle von Schutz starrer und geklärter Arbeitsverträge wird die Gewerkschaft zur Produktionsagentur von employability, d.h. zu einer Instanz, die ihre Mitglieder lehrt, sich selber besser zu 'verkaufen' auf dem Arbeitsmarkt. Sie vertritt nicht mehr nur die Kompetenz ihrer Mitglieder, sondern erzeugt sie mit. Sie ist als neue Agentur zuständig für den Faktor Arbeit in allen seinen Dimensionen.“[1184]

Die Erfolge von Qualifikationsprojekten sowie die tarifvertraglichen Verabredungen über Ausbildungsleistungen in der chemischen Industrie in Deutschland und Beobachtungen aus anderen Ländern zeigen, dass eine kontrollierte Dezentralisierung durchaus für die Initiierung beschäftigungssichernder Projekte nutzbar ist, wenn in deren Mittelpunkt Maßnahmen zur Qualifikationsentwicklung stehen. Tarif- und verbandspolitisch besteht für die Sozialpartner angesichts der demographischen Entwicklung, des immer rascheren technologischen Strukturwandels und der daraus resultierenden Fachkräftenachfrage keine Alternative zu einer dezentralen und stärker qualitativen Tarifpolitik mit einer Konzentration auf Qualifikation und Weiterbildung. Dieses dadurch entstehende neue mesokorporatische Hand-

---

1182 Diese Modernisierung erfordert zudem erhebliche Ressourcen, was die verfassungsrechtlich interessante Frage nach den Konsequenzen aufwirft, die sich in einem derartigen System aus dem Gebot des Bundesverfassungsgerichts ergäben, dass der Fragenkreis der praktischen beruflichen Ausbildung traditionell und strukturell von den in der Wirtschaft tätigen Arbeitgebern wahrzunehmen sei.

1183 Da die Neuverteilung von Lernphasen über die Lebenszeit erhebliche Ressourcen erfordert, die nicht allein durch die öffentliche Hand aufgebracht werden (können), wird insbesondere die Finanzierung von Qualifizierung und Weiterbildung analog zur betrieblichen Alters- oder Sozialvorsorge zu einem Element des tariflichen Entgelts werden.

1184 Priddat, Birger P. (2002): Nachlassende Bildung. „Picht II“ oder Anmerkungen zu einer Misere. Marburg. S. 81.

lungsfeld würde die Position der Hauptakteure ehemaliger Industriepolitik unter den Bedingungen der Wissensgesellschaft als gestaltende und einflussreiche Akteure der Wirtschafts- und Sozialpolitik sicherstellen und damit zum funktionalen Zentrum und neuem ideellen Integrationskonzept der sozialpartnerschaftlichen Konsensstrukturen werden.

Anhang

Anhang 2.1: Zunahme der Schülerzahlen, Lehrerzahlen und der öffentlichen Ausgaben für das Schulwesen in den Jahren 1992 – 2000 (Indexjahr: 1992 = 100)

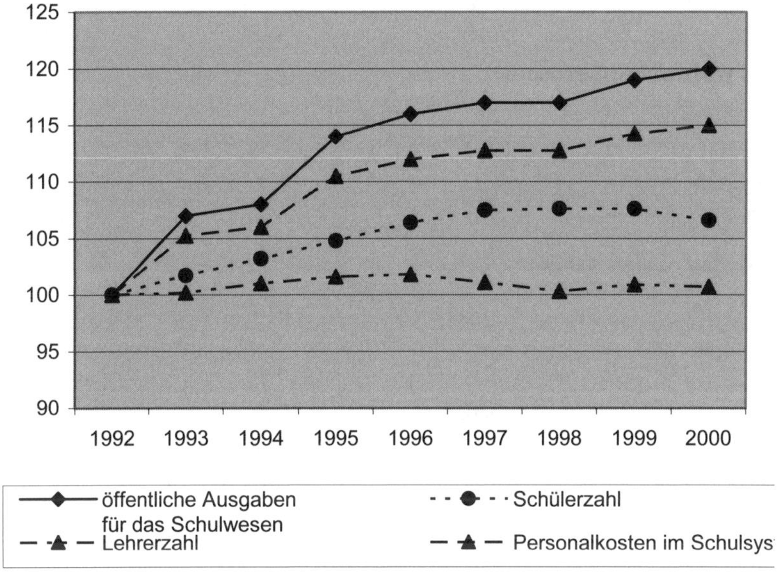

Quelle: Institut der deutschen Wirtschaft, Köln unter Verwendung von Daten der Kultusministerkonferenz (KMK), der Bund-Länder-Kommission für Bildungsplanung und Forschungsförderung (BLK) und dem Bundesministerium für Bildung und Forschung (BMBF).

Der Anteil der Personalaufwendungen an den Bildungsausgaben lag im Schulsektor im Jahr 2000 bei 74 Prozent. Vgl. Deutsche Bundesbank (2003): Monatsbericht Nr. 10/ 2003. S. 63.

Im Jahr 1992 waren 25,8 Prozent der deutschen Lehrer 50 Jahre oder älter, 2000/1 waren 41,4 Prozent in dieser Altersgruppe. Vgl. SPIEGEL-Online (2002): Bildungsausgaben: Pensionen statt Bücher. In: http://www.spiegel.de/unispiegel/geld/0,1518,219818,00.html (1.11.2002) unter Verwendung von Daten des Statistischen Bundesamtes.

Anhang 2.2: Private und fiskalische Bildungsrenditen tertiärer Studienfächer[1185]

	Private Rendite	Fiskalische Rendite	Differenz
Sprach - und Kulturwissenschaften			
Psychologie	0,63	-3	3,63
Pädagogik	-0,94	-4,22	3,28
Ev. Theologie	-4,79	-7,78	2,99
Kath. Theologie	-0,27	-3,8	3,53
Geschichte/ Ethnologie	1,54	-2,4	3,94
Germanistik/ Anglistik	-5,73	-8,54	2,81
Durchschnitt	-1,59	-4,96	3,36
Rechts- und Wirtschaftswissenschaften			
Politologie/ Soziologie	2,02	-1,77	3,79
Jura	9,14	3,33	5,81
Betriebswirtschaft	6,3	1,43	4,87
Durchschnitt	5,82	1,00	4,82
Mathematik, Naturwissenschaften			
Biologie	-0,7	-4,29	3,59
Chemie, Ingenieurswesen	7,19	1,78	5,41
Physik	7,55	1,95	5,6
Mathematik	6,81	1,69	5,12
Informatik	1,97	-1,86	3,83
Durchschnitt	4,56	-0,15	4,71
Medizin			
Humanmedizin	5,99	-2,35	8,34
Zahnmedizin	11,62	0,31	11,31
Tiermedizin	7,89	-1,15	9,04
Durchschnitt	8,50	-1,06	9,56
Ingenieurwissenschaften			
Architektur	2,91	-1,87	4,78
Bauingenieurswesen	6,14	0,85	5,29
Maschinenbau	7,64	1,75	5,89

[1185] Ammermüller, Andreas/ Dohmen, Dieter (2004): Individuelle und soziale Erträge von Bildungsinvestitionen. In: Bundesministerium für Bildung und Forschung (BMBF) (Hrsg.): Studien zum deutschen Innovationssystem Nr. 1-2004. Berlin. S. 42. Quelle: CHE (2000): Umverteilung von unten nach oben durch gebührenfreie Hochschulausbildung. Materialsammlung. Gütersloh.; Ederer, Peer/ Schuller, Philipp (1999): Geschäftsbericht Deutschland AG. Stuttgart.

Elektrotechnik	6,1	0,78	5,32
Fertigungsingenieurswesen	5,73	0,53	5,2
Durchschnitt	5,70	0,41	5,30
Musik	2,99	-1,91	4,9

Quelle: CHE 2000

Der ungewichtete Durchschnitt aller privaten Renditen beträgt 3,8 %. Gewichtet man die Durchschnittswerte mit den Angaben über die Verteilung aller Studierenden auf die Fächergruppen sinkt der Wert auf 3,25 Prozent[1186]. Eine verlässliche Aussage über die Bildungsrenditen ist letztlich nur durch eine Darstellung der fiskalischen Bildungsrenditen möglich, welche die Rendite pro Studienfach zu dem prozentualen Anteil der Studierenden dieses Faches an allen Studierenden ins Verhältnis setzt.

Soweit die Verteilungswirkung betroffen ist, sind die Kosten und Erträge desto ungleicher verteilt, je größer der Unterschied zwischen den beiden Renditen ist. Bei negativen fiskalischen Renditen reichen die zukünftigen Steuermehreinnahmen nicht aus, um die Ausbildungskosten zu decken. Zinskosten auf diese Ausgaben sind nicht eingerechnet.

Anhang 2.3: Ausgewählte Studien zu den Auswirkungen von Weiterbildung auf Löhne, Gehälter und Produktivität[1187]

Authors and countries under study	**Main results**
Loundes (1999) Australia	According to employers, training is positively associated with productivity levels and growth.
Hoquet (1998) France and UK	Employer-provided training raises the wage of participants.
Acemoglu and Pischke (1996) Germany	Other things equal, apprentices which stay at the firm where they receive training earn more than apprentices which leave the firm.
Pischke (2000) Germany	Training undertaken outside working hours raises participants' wages more than is the case of training during work hours.

1186 Bundesministerium für Bildung und Forschung (BMBF) (Hrsg.) (2001): Die wirtschaftliche und soziale Lage der Studierenden in der Bundesrepublik Deutschland 2000. 16. Sozialerhebung des Deutschen Studentenwerks durchgeführt durch Hochschul-Informations-System (HIS). Bonn. S. 42.

1187 Ok, Wooseok/ Tergeist, Peter (2002): Supporting economic growth through continuous education and Training – some preliminary results. Paris. S. 18, Table 2.

Barrett and O'Connell (1999) Ireland	Productivity growth in firms providing training to their workers is higher than in other firms. General training is more effective in raising firm-productivity than firm-specific training.
De Kok (2000) Netherlands	The volume of hours of firm training is positively correlated with firm value-added. The value-added impact of training depends on the time spent by firms to prepare, conduct and evaluate training programmes.
Groot (1999) Netherlands	According to employers, the duration of training is positively associated with labour productivity growth.
Alba-Ramirez (1994) Spain	The share of senior employees who receive formal training is positively associated with sales per employee, value added per employee and average wages. The share of junior employees who receive formal training is weakly correlated with these variables.
Blundell, Dearden & Meghir (1999) United Kingdom	Employer-provided training is positively and significantly associated with wage levels, whereas training not provided by employers has an insignificant wage effect. Training provided by the current employer has a positive impact on the wage level, whereas training provided by the previous employer has no impact on wages. Often, wage increases arising from training occur via promotions.
Booth et al. (1999) United Kingdom	Trained workers enjoy higher wage levels and faster wage increases than non-participants. The return to training is particularly high for unionised workers.
Cosh, Hughes and Weeks (2000) United Kingdom	Firms providing training create more jobs than other firms. The positive employment effect is especially large in the case of firms which provide training opportunities on a continuous basis. Training is associated with the adoption of new work practices.
Dearden, Reed & Van Reenen (2000) United Kingdom	Productivity levels in training-intensive sectors are higher than in other sectors. Off-the-job training appears to have a greater impact on

	productivity than on-the-job training. Neither the type of provider of training not the duration of programmes have a significant impact on productivity. Both the participating workers and the firms gain from training (as shown by the fact that training raises wages of participants, but to a lesser extent than is the case for sectoral productivity).
Green, Ashton and Felstead (2001) United Kingdom	The volume of training hours is positively associated with workers' skills. On-the-job training is more efficient than off-the-job training in raising teamworking skills. The opposite holds true in the case of other skills.
Black and Lynch (1996) United States	The number of trained workers is weakly correlated with sales per worker. But formal training conducted outside working hours shows a positive and significant correlation with sales per worker.
OECD (1999) 7 OECD countries	Workers who have undergone further training, have a higher level of hourly wages than other workers in Australia, Canada, Germany, Italy and Great Britain, whereas the wage differential is insignificant in the case of France and the Netherlands.

Anhang 4.1: PISA-Studie - ausgewählte Zusammenhänge

a) Zusammenhang zwischen relativem Gymnasialbesuch und mathematischer Kompetenz von Schülerinnen und Schülern der 9. Klassenstufe im Gymnasium auf Länderebene (Mittelwerte).[1188]

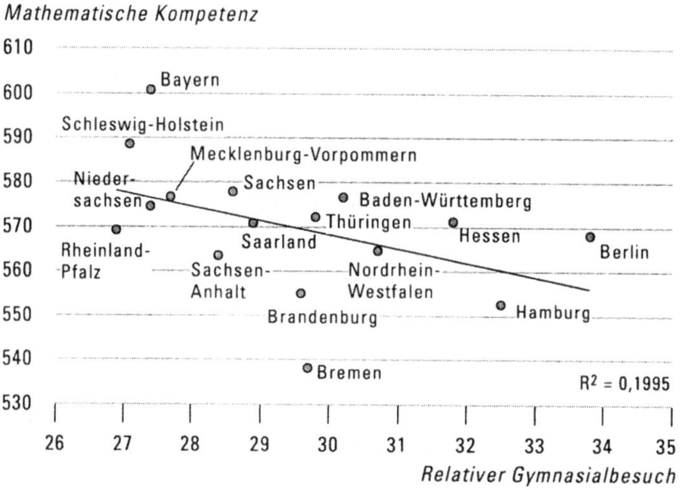

Vorliegende Abbildung veranschaulicht den Zusammenhang zwischen relativem Gymnasialbesuch und mathematischer Kompetenz. Bundesländer, die nicht auf der Regressionsgeraden liegen, zeigen, dass die Sicherung von Mindeststandards kein Problem der Selektivität ist.

1188 Baumert, Jürgen/ Artelt, Cordula/ Klieme, Eckhard u. a. (Hrsg.) (2002): PISA 2000 – Die Länder der Bundesrepublik Deutschland im Vergleich. S. 228, Abb. 8.5.

b) Zusammenhang zwischen relativem Gymnasialbesuch und Leistungsniveau des unteren Viertels der Gymnasiasten der 9. Klassenstufe in Mathematik auf Länderebene (Mittelwerte)[1189]

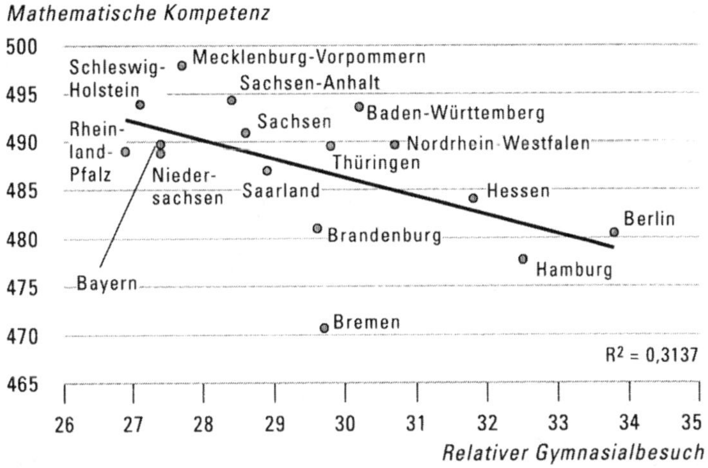

Betrachtet man das untere Leistungsviertel an Gymnasien isoliert, lassen sich relativ enge negative Zusammenhänge zwischen dem relativen Schulbesuch an Gymnasien und dem mittleren Kompetenzniveau dieser Gruppe belegen. Die Korrelationen liegen für die Lesekompetenz und die mathematische Kompetenz über r = –.50 und für die Naturwissenschaften bei r = –.43.

Mit zunehmender Expansion des Gymnasiums steigen die Schwierigkeiten, in der unteren Leistungsgruppe ein für das Gymnasium angemessenes Leistungsniveau zu sichern. Die mittleren Leistungswerte der Länder liegen teilweise erheblich unter dem mittleren Leistungsniveau von Realschulen. Die offensichtlichsten Probleme, ausreichende mathematische Mindeststandards im Gymnasium zu definieren, haben die beiden Stadtstaaten Bremen und Hamburg.[1190]

1189 Ebenda. S. 230, Abb. 8.7.
1190 Ebenda. S. 230.

c) Vergleich der Leistungsverteilung in Mathematik zwischen Brandenburg und Bayern (Neuntklässler; Gymnasien)[1191]

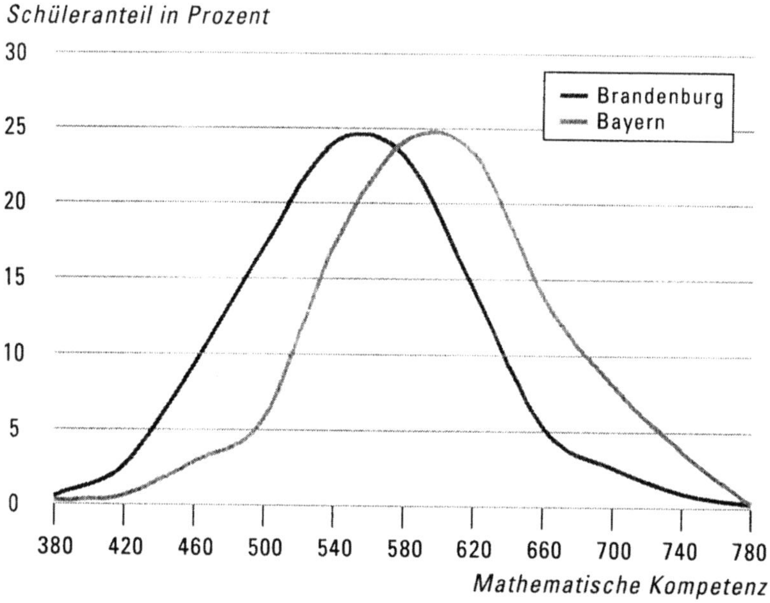

Abbildung c zeigt, dass bei einer Mittelwertdifferenz von 50 Punkten die Leistungsverteilungen bei gleichem relativem Gymnasialbesuch trotzdem deutlich gegeneinander versetzt sind.

[1191] Ebenda. S. 227, Abb. 8.3.

Anhang 4.2: Private und öffentliche Anteile an den Bildungsausgaben am BIP

Private und öffentliche Anteile an den Bildungsausgaben am BIP, 2000

Land (sortiert nach Anteil privater Aufwendungen)	öffent-lich	privat	gesamt	Öffentlicher Anteil an den Gesamtbildungs-ausgaben in Prozent	Privater Anteil an den Gesamtbil-dungs-ausgaben in Prozent
Korea	4,07	2,96	7,03	57,9	42,1
Griechenland	3,44	1,32	4,76	72,3	27,7
Vereinigte Staaten	4,82	1,61	6,43	75,0	25,0
Japan	3,55	1,17	4,72	75,2	24,8
Deutschland	4,35	1,2	5,55	78,4	21,6
Australien	4,34	1,13	5,46	79,5	20,7
Spanien	4,44	0,85	5,3	83,8	16,0
Türkei	2,94	0,54	3,48	84,5	15,5
Mexiko	4,1	0,65	4,75	86,3	13,7
Tschechische Republik	4,07	0,6	4,67	87,2	12,8
Ungarn	4,46	0,59	5,04	88,5	11,7
Ländermittel	5	0,66	5,66	88,3	11,7
Kanada	5,48	0,68	6,16	89,0	11,0
Irland	4,31	0,4	4,71	91,5	8,5
Schweiz	5,38	0,47	5,86	91,8	8,0
Österreich	5,98	0,38	6,36	94,0	6,0
Frankreich	5,88	0,36	6,24	94,2	5,8
Vereinigtes Königreich	4,65	0,28	4,92	94,5	5,7
Dänemark	6,81	0,36	7,17	95,0	5,0
Island	6,55	0,32	6,87	95,3	4,7
Italien	4,82	0,19	5,01	96,2	3,8
Schweden	6,59	0,18	6,77	97,3	2,7
Niederlande	4,49	0,12	4,61	97,4	2,6
Norwegen	6,77	0,13	6,9	98,1	1,9
Portugal	5,57	0,08	5,65	98,6	1,4
Mittelwert	**4,91**	**0,69**	**5,60**	**87,59**	**12,42**

Quelle: OECD, eigene Berechnungen

Anhang 4.3: Ausgaben im Vergleich nach Bildungsbereichen

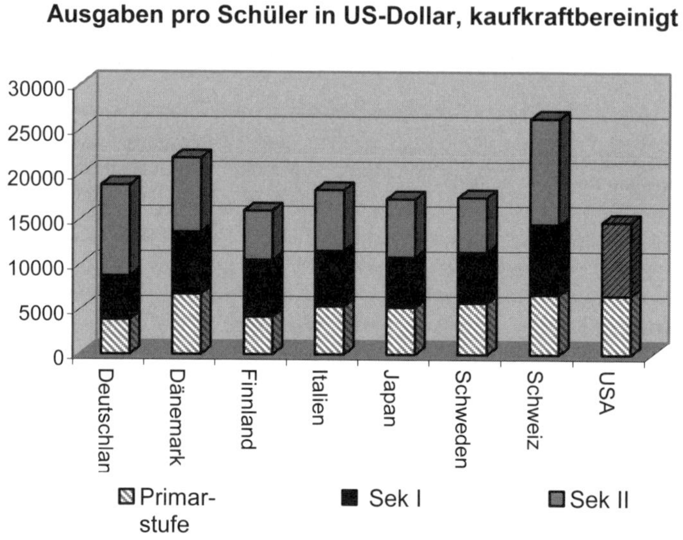

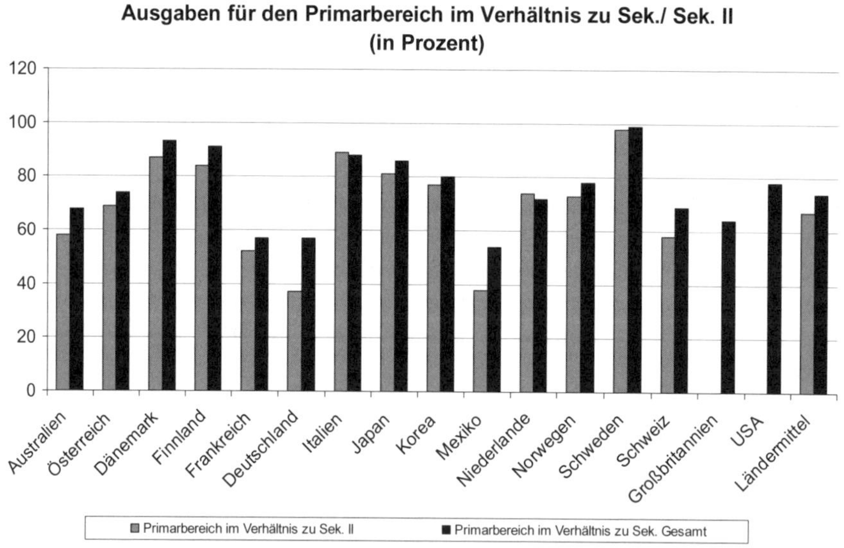

Ausgaben pro Schüler und Schülerin nach Bildungsbereichen 1998 in US-Dollar, kaufkraftbereinigt, für öffentliche und private Einrichtungen basierend auf Vollzeit-Äquivalenten
Quelle: OECD (2002): Education at a Glance 2002

Anhang 4.4: Gegenüberstellung der Reformvorstellungen des Baden-Württembergischen Handwerkstages und des Zehn-Punkte-Programms des Zentralverbandes des deutschen Handwerks (ZDH) zur Schulreform.

Reformvorstellungen des Baden-Württembergischen Handwerkstages[1192]	**Zehn-Punkte-Programm des ZDH zur Schulreform**[1193]
3.2 Bildung bzw. Lernen im Kindergarten - Besuchspflicht ab dem 5. Lebensjahr, kostenfreier Platz für jedes Kind - Kindergärten zum Kultusministerium zuordnen - Individuelle Förderung, Sprach- und Lesekompetenz, Sprachtests, besondere Förderung von Migranten (Sprache + Kultur, siehe 3.3) - Erzieherinnenausbildung wie Lehrer in der Grundstufe - Intensivierung der Forschung	1. Kindertagesstätten zu Bildungs- und Erziehungsstätten machen - Sprach- und Lesekompetenz fördern, besonders bei Migranten - pädagogische Aus- und Weiterbildung der Erzieherinnen
3.7 Größeres Angebot an Ganztagsschulen - zusätzliche Lernangebote insb. an Technik, Naturwissenschaften, Wirtschaft, Fremdsprachen und musisch-kreativen Fächern - Einbeziehung der Bildungs- und Technologiezentren in Ganztagsbetreuung	2. Schulische Ganztagsangebote ausweiten - nicht zeitliche Ausweitung unzureichender Halbtagsangebote, sondern qualitativ hochwertige, motivierende Zusatzangebote - Kompensation sozialer/familiärer Benachteiligungen - für Eltern: Vereinbarkeit Beruf-Familie
3.4 Unterstützung der Schulentwicklung, mehr Eigenverantwortung der Schulen	3. Leistungswettbewerb zwischen den Schulen fördern
	4. Bundeseinheitliche Qualitätsstandards entwickeln

[1192] Baden-Württembergischer Handwerkstag (BWHT) (Hrsg.) (2002): Konsequenzen aus PISA. Positionen des Handwerks. Stuttgart.

[1193] Deutscher Handwerkskammertag (2002): PISA und die Folgen: Zehn-Punkte-Programm des Deutschen Handwerks zur Schulpolitik. Berlin.

	- Schulrahmengesetzt - Qualitätsmanagement - Qualitätsfragen schulintern und öffentlich ohne Berührungsängste erörtern
3.6 Neue Organisation des Schulwesens - Vorstufe (1 bis 2 Jahre) - Grundstufe (9 Jahre) - Niveaugleiche Oberstufe (3 Jahre) mit Hochschulzugangsberechtigung, Wahlmöglichkeit zwischen allgemeinbildendem, schulisch-beruflichem und dual-beruflichem Zweig	5. Leistungsschwache Schüler nicht abschieben, sondern fördern - Sitzen bleiben und Wegberaten erschweren - stattdessen regelmäßige Leistungsdiagnosen mit darauf aufbauender individueller Förderung 6. Durchlässigkeit zwischen den Schulzweigen verbessern
3.5 Neue Unterrichtsinhalte und -gestaltung - klar definierte Bildungsziele in den einzelnen Kompetenzbereichen und Klassenstufen - Schulbücher und Lernmaterialien modernisieren - Kontingentstundentafeln je Kompetenzbereich für mehr Gestaltungsspielraum - weniger durch Kurzferien zersplitterte Schuljahre	7. Entschlackung der Lehrpläne - Lehrplanüberprüfung und -entfrachtung zugunsten Sprache, Lesen, Schreiben, Mathematik, Naturwissenschaft und "Lernen lernen"
3.4 Vermittlung adäquater methodisch-didaktischer Methoden - zur individuellen Förderung und Stärkung der Selbständigkeit - zur Erhaltung von Lernmotivation - neues Leistungsbewertungssystem unter Einbezug von Methoden- und Sozialkompetenz	8. Pädagogische Methodenvielfalt nutzen, Unterrichtsstile variieren
3.4 Lehrer als Schlüssel zum Erfolg - höherer Stellenwert der pädagogischen	9. Lehreraus- und Weiterbildung reformieren

Professionalität, einheitliche Lehrerausbildung - Überprüfung der Berufseignung durch frühere und intensivere schulpraktische Erfahrungen in der Ausbildung - Einbindung von Berufspraktikern (z.B. Meistern) in Unterricht - schnelle Reform der Weiterbildung, Weiterbildung als Instrument der Personal- und Organisationsentwicklung, Managementkompetenz für Schulleiter - Beratung und Coaching, mehr Kooperation im Kollegium und mit externen Experten, Zusammenarbeit mit Eltern - stärkere Verzahnung mit außerschulischen Einrichtungen, Einblicke in Wirtschaft und Arbeitsleben, obligatorische Betriebspraktika - ganztägige Präsenzpflicht, leistungsgerechte Bezahlung, rechtliche Absicherung der für den Erziehungsauftrag erforderlichen Erziehungsmittel	- mehr Gewicht auf pädagogische Kompetenz legen - frühere, intensivere Schulpraxis - 150 Stunden Fortbildungspflicht in drei Jahren - Steigerung des gesellschaftlichen Ansehens, Leistungsbewusstsein und kompetenzbegründete Autorität
3.1 Kontinuität im Bildungsprozess - Kampagne zur Stärkung der Erziehungsverantwortung der Eltern - Beratungs- und Kursangebot für Eltern	10. Elterlichen Erziehungsauftrag stärken

Anhang 4.5: Entwicklung der erforderlichen neuen Ausbildungsverträge im Vergleich – Basisjahr 2002

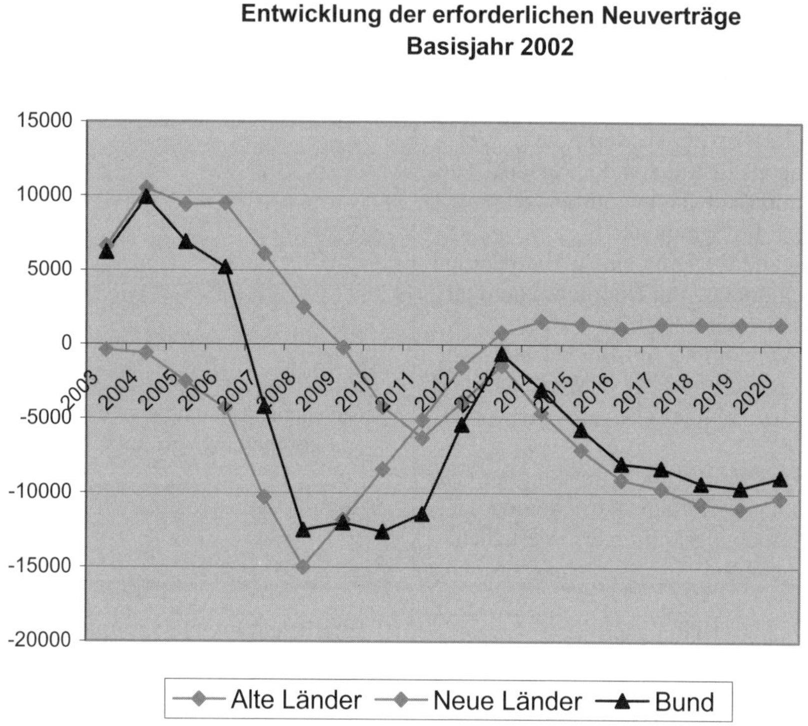

Quelle: Zedler, Reinhard (2004): Neue Wege der Berufsausbildung. In: Aus Politik und Zeitgeschichte (APuZ) Band 28/2004. S. 24 – 30. S. 29. Unter Verwendung von Daten des Statistischen Bundesamtes, Berufsbildungsstatistik, Bevölkerungsprognose, Berechnungen des Bundesinstituts für Berufsbildung.

Anhang 5.1: Kode-Kennziffern der Inhaltsanalyse

Allgemeine und ordnungspolitische Aussagen	1000
Menschenrecht Bildung/ Recht auf Bildung/ Recht auf Bildung aufgrund von Art. 2 Abs. 1 GG (Entfaltung der Persönlichkeit)	1001
Bildung grundsätzlich als Aufgabe des Staates und öffentliches Gut	1002
Goldreserven für eine Stiftung Bildung veräußern	1007
Bildungsausgaben bei der Staatsschuldengrenzen des europäischen Stabilitätspaktes nicht berücksichtigen	1008
Bund-Länder-Fonds für Bildung, finanziert aus Vermögenssteuer und höherer Erbschafts- und Schenkungssteuer/ keine Steuersenkungen/ stärkere Besteuerung der Unternehmen	1009
Bestandsanalyse/ Situationsbeschreibung	
Qualität + soziale Partizipation: derzeitige Situation unzureichend/ Bildungsoffensive nötig/ Internationales Niveau als Ziel/ Anspruch auf Spitzenplatz	1010
Hinweis auf aktuellen Fachkräftemangel/ Hinweis auf entstehenden Fachkräftemangel aufgrund demographischer Entwicklung/	1015
Stellenwert und Ziele des Bildungssystems	
Betonung der wirtschaftlichen Dimension	1020
Betonung der volkswirtschaftlichen Wettbewerbsfähigkeit durch gute Schulen (Humanressourcenansatz)/ Betonung der Dimension Bildung angesichts der demographischen Entwicklung	1021
Sicherung der individuellen Beschäftigungsmöglichkeit (Employability-Konzept)/ in der Erwerbsgesellschaft spielt die Beschäftigungsfähigkeit als Bildungsziel eine Schlüsselrolle	1022
Bessere Lern- und Leistungskultur schaffen/ Anstrengungsbereitschaft steigern/ Selbstverantwortung für die Bildungsbiografie stärken	1023
Betonung der Chancengleichheit	1024
Betonung der sozialen (Gerechtigkeits-) Dimension	1030
Teilhabechancen an der Gesellschaft	1031
Gerechtigkeit heißt nicht Ergebnisgerechtigkeit, sondern Chancengerechtigkeit und Teilhabe	1032
Betonung der Persönlichkeitsentwicklung	1035
Eigenverantwortlichkeit und ganzheitliche Persönlichkeit	1040
Demokratisierung und Partizipation	1050
Bildungsfinanzierung	
Ausgabenexpansion: höhere staatliche Bildungsaufgaben/ Erhöhung der privaten und staatlichen Bildungsaufgaben/ DGB 6% des BIP	1110
Mehr öffentliches Geld schafft nicht zwangsläufig mehr Qualität	1111
Priorisierung des Elementarbereichs	1112
Für einige Bereiche wie Ganztagsschulen, Aus- und Weiterbildungsangebote an Hochschulen sind eigene Beiträge der Nutzer prinzipiell zumutbar	1114

Befürwortung der Streichung der Anrechung von Ausbildungszeiten bei der Rente	1115
Kritik an der Streichung der Anrechung von Ausbildungszeiten bei der Rente	1116
Wettbewerb und Autonomie	
Eigenverantwortung und Wettbewerb der Bildungseinrichtungen stärken/ Grundsätzlich ist es Sache der aufnehmenden Bildungseinrichtung, die Bewerber nach eigenen Qualitätskriterien und in Hinblick auf ihr Profil selbst auszuwählen/ Steuerung des Bildungssystems durch Bildungsgutscheine	1220
Öffentliche Finanzierung der Schulen soll nachfrageorientiert sein und sich an den Schülerzahlen orientieren	**1230**
Pädagogische Autonomie der Schule	1231
Förderung der Schulgemeinschaft, Lebensraum Schule/ Mehr Eigenständigkeit der Einzelschule/ Billigung von mehr Freiräumen der Einzelschulen	1232
Verankerung der Schule in der Gemeinde	1300
Leistungsmessung und Evaluation	
Interne Evaluation	1311
Benchmarking und Wettbewerbselemente	1320
Externe Evaluation	1321
Teilnahme an internationalen Vergleichstests	1322
Bildungsföderalismus	
Beibehaltung der KMK	1420
Abschaffung der KMK	1421
Abschaffung des HRG und durch Wettbewerb durch die Länder ersetzen	1430
Stärkung des "Forum Bildung"/ eine über den Dualismus von Bund und Ländern hinausgehende Gesamtschau ist nötig	1435
Bundeskompetenz für Bildung ausbauen/ Bildungsrahmengesetz/ Beibehaltung und Ausbau der Bund-Länder-Bildungsplanung/ mehr Zentralismus in der Bildungspolitik	1436
Mehr Zentralismus in Bildungsfragen ist nicht nötig/ keine größeren Bundesbefugnisse, stattdessen konkurrierender Föderalismus/ Ausstieg aus der Bund-Länder-Bildungsplanung	1440
Forderung nach einem systematischen und regelmäßigen Bildungsbericht von neutraler Stelle/ wissenschaftliche Politikberatung im Bereich Bildung	1441
Problemlösungskompetenz des politischen Systems	
Unzufriedenheit mit der Reaktion der politischen Parteien	1501
Unzufriedenheit mit bildungspolitischen Gremien	1502
Lernkultur/ mentale Einstellung	
Neue Einstellung zum Lernen/ aktive Beteiligung, Selbstbestimmung und Eigenverantwortung/ Anstrengungsbereitschaft für Bildung/ Leistungsbewusstsein und Leistungswillen als Voraussetzung/	1701
GATS und WTO	
Notwendigkeit von Transparenz der Forderungen und Verhandlungen/ öffentliche Diskussion/ Demokratisierung des Verfahrens	1601

Erarbeitung einer weiten Definition öffentlicher Dienste, die nicht vom GATS-Regime erfasst werden/ im Rahmen des GATS muss deutlich das Recht formuliert werden, in bestimmten Sektoren den Marktzugang ausländischer Anbieter nur zu gestatten, wenn auch für sie verbindliche Qualitätsstandards und Versorgungsgrade für die Bevölkerung national souverän festgelegt werden können/ Dienstleistungen im allgemeinen öffentlichen Interesse müssen als wesentlicher Bestanteil fundamentaler Rechte anerkannt werden und daher weiterhin einen besonderen Status genießen	1602
Beachtung von der Tarifverträgen und die Einhaltung sozialer und ökologischer Mindeststandards	1603
Bildungsdienstleistungen gänzlich aus den GATS-Verhandlungen herausnehmen	1604
Zeitlichen Aufschub/ zeitliche Streckung der GATS-Verhandlungen	1605
Liberalisierungen bei den Erbringungsarten 3 (Niederlassungsrecht) und 4 (temporäre Arbeitsmigration) sollen nicht pauschal verhandelt, sondern in einzelne Sektoren aufgeteilt werden	1611
Bestimmte Sektoren, darunter das nationale Bildungswesen, müssen aus den GATS-Verhandlungen genommen werden	1612
Keine Requests im Bereich des Bildungssystems	1620
Keine Regelung im Bereich des Bildungssystems für GATS-Mode 3: Niederlassungsrecht und GATS-Mode 4: Personenfreizügigkeit	1621
Schule	**2000**
Haushaltspriorität zugunsten von Bildungsausgaben	2004
Ausbau bzw. Wiedereinführung des Schüler-BaföGs	2005
Bildungsföderalismus im Bereich Schule	
Nationale Bildungsstandards/ bundesweit verbindliche Mindeststandards/ KMK (oder FoBi) muss verbindliche Mindeststandards definieren, die systematisch evaluiert werden	2011
Jährlicher Bundesbildungsbericht der KMK/ nationale Evaluationsagentur	2012
Ablehnung der KMK-Schulform-Evaluation	2013
Bundesländer sind für die Sicherung des Leistungsniveaus verantwortlich/ Bundesländer koordinieren die externe Evaluation	2015
Einheitlichkeit der Schulen und Bundesländer/ Schulwechsel darf nicht zum Drama werden (Mobilität)/ Unterschiede zwischen den Bundesländern sind besorgniserregend/	2016
Autonomie der Schule	
Staatlich (zentral) vorgegebenes Leistungsniveau/ Lernziele und Leistungsstandards müssen für alle Schulformen, Schulabschlüsse, Prüfungen etc. vom Staat verbindlich vorgegeben werden/ der Staat muss weiterhin für Controlling und Evaluation verantwortlich bleiben	2021
Anwendung betrieblicher Verfahren, Benchmarking, dezentrale Verwaltung, Qualitätssicherung- und Qualitätskontrolle, Personalentwicklung, Controlling/ Zielvereinbarungen und interne Qualitätsprozesse für Schulen/ Qualitätsmanagement und schulinterne Evaluation/ Mitarbeitergespräche	2022
Förderung von Schulen in freier Trägerschaft/ Schulen durch gemeinnützige Stiftungen	2022.1
Pädagogisch-administrative Autonomie der Einzelschule	

Pädagogisch-administrative Autonomie: pädagogische Schwerpunktsetzung, Schulprofil- und Programm/ die konkrete Umsetzung der Bildungsziele liegt bei den Bildungseinrichtungen/ Organisation des Unterrichts, Schul-Management, Verwendung der Finanzen, Förderung der Schulgemeinschaft, Lebensraum Schule/ mehr Eigenständigkeit der Einzelschule/ Subsidiarität/ Billigung von mehr Freiräumen der Einzelschulen, Auswahl und Einsatz des Personals/ mehr Selbstständigkeit/ eigenes Schulprogramm/ Differenzierungsprogramm der Schulen/ Einzelschule soll über Ressourcen verfügen/ Selbstauswahl des Lehrpersonals/ Selbstauswahl der Schüler/ Einzelschule soll über Ressourcen verfügen	2023
Pädagogische Autonomie ohne administrative: Ablehnung von Globalhaushalten/ keine Einstellungs- noch Entlassungskompetenz der Schule/ Ablehnung von Schulprogrammen als Instrument der externen Qualitätskontrolle	2023b
Stärkung der Schulleiterposition/ die Mitwirkungsrechte der Eltern, Schüler und Lehrer dürfen die Leitungsverantwortung des Schulleiters nicht außer Kraft setzen	2024
Innerinstitutionelle Demokratisierung/ Mitbestimmung und Teilhabe ausbauen/ Wahl des Schulleiters durch das Kollegium	2024b
Anwendung von Methoden der Personalplanung- und entwicklung/ individuelle Portfoliopräsentation/ A113	2025
Freie Schulwahl/ Aufhebung der Schulbezirksgrenzen/ Möglichkeit der Schulen, ihre Schüler auszusuchen	2026
Teilprivatisierung/ Sponsoring ermöglichen (z.B. Facility-Management)	2027
Zusatzeinkünfte der Schulen (Sponsoring etc.) müssen in einem Finanzausgleich verteilt werden	2027.1
Enge Kooperation mit den Eltern/ Zielvereinbarung zwischen Eltern und Schule/	2028
Aufbau einer (staatlichen) Unterstützungsinfrastruktur für Schulen/ Schulaufsicht wird zur Schulentwicklung/ Dritte Ebene zwischen Schule und Schulaufsicht	2029
Autonomie als Voraussetzung für Wettbewerb	
Leistungswettbewerb zwischen den Schulen/ Benchmarking/ Zuteilung der öffentlichen Mittel ist an die Ergebnisse der internen und externen Evaluation gebunden	2030
Nachfrageorientierte Ausrichtung des Schulsystems	2031
Keine Steuerung durch den Markt, orientiert an Kundennachfrage und Wettbewerb	2032
Keine Konkurrenz der Schulen aufgrund von Rankings/ Ablehnung von Schulform-Ranking/ Ablehnung des KMK-Wettbewerbsgedanken zwischen den BL	2033
Qualitätsmanagement/ Evaluation	
"Harte Evaluation": Schulinterne Evaluation des eigenen Schulprogramms und -profils/ Regelmäßige Leistungskontrollen an allen entsprechenden Stationen der Schülerbiografie/ regelmäßige Leistungstests in den Kernfächern in Sek. I	2041
Evaluation durch eine unabhängige (externe) Stelle/ Vergleich der Einzelschule im Verhältnis mit dem Durchschnitt bei Berücksichtigung bestimmter Faktor (soziales Umfeld etc.)	2042
„Weiche Evaluation": Kommunikation und Kooperation / professionalisierte Feedback-Kultur/ Selbstbewertung/ selbst gesteuerte interne und externe Evaluation: Bsp.: Schulübergreifende Qualitätszirkel, Netzwerke mit anderen Schulen, Kooperationen mit Wissenschaft und Beratungsstellen, Vergleichsarbeiten, die der Selbstvergewisserung von Lerngruppen, LehrerInnen und Schulen dienen, Stichproben, Fallstudien, Diagnoseinstrumente für die schulinterne Evaluation, lokale und regionale pädagogische Konferenzen sowie konstruktive öffentliche Schüler- und Schulwettbewerbe.	2043
Ablehnung externer Evaluation auf standardisierter Basis/ Ablehnung von Ranking-Evaluation/	2044
Teilnahme an internationalen Vergleichsuntersuchungen/ europäisches Bildungsinformationssystem mit dem Ziel eines Monotoring-Systems	2045

Ganztagsangebote	
Ganztagsangebote an allen Schulformen einrichten/ Suche nach Ganztagsschulen beeinflusst die Schulwahl der Eltern/ Vor- und Nachmittag sollen von einem einheitlichen Prinzip geprägt sein/ "rhythmisierte Ganztagskonzepte"	2051
Ganztagsschulen als Element der Qualitätsverbesserung	2052
Ganztagsschulen als familienpolitisches Instrument/ Vereinbarkeit von Familie und Beruf	2053
Ganztagsschulen als sozialpolitisches Instrument/ als Element der Chancengleichheit	2054
Zusammenarbeit mit der Jugendhilfe/ verdeckte Kosten offen legen (schlechte Arbeits- und Ausbildungschancen etc.)	2055
Ganztagsschule als Gesamtschulkonzept/ Stadtteil- oder Nachbarschaftsschule/ "gebundene" Ganztagsschule als Regelschule	2056
Kofinanzierung: Für die Finanzierung müssen sozialverträglich gestaffelte Eigenbeträge der Eltern aufgebracht werden	2057
Gebührenfreiheit/ keine Finanzierungsbeteiligung durch die Nutzer	2058
Ausweitung des Unterrichts auf den Nachmittag darf für die Pädagogen nicht zu einer Erhöhung der Gesamtarbeitzeit und der Arbeitsbelastung führen/ Gleichberechtigtes Arbeiten von Lehrern und Sozialpädagogen/ organisatorische und konzeptionelle Zusammenführung von Schulen und Einrichtungen der Jugendhilfe	2059
Rechtsanspruch auf einen Ganztagsschulplatz/	2060
Offene Ganztagschulen	2061
Curriculare Reform des Unterrichts	2100
Regelung der Wahlmöglichkeiten der Leistungskurse/ Verpflichtende Kernfachkombinationen in den Grundkursen	2101
Förderung bestimmter Inhalte bzw. Fächer	
Förderung der MINT-Fächer/ Förderung der naturwissenschaftlichen Fächer aufgrund deren wirtschaftlicher Bedeutung/ Interesse an Naturwissenschaften fördern	2111
Förderung von Technik in der Schule	2112
Medienkompetenz/ Förderung der Kompetenz im Umgang mit neuen Medien/ Medienkompetenz der Lehrer als fester Bestandteil der Lehrerweiterbildung + Lehrerausbildung	2113
Interdisziplinäre Betonung von arbeitsweltlichen Themen/ Einbeziehung von Betrieben als Lernorte/ Einbeziehung von Fachleuten aus der Arbeitspraxis/ Förderung der sozioökonomischen Bildung im Unterricht	2114
Eigenständiges Unterrichtsfach "Wirtschaft" in allen Jahrgangsstufen der Sek. I + II	2115
Ableitung sozioökonomischer Bildungsinhalte aus allgemeinen Bildungsinhalten/ kein eigenständiges Unterrichtsfach	2116
Förderung von Praxis-Klassen für praktisch begabte Schüler an der Hauptschule	2117
Integrative Klassen in allen Jahrgangstufen und an allen Schulformen	2120
Soziales Verhalten und soziale Schlüsselqualifikationen	
Persönliche und soziale Kompetenzen zertifizieren/ ein Bewertungssystem soll Persönlichkeitsaspekte wie Betragen oder Mitarbeit beinhalten/ ein modernes System von "Kopfnoten"	2130
Gegenposition „Kopfnoten“	2131

Förderung von sozialen Schlüsselqualifikationen: Selbständigkeit, Zuverlässigkeit/ Verantwortungsbewusstsein/ Kritikfähigkeit/ Leistungsbewusstsein/ Kreativität/ Flexibilität, Pünktlichkeit	2132
Curriculum: Lehrplanrevision - Didaktische Reform - Reform des Unterrichts	
Grundlegende Allgemeinbildung/ Kulturtechniken/ aufbaufähiges Grundwissen/ Set von Schlüsselqualifikationen/ Grundlagenwissen/ Methodenkenntnis/ Schlüsselqualifikation/ Medienkompetenz/ Orientierung an Kompetenzmodellen/	2141
Verschlankung der Inhalte/ Betonung der Kernfächer	2142
Nutzung der IuK-Technologien/ Betonung des Potenzials von Telelernen/ IuK-Technologien/ virtuelle Schule. E-Learning	2143
Längere Unterrichtsphasen statt Kurzferien etc/	2144
Schule als Einheit von Bildung und Erziehung/ Rechtliche Absicherung der für den Erziehungsauftrag erforderlichen Erziehungsmittel/ Bildung und Erziehung der Schule als ein integratives Konzept / Stärkung des Erziehungsauftrags der Schule	2145
Stärkung des Fremdsprachenunterrichts/ eine Fremdsprache in der Grundschule	2146
die Sprachen der Migranten müssen in unterschiedlicher Form durchgängig in den Bildungsprozess einbezogen werden/ alle Erstsprachen sollen als Fremdsprachen angeboten werden und auch Unterrichtssprachen sein können	2146a
Abkehr vom Frontalunterricht/ stärkere Binnendifferenzierung in den Klassen/ individuelle Förderung und Akzeptanz von Heterogenität/	2147
Lernkompetenz: selbstgesteuertes, eigenverantwortliches und selbstevaluierendes Lernen/ Befähigung zum Selbstlernen/ Befähigung zu lebenslangem Lernen/ Selbstorganisiertes Lernen in Wochenplanarbeit, Frei- und Projektarbeit offener Unterricht/ Individualisierungsmöglichkeiten innerhalb der Lerngruppe/ stärkere Beteiligung der Schüler und Eltern am Lernprozess/ Ablösung der fixen Stundentafel durch Kontigentstundentafeln	2148
Handlungsorientierung/ Unterricht soll Anwendungskompetenz vermitteln/ Lösungsorientierung/ handlungsrelevant und praxisorientiert	2149
Schulzeit	
Schulzeit verkürzen/ Lern- und Leistungszuwächse sind weniger von der Quantität des Unterrichts abhängig/ Abitur nach 12 Jahren/ Eingangsschulalter zu senken/ flexible Einführungsphase	2147a
Ablehnung der Verkürzung der Abitur-Schulzeit/ Ablehnung von Schnellläuferklassen und Sondereinrichtungen für kognitiv besonders Begabte	2148a
Frühere Einschulung	2149a
Ablehnung einer Einschulung mit 5 Jahren/ keine "Vorschulpflicht"	2149a.1
Verlängerung der Grundschulzeit	2149b
6-jährige Grundschulzeit	2150
4-jährige Grundschulzeit	2150.1
Prüfungsformen	
Zentrale Abschlussprüfungen am Ende jeder Schullaufbahn/ Abschlussprüfungen am Ende der Hauptschule/ standardisierte Tests beim Übergang zur weiterführenden Schule	2151
Nur Zentralabitur, an anderen Schulformen keine zentralen Abschlussprüfungen	2152
Keine zentralen Abschlussprüfungen	2153
Zielgruppenförderung : Früherkennung von Schwächen und Begabungen	
Soziale Selektivität des Schulsystems als Grundübel/ Allgemeine Problembenennung: Zu viele Schüler verlassen die Schule ohne Abschluss/ Verkleinerung der Risikogruppen/ gezielte Förderung leistungsschwacher Schüler	2210

Schule muss einen Abschluss, d.h. das dafür nötige Niveau garantieren	2211
Individuelle Beratung/ effektive Konzepte zur systematischen Defizitbehebung/ Schullaufbahnorientierung/ Kooperation mit schulpsychologischen Diensten/ "Bildungspass"/	2220
Hauptschulen stärken/ Beibehaltung des 10. Hauptschuljahres/ mindestens 10-jährige Schulpflicht	2221
Verbindung einer Beschäftigung in einem Betrieb mit einer schrittweise modularen Qualifizierung/ Schulen mit arbeitswelt- und berufsbezogenem Profil/ Etablierung von Praxisklassen/	2222
Ablehnung von Praxisklassen/ Ablehnung eines praktischen oder überwiegend praktischen Profils der Schule	2223
Aufwertung der Kernfächer Deutsch + Mathematik in den Stundentafeln der Hauptschulen	2225
Schüler mit Migrationshintergrund	
Erhöhung der Schulabschlussquote ausländischer Schüler	2227
Sprache: gezielte Sprachfördermaßnahmen/ Deutschkurse auch für die zugewanderten Eltern	2228
Interkulturalität: Modellversuche interkulturelles Lernen/ Interkulturalität als Schlüsselqualifikation in allen Lernbereichen	2229
Begabtenförderung	
Förderung von Hochbegabten/ gezielte Begabtenförderung	2230
Institutionalisierte Hochbegabtenförderung: Hochbegabtenprogramme auf Bundesebene (wie bei Studierenden)/ Einrichtung von Förder- Profil- oder D-Zug-Klassen	2231
Begabtenförderung auch in der Berufsschule	2232
Mädchen im koedukativen System besonders fördern	2240
Maßnahmen zur Steigerung des Lernerfolges der Mädchen in den MINT-Fächern	2241
Jungen im koedukativen System besonders fördern	2250
zunehmende Benachteiligung von Jungen/	2251
Konzepte zur Jungenförderung	2252
Arbeitswelt-Kompatibilität	
Leistungen der Schüler für die Arbeitswelt unzureichend/ Basiskompetenzen (Rechnen + Lesen) mangelhaft/ im internationalen Vergleich mangelhaft/ Schere zwischen den Anforderungen in Beruf und Ausbildung und den Wissen und Können der Schulabgänger/ Stärkung der persönlichen und sozialen Kompetenzen der Schulabgänger	2300
Förderung der Arbeitswelt-Kompatibilität	2301
Berufs- und Laufbahnberatung durch die Schulen	2310
Arbeitsweltbezüge im Unterricht/ Partnerschaft Schule - Wirtschaft/ Betriebspraktika/ Lehrerfortbildung	2320
Differenzierte versus integrierte Schulsysteme	
Binnendifferenzierung: Pluralismus der Schulangebote: Differenzierung des Lernens/ nicht Gleichbehandlung, sondern individuelle Förderung schafft Chancengleichheit/ Heterogenität der Lerngruppen mit zunehmender Differenzierung begegnen/ stärkere Binnendifferenzierung bei Beibehaltung des dreigliedrigen Schulsystems/ explizite Ablehnung integrierter Modelle	2410
Integrierte Schulen als additive Schulformen zu dem bestehenden dreigliedrigen Schulsystem/ Formen kooperativer Gesamtschulen/ differenzierte Schulformen unter einem Dach	2411
Integrative Gesamtschule als Regelschule/ "Eine Schule für alle" als kommunale 'Bildungszentren/ obligatorischer, mittlerer Bildungsabschluss für alle	2412
Schulstruktur: "Eine Schule für alle" mit 10 Jahre Schulpflicht, anschließende Oberstufe integriert allgemeine und berufliche Bildung	2413
Differenzierung erfolgt zu früh	2414

Verbindlichkeit der Schul-Empfehlung der Grundschule	2415
weiterführende Schule entscheidet über die tatsächliche Aufnahme des Kindes	2416
Elternwahlrecht	2417
Hauptschule stärken/ Hauptschule muss auf die Berufsausbildung vorbereiten/ Stärkung des praktisch-lebensnahen Profils der Hochschulen	2418
Abschaffung der Hauptschule/ Auflösung der Hauptschule und Integration ihrer Schüler in andere Schulformen/ Schaffung eines mittleren Schulabschlusses	2418.1
"Qualifikationsschul"-Konzept (GEW)	2418.2
Betonung der Unwichtigkeit der Schultypdiskussion/ keine schulstrukturellen Fragen	2419
GEW-Schulmodell (6+6+3)= Beruf + HS (Aufgabe des "Kastendenkens nach Begabungsdienstgraden [praktisch versus theoretisch]	2420
Realschule stärken/ mittlerer Schulabschluss an Realschulen	2421
Durchlässigkeit	
Durchlässigkeit ist ein notwendiges Korrektiv zur Differenzierung/ Chancen von Spätentwicklern durch bessere Durchlässigkeit stärken	2431
Sitzenbleiben	2432
Sitzenbleiben abschaffen/ Klassenwiederholung als Versagen der pädagogischen Förderung/	2433
Werteerziehung	
Werteerziehung als Bestandteil des Bildungs- und Erziehungsauftrages der Schule	2500
Betonung der Wichtigkeit bestimmter persönlicher oder sozialer Kompetenzen/ Unternehmen haben elementares Interesse am einer Wertorientierung ihrer Mitarbeiter	2501
Vermittlung der Werte des Grundgesetzes/ Freiheit und Verantwortung, Personalität, Solidarität und Subsidiarität/ Religions- und Ethikunterricht	2510
Betonung der Bedeutung von Arbeit für die Persönlichkeitsentwicklung	2520
Betonung der sozialen Komponenten der schulischen Erziehung/ Förderung der Übernahme von ehrenamtlichem oder sozialem Engagement	2530
Betonung von Solidarität und Demokratie	2540
Betonung der Rolle der Eltern/ der erzieherischen Funktion des Elternhauses	2560
Stärkere Einbindung der Eltern in die schulischen Lernprozesse	2561
Lehrer	
Lehrer: Bezahlung und Position	
Betonung der wichtigen Rolle des Lehrpersonals für die Qualität der Schule / Lehrer als pädagogische Führungskräfte	2611
Leistungsorientierte Bezahlung/ Berücksichtigung der individuellen beruflichen Weiterentwicklung	2612
Gegen Absenkung der Beamtenbesoldung und Tarifentgelte/ gegen Öffnungsklauseln zur Kürzung und Streichung von Besoldungsbestandteilen	2612.1
Nach Fächern differenzierte Arbeitsverträge/ individuelle Arbeitsverträge/ Erarbeitung von Bewertungskriterien	2613
Liberalisierung der Laufbahnvorschriften/ Flexibilität u. Mobilität fördern/ Möglichkeit von Zeitverträgen/ Schulwechsel fördern/	2614
Abschaffung des Berufsbeamtentums/ staatliches Angestellten-Verhältnis	2615
Ganztägige Präsenzpflicht der Lehrer/ Arbeits- und Anwesenheitspflicht der Lehrer neu reflektieren	2616
Bewertung der Leistung/ Coaching/ Supervision etc./ individuelle Zielvereinbarungen	2617
Teilnahme am OECD-Lehrer-Pisa-Test	2618

Aufbau eines professionellen Systems der Selbsthilfe und Selbstkontrolle	2619
Lehrerbildung	
Stärkere Vernetzung der ersten und zweiten Phase der Lehrerbildung/ mehr Praxiselemente im Lehramtsstudium	2621
Lehrerbildung muss als ganzheitlicher, institutionenübergreifender Prozess organisiert werden/ Aufbau von Zentren für Lehrerbildung	2621.1
Reform (oder Abschaffung) des Referendariats durch Coaching, Supervision, Traineeprogramme	2622
Hochschulforschung muss tragfähige und praktikable Konzepte erarbeiten	2623
Best-Practise-Bsp.	2624
Berufseinstiegsphase als dritte Phase (Oelkers-Modell)	2625
Fachlich, didaktisch-methodisch auf dem neusten Stand bleiben	2626
Höherer Stellenwert der pädagogischen Professionalität neben der fachlichen/ Stärkung der pädagogisch-erzieherischen Kompetenz der Lehrer	2627
Erweiterung des Aufgabenspektrums: Lehrer als Manager der Außenbeziehungen/ Vernetzung mit Eltern, Schulträgern, Öffentlichkeit	2628
Lehreraustauschprogramme mit dem Ausland	2630
Integration von fachlichen Experten/ obligatorische Betriebspraktika/ Regelmäßige und systematische Kontakte mit der außerschulischen Berufswelt und der Wirtschaft (Betriebspraktika)/ Job-Rotation zwischen Lehrerberuf und einer Tätigkeit in der Wirtschaft muss gefördert werden	2631
Diagnostische Kompetenzen der Lehrer stärken	2632
Konstruktiver Umgang mit Heterogenität als zentraler Inhalt der Ausbildung	2633
Studienmodelle Lehramt	
Laufbahn-Perspektive: Anspruch auf Perspektiv- und Laufbahnplanung	2640
Seiteneinsteiger ermöglichen (mit pädagogischen Qualifizierungsmaßnahmen)/ KMK soll berufsbegleitende Fortbildung zum Lehrer anbieten	2641
Lehrerausbildung an Pädagogischen Hochschulen	2642
Behler-Modell	2643
Modell des Wissenschaftsrats (fachlicher BA, pädagogischer MA)	2644
Stärkung der didaktisch-pädagogischen Anteile im Studium zu Lasten der fachlichen Vollstudiengänge	2645
Aufbau von Qualifizierungs- und Fortbildungsangeboten für Seiteneinsteiger durch die Bundesländer	2646
Intensivierung der Unterrichtsforschung	2647
einheitliche Lehrerausbildung aller Lehrämter	2648
Zusatzqualifikationen: Fähigkeit, den Fachunterricht auch in einer zweiten Sprache abzuhalten	2650
Lehrerfortbildung	
Materielle und immaterielle Anreize zur Weiterbildung	2661
Kontakt zu den gelernten Fächern	2662
Weiterentwicklung des didaktisch-methodischen Könnens/ Kooperation mit außerschulischen Experten/ Kontakt zu wissenschaftlichen Einrichtungen	2663
Eigener Fortbildungsetat der Schulen/ Entscheidung liegt bei Schulleitung/ A34	2664
Freier Markt der Fortbildungsangebote	2665
Verpflichtende Fortbildungszeit von zwei Wochen in den Ferien	2666

Organisation der Lernprozesse (Weiterbildung) stärker in die Hand der Lehrer geben	2667
Kategorie III: Hochschulen	**3000**
Steigerung der Akademikerquote	3001
Steigerung der Quote der Studienzugangsberechtigten (GEW 70%)	3002
Ablehnung einer Vorgabe, die rein quantitativ und sozialpolitisch motiviert ist	3003
Selbstverständnis der HS	
auf Wettbewerb ausgerichtete Dienstleistungsbetriebe und Ausbildungsinstitutionen/ "Wissensunternehmen"/ Kundenorientierung	3010
Gegenposition zu 3010	3011
Regelfall: Ausrichtung auf eine wissenschaftsfundierte Qualifizierung für eine anschließende Tätigkeit in der Praxis (und nicht die Ausbildung jedes Studierenden zum Fachwissenschaftler)/ Studenten wollen „nur" einen Beruf lernen	3012
Gegenposition zu 3012	3013
Autonomie der Hochschulen	
Umstellung des Finanzierungssystems auf marktwirtschaftliche (= nachfrageorientierte) Prinzipien/ Profilbildung (= Aufgabe des Gleichheitsanspruchs der HS)/ Bildungsmärkte	3020
Subsidiaritätsprinzip/ Steigerung der Selbstverwaltung/ Finanzautonomie/ eigenständige Verfügung über Budget und Mitteleinsatz/ professionelles Management/ kaufmännisches Rechnungswesen anstelle von kameralistischer Haushaltsführung	3021
Hochschulleitung mit klarer Verantwortlichkeit als Entscheidungsträger	3022
Wahl der Hochschulleitung durch die Hochschulräte, die auch auf die strategische Planung und Profilbildung achten/ Hochschulräte können von außen kommen/ eigene Profilbildung der HS	3023
Begrenzung der akademischen Mitbestimmung/ Begrenzung der gruppenparitätisch besetzten Kollegialorgane	3024
Gegenposition/ „Gruppenuniversität"/ Mitbestimmung/ demokratische Selbstverwaltung stärken/ Leitungsorganisation muss über klares Mandat der Selbstverwaltungsgremien verfügen, die auch als Kontrollorgane wirken (= Misstrauensvotumkompetenz)/ Mitbestimmungsaufgaben der Gruppen des akademischen Mittelbaus, des technischen, Verwaltungs- und Bibliothekspersonals und insbesondere der Studierenden gegenüber der Stellung der Professoren zu erweitern/ Ablehnung der Majorität einer Gruppe/ der verfassungsrechtlich eröffnete Spielraum ist dafür voll auszuschöpfen.	3025
Stärkung der studentischen Mitbestimmung/ Studierende sollen in die Wahlpositionen auf allen Ebenen der Selbstverwaltung gewählt werden können (auch Mitglied des Leitungsorgans der HS)	3026
Finanzierungsformen	
Finanzierung aus Grundbemessung plus leistungsbezogener Zuwendungen/ knapp bemessene staatliche Grundausstattung, die die Funktionsfähigkeit von Forschung und Lehre garantiert, der Rest wird leistungsbezogen vergeben (Zahl der Studierenden, Examina, etc.) bzw. anhand der Evaluationsergebnisse	3030
Finanzierung des wissenschaftlichen Nachwuchses über eine zusätzliche Finanzierungskomponente der Hochschulen (Stipendien für Graduiertenkollegs)	3031
Finanzierung eines festen Budgetteils aus Drittmitteln/	3032
Eigene Einnahmen: Hochschulen müssen einen Teil ihrer Kosten durch Forschungs- und Entwicklungstätigkeit und/oder aus Weiterbildungsleistungen selbst erwirtschaften/ Liegenschaften müssen den Hochschulen übertragen werden	3033

Wettbewerb als Steuerungsmechanismus	3040
Wettbewerb um staatlich Zuwendungen/ Wettbewerb um das Lehrpersonal/	3041
Leistungsbezogene Bezahlung/ Vergütung von Professoren muss zum zentralen Führungs- und Steuerungssystem ausgebaut werden	3042
Etablierung privatrechtlich organisierter Hochschuleinrichtungen	3043
Wettbewerb um Public-Private-Partnership-Projekte	3044
Akkreditierung muss Genehmigung ablösen/ Akkreditierungsagenturen, um Gleichwertigkeit der Ausbildungsbedingungen zu gewährleisten	3045
Auf Bundesebene soll der von der Kultusministerkonferenz (KMK) und der Hochschulrektorenkonferenz (HRK) eingesetzte Akkreditierungsrat gemeinsame und transparente Qualitätsstandards für die Arbeit der Akkreditierungsagenturen beschließen.	3046
Professoren-Qualifikation	
Hochschulen müssen entscheiden, welcher Weg zum Prof.-Titel führt	3050
Habilitation zukünftig nicht mehr zulassen (unter Gewährung entsprechender Übergangsfristen)	3050.1
Juniorprofessuren/ größere finanzielle Spielräume bei Juniorprofessuren/ Ablehnung der "Kostenneutralität" des Hochschulrahmengesetzes	3051
Leistungsorientierte Bezahlung der Professoren/ Professoren müssen wie leitende Angestellte außerhalb von Tarifverträgen stehen	3052
Prinzipiell europaweite Ausschreibung der Juniorbeschreibungen	3053
Ablehnung befristeter Arbeitverhältnisse im HRG	3054
Befristung von Arbeitverhältnissen prinzipiell möglich	3055
Keine Tarifsperren im HRG/ Tarifverhandlungen ermöglichen/ Ablehnung einseitiger beamtenrechtlicher Vorabregelung mit präjudizierender Wirkung auf Nichtbeamte im Wissenschaftsbereich und andere Besoldungsbereiche/ Wissenschaftstarifvertrag für Hochschulen und andere Forschungseinrichtungen	3056
Einheitliches Beschäftigungsrecht für Arbeiter, Angestellte und Beamten an den Universitäten	3056.1
Die für die Berufung geforderten Leistungen neben der Juniorprofessur müssen auch durch Tätigkeiten in anderen Einrichtungen des Wissenschaftssystems sowie in Wirtschaft und Verwaltung erbracht werden	3057
Einführung von "Tenure Tracks"	3058
Dienstrecht- und Besoldungsreform	
Überführung der Hochschulen in Stiftungen des öffentlichen Rechtes	3110
Schnelle Loslösung der Hochschulen aus den beamtenrechtlichen Bedingungen und den Regelungen des Öffentlichen Dienstes (BAT)/ Aufhebung des bisherigen Grundsatzes der Einheitlichkeit der Besoldung	3120
Schnelle Loslösung der Hochschulen aus den beamtenrechtlichen Bedingungen bei Beibehaltung der Regelungen des Öffentlichen Dienstes (BAT)	3121
Aufhebung des Besserstellungsverbotes bei Personalvergütungen	3130
Vergleichbare finanzielle Spielräume für HS- und FH-Professoren	3140
Ungleichbehandlung von BA/MA bzw. HS/FH-Abschlüssen durch den Öffentlichen Dienst aufgeben	3150
Zuordnung wissenschaftlicher Mitarbeiter zu Hochschullehrern	3160

Abschaffung der Zuordnung wissenschaftlicher Mitarbeiter zu Hochschullehrern/ gesetzliche Regelung, dass wiss. Mitarbeiter ihre Aufgaben überwiegend oder ausschließlich selbständig wahrnehmen können	3161
Renten- und Arbeitslosenversicherungsschutz der Doktoranden	3170
Generelle Beschränkung der Befristungsdauer für studentische Hilfskräfte auf maximal 4 Jahre (§57e HRG) sollte durch Orientierung an der Studiendauer ersetzt werden	3176
Qualitätsmanagement	
Evaluation	
Staat konzentriert sich auf die Rahmensetzung der Qualitätsverbesserung	3200
Externe Evaluation: Akkreditierungsagentur/ Evaluation von Strukturen, Prozessen und Ergebnissen der Bildungseinrichtung durch unabhängige Fachleute	3210
Maßnahmen der interne Evaluation	3220
Paritätische Beteiligung (Gleichstellungsbeauftragte, technisches Personal etc.)	3221
Expertengremium	3222
Verpflichtende Weiterbildungs- und Professionalisierungsangebote/ Sanktionen bei Nicht-Teilnahme	3223
Übernahme von Instrumentarien und Managementformen aus der Wirtschaft (Personalpolitik, Controlling etc.)	3230
Reform des Studiums an den Hochschulen	
Beschäftigungsfähigkeit/ Employability	
Verbesserung der Abstimmung zwischen den Anforderungen des Arbeitsmarktes und den Profilen der Hochschulstudiengänge/ wissenschaftliche Begleitforschung zum Berufsbedarf	3300
Bessere Verzahnung mit der Arbeitswelt von Hochschulbildung und Beschäftigungssystem/ "berufsqualifizierendes Studium"/ stärkere Arbeitsmarktorientierung	3301
Befürwortung der Einführung von BA/ MA-Abschlüssen (BMS)	3310
Bachelor als Standardabschluss	3311
Bachelor als zusätzliches Angebot	3312
Differenzierung und Durchlässigkeit	3313
Bachelorstudiengänge müssen arbeitsmarktrelevantes Profil aufweisen	3314
Bachelor nicht aus Kapazitätserwägungen/ Bachelor nicht nur als Instrument der Studienzeitverkürzung einführen	3315
Zugang zu Master-Studiengängen muss prinzipiell allen offen stehen/ keine NC-Begrenzung der -Masterstudiengänge	3316
Zugang zu Master-Studiengängen nur bei entsprechender Leistung	3317
Fachhochschulen	
Durchlässigkeit FH - HS und Kooperation	3320
Stärkung der FH/ Erweiterung des Spektrums/ Stärkung der Forschung an den FH	3321
Promotionsrecht an FH	3322
Keine Regelung der hochschulartspezifischen Merkmale der Studieninhalte (Anwendungsbezug vs. Theoriebezug)	3323
Gleichstellung HS und FH/ keine Diskriminierung der FH/ bei Einstellungen im Öffentlichen Dienst müssen FH und HS bzw. BA und MA bei der Besoldung gleich behandelt werden	3324
Innere Studienreform: Curriculum	
Kerncurriculum/ Verringerung des Anteils an verbindlichen Studieninhalten zugunsten eines Wahlpflichtteils	3325

Selbstkontrolle/ studienbegleitende Leistungskontrollen ermöglichen eine Studienberatung/ Prüfungen nicht zum Ziel des Lernens, aber zum Maßstab für den eigenen Lernerfolg und die Studienplanung	3326
Gesellschaftlicher Aspekt des Curriculums: Befähigung zu verantwortlichem Handeln in einem freiheitlichen, demokratischen und sozialen Rechtsstaat (vgl. §7 HRG)	3328
Differenziertes System der Studienberatung (in Sek. II, während des Studiums und beim Übergang in die Berufswelt) wiss. Mitarbeiter aus den Fachbereichen/ "career services"	3329
Modularisierung von Studienabschnitten und Ausbildungsbestandteilen	3330
Creditpoint-System (European Credit Transfer System)	3331
Fachübergreifende Studiengänge/ Anteile fach- und problemübergreifender Studienangebote	3332
Institutioneller Rahmen für Teilzeitstudiengänge	3335
Förderung dualer Ausbildungsgänge/	3340
Beteiligung der Arbeitgeber an den Kosten der Hochschulausbildung (in dualen Studiengängen)	3341
Regelmäßige Leistungskontrollen im Studium mit Konsequenzen für die Lernbiografie	3350
Förderung von Existenzgründungen an Hochschulen	3360
Kooperation mit der Wirtschaft/ PPP/ Förderung des Personaltausches zwischen Uni und Wirtschaft/ Unternehmen können ihr Know-how in Management, Finanzen, Controlling und Personalentwicklung einbringen	3370
Verringerung der Studienzeit/ Verringerung des durchschnittlichen Abschlussalters	3380
Individuelle Ausbildungsprogramme machen die Dauer des Studiums zweitrangig	3381
Verringerung der Studien-Abbrecherquoten	3390
Verbindung Lehre und Forschung	
Einbindung aller Studierenden in die Forschung (auch BA-Studierende)	3400
Anwendungsorientierte Zusammenarbeit mit Unternehmen/ HS als Kern regionaler Netzwerke	3401
Praxisbezug/ Hochschulen als Standortfaktor	
Förderung von Praktika, Praxissemestern, Feldstudien etc. in Kooperation mit der Hochschule/ wissenschaftliche Begleitung und Einbindung der Praxisteile/ "Ernstfallsituationen"/ "career service"-Einrichtungen	3405
Hochschulen als Standortfaktor/ vielfältige Kooperationsformen (Technologietransfer, Weiterbildungsanbieter, Personaltransfer, Ausgründungen etc.) / Formen des Wissenstransfers zwischen Hochschulen und Unternehmen	3406
Vermarktung der eigenen Forschungsergebnisse, Ermöglichung von Einnahmequellen durch Technologietransfer, Patente etc.	3407
Zugangsberechtigung zur HS	
Abschaffung der ZVS	3410
Beibehaltung der ZVS	3411
Direktauswahl der Hochschulen: Verantwortlichkeit für die Zulassung von Studienbewerbern muss mittelfristig allein bei den Hochschulen liegen/ an Leistungskriterien ausgerichtetes Instrumentarium/ Kombination aus Note der Hochschulzugangsberechtigung, dem Auswahlgespräch und der Berufstätigkeit vor dem Studium/ Objektivität, Zuverlässigkeit, Gültigkeit = Verfahren sollen gerichtlicher Überprüfung standhalten/ derzeitigen 20-Prozent-Anteil erhöhen	3420
Direktauswahl der Hochschulen: prinzipiell: erst Hochschulauswahl, dann ZVS-Vergabe/ auch in nicht zulassungsbeschränkten Fächern	3430
Studium auch ohne Abitur (mit Berufsausbildung) prinzipiell möglich	3440

Anerkennung anders erworbener Kenntnisse (nach Prüfung)	3441
Gleichwertigkeit allgemeiner und beruflicher Bildung/ Anerkennung anders erworbener Kenntnisse im Bereich Beruflicher Bildung ohne Prüfung/ Studienzugangsberechtigung aufgrund von Weiterbildungsabschlüssen im HW	3442
Finanzierung des Studiums	
Ausweitung des BAföG (auch nicht-konsekutive Studiengänge), Förderung in Anschluss an andere berufsqualifizierende Examina/ elternunabhängiges Bafög	3501
Kostenbeteiligung der Studierenden	
Pro Studiengebühren	3510
Beteiligung der Studierenden an den Ausbildungskosten/ kein generelles Verbot von studentischen Kostenbeteiligungen/ Studiengebühren als Lenkungselement	3510
Studiengebühren müssen direkt der Universität zukommen	3511
Sozial ausgewogene Studienförderung und differenziertes Stipendienwesen	3512
Aufbau von Darlehenmodellen für Studierende	3513
Studienkontenmodelle	3514
Contra Studiengebühren	3520
Bundesweites Verbot (im HRG) von Studiengebühren für das erste konsekutive Studium/ Ablehnung eines Studienkontenmodells	3521
Profilbildung/ Hochschulmarketing	
Profilstudiengänge	3611
International und praxisorientierte Studiengänge/ Steigerung der Internationalität des Studiums	3612
Corporate Identity	3613
Hochschulmarketing zur Stärkung der Kundenorientierung/ Förderung von GATS-Initiativen	3614
Internationalisierung	
Erhöhung der Attraktivität der deutschen Hochschulen für Ausländer/ Erhöhung des Anteils ausländischer Studierender	3621
Englischsprachige Studiengänge	3622
Mehrsprachige Studiengänge	3623
International vergleichbare und anerkannte Abschlüsse	3624
international kompatible Studiengänge/ Anerkennung im Ausland erbrachter Leistungen	3625
Beseitigung aufenthalts- und arbeitsgenehmigungsrechtlicher Hindernisse/ / großzügige Arbeitsmöglichkeiten von Nicht-EU-Ausländern	3626
Auslandssemester und Auslandsaufenthalte	3627
Kooperation mit ausländischen Hochschulen/ Bereitstellung der nötigen Infrastruktur (Sprachkurse, Austausch von Gastwissenschaftlern etc.)	3628
Einsatz neuer Medien	
Flexibilisierung des Lernprozesses durch Neue Medien/ Informationsbeschaffung/ Fern-Studiengänge	3701
Staatliche Verantwortung beim Ausbau der IT-Infrastruktur/ beim Ausbau der Infrastruktur für neue Medien nicht auf private Sponsoren verlassen	3704

Zielgruppenförderung	
Verbindliche Politik des Gender Mainstreaming/ Erhöhung des Frauenanteils bei Professuren und Leistungspositionen	3800
Kategorie IV: Berufsbildende Schulen	**4000**
Der Berufsbildungsbereich zählt zum Bildungssystem und nicht zum Beschäftigungssystem/ öffentlicher Bildungsauftrag auch in der beruflichen Bildung/ Recht auf Bildung gilt auch für den Berufbildenden Bereich	4001
Qualifizierende Berufsausbildung (auch weiterhin) als notwendige Voraussetzung für den Eintritt in das Beschaftigungssystem	4002
Recht auf Ausbildung gesetzlich verankern	4003
Allgemeine Struktur des Berufsschulsystems	
Berufskonzept/ Kernqualifikationen + Wahlpflichtbausteine/ Bekenntnis zum dualen System/ Prinzip der Berufsbezogenheit "Beruflichkeit"/ Berufsbildung muss zu voller Berufsfähigkeit führen/ Systemkern ist das Berufskonzept/ Beibehaltung des Berufskonzeptes/ Ablehnung des britischen Modells	4010
Gleichwertigkeit der beruflichen Bildung zu allgemeinen Bildungswegen	4010.1
Gegenposition: Basis-Berufskonzepte bzw. Grundberufe/ keine öffentlich-rechtliche Prüfungen/ Personalzertifizierung/ britisches Modell	4011
Lernen und Arbeiten als Einheit/ Berufliche Handlungsfähigkeit als Ziel der Berufsausbildung	4012
Ablehnung eines "kooperativen Dualismus"	4013
Satellitenmodell (DIHT): Ausbildungszeit flexibilisieren und individualisieren, Grundqualifikationen, Wahlpflichtbausteine und optionale Wahlbausteine,	4014
Ablehnung des Satellitenmodells des DIHT/ modulare Gestaltung unter einem Berufskonzept/ Ablehnung von Monoberufen/ keine Branchenberufe, sondern branchenübergreifende, funktionsorientierte Ausbildung	4014.1
Ausbildungsordnung nur noch Rahmen für Mindest-Ausbildungsinhalt, weitere Detaillierung nehmen die Berufsfachkommissionen vor (DIHT-Modell)	4015
Gegenposition: Ablehnung einer verkürzten Ausbildung und Modularisierung/ Ablehnung der Wahlfreiheit	4015.1
Bildungsinhalte	
Keine allgemeinen Bildungsinhalte in der Berufsschule/ Beschränkung auf Grundkenntnisse/ Vermittlung des "für die Berufsausbildung wesentlichen Lehrstoffs" (§35 BBiG) Berufsschule keine "Reparaturwerkstatt"	4016
Gegenposition: allgemeine Bildungsinhalte in der Berufsschule/ Persönlichkeitsentwicklung/ soziale Kompetenzen/ Ethikunterricht	4017
(im Handwerk): berufliche Schulen nach fachlichen Gesichtspunkten zu Kompetenzzentren (auch für Weiterbildung) bündeln	4018
Wertevermittlung in der Beruflichen Bildung	4019
Verstärkter Personaltausch zwischen Ausbildern und Lehrern	4020
Verstärkte Orientierung an den Qualifikationsanforderungen der Betriebe	4021
Lernortkooperationen	4030
Telelearning/ e-Learning fördern	4031

Prüfungen	
Zwischenprüfung aufwerten und Abschlussprüfung entlasten/ Flexibilisierung der Ausbildungs-Prüfungsteile/ Varianten-Modell/ Prüfungen als integraler Bestandteil der Berufsbildung	4040
Keine zweiteilige Abschlussprüfung	4041
Zweiteilige Abschlussprüfung	4042
Senkung des Prüfungsaufwandes	4043
Praxisbezogene Prüfungen/ unterschiedliche Prüfungsformen je nach Beruf/ integrierte Prüfungsformen	4044
Recht auf den Abschluss einer Prüfung sowie die zeitliche Streckung einer Ausbildung	4045
Dokumentation der erworbenen Leistungen bei Abbruch der Ausbildung	4046
Rechtsrahmen	
Ermöglichung einer einzelvertraglichen Absenkung der Ausbildungsvergütung (unter Zustimmung des Betriebsrates)	4050
Prinzip "Ausbildung geht vor Übernahme"/ Reduzierung der tariflich vereinbarten Übernahmepflichten	4051
Mehr Freiraum in den Ausbildungsverordnungen und Prüfungsverordnungen/ weniger Detaillösungen	4052
Keine rechtlich verankerte Ausbildungsplatzabgabe	4053
Autonomie Berufsschule	
Größere Entscheidungsspielräume der Berufsschulen (curriculare und organisatorische Einrichtung von Bildungsgängen, eventuell Weiterbildungsangeboten, Kooperation und Abstimmung mit anderen Bildungsträgern, konkrete Gestaltung der Arbeitszeit in der Schule)/ Finanzielle Autonomie (Budgetierung)/ Berufsschule soll Lehrpersonal selber aussuchen können/ Berufsschulprofile schärfen/ Wahlpflicht- und Wahlbausteine gehören nicht zwangsläufig zum Standardangebot der B-Schulen	4054
Stellenplan bzw. Stellenwirtschaft bleibt beim Land/ Einhaltung der tariflichen bzw. gesetzlichen Regelungen	4054.1
Qualitätssicherung durch bundeseinheitliche Standards/ Evaluation statt Schulaufsicht	4055
Zertifizierte Qualitätsmanagementsysteme (insbesondere dort, wo Berufsschulen in Wettbewerb mit anderen Trägern stehen)	4056
Weiterentwicklung zu regionalen Zentren der beruflichen Aus- und Weiterbildung/ Ausbau zu regionalen Berufsbildungszentren (RBZ)	4057
Finanzausgleich: Ungleichheit durch Budgetierung und der Möglichkeit zur eigenständigen Mitteleinnahme muss durch einen Finanzausgleich kompensiert werden	4058
Integration der Berufsschulen in das BBiG (und Loslösung aus dem Hoheitsbereich der Länder)	4049
keine Privatisierung der Berufsschulen/ keine Trägerschaft durch Stiftungen des öffentlichen Rechts/	4050
Ausbildungsfinanzierung	
Prinzip der einzelbetrieblichen Finanzierung der Berufsausbildung/ Ablehnung eines umlagenfinanzierten Systems	4060
Umlagenfinanzierung: Ausbildungsfinanzierung durch zentrale Umlagen bzw. Ausbildungsabgabe/ Finanzierung durch Steuern der Unternehmen/ branchenbezogene Ausbildungsquoten mit Sanktionen bei Nichterfüllung	4061

Mangelnde schulische Vorbildung	
Viele Schüler sind nicht ausbildungsfähig/ mangelnde Grundkompetenzen von Schulabgängern/ Schere zwischen den steigenden Anforderungen der Arbeitswelt und dem Wissen und Können der Schulabgänger/ Erhöhung des Leistungsniveaus der Auszubildenden nach der Schule	4080
Mangelnde Leistung in der Ausbildung	4081
Soziale und persönliche Kompetenz der Auszubildenden sind nicht ausreichend/	4082
Neue Berufsbilder	
Offensive Einführung neuer Berufsbilder	4090
Differenzierung des Ausbildungssystems nach unten/ Schaffung von Ausbildungsberufen in weniger komplexen Arbeitsfeldern/ "Praxisorientierte, verkürzte Ausbildungen"	4091
Gegenposition: keine Kurzausbildungen für "praktisch Begabte"/ keine „Anlernberufe"/ Benachteiligten muss der Zugang zu einer qualifizierten mindestens 3jährigen betrieblichen Berufsausbildung gesichert sein	4091.1
Zurückhaltung gegenüber neuen Ausbildungsberufen	4092
Duales System	
Verkürzte Ausbildungszeit für bestimmte Berufsgruppen	4101
Keine Verkürzung der Ausbildungszeit	4101.1
Triale Ausbildung in den Neuen Bundesländern (TRABI)	4102
Ablehnung des TRABI-Modells	4103
Strukturelle Probleme des Dualen Systems/ Kritik an mangelnden Ausbildungsplätzen/ regionale Ausbildungsplatzdifferenzen/ Strukturwandel der Wirtschaft spiegeln sich in Ausbildung nicht wider	4104
Ausbildungsplatzmangel	
Betonung der Arbeitgeber-Verpflichtung zur Bereitstellung von Ausbildungsplätzen ohne betriebswirtschaftliche Abwägung	4105
Bereitstellung eines qualifizierten und auswahlfähigen Ausbildungsangebotes durch den Staat/ Wenn die Wirtschaft nicht genügend ausbildet, muss der Staat einspringen/ Ergänzung der dualen Ausbildung durch vollschulzeitliche Ausbildung in Kombination mit verschiedenen Lernorten/	4106
Plurales Berufsbildungssystem/ das faktische Mischsystem muss anerkannt, nach bestimmten qualitativen Standards reformiert und systematisch zu einem pluralen Berufsbildungssystem weiterentwickelt werden/ Regionale Berufsbildungszentren/	4107
Erhöhung der Anwesenheitszeit im Ausbildungsbetrieb/ verstärkte Nutzung von Blockunterricht und Kurssystemen	4110
Zwei Berufschultage mit mindestens 12 Std. pro Woche verpflichtend/ keine Reduzierung der Ausbildungszeit im Betrieb/ zwei Berufsschultage im ersten Jahr, einer im zweiten	4111
Keine Reduzierung des Berufschulunterrichts	4112
Auch bei volljährigen Auszubildenden soll die Berufsschulzeit analog § 9 JArbSchG auf die Ausbildungszeit angerechnet werden/ Volle Anrechung (inklusive Pausen und Wegezeiten) auf die vertraglich vereinbarte Arbeitszeit/ Berufsschultage mit mehr als 5 Unterrichtstunden gelten als kompletter Arbeitstag	4113
Vorrang der dualen Berufsausbildung vor Vollzeitschulen oder Ähnlichem (TRABIplus)	4120
Stärkere Gewichtung des betrieblichen Ausbildungsanteils innerhalb der dualen Ausbildung	4130
Bausteinprinzip/ modulare Konzepte in der dualen Ausbildung/ Modularisierung der Ausbildungsgänge/	4140

Handwerk: Beibehaltung des Großen Befähigungsnachweises/ Beibehaltung der Qualifizierung (Lehrling, Geselle, Meister)	4170
Modularisierung der Teile der Meisterprüfung/ Flexibilisierung der weiterführenden Qualifikation	4171
Keine Anrechnung der Ausbildungszeiten auf die Vorgabezeiten der Gesellen	4172
Handwerk: Prüfer sollten aktiv am Berufsleben teilnehmen/ handlungsorientierte Prüfungsformen	4173
Handwerk: Abschaffung oder Einschränkung des Großen Befähigungsnachweises	4180
Zielgruppenförderung	
Konzepte zur gezielten Förderung besonders begabter Berufsschüler	4210
Gezielte Förderung leistungsschwacher Schüler/ die Belange leistungsschwacher Schüler müssen in den Ordnungsverfahren stärker berücksichtigt werden/ Entwicklung modularer Ausbildungskonzepte zur Integration in den Arbeitsmarkt für Schüler mit schwierigen Leistungs- und Sozialisationsvoraussetzungen	4211
Ausländische Schüler	4212
Mädchen/ Frauen: Erweiterung des Berufswahlspektrums junger Frauen	4213
Leistungsschwächere Jugendliche in der Ausbildung	4214
Behinderten-Integration: Die besonderen Behindertenberufe nach § 48 BiGG in Verbindung mit § 44 BBiG sollen durch Regelungen für behindertengerechte Ausbildungsgestaltung und Prüfungsabnahme in anerkannten Berufen nach § 25 BiGG ersetzt werden	4215
Reform des Unterrichts: Neue didaktisch-methodische Ansätze	
Stärkere Differenzierung und gezielte Lernunterstützung/ mehr Möglichkeiten des selbstgesteuerten Lernens	4310
Erweiterung der Ausbildungsinhalte: Europäisierung der Ausbildung/ Fremdsprachen zur berufsrelevanten Anwendung	4311
Doppelausbildungen und Kombinationsstudiengänge, mit denen ein berufsqualifizierender und ein studienberechtigender Abschluss erreicht wird	4320
Betonung des methodischen Lernens/ Befähigung zu lebenslangem Lernen	4330
Stärkung der Kompetenz der Berufsbildungsausschüsse	4400
Berufsausbildungsvorbereitung (BAV)/ Berufsvorbereitungsjahr / Schulische Berufsausbildung	
Berufsvorbereitungsjahr soll stärker auf die Vermittlung von Grundkompetenzen fokussieren	4500
Berufsgrundbildungsjahr-Anrechnungsverordnung bzw. Berufsfachschul-Anrechnungsverordnung aufheben und durch freiwillige Anrechung ersetzen	4501
Das Berufsgrundbildungsjahr ist in allen Ländern auf die betriebliche Ausbildungszeit in vollem Umfang anzurechnen	4501.1
Dualisierung der Berufsvorbereitung	4502
Vollzeitschulische Angebote sind den dualen Ausbildungsgängen oftmals überlegen/ vollschulzeitliche oder berufsvorbereitende Angebote ausbauen	4503
Berufsausbildungsvorbereitung soll in den Geltungsbereich des BBiG aufgenommen werden	4504
Europäische Harmonisierung von beruflichen Abschlüssen	
englische Abschlussbezeichnungen (Meister = Bachelor)	4601
Förderung von Auslandsaufenthalten (Leitstellensystem für Partnerländer einrichten)	4605
Einführung eines europäischen Berufsbildungspasses, in dem alle Betriebszeugnisse, Prüfungsergebnisse etc. dokumentiert werden	4606
Keine formalrechtliche Anerkennung der unterschiedlichen europäischen Berufsbildungswege/	4610
Formalrechtliche Anerkennung der unterschiedlichen europäischen Berufsbildungswege	4611

Adäquate Anerkennung des deutschen Berufs-Bildungssystems auf europäischer Ebene	4612
Entscheidungs-Ebene	
Korporatistische Konsensfindung im Bündnis für Arbeit	4701
Ordnungsverfahren (z.B. neue Ausbildungsberufe/ Ausbildungsordnungen) beschleunigen/ Konsensfindungsprozess der Sozialpartner beschleunigen	4702
Einschränkung der Alleinzuständigkeit der Kammern für die betriebliche Berufsausbildung/ Demokratisierung bei der Durchführung der Ausbildung und der Prüfung	4710
Berufsschullehrer-(aus)bildung	
Berufsausbildung im anerkannten Lehrberuf als Voraussetzung	4801
Förderung des Berufschullehrernachwuchses mit besonderer Priorität	4802
Obligatorische Betriebspraktika/ Weiterbildungsmaßnahmen	4803
Verstärkter Rückgriff auf Praktiker bei fachtheoretischen Inhalten	4804
Gegenposition zu 4804	4804.1
Staatsexamensstudiengänge in Studiengänge mit universitären Abschlüssen umwandeln	4805
Berufsfeldwissenschaft = keine fachwissenschaftliche Verankerung, sondern Orientierung an den berufsfeldspezifischen Anforderungsstrukturen auf Facharbeiterniveau	4806
Gegenposition = fachwissenschaftliche Ausbildung	4807
Einphasigkeit der Berufsschullehrerausbildung	4808
Zweiphasigkeit der Berufschullehrerausbildung	4809
BA/MA-Studiengänge im berufsbildenden Bereich	4810
Keine konsekutiven Studiengängen im berufsbildenden Bereich	4811
Reform des Berufsbildungsgesetzes (BBiG)	
Generelle Reform des BBiG statt einzelner Reformen der Berufsausbildung	4901
Keine generelle Reform des BBiG	4902
Erweiterung des Geltungsbereichs des BBIG auf vollzeitschulische Ausbildungen, berufsvorbereitende Maßnahmen, Ausbildungsgänge des Gesundheitswesens und privatschulische Ausbildungsgänge/ entsprechende Zusammenführung der Länderregelungen ins reformierte BBiG/ Integration der Berufsausbildungsvorbereitung (BAV)	4905
Ablösung der Kammer-Funktionen durch drittelparitätisch (Arbeitgeber, Arbeitnehmer, öffentliche Hand) besetzte Beratungs- und Beschlussorgane	4907
Ausbildungsrahmenpläne und Berufsschulrahmenpläne sollen zu beruflichen Bildungsplänen integriert werden	4908
Sicherstellung der Mitbestimmungsrechte der Arbeitnehmer auf allen Ebenen der Berufsbildung (Fraktionsstatus)	4909
Interessenvertretungen in außerbetrieblichen Ausbildungseinrichtungen sollen dem Betriebsverfassungsgesetz entsprechende Rechte erhalten	4910
Änderung des §7 BBiG: Schulgeld- und Lernmittelfreiheit ist für alle umfassend sicherzustellen	4911
Förderung von Chancengleichheit unabhängig von Alter, Geschlecht, ethnischer Zugehörigkeit oder Behinderung in BBiG aufnehmen	4912
Förderung der Aus- und Weiterbildung von Personen mit Migrationshintergrund	4920
Ausbildereignungsverordnung (AEVO)	
Erleichterung der Ausbildungsvoraussetzungen für Betriebe und Ausbilder	4930
Keine Erleichterung der Ausbildungsvoraussetzungen/ Qualifikation der Ausbilder stärker	4935

Kategorie V: Weiterbildungssystem	5000
Ziele und Bildungsbegriff	
Erhalt und Verbesserung der Beschäftigungsfähigkeit muss das Ziel von Weiterbildung sein/ Weiterbildung muss sich an den Bedürfnissen der Arbeitswelt orientieren/ marktgerecht und bedarfsorientiert/ beschäftigungsfördernde Wirkung von Weiterbildung	5010
Verantwortung des Einzelnen für seine Weiterbildung	5011
Weiterbildung muss auf den Ausgleich sozialer, thematischer, regionaler und lebenslagenspezifischer Defizite zielen	5015
Struktur	
Modularisierung der Weiterbildung/ Systemzonen-Konzept/ Zeugnis, Zertifikat und betrieblicher Nachweis sind gleichrangig	5020
Tertiärisierung der Berufsausbildung mit Möglichkeiten des Aus- und Wiedereinstiegs/ Verknüpfung der Aus- und Weiterbildungsträger	5021
Inhalte per Gesetz	
Gesetzliche Vorgaben (=Lehrpläne) für Weiterbildungsangebote/ Beschließung durch das Institut für Arbeitsmarkt- und Berufsforschung sowie das Bundesinstitut für Berufsbildung	5030
Ablehnung gesetzlich oder anderweitig regulierter Vorgaben für die betriebliche Weiterbildung/ öffentlich-rechtliche Prüfungen sind nicht zwingend	5031
Tarifvertragliche Regelung	
Tarifvertragliche Regelung: Weiterbildung kann im Zusammenhang mit der Flexibilisierung der Arbeitszeit und der Schaffung von Lebensarbeitszeitkonten tarifvertraglich geregelt werden/ tarifvertragliche Regelung der Teilnahme und der Inhalte	5040
Eine Verpflichtung der Arbeitgeber zu einer qualifikationsgerechten Beschäftigung, Eingruppierung und Bezahlung der Beschäftigten (nach Weiterbildung)	5041a
Keine tarifvertragliche Regelung	5041
Ordnungspolitische Verfasstheit: Markt vs. Staat	
Zulassung und Qualitätssicherung durch (zu schaffende) Landesweiterbildungsräte/ durch Ausschüsse bei den Selbstverwaltungsorganen der Bundesanstalt für Arbeit/ staatliche Lenkung des Weiterbildungsbereiches/ Angebotsentwicklung erfolgt durch regionale Weiterbildungsplanung im Zusammenhang mit bundesweiter Rahmenplanung	5045
Grundsätzlich offene Zugänge und Lernzeitansprüche (durch ein Weiterbildungsgesetz gewährleistet)	5046
Selbstregulierung des Weiterbildungsmarktes durch freie Konkurrenz/ zur Sicherung der Qualität des beruflichen Weiterbildungsangebotes sind marktwirtschaftliche Prinzipien zugrunde zu legen/ Zertifizierung: Rahmenbedingungen für einen transparenten, flexiblen und pluralen Weiterbildungsmarkt sind zu verbessern/ Transparenz bei den Angeboten zur beruflichen Weiterbildung/ Gesellschaft der Deutschen Wirtschaft zur Förderung und Zertifizierung von Qualitätssicherungssystemen in der Beruflichen Bildung mbH (CERTQUA) freiwillig ohne regulativen Zwang staatlicherseits	5050
Keine staatliche Förderung von Weiterbildungsmaßnahmen/ staatliche Weiterbildungspolitik soll sich auf die arbeitsmarktbezogene Förderung von Arbeitslosen konzentrieren	5051
Stärkung der Bildungsangebote der Arbeitsämter durch eine enge Ausrichtung an der Praxis/ verpflichtende Weiterbildungsangebote der Arbeitsämter/ Kooperation zwischen Arbeitsämtern und Weiterbildungsträgern	5052
Wiedereinführung des Rechtsanspruches auf Weiterbildung für Erwerbslose	5052.1
Ablehnung eines Systems von Weiterbildungsgutscheinen (Hartz)	5052.2

Ablehnung einer Verbleibsquote als Voraussetzung für die Anerkennung der Weiterbildungsmaßnahmen (Hartz)	5052.3
Öffentliche Verantwortung für die Weiterbildung	
Öffentliche Finanzierung von Weiterbildungsangeboten/ Weiterbildungsrahmengesetz/ Rechtsanspruch auf Qualifizierungsmaßnahmen/ Rechtsanspruch auf berufliche und politische Weiterbildung	5053
Staat muss Grundstrukturen eines zugänglichen Weiterbildungssystems gewährleisten/ durch staatliche Trägerschaft muss ein Grundangebot gesichert sein	5054
Politische Bildung als wichtiges Element der Weiterbildung	5055
Weiterbildungsgesetz	
Regelung durch ein Weiterbildungsgesetz	5060
Ablehnung eines Weiterbildungsrahmengesetzes/ Ablehnung jeglicher staatlicher Regelung/ korporatistische Entscheidungsfindung	5061
Bündelung der bestehenden gesetzlichen Grundlagen in einer Regelung gemäß Art. 74 Nr. 11GG/ Wiederaufnahme einer gemeinsamen Bildungsplanung von Bund und Ländern als Gemeinschaftsaufgabe nach Art. 91b GG	5062
Erweiterte Regelungen zum Bildungsurlaub sind in allen Bundesländern einzuführen	5063
Kosten und Beteiligung	
Weiterbildung muss grundsätzlich vom Kunden bezahlt werden	5070
Beteiligung der Arbeitnehmer an den Kosten	5071
Grundsätzlich werden die Kosten vom Arbeitgeber übernommen	5071.1
Berufliche Weiterbildung vornehmlich in der Freizeit	5072
Berufliche Weiterbildung vornehmlich in der Arbeitszeit	5072.1
Alle Erwerbstätigen erhalten gegenüber den Arbeitgebern einen Freistellungs-Anspruch von mindestens 5 Tagen pro Jahr bis zu einem Tag pro Monat der Beschäftigung	5073
Bei Aufstiegs-Weiterbildung oder zur Sicherung der Arbeitsmarktfähigkeit können Mittel der Bundesanstalt für Arbeit in Anspruch genommen werden	5074
Bei Nicht-Erwerbstätigen wird eine Finanzierung aus Steuermitteln geschaffen	5075
Innerbetriebliche Lernzeitkonten	5076
Internationalisierung der Weiterbildung/ EU Austauschprogramme/ EUROPASS/ Bacherlor/ Master of ... (CCI)	5080
Aufbau von betrieblichen Zeitguthaben (ähnlich den arbeitszeitpolitischen Langzeitkonten)	5090
E-Learning	
Förderung von Telelearning etc./ Aufbau effizienter Online-Informationssysteme/ der "Peripherisierung" des Menschen entgegenwirken	5100
Skandinavische Jobrotationsmodelle/ staatliche Förderprogramme, die einen "Stellvertreter" in den Betrieb holen/ Job-Rotationen sind im SGB III abzusichern	5110
Abschlüsse	
Zertifizierung der Weiterbildungsangebote/ Weiterbildungsausschüsse prüfen und gewährleisten die Zertifikate	5150
Kompetenz-Pass	5151

Differenzierung der Ausbildungsebenen	
Fortbildungsebene zwischen Gesellen- und Meisterprüfung (mit Anrechenbarkeit auf die Meisterprüfung)	5200
Weiterbildungsabschlüsse oberhalb der Meisterebene	5201
Durchlässigkeit	
Anrechenbarkeit von Abschlüssen als Teile der nächst höheren Fortbildungsebene	5301
Anrechenbarkeit von vergleichbaren Qualifikationen im Hochschulbereich	5310
Anrechenbarkeit von internationalen oder im Ausland erworbenen Qualifikationen	5311
Anschlussfähigkeit zwischen Erstausbildung und Weiterbildung muss gewährleistet sein	5312
Zielgruppenförderung	
Ältere Arbeitnehmer	5320
Führungskräfte/ Aufstiegsfortbildungsförderung	5321
Erwerbstätige mit formalen Qualifikationsdefiziten	5322
Frauen	5323
Bildungscontrolling	
Differenziertes Instrumentarium, das den Nutzen von Weiterbildung und Personalentwicklung quantifizieren kann	5400
Aufbau von Qualitätsmessungs- und Sicherungssystemen in Anlehnung an ISO-Normen/ Zertifizierungs- und Qualitätsnormen auch für nicht formale Weiterbildung	5401
Qualitätssicherung durch Überprüfung durch die Landesweiterbildungsräte	5402
Entscheidungs-Ebene	
Bündnis für Arbeit muss sich des Themas "Weiterbildung" annehmen/ korporatistische Konsensfindung im Bündnis für Arbeit	5500
Einrichtung öffentlich-rechtlicher Weiterbildungsräte	5510
Personal	
Professionalisierung des Personals/ Sicherstellung der fachlichen und pädagogischen Eignung	5601
Tarifvertragliche Vergütungen	5602
Aufbau von Weiterbildungsforschung	5603
Hochschulen als Weiterbildungsinstitutionen	
Hochschulen sollen wissenschaftliche/ wissenschaftsbasierte Weiterbildungsangebote vorhalten/ Betonung der Weiterbildung als Kernaufgabe neben der "Pflege und Entwicklung der Wissenschaft und Künste"/ Universitäten sollen sich in ihrer inneren Organisation stärker an der Weiterbildung ausrichten	5701
Monetäre Anreize für Universitäten schaffen/ Kooperationsformen mit Unternehmen schaffen/ hochschulumfassende Vermarktung des Weiterbildungsangebotes	5702
Aufhebung aller Restriktionen aus den Landeshochschulgesetzen/ haushalts- und dienstrechtliche Hemmnisse beseitigen, damit zusätzliches Personal aus den Einnahmen der wissenschaftlichen Weiterbildung finanziert werden kann/ Professoren soll es erlaubt werden, Weiterbildungsangebote gegen Entgelt auch an der eigenen Hochschule durchzuführen	5703
Angebote der Hochschulen im Bereich Weiterbildung müssen in der unternehmerischen Verantwortung der Hochschulen liegen und zu marktgerechten Preisen erfolgen	5704
Wettbewerbsfähigkeit soll beim Akkreditierungsverfahren berücksichtigt werden	5705

Kategorie VI: Elementarbereich	6000
Ressourcenexpansion im elementaren Bereich/ GEW: 1% des BIP	6000.1
Betonung der volkswirtschaftlichen Wertschöpfung von Investitionen in den frühkindlichen Bereich	6001
Priorisierung des frühkindlichen Bereiches auf Kosten anderer Bildungsbereiche	6010
Kostenfreie, ganztägige Kindertagesstätte ab dem ersten Lebensjahr	6015
Ganztags-Betreuungseinrichtungen	6016
Bereitstellung eines Kindergartenplatzes für jedes Kind/ Rechtsanspruch	6020
Besuchspflicht ab dem 5. Lebensjahr (kostenlos)/ obligatorisches Vorschuljahr	6030
Bildungsauftrag des Kindergartens	
Bildungsauftrag des Kindergartens	6100
Förderung und Bejahung von Anstrengung und Leistungsgedanken in der Grundschule	6101
Naturwissenschaftlich-technischer Unterricht	6102
Fremdsprachenunterricht	6102
Angliederung des Elementarbereichs an den Bildungsbereich/ Kindergärten werden dem Kultusministerium und nicht dem Sozialministerium zugeordnet/ Bildung und Erziehung in einem Zuständigkeitsbereich	6110
Vermittlung von ausreichenden Sprachkenntnissen für die Grundschule/ obligatorische Sparkurse/ Sprachtests der deutschen Sprache vor der Einschulung/ Sonderförderkurse für Schüler ausländischer Herkunft	6120
Sprachförderung ohne Test beim Übergang zu weiterführenden Schule	6121
Konzepte zur frühkindlichen Begabtenförderung/	6125
Früherkennung und Beseitigung von Entwicklungsdefiziten	6130
Standardisierung des Leistungsniveaus/ beim Übergang zur weiterführenden Schule müssen Kulturtechniken getestet werden/	6131
Diagnosefähigkeit/ Frühzeitige Vermittlung von Sprach- und Lesekompetenz	6140
Einsetzung vorschulisch orientierter Teams aus Psychologen, Ernährungswissenschaftlern, Logotherapeuten, Ergotherapeuten etc.	6150
Personal	
Akademisierung der Erzieherausbildung/ Angleichung der Aus- und Weiterbildung von Erziehern an die Ausbildung der Grundschullehrer	6210
Freistellung der Leitung vom Gruppendienst (=38,5 Std. für vier Gruppen)	6211
Anrechung der Vor- und Nachbereitungszeit/ 30 % Anrechnung der Vor- bzw. Nachbereitungszeit	6212
zwei Erzieher pro Gruppe (Gruppengröße = 15 Kinder)	6213
Ablehnung von 1-Euro-Jobs oder anderen arbeitsmarktnahen Eingliederungsmaßnahmen nach Hartz im Primarbereich	6214
Aufbau von Forschungskapazitäten im frühpädagogischen Bereich	6220
Qualitätssicherung	6300
Kontinuierliche Qualitätsentwicklungsprozesse in jeder Einrichtung	6301
Überprüfung der Standards/ überörtliche Qualitätssicherungspläne	6302

Literaturverzeichnis

Abromeit, Heidrun (1987): Interessensverbände der Unternehmer. In: Journal für Sozialforschung. Heft 3-4/1987. S. 417 – 422.

Ackermann, Heike/ Wissinger, Jochen (Hrsg.) (1998): Schulqualität managen. Von der Verwaltung der Schule zur Entwicklung von Schulqualität. Neuwied.

Adorno, Theodor W. (1979): Spätkapitalismus oder Industriegesellschaft. Einleitungsvortrag zum 16. Deutschen Soziologentag. In: ders. (Hrsg.): Soziologische Schriften I. Frankfurt am Main. S. 354 – 370.

Akkreditierungsrat (2001): Referenzrahmen für Bachelor-/Bakkalaureus- und Master-/Magister-Studiengänge. Verabschiedet im Rahmen der 18. Sitzung des Akkreditierungsrates am 20. Juni 2001.

Albert, Willi/ Oehler, Christoph (1972): Die Kultusausgaben der Länder, des Bundes und der Gemeinden 1950-1967. Weinheim.

Albert, Willi/ Oehler, Christoph (1976): Die Kultusausgaben der Länder, des Bundes und der Gemeinden einschließlich Strukturausgaben zum Bildungswesen. München.

Alemann, Ulrich von (1985): Der Wandel organisierter Interessen in der Bundesrepublik. In: Aus Politik und Zeitgeschichte (APuZ) Band 49. S. 3 – 21.

Alemann, Ulrich von (1989): Innerverbandliche Demokratie – Privatsache oder Politikum? In: Aus Politik und Zeitgeschichte (APuZ) Band 8. S. 3 – 22.

Alexander, Uta/ Fischer, Katja (2003): Hartz und die Konsequenzen in den neuen Bundesländern. An der Realität vorbei. In: prekär. Zeitung für die Beschäftigten in der Weiterbildung. Nr. 9/ 2003. S. 5.

Ammermüller, Andreas/ Dohmen, Dieter (2004): Individuelle und soziale Erträge von Bildungsinvestitionen. In: Bundesministerium für Bildung und Forschung (BMBF) (Hrsg.): Studien zum deutschen Innovationssystem Nr. 1-2004. Berlin.

An, Chong-Bum/ Haveman, Robert/ Wolfe, Barbara (1993): Teen Out-of-Wedlock Births and Welfare Receipt: The Role of Childhood Events and Economic Circumstances. In: Review of Economics and Statistics No. 75 (2). S. 195 – 208.

Anton, Michael A. (2001): Lehrerbildung ist Elitebildung. In: Berliner Debatte Initial. Heft 2/ 2001. S. 103 – 119.

Anweiler, Oskar/ Fuchs, Hans-Jürgen/ Dorner, Martina/ Petermann, Eberhard (Hrsg.) (1992): Bildungspolitik in Deutschland 1945 – 1990: ein historisch-vergleichender Quellenband. Bonn.

Anweiler, Oskar/ Boos-Nünning, Ursula/ Brinkmann, Günter u. a. (1996): Bildungssysteme in Europa. 4. Aufl.. Weinheim.

Anweiler, Oskar (1999): Bildung und Wissenschaft. In: Weidenfeld Werner/Korte Karl-Rudolf (Hrsg.): Handbuch zur deutschen Einheit 1949-1989-1999. Bonn. S. 72 – 85.

Anweiler, Oskar (Hrsg.) (2000): Bildungspolitik/Bildungswesen. In: Andersen Uwe/ Woyke, Wichard (Hrsg.): Handbuch des politischen Systems der Bundesrepublik. Bonn. S. 35 – 38.

Anz, Christoph (2001): BDA und Hochschulrektoren: Nur Wettbewerb und Autonomie bringen Leistungssteigerung. Kurznachrichtendienst (KND) Nr. 49/2001 vom 12.12.2001. Berlin.

Anz, Christoph (2001): Chance verpasst – Situation an Hochschulen droht sich zu verschlechtern. Kurznachrichtendienst (KND) Nr. 43/2001 vom 09.11.2001. Berlin.

Anz, Christoph (2001): DGB löst Anspruch nur teilweise ein. Kurznachrichtendienst (KND) Nr. 44/2001 vom 16.11.2001. Berlin.

Anz, Christoph (2002): Innenminister blockieren europataugliche Hochschulen. Kurznachrichtendienst (KND) Nr. 20/2002 vom 30.05.2002. Berlin.

Anz, Christoph (2002): Kassen der Hochschulen bleiben leer. Kurznachrichtendienst (KND) Nr. 10/2002 vom 07.03.2002. Berlin.

Anz, Christoph (2002): Zeichen und Wunder: Bildungsstandards nun auch für Deutschland. Kurznachrichtendienst (KND) Nr. 20/2002 – vom 30.05.2002. Berlin.

Archer, Maragaret (1979): The Social Origins of Educational Systems. London.

Arnold, Rolf/ Gieseke, Wiltrud (Hrsg.) (1999): Die Weiterbildungsgesellschaft. Band 2: Bildungspolitische Konsequenzen. Neuwied/Kriftel.

Aurin, Kurt (Hrsg.) (1991): Gute Schule – Worauf beruht ihre Wirklichkeit? Heilbrunn.

Avenarius, Hermann/ Baumert, Jürgen/ Döbert, Hans/ Füssel, Hans P. (Hrsg.) (1998): Schule in erweiterter Verantwortung. Positionsbestimmungen aus erziehungswissenschaftlicher, bildungspolitischer und verfassungsrechtlicher Sicht. Neuwied.

Avenarius, Hermann (2001): Einführung in das Schulrecht. Darmstadt.

Axelrod, Robert (1988): Die Evolution der Kooperation. München.

Backes-Gellner, Uschi (1998): Betriebliche Bildungsstrategien im internationalen Vergleich. In: Schwuchow, Karlheinz/ Gutmann, Joachim (Hrsg.): Jahrbuch Personalentwicklung und Weiterbildung 1998/99. Neuwied. S. 246 – 250.

Backes-Gellner, Uschi (1998): Humanressourcen als Faktor im internationalen Wettbewerb. In: Backes-Gellner, Uschi u.a. (Hrsg.): Humanressourcen als Wertschöpfungs- und Wettbewerbsfaktor - Der Nutzen der Berufsbildung für die Unternehmen. Beiträge zur Gesellschafts- und Bildungspolitik Nr. 226, 5/1998. Köln. S. 7 – 15.

Backes-Gellner, Uschi (1998): Wertschöpfungs- und Wettbewerbsfaktor – Der Nutzen der Berufsbildung für die Unternehmen. Beiträge zur Gesellschafts- und Bildungspolitik. Nr. 5/1998. Köln. S. 7 – 15.

Backes-Gellner, Uschi/ Weckmüller, Heiko (1998): Ist das Ende der Hauptschule aufzuhalten? Ein informationsökonomischer Beitrag zur Wirkung alternativer Schulregulierungsstrategien auf das Schulnachfrageverhalten. In: von Weizsäcker, Robert K. (Hrsg.): Deregulierung und Finanzierung des Bildungswesens. Berlin. S. 49 – 77.

Backes-Gellner, Uschi/ Kay, Rosemarie (2000): Betriebliche Bildung und Personalpolitik im neuen unternehmensnahen Dienstleistungssektor. In: Jahrbuch zur Mittelstandsforschung 2/2000. Wiesbaden. S. 1 – 17.

Baethge, Martin (1970): Ausbildung und Herrschaft. Frankfurt am Main.

Baethge, Martin (1999): Glanz und Elend des deutschen Korporatismus in der Berufsbildung. In: WSI Mitteilungen Nr. 8/ 1999. S. 489 – 497.

Baethge, Martin/ Baethge-Kinsky, Volker (2003): Weiterbildung im gesellschaftlichen Wandel. Endbericht (QUEM = Qualifikations-Entwicklungs-Management). Göttingen.

Baethge-Kinsky, Volker/ Holm, Ruth/ Tullius, Knut (2004): Berufliche Weiterbildung am Scheideweg. Chancen und Risiken eines neuen Typs. In: Aus Politik und Zeitgeschichte (APuZ) Band 28/2004. S. 11 – 16.

Bahnmüller, Reinhard (2002): Tarifpolitik in Europa. Aus- und Weiterbildung – neue Entwicklungen und alte Fragen. In: WSI Mitteilungen Nr. 1/2002. S. 38 – 44.

Ballauf, Helga (2002): Chancen für eine neue Lehrerbildung? In: Erziehung & Wissenschaft (E & W) Nr. 6/2002. S. 27 – 28.

Balz, Martin (1993): Bildung und Gewerkschaften - Ausgangsbedingungen und Entwicklungstendenzen der Bildungspolitik des DGB bis Mitte der achtziger Jahre. Münster.

Bandemer, Stephan von/ Hilbert, Josef (2001): Vom expandierenden zum aktivierenden Staat. In: Blanke, Bernhard / Bandemer, Stephan von / Nullmeier, Frank / Wewer, Göttrik / Plaß, Stefan (Hrsg.): Handbuch zur Verwaltungsreform. 2., erw. und überarb. Aufl. Opladen. S. 17 – 25.

Barbaro, Salvatore (2001): Bildungsfinanzierung und Verteilung. In: Gewerkschaftliche Monatshefte (GMH) Nr. 8 - 9/2001. S. 522 – 530.

Barro, Robert J. (2001): Human capital and growth. In: American Economic Review. No. 2/ 2001. S. 12 – 17.

Barro, Robert J. (2002): Education as a Determinant of Economic Growth. In: Lazear, Edward P. (Hrsg.): Education in the Twenty-First Century. Stanford. S. 9 – 25.

Barro, Robert J./ Sala-i-Martin, Xavier (1995): Economic Growth. New York; Sala-i-Martin, Xavier (1997): I Just Ran Two Million Regressions. In: American Economic Review. Papers and Proceedings. No. 87 (2). S. 178 – 183.

Barth, Dietrich (2000): Die GATS 2000-Verhandlungen zur Liberalisierung des internationalen Dienstleistungshandels. In: Zeitschrift für europarechtliche Studien (ZEuS). Heft 3. S. 273 – 293. S. 290.

Bassanini, Andrea/ Scarpetta, Stefano (2001): Does human capital matter for growth in OECD countries? Evidence from pooled mean-group estimates. OECD Economics Department Working Papers No. 282. Paris.

Bathke, Gustav-Wilhelm/ Schreiber, Jochen/ Sommer, Dieter (2000): Soziale Herkunft deutscher Studienanfänger - Entwicklungstrends der 90er Jahre. HIS-Kurzinformation A 9/ 2000. Gütersloh.

Bauer, Franz J. (2000): Geschichte des Deutschen Hochschulverbandes. München.

Bauer, Thomas L. (1999): Der Vermittlungsausschuss. Politik zwischen Konkurrenz und Konsens. Diss. Univ. Bremen. Bremen.

Bauer-Kaase, Petra (2002): „Forum Bildung“: Lehren und Lernen neu gestalten. In: Arbeitgeber Nr. 2/ 2002.

Bauer-Kaase, Petra/ Anz, Christoph (2001): OECD-Studie: PISA zeigt: Zeit der Analyse vorbei – jetzt Lösungen von Kultusministern gefragt. Kurznachrichtendienst (KND) Nr. 48/2001 vom 07.12.2001. Berlin.

Baum, Britta/ Seitz, Helmut (2003): Demografischer Wandel und Bildungsausgaben: Empirische Evidenz für die westdeutschen Länder. In: Vierteljahrshefte zur Wirtschaftsforschung Nr. 72. Berlin. S. 205 – 220.

Baumann, Jürgen (1991): Langfristige Auswirkungen der Bildungsexpansion. In: Unterrichtswissenschaft. Heft 4/ 1991. S. 333 – 349.

Baumert, Jürgen/ Roeder, Peter Martin/ Gruehn, Sabine u. a. (1996): Bildungsverläufe und psychosoziale Entwicklung im Jugend- und jungen Erwachsenenalter (BIJU). In: Methoden und Anwendungen empirischer Pädagogischer Forschung. Münster. S. 170 – 180.

Baumert, Jürgen (1999): Bildung in der Wissensgesellschaft: ein Werkstattbericht zum Reformbedarf im Bildungssystem. Münster.

Baumert, Jürgen/ Bos, Wilfried/ Watermann, Rainer (2000): Fachleistungen im voruniversitären Mathematik- und Physikunterricht im internationalen Vergleich. In: Baumert, Jürgen/ Bos, Wilfried/ Lehmann, Rainer (Hrsg.): TIMSS/III. Dritte Internationale Mathematik- und Naturwissenschaftsstudie: Mathematische und naturwissenschaftliche Bildung am Ende der Schullaufbahn. Band 2. S. 129 – 180. Opladen.

Baumert, Jürgen/ Artelt, Cordula/ Klieme, Eckhard/ u. a. (Hrsg.) (2002): Programme for International Student Assessment: Schülerleistungen im internationalen Vergleich. Im Auftrag der Kultusminister der Länder in der Bundesrepublik Deutschland und in Zusammenarbeit mit dem Bundesministerium für Bildung und Forschung. (http://www.mpib-berlin.mpg.de/pisa/PISA_im_Ueberblick.pdf).

Baumert, Jürgen/ Trautwein, Ulrich/ Artelt, Cordula (2003): Schulumwelten – institutionelle Bedingungen des Lehrens und Lernens. In: Deutsches PISA-Konsortium (Hrsg.): PISA 2000 – Ein differenzierter Blick auf die Länder der Bundesrepublik. Opladen. S. 261 ff.

Bayerisches Staatsministerium für Unterricht und Kultus (Hrsg.) (1996): Bildung in Bayern. Eine Übersicht. München.

Bayerisches Staatsministerium für Wissenschaft, Forschung und Kunst (Hrsg.) (2003): Unionsregierte Länder fordern Ausstieg aus der Gemeinschaftsaufgabe Bildungsplanung und kritisieren Haltung der Bundesregierung bei den Haushaltsberatungen zur gemeinsamen Forschungsförderung. Presseerklärung Nr. 35/2003 vom 25.02.2003.

Beck, Ulrich (1983): Jenseits von Stand und Klasse? - Soziale Ungleichheiten, gesellschaftliche Individualisierungsprozesse und die Entstehung neuer sozialer Formationen und Identitäten. In: Soziale Welt. Sonderband Nr. 2/1993. S. 35 – 74.

Becker, Gary S. (2002): The Age of Human Capital. In: Lazear, Edward P. (Hrsg.): Education in the Twenty-First Century. Stanford. S. 3 – 9.

Beer, Sigrid/ Ratzki, Anne/ Schumann, Brigitte (2001): Viele Wege führen nach Rom. Zur Diskussion um die „Schulpolitischen Positionen“ der GEW. In: Erziehung & Wissenschaft (E & W) Nr. 4/2001. S. 21 – 22.

Behler, Gabriele: Chancengleichheit in der Politikumsetzung. Rede beim Kongress „Chancengleichheit - Leitbegriff für Politik und Gesellschaft im 21. Jahrhundert" am 12. November 1999 in Potsdam. In: http://www.chancengleichheit.org/texte/2potsdamerk/hauptreferate/Behler.htm.

Behörde für Schule, Jugend und Berufsbildung der Freien und Hansestadt Hamburg, Amt für Berufs- und Weiterbildung (Hrsg.) (1989): Hamburger Repräsentativerhebung zum Weiterbildungsverhalten. Hamburg.

Beicht, Ursula/ Berger, Klaus/ Bispinck, Reinhard/ Kirsch, Johannes (2004): Tarifliche Ausbildungsförderung - Entwicklung der Regelungen von 1996 bis 2001 und Einschätzung ihrer Wirksamkeit“. Berichte zur beruflichen Bildung Nr. 263. Bielefeld.

Beicht, Ursula/ Troltsch, Klaus/ Walden, Günter/ Werner, Rudolf (2003): Technische Berufe im dualen System der Berufsausbildung - Stellenwert und Entwicklungstendenzen. Gutachten im Rahmen der Berichterstattung zur technologischen Leistungsfähigkeit Deutschlands. Studien zum deutschen Innovationssystem Nr. 3-2003. Bonn.

Beicht, Ursula/ Walden, Günter (2004): Kosten der Ausbildung. In: Beicht, Ursula/ Walden, Günter/ Herget, Hermann (Hrsg.): Kosten und Nutzen der betrieblichen Berufsausbildung in Deutschland. Bielefeld. S. 21 – 168.

Belitz, Heike/ Stille, Frank (2004): Deutschlands Position im internationalen Austausch technologischer Dienstleistungen: Kaum Anlass zur Besorgnis. In: Wochenbericht des Deutschen Institutes für Wirtschaftsforschung (DIW) Berlin Nr. 22/2004.

Bellmann, Johannes (2003): Bildungstheorie und Institutionenökonomik. In: Mangold, Max/ Oelkers, Jürgen (Hrsg.): Demokratie. Bildung und Markt. Bern. S. 99 – 199.

Bellmann, Lutz/ Reinberg, Alexander/ Tessaring, Manfred (1994): Bildungsexpansion, Qualifikationsstruktur und Einkommensverteilung – Eine Analyse mit Daten des Mikrozensus und der Beschäftigungsstatistik. In: Lüdecke, Reiner (Hrsg.): Bildung, Bildungsfinanzierung und Einkommensverteilung II. Berlin. S. 13 – 70.

Bellmann, Lutz/ Theuer, Stefan (2003): Innovative Betriebe bilden mehr aus! In: Arbeit und Beruf. Heft 2/2003. S. 42 – 44.

Bergsdorf, Wolfgang (2002): Die Universitäten in der Wissensgesellschaft. In: Aus Politik und Zeitgeschichte (APuZ) Band 26/2002. S. 20 – 26.

Bergsdorf, Wolfgang/ Nagel, Charlotte (2001): Universitäten in der Wissensgesellschaft. München.

Berman, Eli/ Bound, John/ Machin, Stephen (1998): Implications of Skill-Biased Technological Change: International Evidence. In: Quarterly Journal of Economics, Cambridge/ MA. No. 113. S. 1245 – 1279.

Bertelsmann Stiftung/ Hans-Böckler-Stiftung (Hrsg.) (1998): Mitbestimmung und neue Unternehmenskulturen. Bilanz und Perspektiven. Bericht der Kommission Mitbestimmung. 2. Auflage. Gütersloh.

Bertelsmann Stiftung (2002): Wir brauchen eine andere Schule. Das deutsche Bildungssystem hält nicht, was es verspricht. Gütersloh.

Bittlingmayer, Uwe H. (2001): „Spätkapitalismus" oder „Wissensgesellschaft"? In: Aus Politik und Zeitgeschichte (APuZ). Band 36/2001. S. 15 – 23.

Blancke, Susanne/ Roth, Christian/ Schmid, Josef (1999): Employability als Herausforderung für Politik, Wirtschaft und Individuum. Konzept- und Literaturstudie. Tübingen (http://www.uni-tuebingen.de/uni/spi/schemp.htm).

Blancke, Susanne/ Roth, Christian/ Schmid, Josef (2000): Employabilität („Beschäftigungsfähigkeit") als Herausforderung für den Arbeitsmarkt. Arbeitsbericht Nr. 157 der Akademie für Technikfolgenabschätzung in Baden-Württemberg.

Bloch, Rainer/ Ehsmajor-Griesmann, Herbert/ Klemm, Klaus (1993): Perspektiven der Bildungsfinanzierung. In: Recht der Jugend und des Bildungswesens. 41 Jg., Heft 1/ 1993. S. 2 – 17.

Block, Rainer (1995): Weiterbildung. In: Böttcher, Wolfgang/ Klemm, Klaus (Hrsg.): Bildung in Zahlen. München. S. 131 – 156.

Blöndal, Sveinbjörn/ Field, Simon/ Girouard, Nathalie (2002): Investment in Human Capital through Upper-Secondary and Tertiary Education. OECD Economic Studies No. 34. Paris.

Blöndal, Sveinbjörn/ Field, Simon/ Girouard, Nathalie (2002): Investment in Human Capital through Post-Compulsory Education and Training: Selected Efficiency and Equity Aspects. OECD Economics Department Paper No. 333. Paris.

Bos, Wilfried/ Lankes, Eva-Maria/ Prenzel, Manfred/ u.a. (Hrsg.) (2003): Erste Ergebnisse aus IGLU. Schülerleistungen am Ende der vierten Jahrgangsstufe im internationalen Vergleich Zusammenfassung ausgewählter Ergebnisse. In: http://www.erzwiss.uni-hamburg.de/IGLU/kurz-end.pdf.

Bossmeier, Carolin (2001): Bildungsbürgerland adé? – Sicherung des Bildungsstandorts Deutschland. In: Bundesverband der Deutschen Industrie e.V. (BDI) (Hrsg.): Info-Service Nr. 52/2001 vom 14. Dezember 2001. S. 1.

Böttcher, Wolfgang/ Budde, Hermann/ Klemm, Klaus (Hrsg.) (1988): Schulentwicklungen im Ländervergleich – Föderalismus, Nord-Süd-Gefälle und Schulentwicklung. In: Rolff, Hans-Jürgen u. a. (Hrsg.): Jahrbuch der Schulentwicklung Band 5: Daten, Beispiele und Perspektiven. Weinheim. S. 49 – 74.

Brackmann, Hans-Jürgen (2000): BDA fordert eigene Budgets für Schulen. Kurznachrichtendienst (KND) Nr. 22/2000 vom 18. April 2000. Berlin.

Brackmann, Hans-Jürgen (2000): Das neue Credo der CDU. Kurznachrichtendienst (KND) Nr. 6/2000 vom 11. Februar 2000. Berlin.

Brandt, Eberhard (2004): An den Widersprüchen der herrschenden Politik ansetzen. E&W-Gespräch über Gegenwart und Zukunft der Bildungsgewerkschaft. In: Erziehung und Wissenschaft (E&W) Nr. 8/2004. S. 7 – 9.

Braun, Ludwig Georg (2002): Standort Deutschland Stark machen für die Zukunft. In: Forum Nr. 15 vom 9. April 2002.

Braun, Ludwig Georg (2003): Statement von Ludwig Georg Braun, Präsident des Deutschen Industrie und Handelskammertages (DIHK) zur Pressekonferenz „Deutsche Berufsausbildung wetterfest machen" am 27. Juni 2003 in Frankfurt am Main. Frankfurt am Main.

Brenke, Karl/ Eickelpasch, Alexander (2002): Ostdeutsche Industrie gewinnt an Boden. Ergebnisse einer Umfrage. In: DIW-Wochenbericht Nr. 3/2003.

Briedis, Kolja (2004): Der Bachelor als Sprungbrett? Erste Ergebnisse zum Studienverlauf und Verbleib von Absolventinnen und Absolventen mit Bachelorabschluss. HIS Hochschul-Informations-System. HIS Hochschul-Informations-System GmbH. Hannover.

Brinckmann, Hans (1998): Die neue Freiheit der Universität. Operative Autonomie für Lehre und Forschung an Hochschulen. Berlin.

Brinkmann, Gerhard (Hrsg.) (1985): Probleme der Bildungsfinanzierung. Berlin.

Brömme, Norbert/ Strasse, Hermann (2001): Gespaltene Bürgergesellschaft? Die ungleichen Folgen des Strukturwandels von Engagement und Partizipation. In: Aus Politik und Zeitgeschichte (APuZ) Band 25-26/ 2001. S. 6 – 14.

Brussig, Martin/ Leber, Ute (2004): Verringert informelle Weiterbildung bestehende Qualifikationsunterschiede) Aktuelle Ergebnisse einer Betriebsbefragung. In: WSI Mitteilungen Nr. 1/2004. 49 – 57.

Bsirske, Frank (2001): Zu wessen Diensten? Ver.di zum GATS. In: Beilage zur tageszeitung (taz) vom 8.11.2001.

Büchner, Peter (2003): Stichwort: Bildung und soziale Ungleichheit. In: Zeitschrift für Erziehungswissenschaften (ZfE). Heft 1/2003. S. 5 – 24.
Büchtemann, Christoph F./ Vogler-Ludwig, Kurt (1997): Das deutsche Ausbildungsmodell unter Anpassungszwang: Thesen zur Humankapitalbildung in Deutschland. In: ifo-Schnelldienst Nr. 17-18/1997. S. 15 – 20.
Budäus, Dietrich (1995): Public Management. Konzepte und Verfahren zur Modernisierung öffentlicher Verwaltungen. 3. Auflage. Berlin.
Buhren, Claus G./ Rolff, Hans-Günter (Hrsg.) (1996): Fallstudien zur Schulentwicklung: zum Verhältnis von innerer Schulentwicklung und externer Beratung. Weinheim.
Bulmahn, Edelgard (2002): Wir dürfen Bildung nicht als Ware dem Handel überlassen. Die Welthandelsorganisation berät über den Import und Export von Hochschul-Dienstleistungen. In: Frankfurter Rundschau (FR) vom 8. Juli 2002. S. 10.
Bulmahn, Edelgard (2004): „Wir sind den Ländern weit entgegengekommen." Bildungsministerin Edelgard Bulmahn über Bildung und das Scheitern der Reform. In: Frankfurter Allgemeine Sonntagszeitung (FASZ) vom 19.12.2004. S. 3.
Bultmann, Torsten (2001): „Bestmögliche Ausstattung jedes Einzelnen" – Zur Bedeutungsumwandlung von Chancengleichheit in der aktuellen Bildungspolitik. In: Forum Wissenschaft Nr. 18. 3/2001. S. 47 – 50.
Bundesanstalt für Arbeit (BA) (Hrsg.) (2003): Keine Alternative zur BA-Politik. Presse-Info Nr. 16/2003 vom 11.03.03. (http://www.arbeitsamt.de/hst/services/pressearchiv/16_03.html).
Bundesanstalt für Arbeit (BA) (o.J.): Auszüge aus der Strukturanalyse September 1999. Tabelle JUE7: Arbeitslose unter 25 Jahren nach bisheriger Dauer der Arbeitslosigkeit, Berufsausbildung und Schulbildung, Tabelle JUEB: Arbeitslose unter 25 Jahren mit abgeschlossener Berufsausbildung nach Ausbildungsberuf. (http://www.arbeitsamt.de/hst/services/archiv/199909/iiia4/struktur).
Bundesinstitut für Berufsbildung (BIBB) (2003): BiBB-Presserklärung vom 15.07.2003: Ausbildung für einfache Berufe. Hauptausschuss des BIBB beschließt Empfehlung. Bonn.
Bundesinstitut für Berufsbildung (BIBB) (2004): Tarifvereinbarungen bieten Chancen zur Verbesserung der Lehrstellensituation. BIBB-Pressemitteilung 12/2004 vom 06.04.2004. Bonn.
Bundesministerin für Bildung, Wissenschaft und Kultur (bm:bwk) (2003): Studierende 2002 - Aktiver in Studium und Beruf. Präsentation der „Studierenden-Sozialerhebung 2002". Wien.
Bundesministerium Bildung und Forschung (BMBF) (Hrsg.) (2000): Berichtssystem Weiterbildung VII. Integrierter Gesamtbericht zur Weiterbildungssituation in Deutschland. Bonn.
Bundesministerium für Bildung und Forschung (BMBF) (1998): Berufsbildungsbericht 1998. Bonn.
Bundesministerium für Bildung und Forschung (BMBF) (2002): Berufsbildungsbericht 2002. Berlin.
Bundesministerium für Bildung und Forschung (BMBF) (Hrsg.) (2003): OECD-Veröffentlichung „Bildung auf einen Blick". Wesentliche Aussagen der OECD zur Ausgabe 2002. Berlin.
Bundesministerium für Bildung und Forschung (BMBF)/ Kultusministerkonferenz (KMK) (2003): OECD-Veröffentlichung „Bildung auf einen Blick 2003". Wesentliche Aussagen der OECD zur Ausgabe 2003. Berlin.
Bundesministerium für Bildung und Forschung (BMBF)/ Kulturministerkonferenz (KMK) (Hrsg.) (2004): OECD-Veröffentlichung „Bildung auf einen Blick". Wesentliche Aussagen in der Ausgabe 2004. Bonn.
Bund-Länder-Kommission für Bildungsplanung und Forschungsförderung (1998): Materialien zur Bildungsplanung und zur Forschungsförderung. Gespräche über das Bildungs- und Beschäftigungssystem in Deutschland - Gespräch mit Arbeitgeberpräsident Dr. Dieter Hundt am 16. November 1998 in Bonn. BLK Heft 74. Bonn.
Burgmer, Inge Maria (1999): Die Zukunft der Wirtschaftsverbände. Bonn
Bürklin, Wilhelm (2000): Globalisierung als Chance für Wohlstand und Arbeitsplätze. In: Aus Politik und Zeitgeschichte (APuZ) Band 48/2000. S. 33 – 39.
BVerfGE 55, 274 – Berufsausbildungsabgabe - 2 BvF 3/77 – Rn. 101.
Cameron, David / Hofferbert, Richard (1974): The Impact of Federalism on Education Finance. A Comparative Analysis. In: European Journal of Political Research. Vol. 2. S. 225 – 258.
Castles, Francis G. (1989): Explaining Public Education Expenditure in OECD Nations. In: European Journal of Political Research. Vol. 17. S. 431 – 448.
CDU/CSU Fraktion im Deutschen Bundestag (Hrsg.) (2002): 50 Jahre Arbeitnehmergruppe: Eine starke Lobby in der Arbeitswelt der Zukunft. Berlin.
Centre for Educational Research and Innovation, OECD (1999): Education Policy Analysis. Paris.
Centrum für Hochschulentwicklung (CHE) (2000): Umverteilung von unten nach oben durch gebührenfreie Hochschulbildung. Materialsammlung. Gütersloh.

Cheallaigh, Martina Ní (1999): Förderung der Lehrlingsausbildung und anderer Formen der alternierenden Berufsausbildung in den Mitgliedstaaten. In: CEDEFOP http://www.minedu.fi/eupresidency/eng/meetings/18-November/kokousmateriaalia/2%20cedefop%20sa.pdf.

Christensen, Björn (2001): Berufliche Weiterbildung und Arbeitsplatzrisiko: Ein Matching-Ansatz. Kieler Arbeitspapier Nr. 1033. Kiel. In: http://www.uni-kiel.de/ifw/pub/kap/2001/kap1033.pdf.

Cohen, Gerald (1989): On the Currency of Egalitarian Justice. In: Ethics 99. Chicago. S. 906 – 944.

Cohn, Elchanan/ Geske, Terry G. (1990): The economics of education. 3. Aufl. Oxford.

Combe, Arno/ Helsper, Werner/ Klafki, Wolfgang/ Kolbe, Fritz-Ulrich/ Radtke, Frank-Olaf/ Terhart, Ewald (2001): Mit einem Schnelltraining in den Lehrerberuf. Eine Generalabrechnung von Pädagogik-Professoren mit der "Vision" des Expertenrats zur künftigen Lehrerbildung in Nordrhein-Westfalen. In: Frankfurter Rundschau 2001 vom 20.06.2001. (http://www.lehrerbildung.de/docu/AntwortNRW-FR.html).

Crouch, Colin (2000): Die Vielfalt des europäischen Verbandswesens. In: Bührer, Werner/ Grande, Edgar (Hrsg.): Unternehmerverbände und Staat in Deutschland. Baden-Baden. S. 23 – 36.

Cuban, Larry (2003): Business Influence on U.S. Public Schools and its Limits, 1880 – 2000. In: Mangold, Max/ Oelkers, Jürgen (Hrsg.): Demokratie, Bildung und Markt. Bern. S. 123 – 145.

Dahlin, Brian G. (2002): The Impact of Education on Economic Growth. Theory, Findings and Policy Implications. Durham, NC.

Dalin, Per/ Rolff, Hans-Günter/ Buchen, Herbert (Hrsg.) (1998): Institutioneller Schulentwicklungs-Prozess: ein Handbuch. Bönen/Westfalen.

Daxner, Michael (1996): Ist die Uni noch zu retten? Zehn Vorschläge und eine Vision. Reinbek bei Hamburg.

Daxner, Michael (1999): Die blockierte Universität. Warum die Wissensgesellschaft eine andere Hochschule braucht. Frankfurt am Main.

De Fraja, Gianni (2001): Education Policies: Equity, Efficiency and Voting Equilibrium. In: The Economic Journal No. 111. Oxford. C104 – C119.

Demmer, Marianne (2000): Arbeitsorientierte Bildung an den Schulen verankern! Gemeinsamer Workshop des Bundeselternrates mit BDA und DGB: Essentials aus GEW-Sicht. (http://213.198.62.63/standpunkt/aschlagzeilen/schule/es-work.htm).

Demmer, Marianne (2002): Ohne Konzept, aber mit Hochdruck. Auf der Suche nach „Nationalen Bildungsstandards". In: Erziehung & Wissenschaft (E & W) Nr. 11/2002. S. 24.

Demmer, Marianne (2002): Wirtschaft stellt Schulstruktur infrage. Abkehr von selektiver Grundphilosophie. In: Erziehung & Wissenschaft (E & W) Nr. 9/2002. S. 19 – 21.

Demmer, Marianne (2003): Ein Glücksfall. GEW-Kommentar zur Expertise über nationale Bildungsstandards. In: Erziehung und Wissenschaft (E & W) Nr. 3/2003. S. 20.

Deutsche Bundesbank (2003): Monatsbericht Nr. 10/ 2003. Frankfurt am Main.

Deutsche Medienbeobachtungs-Agentur GmbH (2003): Die Medien-Krise der Gewerkschaften. Medienresonanzanalyse. Berlin.

Deutscher Bundestag (Hrsg.) (2002): Antwort der Bundesregierung auf die Kleine Anfrage der Abgeordneten Ursula Lötzer, Eva Bulling-Schröter, Maritta Böttcher, Dr. Heinrich Fink, Rolf Kutzmutz und der Fraktion der PDS (2002): Verhandlungen zur Dienstleistungsliberalisierung in der WTO. Deutscher Bundestag Drucksache 14/8845. 14. Wahlperiode 22. 04. 2002.

Deutscher Bundestag (Hrsg.) (2003): Ausschussdrucksache 15(9)353. Materialien zu der öffentlichen Anhörung am 7. April in Berlin zum Thema „Die Verhandlungen über das internationale Dienstleistungsabkommen (GATS) – Chancen und Risiken für Wirtschaft und Beschäftigung in Deutschland". Berlin.

Deutscher Bundestag, Ausschuss für Bildung, Forschung und Technikfolgenabschätzung (2003): Stellungnahme der GEW zum Thema „Neuordnung der bildungs- und forschungspolitischen Zuständigkeit in der Bundesrepublik Deutschland" anlässlich der öffentlichen Anhörung am 20.10.2003. A-Drs. 15(17)130e. 15. Wahlperiode. (http://www.zwd.info/download/foedanh.pdf. S. 17 – 22).

Deutscher Bundestag (2003): BT-Drucksache 15/1685 vom 16.10.2003. 15. Wahlperiode. Berlin.

Deutscher Bundestag – Stenografischer Dienst (2004) (Hrsg.): Deutscher Bundestag Protokoll 15/36. 15. Wahlperiode. Ausschuss für Bildung, Forschung und Technikfolgenabschätzung. Stenografisches Wortprotokoll. Öffentliche Anhörung „Berufsausbildungssicherungsgesetz". Berlin, 23. April 2004, 11.00 Uhr. Berlin.

Deutscher Bundestag/ Bundesrat (o. J.) (Hrsg.): Stand der Gesetzgebung des Bundes. 15. Wahlperiode. In: GESTA-online – 15. Wahlperiode (Berichtsstand: 29.10.2004). (http://dip.bundestag.de/gesta/15/K005.pdf).

Deutscher Bildungsrat (1970): Strukturplan für das Bildungswesen. Stuttgart.

Deutscher Lehrerverband (DL) (2004): Lehrerverband übt heftige Kritik an der OECD-Lehrerstudie. Presseerklärung vom 22.09.2004. Bonn.

Deutscher Philologenverband (2004): OECD-Lehrerstudie: Philologenverband mahnt differenzierten Umgang mit den Ergebnissen. Presseerklärung vom 5.10.2004. Berlin.

Döbrich, Peter/ Klemm, Klaus/ Knauss, Georg/ Lange, Hermann (2004): Ausbildung, Einstellung und Förderung von Lehrerinnen und Lehrern (OECD-Lehrerstudie). Ergänzende Hinweise zu dem Nationalen Hintergrundbericht (CBR) für die Bundesrepublik Deutschland. (http://www.oecd.org/dataoecd/55/61/31076280.pdf).
Dohmen, Dieter (2004): Finanzierung lebenslangen Lernens von der Kita bis zur Weiterbildung. FiBS-Forum Nr. 22. Köln.
Dohmen, Dieter/ Hoi, Michael (2004). Bildungsausgaben in Deutschland – eine erweiterte Konzeption des Bildungsbudgets: Studie zur Technologischen Leistungsfähigkeit Deutschlands Nr. 3-2004 im Auftrag des Bundsministeriums für Bildung und Forschung (BMBF). FiBS-Forum Nr. 20. Köln.
Dolzer, Rudlf (2001): Die Souveränität der Nation ist nicht abgeschafft. In: Das Parlament Nr. 3-4 vom 19.01.2001.
Dorn, Barbara (1999): Korridor-Idee des DIHK birgt Risiken. In: Wirtschaft und Berufserziehung (W & B). Nr. 7/ 1999. S. 24.
Dorn, Barbara (2000): Berufsbildung: Ausbildung Ost: TRABI tri(vi)al? Kurznachrichtendienst (KND) Nr. 21/2000 vom 13. April 2000. Berlin.
Dostal, Werner/ Stooß, Friedemann/ Troll, Lothar (1998): Beruf – Auflösungstendenzen und erneute Konsolidierung. In: Mitteilungen aus der Arbeitsmarkt- und Berufsforschung (MittAB) Heft 3/1998. S. 438 – 460.
Dostal, Werner (2004): Die arbeitsmarktpolitische Rolle der Berufsfachschule. In: Bundesministerium für Bildung und Forschung (Hrsg.): Berufsausbildungskonferenz „Ausbilden jetzt – Erfolg braucht alle". Bonn.
dpa-Meldung vom 13.04.2003: Bulmahn fordert Verfassungsauftrag für Bund-Länder-Bildungsplanung. Bundesbildungsministerin Bulmahn im Gespräch mit der Deutschen Presse-Agentur GmbH (dpa).
Drey, Meike-Mirjam (2001): Bildungsraum Europa Darstellung der europäischen Bildungspolitik unter besonderer Berücksichtigung der EU Bildungsprogramme im Bereich Aus- und Weiterbildung. Siegen.
Düll, Nicola/ Leitzke, Simone/ Letzner, Volker/ Vogler-Ludwig, Kurt (2003): Ausbildung für einfache Berufe. Identifizierung von Tätigkeitsfeldern mit weniger komplexen Anforderungen als Basis zur Schaffung neuer anerkannter Ausbildungsberufe mit abgesenktem Anforderungsniveau. Kurzfassung des Endberichts. Gutachten für das Bundesministerium für Wirtschaft und Arbeit. München.
Dworkin, Ronald (1981): What ist Equality? Part 2: Equality of Resources. In: Philosophy and Public Affairs No. 10. Princeton. S. 283 – 345.
Ebbinghaus, Bernhard (2003); Die Mitgliederentwicklung deutscher Gewerkschaften im historischen und internationalen Vergleich. In: Schroeder, Wolfgang/ Weßels, Bernhard (Hrsg.): Die Gewerkschaften in Politik und Gesellschaft der Bundesrepublik Deutschland. Wiesbaden. S. 174 – 203.
Eberle, Ute/ Stöbener, Dorothée (2000): Gutes tun mit Gewinn. In: Die Zeit Nr. 39/2000 vom 28.09.2000. S. 69.
Ebmeier, Ulrike (2002): Aus- und Weiterbildung: Neue Wege in der Lehrebildung. Kurznachrichtendienst (KND) Nr. 23/2002 vom 21. 06.2002. Berlin.
Ebrahimi, Nava (2003): Berufliche Bildung. Wirtschaft gegen grundlegende Novellierung. Kurznachrichtendienst (KND) Nr. 16/2003 vom 24. April 2003.
Edding, Friedrich (1964): Ökonomie und Planung des Bildungswesens. Lehren und Lernen als Haushalt und als Investition. Freiburg iBr.
Ederer, Peer/ Schuller, Philipp (1999): Geschäftsbericht Deutschland AG. Stuttgart
Ederer, Peer/ Schuller, Philipp/ Kopf, Christian (2002): Wieviel Bildung brauchen wir? Humankapital in Deutschland und seine Erträge. Alfred-Herrhausen-Gesellschaft. Frankfurt am Main.
Egle, Christoph (1998): Bereit für die Wissensgesellschaft? Bildung und Ausbildung auf dem Prüfstand. Berlin
Ehmann, Christoph (2001): Bildungsfinanzierung und soziale Gerechtigkeit. Vom Kindergarten bis zur Weiterbildung. Bielefeld.
Ehmann, Christoph (2001): Wer da hat, dem wird gegeben. Chancengleichheit oder Gleichbehandlung. Über den Beitrag der Bildungsfinanzierung zu mehr sozialer Gerechtigkeit. In: Frankfurter Rundschau vom 14. April 2001. S. 7.
Ehmann, Christoph/ Walter, Jürgen (2002): Zur notwendigen Verbindung von allgemeiner, beruflicher und politischer Bildung in Schulen und Hochschulen. In: Gewerkschaftliche Monatshefte (GMH) Nr. 9/2002. S. 506 – 517.
Ehmann, Christoph (2003): Bildungsfinanzierung in Deutschland – eine Analyse. Aufkommen, Verteilung und Wirkungen der finanziellen Mittel. In: Vereinte Dienstleistungsgewerkschaft (ver.di): Finanzierung der Bildung – Was ist uns die Bildung wert? Berlin. S. 12- 26.
Eibeck, Bernhard (2002): Von der Kindergartentante zur „women economy". (http://www.gew.de/Binaries/Binary3050/women.pdf).
Eichener, Volker/ Voelzkow, Helmut (1994): Europäische Integration und verbandliche Interessensvermittlung: Ko-Evolution von politisch-administrativem System und Verbändevermittlung. In: Eichener, Volker/

Voelzkow, Helmut (Hrsg.): Europäische Integration und verbandliche Interessenvermittlung. Marburg. S. 9 – 25.

Eichhorst, Werner/ Thode, Eric (2002): Strategien gegen den Fachkräftemangel. Band 1: Internationaler Vergleich. Gütersloh.

Eißel, Dieter (1977): Arbeitsmarkt und Bildungspolitik. Theorie und Praxis der Bildungsplanung. Frankfurt am Main.

Ellguth, Peter (2003): Quantitative Reichweite der betrieblichen Mitbestimmung. In: WSI-Mitteilungen Nr. 3/ 2003. S. 194 – 199.

Ellguth, Peter/ Kohaut, Susanne (2004): Tarifbindung und betriebliche Interessensvertretung: Ergebnisse des IAB-Betriebspanels. In: WSI-Mitteilungen Nr. 8/2004. S. 450 – 454.

Ellwein, Thomas (1985): Die deutsche Universität. Vom Mittelalter bis zur Gegenwart. Königstein/Ts.

Erhardt, Manfred (2002): Mehr Qualität und Leistung durch Wettbewerb und Eigenverantwortung. Zur Erneuerung deutscher Hochschulen. In: Aus Politik und Zeitgeschichte (APuZ) Band 26/2002. S. 3 – 6.

Euler, Dieter (1998): Modernisierung des dualen Systems - Problembereiche, Reformvorschläge, Konsens- und Dissenslinien. In: Bund-Länder-Kommission für Bildungsplanung und Forschungsförderung (BLK) (Hrsg.): Materialien zur Bildungsplanung und zur Forschungsförderung Heft 62. Bonn.

Euler, Dieter (1999): Stand der Erkenntnisse zur Lernortkooperation. In: Bund-Länder-Kommission für Bildungsplanung und Forschungsförderung (BLK) (Hrsg.): Kooperation der Lernorte im dualen System der Berufsbildung. Bericht über eine Auswertung von Modellversuchen von Dieter Euler, Klaus Berger u. a. Materialien zur Bildungsplanung und zur Forschungsförderung. Heft 73. Bonn. S. 44 – 95.

European Industrial Relations Observatory (EIRO) (1998): Results of the 1998 works council elections. (http://www.eiro.eurofound.ie/1998/10/feature/de9810180f.html).

Eurostat (2004): Statistik kurz gefasst. Wissenschaft und Technologie. Thema 9 – Nr. 2/2004.

Ewerhart, Georg (2002): Bildungsinvestitionen, brutto und netto. Eine makroökonomische Perspektive. In: Trends in Bildung International (Tibi) Nr. 4/ 2002. S. 1 – 29.

Färber, Gisela/ Stiller, Silvia/ Schaft, Wolfgang (1999): Zur Einstellungspräferenz von BeamtInnen und Angestellten im Schulbereich. HWWA-Report Nr. 195. Hamburg. In: http://www.hwwa.de/Publikationen/Report/1999/Report195.pdf.

Faulstich, Peter (Hrsg.) (1980): Die Bildungspolitik des Deutschen Gewerkschaftsbundes 1949 – 1978. Stuttgart.

Faulstich, Peter (2003): Hartz-Gesetze – Konsequenzen und Alternativen. Vortrag auf der Fachtagung „Zukunft der beruflichen Weiterbildung?" der Arbeitnehmerkammer Bremen am 2.04.2003. In: http://www.erzwiss.uni-hamburg.de/personal/Faulstich/HartzBremen.pdf.

Faulstich, Peter (2003): Weiterbildung. In: Cortina, Kai S./ Baumert, Jürgen/ Leschinsky, Achim u.a. (Hrsg.): Das Bildungswesen in der Bundesrepublik Deutschland. Reinbek bei Hamburg. S. 625 – 660.

Faulstich, Peter (2003): Zukunftsperspektiven aus der Weiterbildungsmisere. In: http://www.erzwiss.uni-hamburg.de/personal/Faulstich/Zukunftsperspektiven.pdf.

Faulstich, Peter/ Gnahs, Dieter/ Sauter, Edgar (2003): Qualitätsmanagement in der beruflichen Weiterbildung: ein Gestaltungsvorschlag. Gutachten im Auftrag der gewerkschaftlichen Initiative von ver.di, IG Metall und GEW für Bundesregelungen in der beruflichen Weiterbildung. Berlin.

Feller, Gisela/ Schlaffke, Winfried/ Zedler, Reinhard (Hrsg.) (1999): Start 2000 – Wegweisende Bildungsstrategie. Eine Dokumentation der Ausbildungs- und Qualifizierungsinitiative des Verbandes der Metallindustrie Baden-Württemberg e.V. Beiträge zur Gesellschafts- und Bildungspolitik. Institut der deutschen Wirtschaft e.V. Köln.

Fels, Gerhard/ Heinze, Rolf G./ Pfarr, Heide/ Schmid, Günther/ Streeck, Wolfgang (2001): Gute Praxis in der betrieblichen Weiterbildung. Bericht der Benchmarking-Gruppe des Bündnisses für Arbeit, Ausbildung und Bettbewerbsfähigkeit. (http://www.bundesregierung.de/static/pdf/Bericht_der_Benchmarking_Gruppe.pdf).

Feuchthofen, Jörg E. (1997): Berufsausbildung durch die Wirtschaft: Zwischen Rechtspflicht und sozialethischer Verantwortung. In: Wirtschaft und Berufserziehung, Heft 4/ 1997. S. 122 - 125.

Feuchthofen, Jörg E. (2004): Mit Planwirtschaft zum Ablasshandel? In: Berufsbildung in Wissenschaft und Praxis (BWP) Nr. 3/2004. S. 3 – 4.

Fichter, Michael/ Gester, Jochen/ Zeuner, Bodo (2001): Zukunft der Gewerkschaften Teil II. Externe Herausforderungen – Interne Problemlagen – Zukunftsoptionen: Eine internationale Perspektive. Arbeitspapier 44 der Hans Böckler Stiftung. Düsseldorf.

Fischer, Andreas (2000): Nachhaltigkeit, Wissensgesellschaft und lebenslanges Lernen. Ansprüche und Umsetzung in der beruflichen Bildung. Bielefeld.

Flitner, Andreas u. a. (Hrsg.) (1999): Ausbildungskrise, Memorandum des Forums "Jugend, Bildung, Arbeit" mit Untersuchungsergebnissen des Instituts für Arbeitsmarkt- und Berufsforschung der Bundesanstalt für Arbeit. Opladen.

Foders, Federico (2000): Demographie und Bildung: Gehen uns die Qualifizierten aus? Auswirkungen der Bevölkerungsentwicklung auf das deutsche Bildungssystem. Kieler Arbeitspapier Nr. 1003. Institut für Weltwirtschaft. Kiel.

Foders, Frederico (2001): Bildungspolitik für den Standort D. Kieler Studien 311. Berlin.

Föhr, Horst (1975): Anforderungen des Grundgesetzes an den Aufbau von Verbänden. In: Neue Juristische Wochenschrift (NJW) Nr. 28/1975. S. 619 – 629.

Forschungsinstitut für Bildungs- und Sozialökonomie (FiBS): Demografischer Wandel stellt hohe Anforderungen an das Bildungssystem: FiBS legt 12-Punkte-Plan vor. FiBS-Presseerklärung vom 06.05.2004. Köln.

Fourastié, Jean/ Fourastié, Jacqueline (1986) : La réalite économique. Paris.

Franke, Siegfried F. (1994): Bildungspolitik in der Demokratie. In: Grözinger, Gerd/ Hödl, Erich (Hrsg.): Hochschulen im Niedergang? Zur Politischen Ökonomie von Lehre und Forschung. Marburg. S. 33 – 67.

Franke, Siegfried F. (1996): (Ir)Rationale Politik. Grundzüge und politische Anwendungen der „Ökonomischen Theorie der Politik". Marburg.

Frankfurter Allgemeine Sonntagszeitung (FASZ) (2003): Tarifrecht: BDI besteht auf gesetzlichen Öffnungsklauseln. BDI und BDA bleiben in der Frage der Flexibilisierung des Tarifrechts entzweit. In: Frankfurter Allgemeine Sonntagszeitung vom 14. Dezember 2003. (http://www.faz.net/s/RubC8BA5576CDEE4A05AF8DFEC92E288D64/Doc~E23C9E9AFDD2843C78CD2833CBF92D970~ATpl~Ecommon~Scontent.html).

Frenkel, Michael/ Hemmer, Hans-Rimbert (1999): Grundlagen der Wachstumstheorie. München.

Frerichs, Petra/ Pohl, Wolfgang (2001): Zukunft der Gewerkschaften Teil I. Mitgliederentwicklung – Organisationsstrukturen – Werte und Orientierungen. Arbeitspapier 44 der Hans Böckler Stiftung. Düsseldorf.

Frommelt, Bernd (Hrsg.) (2000): Schule am Ausgang des 20. Jahrhunderts: gesellschaftliche Ungleichheit, Modernisierung und Steuerungsprobleme im Prozess der Schulentwicklung. Festschrift für Hans-Günter Rolff zum 60. Geburtstag. Weinheim.

Früh, Werner (1992): Zur konvergenten Entwicklung „quantitativer" und „qualitativer" Methoden. In: Hoffmeyer-Zlotnik, Jürgen H.P. (Hrsg.): Analyse verbaler Daten. Über den Umgang mit qualitativen Daten. Opladen. S. 59 – 89.

Früh, Werner (2001): Inhaltsanalyse. Theorie und Praxis. 5 Aufl. München.

Fuchs, Hans Werner (1997): Bildung und Wissenschaft seit der Wende. Opladen.

Fuchs, Hans-Werner (1998): Bildungspolitische Steuerungsprobleme in einer Phase anhaltender Haushaltsenge. In: Schulz, Manuel u.a. (Hrsg.): Wege zur Ganzheit. Profilbildung einer Pädagogik für das 21. Jahrhundert. Weinheim. S. 350 – 362.

Fuchs, Hans-Werner (1999): Schule ohne Schüler? Zur demographischen Entwicklung in den neuen Bundesländern und ihren Folgen für das allgemeinbildende Schulwesen. Hamburg.

Fuchs, Hans-Werner/ Reuter, Lutz R. (2000): Bildungspolitik in Deutschland: Entwicklungen, Probleme, Reformbedarf. Opladen.

Führ, Christoph (1997): Deutsches Bildungswesen seit 1945. Grundzüge und Probleme. Nürnberg.

Fuhrmann, Manfred (2001): Latein und Europa Geschichte des gelehrten Unterrichts in Deutschland. Köln.

Füssel, Hans-Peter (1997): Von den Schwierigkeiten mit dem Umgang mit der „Schulautonomie" – ein Versuch, sich einem komplizierten Gegenstand zu nähern. In: Döbert, Hans/ Geissler, Gert: Schulautonomie in Europa. Umgang mit dem Thema, Theoretisches Problem, Europäischer Kontext, Bildungshistorischer Exkurs. Baden-Baden. S. 11 – 25.

Fust, Torsten/ Herdt, Ursula (2004): Entwicklung Berufsbildender Schulen zu Regionalen Berufsbildungszentren (RBZ) bzw. Selbstständigen Schulen: Position der Bund-Länderkommission (BLK); Entwicklung in den einzelnen Ländern. (http://www.hamburger-illustrierte.de/content/htm/tic/2004/06/10/AutonomieBBSzu10-06-04.pdf).

Gaethgens, Peter (2004): Studienbeiträge und die Reform der Studienfinanzierung. Statement von Prof. Dr. Peter Gaehtgens, Präsident der Hochschulrektorenkonferenz. Berlin.

Gangl, Markus (2003): Bildung und Übergangsrisiken. In: Zeitschrift für Erziehungswissenschaft (ZfE). Heft 1/2003. S. 72 – 89.

García-Peñalosa, Cecilia/ Wälde, Klaus (2000): Efficiency and Equity Effects of Subsidies to Higher Education. In: Oxford Economic Papers. No. 2000/4. S. 702 – 722.

GATS 2000. Request from the EC and its Member States to the Unites States of America. (http://www.gatswatch.org/docs/offreq/EUrequests/Usa.pdf).

Geißler, Karlheinz A. (1991): Das Duale System der industriellen Berufsausbildung hat keine Zukunft. In: Der Leviathan. 19. Jg. Nr. 1/1991. S. 68 – 77.

Geißler, Karlheinz A./Schmidt, Hermann (1996): Ungleiche Ausbildung? Diskussion zum System der Berufsausbildung in Deutschland. In: Bolder, Alex/ Heinz, Walter R./Rodax, Klaus (Hrsg.): Die Wiederentdeckung der Ungleichheit. Aktuelle Tendenzen in Bildung für Arbeit. Jahrbuch 1996 Bildung und Arbeit. Opladen. S. 288 – 311.

Geißler, Karlheinz/ Geramais, Olaf (2001): Berufs- und Wirtschaftpädagogische Grundprobleme. In: Heinrich Schanz (Hrsg.): Berufsbildung konkret. Band 1. Baltmannsweiler. S. 39 – 53.

Gerdsmeier, Gerhard/ Thränhardt, Dietrich (1979): Schule. Eine berufsvorbereitende Einführung in das Lehrerstudium. Weinheim.

Gesamtmetall (2002): OT-Verbände in der M+E-Industrie. Köln.

Giddens, Anthony (1998): Der dritte Weg: die Erneuerung der sozialen Demokratie. Frankfurt am Main.

Giddens, Anthony (2001): Die Frage der sozialen Ungleichheit. Frankfurt am Main.

Giesecke, Herrmann (1998): Pädagogische Illusionen. Lehren aus 30 Jahren Bildungspolitik. Stuttgart.

Glotz, Peter (1996): Im Kern verrottet? Fünf vor zwölf an Deutschlands Universitäten. Stuttgart.

Görner, Regina (1999): 10-Punkte-Modell zur Neuordnung der Ausbildung. Dr. Regina Görner, Mitglied des Geschäftsführenden DGB-Bundesvorstandes. Statement anlässlich der Pressekonferenz – Bonn, 13. Januar 1999. (http://www.dgb.de/themen/themen_a_z/abisz_doks/1/10-punkte.pdf/file_view_raw).

Görner, Regina (1999): 10-Punkte-Modell zur Neuordnung der Ausbildung. Bonn.

Goldin, Claudia/ Katz Lawrence F. (2002): The legacy of U.S. educational leadership: notes on distribution and economic growth in the 20th century. In: American Economic Review. No. 2/2001. S. 18 – 23.

Greinert, Wolf-Dietrich (1993): Das »deutsche System« der Berufsausbildung. Geschichte, Organisation, Perspektiven. Baden-Baden.

Greinert, Wolf-Dietrich (1994): Die Berufsschule am Ende ihrer Entwicklung. Über die Grenzen eines pädagogischen Konzeptes. In: Die berufsbildende Schule (BbSch). Heft 12/1994. S. 389 – 395.

Greven, Michael Th. (2000): Universitätskrise und Universitätspolitik in Zeiten populistischer Demokratie. In: Leidhold, Wolfgang (Hrsg.): Politik und Politeia. Formen und Probleme politischer Ordnung. Würzburg. S. 259 – 277.

Groezinger, Gerd (1994): Hochschulen im Niedergang?: zur politischen Ökonomie von Lehre und Forschung. Marburg.

Grömling, Michael/ Lichtblau, Karl/ Weber, Alexander (1998): Die Industrie – Drehscheibe der globalen Dienstleistungsgesellschaft. Köln.

Groß, Birgit (2003): „Das Prinzip der demokratischen Selbstverwaltung wahren". (http://www.gew-rheinland-pfalz.de/wissen/fachgruppen/hochschule_forschung/PCT%2021-DGB_Stelllungnahme_HochschulGesetz.pdf).

Grundmann, Hilmar (2000): „Modell, Modelle... oder vom gemeinsamen Interesse an der Reform des dualen Ausbildungssystems." In: Die berufsbildende Schule (BbSch) Nr. 52. 2/2000. S. 42 – 48.

Grupp, Hariolf/ Legler, Harald/ Breitschopf, Barbara (2003): Zur Technologischen Leistungsfähigkeit Deutschlands 2002. Bericht des Bundesministeriums für Bildung und Forschung vorgelegt durch eine Arbeitsgruppe von Instituten, koordiniert durch Fraunhofer-Institut für Systemtechnik und Innovationsforschung, Karlsruhe, Niedersächsisches Institut für Wirtschaftsforschung, Hannover, Institut für Wirtschaftspolitik und Wirtschaftsforschung der Universität Karlsruhe. Bonn.

Grüske, Karl-Dieter (1994): Verteilungseffekte der öffentlichen Hochschulfinanzierung in der Bundesrepublik Deutschland: Personale Inzidenz im Querschnitt und im Längsschnitt. In: Luedeke, Reinar (Hrsg.):Bildung, Bildungsfinanzierung und Einkommensverteilung. 2. Aufl. Berlin. S. 71 – 147.

Grüske, Karl-Dieter (1997): Tragen Akademiker die Kosten ihrer Ausbildung? Sind Studiengebühren unsozial? In: Böttcher, Wolfgang/ Weishaupt, Horst/ Weiß, Manfred (Hrsg.): Wege zu einer neuen Bildungsökonomie. Weinheim. S. 227 – 290.

Grüske, Karl-Dieter (2002): Wer finanziert wem das Studium? Verteilungswirkungen der Hochschulfinanzierung. In: Dohmen, Dieter/ Cleuvers, Birgitt A. (Hrsg.): Nachfrageorientierte Bildungsfinanzierung. Neue Trends für Kindertagesstätten, Schule und Hochschule, Schriften zur Bildungs- und Sozialökonomie. Band 1. Bielefeld. S. 253 – 280.

Guger, Alois (1994): Verteilungswirkungen der gebührenfreien Hochschulbildung in Österreich. Wien.

Gukenbiehl, Hermann L. (2001): Bildung und Bildungssystem. In: Schäfers, Bernhard /Zapf, Wolfgang (Hrsg.): Handwörterbuch zur Gesellschaft Deutschlands. 2. Aufl. Bonn. S. 89 – 103.

Gundlach, Erich (2000): Bildung als Standortfaktor. In: Morath, Konrad. (Hrsg.): Rohstoff. Bildung. Beiträge zu einer Tagung des Frankfurter Instituts. Frankfurt am Main. S. 27 – 39.

Haak, Carroll (2003): Weiterbildung in kleinen und mittleren Betrieben: Ein deutschdänischer Vergleich. Wissenschaftszentrum Berlin für Sozialforschung (WZB). Berlin.

Habisch, André (2000): Wohl und Wehe. André Habisch über Corporate Citizenship und die Weiterentwicklung der sozialen Marktwirtschaft. In: Wirtschaftswoche Nr. 51 vom 14.12.2000.

Hagemeister, Ralf (2001): Gezeiten des Wandels. Die Kontratieffzyklen und die Veränderung von Bildung und Beschäftigung. Köln. S. 19 – 33.

Hagen, Kornelia (2004): Programm "Lernende Regionen" findet unterschiedliche Wirtschafts- und Arbeitsmarktsituationen vor. Wochenbericht des DIW Berlin Nr. 35/ 2004.

Halász, Gábor/ Santiago, Paulo/ Ekholm, Mats/ Matthews, Peter / McKenzie, Phillip (2004): Anwerbung, berufliche Entwicklung und Verbleib von qualifizierten Lehrerinnen und Lehrern. Länderbericht: Deutschland. Paris.

Hall, Robert E. (2002): The Value of Education: Evidence from Around the Globe. In: Lazear, Edward P. (Hrsg.): Education in the Twenty-First Century. Stanford.

Hampel, Jürgen/ Schneider, Melanie/ Spurk, Astrid/ Sautter, Alexander (Hrsg.) (2003): Akademie für Technikfolgenabschätzung in Baden Württemberg. Schriftenreihe Baden-Württembergischer Handwerkstag. Stuttgart. S. 24 – 29.

Handelsblatt (HB) (2004): DIHK: Bulmahn will duales System aushöhlen. Ministerin legt Eckpunkte für Berufsbildungsgesetz vor. In: Handelblatt (HB) vom 13.02.2004. S. 4.

Handelsblatt (HB) (2000): Rogowski fordert flexibleres Tarifsystem. In: Handelsblatt (HB) vom 27.11.2000. S. 4.

Hanft, Anke (Hrsg.) (2000): Hochschulen managen? Zur Reformierbarkeit der Hochschulen nach Managementprinzipien. Neuwied/Kriftel.

Hank, Rainer (2003): Hundts Mannen attackieren Rogowski. In Frankfurter Allgemeine Sonntagszeitung (FASZ) vom 21.09.2003. S. 31.

Hans Böckler Stiftung (2000): Streiks und Aussperrungen in West- und Ostdeutschland. (www.boeckler.de/rde/xchg/SID-3D0AB75F-71A6FF46/hbs/hs.xsl/559_16561.html).

Hans Böckler Stiftung, Sachverständigenrat Bildung (1998): Diskussionspapier: Für ein verändertes System der Bildungsfinanzierung. Düsseldorf.

Hanushek, Eric A. (1981): Throwing Money at Schools. In: Journal of Political Analysis and Management. 1 Jg. Vol. 1/1981. S. 19 – 41.

Hanushek, Eric A. (1989): The impact of indifferent expenditures on school performance. In: Education Researcher. 18 Jg. Vol. 4/1989. S. 45 – 65.

Hanushek, Eric A./ Kimko, Dennis D. (2000): Schooling, Labor-Force Quality, and the Growth of Nations. In: American Economic Review No. 5/2000. S. 1184 – 1208.

Harmsen, Torsten (2000): Bezahlt die Verkäuferin das Studium des Arztsohns? Dieser These widerspricht ein Gutachten im Auftrag des Studentenwerks/ Rinkens: "Gebühren sind unsozial". In: Berliner Zeitung vom 20.03.2000. S. 14.

Harney, Klaus (1997): Der Sektor der Weiterbildung als Ausdehnungsraum der Berufsschule. Eine Rekonstruktion der Regionalisierungsproblematik beruflicher Bildung. In: Dobischat, Rolf /Husemann, Rudolf (Hrsg.): Berufliche Bildung in der Region: Zur Neubewertung einer bildungspolitischen Gestaltungsdimension. Berlin. S. 105 – 120.

Harney, Klaus/ Rahn, Sylvia (2003): Steuerungsprobleme im beruflichen Bildungswesen. In: Der berufliche Bildungsweg (bbw) Nr. 03-04/2003. S. 2 – 9.

Hassel, Anke (2000): Organisationsreform und Organisationsformen. In: Gewerkschaftliche Monatshefte (GMH) Nr. 3/2000. S. 129 – 139.

Hassel, Anke (2002): Die Lage der deutschen Gewerkschaften. In: Gewerkschaftliche Monatshefte (GMH) Nr. 5/2002. S. 294 – 298.

Hassel, Anke (2003): Organisation: Struktur und Entwicklung. In: Schroeder, Wolfgang/ Weßels, Bernhard (Hrsg.): Die Gewerkschaften in Politik und Gesellschaft der Bundesrepublik Deutschland. Wiesbaden. S. 102 – 122.

Haupt, Alexander/ Janeba, Eckhard (2003): Bildung im Zeitalter mobilen Humankapitals. In: Vierteljahrshefte zur Wirtschaftsforschung Nr. 2/2003. Berlin. S. 173 – 187.

Hauschild, Helmut (2004): Bedeutung des Flächentarifvertrages nimmt ab. In: Handelsblatt vom 29.09.2004. S. 3.

Hauschild, Helmut (2004): Fachkräftemangel kostet Wachstum. In: Handelsblatt (HB) vom 15.06.2004. S. 6.

Hauschild, Helmut/ Heinacher, Peter (2000): Weiche Schale, harter Kern. In: Handelsblatt (HB) vom 27.11.2000. S. 14.

Heidenheimer, Arnold (1997): Disparate Ladders. Why School and University Policies Differ in Germany, Japan, and Switzerland. New Brunswick.

Heidenheimer, Arnold J. (1975): Secondary School Reform: Why Sweden? Why not Germany? In: Heidenheimer, Arnold J. u. a. (Hrsg.): Comparitive Public Policy. The Politics of Social Choice in Europe and Amerika. New York. S. 44 – 68.

Heidenheimer, Arnold J. (1990): Education Policy. In: Heidenheimer, Arnold J. u. a. (Hrsg.): Comparitive Public Policy. The Politics of Social Choice in Amerika, Eurpoe and Japan. 3 Ed. New York. S. 23 – 56.

Heidenheimer, Arnold J. (1993): External and Domestic Determinations of Education Expansion: How Germany, Japan and Schwitzerland have varied. In: Gouvernance. An International Journal of Policy and Administration. Vol. 6. No. 2/1993. S. 194 – 219.
Heidenreich, Martin (1998): Die duale Berufsausbildung zwischen industrieller Prägung und wissensgesellschaftlichen Herausforderungen. In: Zeitschrift für Soziologie (ZfS). Jg. 27. Nr. 5/1998. S. 321 – 340.
Heidenreich, Martin (o. J.): Die Debatte um die Wissensgesellschaft. (http://www.uni-bamberg.de/sowi/europastudien/erlangen).
Heidenreich, Martin/ Töpsch, Karin (1998): Die Organisation von Arbeit in der Wissensgesellschaft. In: Industrielle Beziehungen Nr. 1/1998. S. 13 – 44.
Heinemann, Karl-Heinz (2003): Die Tiger laufen weiter im Kreis ... auch wenn der Käfig sich öffnet. In: Erziehung und Wissenschaft (E & W) Nr. 3/2003. S. 6 – 9.
Heinemann, Karl-Heinz/ Feuck, Jörg (2002): Ziemlich viel auf einmal auf dem Prüfstand. Die Gewerkschaft GEW dringt auf Qualität in der Bildung - und auf intelligente Standards. In: Frankfurter Rundschau (FR) vom 19. 12.2002. S. 20.
Heinze, Rolf G. (1998): Die blockierte Gesellschaft. Sozioökonomischer Wandel und die Krise des „Modell Deutschland". Opladen.
Heinze, Rolf G./ Strünck, Christoph (2000): Die Verzinsung des sozialen Kapitals. Freiwilliges Engagement im Strukturwandel. In: Beck, Ulrich (Hrsg.): Die Zukunft von Arbeit und Demokratie. Frankfurt am Main. S. 171 – 216.
Heitger, Bernhard/ Schrader, Klaus/ Stehn, Jürgen (1999): Handel, Technologie und Beschäftigung. Kieler Studien Nr. 298. Tübingen.
Hemmer, Hans-Otto (2003): Gewerkschaftsmiseren. In: Gewerkschaftliche Monatshefte (GMH) Nr. 08-9/2003. S. 457 – 460.
Henkel, Hans Olaf (2000): Begrüßungsrede auf dem Symposium „Bewahren und Bewegen – Zur Rolle der Verbände in Deutschland". In: Bührer, Werner/ Grande, Edgar (Hrsg.): Unternehmerverbände und Staat in Deutschland. Baden-Baden. S. 9 – 14.
Henkel, Hans Olaf (2000): Forderungen der Wirtschaft an Ausbildung und Bildung. Rede auf dem Bildungskongress der F.D.P. Niedersachsen im Rahmen eines außerordentlichen Landesparteitages am 09.09.2000 in Bad Rothenfelde. Ohne Ort.
Henkel, Hans-Olaf (2000): Statt Wettbewerb unter den Hochschulen zu fördern, werden sie nun weiter mit dem Tempo der langsamsten marschieren. Berlin.
Henneberger, Fred (1994): Arbeitgeber- und Wirtschaftsverbände in den neuen Bundesländern. In: Schmid, Josef/ Löbler, Frank/ Tiemann, Heinrich (Hrsg.) (1994): Organisationsstrukturen und Problem von Parteien und Verbänden. Berichte aus den neuen Ländern. Marburg. S. 119 – 149.
Hentig, Hartmut (2004): Die überschätze Schule. In: Frankfurter Rundschau (FR) vom 11.05.2004. S. 9.
Hepp, Gerd/ Schneider, Herbert (Hrsg.) (1999): Schule in der Bürgergesellschaft, Demokratisches Lernen im Lebens- und Erfahrungsraum der Schule. Schwalbach.
Herdt, Ursula (2001): Eine Säule ohne Fundament. Lebenslanges Lernen – Anspruch und Wirklichkeit in der Weiterbildung. In: Erziehung und Wissenschaft (E & W) Nr. 4/2001. S. 24 – 25.
Herdt, Ursula (2002): Hat das duale System noch Zukunft? Berufsausbildung in der Dauerkrise. In: Erziehung und Wissenschaft (E & W) Nr. 11/2002. S. 30 – 31.
Herdt, Ursula (2003): Irrglauben. Die „Umlage" löst die Ausbildungsprobleme nicht. In: Erziehung und Wissenschaft (E & W) Nr. 6/2003. S. 22.
Herdt, Ursula (2003): Qualität bleibt auf der Strecke. In: prekär. Zeitung für die Beschäftigten in der Weiterbildung. Nr. 9/ 2003. S. 3.
Hesselberg, Dieter (1999): Das Grundgesetz. Kommentar für die politische Bildung. Bonn.
Heute im Bundestag (hib) (Hrsg.) (2004): Experten sind mehrheitlich gegen geplante Ausbildungsplatzabgabe. In: hib-Meldung Nr. 104/2004 vom 23.04.2004. Berlin.
Hirn, Wolfgang/ Klusmann, Steffen (1996): Die Rebellion der Zwangsbeglückten. In: manager-magazin 10/1996. S. 224 – 225.
Hirschmann, Albert O. (1974): Abwanderung und Widerspruch: Reaktionen auf Leistungsabfall bei Unternehmungen, Organisationen und Staaten. Tübingen.
Hocke, Norbert (2001): Qualität hat ihren Preis. Jede Mark für Kitas lohnt sich. Frankfurt am Main.
Hödl, Erich (1994): Ökonomische Anreizsysteme zur Hochschulsteuerung. In: Grözinger, Gerd/ Hödl, Erich (Hrsg.): Hochschulen im Niedergang? Zur Politischen Ökonomie von Lehre und Forschung. Marburg. S. 147 – 164.
Hoffacker, Werner (2000): Die Universität des 21. Jahrhunderts. Dienstleistungsunternehmen oder öffentliche Einrichtung? Neuwied/Kriftel.

Hofmann, Jeanette (2001): Digitale Unterwanderungen: Der Wandel im Innern des Wissens . In: Aus Politik und Zeitgeschichte (APuZ). Band 36/2001. S. 3 – 6.
Hohendahl, Uwe (2004): Humboldt in Amerika? In: Leviathan. Nr. 2/ 2004. S. 225 – 249.
Hohmann, Gerhard (2001): Schiedsgericht regelt Streit zwischen Verdi und IG Metall um Vorherrschaft beim Computerkonzern IBM. In: Handelsblatt (HB) vom 14.12.01. S. 8.
Holtzmann, Hans-Dieter (1994): Öffentliche Finanzierung der Hochschulausgaben in der Bundesrepublik Deutschland – Verteilungseffekte, allokative Folgen und Reformbedarf. In: Grüske, Karl-Dieter (Hrsg.): Forum Finanzwissenschaft. Band 5. Nürnberg.
Hornbostel, Stefan (1997): Wissenschaftsindikatoren. Bewertungen in der Wissenschaft. Opladen.
Horstkotte, Hermann (2003): Bologna-Prozess. Einschneide Umstellungsprobleme. In: Mitbestimmung Nr. 11/ 2003. S. 56 – 60.
Hovestadt, Gertrud (2001): Was ist in Deutschlands Schulen anders? Inputindikatoren im internationalen Vergleich. (http://www.gew.de/standpunkt/aschlagzeilen/schule/pisa/artikel/texte/pisainfo.pdf).
Hoxby, Caroline Minter (1996): How teachers` unions effect education. In: The Quarterly Journal of Economics. 111 Jg.. Heft 3. S. 671 – 718.
Hundt Dieter (2000): Betriebliche Berufsausbildung: Investition in die Zukunft. In: Argumente zu Unternehmensfragen aus dem Institut der deutschen Wirtschaft (IW) Köln Nr. 12/2000. Köln. S. 1.
Hundt, Dieter (1999): Die Aufgaben der Wirtschafts-, Sozial- und Bildungspolitik aus Sicht der Arbeitgeber. Vortrag von Dr. Dieter Hundt. Berlin.
Hundt, Dieter (2001): „Unsere Bildungspolitiker brauchen mehr Phantasie". Rahmenbedingungen sind ebenso wichtig wie Investitionen. Fragen an Arbeitgeberpräsident Hundt von Nico Fickinger. In: Frankfurter Allgemeine Zeitung vom 18.06.2001. S. 18.
Hundt, Dieter (2001): Arbeitgeberpräsident Hundt: Lehrer sollen sich in den Schulferien zwei Wochen fortbilden! Berlin.
Hundt, Dieter (2002): „PISA und die Folgen – unsere Schulen gemeinsam voranbringen. Rede von Dr. Dieter Hundt. Berlin.
Hundt, Dieter (2002): „Stadtortfaktor Schule". Nach PISA – 5-Punkte-Programm der deutschen Arbeitgeber. Statement von Dr. Dieter Hundt. Berlin.
Hundt, Dieter (2002): Dr. Dieter Hundt im Gespräch mit der Welt zur Bildungsmisere in Deutschland: "Wir müssen die Ausbildung der Lehrer systematisch verbessern". In: Die Welt vom 26. Juni 2002.
Hundt, Dieter (2003): Lehrer nach Leistung bezahlen. Dieter Hundt im dpa-Gespräch vom 13.01.2003.
Hundt, Dieter (o. Jg.): BaföG für alle. Berlin.
Hundt, Dieter (2000): Für eine neue Bildungspolitik – Bildungspolitisches Aktionsprogramm der deutschen Arbeitgeber. BDA-Pressekonferenz vor der Bundespressekonferenz vom 26.07.2000. (http://www.bda-online.de/www/bdaonline.nsf/74bd4555f8bedb71c12568e10026099c/9e97e50f63de5c65c125692a0038bb3c!OpenDocument).
Innenministerkonferenz (IMK) und Kultusministerkonferenz (KMK) (2002): Zugang zu den Laufbahnen des höheren Dienstes durch Masterabschluss an Fachhochschulen. Beschluss der Innenministerkonferenz vom 06.06.2002 und der KMK vom 24.05.2002. Bonn.
Institut der Deutschen Wirtschaft (IW) (2000): Unternehmen streben nach Größe. IWD-Informationsdienst Nr. 14/2000. Köln.
Institut der Deutschen Wirtschaft (IW) (2003): Viele bleiben im Betrieb. In: Informationsdienst des Institutes der Deutschen Wirtschaft Nr. 16/2003. Köln.
Institut der Deutschen Wirtschaft (IW) (2003): Noch ungenutzte Potenziale. In: Informationsdienst des Institutes der Deutschen Wirtschaft Nr. 29 vom 18.07.2002. Köln.
Institut der deutschen Wirtschaft (IW) (2003): Bildungsabbrecher: Viele Unvollendete. In: Informationsdienst des Instituts der deutschen Wirtschaft Nr. 30 vom 24.07.2003. Köln.
Institut der Deutschen Wirtschaft (IW) (2003): Arbeitsmarkt und Bildung am Standort Deutschland: Bewertung und Reformbedarf im Spiegel einer Unternehmensbefragung. iw-trends Nr. 3/2002. Köln.
Institut der deutschen Wirtschaft (IW) (2003): Lehrstellenstatistik. Nicht die ganze Wahrheit. In: Informationsdienst des Instituts der deutschen Wirtschaft Nr. 34 vom 22.08.2002.
Institut der deutschen Wirtschaft (IW) (2003): Steuerquote: Dichtung und Wahrheit. In: Informationsdienst des Institutes der Deutschen Wirtschaft Nr. 6 vom 6.02.2003. Köln.
Institut der deutschen Wirtschaft (IW) (2004): Bildungsausgaben: Breite Preisspanne. In: Informationsdienst des Instituts der deutschen Wirtschaft Nr. 48/ 2004 vom 25.11.2004. Köln.
Institut für Demoskopie Allensbach (2003): Wachsende Kritik am Einfluss der Gewerkschaften auf die Regierungspolitik. In: Allensbacher Berichte Nr. 3/2003. Allensbach am Bodensee.

International Institute for Management Development IMD (2000): The World Competitiveness Yearbook. Lausanne (CH).
Isserstedt, Wolfgang/ Middendorff, Elke/ Weber, Steffen/ Wolter, Andrä/ Schnitzer, Klaus (2004): Die wirtschaftliche und soziale Lage der Studienrenden in der Bundesrepublik Deutschland 2003. 17. Sozialerhebung des deutschen Studentenwerks im Auftrag des Bundesministeriums für Bildung und Forschung (BMBF) durchgeführt durch HIS Hochschul-Informations-System (HIS) – Ausgewählte Ergebnisse. Berlin.
Jach, Frank-Rüdiger (1999): Erwachsenenbildung in einer veränderten Bildungslandschaft. In: Recht und Schule. Heft 3/1999. S. 1 - 12.
Janning, Heinz/ Bartjes, Heinz (2000): Ehrenamt und Wirtschaft. Internationale Beispiele bürgerschaftlichen Engagement der Wirtschaft. Stuttgart.
Jansen, Peter/ Jürgens, Ulrich (2003): Gewerkschaften und Industriepolitik. In: Schroeder, Wolfgang/ Weßels, Bernhard (Hrsg.): Die Gewerkschaften in Politik und Gesellschaft der Bundesrepublik Deutschland. Wiesbaden. S. 429 – 450.
Jenkins, Stephen P. (1991): The Measurement of Income Inequality. In: Osberg, Lars (Hrsg.): Economic Inequality and Poverty: International Perspectives. London. S. 3 – 38.
Jenter, Anne (2003): Ausbau und Verbesserung der Tageseinrichtungen für Kinder. In: Gewerkschaftliche Bildungspolitik Nr. 11/12-2003. S. 7 – 11.
Jeschek, Wolfgang (2003): Modelrechnungen zum Lehrerbedarf an allgemein bildenden Schulen bis 2020. DIW-Wochenbericht Nr. 15/2003. Berlin.
Judith, Lothar (2002): Ausbildung in den Betrieben – Konjunkturunabhängige Schaffung eines ausreichenden Angebots an qualifizierten Ausbildungsplätzen. Ausbildungssituation August 2002 – Kurzanalyse. In: Arbeitsrecht im Betrieb Nr. 11/2002. S. 661 – 666.
Jürgens, Ulrich/ Naschold, Frieder (1994): Arbeits- und industriepolitische Entwicklungspässe der deutschen Industrie in den 90er Jahren. In: Zapf, Wolfgang/ Dierkes, Meinolf (Hrsg.): Institutionenvergleich und Institutionendynamik. Berlin. S. 239 – 270.
Kädtler, Jürgen (2003): Tarifpolitik und tarifpolitisches System in der Bundesrepublik. In: Schroeder, Wolfgang/ Weßels, Bernhard (Hrsg.): Die Gewerkschaften in Politik und Gesellschaft der Bundesrepublik Deutschland. Wiesbaden. S. 341 – 375.
Kahl, Reinhard (2002): PISA oder die einstürzenden Altbauten des deutschen Bildungssystems. In: NDR 4 info FORUM 4 vom 6.01.2002. Manuskript unter: www.zinnfiguren-rieger.de/Elternseite/Kahl_Pisa.pdf.
Kahl, Reinhard (2003): Marionetten an der Tafel. In einer internationalen Lehrerstudie bekommt Deutschland schlechte Noten. In: Die Zeit Nr. 50/2003. S. 35.
Kahl, Reinhard (2003): Willkür im Klassenzimmer. Neue Pisa-Daten zeigen die Ungerechtigkeit unseres Schulsystems. In: Die Zeit Nr. 11/2003. S. 34.
Kamp, Matthias (2003): Arbeitsämter: Gesetze des Marktes. In: Wirtschaftswoche Nr. 32/2003. (http://www.bvdd.com/news/news01.html).
Kassebaum, Bernd/ Kucharzewski, Irmgard/ Meyer, Gunter/ Neef, Wolfgang (2003): Qualität durch Akkreditierung? Zur Situation der neuen Studiengänge in den Ingenieurwissenschaften und in der Informatik. Düsseldorf.
Katterl, Alfred (2001): Renditen der Universitätsausbildung. Bundesministerium für Finanzen. Working Papers 6/2001. Wien.
Keim, Helmut (2003): Berufliche Bildung. BDA-Umfrage bestätigt Bildungsmängel. Kurznachrichtendienst (KND) Nr. 8/2003 vom 24.02.2003. Berlin.
Keller, Andreas (2000): Hochschulreform und Hochschulrevolte. Selbstverwaltung und Mitbestimmung in der Ordinarienuniversität, in der Gruppenhochschule und der Hochschule des 21. Jahrhunderts. Marburg.
Keller, Berndt (1999): Neustrukturierung der Interessensvertretung im Dienstleistungsbereich. Eine Gedankenskizze zu ver.di. In: Gewerkschaftliche Monatshefte (GMH) Nr. 10/1999. S. 609 – 624.
Keller, Berndt (2001): ver.di: Triumphmarsch oder Gefangenenchor? Hamburg.
Kemnitz, Alexander/ Weizsäcker, Robert K. (2003): Bildungsreform und Demokratie. In: Vierteljahrshefte zur Wirtschaftsforschung Nr. 2/ 2003. Berlin. S. 188 – 204.
Kern, Horst /Sabel, Charles F. (1994): Verblasste Tugenden. Zur Krise des deutschen Produktionsmodells. In: Beckenbach, Niels/ van Treeck, Werner (Hrsg.): Umbrüche gesellschaftlicher Arbeit. Göttingen. S. 605 – 624.
Kern, Horst/ Schumann, Michael (1996): Vorwärts in die Vergangenheit? Zustand der Arbeit – Zukunft der Arbeit. In: Gewerkschaftliche Monatshefte (GMH) Nr. 11-12/1996. S. 715 – 723.
Kessler, Martin/ Berschens, Ruth/ Peter, Michal/ Sauga, Michael (1996): Lobbys in Bonn. In: Wirtschaftswoche vom 7.11.1996. S. 34.

Keuffer, Josef/ Oelkers, Jürgen (Hrsg.) (2001): Reform der Lehrerbildung in Hamburg. Abschlussbericht der von der Senatorin für Schule, Jugend und Berufsbildung und der Senatorin für Wissenschaft eingesetzten Hamburger Kommission Lehrerbildung. Weinheim.

Klausenitzer, Jürgen (1999): Offensive Pädagogik: Wider die Risiken der Schulautonomie. Sollen Markt und Management die Bildungspolitik verändern? In: Die Deutsche Schule (DDS) Nr. 1/1999. S. 6 – 10.

Klausenitzer, Jürgen (1999): Privatisierung im Bildungswesen? Eine internationale Studie gibt zu bedenken! In: Die Deutsche Schule (DDS). Nr. 4/1999. S. 504 – 514.

Klein, Helmut E. (Hrsg.): Was kostet die Schule? Was leistet die Schule? Eine Analyse schulstatistischer und bildungsfinanzstatistischer Kennziffern. Beiträge zur Gesellschafts- und Bildungspolitik. Institut der deutschen Wirtschaft. Köln.

Klemm, Klaus (2000): Large scale assessments in einem modernisierten Bildungsssystem. Vortrag anläßlich der Fachtagung „Empirische Schulleistungsvergleiche – Nutzen, Risiken, Interessen". (http://www.forum-bildung.de/bib/material/klemm.doc).

Klemm, Klaus/ Böttcher, Wolfgang/ Weegen, Michael (1992): Bildungsplanung in den Neuen Bundesländern. Entwicklungstrends, Perspektiven und Vergleiche. Weinheim.

Klieme, Eckhard (2002): Bildungsstandards als Beitrag zur Qualitätsentwicklung im Schulsystem. In: DIPF informiert Nr. 3/2002. S. 2 – 6.

Klieme, Eckhard / Avenarius, Hermann/ Blum, Werner u. a. (2003): Zur Entwicklung nationaler Bildungsstandards. Eine Expertise. Deutsches Institut für Internationale Pädagogische Forschung (DIPF). Frankfurt am Main.

Klieme, Eckhard/ Steinert, Brigitte (2002): PISA 2000: Sicherung von Mindeststandards, Chancengleichheit und verständnisorientiertes Lernen sind unerfüllte Ziele des deutschen Bildungssystems. In: SchulVerwaltung HRS Nr. 1/2002. Kronach. (www.dipf.de/publikationen/volltexte/publikationsverzeichnis/pisa_klieme_steinert_200112.pdf).

Klinkhammer, Heinz u. a. (Hrsg.) (1999): Berufsbildung im Wandel – die Bedeutung des Berufskonzeptes. Institut der deutschen Wirtschaft e.V. Beiträge zur Gesellschafts- und Bildungspolitik. Institut der deutschen Wirtschaft e.V. Köln.

Kloas, Peter-Werner (2001): Qualifizierungsoffensive des Handwerks. Berlin.

Kluge, Jürgen (2002): Manifest zur Bildung. Kongress McKinsey bildet am 6. September 2002, Berlin. (http://www.mckinsey-bildet.de/download/rede_juergen_kluge.pdf).

Kluxen-Pyta, Donate (2000): BDA-Bildungsumfrage: Mathe und Naturfächer als Leistungskurse zu unbeliebt. Kurznachrichtendienst (KND) Nr. 6/2000 vom 11.02.2000. Berlin.

Kluxen-Pyta, Donate (2000): Bildungspolitik: Vorwärts in die Vergangenheit. In: Kurznachrichtendienst (KND) Nr. 48/2000 vom 13.09.2000. Berlin.

Kluxen-Pyta, Donate (2002): Bildungspolitik: Umfragen unterstützen Position der BDA. Kurznachrichtendienst (KND) Nr. 25/2002 vom 02.07.2002. Berlin.

Kluxen-Pyta, Donate (2002): Lüften offener Geheimnisse durch PISA-E. Kurznachrichtendienst (KND) Nr. 26/2002 vom 05.07.2002. Berlin.

Kluxen-Pyta, Donate (2003): Mit Bildungsstandards zu einer besseren Schule. Kurznachrichtendienst (KND) Nr. 8/2003 vom 24.02.2003. Berlin.

Koch, Richard (1998): Duale und schulische Berufsausbildung zwischen Bildungsnachfrage und Qualifikationsbedarf. Ein deutsch-französischer Vergleich. Bielefeld.

Koch, Roland (2004): „Bulmahn will Kompetenzen- so viele wie möglich." Hessens Regierungschef sieht in den Bundesmitteln für die Umstellung auf neue Studiengänge eine Provokation. In: Süddeutsche Zeitung (SZ) vom 23.12.2004. S. 6.

Kohaut, Susanne/ Schnabel, Claus (2001): Tarifverträge – nein danke!? Einflussfaktoren der Tarifbindung west- und ostdeutscher Betriebe. Discussion Papers No. 8 des Lehrstuhls für Arbeitsmarkt- und Regionalpolitik der Universität Erlangen-Nürnberg. Erlangen.

Köhler, Gerd (2002): Besser den Spatz in der Hand…. In: Erziehung und Wissenschaft (E & W) Nr. 3/2002. S. 16.

Kohler-Koch, Beate (2000): Unternehmensverbände im Spannungsfeld von Europäisierung und Globalisierung. In: Bührer, Werner/ Grande, Edgar (Hrsg.): Unternehmerverbände und Staat in Deutschland. Baden-Baden. S. 132 – 149.

Kolland, Franz/ Kahri, Silvia/ Frick, Ingrid (2002): Auswirkungen der Einführung von Studienbeiträge [sic!] auf die Studienbeteiligung und das Studierverhalten. Wien.

Köller, Olaf/ Baumert, Jürgen (2002): Das Abitur – immer noch ein gültiger Indikator für die Studierfähigkeit? In: Aus Politik und Zeitgeschichte (APuZ) Band 26/2002. S. 12 – 19.

Koller, Peter (2002): Was ist und was soll soziale Gleichheit? In: Schmücker, Reinhold/ Steinvorth, Ulrich (Hrsg.): Gerechtigkeit und Politik. Philosophische Perspektiven. Deutsche Zeitschrift für Philosophie. Sonderband 3. Berlin. S. 95 – 116.

Konegen-Grenier, Christiane (2004): Akzeptanz und Karrierechancen von Bachelor- und Masterabsolventen deutscher Hochschulen. Iw-trend Nr. 3/2004. Köln.

Korpi, Tomas/ Mertens, Antje (2003): Training systems and labor mobility - A comparison between Germany and Sweden. Scandinavian Journal of Economics No. 4/2003. S. 597 – 617.

Kouli, Ekaterina (2003): Zeit für ein grundlegendes Umdenken. Die Hierarchisierung im Bildungssystem muss überwundern werden. In: Vorgänge. Zeitschrift für Bürgerrechte und Gesellschaftspolitik. Heft 3/2003. S. 57 – 62.

Krebs, Angela (2000): Gleichheit oder Gerechtigkeit. Texte der neuen Egalitarismuskritik. Frankfurt am Main.

Kreibich, Rolf (1986): Die Wissenschaftsgesellschaft: von Galilei zur High-Tech-Revolution. Frankfurt am Main.

Krenzler, Horst Günter /Pischas, Christian (2001): Fortschritt oder Stagnation? Die gemeinsame Handelspolitik nach Nizza. In: Europa-Recht (EuR). S. 442 – 461.

Kröger, Michael (2002): Fortbildungsmisere. „Einladung für unseriöse Anbieter." In: SPIEGEL-Online vom 8.11.2004. (http://www.spiegel.de/wirtschaft/0,1518,221834,00.html).

Kroning, Winfried (2003): Das Konstrukt des leistungsschwachen Immigrantenkindes. In: Zeitschrift für Erziehungswissenschaften (ZfE). Heft 1/2003. S. 126 – 141.

Kultusministerkonferenz (KMK) (2000): Laufbahnrechtliche Zuordnung von Bachelor-/Bakkalaureus- und Master-/Magisterabschlüssen gem. §19 HRG. Beschluss der KMK vom 14.04.2000. Bonn.

Kultusministerkonferenz (KMK) (2001): Strukturvorgaben für die Einführung von Bachelor-/Bakkalaureus- und Master-/Magisterstudiengängen. Beschluss der KMK vom 05.03.1999 in der Fassung vom 14.12.2001. Bonn.

Kultusministerkonferenz (KMK) (2004): Gemeinsamer Rahmen der Länder für die frühe Bildung in Kindertageseinrichtungen. Beschluss der Jugendministerkonferenz vom 13./14.05.2004 und zugleich Beschluss der Kultusministerkonferenz vom 03./04.06.2004. (www.kmk.org/aktuell/Gemeinsamer_Rahmen_Kindertageseinrich_BSJMK_KMK.pdf).

Kunter, Mareike/ Schümer, Gundel/ Artelt, Cordula u. a. (2003). Pisa 2000 - Dokumentation der Erhebungsinstrumente. Berlin.

Küpper, Stefan (2002): Serien zur Koalitionsvereinbarung: Bildungspolitik. Bund will neue Zuständigkeiten. Kurnachrichtendienst (KND) Nr. 51/2002 vom 08.11.2002. Berlin.

Küpper, Stefan (2004): Föderalismus: Mut zu neuem Denken! In: Der Arbeitgeber. Berlin. S. 19 – 22.

Kutscha, Günter (1992): Die Zukunft des Dualen Systems - eine Situationsanalyse: In: Kuratorium der deutschen Wirtschaft für Berufsbildung: Lernen am Arbeitsplatz – Veranstaltungsbericht. Bonn. S. 9 – 15.

Kutscha, Günter (1996): Berufsbildungssystem und Berufsbildungspolitik. In: Kutscha, Günter/ Kahsnitz, Dietmar/ Ropohl, Günter/ Schmid, Alfons (Hrsg.): Handbuch der Arbeitslehre. München.

Kuwan, Helmut (1998): Delphi-Befragung 1996/1998: „Potentiale und Dimensionen der Wissensgesellschaft - Auswirkungen auf Bildungsprozesse und Bildungsstrukturen". Prognos-AG Basel. Basel.

Lamnek, Siegfried (1989): Qualitative Sozialforschung. Methoden und Techniken. Band 2. München.

Lang, Klaus (2000): Die andere Modernisierung. Arbeit, Innovation, Gerechtigkeit. Arbeit – Innovation – Gerechtigkeit. Frankfurt am Main.

Lange, Hermann (1995): Schulautonomie. Entscheidungsprobleme aus politisch-administrativer Sicht. In: Zeitschrift für Pädagogik. Heft 1/1995. S. 15 – 37.

Laske, Stephan/ Scheytt, Tobias/ Meister-Scheytt, Claudia/ Scharmer, Claus Otto (Hrsg.) (2000): Universität im 21. Jahrhundert. Zur Interdependenz von Begriff und Organisation der Wissenschaft. München.

Lauer, Charlotte/ Steiner, Viktor (2000): Private Erträge von Bildungsinvestitionen in Deutschland. ZEW Discussion Paper No. 00-18. Mannheim.

Lauer, Charlotte/ Steiner, Viktor (2000): Returns to Education in West Germany. An Empirical Assessment. ZEW Discussion Paper No. 00-04. Mannheim.

Lauterbach, Uwe/ Grollman, Philipp (1998): The Dual System - A Static System? In: Thematic Network on Teachers Education in Europe (TNTEE) Publications Nr. 1/1998. Umeå. S. 67 – 78.

Legler, Harald/ Licht, Georg/ Egeln, Jürgen (2001): Zur Technologischen Leistungsfähigkeit Deutschlands. Zusammenfassender Endbericht 2000. Gutachten im Auftrag des Bundesministeriums für Bildung und Forschung. Vorgelegt durch das Zentrum für Europäische Wirtschaftsforschung Mannheim, Niedersächsisches Institut für Wirtschaftsforschung Hannover, Deutsches Institut für Wirtschaftsforschung Berlin, Fraunhofer-Institut Systemtechnik und Innovationsforschung Karlsruhe, Wissenschaftsstatistik im Stifterverband für die Deutsche Wissenschaft Essen. Mannheim.

Lehmbruch, Gerhard (1990): Die improvisierte Vereinigung: Die Dritte deutsche Republik. In: Leviathan. Zeitschrift für Sozialwissenschaft Nr. 18. S. 462 – 486.

Lempert, Wolfgang (1995): Das Märchen vom unaufhaltsamen Niedergang des „dualen Systems". In: Zeitschrift für Berufs- und Wirtschaftspädagogik. Nr. 3/ 1995. S. 225 – 231.

Lenhardt, Gero/ Stock, Manfred (1997): Bildung, Bürger, Arbeitskraft. Schulentwicklung und Sozialstruktur in der BRD und der DDR. Frankfurt am Main.

Lenzen, Dieter (Hrsg.) (1989): Pädagogische Grundbegriffe. Band 2. Reinbek.

Lipsmeier, Antonius (1994): Der historische Kontext des Berufsausbildungssystems: In: Reuling, Jochen (Hrsg.): Modernisierung, Regulierung und Anpassungsdruck des Berufsausbildungssystems der Bundesrepublik Deutschland. Bielefeld. S. 13 – 36.

List, Juliane (2003): Elementar- und Primarbereich: Erziehung und Bildung in der frühen Kindheit. In: Klös, Hans-Peter/ Weiß, Reinhold (Hrsg.): Bildungs-Benchmarking Deutschland. Was macht ein effizientes Bildungssystem aus? Köln. S. 43 – 86.

Littmann, Konrad (1990): Anmerkungen zur Staatsquote. In: Ellwein, Thomas/ Hesse, Joachim (Hrsg.): Staatswissenschaften. Vergessene Disziplin oder neue Herausforderung? Baden Baden. S. 231 250.

Loew, Max (2002): Es geht um mehr als um Gebührenstreit. 22. GEW-Sommerschule: Zielkonflikte bei der Bildungsfinanzierung. In: Erziehung und Wissenschaft (E & W) Nr. 10/2002. S. 24 – 26.

Löwe, Terese (2003): „... es geht um den Menschen und um die Wahrheit“. In: Vorgänge. Zeitschrift für Bürgerrechte und Gesellschaftspolitik. Heft 3/2003. S. 67 – 75.

Lorenz, Wilhelm/ Wagner, Joachim (1993): A Note on Returns to Human Capital in the Eighties: Evidence from twelve Countries. In: Jahrbuch für Nationalökonomie und Statistik (JNS). Band 211/1-2. Jena. S. 60 – 72.

Losse, Bert/ Wettach, Silke (2001): Übel des Jahrzehnts. Der eskalierende Fachkräftemangel wird zur Wachstumsbremse für die Wirtschaft. In: Wirtschaftswoche Nr. 9/2001 vom 22.02.2001. S.18 – 22.

Luedeke, Reinar (Hrsg.) (1994): Bildung, Bildungsfinanzierung und Einkommensverteilung. 2. Aufl.. Berlin.

Lünnemann, Patrick/ Hetmeiner, Heinz-Werner (1996): Methodik zur Abgrenzung, Gliederung und Ermittlung der Bildungsausgaben in Deutschland. In: Wirtschaft und Statistik. Heft 3/1996. S. 166 – 180.

Lünnemann, Patrick (1998): Methodik zur Darstellung der öffentlichen Ausgaben für schulische Bildung nach Bildungsstufen sowie zur Berechnung finanzstatistischer Kennzahlen für den Schulbereich. In: Wirtschaft und Statistik. Heft 2/1998. S. 141 – 152.

Machin, Stephen/ Reenen, John Van (1998): Technology and Changes in Skill Structure: Evidence From Seven OECD Countries. In: Quarterly Journal of Economics No. 113. S. 1215 – 1244.

Maier, Harry (1994): Die Interdependenz zwischen der Bildungsexpansion und dem Beschäftigungssystem. In: Grözinger, Gerd/ Hödl, Erich (Hrsg.): Hochschulen im Niedergang? Zur Politischen Ökonomie von Lehre und Forschung. Marburg. S. 15 – 32.

Mankiw, Gregory N./ Romer, David/ Weil, David N. (1992): A Contribution to the Empirics of Economic Growth. In: Quarterly Journal of Economics Nr. 2/1992. S. 408 – 437.

Mann, Siegfried (1994): Macht und Ohnmacht der Verbände: am Beispiel des Bundesverbandes der Deutschen Industrie e. V. (BDI) aus empirisch-analytischer Sicht. Baden-Baden.

Männle, Ursula (1997): Grundlagen und Gestaltungsmöglichkeiten des Föderalismus in Deutschland. In: Aus Politik und Zeitgeschichte (APuZ) Band 24/1997. S. 3 - 11.

Maritzen, Norbert (1996): Im Spagat zwischen Hierarchie und Autonomie. Steuerungsprobleme in der Bildungsplanung. In: Die Deutsche Schule (DDS) Heft 1/1996. S. 22 – 36.

Mason, Geoff/ Wagner, Karin (2002): High Level Skills Formation and Knowledge Transfer in Germany and Britain. In: Backes-Gellner, Uschi/ Schidtke, Corinna (Hrsg.): Bildungssystem und betriebliche Beschäftigungsstrategien in internationaler Perspektive. Berlin. S. 139 – 158.

Massing, Peter (2002): Einleitung: Bildungspolitik in der Bundesrepublik Deutschland. Entwicklung – Kontroversen – Perspektiven. In: Andersen, Uwe/ Breit, Gotthard/ Massing, Peter/ Woyke, Wichard (Hrsg.): Bildungspolitik in der Bundesrepublik Deutschland. Entwicklung – Kontroversen – Perspektiven. Schwalbach/ Ts. S. 8 – 34.

Maunz, Theodor (1993): Rn 19 und 27. In: Maunz, Theodor/ Düring Günter (Hrsg.): Grundgesetz: Kommentar. München.

Max Planck Institut für Bildungsforschung: Arbeitsgruppe Bildungsbericht (Hrsg.) (1994): Das Bildungswesen in der Bundesrepublik Deutschland. Daten und Analysen. Band 1: Entwicklungen seit 1950. Reinbek bei Hamburg.

Mayntz, Renate (1990): Organisierte Interessenvertretung und Föderalismus: Zur Verbändestruktur in der Bundesrepublik Deutschland. In: Ellwein, Thomas/ Hesse, Joachim Jens/ Mayntz, Renate/ Scharpf, Fritz W. (Hrsg.): Jahrbuch zur Staats- und Verwaltungswissenschaft. Band 4. Baden-Baden. S. 145 – 156.

Mayntz, Renate (1993): Selbstverwaltung und Staat. In: Recht der Jugend und des Bildungswesens. Zeitschrift für Schule, Berufsbildung und Jugenderziehung. Heft 2/1993. S. 156 – 158.

Mayntz, Renate (1994): Aufbruch und Reformen von oben. Ostdeutsche Universitäten im Transformationsprozess. Frankfurt am Main.

Mayntz, Renate (2004): Governance Theory als fortentwickelte Steuerungstheorie? Max-Planck-Institut für Gesellschaftsforschung (Hrsg.): Working Paper Nr. 1/2004. S. 1 – 10.

McMahon, Walter W. (1999): Education and Development, Mesuring the Social Benefits. Oxford.

McMahon, Walter W. (2001): The Impact of Human Capital on Non-Market Outcomes and Feedbacks on Economic Development. In: OECD (Hrsg.): The Contribution of Human and Social Capital to Sustained Economic Growth and Well-Being. International Symposium Report. Paris.

Mechthild Bayer (2000): Weiterbildungspolitik heute - Modernisierung wohin? Beitrag zur Konferenz „Die Privatisierung des Bildungsbereichs. Eigentum und Wertschöpfung in der Wissensgesellschaft", 15. – 17. Juni 2000 an der Universität Hamburg. (http://www.erzwiss.uni-hamburg.de/Personal/Lohmann/Materialien/bayer.htm).

Medien Tenor Institut für Medienanalysen GmbH (1996): MT-Forschungsbericht. Nr. 44/1996 vom 15.06.1996.

Medien Tenor Institut für Medienanalysen GmbH (2003): Medien beginnen nun mit Kritik an Gewerkschaften. Darstellung der deutschen Gewerkschaften in den deutschen Meinungsführungs-Medien 1/02 – 2/03. Medien Tenor Forschungsbericht Nr. 130 vom 15. März.

Meller, Eberhard (1993): Lobbying in Brüssel aus Sicht der deutschen Verbände. In: Strauch, Manfred (Hrsg.): Lobbying. Wirtschaft und Politik im Wechselspiel. Wiesbaden. S. 203 – 216.

Merkel, Wolfgang (2001): Soziale Gerechtigkeit als Orientierung sozialdemokratischer Politik für das 21. Jahrhundert. In: Friedrich-Ebert-Stiftung (Hrsg.): Die Bedeutung der Grundwerte für politische Reformprojekte in der Wissensgesellschaft. Bonn. S. 47 – 64.

Merkel, Wolfgang (2001): Soziale Gerechtigkeit in Deutschland. In: Frankfurter Allgemeine Zeitung vom 2.01.2001. S. 6.

Merkel, Wolfgang (2001): Soziale Gerechtigkeit und die drei Welten des Wohlfahrtskapitalismus. In: Berliner Journal für Soziologie Nr. 2/2001. S. 135 – 157. S. 9.

Merten, Klaus (1995): Inhaltsanalyse. Einführung in Theorie, Methode und Praxis. 2. Aufl. Opladen.

Messner, Dirk (1997): Netzwerktheorien: Die Suche nach Ursachen und Auswegen aus der Krise der staatlichen Steuerungsfähigkeit. In: Altvater, Elmar u. a. (Hrsg.): Vernetzt und verstrickt. Nicht-Regierungsorganisationen als gesellschaftliche Produktivkraft. Münster.

Michaelowa, Katharina (2001): Die Bedeutung von Bildung in Niedrigeinkommensländern: Das Beispiel Afrika. In: Schubert, Renate (Hrsg.): Entwicklungsperspektiven von Niedrigeinkommensländern - zur Bedeutung von Wissen und Institutionen. Berlin. S. 127 – 152.

Mielke, Gerd (2001): Sozialdemokratie und Bürgergesellschaft. Anmerkungen zu einer komplizierten Beziehung. In: Blätter für deutsche und internationale Politik 6/2001. S. 701 – 710.

Mittelstraß, Jürgen (2004): Universität und Universalität. In: Frankfurter Allgemeine Zeitung (FAZ) vom 13.01.2004. S. 8.

Mooser, Josef (1984): Arbeiterleben in Deutschland 1900-1970. Klassenlagen, Kultur und Politik. Frankfurt am Main.

Morkel, Arnd (2000): Die Universität muss sich wehren. Ein Plädoyer für ihre Erneuerung. Darmstadt.

Müller, Hans-Peter/ Wilke, Manfred (1999): Rückkehr in die politische Arena. Die deutschen Gewerkschaften und das Bündnis für Arbeit. Sankt Augustin.

Müller, Hans-Peter/ Niedenhoff, Horst-Udo/ Wilke, Manfred (2003): ver.di. Portrait und Positionen. Köln.

Müller, Hans-Peter/ Wilke, Manfred (2003): Gewerkschaftsfusionen: Der Weg zu modernen Multibranchengewerkschaften. In: Schroeder, Wolfgang/ Weßels, Bernhard (Hrsg.): Die Gewerkschaften in Politik und Gesellschaft der Bundesrepublik Deutschland. Wiesbaden. S. 122 – 143.

Müller, Hans-Peter (2004): Deutschland im Abstieg? In: Merkur. Deutsche Zeitschrift für europäisches Denken. Heft 664. S. 721 – 725.

Müller, Reinhard (2004): Föderalismus. Ein klares Signal. In: Frankfurter Allgemeine Zeitung Online. (http://www.faz.net/s/Rub61EAD5BEA1EE41CF8EC898B14B05D8D6/Doc~EDF5D419BD9AF4515A2F E13D2A4DC62E0~ATpl~Ecommon~Scontent.html).

Müller-Böling, Detlef (2000): Die entfesselte Hochschule. Gütersloh.

Müller-Jentsch, Walther (1996): Die Betriebsverfassung - eine deutsche Karriere. In: Die Mitbestimmung 42. Jg. (1996). S. 43 – 46.

Müller-Jentsch, Walther/ Ittermann, Peter (2000): Industrielle Beziehungen. Daten, Zeitreihen, Trends 1950 – 1999. Frankfurt am Main.

Mummert + Partner (1999): Untersuchung zur Ermittlung, Bewertung und Bemessung der Arbeitszeit der Lehrerinnen und Lehrer im Land Nordrhein-Westfalen. Hamburg.

Münch, Joachim (1979): Politik und Reform der beruflichen Bildung. In: Müllges, Udo (Hrsg.): Handbuch der Berufs- und Wirtschaftspädagogik. Band 2. S. 433 – 464.

Münch, Joachim (2002): Bildungspolitik: Grundlagen, Entwicklungen. Hohengehren.

Munz, Sonja/ Vogler-Ludwig, Kurt (2000): Berufliche Bildung für die post-industrielle Wirtschaft. Thesen und Prognosen zum Ausbildungsbedarf in Sachsen. In: Ifo Dresden berichtet, Heft 2/2000. S. 25 – 41.

Muszynski, Bernhard (1994): Ein Weiterbildungsmodell in der Lehrerbildung Brandenburgs. In: Schulverwaltung. Heft 12/1994. S. 334 – 337.

Muszynski, Berhard (2001): Bildungspolitik in Umbruchzeiten. In: Berliner Debatte Initial. Heft 2/2001. S. 93 – 102.

Muszynski, Bernhard (2002): Empirische Wende oder heiße Luft? Was die PISA-Debatte bewegen könnte. In: In: Andersen, Uwe/ Breit, Gotthard/ Massing, Peter/ Woyke, Wichard (Hrsg.): Bildungspolitik in der Bundesrepublik Deutschland. Entwicklung – Kontroversen – Perspektiven. Schwalbach/ Ts. S. 65 – 77.

Naschold, Frieder (1995): Modernisierung des Staates. Zur Ordnungs- und Innovationsfähigkeit des öffentlichen Sektors. 3 Aufl. Berlin.

Negt, Oskar (1993): Wandlungen im gewerkschaftlichen Selbstverständnis und gesellschaftliche Zukunftsaufgaben. In: Fricke, Werner (Hrsg.): Jahrbuch Arbeit und Technik. Schwerpunktthema: Zukunft der Arbeit – Zukunftsfähigkeit der Gewerkschaften. Bonn. S. 232 – 242.

Neuweiler, Gerhard (2002): Von Reformansätzen zur Reform? Zur Situation der Hochschulen der 5. Novelle zum Hochschulrahmengesetz. In: Aus Politik und Zeitgeschichte Band 26/2002. S. 7 – 11.

Nickel, Sven (2002): Funktionaler Analphabetismus – Ursachen und Lösungsansätze hier und anderswo. Vortrag am 30. Mai 2002 im Rahmen der IV. Internationalen Woche im Fachbereich Erziehungs- und Bildungswissenschaften der Universität Bremen. (http://www.alphabetisierung.de/Nickel_-_InternationaleWoche.pdf).

Niedenhoff, Horst-Udo (2003): Betriebsratswahlen 2003. Köln.

Niedenhoff, Horst-Udo (2003): Gewerkschaften in Deutschland. Köln.

Niehaus, Lisa/ Reinke-Nobbe, Herbert/ Sammet, Stefanie u. a. (2004): Bildungsmarkt. Schlussverkauf bei B & A. Die Bundesagentur für Arbeit (BA) will Jobsucher für möglichst wenig Geld weiterbilden. Der Preiskrieg der Billiganbieter geht zu Lasten der Arbeitlosen. In: Focus Nr. 9/2004. S. 176 – 180.

Nohl, Hermann (1928): Die pädagogische Bewegung in Deutschland und ihre Theorie. Frankfurt am Main.

Nolda, Sigrid (1996): Erwachsenenbildung in der Wissensgesellschaft. Bad Heilbrunn.

Nollert, Michael (2001): Verbandliche Interessensvertretung in der Europäischen Union. In: Verbändereport. Informationsdienst für die Führungskräfte der Verbände. Nr. 1/2001. S. 12 – 13.

Nora, Simon/ Minc, Alain (1979): Die Informatisierung der Gesellschaft. Frankfurt am Main.

Odenwald, Steffi (1999): Bildungsgewerkschaft im Abseits? In: Forum Gewerkschaften. Juli/August 1999. Hamburg.

OECD (1973): Bildungswesen: mangelhaft. BRD-Bildungspolitik im OECD-Länderexamen. – Frankfurt am Main.

OECD (1998): Human Capital Investment: An International Comparison. Paris. (http://www1.oecd.org/media/publish/pb98-14a.htm).

OECD (2000): Bildung auf einen Blick. Paris.

OECD (2001): The New Economy: Beyond the Hype. Paris.

OECD (2001): The Well-Being of Nations. Paris.

OECD (2002): Bildung auf einen Blick 2002. Briefing notes – Germany vom 29.10.2002. Paris.

OECD (2002): Bildung auf einen Blick 2002. Paris.

OECD (Hrsg.) (2001c): Lernen für das Leben: Erste Ergebnisse von PISA 2000. Paris.

Oelkers, Jürgen (1995): Wie lernt ein Bildungssystem? In: Die Deutsche Schule (DDS). Heft 1/1995. S. 4 – 20.

Oelkers, Jürgen (2002): Steuerung durch Forschung: Bildungspolitische Implikationen von PISA. Vortrag im Staatsinstitut für Schulpädagogik am 18.03.2002 in München. (http://www.paed.unizh.ch/ap/downloads/oelkers/Vortraege/053_VortragPISA.pdf).

Oelkers, Jürgen (2002): Und wo, bitte, bleibt Humboldt? In: Die Zeit Nr. 27/2002. S. 36.

Oetker, Arndt (2004): Dramatische Versäumnisse. In: Junge Karriere Nr. 8/2003. S. 52.

Offe, Claus (1966): Bildungsökonomie und die Motive der Bildungspolitik. In: Neue Kritik 8. Nr. 35. S. 32 – 38.

Offe, Claus (1975): Berufsbildungsreform. Eine Fallstudie über Reformpolitik. Frankfurt am Main.

Offe, Claus (1975): Bildungssystem, Beschäftigungssystem und Bildungspolitik – Ansätze zu einer gesamtgesellschaftlichen Funktionsbestimmung des Bildungssystems. In: Deutscher Bildungsrat (Hrsg.): Gutachten und Studien der Bildungskommission 50. Bonn.

Offe, Claus (1982): Strukturprobleme des kapitalistischen Staates. Frankfurt am Main.

Offe, Claus (1984): Arbeit als soziologische Schlüsselkategorie. In: Offe, Claus (Hrsg.): „Arbeitsgesellschaft". Strukturprobleme und Zukunftsperspektiven. Frankfurt am Main. S. 13 – 43.

Ohne Autor (2003): »Pisa«-Studie hat die Praktiker nicht überrascht. Ausbildungsleiter der SMS Demag AG beklagen Defizite der Schulabgänger. Achillesferse ist die Mathematik. (Siegener Zeitung vom 12. April 2003 unter http://data.siegener-zeitung.de/sz-neu/lokales/artikel/2003041270868777).

Ohne Autor (2003): Nachrichten. In: Die berufsbildende Schule (BbSch) Nr. 55. 6/2003. S. 196.

Ohneis, Gerhard (1990): Wandel in der Zielsetzung der Deutschen Unternehmerverbände – Eine systematische Analyse am Beispiel von BDI und BDA. Stuttgart.

Oppel, Wolfgang (2003): Theoriegemindert und praxisorientiert – Die zweijährige Kurzausbildung. Eine wahre Meisterleistung der Wirtschaftsverbände und des Bundeswirtschafts- und Arbeitsministers. In: Gewerkschaftliche Bildungspolitik Nr. 7/8-2003. S. 7 – 9.

Paape, Björn (2000): Wachstumsbedeutung von Bildung. Bildungsökonomische Überlegungen. In: DIE- Zeitschrift für Erwachsenenbildung I/2002. S. 24 – 26.

Peek, Helmut (2003): Berufsbildungsgesetz. Kartell für Mittelmäßigkeit. In: Wirtschaft und Erziehung. Nr. 4/ 2003. Wollenbüttel. S. 139 – 140.

Pellert, Ada (1997): Die Universität in der Wissensgesellschaft: zum Verhältnis von Forschung und Lehre. Innsbruck

Peters, Jürgen (2000): Kein tarifpolitischer Stillstand. Positionspapier von IG Metall-Vize Jürgen Peters. Frankfurt am Main.

Peters, Jürgen (2001): Positionspapier „Tarifpolitische Schwerpunkte bis zum Jahr 2003“. In: einblick 10/2001 (http://www.einblick.dgb.de/archiv/0010/tx001001.htm).

Petersohn, Frederik A. (2000): Zur Bedeutung von Informalisierung und Parteipolitisierung im Politikformulierungsprozess der Bundesrepublik Deutschland. Dargestellt am Bespiel der steuerpolitischen Positionen des Bundesverbandes der Deutschen Industrie e.V. (BDI) zwischen 1982 und 1994. Münster.

Philipp, Dieter (2002): Ohne Titel. In: handwerk magazin. Nr 2/2002. S. 22 – 25.

Picht, Georg (1964): Die deutsche Bildungskatastrophe. Freiburg i/Br.

Platzer, Hans-Wolfgang (1984): Unternehmerverbände in der EG – ihre nationalen und transnationalen Organisationen und Politik. Kehl am Rhein.

Plünnecke, Axel (2003): Bildungsreform in Deutschland. Eine Positionsbestimmung aus bildungsökonomischer Sicht. IW-Positionen. Beiträge zur Ordnungspolitik. Institut der deutschen Wirtschaft Köln. Köln.

Pollmann, André (2002): GATS – Privatisierung und nichts dahinter? Dienstleistungen sind keine Waren! In: biwifo report Nr. 3/2002. S. 4 – 5.

Pongratz, Hans J./ Voß, Günter G. (2001): Erwerbstätige als „Arbeitskraftunternehmer“. Unternehmer ihrer eigenen Arbeitskraft? In: SOWI–Sozialwissenschaftliche Informationen. Heft 4/ 2001 (www.tu-chemnitz.de/phil/soziologie/ voss/aufsaetze/AKUSowiOrig.pdf).

Porter, Michael E. (1998): On Competition. Harvard.

Porter, Michael E. (1998): The Competetive Advantage of Nations. New York.

Priddat, Birger P. (2002): Nachlassende Bildung. „Picht II“ oder Anmerkungen zu einer Misere. Marburg.

Pritchett, Lant (1996): Where has all the education gone? How to explain the surprising finding that more education did not lead to faster economic growth? Worldbank Policy Research Working Paper No. 581 (http:/econ.worldbank.org/files/301_wps1581.pdf).

Pritchett, Lant (1996): Where Has All The Education Gone? Policy Research Working Paper 1581. World Bank. Washington D. C.

Pritchett, Lant/ Filmer, Deon (1999): What Education Production Functions Really Show: A Positive Theory of Education Expenditures. In: Economics of Education Review Nr. 18. S. 223 – 239.

Psacharopoulos, George (2000): Economics of Education a la Euro. In: European Journal of Education. No. 1/2000. S. 81 – 95.

Psacharopoulos, George/ Patrinos, Harry Anthony (2002): Returns to Investment in Education: A Further Update. World Bank Policy Research Working Paper 2881.

Puhani , Patrick A. (2003): A Test of the ‘Krugman Hypothesis’ for the United States, Britain, and Western Germany. ZEW-Discussion Paper No. 03-18. (ftp://ftp.zew.de/pub/zew-docs/dp/dp0318.pdf).

Pütz, Helmut (2004): Ausbildungsjahr 2004 wird wieder kritisch – „Gerechtigkeitslücke“ muss geschlossen werden. In: Berufsbildung in Wissenschaft und Praxis (BWP) Nr. 1/2004. S. 3 – 4.

Radtke, Frank-Olaf (1997): Schulautonomie und Sozialstaat. Wofür ist die Bildung (noch) verantwortlich. In: Die Deutsche Schule (DDS). Heft 3/1997. S. 278 – 291.

Radtke, Frank-Olaf (2000): Schulautonomie, Sozialstaat & Chancengleichheit. In: Radtke, Frank-Olaf/ Weiß, Manfred (Hrsg.): Schulautonomie, Wohlfahrtsstaat und Chancengleichheit. Ein Studienbuch. Opladen. S. 13 – 32.

Raschert, Jürgen (1980): Bildungspolitik im kooperativen Föderalismus. Die Entwicklung länderübergreifender Planung und Koordination des Bildungswesens der Bundesrepublik Deutschland. In: Max-Planck-Institut für Bildungsforschung: Projektgruppe Bildungsbericht (Hrsg.): Bildung in der Bundesrepublik Deutschland. Reinbek bei Hamburg.

Rechel, Peter (1978): Bildungspolitik. In: Sontheimer, Kurt/ Röhring, Hans H. (Hrsg.): Handbuch des politischen Systems der Bundesrepublik Deutschland. München. S. 57 – 67.

Recum, Hasso v. (1998): Bildungspolitische Steuerung oder die Kunst, das Unmögliche möglich zu machen. Deutsches Institut für Internationale Pädagogische Forschung. 2. erw. Aufl. Frankfurt am Main.

Reich, Robert B. (1992): The Work of Nations. Preparing Ourselves for the 21st Century Capitalism. New York.

Reinberg, Alexander (2001): Qualifikation und die Chancen auf dem deutschen Arbeitsmarkt. Entwicklungen, Perspektiven und Hintergründe. In: Zeitschrift für angewandte Wirtschaftsforschung. Heft 51: Bildungsreform aus ökonomischer Sicht. 63. Wissenschaftliche Tagung der Arbeitsgemeinschaft deutscher wirtschaftswissenschaftlicher Forschungsinstitute vom 11. und 12. Mai 2000. S. 11 – 28.

Reinberg, Alexander/ Hummel, Markus (2003): Steuert Deutschland langfristig auf einen Fachkräftemangel zu? IAB-Kurzberichte Nr. 9/2003 vom 7.07.2003.

Reinberg, Alexander/ Hummel, Markus (2004): Fachkräftemangel bedroht Wettbewerbsfähigkeit der deutschen Wirtschaft. In: Aus Politik und Zeitgeschichte (APuZ) Band 28/2004. S. 3 – 10.

Reinhardt, Sibylle (1999): Bildung und Bildungspolitik – nur Durcheinander oder auch Strukturen? In: Gegenwartskunde. Heft 1/1999. S. 19 – 30.

Reinhardt, Sibylle (1999): Etappen und Perspektiven der Bildungspolitik. In: Ellwein, Thomas/Holtmann, Everhard (Hrsg.): 50 Jahre Bundesrepublik Deutschland. Rahmenbedingungen - Entwicklungen - Perspektiven. In: Politische Vierteljahresschrift Sonderheft 30/1999. Opladen. S. 310 – 326.

Reinhardt, Sibylle (1999): Markt und Moral - ein Beispiel für fachdidaktische Wege der Reflexion auf Werte. In: Gegenwartskunde. Heft 2/1999. S. 223 - 229

Reuter, Lutz R. (2000): Das Recht auf Bildung in der deutschen Bildungsgeschichte seit 1945. In: Jach, Frank-Rüdiger/ Jenker, Siegfried (Hrsg.): 50 Jahre Grundgesetz und Schulverfassung. Abhandlungen zu Bildungsforschung und Bildungsrecht Band 4. Berlin. S. 17 – 38.

Reuter, Lutz R. (2000): Zur bildungspolitischen Arbeit der UNESCO. In: Gesellschaft für Vergleichende Pädagogik (Hrsg.): Arbeitspapiere Internationale Beziehungen im Bildungswesen Nr. 5. Dresden.

Reuter, Lutz R./ Fuchs, Hans-Werner (2000): Bildungspolitik in Deutschland. Entwicklungen, Probleme, Reformbedarf. Opladen.

Reutter, Werner (2000): Organisierte Interessen. Entwicklungstendenzen, Strukturveränderungen und Zukunftsperspektiven. In: Aus Politik und Zeitgeschichte (APuZ) Band 26 – 27/2000. S. 7 – 15.

Richter, Ingo (1999): Die sieben Todsünden der Bildungspolitik. München.

Röder, Wolf Jürgen (2000): Die andere Modernisierung. Arbeit, Innovation, Gerechtigkeit. 'Die Sachen klären und den Menschen stärken'. Frankfurt am Main.

Röder, Wolf Jürgen (2001): IG Metall beteiligt sich an Akkreditierung von Ingenieur- und Informationsstudiengängen. IG-Metall-Presseerklärung Nr. 152/2001 vom 20.12.2001. Frankfurt am Main.

Röder, Wolf Jürgen (2001): Welche Bildung braucht Arbeit? In: Gewerkschaftliche Monatshefte (GMH) Nr. 8-9/2001. S. 499 – 508.

Röder, Wolf Jürgen (IG Metall) / Walter, Jürgen (IG BCE) (2003): Akkreditierung – eine neue gewerkschaftliche Aufgabe. In: Kassebaum, Bernd/ Kucharzewski, Irmgard/ Meyer, Gunter u. a. (2003): Qualität durch Akkreditierung? S. 5 – 9.

Rogowski, Michael (2001): „Innovationsfähigkeit und Kompetenz: Erfolgsgeheimnisse im internationalen Wettbewerb". Rede zur gemeinsamen Tagung von Bundesverband der Deutschen Industrie und Wuppertaler Kreis. „Zukunftsaufgabe Qualifikation – Schlüssel zum Erfolg mittelständiger Unternehmen" am 16. Mai 2001 in Berlin. Berlin.

Rogowski, Michael (2001): Innovationsfähigkeit und Kompetenz: Erfolgsgeheimnisse im internationalen Wettbewerb. In: Forum Nr. 28 vom 12.07.2001.

Rogowski, Michael (2001): Mehr Wettbewerb an den Schulen. Verleihung des Preises „Schule macht Zukunft" am 18. September 2001 in München. Berlin.

Roitsch, Jutta (2002): Reflexe und Ignoranzen. Politische Reaktionen auf die Ergebnisse und Erkenntnisse der PISA-Studie 2000. In: Blätter für die deutsche und internationale Politik Nr. 4/2002. S. 451 – 462.

Roitsch, Jutta (2004): Lehrstück Ausbildungsplatzabgabe. In: Blätter für deutschen und internationale Politik Nr. 7/2004. S. 862 – 870.

Roland Kohsiek (2003): Weiterbildung vor dem Zusammenbruch? (www.fuxonline.de/Zusammenbruch1.pdf).

Rolff, Hans-G. (1998): Jahrbuch der Schulentwicklung : Daten, Beispiele und Perspektiven. Weinheim.

Rolff, Hans-Günter (1995): Zukunftsfelder von Schulforschung. Weinheim.

Rolff, Hans-Günter (1997): Schulentwicklung und Qualitätssicherung. Ein Gutachten für die GEW Niedersachsen zur Schulverwaltungsreform. Ohne Ort.

Romer, Paul M. (1990): Endogenous Technological Change. In: Journal of Political Economy. No. 5/1990. S. 71 – 101.

Romer, Paul M. (2002): Redistributional Consequences of Educational Reform. In: Lazear, Edward P. (Hrsg.): Education in the Twenty-First Century. Stanford. S. 41 – 78.

Röpke, Jochen (1998): The Entrepreneurial University, Innovation, academic knowledge creation and regional development in a globalized economy. Marburg.

Rudolph, Wolfgang/ Wassermann, Wolfram (2002): Betriebsratswahlen 2002. Zukunftsmusik in den neuen Betriebsräten. In: Mitbestimmung international edition 2002 (http://www.boeckler.de/rde/xchg/SID-3D0AB75F-1425A038/hbs/hs.xsl/164_29219.html).

Rüsch, Ingo (1997): Verbandsarbeit für die Informationswirtschaft. In ZVEI (Hrsg.): Die Elektroindustrie – Motor des Wandels: Produkte – Systeme – Netze – Dienstleistungen. Tätigkeitsbericht 96/97. Frankfurt am Main.

Rutz, Michael (Hrsg.) (1997): Aufbruch in der Bildungspolitik. Roman Herzogs Rede und 25 Antworten, München.

Sächsisches Staatsministerium für Kultus (Hrsg.) (2001): Nachdenken über Schule. Dresden.

Sachverständigenrat Bildung bei der Hans-Böckler-Stiftung (Hrsg.) (1998): Ein neues Leitbild für das Bildungssystem - Elemente einer künftigen Berufsbildung. Düsseldorf.

Sachverständigenrat zur Begutachtung der gesamtwirtschaftlichen Entwicklung (1998): Jahresgutachten des Sachverständigenrates zur Begutachtung der gesamtgesellschaftlichen Entwicklung 1998/99 vom 18.11.1998. Kapitel 6 IV: Bildungspolitik - Grundlegende Reformen im Hochschulbereich. Wiesbaden.

Sala-i-Martin, Xavier (1996): A Positive Theory of Social Security. In: Journal of Economic Growth. Vol. 1. Juni. S. 277 – 304.

Sattler, Hans-Jürgen (o. Jg.): Gegen die Zerschlagung der Weiterbildung! Berlin.

Schade, Angelika (2001): Qualitätssicherung für Lehre und Studium durch Akkreditierung – Thesenpapier. (http://www.die-frankfurt.de/esprid/dokumente/doc-2001/schade01_01.htm).

Schäfer, Carsten (2004): GEW: Leistung von Lehrkräften kaum quantifizierbar. Verhaltene Reaktion der LehrerInnengewerkschaft auf vorgelegte Eckpunkt. In: zweiwochendienst (zwd) Nr. 17/2004. S. 4.

Scharpf, Fritz W./ Reissert, Bernd/ Schnabel, Fritz (1976): Politikverflechtung. Theorie und Empirie des kooperativen Föderalismus in der Bundesrepublik. Kronberg/ Taunus.

Scharpf, Fritz W. (1985): Die Politikverflechtungsfalle. Europäische Integration und deutscher Föderalismus im Vergleich. In: Politische Vierteljahresschrift. Heft 3/1985. S. 323 – 356.

Scharpf, Fritz W. (1991): Die Handlungsfähigkeit des Staates am Ende des zwanzigsten Jahrhunderts. In: Politische Vierteljahresschrift Heft 4/1991. S. 621 – 634.

Scharpf, Fritz W. (1992): Koordination durch Verhandlungssysteme. Analytische Konzepte und institutionelle Lösungen. In: Benz, Arthur u. a. (Hrsg.): Horizontale Politikverflechtung. Zur Theorie von Verhandlungssystemen. Frankfurt am Main.

Scharpf, Fritz W. (1998): Demokratie in der transnationalen Politik. In: Beck, Ulrich (1998): Politik der Globalisierung. Frankfurt am Main. S. 228 – 254.

Scharpf, Fritz W. (1998): Die Zukunft der Arbeit im renovierten „Modell Deutschland". In: Gewerkschaftliche Monatshefte (GMH) Nr. 6-7/1998. S. 447 – 450.

Schelsky, Helmut (1963): Einsamkeit und Freiheit. Idee und Gestalt der deutschen Universität und ihrer Reformen. Reinbek bei Hamburg.

Scherrer, Christoph (2002): Aktuelle Informationen zu den GATS-Verhandlungen im Bereich Bildung. (http://www.bayern.gew.de/gew/Landesverband/Material/gats/Aktuelle_Infos_zu_GATS_Scherrer0209.rtf).

Scherrer, Christoph (2002): Bildung als Ware. Die Auswirkungen des General Agreement on Trade in Services (GATS) auf den Bildungsbereich. Vortrag auf der 22. GEW-Sommerschule. Frankfurt am Main.

Scherrer, Christoph/ Yalçin, Gülşan (2002): GATS-Verhandlungsrunde im Bildungsbereich. In: Gewerkschaft Erziehung und Wissenschaft (GEW) (2002): Freier Handel oder freier Zugang? WTO-GATS setzt die Bildung unter Globalisierungsdruck. Dokumentation eines GEW-Workshops vom 26.02.2002 in Berlin. Frankfurt am Main.

Schimmelpfennig, Axel (2000): Structural change of the production process and unemployment in Germany. Kieler Studien Nr. 307. Tübingen.

Schleyer, Hanns Eberhard / Spelberg, Karl (2002): Reaktionen auf das PISA-Positionspapier des Handwerkstages. (http://www.handwerk-bw.de/upload/dnload/P/PISA_Stellungnahmen.pdf).

Schmid, Günther (1999): Jobrotation - Ein Modell für investive Arbeitszeitverkürzung. In: Schmid, Günther/ Schömann, Klaus (Hrsg.): Von Dänemark lernen. Discussion Paper FS I 99 – 201. Wissenschaftszentrum Berlin für Sozialforschung (WZB) . Berlin. S. 21 – 36.

Schmidbauer, Bettina (1999): Die Bildungspolitik der Europäischen Gemeinschaften unter besonderer Berücksichtigung der Förderungspolitik. Diplomarbeit, Forschungsinstitut für Europafragen. Wien.

Schmidt, Manfred G. (1997): Parteien und Staatstätigkeit. In: Gabriel, Oscar/ Niedermayer, Oskar/ Stöss, Richard (Hrsg.): Parteiendemokratie in Deutschland. Bonn. S. 537 – 558.

Schmidt, Manfred G. (2002): Bildung ohne Lobby. In: Süddeutsche Zeitung (SZ) vom 9.07.2002. S. V2/10.

Schmidt, Manfred G. (2002): Warum Mittelmaß? Deutschlands Bildungsausgaben im Internationalen Vergleich. In: Politische Vierteljahresschrift (PVS) Nr. 1/2002. S. 3 – 19

Schmidt, Manfred G. (2003): Ausgaben für Bildung im internationalen Vergleich. In: Aus Politik und Zeitgeschichte (APuZ) B21-22/2003. S. 6 – 11.

Schmidt, Nikolaus (2000): Tertiarisierung – Ende der Industriegewerkschaften? Zum Verhältnis von Industriesektor und industriellen Dienstleistungen. In: Peters, Jürgen (Hrsg.): Dienstleistungs@rbeit in der Industrie. Ein gewerkschaftliches Gestaltungsfeld. S. 20 – 49.

Schmidt, Werner (2004): Betriebsratwahlen 2002 in Großbetrieben der Metall- und Elektroindustrie. In: WSI-Mitteilungen Nr. 1/2004. S. 35 – 40.

Schmitter, Philipp C. / Streeck, Wolfgang (1981): The Organization of Business Interests. A Research Design to Study the Associative Action of Business in the Advanced Industrial Societies of Western Europe. WZB-Discussion Paper. Berlin.

Schmitter, Philippe C./ Grote, Jürgen R. (1997): Der korporatistische Sisyphus: Vergangenheit, Gegenwart, Zukunft. In: Politische Vierteljahresschrift (PVZ) Nr. 3/1997. S. 530 – 554.

Schnabel, Claus/ Pege, Wolfgang (1992): Gewerkschaftsmitglieder. Zahlen, Strukturen, Perspektiven. Köln.

Scholz, Rupert (1990): Grundgesetz. In: Maunz, Theodor/Düring, Günter/Herzog, Roman/ Scholz, Rupert/ Lerche, Peter/ Papier, Hans-Jürgen/ Randelzhofer, Albrecht/ Schmidt-Assmann, Eberhard (Hrsg.) (1990): Grundgesetz. Kommentar. München.

Schömann, Isabelle (2001): Berufliche Bildung antizipativ gestalten: die Rolle der Belegschaftsvertretungen. Ein europäischer Vergleich. WZB-Discussion Paper. Berlin.

Schöning, Werner (2001): Gibt es einen Reformtrend der Sozialordnungen in der EU? Skizze einer Typologie zur Diskussion um einen neuen dritten Weg. In: Jahrbücher für Nationalökonomie und Statistik. Nr. 4/2001. S. 404 – 417.

Schöning, Werner/ Theisen, Heinz (2002): Arbeitsmarkt- und Sozialpolitik in Deutschland und Europa zwischen neuer Mitte und neuem Populismus. In: Aus Politik und Zeitgeschichte (APuZ) Band 46 – 47/ 2002. S. 36 – 45.

Schott, Norbert (1995): Zur Entwicklung der industriellen Beziehungen nach der Wiedervereinigung. Arbeitgeberstrategien auf überbetrieblicher Ebene unter besonderer Berücksichtigung des „Revisionsstreits" in der ostdeutschen Metallindustrie. Frankfurt am Main.

Schroeder, Wolfgang (1997): Loyality und Exit – Austritte aus regionalen Arbeitgeberverbänden. In: Alemann, Ulrich von/ Weßels, Bernhard (Hrsg.) (1997): Verbände in vergleichender Perspektive. Beiträge zu einem vernachlässigten Feld. Berlin. S. 225 – 252.

Schroeder, Wolfgang (2003): Der neue Arbeitsmarkt und der Wandel der Gewerkschaften. In: APuZ Band 47 – 48/ 2003. S. 6 – 13.

Schroeder, Wolfgang/ Silvia, Stephen J. (2003): Gewerkschaften und Arbeitgeberverbände. In: Schroeder, Wolfgang/ Weßels, Bernhard (Hrsg.): Die Gewerkschaften in Politik und Gesellschaft der Bundesrepublik Deutschland. Wiesbaden. S. 244 – 270.

Schroeder, Wolfgang/ Weßels, Bernhard (2003): Das deutsche Gewerkschaftsmodell im Transformationsprozess: Die neue deutsche Gewerkschaftslandschaft. In: Schroeder, Wolfgang/ Weßels, Bernhard (Hrsg.): Die Gewerkschaften in Politik und Gesellschaft der Bundesrepublik Deutschland. Wiesbaden. S. 11 – 40.

Schubert, Bärbel (2004): Ende eines „unaufgeräumten" Verhältnisses? GEW debattiert über ein gemeinsames Dach von FHs und Unis. In Erziehung und Wissenschaft (E & W) Nr. 10/ 2004. S. 23.

Schuller, Phillip/ Ederer, Peer/ Kopf, Christian (2000): Umverteilung von unten nach oben durch gebührenfreie Hochschulausbildung. Gütersloh.

Schultz, Theodor W. (1962): Rise in the Capital Stock Represented by Education in the United States 1900 – 1957. In: Mushkin, Selma J. (Hrsg.): Economics of Higher Education. Washington. S. 93 – 101.

Schulz-Zander, Renate (2000): Lehrerbildung in der Wissensgesellschaft. Innovation durch Medien und Informationstechnologie. Opladen.

Schütte, Christian (2001): BDI-Chef hält Halbierung der Arbeitslosigkeit für möglich. In: Financial Times Deutschland (FTD) vom 9.01.2001. S. 10.

Schwan, Gesine (1995): Deutsche Bildungspolitik - 12 Thesen zum gegenwärtigen Stand. In: TREND, Zeitschrift für soziale Marktwirtschaft. VI./1995. S. 34 – 37.

Schwarz, Karl (1999): Bedeutung der Berufsabschlüsse für Verheiratung und Kinderzahl der Frauen und Männer in den alten Bundesländern. In: Zeitschrift für Bevölkerungswissenschaften Nr. 2. Berlin. S. 213 – 220.

Schwarz, Petra (2004): Hochqualifizierte stehen nicht Schlange. Deutschland ist für Einwanderer kaum attraktiv. In: Handelsblatt (HB) vom 16.06.2004. S. 6.

Schwengel, Hermann/ West, Klaus W. (2001): Bildung als Gesellschaftspolitik. In: Gewerkschaftliche Monatshefte (GMH) Heft 8-9/2001. S. 458 – 473.

Sekretariat der Deutschen Bischofskonferenz (Hrsg.) (1998): Mehr Beteiligungsgerechtigkeit. Beschäftigung erweitern, Arbeitslose integrieren, Zukunft sichern: Neun Gebote für die Wirtschafts- und Sozialpolitik. Memorandum einer Expertengruppe berufen durch die Kommission VI für gesellschaftliche und soziale Fragen der Deutschen Bischofskonferenz vom 29. Oktober 1998. Bonn.

Severing, Eckart (2001): Entberuflichung der Erwerbsarbeit – Folgerungen für die betriebliche Bildung. In: Arbeitsgemeinschaft Betriebliche Weiterbildungsforschung (Hrsg.): Kompetenzentwicklung 2001. Münster. S. 247 – 280.

Seyda, Susanne (2004): Trends und Ursachen der Höherqualifizierung in Deutschland. iw-trends Nr. 2/2004. Köln.

Siebert, Horst (2004): Zwang bringt nichts in Gang. In: Handelsblatt (HB) Online vom 27.02.2004. (http://www2.handelsblatt.com/pshb/fn/relhbi/sfn/buildhbi/cn/GoArt!200013,203352,716253/SH/0/depot/0/) .

Singer, Wolf (2002): Was kann ein Mensch wann lernen? In: Killius, Nelson/ Kluge, Jürgen/ Reisch, Linda (Hrsg.): Die Zukunft der Bildung. Frankfurt am Main. S. 78 – 99.

Sommer, Michael (2002): 17. Ordentlicher DGB-Bundeskongress: Grundsatzreferat. Berlin.

Sommer, Michael (2002): Fördern, nicht selektieren ist die wichtigste Ausgabe der Bildung. Vortrag. Die Qualität von Bildungseinrichtungen aus Arbeitnehmersicht. Berlin.

Sommer, Michael (2003): Berufsbildungsgesetz. Berufsausbildung reformieren – die Zukunft der Jugend sichern. Rede des DGB Vorsitzenden Michael Sommer auf dem DGBFachkongress am 7. Oktober 2003 in Berlin. In: Gewerkschaftliche Bildungspolitik Nr. 9/10-2003. S. 2 – 5.

Sozialdemokratischen Partei Deutschlands (SPD)/ Bündnis90/ DIE GRÜNEN (2002): Koalitionsvertrag 2002 – 2006: Erneuerung – Gerechtigkeit – Nachhaltigkeit. Für ein wirtschaftlich starkes, soziales und ökologisches Deutschland. Für eine lebendige Demokratie. S. 14. (http://presse.spd.de/servlet/PB/s/guyf8jz0qb65y7vbq6vnlxlo1h49yip/show/1023294/Koalitionsvertrag.pdf).

Spence, Michael A. (1973): Job Market Signaling. In: Quarterly Journal of Economics No. 87. S. 355 – 374.

SPIEGEL-Online (2002): Bildungsausgaben: Pensionen statt Bücher. SPIEGEL-Online vom 1.11.2002. (http://www.spiegel.de/unispiegel/geld/0,1518,219818,00.html).

SPIEGEL-Online (2003): Lehrernachwuchs. Nur die Besten sind gut genug. SPIEGEL-Online vom 21.10.2003. (http://www.spiegel.de/unispiegel/jobundberuf/0,1518,270576,00.html).

Spies, Volker (2001): Bildung in der Informationsgesellschaft. In: Aus Politik und Zeitgeschichte (APuZ) Band 6-7. S. 12 – 19.

Spieß, Katharina C./ Büchel, Felix/ Wagner, Gert G. (2003): Children's School Placement in Germany: Does Kindergarten Attendance Matter? In: Early Childhood Research Quarterly Nr. 18/2. S. 255 – 270.

Spieß, Katharina C./ Schupp, Jürgen/ Grabka, Markus/ u.a. (Hrsg.) (2002): Abschätzung der (Brutto-) Einnahmeneffekte öffentlicher Haushalte und der Sozialversicherungsträger bei einem Ausbau von Kindertageseinrichtungen Gutachten des DIW Berlin im Auftrag des Bundesministeriums für Familie, Senioren, Frauen und Jugend, Bonn. Deutsches Institut für Wirtschaftsforschung (DIW). Berlin.

Spiewak, Martin (2001): Wieso, weshalb, warum? Über die Ursachen der Bildungsmisere und wie man Schule besser machen kann. Jürgen Baumert, verantwortlich für die Timss-Studie, und Hermann Lange, Pisa-Beauftragter der Kultusministerkonferenz, im ZEIT-Gespräch. In: Die Zeit Nr. 50/2001. S. 45.

Stange, Eva-Maria (2002): Begrüßung. "Qualität im Bildungswesen – QuiB". Frankfurt am Main.

Stange, Eva-Maria (2002): Folgeneinschätzung ist angesagt. Deregulierung - Abbau von Qualitätsstandards - Privatisierung - Handelsware - so sieht in etwa das Szenario der Liberalisierung von Dienstleistungen weltweit aus. In: Erziehung und Wissenschaft (E & W) Nr. 4/2002. S. 9.

Stange, Eva-Maria (2002): Zweite Chance. Positive Ansätze für Bildungsreform. Frankfurt am Main.

Stange, Eva-Maria (2003): Standpunkte. Eva-Maria Stange und Dieter Hundt. In: Hochschulrektorenkonferenz (HRK) (Hrsg.) (2003): Von Bologna nach Berlin. Eine Vision gewinnt Kontur. Beilage zur DUZ – das unabhängige Hochschulmagazin vom 04. Juli 2003. Berlin.

Statistisches Bundesamt Deutschland (1999): Datenreport 1999. Zahlen und Fakten über die Bundesrepublik Deutschland. Bonn.

Statistisches Bundesamt Deutschland (2000): Bevölkerungsentwicklung Deutschlands bis zum Jahr 2050. Ergebnisse der 9. Koordinierten Bevölkerungsvorausberechnung. Wiesbaden.

Statistisches Bundesamt Deutschland (2003): Statistische Jahrbuch 2003 für die Bundesrepublik Deutschland. Wiesbaden.

Statistisches Bundesamt Deutschland/ Wissenschaftszentrum Berlin für Sozialforschung (WZB)/ Zentrum für Umfragen, Methoden und Analyse (ZUMA) (Hrsg.) (1999): Datenreport 1999. Zahlen und Fakten über die Bundesrepublik Deutschland. Bonn.

Staudt, Erich/ Kriegesmann, Bernd (1999): Weiterbildung: Ein Mythos zerbricht. Der Widerspruch zwischen überzogenen Erwartungen und Misserfolgen der Weiterbildung. Berichte aus der angewandeten Innovationsforschung. Bochum.
Stehr, Nico (2001): Moderne Wissensgesellschaft. In: Aus Politik und Zeitgeschichte (APuZ). Band 36/2001. S. 7 – 14.
Stern, Jutta (2001): Programm versus Pragmatik. Parteien und ihre Programme als Einfluss- und Gestaltungsgröße auf bildungspolitische Entscheidungsprozesse. Frankfurt am Main.
Sternberg, Lars (2001): Staatliche Finanzierung der Hochschulausbildung – Umverteilung von „unten" nach „oben"? In: Grüske, Karl-Dieter (Hrsg.): Forum Finanzwissenschaft. Band 22. Nürnberg.
Stölting, Erhard/ Schimank, Uwe (Hrsg.) (2001): Die Krise der Universitäten. Leviathan-Sonderheft 20. Wiesbaden.
Stratmann, Karlwilhelm/ Schlosser, Manfred (1990): Das Duale System der Berufsbildung. Eine historische Analyse seiner Reformdebatten. Gutachten für die Enquete-Kommission Zukünftige Bildungspolitik – Bildung 2000 des Deutschen Bundestages. Frankfurt am Main.
Strauch, Manfred (1993): Lobbying in Bonn und Brüssel. In: Strauch, Manfred (Hrsg.): Lobbying. Wirtschaft und Politik im Wechselspiel. Wiesbaden. S. 61 – 86.
Streeck, Wolfgang/ Hilbert, Josef/ Kevelaer, Karl-Heinz van/ Maier, Frederike/ Weber, Hajo (1987): Steuerung und Regulierung der beruflichen Bildung. Die Rolle der Sozialpartner in der Ausbildung und beruflichen Weiterbildung in Deutschland. Berlin.
Streeck, Wolfgang (1987): Vielfalt und Interdependenz. Überlegungen zur Rolle von intermediären Organisationen in sich ändernden Umwelten. In: Kölner Zeitschrift für Soziologie und Sozialpsychologie. Nr. 39. S.471 – 495.
Streeck, Wolfgang (1991): On the Social and Political Conditions of Diversified Quality Production. In: Matzner, Egon/ Streeck, Wolfgang (Hrsg.): Beyond Keynesianism: The Socio-Economics of Production and Full Employment. Aldershot. S. 21 – 61.
Streeck, Wolfgang/ Schmitter, Phillipe C. (1991): From National Corporatism to Transnational Pluralism: Organized Interests in the Single European Market. In: Politics and Society Nr. 19. S. 133 – 164.
Streeck, Wolfgang (1999): Korporatismus in Deutschland: zwischen Nationalstaat und Europäischer Union. Frankfurt am Main.
Streeck, Wolfgang/ Schmitter, Philippe C. (1999): The Organization of Business Interests: Studying the Associative Action of Business in Advanced Industrial Societies. MPIfG Discussion Paper No. 1/1999. Köln.
Streeck, Wolfgang (1999): Von Nutzen und Nutzung des Korporatismus in einer Gesellschaft im Wandel. In: Bührer, Werner/ Grande, Edgar (Hrsg.): Unternehmerverbände und Staat in Deutschland. Baden-Baden. S. 53 – 63.
Streeck, Wolfgang (2001): Im Bündnis für Arbeit bleiben die wahren Probleme ungelöst. In: Financial Times Deutschland vom 4.01.2001. S. 25.
Streeck, Wolfgang (2001): Wir haben schon sehr viel pragmatischer argumentiert. In: Frankfurter Allgemeine Zeitung (FAZ) vom 12.02.2001. S. 12.
Streeck, Wolfgang (2003): Gewerkschaften in Westeuropa. In: Schroeder, Wolfgang/ Weßels, Bernhard (Hrsg.): Die Gewerkschaften in Politik und Gesellschaft der Bundesrepublik Deutschland. Wiesbaden. S. 86 – 102.
Streinz, Rudolf (1996): Rn. 99 – 101, S. 734. In: Sachs, Michael (Hrsg.): Grundgesetz-Kommentar. München.
Struck, Peter (1995): Schulreport. Zwischen Rotstift und Reform oder brauchen wir eine andere Schule. Reinbek bei Hamburg.
Sturn, Richard/ Wohlfahrt, Gerhard (2000): Umverteilungswirkungen der öffentlichen Hochschulfinanzierung in Deutschland. Gutachten im Auftrag des Deutschen Studentenwerkes. Graz.
Sturzbecher, Dietmar (Hrsg.) (1998): Kindestagesbetreuung in Deutschland. Bilanzen und Perspektiven. Freiburg im Breisgau.
Sulk, Elmar (2003): Berufliche Bildung: Viele Gründe sprechen gegen Ausbildungsplatzabgabe. Kurznachrichtendienst (KND) Nr. 20/2003 vom 15.05.2003. Berlin.
Terhart, Ewald (2001): Lehrerberuf und Lehrerbildung. Forschungsbefunde, Problemanalysen, Reformkonzepte. Weinheim.
Terhart, Ewald (2002): Nach PISA. Bildungsqualität entwickeln. Hamburg.
Teubner, Gunther (1979): Neo-korporatistische Strategien rechtlicher Organisationssteuerung. In: Zeitschrift für Parlamentsfragen (ZParl) Nr. 10. S.487 – 495.
Thiele, Burkard (2000): Die Bildungspolitik der Europäischen Gemeinschaft: Chancen und Versäumnisse der EG-Bildungspolitik zur Entwicklung des Europas der Bürger. Marburg.

Thränhardt, Dietrich (1979): Bildungspolitik in der Bundesrepublik: eine historisch-strukturelle Analyse. In: Gerdmeier, Gerhard/ Thränhardt, Dietrich (Hrsg.): Schule. Eine berufsvorbereitende Einführung in das Lehrerstudium. Weinheim/ Basel. S. 119 – 134.
Thränhardt, Dietrich (1990): Bildungspolitik in der Bundesrepublik. In: Beyme, Klaus v./ Schmidt, Manfred G. (Hrsg.): Politik in der Bundesrepublik Deutschland. Opladen. S. 177 – 202.
Thränhardt, Dietrich (1991): Länder-Differenzen in der Bildungspolitik. In: Blanke, Berhard/ Wollmann, Hellmut (Hrsg.): Die alte Bundesrepublik, Kontinuität und Wandel. Leviathan Sonderheft 12/1991. Opladen. S. 409 – 419.
Thränhardt, Dietrich (1996): Das Bildungssystem der Bundesrepublik Deutschland. Opladen.
Thurow, Lester (1970): Investment in Human Capital. Belmont, California.
Tillmann, Klaus-Jürgen (o. Jg.): Lehrpläne und alltägliches Handeln von Lehrerinnen und Lehrern. (http://www.unibielefeld.de/paedagogik/agn/ag4/main/projekte_Lehrplaene -handeln.html).
Tillmann, Klaus-Jürgen/ Vollstädt, Witlof (Hrsg.) (2001): Politikberatung durch Bildungsforschung. Das Beispiel: Schulentwicklung in Hamburg. Opladen.
Timmermann, Dieter (1995): Abwägen heterogener bildungsökonomischer Argumente zur Schulautonomie. In: Zeitschrift für Pädagogik. Heft 1/1995. S. 49 – 60.
Titze, Hartmut (1990): Der Akademikerzyklus. Historische Untersuchungen über die Wiederkehr von Überfüllung und Mangel in akademischen Karrieren. Göttingen.
Torney-Purta, Judith/ Lehmann, Rainer/ Oswald, Hans u.a. (2001): Citizenship and Education in Twenty-eight Countries. Civic Knowledge and Engagement at Age Fourteen. Amsterdam.
Traxler, Franz (1999): Gewerkschaften und Arbeitgeberverbände: Probleme der Verbandsbildung und Interessenvereinheitlichung. In: Müller-Jentsch, Walther (Hrsg.): Konfliktpartnerschaft. Akteure und Institutionen der industriellen Beziehungen. Mering. S. 57 – 77.
Tröger, Beate: Die eierlegende Wollmilchsau? Neue Wege für die Fachinformation Bildung. Vortrag gehalten anlässlich des Jubiläums "50 Jahre DIPF" - Symposien im Frankfurter Römer 24. - 25.09.2001, Symposion II 25. September 2001: Lebenslanges Lernen - Herausforderungen an Informationsmanagement und Informationstechnologie. In: DIPF informiert Nr. 2/2002. S. 2 – 7.
Van Ackeren, Isabell (2002): Von FIMS und FISS bis TIMMS und PISA. Schulleistungen in Deutschland im historischen und internationalen Vergleich. In: Die Deutsche Schule (DDS). Heft 2/2002. S. 157 – 175.
van Lith, Ulrich (1995): Ordnungspolitik und Bildungsmarkt. In: Brinek, Gertrude/ Severinski, Nikolaus (Hrsg.): Staatsschule am Ende. Perspektiven für den Bildungsmarkt. Wien. S. 39 – 62.
Vesper, Dieter (1992): Perspektiven der Länderfinanzen bis 1995 und Konsequenzen für die Bildungsausgaben. Berlin.
Vila, Luis E. (2000): The Non-monetary Benefits of Education. In: European Journal of Education. No. 1/2000. Paris. S. 21 – 31.
Vogel, Bernhard (1991): Bildung gesamtdeutsch. In: Die Politische Meinung Heft 26/1001. S. 4 – 12.
Vogel, Johann-Peter (1995): Verfassungsrechtfiche Bemerkungen zur Verselbständigung der Schule. In: Zeitschrift für Pädagogik Heft 1/1995. S. 39 – 48.
Volkens, Andrea/ Klingemann, Hans-Dieter (1992): Die Entwicklung der deutschen Parteien im Prozess der Vereinigung. Kontinuitäten und Verschiebungen. In: Jesse, Eckhard/ Mitter, Armin (Hrsg.): Die Gestaltung der deutschen Einheit. Geschichte – Politik – Gesellschaft. Bonn. S. 189 – 214.
Vollstädt, Witlof u. a. (1999): Lehrpläne im Schulalltag. Eine empirische Studie zur Akzeptanz und Wirkung von Lehrplänen in der Sekundarstufe I. Opladen.
Voß, G. Günter/ Pongratz, Hans J. (1998): Der Arbeitskraftunternehmer. Eine neue Grundform der Ware Arbeitskraft? In: Kölner Zeitschrift für Soziologie und Sozialpsychologie (KZfSS). Heft 1/1998. S. 131 – 158.
Waddington, Jeremy/ Hoffmann, Reiner (2000): Gewerkschaften in Europa. In: Waddington, Jeremy/ Hoffmann, Reiner (Hrsg.): Zwischen Kontinuität und Modernisierung. Münster. S. 15 – 56.
Walden, Günter/ Behringer, Friederike/ Beicht, Ursula u. a. (2004): Zur Kontroverse um das Berufsausbildungssicherungsgesetz (BerASichG). Eine Diskussion des ersten Entwurfs vom 30.03.2004. (http://www.bibb.de/de/11693.htm).
Walden, Günter/ Beicht, Ursula/ Herget, Hermann (2002): Warum Betriebe (nicht) ausbilden. In: Berufsbildung in Wissenschaft und Praxis (BWP) Nr. 2/2002. S. 35 – 39.
Walden, Günter/ Herget, Hermann (2002): Nutzen der betrieblichen Ausbildung für Betriebe – erste Ergebnisse einer empirischen Erhebung. In: Berufsbildung in Wissenschaft und Praxis (BWP) Nr. 6/2002. S. 32 – 37.
Waldeyer, Hans-Wolfgang (2004): BVerfG versus Wissenschaftsrecht? In: Neue Juristische Wochenschrift (NJW) Nr. 35/2004 Editorial.
Walger, Gerd (2000): Die Universität in der Wissensgesellschaft. Witten.

Wartenberg, Ludolf von (2000): Industrieller Wandel in Deutschland, Globalisierung und Europäisierung- Herausforderungen für den BDI. In: Bührer, Werner/ Grande, Edgar (Hrsg.): Unternehmerverbände und Staat in Deutschland. Baden-Baden. S. 157 – 163.

Weber, Jürgen (1977): Die Interessensgruppen im politischen System der Bundesrepublik. Stuttgart.

Wehner, Markus (2004): Wird Karlsruhe neue deutsche Hauptstadt? In: Frankfurter Allgemeine Sonntagszeitung (FASZ) vom 19.12.2004. S. 3.

Weidenfeld, Ursula (1996): BDI/ BDA/ DIHT – Wütende Proteste: Das deutsche Verbändewesen zerbricht – die Präsidenten beziehen Position im Stellungskrieg. In: Wirtschafswoche Nr. 29 vom 11.07.1996. S. 20 – 23.

Weidig, Inge/Hofer, Peter/Wolff, Heinfrid (Prognos AG) (1999): Arbeitslandschaft 2010 nach Tätigkeiten und Tätigkeitsniveau. Beiträge zur Arbeitsmarkt- und Berufsforschung. BeitrAB 227. Nürnberg.

Weiler, Tobias/ Wunnerlich, Michael (1997): Aktuelle Trends der Verbandsarbeit in Brüssel. Vortrag anlässlich der Referentenbesprechung in Brüssel am 9.06.1997 in Köln. BDI-Archiv. Berlin.

Weinert, Franz E. (Hrsg.) (2001): Leistungsmessungen in Schulen. Weinheim.

Weingart, Peter (2001): Die Stunde der Wahrheit? Zum Verhältnis der Wissenschaft zu Politik, Wirtschaft und Medien in der Wissensgesellschaft. Weilerswist.

Weischer, Christoph (1993): Gewerkschaftsorganisation auf dem Prüfstand. Eine Bilanz der gewerkschaftssoziologischen Diskussion. In: Leif, Thomas/ Klein, Ansgar/ Legrand, Hans-Josef (Hrsg.): Reform des DGB. Herausforderungen, Aufbruchpläne und Modernisierungskonzepte. Köln. S. 89 – 144.

Weiß, Manfred (1975): Effizienz im Eildungswesen. Weinheim.

Weiß, Manfred (1993): Bildung als Investition. Individuelle und gesellschaftliche Erträge. In: Forum E Heft 2/1993. S. 7 – 10.

Weiß, Manfred (1993): Der Markt als Steuerungssystem im Schulwesen?. In: Zeitschrift für Pädagogik Heft 1/1993. S. 71 – 84.

Weiß, Manfred (1995): Bildungsausgaben und –finanzierung. In: Böttcher, Wolfgang/ Klemm, Klaus (Hrsg.): Bildung in Zahlen. Weinheim. S. 26 – 39.

Weiß, Manfred (1995): Kann die Bildungsökonomie dem notleidenden Bildungswesen helfen? In: Heckle, Gerold/ Clochowski, Richard u. a (Hrsg.) (1995): Erziehung in der Schule - was ist möglich? Vorträge und Diskussionen anlässlich des 6. Internationalen Glöckel-Symposions 1995. Wien. S. 49 – 64.

Weiß, Manfred (1995): Schulausgaben und Schulqualität - empirische Analysen des Zusammenhangs. In: Zeitschrift für internationale erziehungs- und sozialwissenschaftliche Forschung, 12. Jg. Heft 2. S. 335-350.

Weiß, Manfred (1996): Kosten und Erträge von Bildungsinvestitionen. Arbeitsmaterialien und Sonderdrucke zur ökonomischen Bildungsforschung am Deutschen Institut für Internationale Pädagogische Forschung (DIPF). Frankfurt am Main.

Weiß, Manfred/ Weishaupt, Horst (Hrsg.) (2000): Bildungsökonomie und Neue Steuerung. Frankfurt am Main.

Weiß, Manfred (2002): Institutionelle Arrangements und Zielerreichung im Schulbereich: Zur Wirksamkeit von Konzepten des New Public Management. In: Eckensberger, Lutz H./ Tröger, Beate/ Zayer, Hermann (Hrsg.): Erinnerungen - Perspektiven. 50 Jahre Deutsches Institut für Internationale Pädagogische Forschung. Frankfurt am Main. S. 158 – 172.

Weiß, Manfred (2002): Stichwort: Bildungsökonomie. In: Zeitschrift für Erziehungswissenschaften (ZfE) Heft 2/2002. S. 183 – 200.

Weiß, Manfred (2003): Keine Leistungsüberlegenheit. In: Erziehung und Wissenschaft (E & W) Nr. 3/2003. S. 12.

Weißhuhn, Gernot (2001): Gutachten zur Bildung in Deutschland. Bonn.

Welsch, Johann (2002): Die schleichende Spaltung der Wissensgesellschaft. In: WSI Mitteilungen Nr. 4/ 2002. S. 195 – 202.

Wessels, Bernhard (2000): Die Entwicklung des deutschen Korporatismus. In: Aus Politk und Zeitgeschichte (APuZ) Band 26 – 27. S. 16 – 21.

Wessels, Bernhard (2003): Gewerkschaften in der Mediengesellschaft. In: Schroeder, Wolfgang/ Weßels, Bernhard (Hrsg.): Die Gewerkschaften in Politik und Gesellschaft der Bundesrepublik Deutschland. Wiesbaden. S. 323 – 341.

Wiesenthal, Helmut/ Clasen, Ralf (2003): Gewerkschaften in Politik und Gesellschaft: Von der Gestaltungsmacht zum Traditionswächter? In: Schroeder, Wolfgang/ Weßels, Bernhard (Hrsg.): Die Gewerkschaften in Politik und Gesellschaft der Bundesrepublik Deutschland. Wiesbaden. S. 296 – 322.

Wilensky, Harold L. (1982): Ideology, Education and Social Security. In: Garfinkel, Irwin (Hrsg.): Income-Tested Transfer Programs: The Case For and Against. New-York. S.166 – 173.

Wilhelmi, Hans-Herbert (1977): Entscheidungsprozesse der staatlichen Bildungsfinanzierung. Ein interdisziplinärer Beitrag zur Erforschung der finanzpolitischen Willensbildung in der Exekutive. Berlin.

Wimmer, Michael (2002): Bildungsruinen in der Wissensgesellschaft. Anmerkungen zum Diskurs über die Zukunft der Bildung. In: Lohmann, Ingrid/ Rilling, Rainer (Hrsg.): Die verkaufte Bildung. Kritik und Kontro-

versen zur Kommerzialisierung von Schule, Weiterbildung, Erziehung und Wissenschaft. Opladen. S. 45 – 68.
Wingens, Matthias (1998): Wissensgesellschaft und Industrialisierung der Wissenschaft. Wiesbaden.
Wissenschaftsrat (WR) (2000): Thesen zur künftigen Entwicklung des Wissenschaftssystems in Deutschland. Berlin. S. 21 – 28.
Wissenschaftsrat (WR) (2001): Empfehlungen zur künftigen Struktur der Lehrerbildung. Drs. 5065/01. (http://www.wissenschaftsrat.de/texte/5065-01.pdf).
Wissenschaftsrat (WR) (2004): Empfehlungen zur Reform des Hochschulzugangs. Berlin.
Witte, Johanna/ Rüde, Magnus/ Tavenas, François/ Hüning, Lars (2004): Ein Vergleich angelsächsischer Bachelor-Modelle: Lehren für die Gestaltung eines deutschen Bachelor? CHE-Arbeitspapier Nr. 55. Gütersloh.
Woortmann, Gerd (1999): Wege zu einer modernen Beruflichkeit. In: Wirtschaft und Berufserziehung (W & B). Nr. 3/ 1999. S. 9 – 11.
Woortmann, Gerd (2002): Von Lehrstellenknappheit zu Fachkräftemangel. Herausforderungen für Wirtschaft und Bildung. In: KWB (Hrsg.): Neue Arbeitswelt, neues Lernen. Qualifizierungsziele und –strategien für morgen. Ausbildungsleitertagung 2001. Bonn. S. 4 – 7.
World Trade Organisation (WTO) (1994): Liste der spezifischen Verpflichtungen. Deutsche Übersetzung der European Communities and their Member States. Schedules of Specific Commitments, GATS/SC/31. In: Bundesgesetzblatt, Jg. 1994, Teil II. S. 1678 – 1683. S. 1679.
Wößmann, Ludger (2003): Specifying Human Capital: A Review and Some Extensions. In: Journal of Economic Surveys Nr. 3/ 2003. S. 239 – 270.
Wößmann, Ludger (2003): Zentrale Prüfungen als „Währung" des Bildungssystems. In: Vierteljahreshefte zur Wirtschaftsforschung Nr. 2/2003. S. 220 – 237.
Wößmann, Ludger (2004): Entwicklung betrieblicher Kosten und Nutzen der Berufsausbildung – Einige Anmerkungen zu den Ursachen des Ausbildungsplatzmangels. In: ifo Schnelldienst Nr. 6/2004. S. 21 – 24.
Yamada, Taichi/ Yamada, Takeshi/ Kang, Jun-Koo (1991): Crime Rates versus Labour Market Conditions: Theory and Time-Series Evidence. National Bureau of Economic Research (NBER) Working Paper No. 3801. Cambridge.
Zabeck, Jürgen (1996): Die dualistische deutsche Berufsausbildung als wissenschaftliche Herausforderung. In: Seyd, Wolfgang / Witt, Ralf (Hrsg.): Situation - Handlung - Persönlichkeit. Festschrift für Lothar Reetz. Hamburg. S. 71 – 86.
Zedler, Reinhard (2004): Neue Wege der Berufsausbildung. In: Aus Politik und Zeitgeschichte (APuZ) Band 28/2004. S. 24 – 30.
Zentrum für europäische Wirtschaftsforschung GmbH (ZEW): Fachkräftemangel bei Ingenieuren. Aktuelle Situation und Perspektiven. Mannheim.
Zimmer, Stefan (2002): Jenseits von Arbeit und Kapital? Unternehmerverbände und Gewerkschaften im Zeitalter der Globalisierung. Opladen
Zweiwochendienst (ZWD) Bildung & Politik (2004): Ausbildungsplatzbilanz. So wenig (sic!) Lehrstellen gab es noch nie. ZWD vom 07.01.2004. S. 2 – 3.
Zwickel, Klaus (2002): „Neue Wege wagen". Vorstellung von Offensive 2010 – Chancen für eine bessere Zukunft". Entwurf des Zukunftsmanifestes der IG Metall. Am 14.06.2002 in Leipzig. Redemanuskript. (http://www.igmetall.de/themen/zukunft/werkstatt/zukunftskongress/zwickeldeu.pdf).

Verbandsdokumente

Baden-Württembergischer Handwerkstag (BWHT) (Hrsg.) (2002): Konsequenzen aus PISA. Positionen des Handwerks. Stuttgart.
BWHT (2003): PISA - Was unterscheidet die integrierte Gesamtschule von der neunjährigen Grundstufe (Vorschlag des Baden-Württembergischen Handwerkstages)? In: Informationsdienst des BWHT vom 7.03.2003. (http://www.handwerk-bw.de/asp/index.asp?k=1055&uc=&st=1&ss=1&id=10400&da=D&dv=D).
Bundesvereinigung der Deutschen Arbeitgeberverbände (BDA) (1998): Schulen in der modernen Leistungsgesellschaft. Das schulpolitische Positionspapier der BDA. Köln.
BDA (1999): Kölner Erklärung zur Entwicklung von Bachelor- und Masterstudiengängen. Internationalität und Marktakzeptanz als Markenzeichen sichern. Berlin.
BDA (2000): BDA-MINT-Umfrage. Mathe und Naturwissenschaften als Leistungskurse zu unbeliebt. Bewertung einer Umfrage der BDA bei den Kultusministerien der Länder. Berlin.
BDA (2000): Für eine neue Bildungsoffensive. Berlin.
BDA (2000): Für mehr Ganztagsschulen. Berlin.

BDA (2000): Rettet die Berufsschulen. 10 Forderungen. Berlin.

BDA (2000): Schule braucht Qualität. Ein europäisches Arbeitgeber-Konzept. Berlin.

BDA (2000): Wirtschaft – notwendig für schulische Allgemeinbildung. Gemeinsame Initiative von Eltern, Lehrern, Wissenschaft, Arbeitgebern und Gewerkschaften. Berlin.

BDA/ DGB (2000): Wirtschaft – notwendig für schulische Allgemeinbildung. Gemeinsame Initiative von Eltern, Lehrern, Wissenschaft, Arbeitgebern und Gewerkschaften. Berlin.

BDA (2001): „Führungskraft Lehrer". Empfehlungen der Wirtschaft für ein Lehrerleitbild. Berlin.

BDA (2001): Arbeitgeberpräsident Hundt: Lehrer sollen sich in den Schulferien zwei Wochen fortbilden! BDA-Presseerklärung vom 4.08.2001. Berlin.

BDA (2001): Auswahlgespräche mit Studienbewerbern. Handreichung für die Hochschulen. Berlin.

BDA (2001): Memorandum der Europäischen Kommission über Lebenslanges Lernen. Positionspapier. Berlin.

BDA (2001): Memorandum der Europäischen Kommission über Lebenslanges Lernen. Positionspapier. In: http://www.bda-online.de/www/bdaonline.nsf/0/af6a80e1246d401dc1256b48005965b0/$FILE/_eadq6snqdclmmusj1dpi7ar90chin48259cg82oj5e8g4oj2c5l86usr9ehkmurjje1gn0qb5e8_.doc.

BDA (2001): Memorandum der Europäischen Kommission über Lebenslanges Lernen. Berlin.

BDA (2001): Presseinformation Nr. 27/2001 – Hundt unterstützt Seiteneinsteiger. Berlin.

BDA (2001): Qualitätssicherung und Leistungssteigerung an den Hochschulen durch Wettbewerb. Gemeinsame Erklärung der Bundesvereinigung der Deutschen Arbeitgeberverbände und der Hochschulrektorenkonferenz. Berlin.

BDA/ Bundesverband der Deutschen Industrie (BDI)/ Deutscher Industrie- und Handelskammertag (DIHK) u.a. (2001): Gemeinsame Erklärung von Wirtschaftsministerkonferenz (WMK)/ Bundesverband der Deutschen Industrie (BDI)/ Bundesvereinigung der Deutschen Arbeitgeberverbände (BDA)/ Deutscher Industrie- und Handelskammertag (DIHK)/ Zentralverband des Deutschen Handwerks (ZDH): Mehr Freiheit und Wettbewerb in der Bildung: Anforderungen an die Bildungspolitik. Berlin.

BDA/ Hochschulrektorenkonferenz (HRK) (2001): Qualitätssicherung und Leistungssteigerung an Hochschulen durch Wettbewerb. Gemeinsame Erklärung der Bundesvereinigung der Deutschen Arbeitgeberverbände und der Hochschulrektorenkonferenz. Berlin.

BDA (2002): "Standortfaktor Schule". Begabung fördern, Lernen differenzieren. Berlin.

BDA (2002): „Standortfaktor Bildung". Nach PISA – 5-Punkte-Programm der deutschen Arbeitgeber. Statement von Dieter Hundt. Präsident der Bundesvereinigung der Deutschen Arbeitgeberverbände e.V. am 5.02.2002. Berlin.

BDA (2002): „Standortfaktor Schule". Begabung fördern, Lernen differenzieren. Berlin.

BDA (2002): BDA-Fachtagung: Die Hauptschule voranbringen. Berlin.

BDA (2002): Bildungsauftrag Werteerziehung. Bildungspolitisches Papier der Arbeitgeber zur Werteerziehung. Berlin.

BDA (2002): Deutscher Arbeitgeberpreis für Bildung 2002 ausgeschrieben. Kurznachrichtendienst (KND) Nr. 28/2002 vom 18. Juli 2002. Berlin.

BDA (2002): Mehr Freiheit und Wettbewerb in der Bildung: Anforderungen an die Bildungspolitik. Berlin.

BDA (2002): Serie zur Koalitionsvereinbarung: Bildungspolitik. Bund will neue Zuständigkeiten. Kurznachrichtendienst (KND) Nr. 51/2002 vom 8.11.2002. Berlin.

BDA (2002): Verschwendung von Ressourcen. Kurznachrichtendienst (KND) Nr. 30/2002 vom 1.08.2002. Berlin.

BDA (2002.): Stellungnahme der Bundesvereinigung der Deutschen Arbeitgeberverbände zum Vorschlag für eine Empfehlung des europäischen Parlaments und des Rates über die Mobilität von Studierenden, in der Ausbildung stehenden Personen, jungen Freiwilligen Lehrkräften und Ausbildern in der Gemeinschaft. Berlin.

BDA (2003): Abgabe wäre der Anfang vom Ende eines erfolgreichen Ausbildungssystems. Kurznachrichtendienst (KND) Nr. 47/2003 vom 19.11.2003. Berlin.

BDA (2003): Abschlussprüfungen an der Hauptschule einführen. Kurznachrichtendienst (KND) Nr.1/2003 vom 16.01.2003. Berlin.

BDA (2003): Auf dem Weg zu einem europäischen Hochschulraum. Bedeutung des Bologna-Prozesses für den Unternehmen und Arbeitsmarkt. Berlin.

BDA (2003): Ausbildung als Element der Personalpolitik. BDA-Kurznachrichtendienst (KND) Nr. 30 vom 23. 07.2003. Berlin.

BDA (2003): Ausbildungsmarkt wird beeinflusst von katastrophalem Arbeitsmarkt. Kurznachrichtendienst (KND) Nr. 7/2003 vom 18.02.2003. Berlin.

BDA (2003): BDA-Umfrage bestätigt Bildungsmängel. Kurznachrichtendienst (KND) Nr. 8/2003 vom 24.02.2003. Berlin.

BDA (2003): Bildungsauftrag Werteerziehung. Selbstständig denken, verantwortlich handeln. Berlin.
BDA (2003): Deutsche Universitäten – gefesselte Riesen. Kurznachrichtendienst (KND) Nr. 14/2003 vom 04.04.2003. Berlin.
BDA (2003): Europa auf dem Weg zur Wissensgesellschaft. Kurznachrichtendienst (KND) Nr. 1/2003 vom 16.01.2003. Berlin.
BDA (2003): Hundt: Option für die Jugend wahrnehmen. Kurznachrichtendienst (KND) Nr. 31/2003 vom 31.07.2003. Berlin.
BDA (2003): Lehrerbildung gehört auf die Tagesordnung. Kurznachrichtendienst (KND) Nr. 35/2003 vom 21.08.2003. Berlin.
BDA (2003): Mit Bildungsstandards zu einer besseren Schule. Kurznachrichtendienst (KND) Nr. 8/2003 vom 24.02.2003. Berlin.
BDA (2003): Neue PISA-Schreckensmeldungen. Kurznachrichtendienst (KND) Nr. 11/2003 vom 14.03.2003. Berlin.
BDA (2003): Option für die Jugend. Schulbildung verbessern, Ausbildungsfähigkeit fördern Berufsorientierung intensivieren. Berlin.
BDA (2003): Praxisorientierten Bildungsgang Realschule stärken. Kurznachrichtendienst (KND) Nr. 26/2003 vom 26.06.2003. Berlin.
BDA (2003): SPD doch für Studiengebühren? Kurznachrichtendienst (KND) Nr. 24 vom 06.05.2003. Berlin.
BDA (2003): Unzureichende Neuordnung der Hochschulzulassung. Kurznachrichtendienst (KND) Nr. 14/2003 vom 04.04.2003. Berlin.
BDA (2003): Wachstumskrise hemmt die Ausbildungsbereitschaft. Kurznachrichtendienst (KND) Nr. 27 vom 4 Juli 2003. Berlin.
BDA (2003): Wegweiser der Wissensgesellschaft. Zur Zukunfts- und Wettbewerbsfähigkeit unserer Hochschulen. Berlin.
BDA (2003): Weiterbildung durch Hochschulen. Berlin.
BDA (2003): Weitere Umstrukturierung bei Lehrerbildung nötig. Kurznachrichtendienst (KND) Nr. 37/2003 vom 5.09.2003. Berlin.
BDA (2003): Wirtschaft gegen grundlegende Novellierung. Kurznachrichtendienst (KND) Nr. 16/2003 vom 24.04.2003. Berlin.
BDA (2003): Wissenschaftliche Weiterbildung. Wirtschaft und Hochschulen legen 10-Punkte-Plan vor. Kurznachrichtendienst (KND) Nr. 23/2003 vom 3.06.2003. Berlin.
BDA (2003): Zentrale Standpunkte und Forderungen der Bundesvereinigung der Deutschen Arbeitgeberverbände beim „Bologna-Prozess“. Berlin.
BDA/ DGB (2003): Gemeinsame Erklärung von BDA und DGB zu Ganztagsangeboten. DGB-Pressemitteilung 059/2003 vom 5.03.2003. Berlin.
BDA/ Hochschulrektorenkonferenz (HRK) (2003). Wegweiser in der Wissensgesellschaft. Zur Zukunfts- und Wettbewerbsfähigkeit unserer Hochschulen. Berlin.
BDA/ Hochschulrektorenkonferenz (HRK)/ Deutscher Industrie- und Handelskammertag (DIHK) (2003): Weiterbildung durch Hochschulen. Gemeinsame Empfehlungen. Berlin.
BDA (2004): Berufliche und akademische Bildung durchlässiger machen. Kurznachrichtendienst (KND) Nr. 26/2004 vom 29.07.2004. Berlin.
BDA (2004): Falsche Schwerpunkte im Berufsbildungsbericht 2004. Kurznachrichtendienst (KND) Nr. 9/2004 vom 18.03.2004. Berlin.
BDA (2004): Juniorprofessur ja, Hochschulrahmengesetz nein. Kurznachrichtendienst (KND) Nr. 28/2004 vom 12.08.2004. Berlin.
BDA (2004): Start der Website Elektroberufe. Kurznachrichtendienst (KND) Nr. 26/2004 vom 29.07.2004. Berlin.
BDA (2004): Studienbeiträge und die Reform der Studienfinanzierung Ein Modellvorschlag. Berlin.
BDA (o. Jg.): Das duale System der betrieblichen Berufsausbildung als Standortvorteil. Berlin.
Bundesverband der deutschen Industrie (BDI) (1997): Autonomie. Wettbewerb. Profilbildung. Vorschläge der Spitzenverbände zur Reform des Hochschulwesens. Vorschläge für eine Novellierung des Hochschulrahmengesetzes (HRG). Bonn.
BDI (1998): Die innovative Wissensgesellschaft. „Messlatten“ aus dem Perspektivkonzept. In: Perspektivkonzept Juni 1998. S. 27 – 33. Berlin.
BDI (2000): Deutschland braucht moderne Schulen. Berlin.
BDI (2001): Azubis für ein attraktives Deutschland. Präsentations- und Diskussionsveranstaltung in Berlin. Berlin.
BDI (2001): BDI-Präsident Rogowski fordert grundlegende Renovierung des Bildungssystems in Deutschland. BDI-Presserklärung Pressemitteilung Nr. 80/2001 vom 16.05.2001. Berlin.

BDI (2001): BDI-Präsident Rogowski: Naturwissenschaftliche Schulfächer aufwerten – Lehrer differenziert bezahlen! Berlin.
BDI (2001): Beamtenrecht macht Reformen an deutschen Hochschulen unmöglich: Studiengebühren und Hochschuleingangsprüfungen. BDI-Pressmitteilung Nr. 58/2001 vom 02.04.2001. Berlin.
BDI (2001): Bildungsbürgerland adé? – Sicherung des Bildungsstandorts Deutschland. Berlin.
BDI (2001): Die Bildungspolitik darf nicht mehr hinter die Standards des „Forum Bildung" zurückfallen! Gemeinsame Pressemitteilung der Spitzenverbände der deutschen Wirtschaft zu den Gesamtempfehlungen des „Forums Bildung". Berlin.
BDI (2001): Mehr Wettbewerb in der Forschung: Gemeinsames Thesenpapier von DIHT und BDI. Berlin.
BDI (2002): 10 Kernforderungen des BDI an die nächste Bundesregierung. Berlin.
BDI (2002). Bildungssystem entschlossen reformieren. Fakten und Argumente 2002. Berlin
BDI (2002): Fakten und Argumente. Hochschule profilieren. Fakten und Argumente. Berlin.
BDI (2002): Forschen für die Internetgesellschaft: Trends, Technologien, Anwendungen. Acht Trendaussagen des Feldafinger Kreises. Berlin.
BDI (2002): Statusbericht 2002. Die innovative Wissensgesellschaft. Berlin.
BDI (2003): Entwurf zum BDI-Reformkongress. 22. September 2003. Für ein attraktives Deutschland. Freiheit wagen – Fesseln sprengen. Berlin.
Deutscher Gewerkschaftsbund (DGB) (Hrsg.) (1987): Gewerkschaftliche Bildungspolitik. Heft 7/8. Düsseldorf.
DGB (Hrsg.) (1999): 10-Punkte-Programm zur Neuordnung der Ausbildung. Bonn.
DGB (2002): Das 21. Jahrhundert muss ein Jahrhundert der Bildung werden. (http://www.dgb.de/themen/themen_a_z/abisz_doks/b/bildung.pdf/view?showdesc=1).
DGB (1998): Bewegt Bildung – Ein Appell des DGB zum Handeln. Bildungspolitische Konferenz des DGB am 30.06 und 1.07.1998 in Bonn. (http://www.dgb.de/themen/themen_a_z/abisz_doks/b/bildapp.pdf).
DGB (1998): DGB: Keine Kürzung der Berufsschulzeiten, sonder qualitative Verbesserungen der Inhalte. Berlin.
DGB (2000): Immer wieder lernen. Berlin.
DGB (2000): Weiterbildung für alle ermöglichen. Positionspapier des Deutschen Gewerkschaftsbundes. Berlin.
DGB (2002): 17. Ordentlicher Bundeskongress des DGB. Bildung. 81. Bundesvorstand. Zukunftsprojekt Bildung: Eine weiterbildungsoffensive, damit Menschen die Zukunft gestalten können. Berlin.
DGB (2002): 17. Ordentlicher Bundeskongress des DGB. Bildung. 82. Gewerkschaft Erziehung und Wissenschaft. IG Metall. Das 21. Jahrhundert muss ein Jahrhundert der Bildung werden. Berlin.
DGB (2002.): 17. Ordentlicher Bundeskongress des DGB. Bildung. 83. Gewerkschaft Erziehung und Wissenschaft. IG Metall. Für eine Berufsbildungsreform. Berlin.
DGB (2002): 17. Ordentlicher Bundeskongress des DGB. Bildung. 84. Gewerkschaft Erziehung und Wissenschaft. Anstöße für notwendige Bildungsreformen – Konsequenzen aus PISA. Berlin.
DGB (2002): 17. Ordentlicher Bundeskongress des DGB. Bildung. 89. IG Metall. Zukunft Berufliche Bildung. Berlin.
DGB (2002): 17. Ordentlicher Bundeskongress des DGB. Bildung. 94. Vereinte Dienstleistungsgewerkschaft e.V. (ver.di). Wissenschaftspolitik. Berlin.
DGB (2002): Beschlüsse des 17. Ordentlichen Bundeskongress des DGB. Berlin.
DGB (2002): Arbeit 2002. Beschäftigungspolitische Vorschläge des Deutschen Gewerkschaftsbundes für das Jahr 2002. In: Informationen und Positionen der Grundsatzabteilung. Nr. 7/2002 vom 28.02.2002. Berlin.
DGB (2002): Ausbildung in den Betrieben. – Konjunkturunabhängige Schaffung eines ausreichenden Angebots an qualifizierten Ausbildungsplätzen. In: Arbeitsrecht im Betrieb Nr. 11/2002 S. 661 – 665.
DGB (2002): DGB fordert Bildung mit Kopf, Herz und Hand. Berlin.
DGB (2002): DGB und GEW zu GATS – Verhandlungen. Internationalisierung von Bildung: ja – Bildung als Handelsware: nein! Gemeinsame Pressekonferenz von DGB und GEW zu GATS-Verhandlungen. Berlin.
DGB (2002): Keine Abwertung der Masterabschlüsse an Fachhochschulen für öffentlichen Dienst. Berlin.
DGB (2003): Ausbildungschancen. Jugendliche mit schlechten Startchancen (bessere) Ausbildung ermöglichen. Beschluss des DGB Bundesvorstandes vom 4.11.2003. In: Gewerkschaftliche Bildungspolitik Nr. 11/12-2003. S. 2 – 7.
DGB (2003): Berufliche Weiterbildung. Weniger Chancen für Problemgruppen. In: einblick 19/2003. S. 5.
DGB (2003): Berufsbildungsgesetz. Qualifizierte Ausbildung für alle. Wie der DGB die Berufsbildung reformieren will. In: Gewerkschaftliche Bildungspolitik Nr. 9/10-2003. S. 6 – 10.
DGB (2003): Das machen wir! Menschlich modernisieren – gerecht gestalten. Berlin.
DGB (2003): Eckpunkte des DGB zur Finanzierung einer Ausbildungsumlage. Ausbildungsengagement unterstützen und krisenfest finanzieren. Beschlossen vom DGB-Bundesvorstand am 07.10.03. Berlin.
DGB (2003): Eckpunkte des DGB zur Finanzierung einer Ausbildungsumlage. Ausbildungsengagement unterstützen und krisenfest finanzieren. Beschlossen vom DGB-Bundesvorstand am 07.10.03. Berlin.

DGB (2003): Gemeinsame Erklärung von BDA und DGB zu Ganztagsangeboten. Berlin.
DGB (2003): Kampagne BBiG-Reform. Die Bildungschancen der Mehrheit verbessern: Berufsausbildung reformieren. (http://www.bbig-reform.de/documents/BBIG_Diskussionspapier_DGB.pdf).
DGB (2003): Qualifizierte Ausbildung für alle. DGB-Bundesvorstand beschließt Eckpunkte zur Novellierung des Berufsbildungsgesetzes. In: Gewerkschaftliche Bildungspolitik 9-10/2003. Berlin.
DGB (2003): Reform des Berufsbildungsgesetzes. Neue Standards für die Ausbildung. In: einblick Nr. 8/03 S. 5.
DGB (2003): Zukunftsprojekt Bildung: Eine Weiterbildungsoffensive, damit Menschen die Zukunft gestalten können.
(http://www.dgb.de/themen/themen_a_z/abisz_doks/w/weiterbildungsoffensive.pdf/view?showdesc=1).
DGB (2004): DGB Stellungnahme zum Referentenentwurf zur Reform der beruflichen Bildung (Berufsbildungsreformgesetz – BerBiRefg) vom 19. Mai 2004. Berlin.
Deutscher Industrie- und Handelskammertag (DIHK) (1999): Leitlinien Ausbildungsreform. Wege zu einer modernen Beruflichkeit. Deutscher Industrie- und Handelstag. Bonn.
DIHK (2000): „Berufsschulen modernisieren!". Berlin.
DIHK (2000): Berufsschulen. Auf Modernisierungskurs: Leitlinien für Profilgebung. Kundenorientierung. Qualitätssicherung. Bonn.
DIHK (2000): Bildungsstandort Deutschland. Berlin.
DIHK (2001): Bildungsstandort Deutschland. Leistungspotenziale erschließen. Berlin.
DIHK (2001): DIHK-Bildungsinitiative. Berlin.
DIHK (2001): DIHK-Jahresrückblick 2001: Berufliche Bildung und Bildungspolitik. Berlin.
DIHK (2001): Für eine neue Schulpolitik! Stellungnahme des Bildungsausschusses des Deutschen Industrie- und Handelskammertages zu den Ergebnissen der OECD-Schulvergleichsstudie PISA. Berlin.
DIHK (2001): Leitlinien Berufliche Weiterbildung. Wege zur Kompetenzentwicklung. 3. erweiterte Auflage. Bonn.
DIHK (2003): Ausbilden ohne Zwang: Gegen eine Ausbildungsplatzabgabe. Die Position der DIHK. Berlin.
DIHK (2003): Berufsbildung stärker an den Bedürfnissen der Wirtschaft ausrichten. Europäische Industrie- und Handelskammern verabschieden Resolution. Berlin.
DIHK (2003): Braun fordert einheitliche Bildungsstandards in allen Schulen Leistungsbewertung nicht nach Gutdünken – PISA-Ergebnisse. Berlin.
DIHK (2003): Heute das Kapital von morgen bilden. Zwischenbilanz der IHK-Lehrstellenoffensive 2003. Ergebnisse einer Umfrage. Berlin.
DIHK (2003): Mehr Ausbildungsplätze für praktische Begabte. „Schlanke Berufe" bieten gute Chancen. Berlin.
DIHK (2003): Perspektiven für Schulabgänger ohne Abschluss schaffen. Gerster und Braun für mehr zweijährige Ausbildungsgänge und Praktika. Berlin.
DIHK (2003): Schües: Ausbildung ist „Thema des Jahrzehnts". DIHK-Ausbildungskongress in Frankfurt am Main eröffnet. Berlin.
DIHK (2004): Berufliche Weiterbildung muss sich am Arbeitsmarkt orientieren. Neue Verordnung zur Erwerbslosenqualifizierung trifft heute in Kraft. Berlin.
DIHK (2004): Weiterbildung sichert den Arbeitsplatz. DIHK stellt aktuelle Erfolgsumfrage unter Absolventen vor. Berlin.
DIHK (2004): Wirtschaftskammern fordern Bildung ohne Grenzen in Europa. Deutsche und österreichische Bildungsexperten tagten in Dornbirn. Berlin.
Gewerkschaft Erziehung und Wissenschaft (GEW) (1999): GEW verlangt für neue Studiengänge Differenzierung und Durchlässigkeit. Diskussionspapier zu Bachelor- und Masterstudiengängen. (http://www.gew.de/standpunkt/positionen/hochschule/texte/bach.pdf).
GEW (1999): Länger gemeinsam lernen. Gemeinsame Erklärung von GEW und Grundschulverband zur sechsjährigen Grundschule. Frankfurt am Main.
GEW (1999): Wider die Diskrepanz zwischen Bedeutungszuwachs und Realität in der Weiterbildung. Experten und GEW legen „Vorschläge für Bundesregelungen in der Weiterbildung" vor. Frankfurt am Main.
GEW (2000): "Wir brauchen Weiterbildungsgesetze". GEW-Kriterien für die Weiterbildungsgesetze der Bundesländer. (http://www.gew.de/standpunkt/positionen/a_w_bildung/kritakt.htm).
GEW (2000): Arbeitsorientierte Bildung an den Schulen verankern! Gemeinsamer Workshop des Bundeselternrates mit BDA und DGB: Essentials aus GEW-Sicht. Frankfurt am Main.
GEW (2000): Für eine neue Hauptschule: Das Modell „Qualifikationsschule". Innerverbandliches Diskussionspapier. Ohne Ort.
GEW (2000): Statement des Hauptvorstandes der GEW zum gemeinsamen Unterricht von behinderten und nichtbehinderten Schülerinnen und Schülern. Frankfurt am Main.

GEW (2000): Weiterentwicklung des Berufsbildungssystems in Deutschland. Beschluss des GEW-Hauptvorstands vom 25. März 2000. Frankfurt am Main.
GEW Hauptvorstand (GEW) (2000): Perspektiven für die Weiterentwicklung des Berufsbildungssystems in Deutschland. Beschluss des GEW-Hauptvorstands vom 25.03.2000. Kurzfassung. Frankfurt am Main.
GEW (2001): Ausbau von Ganztagsangeboten vorrangige Aufgabe. Beschluss des Hauptvorstandes der GEW vom 23. Juni 2001. Frankfurt am Main.
GEW (2001): Bildung braucht Zukunft – Schulpolitische Positionen der GEW. Beschluss 3.10 des Gewerkschaftstages Mai 2001. (http://213.198.62.63/standpunkt/aschlagzeilen/schule/texte/spp_neu.pdf).
GEW (2001): Eckpunkte der GEW zur Reform der LehrerInnenbildung. Beschluss des GEW Hauptvorstandes vom 23. Juni 2001. Frankfurt am Main. (http://www.lehrerbildung.de/docu/GEW-14eckp.pdf).
GEW (2001): Eine Säule ohne Fundament. Lebenslanges Lernen – Anspruch und Wirklichkeit in der Weiterbildung. In: Erziehung und Wissenschaft (E & W) Nr. 4/2001. S. 24 – 26.
GEW (2002): „Aus Fehlern lernen und Schule der Zukunft gestalten". GEW-Empfehlungen zum KMK-Jubiläum. Frankfurt am Main.
GEW (2002): „Diagnose ja – Auslese und Ranking nein". GEW-Vorsitzende Stange zu den von der KMK geplanten Vergleichsarbeiten. Frankfurt am Main.
GEW (2002): „Neue Bildungsexpansion in Deutschland". GEW zu neuer OECD-Studie „Bildung auf einen Blick". Frankfurt am Main.
GEW (2002): 22. GEW-Sommerschule: Armer Staat – privater Reichtum. Skizzen einer Diskussion in der GEW über die Analyse der derzeitigen Bildungsfinanzierung und einige Gestaltungsvorschläge für die zukünftige Bildungsfinanzierung. Akademie am Meer, Klappholttal/Sylt. Frankfurt am Main.
GEW (2002): Akteur seiner Selbst. GEW entwirft Rahmenplan für frühkindliche Bildung. In: Erziehung und Wissenschaft (E & E) Nr. 9/2002. S. 18 – 25.
GEW (2002): Bildung braucht Zukunft – Schulpolitische Positionen der GEW. (http://213.198.62.63/standpunkt/aschlagzeilen/schule/texte/spp_neu.pdf).
GEW (2002): Der Bildungsföderalismus ist gescheitert. Vorsitzende Stange fordert umgehende Einsetzung eines bildungspolitischen Sachverständigenrates. GEW-Presseerklärung vom 22.06.2003. Frankfurt am Main.
GEW (2002): Deutschland braucht mehr Abiturienten. Frankfurt am Main.
GEW (2002): Die Ausbildung von Berufsschullehrern und –lehrerinnen. Ein Diskussionspapier der GEW. Frankfurt am Main.
GEW (2002): Diskussionsentwurf der GEW für einen Rahmenplan frühkindlicher Bildung. In: Beschlossen vom GEW-Bundesfachgruppenausschuss „Sozialpädagogische Berufe" am 21. September 2002. (http://www.gew.de/standpunkt/aschlagzeilen/kita/texte/rahmenplan.pdf).
GEW (2002): Ganztagsschulen: Schulen, in die wir gerne gehen. Frankfurt am Main.
GEW (2002): Gegen Absenkungen der Beamtenbesoldung und Tarifentgelte. In: hlz – Zeitschrift der GEW Hamburg Nr. 12/2002. S. 9.
GEW (2002): GEW-Beschluss zum Umgang mit PISA-Daten. Auszug aus einem Beschluss des GEW-Koordinierungsvorstandes vom 6.6.2002. (http://www.gew.de/standpunkt/aschlagzeilen/schule/pisa/artikel/artikel_28.htm).
GEW (2002): GEW fürchtet „PISA-Test für Lehrer" nicht. Ziele der Untersuchung und Beteiligung der Lehrkräfte sind entscheidend. Frankfurt am Main.
GEW (2002): GEW kritisiert föderalen Wettbewerb. Vorsitzende Stange fordert: "Bildungskampf beenden". GEW-Presseerklärung vom 24.06.2003. Frankfurt am Main.
GEW (2002): Impuls für lebenslanges Leben. Interview mit GEW-Hochschulexperte Gerd Köhler. In: Erziehung und Wissenschaft (E & W) Nr. 10/2002. S. 25.
GEW (2002): QuiB – Qualität im Bildungswesen. (http://www.gew.de/rdb/pdf/quib_thesen.pdf).
GEW Hauptvorstand (2002): Weiterentwicklung der beruflichen Schulen zu Regionalen Berufsbildungszentren. Ein Diskussionspapier der GEW. Beschluss des GEW-Hauptvorstands vom 2.03.2002. Frankfurt am Main.
GEW-Hauptvorstand u. a. (Hrsg.) (2002): Gemeinsame Erklärung des Hauptvorstandes der GEW (GEW), des Bundeselternrat (BER) und der BundesschülerInnenvertretung (BSV): Bildung und Erziehung – die soziale Frage des 21. Jahrhunderts. (http://www.gew.de/standpunkt/aschlagzeilen/schule/pisa/artikel/texte/elternaufruf.pdf).
GEW/ IG Metall (2002): Das 21. Jahrhundert muss ein Jahrhundert der Bildung werden. Antrag 82 auf 17. Ordentlichen Bundeskongress des DGB. Berlin.
GEW (2003): „Arbeitszeit der Lehrkräfte kein Spielball zur Haushaltssanierung". Hauptvorstand unterstützt Warnstreiks der GEW Berlin für Rücknahme der Arbeitszeitverlängerung. Frankfurt am Main/Berlin.
GEW (2003): Ausgaben für Bildung bei den Maastricht-Kriterien herausnehmen. Zumeldung zur dritten Bologna-Konferenz der europäischen Bildungsminister vom 20.09.2003. Frankfurt am Main.

GEW (2003): „Der Staat muss sich mehr engagieren.“ Presserklärung vom 24.06.2003. Frankfurt am Main.
GEW (2003): „Eltern-Forum“ kann Schulentwicklung unterstützen. Zumeldung zur Studie „Schule aus der Sicht von Eltern“ der Infrantest Bildungsforschung. Frankfurt am Main.
GEW (2003): „Falsche gesellschaftliche Weichenstellung“. Streichung der Anrechnung von Ausbildungszeiten bei Rente entwertet Bildung. Frankfurt am Main.
GEW (2003): „KMK braucht zweite Chance“. Ziele von Bildungsstandards nicht auf beruflicher Verwertbarkeit verkürzen. Frankfurt am Main.
GEW (2003): „Staat muss sich engagieren“. Zumeldung der GEW zum „Tag der Ausbildung“. Frankfurt am Main.
GEW (2003): „Wirtschaft gefährdet mit egoistischen Interessen Zukunft der Jugendlichen“. Hamburg Vorreiter: Öffentliche Verantwortung für Berufsschulen wird ausgehebelt. Frankfurt am Main.
GEW (2003): Auslesesystem ist Auslaufmodell. Bildungsgewerkschaft fordert in Reaktion auf IGLU-Studie „eine Schule für alle“. Frankfurt am Main.
GEW (2003): Bessere Startchancen für alle. „Wir werden uns an die Ausbildungskrise nicht gewöhnen“. In: Bildung und Beruf Nr. 1/2003. S. 2.
GEW (2003): Bildungsstandards mit heißer Nadel gestrickt. GEW fordert einheitliche Bildungsstandards für alle Schulen. Presseerklärung vom 10.07.2003. Frankfurt am Main.
GEW (2003): Bildungsstandards nicht für Selektion geeignet. GEW-Stellungnahme zur Expertise der Bildungsforscher. Frankfurt am Main.
GEW (2003): Ganztagsschulen erfordern enge Zusammenarbeit zwischen Schulsozialarbeitern und Lehrern auf gleicher Augenhöhe. 25 Jahre Schulsozialarbeit: GEW-Bundesfachtagung am 10./11. Juli an der FH München. München.
GEW (2003): GEW fordert ein gemeinsames Ministerium für Bildung und Erziehung. 6. Jugendhilfekongress der Bildungsgewerkschaft: „Niemanden zurücklassen! Chancengleichheit durch Bildung!“. Frankfurt am Main.
GEW (2003): GEW fordert engere Zusammenarbeit zwischen Bund und Ländern. Zumeldung zur Förderalismus-Anhörung. Frankfurt am Main.
GEW (2003): GEW fordert unabhängigen „Sachverständigenrat Bildung“. Zumeldung zum Bildungsbericht der Kultusminister. Frankfurt am Main.
GEW (2003): GEW fordert: Jede zweite Professur mit einer Frau besetzen. Zumeldung zur HRK-Jahreskonferenz zum Thema „Frauen und Wissenschaft“. Frankfurt am Main.
GEW (2003): GEW fordert: Mittlerer Bildungsabschluss für alle Schüler! Hauptschulabschluss soll abgeschafft werden! Frankfurt am Main.
GEW (2003): GEW fordert: Weg mit den Bildungsgutscheinen für Arbeitlose. Zumeldung zur Demonstration „Mutige Reformen statt Leistungsabbau“ in Berlin. Frankfurt am Main.
GEW (2003): GEW kritisiert Länderausstieg aus der gemeinsamen Bildungsplanung. GEW-Vorsitzende Stange: „Das falsche Signal zur falschen Zeit“. Pressemitteilung vom 13.03.2003. Frankfurt am Main.
GEW (2003): GEW schlägt Alarm: 20.000 Arbeitsplätze in Weiterbildung abgebaut. Bundesweiter Aktionstag für den Erhalt der beruflichen Weiterbildung. Frankfurt am Main.
GEW (2003): GEW zum Schuljahresbeginn: „Keine Lehrern aus PISA gezogen“. Lehrkräfte sind keine störenden Kostenfaktoren – „Nationale Bildungsagentur“ einrichten. Frankfurt am Main.
GEW (2003): Gewerkschaften wollen europäischen Hochschul- und Forschungsraum mitgestalten. Bildungsinternationale, EGBW und GEW veranstaltet internationales Wissenschaftsforum. Berlin.
GEW (2003): Kindertagesstätten Stärken! Zumeldung zum OECD-Bericht „Bildung auf einen Blick“. Frankfurt am Main.
GEW (2003): Lehrerbild und Lehrerbildung müssen zusammenpassen. Gemeinsame Pressekonferenz von BLBS, GEW und VBE zum Weltlehrertag. Berlin.
GEW (2003): Ministerpräsidenten sollen Vernunft walten lassen: Bund-Länder-Bildungsplanung muss erhalten bleiben. GEW: Bildungsgipfel nicht auf die lange Bank schieben. Frankfurt am Main.
GEW (2003): PISA setzt Schulstruktur-Debatte auf Tagesordnung. GEW zu drittem Bericht des deutschen PISA-Konsortiums. (http.//www.gew.de/presse/nachrichten/frame_index.html).
GEW (2003): PISA-E-II bestätigt GEW-Forderung: Fördern statt Auslesen. Gegliedertes Schulsystem löst Probleme nicht. Frankfurt am Main.
GEW (2003): Quib – Qualität im Bildungswesen. 10 Thesen. Frankfurt am Main.
GEW (2003): Tag der Bildung. GEW bietet Unterstützung für „masterplan Bildung“ an. Studie belegt: Lehrer haben immer weniger Zeit für immer mehr Schüler. Berlin.
GEW Hauptvorstand (2003): Auslesesystem ist Auslaufmodell. Pressemitteilung vom 8.04.2003. Frankfurt am Main.
GEW Hauptvorstand (2003): GEW fordert: Jede zweite Professur mit einer Frau besetzen. Zumeldung zur HRK-Jahreskonferenz zum Thema „Frauen und Wissenschaft“. Frankfurt an Main.

GEW Hauptvorstand (2003): GEW fordert: Mittlerer Bildungsabschluss für alle Schüler! Hauptschulabschluss soll abgeschafft werden! GEW-Presserklärung vom 2.04.2003. Frankfurt am Main.

GEW Hauptvorstand (2003): Kindertagesstätten stärken! Zumeldung zum OECD-Bericht „Bildung auf eine Blick“. Frankfurt am Main.

GEW-Landesverband Rheinland-Pfalz (2003): Stellungnahme der Landesfachgruppe Hochschule und Forschung zum Entwurf des „Landesgesetz über die Hochschulen in Rheinland-Pfalz (HochSchG)“. (http://www.gew-rheinland-pfalz.de/wissen/fachgruppen/hochschule_forschung/stellungnahme_pct20_gew.htm).

GEW (2004): „Ein kleiner, ganz großer Schritt“. Bachelor-Studiengang für Erzieherinnen und Erzieher an der FH Berlin: erste Hochschulausbildung in Deutschland. Presseerklärung vom 31.03.2004. Frankfurt am Main.

GEW (2004): „Geld alleine reicht nicht, Qualität ist entscheidend“. GEW-Zumeldung zur Jahresbilanz „Vier-Milliarden-Programm für Ganztagsschulen.“. Frankfurt am Main.

GEW (2004): „Hände weg vom Hamburger Stiftungsmodell für berufliche Schulen!“. Rechtsgutachten belegt: Modell ist verfassungswidrig. Frankfurt am Main.

GEW (2004): „Kein Arbeitsmarktdeal zu Lasten der Kinder“. Qualifizierte Betreuungsangebote für Kinder unter drei Jahren müssen ausgebaut werden. Presseerklärung vom 08.07.2004. Frankfurt am Main.

GEW (2004): „Keine Lehrkräfte zweiter Klasse“. GEW-Zumeldung zur 306. Plenarsitzung der Kultusministerkonferenz. Frankfurt am Main.

GEW (2004): „Kinderbetreuung jetzt ausbauen!“. „Ran an die Goldreserven – Spitzensteuersatz nicht weiter senken“. Frankfurt am Main.

GEW (2004): „Rektoren setzen bei Suche nach neuen Geldquellen aufs falsche Pferd“. Bildungsgewerkschaft zur HRK-Forderung nach Studiengebühren. Frankfurt am Main.

GEW (2004): Ausländerkinder werden systematisch benachteiligt! GEW präsentiert neueste Daten aus der Schulstatistik: Baden Württemberg bundesweit führend in Ausländerdiskriminierung. (http://www.gew.de/Binaries/Binary4098/P-25-06-04Anlage1.doc).

GEW (2004): BDA-Studienfinanzierungsmodell nicht akzeptabel. GEW zum Modellvorschlag der BDA „Studienbeiträge und die Reform der Studienfinanzierung“. Presseerklärung vom 30.09.2004. Frankfurt am Main.

GEW (2004): Frauen in die berufliche Ausbildung und an die Hochschulen! GEW zum „Girls’ Day“. Frankfurt am Main.

GEW (2004): GEW fordert Rechtsanspruch auf Krippenplatz. Zumeldung: Kabinettsbeschluss zum Ausbau des Betreuungsangebotes für Kinder unter drei Jahren. Frankfurt am Main.

GEW (2004): GEW verlangt 20 Milliarden Euro für „Bildung 2010“. Pressekonferenz „Bildungsfinanzierung: Zwischen PISA und leeren Kassen – woher soll das Geld für die Bildung kommen?“. Frankfurt am Main.

GEW (2004): GEW: „Ein kleiner, ganz großer Schritt“. Bachelor-Studiengang für Erzieherinnen und Erzieher an der FH Berlin: erste Hochschulausbildung in Deutschland. Frankfurt am Main.

GEW/ ver.di (2004): Befristung nach dem HRG im Lichte der Entscheidung des Bundesverfassungsgerichts (BVerfG) vom 27. Juli 2004. Berlin/ Frankfurt am Main.

GEW (2003): Gründungserklärung für das Bündnis für Berufsbildung zum Start der Volksinitiative „Bildung ist keine Ware“. Berufliche Bildung ist die Zukunftsinvestition für die Jugend. Frankfurt am Main.

Industriegewerkschaft Bergbau, Chemie, Energie (IG BCE) (2001): IG-BCE-Vorsitzender Hubertus Schmoldt: Zukunft braucht alle Köpfe. Mitbestimmung gewinnt. IG BCE Medieninformationen V/20 vom 30. April 2001. Hannover.

IG BCE (2001): Schmoldt: Der Wettbewerb um die besten Köpfe fängt im eigenen Land an. Hannover.

IG BCE (2002): Hubertus Schmoldt zur Politik der Wirtschaftsverbände. "Wie im Basar". IG BCE schlägt branchenbezogene Ausbildungsquote vor. IG BCE Medieninformationen VI/41 vom 27.09.2002. Hannover.

IG BCE (2004): Spitzengespräche IG BCE und BAVC/ Gemeinsames Kommuniqué. IG BCE Medieninformationen VIII/ 33 vom 08.10.2004. Hannover.

IG BCE (o. Jg.): Berufliche Bildung. (http://www.igbce.de/IGBCE/CDA/Artikelseite/0,1839,knotenId%3D55%26siteId%3D1,00.html).

IG BCE (o. Jg.): Leitbild der IG Bergbau, Chemie, Energie. Hannover.

Industriegewerkschaft Metall (IG Metall) (1999): Beschluss des 19. Ordentlichen Gewerkschaftstags 1999. Entschließung 8: Zukunftsaufgabe Bildung. Frankfurt am Main.

IG Metall (1999): Krise der Industrie- und Handelskammern wird überdeutlich. So zerstören die Kammern die qualifizierte Fachausbildung, den zentralen Standortvorteil der deutschen Wirtschaft. In: Materialien für die Berufsbildungs-Praxis. Nr. 59/1999.

IG Metall Vorstand (1999): So zerstören die Kammern die qualifizierte Fachausbildung, den zentralen Standortvorteil der deutschen Wirtschaft. Stellungnahme der IG Metall zu den Leitlinien Ausbildungsreform – Wege zu einer modernen Beruflichkeit des Deutschen Industrie- und Handelstages vom Mai 1999. Frankfurt am Main.

IG Metall (2000): TRABI Plus: Die Triale Ausbildungsinitiative. Materialien für die Bildungs-Praxis. Nr. 67/2000.

IG Metall (2001): Offensive Strategien für mehr Wachstum und Beschäftigung. Vorschläge des Deutschen Gewerkschaftsbundes (DGB) für einen wirtschafts- und beschäftigungspolitischen Strategiewechsel. Rotenburg/Wümme.

IG Metall (2001): Technologische Leistungsfähigkeit. Deutschland 2000: Gute Performance, Schwächen im Technologiewettbewerb. Frankfurt am Main.

IG Metall (2001): Zukunft der Arbeit. Zukunft der Bildung. Dokumentation. Forum Gewerkschaft/Wissenschaft. Gemeinsame Tagung der Industriegewerkschaft Metall und der arbeitsorientierten Forschungsinstitute in NRW. Bochum.

IG Metall (2002): Blockaden im Bildungssystem abbauen. Frankfurt am Main.

IG Metall/ ver.di (2002): Hannoveraner Erklärung. Für mutige Reformen in der Aus- und Weiterbildung Erklärung der Teilnehmer der Betriebs- und Personalrätekonferenz der Gewerkschaften IG Metall und ver.di am 29. Juni 2002. (http://www.igmetall.de/berufsausbildung/kammerjaeger/hannoveraner_erklaerung020629.pdf.)

IG Metall (2002): PISA lässt grüßen. Zu wenig Betrieben setzen auf Weiterbildung. Frankfurt am Main.

IG Metall (2002): Politikentwurf für eine gerechte Politik – jedoch mit Schwächen. Bewertung des Koalitionsvertrags von Rot – Grün durch die IG Metall. Frankfurt am Main.

IG Metall (2002): Warum zweijährige Ausbildungsberufe eine falsche ausbildungs- und beschäftigungspolitische Weichenstellung sind. – Acht Argumente der IG Metall. Frankfurt am Main.

IG Metall (2002): Zweijährige Ausbildungsberufe führen den Mittelstand ins Abseits. Frankfurt am Main.

IG Metall (2003) (Hrsg.): Vielfalt solidarisch gestalten. 20. Ordentlicher Gewerkschaftstag in IG Metall 2003. Themen und Thesen für die Entschließungen. Frankfurt am Main.

IG Metall/ ver.di (Hrsg.) (2002): Hannoveraner Erklärung. Für mutige Reformen in der Aus- und Weiterbildung Erklärung der Teilnehmer der Betriebs- und Personalrätekonferenz der Gewerkschaften IG Metall und ver.di am 29. Juni 2002. (http://www.igmetall.de/berufsausbildung/kammerjaeger/hannoveraner_erklaerung 020629.pdf).

Kuratorium der deutschen Wirtschaft für Berufsbildung (KWB) (1995): Finanzierung der Berufsbildung. Standpunkt der Wirtschaft. Bonn.

KWB (1997): Abschlussprüfungen in der Berufsbildung. Position der Wirtschaft. Bonn.

KWB (1997): Zusatzqualifikationen in der beruflichen Bildung. Stellungnahme der Wirtschaft. Bonn.

KWB (1999): Flexibilität und Wettbewerbsfähigkeit – Zukunftsorientierte Weiterentwicklung des Berufsbildungssystems. Bonn.

KWB (1999): Grundposition der Wirtschaft zur beruflichen Weiterbildung. Bonn.

KWB (2000): Zukunft der Arbeit. Qualifikationen der Zukunft. Ausbildungsleitertagung 2000 am 25./ 26. Mai 2000 in Stuttgart. Bonn.

KWB (2002): Neue Arbeitswelt. Neues Lernen. Qualifizierungsziele und –strategien für morgen. Bonn.

KWB (2003): Ausbildungsabgabe: Schaden statt Nutzen. Neue Probleme statt Lösungen. Bonn.

KWB (2003): Neue Berufe/ Neuordnungen – Vorschläge der Wirtschaft 2003. Bonn In: www.kwb-berufsbildung.de/pdf/Dokumentation%20Neue%20Berufe%202003.doc.

KWB (2004): Maßnahmen zur Entlastung der Ausbildungssituation – Öffnung vollzeitschulischer Bildungsgänge – Kriterien. Bonn.

KWB (o. Jg.): Module in der beruflichen Bildung. Standpunkt der Wirtschaft. Bonn.

Vereinte Dienstleistungsgewerkschaft (ver.di) (2001): Stellungnahme zum Gesetzentwurf der Bundesregierung. Fünftes Gesetz zur Änderung des Hochschulrahmengesetzes und anderer Vorschriften (5. HRGÄndG). Berlin.

ver.di (2001): Stellungnahme zum Gesetzentwurf der Bundesregierung. Gesetz zur Reform der Professorenbesoldung (Professorenbesoldungsreformgesetz – ProfBesReformG) vom 30.05.2001. Berlin.

ver.di (2001): Stellungnahme zum Referentenentwurf eines Gesetzes zur Änderung des Gesetzes über Arbeitnehmererfindungen. Berlin.

ver.di/ Interdisziplinäres Netzwerk für Promovierende und Promovierte e.V. (THESIS)/ Promovierendeninitiative (PI)/ BuKoF/ BAM/ DGB (2001): Wissenschaftliche Qualifizierung für morgen und übermorgen. Die Dienstrechtsreform aus der Sicht des Wissenschaftlichen Nachwuchses. Berlin.

ver.di (2002): Die Juniorprofessur – ein neuer Weg der Qualifizierung junger Wissenschaftlerinnen und Wissenschaftler. Berlin.

ver.di (2002): Durchlässigkeit der Hochschulen als Teil des Bildungssystems. Berlin.

ver.di (2002): Erste Ergebnisse aus unserer Tagung in Leipzig. Berufspolitik. Kurzbericht. Berlin.

ver.di (2002): Grundsätze. Selbstverwaltung, Mitbestimmung, Partizipation in modern organisierten Hochschulen. Berlin.
ver.di (2002): Hochschulen. Auch Wissenschaftler sollen unbefristet arbeiten dürfen. Berlin.
ver.di (2002): Hochschule: Zukunftsfähig durch wissenschaftliche Ausbildung. Berlin.
ver.di (2002): Hochschulrahmengesetz. Ver.di fordert Tarifverhandlungen. Berlin.
ver.di (2002): Qualifizierung. Ver.di: Nachhaltige Qualifizierung sichert Beschäftigung. Berlin.
ver.di (2002): Selbstverwaltung, Mitbestimmung, Partizipation in modern organisierten Hochschulen. Berlin.
ver.di (2002): ver.di. Chancengleichheit in Bildung realisieren. In: biwifo report Nr. 3/2002.
ver.di (2003): Den Turm im Dorf lassen. Die Schieflage der deutschen Bildungspolitik. Ergebnisse, Hintergründe und Konsequenzen aus den Schulleistungsvergleichen PISA. Berlin.
ver.di (2003): Finanzierung der Bildung- Was ist uns die Bildung wert? Berlin.
ver.di (2003): GATS hat's in sich. Ende März soll EU-weit der Globalisierung eine wichtige Pforte geöffnet fordert ein Moratorium. Berlin.
ver.di (2003): Gewerkschaften gründen Gutachter-Netzwerk für Akkreditierung neuer Ingenieur- und Informatikstudiengänge. ver.di-Presserklärung vom 07.10.2003. Berlin.
ver.di (2003): Mythos Demografie. Berlin.
Ver.di (2003): ver.di fordert ein Moratorium der GATS-Verhandlungen. Berlin.
ver.di (o. Jg.): Der Staat – ein ausufernder Moloch? (http://www.verdi.de/steuergerechtigkeit/staatsfinanzen).
Ver.di (o. Jg.): Ganztagsschule heißt nicht den ganzen Tag Unterricht. Berlin.
ver.di (o. Jg.): Weiterbildung: Zukunftsfähigkeit durch lebenslanges Lernen. Berlin.
Westdeutscher Handwerkskammertag (WHKT) (Hrsg.) (2002): Befragung von Abbrechern, Ausbildern, und Berufskolleglehrern zum Thema Ausbildungsabbruch. Düsseldorf.
WHKT (2003): WHKT-Bildungsausschuss greift schulpolitische Forderungen des Baden-Württembergischen Handwerkstages auf. In: WHKT-Report 02/2003.
Zentralverband des Deutschen Handwerks (ZDH) (1997): Großer Befähigungsnachweise und Handwerksordnung. Plädoyer für ein erfolgreiches Instrument der Wirtschafts-, Bildungs- und Beschäftigungspolitik. Berlin.
ZDH (1998): Ausbildungshemmnisse im Handwerk. Ergebnisse einer Umfrage bei Handwerksbetrieben im 1. Quartal 1998. Bonn.
ZDH (1999): Aus- und Weiterbildung nach Maß. Empfehlungen und Umsetzungshilfen für die Praxis. Berlin.
ZDH (2001): Schlechte Noten für das deutsche Schulsystem – Was tun nach dem PISA-Schock? In: Baden-Württembergischer Handwerkstag (Hrsg.): Schriftenreihe Baden-Württembergischer Handwerkstag. Juli 2002. Stuttgart. S. 35 – 37.
ZDH (2001): Überarbeitetes 12-Punkte-Programm zur Berufsbildung im Handwerk der Vizepräsidenten (AN) der Handwerkskammern. Vom 19. August 2001 in Niederpöcking (Arbeitsgruppe 2). <Disskusionspapier>. Niederpöcking.
ZDH (2002): PISA und die Folge: Zehn-Punkte-Programm des Deutschen Handwerks zur Schulpolitik. Berlin.
ZDH (2002): Schlechte Noten für das deutsche Schulsystem – Die PISA-Studie. (http://www.zdh.de/servlet/ContentServer?pagename=DownloadServer&id=1032358523635.